हिन्दी शिक्षण

सुधा आर्या

रजत प्रकाशन
नई दिल्ली-110002

रजत प्रकाशन
4740/23, अंसारी रोड, दरियागंज
नई दिल्ली-110 002 (भारत)
फोन नं-23267924
ई. मेल- rajat_publication@yahoo.com

हिन्दी शिक्षण

संस्करणः 2025

ISBN 978-81-907110-8-1

भारत में मुद्रित

रजत पब्लिकेशन, नई दिल्ली के लिए पुल्कित वासन द्वारा प्रकाशित तथा एच.एस. ऑफसेट, दिल्ली द्वारा मुद्रित।

प्रस्तावना

भारतीयों की भाव अभिव्यक्ति और हिन्दी भाषा का बहुत ही गहरा सम्बन्ध रहा है। हिन्दी भारतीय समाज के कण-कण में बसा है। हिन्दी भारतीय समाज के उल्लास, सौन्दर्य, चिन्तन-मनन और भावधारा की भाषा है। इतना ही नहीं यह अन्तर्द्वन्द्व, संघर्ष, उपेक्षा, ग्लानी और पश्चाताप की भी भाषा है। हाँ इतना जरूर है कि समय व परिस्थिति के अनुसार इसके स्वरूप में बदलाव आता गया है। इसके स्वरूप में बदलाव का मूल कारण विभिन्न भाषाओं के शब्दों का समावेश है।

हिन्दी की व्यापकता ने ही हमारे देश में इसे राष्ट्रभाषा का सम्मान तो दिया है, लेकिन उसे वह स्थान प्राप्त नहीं है जो अंग्रेजी को प्राप्त है। अभी भी अंग्रेजी भारत की संपर्क भाषा बनी हुई है। लेकिन यह यथार्थ व परम सत्य है कि एक दिन हिन्दी अपना यथोचित स्थान प्राप्त कर लेगी तथा राष्ट्रभाषा के रूप में समस्त देश के जनमानस को भावात्मक एकता के सूत्र में बांध सकेगी। शनैः शनैः अहिन्दी भाषियों का आक्रोश भी दूर होगा तथा वे भी राष्ट्र के व्यापक हित में हिन्दी को राष्ट्रभाषा के रूप में स्वीकार ही नहीं, उसका हृदय से स्वागत भी करेंगे।

आज हिन्दी पढ़ने वाले छात्रों एवं हिन्दी पढ़ाने वाले शिक्षकों पर अब भारी जिम्मेदारी आ पड़ी है। उन्हें हिन्दी की लाज बचानी है और हिन्दी भाषा के प्रयोग को लोकप्रिय भी बनाना है। अतः हिन्दी को पढ़ने-पढ़ाने में अब और भी अधिक रुचि लेनी है।

यह मानवीय एवं सर्वविदित तथ्य है कि कोई भी भाषा अनुकरण से सीखी जाती है। लेकिन इसका निष्कर्ष यह बिल्कुल नहीं कि भाषा को सीखने की जरूरत ही नहीं। घरेलू वातावरण में सीखी गई पारिवारिक भाषा पूर्ण रूप से शुद्ध, परिमार्जित व व्याकरण-सम्मत हो यह आवश्यक नहीं। भावाभिव्यक्ति के लिए भाषा को शुद्ध, व्याकरण-सम्मत व परिमार्जित होना आवश्यक है। अतः बच्चों के विकास के लिए भाषा की शिक्षा आवश्यक है। भाषा की शिक्षा से आवश्यक है उसका मौखिक तथा लिखित ज्ञान। बालक के सुनने, बोलने, पढ़ने एवं लिखने के कौशल को विकसित करना भाषा-शिक्षण के मुख्य उद्देश्य हैं।

पुस्तक में नवीन परीक्षा प्रणाली के अन्तर्गत दीर्घ उत्तरीय, लघुउत्तरीय एवं वस्तुनिष्ठ प्रश्नों का समावेश किया गया है। मैं आशा करता हूँ की पुस्तक पाठकों के लिए उपयोगी होगी। अन्त में पुस्तक की रचना में जिन लेखकों की रचनाओं की सहायता ली है उनके प्रति अपना आभार प्रकट करता हूँ। पुस्तक प्रकाशन में प्रत्यक्ष व परोक्ष रूप से सहयोग करने वाले सहयोगी भी बधाई के पात्र हैं, उनके प्रति भी अपनी कृतज्ञता प्रकट करता हूँ।

-लेखक

अनुक्रम

1

विषय प्रवेश

शिक्षण

आमतौर पर शिक्षण का अभिप्राय किसी संस्था या व्यक्ति द्वारा छात्र को भिन्न-भिन्न विषयों का क्रमबद्ध और नियमित रूप से शिक्षा प्रदान करने से लिया जाता है। लेकिन शिक्षण की कोई सर्वमान्य परिभाषा अब तक विकसित नहीं हो पायी है। शिक्षण की धारणा को व्याख्यायित करते हुए लेंडन ने इस विषय में अपना मत प्रकट करते हुए लिखा है"ज्ञान के प्रस्तुतीकरण की विधि की अपेक्षा शिक्षण कहीं अधिक जटिल है।"

शिक्षण की पूर्ण जानकारी प्राप्त करने के लिए सबसे पहले हमें शिक्षण के अर्थ और विभिन्न शिक्षाविदों द्वारा दी गई उसकी परिभाषाओं से परिचित होना होगा। आगे शिक्षण के अर्थ को सोदाहरण स्पष्ट किया गया है।

सामान्य रूप से शिक्षण के अर्थ को दो शीर्षकों में रखकर व्याख्या कर सकते हैं(1) संकुचित अर्थ में और (2) विस्तृत अर्थ में।

(1) सीमित अभिप्राय में

इस सन्दर्भ में शिक्षण के लिए औपचारिक साधनों का प्रयोग होता है। इस प्रकार का शिक्षण पूर्व नियोजित होता है और एक निश्चित समय में निश्चित विधियों के द्वारा दिया जाता है। जैसेविद्यालय में विभिन्न घण्टों में विभिन्न विषयों का

शिक्षण होता है। ऐसी व्यवस्था कुछ ही वर्षों तक के लिए हो सकती है और इस पर किसी न किसी प्रकार का नियन्त्रण निश्चित रूप से होता है। थोड़े में, "अपने संकुचित अर्थ में शिक्षण वह प्रक्रिया है, जिसके द्वारा व्यक्ति को एक निश्चित योजना के अनुसार, एक निश्चित समय तक, एक निश्चित बात बतलायी जाती है।"

(२) व्यापक अभिप्राय में

इस सन्दर्भ में 'शिक्षण' मनुष्य के जीवन में लगातार चलने वाली एक प्रक्रिया है। मनुष्य को अपने परिवार, विद्यालय, कार्यालय, समाज, वातावरण आदि से किसी न किसी रूप में शिक्षण प्राप्त होता रहता है। उदाहरण के लिए माता बच्चे को चलने का शिक्षण देती है और शिक्षक छात्र को इतिहास का शिक्षण देता है। पर शिक्षण यहीं तक सीमित नहीं है। प्रत्येक व्यवसाय और उद्योग में प्रवेश करने वाले व्यक्तियों को शिक्षण दिया जाता है। एक व्यक्ति के रूप में आप स्वयं अपने बारे में ही सोचिये। चाहे आप इंजीनियर हों या डॉक्टर, उच्च राज्य-कर्मचारी हों या साधारण क्लर्क, राजनैतिक नेता हों या समाज-सेवक, सदैव प्रत्यक्ष या परोक्ष रूप में दूसरों को कुछ शिक्षण देते हैं और उनसे शिक्षण प्राप्त करते हैं।

इस तरह व्यापक अर्थ में शिक्षण में औपचारिक और अनौपचारिकदोनों ही साधन निहित होते हैं। संक्षेप में "अपने व्यापक अर्थ में शिक्षण वह प्रक्रिया है, जिसके द्वारा व्यक्ति को अपने परिवार, विद्यालय, मनोरंजन और व्यवसाय से तथा अपने वातावरण से अनुकूलन करने के लिए आजीवन शिक्षण प्राप्त होता है।"

शिक्षण की मुख्य परिभाषाएँ

यहाँ शिक्षण की कुछ प्रमुख परिभाषाएँ अंकित की गई हैं, जिनसे शिक्षण का अर्थ और अधिक स्पष्ट हो जाता है।

बर्ठन "शिक्षण सीखने के लिए प्रेरणा, पथ-प्रदर्शक, पथ-निर्देशन और प्रोत्साहन है।"

सिम्पसन व योकम "शिक्षण वह साधन है जिसके द्वारा समूह के अनुभवी सदस्य अपरिपक्व और छोटे सदस्य का जीवन को अनुकूल करने में पथ-प्रदर्शन करते हैं।"

डमविल "शिक्षण का सबसे साधारण अर्थ यह है कि शिक्षक कुछ जानता है और उसे छात्रों को बताता है।"

उपर्युक्त परिभाषाओं से यह स्पष्ट हो जाता है कि शिक्षण एक ऐसी प्रक्रिया है जो बालकों के सर्वांगीण विकास के लिए अपनाई जाती है।

शिक्षण का स्वरूप

'शिक्षण' के अर्थ को पूर्णरूप से समझने के लिए उसके स्वरूप को जानना परम आवश्यक है। इसके स्वरूप को निम्नलिखित शीर्षकों के तहत स्पष्ट किया जा सकता है

1. सम्बन्ध कायम करने की पद्धति के रूप में

जैसा कि 'शिक्षण की प्रक्रिया' में बतलाया गया है कि 'शिक्षण' शिक्षक, बालक और विषय में सम्बन्ध स्थापित करना है। इस सम्बन्ध को स्थापित करने का दायित्व अध्यापक पर है। **रायबर्न** ने इस कार्य में सफलता पाने के लिए शिक्षक को निम्नलिखित सुझाव दिये हैं

(क) बाल-प्रकृति का ज्ञान बाल-प्रकृति के विषय में **रायसेन** का विचार है कि शिक्षक को बाल-प्रकृति का सामान्य ज्ञान और जिन बालकों को वह शिक्षा देता है, उनकी प्रकृति का विशेष ज्ञान होना चाहिए। उसे यह निश्चित रूप से समझ लेना चाहिए कि बालकों के शारीरिक स्वास्थ्य, शारीरिक शक्तियों, योग्यताओं, रुचियों, संवेगों, बुद्धि, प्रकृति आदि में विभिन्नता होती है। उसकी सफलता उन विभिन्नताओं को समझने और इनको व्यावहारिक रूप प्रदान करने पर निर्भर होती है।

(ख) अपने आप का ज्ञान शिक्षक को स्वयं का पूर्ण ज्ञान होना चाहिए, जिससे कि वह अपनी स्वयं की भावनाओं एवं बालकों के प्रति अपने स्वयं के व्यवहार को समझ सके तथा शिक्षण की प्रक्रिया को सफलता से सम्पन्न कर सके।

(ग) विषय-वस्तु और रुचि का ज्ञान शिक्षक को उस विषय का ज्ञान होना परम आवश्यक है जिसे वह अपने छात्रों को पढ़ाने जा रहा है। उसे इस बात का भी ज्ञान होना चाहिए कि वह बालक और विषय में किस प्रकार सम्बन्ध स्थापित करे। कहने का तात्पर्य यह कि उसे बालकों की रुचि का भी ज्ञान होना चाहिए।

(घ) स्वयं के प्रभाव का ज्ञान अध्यापक के कार्य, व्यवहार, व्यक्तित्व, आदत और बोलचाल का छात्रों पर अमिट प्रभाव पड़ता है। अतः एक शिक्षक को इस बात की जानकारी रखनी चाहिए और छात्रों के समक्ष सदैव आदर्श व्यवहार और सदाचार का ही प्रदर्शन करना चाहिए। बालक पर पड़ने वाले इन प्रभावों का ज्ञान उसके लिए परम आवश्यक है क्योंकि इनको जानकर ही वह शिक्षण की उचित विधियों का अनुप्रयोग कर सकता है। इससे उसको अपने शिक्षण को सुधारने में भी सहायता मिलेगी।

(ङ) विषण-वस्तु के प्रस्तुतीकरण का ज्ञान शिक्षक को अपने अध्यापन के विषय-वस्तु को छात्रों के समक्ष प्रस्तुत करने का ज्ञान होना चाहिए। प्रभावोत्पादक प्रस्तुतीकरण शिक्षण को प्रभावपूर्ण बनाता है।

(च) जीवन-दर्शन का ज्ञान शिक्षक का जीवन के प्रति अपना एक निश्चित विचार होना चाहिए। व्यक्ति विशेष के इस निश्चित विचार या दृष्टिकोण को हम जीवन-दर्शन की संज्ञा देते हैं। उसकी निश्चित धारणायें और उच्च आदर्श शिक्षण को प्रभावोत्पादक बनाते हैं। उसे ईश्वर तथा मनुष्य में आस्था होनी चाहिए। उसमें सत्य और उसके प्रसार के प्रति प्रेम होना चाहिए। उसे अपने देश और संसार की सेवा में संलग्न रहना चाहिए। उसे 'सत्यम्, शिवम्, सुन्दरम्' का मार्ग प्रशस्त करना चाहिए। उन उचे दृष्टिकोणों से युक्त अध्यापक अपने शिक्षण को प्रभावोत्पादक बना सकता है।

2. संवेग प्रशिक्षण की पद्धति के तौर पर

शिक्षण का आशय मात्र बालक का शारीरिक और मानसिक विकास करना ही नहीं है, वरन् उसके संवेगों को भी प्रशिक्षित करना है। यदि हम चाहते हैं कि बालक उचित कार्य करे, तो उसमें उचित भावना उत्पन्न करना परम आवश्यक है। शिक्षण तभी सफल माना जा सकता है, जब वह बालक में संवेगात्मक स्थिरता उत्पन्न कर सके। इस सन्दर्भ में रायबर्न ने ठीक ही कहा है"यदि हम बालक को स्थायी संवेगात्मक जीवन का विकास करने में मदद देने की आवश्यकता पर ध्यान नहीं देंगे, तो हमारा शिक्षण अत्यधिक एकांगी और विकृत हो जाएगा।"

3. सूचनात्मक पद्धति के तौर पर

शिक्षण पद्धति की सफलता का पैमाना विद्यार्थी द्वारा सीखे गए पाठों से आंका जाता है। कोई शिक्षण प्रणाली सफल है या असफल इसका पता छात्रों द्वारा सीखे पाठों पर अपने आप काम करने से लगाया जाता है। ऐसी बहुत-सी बातें होती हैं, जिन्हें बिना बताये नहीं जाना जा सकता है। अतः विद्यार्थियों को उन बातों को बताया जाना परम आवश्यक है। प्रारम्भिक कक्षाओं में तो शिक्षक का अधिकांश समय अपने छात्रों को सूचनाएँ देने और विभिन्न प्रकार की बातें बताने में ही व्यतीत होता है। क्योंकि प्रारम्भिक कक्षाओं में जो छात्र होते हैं उनके ज्ञान का स्तर निम्न होता है। इस दृष्टिकोण से शिक्षण का अर्थ हैसूचना देना।

4. क्रियाशीलता हेतु मौका उपलब्ध कराने की पद्धति के रूप में

प्रत्येक छात्र में प्रकृति प्रदत्त सृजनात्मकता और क्रियाशीलता की प्रवृत्ति पायी जाती है। जरूरत है छात्र की इस प्रवृत्ति को शिक्षक द्वारा पहचानकर लाभ उठाने की ताकि एक बालक अपनी इन प्रवृत्तियों का विकास कर संतुष्ट हो सके। इस प्रकार शिक्षण का एक कार्य यह है जो बालक को क्रियाशीलता की अपनी इच्छा को पूर्ण करने का मौका प्रदान करती है। इस सन्दर्भ में रायबर्न का विचार है"प्रत्येक बालक में क्रियाशील होने की जन्मजात प्रवृत्ति होती है। शिक्षण के अधिकांश भाग का कार्य हैक्रियाशीलता की इस इच्छा को पूर्ण करने के लिए मौका प्रदान करना।"

5. वातावरण के अनुकूल ढलने की पद्धति के तौर पर

इस सन्दर्भ में प्रसिद्ध शिक्षा-शास्त्री **जॉन डीवी** का मत है"समस्त शिक्षा मानव-जाति की सामाजिक चेतना में व्यक्ति द्वारा भाग लेने से प्रारम्भ होती है।"

शिक्षण का एक महत्वपूर्ण कार्य है जो व्यक्ति को सामाजिक चेतना में भाग लेने के योग्य बनाती है। बालक अपने वातावरण के प्रति बुरी प्रतिक्रिया न करके केवल अच्छी प्रतिक्रिया ही करे, यह मात्र शिक्षण द्वारा ही सम्भव है। अच्छी प्रतिक्रिया करके ही उसका शारीरिक, सामाजिक और आध्यात्मिक विकास हो सकता है। इस सन्दर्भ में सिम्पसन का विचार है"शिक्षण वह साधन है, जिसके द्वारा समाज अपने बालकों को चुने हुए वातावरण से, जिसमें कि उनको रहना है, शीघ्रातिशीघ्र अनुकूलन करने की क्रिया में प्रशिक्षित करता है।"

6. भावी जीवन हेतु तैयार करना

शिक्षण बालक का शारीरिक, मानसिक, सामाजिक, चारित्रिक, आध्यात्मिक और संवेगात्मक विकास करके उसे भावी जीवन के लिए तैयार करता है। यदि 10 वर्ष का बालक उसी प्रकार का जीवन व्यतीत कर रहा है, जिस प्रकार का 10 वर्ष के बालक को करना चाहिए, तो वह भविष्य के लिए सर्वोत्तम प्रकार की तैयारी कर रहा है। इस प्रकार शिक्षण व्यक्ति के भावी जीवन की तैयारी का एक साधन है।

आधुनिक काल में अध्यापन का अभिप्राय काफी विशद् और विस्तृत हो चुका है। शिक्षण द्वारा बालक को ज्ञान दिया जाता है, सीखने में सहायता दी जाती है, कार्य करने के लिए प्रेरित किया जाता है, उसे अपनी सब शक्तियों का प्रयोग करने के लिए प्रोत्साहित किया जाता है, अपने वातावरण से अनुकूलन करना सिखाया जाता है। ऐसा कर उसे अपने भावी जीवन के लिए तैयार किया जाता है। इस प्रकार शिक्षण

के अन्तर्गत शिक्षक और छात्रदोनों का कार्य सम्मिलित रहता है। इसमें सर्वोत्तम विधि से ज्ञान प्रदान करने का मानसिक प्रभाव ही सम्मिलित नहीं होता है, अपितु वह नैतिक प्रभाव भी सम्मिलित होता है, जिससे प्रेरित होकर बालक ज्ञान का प्रयोग इस प्रकार करता है कि वह उससे लाभान्वित होता है।

7. सिखाने में सहायता करने की पद्धति के तौर पर

पढ़ाई के समय अध्यापक अपने छात्रों को अधिकतर नवीन सूचना देता है। इस दृष्टिकोण से शिक्षण एक साधन मात्र है। शिक्षण द्वारा उनका कार्य हैबालक को सिखाना, सीखने के लिए उसे प्रेरित करना और इस प्रकार उसकी प्रगति में योग देना। इस सन्दर्भ में **ह्यूजेज** का विचार हैशिक्षण का अर्थ हैसिखाना। तब तक कुछ नहीं दिया गया है, जब तक कुछ ग्रहण नहीं किया गया है; तब तक कुछ नहीं पढ़ाया गया है, जब तक कुछ सीखा नहीं गया है।''

8. मार्ग-प्रदर्शन की पद्धति के रूप में

प्राचीन काल में शिक्षा प्रदान करने का कोई संस्थानिक ढांचा नहीं था। साथ ही, विद्यालय, किताब, ग्रंथालय और प्रयोगशालाओं का नितांत अभाव था। छात्रों को विद्योपार्जन के लिए गुरुकुल जाना पड़ता था। वहां मौखिक रूप में शिक्षा प्रदान की जाती थी। तत्कालीन समय अध्यापन का मुख्य प्रयोजन छात्रों को जानकारी और सूचना देना होता था। लेकिन आज जब पुस्तकों, पुस्तकालयों एवं प्रयोगशालाओं का बाहुल्य है, ऐसे में शिक्षण का अर्थमार्ग-प्रदर्शन माना जाता है। बालकों का मस्तिष्क अपरिपक्व होता है। अतः यह आवश्यक है कि न केवल उनके कार्यों का, वरन् उनकी आदतों, रुचियों और प्रवृत्तियों को शिक्षण द्वारा उचित दिशा प्रदान की जाय। रायबर्न ने मार्ग-प्रदर्शन को शिक्षण का सबसे महत्वपूर्ण पहलू माना है। उनका विचार है कि शिक्षक को बालकों को पढ़ने, सीखने, कार्य करने और विचार करने की उचित विधियाँ सिखाकर उनका मार्ग-प्रदर्शन करना चाहिए। इस सन्दर्भ में **रिस्क** का विचार है''शिक्षण को सीखने के निर्देशन या पथ-प्रदर्शन के रूप में पारिभाषित किया जा सकता है।"

9. प्रेरणात्मक प्रक्रिया के रूप में

प्रेरित करने से आशय हैछात्र की किसी कार्य में रुचि जागृत करना, ताकि वह उस कार्य को सफलतापूर्वक अंजाम दे सके। प्रेरित न करने का परिणाम होगा

बालक उस कार्य को करेगा ही नहीं या अधूरा करके छोड़ देगा। इसलिए शिक्षण का तात्पर्य हैबालक को किसी कार्य को करने या सीखने के लिए उत्साहित या प्रेरित करना। यह तभी सम्भव है, जब शिक्षक बालक को विभिन्न कार्य को करने के अवसर प्रदान करके उसकी रुचियों, रुझानों और कुशलताओं की पूरी जानकारी प्राप्त करे। ऐसा करने के बाद ही वह अपने छात्रों को उत्साहित या प्रेरित करने में पूर्णरूप से सफल हो सकेगा।

शिक्षण के इस पहलू के सन्दर्भ में **रायबर्न** ने अपना विचार व्यक्त किया'‘शिक्षा की परिभाषा प्रोत्साहन के रूप में दी गई है। इससे बच्चों को सिखाया जाता है। उनको सिखाने के लिए हमें उनके उत्साहों, इच्छाओं और रुचियों को जाग्रत करना पड़ता है और उन उत्साहों, इच्छाओं और रुचियों को उचित प्रकार से पथ-प्रदर्शित करना पड़ता है।''

10. सीखने की संगठनिक पद्धति के तौर पर

इस सन्दर्भ में मरसेल का कथन है‘‘शिक्षण को सीखने के संगठन रूप में सर्वोत्तम प्रकार से पारिभाषित किया जा सकता है।''

कहने का आशय यह है कि शिक्षण का सम्बन्ध सीखने के निर्देशन से इतना नहीं है, जितना कि सीखने के संगठन से। सीखने के संगठन का आशय हैशिक्षण और सीखने की प्रक्रिया में निहित विभिन्न तत्वों में सम्बन्ध स्थापित करके उनको एक बनाना। ये अवयव हैंबालक और उसकी व्यक्तिगत विभिन्नतायें, शिक्षण-विधियाँ, अध्यापन का विषय, कक्षा की दशायें, शिक्षण की सहायक सामग्री, प्रश्न एवं उत्तर, लिखित कार्य आदि।

शिक्षण कला का अभिप्राय

बालक को ज्ञान प्रदान करना शिक्षण का सामान्य अर्थ होता है, लेकिन जब 'शिक्षण' को कला के रूप में मानते हैं, तब इसका अर्थ व्यापक और महत्वपूर्ण हो जाता है। अतः शिक्षण-कला के अर्थ को इस प्रकार से व्यक्त किया जा सकता है‘‘शिक्षक जो कुछ भी वर्ग-शिक्षण एवं व्यक्तिगत शिक्षण में विद्यार्थियों के सर्वांगीण विकास के लिए करता हैवह सब शिक्षण-कला के आयाम के अन्तर्गत आता है।

शिक्षण कला का स्वरूप

शिक्षण कला की प्रकृति गामक होती है। इसकी प्रकृति के सन्दर्भ में हिगेट का कहना है कि “The art of teaching is constantly changing.” कहने का

तात्पर्य यह है कि शिक्षण-कला सदैव परिवर्तित होती रहती है। गत्यात्मक प्रकृति होने के बाद भी सामान्य रूप से इसके दो स्वरूप दृष्टिगोचर होते हैं(1) प्राचीन व मध्यकालीन स्वरूप; और (2) आधुनिक स्वरूप।

प्राचीन व मध्यकालीन स्वरूप

प्राचीन और मध्यकाल में छात्रों को नगर के कोलाहल से दूर प्रकृति की रम्य वनस्थली में गुरुकुल में शिक्षा प्रदान की जाती थी। यह शिक्षण पद्धति लिखित कम और मौखिक अधिक था। इस पद्धति में गुरुकुल में रहने पर जोर दिया जाता था। बालक की क्रियाशीलता, स्वाभाविक रुचियों और क्षमताओं को परखने की तत्कालीन समय में व्यवस्था नहीं थी। अनुशासन पर ज्यादा जोर दिया था और दण्ड विधान अत्यंत कठोर था। यह कथन सर्वमान्य था"छड़ी छोड़ना बच्चों को बिगाड़ना है।"

उस समय मानव-पहलू की उपेक्षा करके ज्ञान प्रदान करना ही शिक्षक का सर्वश्रेष्ठ कर्त्तव्य समझा जाता था। इस तथ्य की पुष्टि **सर जॉन एडम्स** ने भी की"अध्यापक ने जॉन को लैटिन पढ़ायी।" उनके इस कथन का तात्पर्य यह है कि अध्यापक के शिक्षण का उद्देश्यजॉन को लैटिन की जानकारी कराना था। उसे स्वयं जॉन से कोई प्रयोजन नहीं था। कहने का तात्पर्य की प्राचीन एवं मध्यकाल की शिक्षण-कला में 'व्यक्तिगत विभिन्नताओं' के लिए कोई स्थान नहीं था। शिक्षण 'पाठ्यक्रम केन्द्रित' था।

प्राचीन और मध्यकाल की शिक्षण-कला सन्दर्भ में **केनेडी** ने अपना विचार इस तरह व्यक्त किया है"प्राचीन समय में बालकों को बहुधा केवल ज्ञान ग्रहण करने का पात्र समझा जाता था। उन्हें ज्ञान प्राप्त करने के लिए बाध्य किया जाता था और ऐसा न करने पर प्रायः दण्ड दिया जाता था। इससे उनकी उन स्वाभाविक प्रवृत्तियों का दमन हो जाता था, जो प्रकृति उनको अपने विकास के लिए देती है।"

उपर्युक्त तथ्यों से यह साबित हो जाता है कि शिक्षण कला में लगातार विकासा हो रहा है। शिक्षा के क्षेत्र में नये-नये खोज और अनुसंधानों से शिक्षा का स्वरूप 100 वर्ष पूर्व की तुलना में काफी परिवर्तित हो गया है। संभव है, 100 या 200 वर्ष बाद इसकी छाप बिल्कुल ही शिक्षण-कला में न हो। इस बदलाव का कारण खोजना एकदम आसान है। शिक्षण के क्षेत्र में नए परीक्षण व अनुसन्धान हो रहे हैं। समाज के आदर्श और मान्यताएँ बदल रही हैं। अध्ययन करने वालों की माँगों में वृद्धि हो रही है। ऐसे में शिक्षण-कला का परिवर्तित व विकसित होना स्वाभाविक है। इस

सन्दर्भ में हिगेट ने ठीक ही कहा है"शिक्षण-कला सदैव परिवर्तित होती रहती है। एक समय में ही संसार के विभिन्न देशों में शिक्षण की विभिन्न विधियाँ होती हैं। एक देश में एक अथवा दो पीढ़ियों में, जब समाज की रचना तथा आदर्श बदल जाते हैं, तब शिक्षण की विधियाँ भी बदल जाती हैं। फलतः शिक्षण-कला बदल जाती है।"

आधुनिक स्वरूप

वर्तमान शिक्षण कला का स्वरूप सर्वथा परिवर्तित हो चुका है। वर्तमान शिक्षण कला के सन्दर्भ में **रायबर्न और फोर्ज** ने अपनी पुस्तक '*Principles of Teaching*' में लिखा है कि संसार के व्यक्ति धीरे-धीरे, पर लगातार भूख तथा अभाव के भय एवं कठोर श्रम से मुक्त होते जा रहे हैं। ये परिवर्तन सम्पूर्ण संसार में लगातार हो रहे हैं। इनका प्रभाव शिक्षण-कला पर भी पड़ रहा है। परिणामतः उसका रूप पहले से एकदम बदल गया है। अब शिक्षण में भय का स्थान प्रेम और आज्ञाकारिता का स्थान उत्तरदायित्व ने ग्रहण कर लिया है।

इस बदलाव का श्रेय रूसो, पेस्टालॉजी, हरबर्ट स्पेन्सर एवं सर जॉन डीवी को जाता है। उन्होंने बताया कि शिक्षण 'पाठ्यक्रम-केन्द्रित' न होकर 'बाल-केन्द्रित' है। रूसो ने तो यहाँ तक कह दिया"बालक एक ऐसी पुस्तक है, जिसे शिक्षक को प्रारम्भ से अन्त तक पढ़ना पड़ता है।" रूसो बच्चों की स्वतंत्रता के पक्षधर थे। इसलिए उन्हें बच्चों का मसीहा कहा जाता था। अपनी प्रसिद्ध रचना **एमिल** में उन्होंने बच्चों की स्वतंत्रता पर जोर दिया है। उनका मानना था कि बच्चा बच्चा है। उसका अपना स्वयं का जीवन है। उस पर प्रौढ़ों के तौर-तरीके न लादे जाएं। समाज उसकी विकृति का कारण है।

आधुनिक शिक्षण-कला के विषय में केनेडी ने लिखा है"इस ज्ञान से युक्त होने के कारण कि बालकों में जानने और करने की इच्छा होती है, हम सहयोग को कठोरता का स्थान दे सके हैं और बालक की साहस और विकास की सहज प्रवृत्ति का उपयोग कर सके।"

शैक्षणिक संरचना

जैसा की आगे बतलाया गया है कि शिक्षण एक गत्यात्मक प्रक्रिया है। सम्पूर्ण शिक्षण प्रक्रिया में विभिन्न क्रियाएँ की जाती हैं। अतः शिक्षण का वर्णन त्रिपक्षीय-प्रक्रिया के रूप में किया जा सकता है, कहने का आश्या यह है कि शिक्षण-क्रियाओं के तीन पहलू होते हैं जो निम्नलिखित हैं

(i) भाषा-विज्ञान की प्रक्रिया के रूप में शिक्षण—शिक्षण-प्रक्रिया में चिह्नों और संकेतों की सहायता से अनुदेशन भी किया जाता है। अतः भाषा का प्रयोग भी किया जाता है। बिना भाषा के शिक्षण सम्भव नहीं। शिक्षण भाषा-विज्ञान की ही प्रक्रिया है। भाषा के प्रयोग द्वारा ही शिक्षक निर्देशन देता है, घटनाओं का वर्णन एवं व्याख्या करता है। अध्यापक और विद्यार्थियों में भाषा के बिना अन्तःक्रिया (Interaction) नहीं हो सकता।

(ii) शिक्षण एवं तर्क—शिक्षण की प्रक्रिया में संकेत, चिह्न, भाषा तथा तर्क, सभी कुछ शामिल हैं। पाठ्यवस्तु की लघु इकाईयों को क्रमबद्ध तरीके से प्रस्तुत करने के लिए 'तर्क' का सहारा लेना पड़ता है। शिक्षण की क्रियाओं की व्यवस्था तर्कपूर्ण ढंग से ही की जाती है। परीक्षा के लिए प्रश्नों के विषय में निर्णय तर्कपूर्ण ढंग से ही लिया जाता है। इस प्रकार शिक्षक प्रक्रिया की व्यवस्था, योजना, नियन्त्रण तथा मूल्याँकन में तर्क का होना बहुत आवश्यक है। अतः कहा जा सकता है कि शिक्षण के इन तीनों पक्षों को कुल मिलाकर ही शिक्षण कहा जाता है।

(iii) संकेत और चिह्न—शिक्षण प्रक्रिया में अध्यापक संकेतों और चिह्नों का उपयोग करते हैं। इनको ठीक तरह से समझ लेने के उपरान्त छात्र इसमें रुचि लेने लगते हैं। अध्यापक द्वारा प्रयोग किए संकेतों और चिह्नों की छात्र व्याख्या करते हैं तथा सम्प्रेषण में उनका प्रयोग भी करते हैं। पाठ्य-वस्तु के प्रस्तुतीकरण और मूल्याँकन में इन संकेतों और चिह्नों का प्रयोग खूब होता है। इससे शिक्षण-प्रक्रिया तथा मूल्याँकन आसान हो जाता है।

उत्तम शिक्षण की विशेषताएं

सफल शिक्षण की मुख्य विशिष्टताएं निम्नांकित बिन्दुओं के द्वारा प्रस्तुत की जा सकती हैं

1. अच्छा शिक्षण, आत्मविश्वास उत्पन्न करता है अच्छे शिक्षण का उद्देश्य हैबालक में आत्म-विश्वास का विकास करना, जिससे कि वह स्वतन्त्र चिन्तन कर सके और अपनी बुद्धि का प्रयोग करके अपनी समस्याओं का समाधान कर सके। यदि शिक्षण बालक में आत्म-विश्वास का विकास नहीं करता है, तो सन्तुलित ज्ञान का संचय करने के बाद भी उसमें मौलिक और साहसी कार्यों को करने की क्षमता नहीं होती है। ऐसी दशा में उसका कठोर परिश्रम से अर्जित ज्ञान व्यर्थ हो जाता है।

2. अच्छा शिक्षण, ज्ञान का मूल्याँकन करता है एक सफल अध्यापक समय-समय पर अपने वर्ग के छात्रों का मूल्यांकन करता है। मूल्यांकन के उपरांत

प्राप्त परिणामों से ही शिक्षण को सफल या असफल समझा जाता है। **मरसेल** ने ठीक ही लिखा है **"शिक्षण की अन्तिम कसौटी परिणाम है।"** परिणाम को जाँचने वाली प्रचलित विधि हैनिबन्धात्मक प्रकार की परीक्षा, जिसकी सभी शिक्षाविदों द्वारा कटु आलोचना की गई है। यह विधि न तो बालकों के मानसिक विकास को, और न उनके विचार तथा कार्य को प्रभावित करती है। यही कारण है कि संसार के प्रगतिशील देशों में इस विधि का परित्याग करके अर्जित ज्ञान के मूल्याँकन के लिए नवीन विधियों का प्रयोग किया जाता है।

3. अच्छा शिक्षण, रुचियों व मूलप्रवृत्तियों का विकास करता है अच्छा शिक्षण बालक की रुचियों और मूलप्रवृत्तियों का विकास करता है। बालक में शिक्षण द्वारा जितनी ही अधिक रुचियों का विकास कर दिया जाता है, वह उतना ही अधिक सुखी, कुशल एवं सन्तुलित जीवन व्यतीत करने में सफल होता है। इसके अतिरिक्त, उसकी मूलप्रवृत्तियों को शिक्षण द्वारा उस प्रकार विकसित किया जाता है कि वह उनको स्वतन्त्र रूप से समाजीकृत ढंग से व्यक्त कर सके है।

4. अच्छा शिक्षण, सीखने में पथ-प्रदर्शन की योग्यता होती है अच्छा शिक्षण वह नहीं है, जो बालक को अधिक से अधिक ज्ञान प्रदान करता है, उसे अनुचित कार्य करने से रोकता है या उसकी दूषित प्रवृत्तियों का दमन करता है। इसके विपरीत अच्छा शिक्षण वह है, जो बालक को ऐसे मार्ग की ओर अग्रसर करता है, जिसका अनुसरण करके वह ज्ञान प्राप्त कर सकता है, अपने व्यक्तित्व का विकास कर सकता है।

5. अच्छा शिक्षण, दया व सहानुभूतिपूर्ण होता है अच्छा शिक्षण प्रदान करने के लिए दया और सहानुभूति की परम आवश्यकता है। इन गुणों के अभाव में, शिक्षण-कला का मर्मज्ञ होने पर भी शिक्षक अपने कार्य में रंचमात्र भी सफलता प्राप्त नहीं कर सकता है? **सिम्पसन व योकम** ने ठीक ही लिखा है"अच्छा शिक्षण ऐसे वातावरण में सम्भव नहीं है, जिसमें छात्रों की रुचियों और आवश्यकताओं के प्रति दया और सहानुभूति का अभाव है।"

6. अच्छा शिक्षण, सहयोगी होता है एक उत्तम शिक्षण प्रणाली शिक्षक और विद्यार्थियों के मध्य समन्वयकारी की भूमिका निभाता है। अतः अच्छा शिक्षक अपने शिक्षण-कार्य को इस प्रकार नियोजित करता है कि उसे तर्क, वाद-विवाद आदि के द्वारा अपने छात्रों का सहयोग प्राप्त हो सके। ऐसा न होने से उसका शिक्षण असफल होता है। जो शिक्षक सारे समय बोलता रहता है और छात्रों को बोलने का अवसर नहीं देता है, उसकी कक्षा में सजगता और सजीवता का अभाव होता है।

7. अच्छा शिक्षण, सुझावात्मक होता है अच्छे शिक्षण का आधार सुझाव है, न कि आदेश। अतः शिक्षक को चाहिए कि वह अपने छात्रों को विभिन्न कार्यों, उनके उद्देश्यों और उनमें प्रयोग की जाने वाली सामग्री का सुझाव दे। सिम्सपन और योकम ने ठीक ही लिखा है"अच्छा शिक्षण आदेश के बजाय सुझाव के आधार पर आगे बढ़ता है।"

8. अच्छा शिक्षण, जनतन्त्रीय होता है एक उत्तम शिक्षण प्रणाली में प्रजातांत्रिक माहौल निर्मित करने का प्रयत्न किया जाता है। इस वातावरण में शिक्षक यह मान लेता है कि सभी छात्रों के समान अधिकार हैं, सभी के लिए समान नियम हैं, और सभी में सामाजिक समानता है। वह धनी और निर्धन, उच्च और निम्न परिवार के छात्रों में किसी प्रकार का भेदभाव नहीं करता है। अतः उनमें यह विश्वास उत्पन्न हो जाता है कि वे सामाजिक दृष्टि से समान स्तर पर हैं। परिणामस्वरूप, उनमें जनतन्त्रीय भावनाओं का विकास होता है और वे अपने कर्त्तव्यों का पालन एवं दूसरों के अधिकारों का सम्मान करना सीख जाते हैं।

9. अच्छा शिक्षण, प्रेरणादायक होता है अच्छा शिक्षण बालक को सीखने के लिए प्रेरणा देता है। अच्छा शिक्षक अपने व्यक्तित्व और कार्यों से छात्रों के व्यक्तित्व और कार्यों को प्रेरित करता है। **सिम्पसन व योकम** के अनुसार"योग्य शिक्षक के प्रेरणादायक व्यक्तित्व के अभाव में कक्षा-कक्ष बचपन की शिक्षा के लिए शीघ्र ही अव्यवस्थित और प्रभावहीन साधन हो जाता है।"

10. अच्छा शिक्षण, सुनियोजित होता है अच्छे शिक्षण की एक सुनियोजित योजना होती है और यह पाठ्यक्रम को इस बात की पूरी जानकारी हो जाती है कि उसे शिक्षण के समय किन तथ्यों, विधियों और उपकरणों का प्रयोग करना पड़ेगा, और उनके सामने कौन-सी कठिनाइयाँ तथा समस्याएँ आयेंगी। वह इस बात का पूर्ण अनुमान लगा लेता है कि कक्षा में उसे किन परिस्थितियों का सामना करना पड़ेगा। अतः वह अपनी पूर्व योजना की सहायता से अपने उद्देश्य को प्राप्त करने में सफल होता है। पर योजना लचीली होनी चाहिए, ताकि इसमें समय और आवश्यकता के अनुसार परिवर्तन किया जा सके।

11. अच्छा शिक्षण, उपचारपूर्ण होता है अच्छे शिक्षण में बालकों की वैयक्तिक और सामूहिक समस्याओं को दूर करने का प्रयत्न किया जाता है। कुछ कठिनाइयाँ ऐसी होती हैं, जिनको शिक्षण स्वयं सरलता से दूर कर देता है। पर कुछ ऐसी होती हैं, जिनको दूर करने के लिए उसे विशेषज्ञ की सहायता लेनी पड़ती है। फिर भी यदि शिक्षक को सीखने की समस्याओं और विभिन्न विषयों के शिक्षण की

विधियों की पूर्ण जानकारी है, तो वह बालकों की प्रायः सभी कठिनाइयों का निवारण कर सकता है। आधुनिक शिक्षण-कला और मापन-विधियाँ इतनी प्रगति कर चुकी हैं कि बालकों की सभी कठिनाइयों के लिए प्रभावशाली उपचार विद्यमान है।

12. अच्छा शिक्षण, शिक्षक के अनुभवों को मान्यता देता है शिक्षण अच्छा तभी समझा जाता है, जब शिक्षक अपने पूर्व अनुभवों को मान्यता देकर उनसे लाभ उठाता है। शिक्षण के समय वह बालकों के सम्पर्क में आता है, विभिन्न शिक्षण-विधियों का प्रयोग करता है और विभिन्न परिणामों पर पहुँचता है। अपने अगले शिक्षण में वह इन अनुभवों से लाभ उठाता है, अपनी पिछली त्रुटियों को सुधारता है और परिणामों को अधिक प्रभावपूर्ण बनाता है। परिणामतः उसके शिक्षण में दिन-प्रतिदिन सुधार होता चला जाता है।

13. अच्छा शिक्षण, बालक के अनुभवों को मान्यता देता है उत्तम शिक्षण प्रणाली में छात्र द्वारा पूर्व में अर्जित किए गए अध्ययन अनुभव को आधार बनाया जाता है। अतः शिक्षण के समय उसकी रुचियों, मनोवृत्तियों, योग्यताओं और आदतों को ध्यान में रखा जाता है। इसके अनुसार ही शिक्षण की नई सामग्री और नई क्रियाओं को चुना जाता है। दूसरे शब्दों में शिक्षण का मुख्य आधार बालक के पूर्व अनुभवों का पुनर्संगठन है। उसको दिया जाने वाला नया ज्ञान उसके पूर्व ज्ञान से सम्बन्धित किया जाता है।

14. अच्छा शिक्षण, कठिनाइयों का निदान करता है एक उत्तम शिक्षण प्रणाली में विद्यार्थी की समस्याओं को दूर करने पर मुख्य रूप से जोर दिया जाता है। वह किसी बात को सीखने में रुचि क्यों नहीं लेता है? वह सीखने में त्रुटियाँ क्यों करता है? वह दूसरों की अपेक्षा देर से क्यों सीखता है? अच्छा शिक्षक इन और इसी प्रकार की अन्य कठिनाइयों के कारणों को जानने का सफल प्रयास करता है।

15. अच्छा शिक्षण, प्रगतिशील होता है शिक्षण अच्छा तभी समझा जाता है, जब बालक की मनोवृत्तियों, रुचियों, विचारों, कुशलताओं, योग्यताओं, ज्ञान के अर्जन और विचार तथा कार्य की आदतों के विकास में उचित सामाजिक लक्ष्यों की ओर प्रगति होती है। बालक की प्रगति के साथ-साथ शिक्षण की प्रगति भी आवश्यक है। उसे अपनी शिक्षण-विधियों में निरन्तर प्रगति करते रहना चाहिए। इस प्रकार शिक्षण प्रगतिशील तभी कहा जाता है, जब बालक और शिक्षणदोनों प्रगति के पथ पर आगे बढ़ते हैं।

भाषा का आशय

भाषा वह माध्यम है जिससे धर्म, संस्कृति, विचार और भाव सुरक्षित रहता है। भाषा के कारण ही खोज और अनुसंधान के क्षेत्र में इतनी तरक्की हो सकी, जिससे मानव चांद और अन्य ग्रहों तक पहुंचने में सफल हो सका। भाषा के द्वारा ही मनुष्य किसी नवीन विषय के बारे में जानकारी प्राप्त करता है। भाषा मानव को प्रकृति द्वारा प्रदत्त वस्तु नहीं है, वरन् इसे मानव ने अपने ज्ञान और परिश्रम द्वारा अर्जित किया है। मानव के उद्‌भव और विकास के साथ ही भाषा को मानव ने ग्रहण कर लिया। वर्तमान परिप्रेक्ष्य में आर्थिक, सामाजिक, राजनीतिक, राष्ट्रीय, अन्तर्राष्ट्रीय और वैज्ञानिक सभी क्षेत्रों में मानव अपने विचारों, भावों और ज्ञान के आदान-प्रदान में सक्षम है, जिसका सारा श्रेय भाषा को ही जाता है। दूसरे शब्दों में हम कह सकते हैं कि भाषा, विचार और ज्ञान को अभिव्यवक्त करने का एक सशक्त माध्यम है। यही कारण है कि भाषा का दर्जा मातृ के समान है।

सामान्य रूप से जब किसी विषय पर हम सोचना आरंभ करते हैं तो हमारी मानसिक सोच भाषा के रूप में हमारे समक्ष आती है। भाषा में विचार अन्तर्निहित होते हैं। इस तरह हम कह सकते हैं कि चिन्तन और भाषा में घनिष्ठ सम्बन्ध है चूँकि चिंतन को व्यावहारिक रूप में हम भाषा से अलग नहीं कर सकते। इस प्रकार यह कहा जा सकता है कि भाषा चिंतन और अभिव्यक्ति का साधन है।

अपनी सोच और ज्ञान को प्रकाशित करने का सांकेतिक साधन भी भाषा को कहा जाता है। भाव हमारे नाक, सिर, भौं, हाथ-पैर, आंख, इत्यादि अंगों के संचालन द्वारा होता है। परन्तु भावों की पूर्ण अभिव्यक्ति ध्वनि-संकेतों के द्वारा सरल और आसान होती है। इस प्रकार यह ध्वनि संकेत ही पूर्ण भाषा है। आंगिक संकेतों का उपभोग प्रत्यक्ष उपस्थिति में ही किया जा सकता है। इनका संप्रेषण दूर-दूर तक नहीं किया जा सकता है। परन्तु ध्वनि-संकेतों का संप्रेषण दूर-दूर तक किया जा सकता है। साथ ही, ध्वनि-संकेत को लिपिबद्ध कर लिखित रूप भी दिया जाता है जिससे इसकी संप्रेषणनीयता और समृद्ध होती है। इसमें और ज्यादा स्थायित्व आ जाता है। भाषा का लिपिबद्ध रूप कालजई होता है। इस कथन के समर्थन में प्राचीन साहित्य यथावेद, पुराण, रामायण, महाभारत, आदि का उदाहरण दिया जा सकता है। ये साहित्य लिपिबद्ध होकर आज भी हमारे समक्ष उपलब्ध हैं। जैसा कि पुरातत्ववेत्ताओं का कहना है कि आर्य अपने सभ्यता के आरंभिक काल में ऋचाओं को पीढ़ी-दर-पीढ़ी कण्ठाग्र करते थे। विकास के क्रम में लिपि की उत्पत्ति कर उसे लिपिबद्ध किया।

उनका प्रथम लिपिबद्ध ऋचाओं का संग्रह ऋग्वेद है जिसकी रचना सप्तसिन्धु-प्रदेश (वर्तमान पंजाब) में सरस्वती नदी (जो अब लुप्त प्राय है) के किनारे हुई। इस प्रकार यह कहा जा सकता है कि भाव, विचार तथा अनुभवों को अभिव्यक्ति देने के लिए प्रयुक्त होनेवाला ध्वनि-संकेत, कथित या लिखित रूप में भाषा है।

भाषा मनुष्य के लिये एक ध्वनि संकेत की तरह है। जो विचारों हेतु भी प्रयुक्त किया जाता है और इसी कारण मनुष्य सब को परख पाता है। अब यहां एक महत्वपूर्ण प्रश्न उठता है कि क्या निरर्थक ध्वनि-संकेत भी भाषा ही है? इस प्रश्न के उत्तर में यह कहा जा सकता है कि भाषा का प्रयोग सापेक्ष अर्थों में लिया जाता है। भाषा समाज सापेक्ष है तथा मानव-सापेक्ष भी है। समाज और मानव से विभाजित होकर न इसका कोई महत्व है और न ही अस्तित्व ही, चूँकि भाषा का प्रयोग मानव करता है और वह भी अपने समाज में करता है। इस प्रकार भाषा, सहज समाज-सम्मत तथा ग्रहण करने योग्य होती है। भाषाविदों ने भाषा का अर्थ इस प्रकार किया हैविचार अभिव्यक्ति की समाज-स्वीकृति, व्यक्त वर्ण, ध्वनि-संकेत, भाषा है। इन ध्वनि संकेतों में अर्थ की पूर्णता तथा प्रभावकारिता अंग-संचालन एवं भाव-मुद्राओं द्वारा आती है। इस प्रकार ये भी भाषा के एक अंग हैं। श्री स्वीट का कहना हैभाषा स्वर-ध्वनि के द्वारा विचारों का अभिव्यक्तिकरण है। श्री रामचंद्र वर्मा भी इसी के सर्मथक हैं। उनका कहना है कि मुख से उच्चरित होनेवाले शब्दों और वाक्यों का वह समूह, जिसके द्वारा मन की बात बतलाई जाती है, भाषा है। लोगों का यह कहना सही है कि स्वर-ध्वनि अथवा उच्चारित शब्द वाक्य भाषा है, लेकिन इसका लिखित स्वरूप भी भाषा ही है। वर्तमान समय में भाषा का लिखित रूप ही प्रामाणिक और उपयोगी है। क्योंकि इसमें सरल व सुलभ संप्रेषणीयता के अतिरिक्त कालातीत होने की भी क्षमता है।

भाषायी विकास मानव सभ्यता के उद्‌भव के साथ ही प्रारंभ हो गई थी। यही कारण है कि विश्व में बोली जाने वाली भाषाओं की संख्या हजारों में है और दो-ढाई किलोमीटर के अंतराल पर ही भाषा में आंचलिक भिन्नता आ जाती है। कुछ भाषाएं व्याकरण और शब्दावली की दृष्टि से अधिक समृद्ध होती हैं और कतिपय भाषाएं कम समृद्ध। समृद्ध व विकसित भाषाओं का रूप निश्चित है और अविकसित व कम समृद्ध भाषाओं का रूप अनिश्चित। कुछ भाषाएं तो इतनी कम प्रचलित हैं कि उनकी अपनी कोई लिपि नहीं है जिसकी वजह से उसका लिखित रूप अभी शुरू ही नहीं हुआ है। आदिवासियों की भाषाएं इस श्रेणी में आती हैं। विकसित भाषाओं के अंतर्गत भी कई बोलियां होती हैं। जैसे हिन्दी को ही लीजिए, इसकी प्रमुख बोलियां

हैं, मगही, भोजपुरी, छत्तीसगढ़ी इत्यादि। इन बोलियों में शब्दों व वाक्यों के बीच आन्तरिक समता होती है। इसके कारण विकसित भाषा की विभिन्न बोलियों को बोलने वाले लोग आपस में आसानी से विचारों का लेन-देन कर लेते हैं।

दुनिया में कई ऐसे क्षेत्र हैं जहाँ अत्यधिक भाषाई विविधता है। यथालैटिन अमेरिका का प्रदेश। वहां कई सौ भाषाएं बोली जाती हैं। स्वाहिली यहां की सबसे अधिक विकसित भाषा है। इस क्षेत्र में विचारों के आदान-प्रदान के लिए लोग न्यूनतम दो भाषाएं सीखते हैं। अपने भारत में भी भाषा विविधता कुछ कम नहीं है। लेकिन हिन्दी सबसे अधिक समृद्ध और विकसित भाषा है। इसकी लिपि देवनागरी भी सरल व सुबोध है।

कई दृष्टिकोण से भाषा का मानक निरूपण किया जा सकता है। समाजशास्त्री भाषा को सामाजिक लेन-देन का साधन मानते हैं। वस्तुतः यह विनिमय मुख्य रूप से विचारों का होता है।

किसी भी दृष्टिकोण से देखने पर भाषा का महत्व परिलक्षित होता है। यह एक पीढ़ी से दूसरी पीढ़ी को हस्तांतरित होता आया है। इसी कारण इसका महत्व बना रहता है।

सांस्कृतिक नजरिये से देखने पर भाषा एक सांस्कृतिक तथा संप्रेषणीय वस्तु है। भाषा द्वारा ही एक पीढ़ी अपनी संस्कृति अगली पीढ़ी को संप्रेषित करती चलती है। भाषा ही पीढ़ी-दर-पीढ़ी सामाजिक आयाम को एक सूत्र में जोड़ती है। भाषा सांस्कृतिक चेतना का दूत है। यह केवल संस्कृति की वाहिनी ही नहीं बल्कि संरक्षिका भी है। इस कार्य के लिए भी इसका लिखित रूप ही ज्यादा मानक है।

भौतिक दृष्टिकोण से भाषा की विवेचना अध्ययन स्वर-यंत्रों एवं ध्वनि-अवयवों के सन्दर्भ में किया जाता है। इस दृष्टिकोण से भाषा को ध्वनियों का एक समूह मात्र माना जाता है।

अंततोगत्वा यह पूर्ण विश्वास के साथ कहा जा सकता है कि भाषा एक ध्वनि-संकेत है, जिसके द्वारा सामाजिक मानव अपने भावों एवं विचारों का आदान-प्रदान करता है। भाषा का लिखित रूप भी होता है। जिसके लिए लिपि विकसित की गई है। लिपि ध्वनि प्रतीक चिह्न है। भाषा का लिखित रूप अधिक प्रामाणिक एवं स्थायी होता है। भाषा सामाजिक मानव द्वारा एक अर्जित उपलब्धि है। यह अर्जित उपलब्धि पीढ़ी-दर-पीढ़ी संप्रेषित, संवर्द्धित तथा परिष्कृत होती चलती है।

भाषा की परिभाषाएं

सुमित्रानन्दन पंत के विचार मेंभाषा संसार का नादमय चित्र है, ध्वनिमय स्वरूप है, यह विश्व की हृदयतंत्री की झंकार है, जिनके स्वर में अभिव्यक्ति होती है।

भोलानाथ तिवारी के विचार मेंभाषा सुनिश्चित प्रयत्न के फलस्वरूप मनुष्य के मुख या वाणी से निःसृत वह सार्थक ध्वनि समष्टि है, जिसका विश्लेषण और अध्ययन किया जाता है।

सुकुमार सेन के अनुसारअर्थवान कष्ठोदीर्ण ध्वनि-समष्टि ही भाषा है।

काव्यादर्श के विचार मेंयदि शब्द रूपी ज्योति से यह संसार प्रदीप्त न होता, तब यह समस्त संसार अन्धकारमय हो जाता।

बाबूराम सक्सेना के विचार मेंभाषा से तात्पर्य, विचारों एवं भावों का व्यक्तिकरण प्रमुख रूप से श्रोत, ग्राह्य ध्वनि चिन्हों से प्रमाणित होता है गौण रूप से दर्शन संकेत या स्पर्श द्वारा ग्राह्य लेख, मुद्रण आदि से है।

स्वीट के विचार मेंध्वन्यात्मक शब्दों द्वारा विचारों की अभिव्यक्ति ही भाषा है।

क्रोंच के विचार मेंभाषा अभिव्यक्ति की दृष्टि से उच्चरित एवं सीमित ध्वनियों का संगठन है।

सीताराम चतुर्वेदी के विचार मेंभाषा के आविर्भाव से समस्त मानव मण्डल गूंगों की विराट नगरी बनने से बच गया और इसी के परिणामस्वरूप जीव मण्डल में सर्वोच्च स्थान पाया है।

भाषा की प्रकृति

1. भाषा विचार की अभिव्यक्ति होती हैभाषा मानव के विचारों को अभिव्यक्त करने का एक सशक्त माध्यम है। मानव की संवेदना, हास्य, व्यंग्य आदि भाव भाषा से स्पष्ट होते हैं। मानव की भाषा हमेशा उसके विचार को मुखरित करती है। ऐसा कहा जा सकता है कि भाषा और विचार एक सिक्के के दो पहलू हैं जो हमेशा साथ रहते हैं। मानव जब भी अपने भाव को अभिव्यक्त करना चाहेगा उसे भाषा माध्यम की आवश्यकता महसूस होगी। दूसरी ओर मानव जब भी भाषा का प्रयोग करेगा उसके मनोभाव स्पष्ट होंगे। इस प्रकार ये एक दूसरे के पूरक हैं।

2. भाषा वातावरणीय होती है, वंशानुगत नहीं भाषा का प्रदेश विशेष या भौगोलिक परिक्षेत्र से घनिष्ठ संबंध होता है। नवजात शिशु जिस परिवेश में जन्म

लेता है उस परिवार या स्थान की भाषा बोलना शुरू करते ही सीख जाता है। इसी प्रकृति के कारण भाषा में क्षेत्रगत बदलाव आ जाता है। अगर बच्चा हिन्दी भाषी परिवेश में रहता है तो हिन्दी भाषा सीखेगा, अगर अंग्रेजी भाषी परिवेश में रहता है तो अंग्रेजी सीखेगा। बच्चा जन्म से किसी भाषा को सीखकर नहीं आता। वह अपने परिवर्द्धन काल में परिवेश के लोगों के विचार संप्रेषण के साधनों का अनुकरण करता है। इस सन्दर्भ में एक छोटा-सा उदाहरण दिया जा सकता हैअगर हिन्दी-भाषी परिवार का बच्चा यदि जन्म के पश्चात अंग्रेजी-भाषी परिवार में पाला जाए तो वह अंग्रेजी भाषी होगा। यदि अंग्रेजी-भाषी परिवार का बच्चा जन्म के पश्चात हिन्दी-भाषी परिवार में पाला जाए तो वह हिन्दी भाषी हो जाएगा। यह परिवर्तन अन्य भाषाओं के साथ भी हो सकता है। अतः यह स्पष्ट है कि भाषा वातावरणीय होती है, वंशानुगत नहीं होती।

3. भाषा परिवर्तनशील होती हैभाषा स्थान बदलने के साथ ही बदल जाता है। क्योंकि भाषा पर समय, स्थान और व्यवहार का प्रभाव पड़ता है। सामान्य रूप से कोई भाषा-भाषी अपनी भाषा में विशेष परिवर्तन नहीं आने देना चाहता फिर भी कालान्तर में भाषा बहुत परिवर्तित हो जाती है। उसके लिए चौसर की अंग्रेजी की तुलना वर्तमान अंग्रेजी से की जा सकती है जो काफी विभिन्नता प्रदर्शित करती है। ईसा पूर्व 1500 से 900 के बीच, जिस समय वेदों की रचना हुई, संस्कृत भाषा आज की तुलना में काफी कठिन थी। आधुनिक हिन्दी का स्वरूप भी प्राचीन हिन्दी से काफी पृथक् है। आधुनिक हिन्दी में अरबी, फारसी, अंग्रेजी और उर्दू के शब्दों का समावेश होने के कारण इसके स्वरूप में परिवर्तन आया है।

4. भाषा अनुकरणीय होती हैभाषा ग्रहणशील होती है, ठीक मानव-मस्तिष्क के समान। जिस प्रकार मानव मस्तिष्क किसी भी घटना तथा परिवर्तन को तुरन्त ग्रहण करने की क्षमता रखता है। उसी प्रकार भाषा भी नवीन शब्द, लोकोक्ति, मुहावरा अथवा अभिव्यक्ति शैली को ग्रहण कर लेती है। भाषा की इस ग्रहणशीलता प्रकृति के कारण ही साहित्य में युग-परिवर्तन होते चलते हैं।

5. भाषा परंपरा से संबंधित है एक पीढ़ी अपनी भाषा का आदान-प्रदान करती है। अतः भाषा परंपरागत रूप आत्मसात कर लेती है। जिसके कारण भाषा के परिवर्तित रूप में भी उसके मूलरूप के दर्शन होते हैं। भाषा में परंपरा से शब्द, वाक्य, रचना, अभिव्यक्ति शैली तथा लोकोक्ति-मुहावरे प्रविष्ट होते हैं। उदाहरण के लिए सूर, तुलसी, कबीर, रहीम आदि की काव्य अभिव्यक्ति-शैली का अनुकरण वर्तमान में भी किया जा रहा है। हमारी मातृभाषा हिन्दी भी संस्कृत से परिवर्तित होकर

आई है। लेकिन अभी भी शब्द-रचना, वाक्य विन्यास, अभिव्यक्ति शैली सभी संस्कृत के सदृश्य ही है। अतएव यह सिद्ध है कि भाषा परंपरा से संबंधित होती है।

6. भाषा का रूप उच्चारित होता है मानव के पास ध्वनियों के उच्चारण के अवयव हैं। अतः वह अपने भावों को ध्वनि संकेतों के माध्यम से व्यक्त करता है।

7. भाषा का रूप लिखित होता है भाषा के विकास के साथ ही मनुष्य ने लिपि के क्षेत्र में भी अनुसंधान किया। अब मनुष्य अपने विचारों को लिपि में आबद्ध करता है। हड़प्पा संस्कृति के लोग चित्रलिपि का प्रयोग करते थे। प्राचीन मिस्र की लिपि हरेगेलेफिक थी।

भाषागत स्वरूप

भाषा के रूप पर हम दो दृष्टियों से विचार करते हैं1. प्रयोग के अनुसार तथा 2. व्यावहारिक दृष्टि। इन दोनों रूपों का विभाजन सामान्य रूप से निम्न ढंग से किया जा सकता है

1. प्रयोग पर आधारित भाषाई रूप

1. लिखित मौखिक अथवा उच्चारित भाषा को जब लिपिबद्ध कर दिया जाता है तो वह लिखित भाषा कहलाती है। यह भाषा का स्थायी व महत्वपूर्ण रूप होता है। इसे स्थायी भाषा भी कहा जाता है। लिखित भाषा स्थायी होने के साथ-साथ निश्चित भी होती है। लिखित भाषा के कारण ही कि आज हम पुस्तक निर्मित करते और उसे पढ़ते है। लिखित भाषा संस्कृति एवं साहित्य की संरक्षिका तथा संवाहिका होती है।

2. कथित इसे मौखिक भाषा भी कहा जा सकता है। सामान्य रूप से यह भाषा अक्षरों का ध्वन्यात्मक रूप है। साधारण बातचीत में इस प्रकार की भाषा का प्रयोग किया जाता है। यह भाषा बाल्यावस्था से परिवार एवं पड़ोस में सीखी जाती है। प्राचीन भाषाविदों के अनुसार भाषा का यह अस्थायी रूप है लेकिन विज्ञान के इस युग में कुछ ऐसे साधन उपलब्ध हो गये हैं जिससे यह मान्यता महत्वहीन हो गई है। अब तो आधुनिक यंत्र की सहायता से उच्चारित भाषा को भी स्थायी बना दिया जाता है। वर्त्तमान में एक आदमी की बचपन की उच्चरित भाषा को टेपरिकॉर्ड उसी आदमी को जवानी तथा बुढ़ापे में सुना जा सकता है। इन्हीं वैज्ञानिक साधनों की कृपा से हम आज भी डॉ. राजेन्द्र प्रसाद तथा जवाहर लाल आदि महापुरुषों की उच्चरित भाषा को सुन सकने में समर्थ हैं।

2. व्यवहार पर आधारित भाषाई रूप

1. मातृभाषाजन्म ल `ने के उपरान्त शिशु अपने माता-पिता और परिवार के अन्य सदस्यों का अनुकरण करके जिस भाषा में बोलचाल आरंभ करता है वही मातृभाषा है। इसी भाषा में वह शुरू में बातचीत करता है। यह भाषा कोई बोली भी हो सकती है तथा कोई विकसित भाषा भी। किंतु विस्तृत अर्थ में क्षेत्र विशेष की वह भाषा मातृभाषा कहलाती है जिसे उस क्षेत्र का शिक्षित जन-समुदाय बोलता, लिखता तथा दैनिक व्यवहार में लाता है। इसी अर्थ में मातृभाषा है, उत्तर प्रदेश के लोगों की हिन्दी, महाराष्ट्र की मराठी, गुजरात के लोगों की गुजराती, और तमिलनाडु वालों की तमिल। मातृभाषा हमारी शिक्षा-दीक्षा, ज्ञानार्जन, अध्ययन तथा बौद्धिक विकास का साधन होती है।

2. मूल भाषा सारे विश्व में बहुभाषी परिवार हैं। इनमें से प्रत्येक भाषा-परिवार किसी-न-किसी आदि भाषा से उत्पन्न हुई है। यह आदि भाषा जिससे अन्य भाषाएं जन्म लेती हैं उस भाषा-परिवार की मूल भाषा कहलाती है। इस मूल भाषा से ही कालांतर में अनेक भाषाएं परिष्कृत होती हैं। हमारे देश के उत्तरी भाग की भाषाएं मुख्यतः आर्य-भाषा-परिवार की हैं जो वैदिक संस्कृति के समय थी। हिन्दी, बंगला, मराठी, गुजराती आदि इसी परिवार की भाषाएं हैं। इस प्रकार वैदिक संस्कृत आर्य-भाषा-परिवार की मूल भाषा है। इससे यह स्पष्ट हो जाता है कि किसी भी भाषा का वैज्ञानिक अध्ययन करने तथा उसके आंतरिक रूप को समझने के लिए उसकी मूल भाषा का पूर्ण ज्ञान होना आवश्यक है।

3. सांस्कृतिक-भाषाभाषा और संस्कृति में गहरा संबंध होता है। किसी संस्कृति के विकास में भाषा मददगार साबित होती है वहीं दूसरी तरफ भाषा के माध्यम से संस्कृति की अक्षुण्णता बनी रहती है। भाषा राष्ट्र की संस्कृति, सभ्यता, आचार-विचार तथा जीवन-मूल्य का भंडार है। जिस भाषा में यह भंडार सुरक्षित रहता है, उसे उस राष्ट्र की सांस्कृतिक भाषा कहते हैं। प्राचीन भारतीय संस्कृति की आत्मा को जानने के लिए संस्कृत भाषा का सम्यक् ज्ञान जरूरी है क्योंकि हमारी संस्कृति उसी भाषा में सुरक्षित है। अतः भारत की सांस्कृतिक भाषा संस्कृत है। इसी प्रकार यूरोप की सांस्कृतिक भाषा लैटिन तथा ग्रीक है। अरब देशों की सांस्कृतिक भाषा अरबी है। इससे यह स्पष्ट होता है कि किसी भी देश की भाषा को जानने के लिये उसकी सांस्कृतिक भाषा का पूरा-पूरा ज्ञान होना अनिवार्य है। तभी हम उस भाषा को जान सकते हैं।

4. अंतर्राष्ट्रीय भाषा पूर्ण रूप से विश्व में कोई भी भाषा पूर्ण विश्व स्तर पर स्वीकार नहीं की जाती है। लेकिन जो भाषा विश्व स्तर पर बोली और समझी जाती है उस भाषा को विश्व स्तर का दर्जा दिया जाता है। यह गौरव अंग्रेजी, फ्रेंच तथा अरबी भाषा को मुख्य रूप से प्राप्त है। विशेषकर अंग्रेजी भाषा विश्व के अनेक राष्ट्रों में वहां की राष्ट्रभाषा तथा राजभाषा के रूप में प्रचलित है। ग्रेट ब्रिटेन,आस्ट्रेलिया, न्यूजीलेंड, कनाडा, संयुक्त राज्य अमेरिका, ब्रिटिश गयाना आदि देशों की राष्ट्रभाषा अंग्रेजी ही है। भारत की केंद्रीय राजभाषा के रूप में अंग्रेजी अब भी चल रही है। इनके अतिरिक्त अनेक अन्य देशों में भी अंग्रेजी अस्तित्व में है। इस तरह अंग्रेजी सही अर्थों में अंतर्राष्ट्रीय भाषा है। दूसरे नंबर पर फ्रेंच का स्थान है तथा तीसरे नंबर पर अरबी का। अंतर्राष्ट्रीय भाषा के माध्यम से ही जगत के विभिन्न राष्ट्रों के लोग आपस में सुविधापूर्वक संपर्क स्थापित करते हैं। इसके अतिरिक्त इसका महत्व इससे भी है कि विश्व के अलग-अलग क्षेत्रों में हो रही ज्ञान-विज्ञान की प्रगति के लेन-देन में भी यह भाषा पूर्ण रूप से मददगार होती है।

5. उपभाषाकिसी उत्तम भाषा के बिगड़े रूप को उपभाषा का दर्जा दिया जाता है। भोलानाथ तिवारी के कथनानुसार ''उपभाषा भाषा का वह रूप है जिसे परिनिष्ठित एवं शिष्ट भाषा की तुलना में विकृत या अपभ्रष्ट समझा जाता है।'' गंवारू, अपभ्रष्ट, अगृहीत, अश्लील और अशिष्ट भाषा का उपयोग भाषा के इसी रूप में आता है।

6. राष्ट्रभाषा जिस तरह किसी राज्य के लिये एक प्रतीक होता है उसी प्रकार प्रत्येक राज्य के लिये एक भाषा होती है जो मान्यता प्राप्त होती है। इसी भाषा को राष्ट्रभाषा का नाम दिया जाता है। राष्ट्र विशेष का सम्पूर्ण शासन कार्य इसी भाषा में चलाया जाता है। साधारणता जिस देश में एक ही विकसित भाषा बोलचाल एवं शिक्षा का माध्यम होती है, वहां राजभाषा तथा राष्ट्रभाषा एक ही होती है। परन्तु संघात्मक राष्ट्रों में जहां एक से अधिक भाषाएं प्रचलित होती हैं, वहां एक मान्य भाषा राष्ट्रीय स्तर पर राजकाज चलाने तथा संपर्क स्थापित करने के काम में लाई जाती है। भारतीय संविधान में हिन्दी को राष्ट्र भाषा का दर्जा प्रदान किया गया है। हिन्दी भारत, मॉरीशस, फीजी, त्रिनीदाद, गुयाना, सुरीनाम, इंग्लैंड और दक्षिण अफ्रीका में बोली जाती है। हिन्दी विश्व में तीसरी सर्वाधिक लोगों द्वारा बोली जाने वाली भाषा है। रूस की राष्ट्रभाषा रूसी है। राष्ट्रभाषा संघात्मक राष्ट्रों में एकता स्थापित करने का एक मजबूत माध्यम भी है।

7. विदेशी भाषाकिसी देश में पढ़ी और समझी जाने वाली किसी दूसरे देश की भाषा, जो उस देश की सांस्कृतिक भाषा, मूल भाषा, मातृभाषा या राष्ट्रभाषा नहीं होती, उस देश के लिए विदेशी भाषा कहलाती है। इस तरह फ्रेंच, जर्मन, जापानी, चीनी, रूसी, अंग्रेजी आदि हमारे लिए विदेशी भाषा है।

8. उत्तम भाषाकई बोलियों के मिलने से किसी क्षेत्रीय भाषा का निर्माण होता है। यथाअंगिका, वज्जिका, मगही, भोजपुरी, मैथिली, ब्रज, अवधी, खड़ी बोली आदि। कई बोलियों के सम्मिश्रण से हिन्दी भाषा बनी है। अपनी लोकप्रियता और बहुप्रचलन के परिणामस्वरूप जब कोई एक बोली आदर्श मान ली जाती है तो पूरे क्षेत्र में उसी रूप को मानक रूप मानकर प्रयोग में लाया जाता है। साहित्य के क्षेत्र में भी भाषा के इसी रूप को आदर्श मानकर प्रयुक्त किया जाता है। यथा'खड़ी बोली' को आदर्श मानकर आज हिन्दी भाषा क्षेत्र में प्रयोग में लाया जाता है और इसी को साहित्य के क्षेत्र में मान्यता प्राप्त है। व्याकरण रचना, काव्य इत्यादि में भाषा के इसी रूप को 'हिन्दी' भाषा का आदर्श रूप मानकर चला जाता है।

9. राजभाषाहम सामान्य रूप से राजभाषा को शासन-भाषा कह सकते हैं। जिस राज्य में जिस भाषा को लेकर मानव राज्य चलाता है उस भाषा को वहां की राजभाषा कहते हैं। हमारे देश में अनेक राज्य हैं। इन राज्यों में से अलग-अलग राज्य की शासन-भाषा अलग-अलग है। जैसेबंगाल की बंगला, पंजाब की पंजाबी, महाराष्ट्र की मराठी, असम की असमिया, उड़ीसा की उड़िया, तमिलनाडु की तमिल इत्यादि। हां, मध्य प्रदेश, हरियाणा, बिहार, उत्तर प्रदेश, हिमाचल प्रदेश, राजस्थान इत्यादि राज्यों की राज भाषा हिन्दी है। संयोग से हिन्दी राष्ट्रभाषा भी है। जब किसी देश में एक ही भाषा विकसित होती है, तब वहां की मातृभाषा, राजभाषा और राष्ट्रभाषा एक ही होती है, यथाग्रेट ब्रिटेन की राजभाषा, मातृभाषा और राष्ट्रभाषा सभी अंग्रेजी ही है। इटली, फ्रांस, जर्मनी, मिस्र, जापान आदि में भी ऐसी ही स्थिति है। परन्तु संघात्मक देशों में अलग-अलग राज्यों की भाषा भिन्न-भिन्न होती है तथा राज्यों की राजभाषा में भी विभिन्नता पायी जाती है। इसके उदाहरण रूस और भारत हैं।

मातृभाषा का आशय

मातृभाषा का सामान्य अभिप्राय हैमां की भाषा। अर्थात् जननी और जन्मभूमि की भाषा। किसी शिशु का मातृभाषा से प्रथम साबका मां की गोद में होता है। कालान्तर में शिशु मां द्वारा बताई गई भाषा को ही जीवन में अपना लेता है।

भाषा-विकास के प्रारंभिक काल में यह परिभाषा सही हो भी सकती थी, परन्तु अब यह पूर्णतः सही नहीं कही जा सकती। आज के परिप्रेक्ष्य में मातृभाषा का अर्थ थोड़ा व्यापक हो गया है। वस्तुतः मानव-शिशु जन्म के उपरांत मात्र माता के साथ ही नहीं रहता और न ही केवल उसकी भाषा का अनुसरण करता है। इसके उपरांत गांव तथा अन्य सामाजिक व्यक्तियों के संपर्क में वह आता है तथा उनकी भाषा का भी अनुकरण करता है। इस प्रकार वह माता-पिता, भाई-बहन, अन्य परिजन तथा सामाजिक सदस्यों के एक पूरे समुदाय के बीच अपनी मौखिक भाषा का स्वाभाविक रूप से विकास करता है। मानव शिशु जन्म के बाद दूसरे पर आश्रित रहता है। बड़े होने के साथ शिशु का विकास एक सामाजिक वातावरण में होता है। जन्म पर आधारित इस परिवेश में शिशु जिस भाषा को सबसे पहले बोलता और सीखता है वही उसकी मातृभाषा कहलाती है।

शिशु के शारीरिक विकास के साथ उसकी औपचारिक शिक्षा की व्यवस्था की जाती है। इस शिक्षा के क्षेत्र में तो मातृभाषा का अर्थ और भी व्यापक हो जाता है। शिशु जिस क्षेत्र में पैदा होता है और शिक्षा प्राप्त करता है, उस क्षेत्र के शिक्षित व्यक्ति जिस भाषा द्वारा मौखिक एवं लिखित रूप में पारस्परिक विचार-विनिमय करते हैं, वह मातृभाषा कहलाती है। यही मातृभाषा साधारणतया प्रारंभिक शिक्षा का माध्यम होती है। यूं यह भी स्पष्ट है कि संकुचित क्षेत्र में असाहित्यिक बोलियां भी होती हैं। इन बोलियों में मौखिक रूप से आपस में दैनिक व्यवहार संबंधी विचारों का आदान-प्रदान होता है परन्तु इनका कोई स्थायी रूप नहीं होता। ये बोलियां एक विस्तृत क्षेत्र की लिखित एवं स्थिर भाषा से शाब्दिक तथा आर्थिक समानता रखती हैं। इस प्रकार शिक्षा-क्षेत्र में मातृभाषा के रूप में इसी स्थिर तथा लिखित भाषा को ग्रहण किया जाता है। उदाहरणतः हिन्दी मातृभाषा वाले क्षेत्र में अनेक बोलियों को देखा जा सकता है। जैसेमगही, मैथिली,भोजपुरी, वज्जिका, अंगिका, ब्रजभाषा, अवधी, इत्यादि। अब तो मैथिली, भोजपुरी जैसी लोक भाषाओं के लिखित रूप भी प्रचलित हो गए हैं।

मातृभाषा के रूप में हिन्दी की उपयोगिता

1. विचार संप्रेषण का सरलतम साधनविचार प्रकट करने का मातृभाषा सरलतम साधन है, वस्तुतः शिशु जन्म के कुछ ही दिनों बाद भाषा सीखने लगता है। यह उसकी अनुकरण की स्थिति होती है। प्रारंभ में वह अपने मां-बाप तथा परिवार

के अन्य सदस्यों का अनुकरण करके भाषा सीखता है। तत्कालीन जीवन से संबंधित तथा रुचि की वस्तुओं के नाम का उच्चारण करता है। मां, दूध, पानी, खाना, कौआ, बिल्ली, कुत्ता, खिलौना, आदि ऐसी वस्तुएं एवं प्राणी हैं जिनसे उसका नजदीक का संबंध होता है अथवा जिनके प्रति उनकी रुचि होती है। इनके नाम वह बार-बार लेना पसंद करता है। बच्चों में सामान्य रूप से आवृत्ति की यह मनोवृत्ति पाई जाती है। इस प्रकार प्रारंभिक जीवन, आवश्यकताओं तथा रुचि से संबंधित शब्दों वाली भाषा से शिशु का संबंध अत्यंत निकट का हो जाता है। आगे चलकर इस भाषा से वह बड़ी सुगमता से अपने विचारों को प्रकट कर सकता है। इतना ही नहीं उसके विचार तथा भाव भी इसी भाषा में उठते तथा स्वरूप ग्रहण करते हैं। जन्म और जीवन के संबंध रहने के कारण मातृभाषा मानव के जीवन एवं विकास का आवश्यक अभिन्न अंग बन जाती है। फलस्वरूप जितनी सुगमता से मानव अपनी मातृभाषा में भाव एवं विचार अभिव्यक्त कर सकता है, उतनी सुगमता से किसी भी अन्य भाषा में नहीं। सत्य तो यह है कि मातृभाषा का हमारे जीवन से अन्योन्याश्रित संबंध है। मातृभाषा मानव के अचेतन मन के तल तक पहुंच जाता है। जब अत्यधिक विपत्ति अथवा संकट में वह पड़ जाता है, तब अनायास ही उसके मुंह से त्राण के शब्द मातृभाषा में ही निकल जाते हैं। स्पष्ट है कि मातृभाषा के समान निपुणता किसी भी अन्य भाषा में नहीं प्राप्त हो सकती। अतः 'अभिव्यक्ति के सरलतम साधन' के रूप में मातृभाषा का महत्व निर्विवाद है।

2. शिक्षा का सर्वश्रेष्ठ माध्यम किसी बच्चे को उसकी मातृभाषा में शिक्षा प्रदान करना काफी सहज होता है। क्योंकि बच्चा उस भाषा को पूर्णरूपेण बोलता, लिखता और समझता है। यही वजह है कि बालक किसी अन्य भाषा को आसानी से नहीं रख सकता। मातृभाषा द्वारा शिक्षा प्रभावकारी एवं स्थायी भी होती है। शिक्षक जितने सरल तथा प्रभावकारी रूप से अपने विचारों को प्रकट करता है। छात्र भी उतनी आसानी तथा रुचि से उन्हें ग्रहण करता है। समाजशास्त्र, इतिहास, भूगोल, विज्ञान, गणित आदि सभी विषय मातृभाषा के माध्यम से सिर्फ सरल बनाए जा सकते हैं, बल्कि उनका शिक्षण लाभकारी एवं स्थायी भी होगा। अपरिपक्व मस्तिष्क वाले छात्र विदेशी भाषा में अधूरा ज्ञान रखने के कारण उसके माध्यम से किसी भी विषय को सुंदर तरीके से समझने एवं ग्रहण करने में असमर्थ होते हैं। अपनी मातृभाषा में अनुसंधान करने के कारण ही आज अमेरिका, इंग्लैंड, रूस, जर्मनी, फ्रांस, जापान और चीन इतनी प्रगति कर सके हैं जिससे इनकी गिनती विश्व के विकसित देशों में की जाती है। इन सभी देशों में सम्पूर्ण विषयों की शिक्षा मातृभाषा अंग्रेजी, रूसी, जर्मन,

फ्रेंच, जापानी और चीनी भाषा में दी जाती है। परिणामस्वरूप उन देशों में टेक्नोलॉजी, विज्ञान, साहित्य तथा अन्य विषय अपनी सर्वोच्चता पर है। इसके प्रतिकूल हमारे देश में विदेशी अंग्रेजी भाषा माध्यम के रूप में बना रहने के कारण आज भी इन विषयों का अपेक्षित विकास नहीं हुआ है। शिक्षा-क्षेत्र में मातृभाषा की उपेक्षा न सिर्फ व्यक्ति को कमजोर बनाती है, बल्कि इससे देश का प्रगति भी काफी धीमी पड़ जाती है। यहां यह भी ज्ञातव्य है कि छात्रों का अधिकांश समय हमारे देश में अंग्रेजी सीखने में ही चला जाता है। अन्य विषयों में वे स्वभावतः पिछड़ जाते हैं। साथ ही विदेशी भाषा में पूर्ण निपुण न होने के कारण विषयों को पूर्ण रूप से समझ भी नहीं पाते। अतएव निर्विवाद रूप से शिक्षा का सरलतम एवं सर्वोत्तम साधन मातृभाषा है। रवीन्द्रनाथ ठाकुर ने भी कहा है'अंग्रेजी भाषा के घूंघट में छिपी हुई विद्या, स्वभाव से हमारे मन की सहवर्तनी होकर नहीं चल सकती। यही वजह है कि हममें से अधिकांश लोगों को जितनी शिक्षा मिलती है, उतनी विद्या नहीं मिलती।' इसी तरह गांधीजी के शब्द भी इस महत्व को उजागर करते हैं'बालक पहला पाठ अपनी माता से ही पढ़ता है, इसलिए उसके मानसिक विकास के लिए उसके ऊपर मातृभाषा के अतिरिक्त कोई दूसरी भाषा लादना मैं मातृभूमि के विरुद्ध पाप समझता हूं।' इन कथनों से भी इस महत्व की पुष्टि होती है।

3. सामाजिक विकास में सहायक यह निर्विवाद है कि मानव एक सामाजिक प्राणी है। समाज के अंदर वह विचारों का पारस्परिक आदान-प्रदान करता है। और यह भाषा मुख्य रूप से मातृभाषा होती है। अतएव मानव सामाजिक जीवन में अपने विचारों का पारस्परिक आदान-प्रदान मातृभाषा द्वारा ही प्रभावपूर्ण ढंग से कर पाता है। इससे यह स्पष्ट होता है कि मातृभाषा मानव के सामाजिक विकास में बहुत ही मूल्यवान रूप से सहायक है। नागरिकता तथा मानसिक विकास का भी सामाजिक जीवन से बहुत गहरा संबंध है। मानसिक विकास का आधार विचार-शक्ति है। दूसरी ओर विचार भाषा को जन्म देती है। इस प्रकार भाषा और विचार का बहुत अधिक घनिष्ठ संबंध है। हम यह भी सोचते हैं कि हमारा विचार केवल मातृभाषा में ही उत्पन्न होना चाहिये। नैतिकता तथा भाव-प्रकाशन शक्ति मातृभाषा ही प्रदान करती है। सामाजिक तथा नागरिक के गुणों के विकास में मातृभाषा का योग सर्वोच्च है। रायबर्न के विचार भी इस मान्यता को पुष्ट करते हैं'वे समस्त गुण जो एक अच्छे नागरिक के लिए आवश्यक हैंस्पष्ट विचार-क्षमता, स्पष्ट अभिव्यक्ति, भावना, विचार एवं क्रिया की सत्यता, भावात्मक एवं सृजनात्मक जीवन की पूर्णताइन सभी गुणों का विकास तभी संभव है जब केवल भावात्मक तथा बौद्धिक जीवन के आधार

मातृभाषा पर पूर्ण ध्यान दिया जाए।' अतः मातृभाषा का सामाजिक महत्व भी सिद्ध ही है।

4. सांस्कृतिक विकास में सहायकमातृभाषा का महत्व उसके बोलनेवाले समाज की संस्कृति के विकास में है। वस्तुतः किसी भी समुदाय की सांस्कृतिक एवं मानवीय उपलब्धियां उसकी मातृभाषा के साहित्य में प्रधान रूप से संग्रहीत होती हैं। अतः इसलिए निज संस्कृति का पर्याप्त ज्ञान हासिल करने और उसके साथ अन्दरुनी संबंध कायम करने हेतु यह जरूरी है कि मातृभाषा में सुलभ साहित्यिक ग्रंथों का चिन्तन और मनन किया जाय। इस कार्य को पूर्ण दक्षता तथा निपुणता से करने के लिए मातृभाषा में निष्णात होना आवश्यक है। इस प्रकार अपनी सामाजिक संस्कृति को समझने तथा उसके साथ सामंजस्य स्थापित करने के लिए आवश्यक है कि मातृभाषा के ज्ञान में पूर्ण दक्ष हुआ जाए। 'रामचरितमानस', 'महाभारत', 'कबीर-काव्य' आदि का ज्ञान मातृभाषा के माध्यम से ही पूर्णरूप से हो सकता है। सूर, तुलसी, कबीर, प्रसाद, दिनकर, पंत, निराला आदि महान् कवियों की कविताओं का वास्तविक आनंद हिन्दी का पूर्ण ज्ञाता ही उठा सकता है। अंग्रेजी अनुवाद के माध्यम से इनकी आत्मा में प्रवेश पाना सर्वथा असंभव है। इस प्रकार हिन्दी जिनकी मातृभाषा है, वे अपनी मातृभाषा में निष्णात होकर ही अपनी संस्कृति से परिचित हो सकते हैं। इतना ही नहीं, वे अपनी मातृभाषा में प्रवीणता प्राप्त कर ही अपनी संस्कृति का उत्थान कर सकते हैं। अपने सांस्कृतिक गौरव को अक्षुण्ण बनाये रखने के लिए यह अनिवार्य है कि इसे मातृभाषा में ही संग्रहित किया जाय। स्पष्ट है कि मातृभाषा किसी भी राष्ट्र अथवा समुदाय की संस्कृति की संरक्षिका तो होती ही है, संवाहिका और उद्‌भाषक भी होती है।

5. मानसिक एवं बौद्धिक विकास का साधनमनोविज्ञान ने यह सिद्ध कर दिया है कि मानसिक एवं बौद्धिक विकास का आधार विचार-शक्ति है। विचार और विवेक के सहारे ही मानव की बुद्धि विकसित होती है। विचार के द्वारा ही मानव-बुद्धि को निश्चित दिशा एवं गति प्राप्त होती है। इसके साथ यह भी स्पष्ट है कि विचार तथा भाषा का अत्यन्त घनिष्ठ संबंध है। विचार के गर्भ से भाषा का जन्म होता है तथा भाषा के शरीर में विचार प्रकट होता है। मातृभाषा का संबंध व्यक्ति के जन्म से ही होता है, अतः उसके विचार सामान्यतः मातृभाषा में ही उद्‌भूत होते हैं। जिसकी भाषा जितनी ही सशक्त होगी, विचार भी उसके उतने ही सुदृढ़ एवं प्रखर होंगे। महात्मा गांधी के लेकिन अनुसार, 'मानसिक शक्ति के लिए भाषा उतनी ही आवश्यक है, जितना शिशु के शारीरिक विकास के लिए माता का दूध। मातृभाषा

ही ऐसी भाषा हो सकती है।' मातृभाषा के माध्यम से बच्चे ज्ञान-विज्ञान, साहित्य एवं अन्य विषयों का अध्ययन करने और समझने में समर्थ होते हैं। इससे उनका मानसिक एवं बौद्धिक विकास होता है।

6. व्यक्तित्व के विकास में सहायक मातृभाषा का बच्चे के जीवन के साथ घनिष्ठ संबंध होता है। वस्तुतः मातृभाषा के अध्ययन से बच्चों के व्यक्तित्व का विकास होता है। मातृभाषा की शिक्षा के द्वारा बच्चों में आत्मप्रकाशन की क्षमता का आश्चर्यजनक रूप से विकास होता है। साथ ही दूसरे के प्रकाशित भावों और विचारों को समझने की क्षमता भी प्राप्त होती है। यह भी सत्य है कि मातृभाषा के माध्यम से आत्म प्रकाशन सर्वोत्तम ढंग से हो सकता है। आत्मप्रकाशन में सक्षम तथा विचार-ग्रहण में प्रवीण बच्चों के अंदर आत्मविश्वास उत्पन्न होता है। यह आत्मविश्वास का गुण व्यक्तित्व को प्रभावशाली बनाने और विकसित करने हेतु अत्यंत जरूरी है। इस गुण से संपन्न बच्चे अपने विचारों को निर्भीक होकर प्रकट करते हैं तथा उनके अंदर के सुषुप्त नैसर्गिक गुणों का सुंदर ढंग से विकास होता है। इतना ही नहीं, अपनी तथा अन्य जातियों की सभ्यता एवं संस्कृति का ज्ञान तो भाषा के माध्यम से ही होता है। मातृभाषा इस दिशा में सहायक तो होती ही है, साथ-साथ समाज-सम्मत आचरण को समझने में भी सहायक होती है। इसके फलस्वरूप बच्चों का सामाजिक व्यक्तित्व भी स्वाभाविक रूप से विकसित होता चलता है। अतः मातृभाषा की शिक्षा का महत्व स्वयंसिद्ध है।

7. राष्ट्रीय एकता के विकास में सहायक विश्व में हिन्दी तीसरी सबसे ज्यादा बोली और समझी जाने वाली भाषा है। भारत के अतिरिक्त फीजी, मॉरीशस, गुयाना, त्रिनीदाद, बारबाडोस, सूरीनाम, इंग्लैंड, अमेरिका, कनाडा और दक्षिण अफ्रीका में हिन्दी बोली और समझी जाती है। भारत में हिन्दी सर्वाधिक लोगों द्वारा व्यवहृत की जाने वाली भाषा है। हिन्दी भारत के बड़े और शहरों राज्यों की मातृभाषा है, यथाउत्तर प्रदेश उत्तराखंड, मध्य प्रदेश, छत्तीसगढ़, बिहार, झारखंड, राजस्थान, हरियाणा, हिमाचल प्रदेश और दिल्ली। साथ ही संविधान के अनुसार यह भारत की राष्ट्रभाषा भी है। अतः राष्ट्रभाषा के रूप में इसके क्षेत्र तथा उत्तरदायित्व दोनों बहुत ही विस्तृत हो जाते हैं। यह समस्त देश के विभिन्न भाषा-भाषी क्षेत्रों एवं राज्यों के बीच संपर्क-भाषा का भी रूप ले लेती है। प्रशासन में तथा अन्य राज्यों में पत्र-व्यवहार में भी इसको प्रश्रय प्राप्त है। किंतु, खेद का विषय है कि संविधान सम्मत अवधि (1965 ई.) समाप्त होने पर भी हिन्दी को पूर्ण रूप से राष्ट्रभाषा का स्थान नहीं दिया गया। केंद्रीय सरकार के एक परिपत्र के द्वारा अंग्रेजी को असीमित काल तक

अंतर्राज्यीय संपर्क की भाषा बने रहने की छूट दे दी गई। फिर भी हिन्दी को राष्ट्रभाषा का स्थान तो संविधानतः प्राप्त है ही। इसे टाला जा सकता है, लेकिन इसको खत्म नहीं किया जा सकता। हां, तो राष्ट्रभाषा के रूप में हिन्दी का दायित्व और भी गुरुतर हो जाता है। इसे विभिन्न भाषा-भाषी राज्यों के बीच एकसूत्रता स्थापित करने की पवित्र संकल्पना पूरी करनी है। हिन्दी मातृभाषा वाले क्षेत्रों के लोगों का भी यह परम कर्तव्य हो जाता है कि वे अपने अंदर सहिष्णुता, उदारता और सहृदयता के गुणों का विकास करें। इन्हीं गुणों के द्वारा वे अन्य भाषाभाषी क्षेत्रों की जनता का हृदय जीत सकेंगे तथा उनके हृदय से हिन्दी साम्राज्यवाद का भ्रम दूर कर सकेंगे। इस प्रकार मातृभाषा हिन्दी राष्ट्रीय एकता, सद्‌भावना, एकात्मकता तथा सहृदयता के संकल्प को भी पूर्ण करके राष्ट्रभाषा के सच्चे गौरव को प्राप्त कर सकेगी। हिन्दी मातृभाषा के शिक्षण को इस दिशा की ओर अग्रसर करना हिन्दीभाषी के लिए लाभप्रद होगा।

8. व्यक्तित्व के विकास में अमूल्य वस्तु हैहम सभी इस सामान्य सत्य से परिचित हैं कि शारीरिक विकास के लिए संतुलित भोजन अत्यावश्यक है। वस्तुतः भोजन स्थूल शारीरिक विकास का आधार है। इसके बिना शारीरिक विकास की कल्पना ही नहीं की जा सकती। किंतु, मात्र भोजन ही शारीरिक विकास के लिए पर्याप्त नहीं है। सम्यक् शारीरिक विकास के लिए तो निद्रा एवं आंतरिक प्रसन्नता की भी उतनी ही आवश्यकता होती है। एक पागल मनुष्य भोजन तो करता ही है, फिर भी उसकी शारीरिक शक्ति का न तो सदुपयोग किया जा सकता है और न उसे क्षीण होने से रोका जा सकता है। 'अतः मातृभाषा द्वारा वह क्षमता प्राप्त होती है जिससे साहित्य, कहानी, कविता, मनोरंजक साहित्य, विज्ञान आदि का अध्ययन एवं मनन-चिंतन करके प्रसन्न चित्तता एवं निश्चिंत निद्रा के वरदान प्राप्त किए जा सकते हैं। मातृभाषा आनंद, प्रसन्नता एवं ज्ञान का एक स्रोत है, मातृभाषा दक्ष बच्चों को उसके साहित्य की ओर प्रवृत्त करती है तथा साहित्य का अध्ययन उन्हें प्रसन्नता तथा ज्ञान का वरदान देता है। इस प्रकार मातृभाषा का ज्ञान उनके शारीरिक एवं मानसिक दोनों पक्षों का विकास करने में सक्षम है।

9. आंतरिक गुणवत्ता में सहायक मातृभाषा का संबंध मानव के शैशवावस्था से होता है। इसी भाषा में वह बचपन में अपनी आवश्यकता तथा रुचि की वस्तुएं मांगता है। इसी भाषा के साथ जीवन का विकास, सामाजिक, पारिवारिक संबंध तथा कड़वे-मीठे अनुभव जुड़े हुए हैं। मां की प्रथम बोली इसी भाषा में फूटती है। मां-बाप तथा परिजन-समाज का स्नेह, दुलार-प्यार इसी भाषा के माध्यम से प्रकट होता है। अतः स्वाभाविक ही है कि इस भाषा के बोलनेवालों में सद्‌भाव एवं अपनापन का

विकास हो। ऐसा देखा भी जाता है कि अपनी मातृभाषा में बोलनेवाले के प्रति हम अधिक आकर्षित होते हैं, अधिक अपनापन का अनुभव करते हैं। अपने देश में ही जब हम किसी और हिन्दी भाषी प्रान्त में जाते हैं तो वहां किसी हिन्दी बोलने वाले से मुलाकात होने पर आत्मिक प्रसन्नता मिलती है। अपने देश में ही जब हम किसी गैर हिन्दी भाषी प्रान्त में जाते हैं तो वहां किसी हिन्दी बोलने वाले से मुलाकात होने पर आत्मिक प्रसन्नता मिलती है। इसी प्रकार जब हम विदेश जाते हैं तो वहां हमारी पहचान भारतीय के रूप में होती है। मातृभाषा वह माध्यम है जो समाज को एक सूत्र में पिरोकर सदस्यों के मध्य भावनात्मक एकता उत्पन्न करता है। इसके अतिरिक्त अपनी मातृभाषा के साहित्य एवं कला-उपलब्धियों के प्रति भी आंतरिक एवं भावात्मक अनुराग उत्पन्न होता है। इससे मातृभाषा के साहित्य एवं कला के विकास की दिशा में भी हम प्रवृत्त होते हैं। स्पष्ट है कि मातृभाषा की शिक्षा न केवल बच्चों के भावात्मक विकास में सहायक है, बल्कि उन्हें साहित्य एवं कला के क्षेत्र में सृजनात्मकता की ओर भी अग्रसर करती है।

अंत में निर्विवाद रूप से कहा जा सकता है कि मातृभाषा का महत्व मनुष्य के व्यक्तिगत, सामाजिक एवं राष्ट्रीय विकास के लिए सर्वोपरि है। वस्तुतः मातृभाषा मात्र एक विषय नहीं है, बल्कि वह तो सभी विषयों में प्रवेश का साधन है। उसके आधार पर ही तो अन्य सभी विषयों के महल खड़े होते हैं। अतएव मातृभाषा की शिक्षा का महत्व सर्वमान्य एवं सर्वोपरि है। इसी भाषा में तो शिशु विचार करता तथा स्वप्न देखता है। यह मानवीय संस्कृति एवं शिक्षा की प्राण-धारा है।

मानक हिन्दी शिक्षण का उद्देश्य

यह मानवीय एवं सर्वविदित तथ्य है कि कोई भी भाषा अनुकरण से सीखी जाती है। लेकिन इसका निष्कर्ष यह बिल्कुल नहीं कि भाषा को सीखने की जरूरत ही नहीं। घरेलू वातावरण में सीखी गई पारिवारिक भाषा पूर्ण रूप से शुद्ध, परिमार्जित व व्याकरण-सम्मत हो यह आवश्यक नहीं। भावाभिव्यक्ति के लिए भाषा को शुद्ध, व्याकरण-सम्मत व परिमार्जित होना आवश्यक है। अतः बच्चे के विकास के लिए भाषा की शिक्षा आवश्यक है। भाषा की शिक्षा से आवश्यक है उसका मौखिक तथा लिखित ज्ञान। बालक के सुनने, बोलने, पढ़ने एवं लिखने के कौशल को विकसित करना भाषा-शिक्षण के मुख्य उद्देश्य हैं। फिर भी हम निम्न रूप से भाषा शिक्षण के उद्देश्यों का निर्धारण करते हैं

1. अभिव्यंजनात्मक उद्देश्यछात्रों को इस योग्य बनाना कि वह अपना कथन दूसरों तक सम्प्रेषित कर सकें ही राष्ट्रभाषा का मुख्य उद्देश्य है। इसमें इस प्रकार अभिव्यक्ति के स्तर पर दो उद्देश्य हैं

(क) लिखित रूप से विचाराभिव्यक्ति की क्षमता का विकास करना। भाषा का लिखित रूप उसे स्थायित्व प्रदान करता है। बच्चों में इस क्षमता का विकास करना कि वे शुद्ध व स्पष्ट अक्षरों को लिख सकें। लेखन में क्रमबद्धता का ध्यान रखना तथा प्रसंगानुकूल शब्द, मुहावरे व लोकोक्तियों का प्रयोग करना मुख्य उद्देश्य है।

(ख) बोलकर विचारों की अभिव्यक्ति का विकास करना, विचारों का आदान-प्रदान ही सामाजिकता है। अतः छात्र को इस योग्य बनाना कि वह अपने विचारों की अभिव्यक्ति में शुद्ध बोले। शब्दों का सही चयन करे तथा बोलने के शिष्टाचार का पालन करते हुए उचित गति व हाव-भाव के साथ बोले। अपनी भाषा को प्रभावशाली बनाने हेतु मुहावरे-लोकोक्तियां व सूक्तियों का प्रयोग करे। इसमें क्रमबद्धता का ध्यान रखना भी नितांत आवश्यक है।

2. ग्राह्ययात्मक उद्देश्यग्राह्य शब्द का अर्थ है ग्रहण करना, अर्थात् बच्चों में उन कौशलों का विकास करना जो किसी के द्वारा व्यक्त, बोले अथवा लिखे भावों को ग्रहण कर सकें। इस प्रकार

(क) पढ़कर विचारों को ग्रहण करना सिखाना, इसमें छात्रों के शब्द-भंडार में वृद्धि करना, शब्दों को पढ़कर अर्थ ग्रहण करना, क्षमता का विकास करना, भाषा का शुद्ध उच्चारण करना, मुहावरे व लोकोक्तियों व पाठ का केन्द्रीय भाव ग्रहण करना आदि है। इससे छात्रों की चिंतन-मनन की शक्ति का भी विकास होता है।

(ख) छात्रों को इस योग्य बनाना कि सुनकर विचारों को ग्रहण कर सकें। इसमें उन्हें ध्वनि, शब्द, स्वराघात, बलाघात, एकाग्रता आदि के प्रति जागरूक किया जाएगा।

3. साहित्य की ओर छात्रों को आकर्षित करनासाहित्य ही वह माध्यम है जिसके द्वारा विद्यार्थियों की रुचि की दिशा तय की जाती है। इसके लिए छात्रों में अतिरिक्त पठनीय सामग्री, पत्र-पत्रिकाओं को पढ़ने की आदतों का विकास करना है। इससे छात्र विद्यालय में होने वाली अन्य गतिविधियों में भाग लेने के प्रति अभिप्रेरित होते हैं। कविता-वाचन, वाद-विवाद, भाषण, नाटक आदि से इस उद्देश्य की प्राप्ति होती है।

4. समालोचनात्मक उद्देश्यसमालोचना का आशय है साहित्य का अद्योपांग अध्ययन करके गुण की प्रशंसा करना और अवगुण की निन्दा करने की क्षमता। उच्च प्राथमिक स्तर पर इस उद्देश्य की पूर्ति हो सकती है।

5. सद्‌वृत्तियों का विकास करनाशिक्षा का मुख्य उद्देश्य छात्रों में सद्‌गुणों व सद्‌वृत्तियों का विकास करना ही है। साहित्य में अभिरुचि के पश्चात् उनमें देश-प्रेग, राष्ट्रीय भावना, दया, प्रेम एवं संवेदनशीलता का विकास होता है।

6. सराहना करने की क्षमता का विकासइससे छात्रों की साहित्यिक रुचि विकसित की जाती है। छात्र किसी भी साहित्यकार की कृति का अध्ययन करके इस योग्य बने जिससे उसके शब्द चुनाव, कला-भाव व शैली की प्रशंसा कर सके। इसमें छात्र कविता का हाव-भाव सहित वाचन कर सकें तथा घटना के आधार पर कहानी को समझ सकें।

7. सृजनात्मक उद्देश्यसृजन का आशय है नई मौलिक रचना करना। अध्यापक का कर्तव्य है कि बच्चों में इस क्षमता का विकास करे जिससे वे चिंतन-मनन करके मौलिक रूप से लिख सकें। यही वजह है कि इस क्षमता के अभाव में दसवीं कक्षा तक के छात्र निबंध रट तो लेते हैं परन्तु अपने आप किसी भी विषय पर मौलिक रूप से लिखने में पंगु होते हैं। इससे छात्रों में आत्मविश्वास तथा लेखन के प्रति रुझान उत्पन्न होता है। इसके लिए अध्यापक छात्रों से कहानी, कविता, पत्र, निबंध, अनुच्छेद, भावपल्लवन इत्यादि कार्य करवा सकता है। आज के भाषा शिक्षण में इस उद्देश्य का ध्यान नहीं रखा जाता है।

इन उपर्युक्त प्रयोजनों को स्मरण में रखकर ही भाषा की पाठ्य-पुस्तक की रचना की जाती है। अध्यापक का यह प्रयास होना चाहिए कि वह शिक्षण के समय छात्रों को इन उद्देश्यों की सम्प्राप्ति में मदद करें। इसके लिए छात्रों को सस्वर वाचन करवाना, प्रश्नोत्तर करना, चित्र का वर्णन करवाना और प्रश्न पूछने के लिए छात्रों को प्रेरित किया जा सकता है। लिखित के लिए सुंदर से सुंदर अक्षर लिखना, लिखित रूप से उल्लेख करना, प्रश्नों का लिखित उत्तर देना, व्याख्यान, भावपल्लवन, संक्षिप्तीकरण व अनुच्छेद लेखन का अभ्यास करवाना चाहिए। वास्तव में अध्यापक को शिक्षण कार्य करवाते समय उद्देश्यों का ध्यान रखना परम आवश्यक है।

राष्ट्रभाषा के सिद्धान्त

एक शिशु जन्म के उपरान्त मां की गोद में खेलते हुए मातृभाषा सीखना शुरू कर देता है। प्रारंभ में शिशु को पापा, बाबा, नाना, मामा, दादा, दादी, चाचा, मम्मी

आदि सामान्य नाम सिखाए जाते हैं। धीरे-धीरे भाई-बहन, माँ-बाप और परिवार के अन्य सदस्यों से शिशु मातृभाषा में सामान्य बोल-चाल के आवश्यक वस्तुओं और अपने परिवेश के वस्तुओं के नाम सीख लेता है। इस प्रकार मातृभाषा के शिक्षण का कार्य आसान हो जाता है। नवीन भाषा सीखने का काम मातृभाषा के शिक्षण से सर्वथा अलग है। स्पष्ट है कि मातृभाषा-शिक्षण के सिद्धान्त भी अन्य भाषा के शिक्षण-सिद्धान्त से कुछ अंशों में अलग होंगे।

साधारणतया सभी विषयों के शिक्षण-सिद्धांत समान होते हैं। प्रत्येक विषय के शिक्षण में बच्चों की रुचि, रुझान तथा योग्यता को ध्यान में रखना जरूरी है। शिक्षण-सूत्रों का अनुसरण फायदेमंद होता है। किंतु मातृभाषा के शिक्षण में एक विशेष क्रम का भी ध्यान रखना पड़ता है। बच्चे जिस क्रम से मातृभाषा सीखते हैं, उसी क्रम से उसका शिक्षण भी लाभकारी होता है। हम देखते हैं कि बच्चे आरम्भ में मौखिक रूप से मातृभाषा सीखते हैं। उसके पश्चात वाचन का कार्य कराते हैं। और अंत में लिखने की कला सीखते हैं। यहां यह भी ध्यान देने योग्य है कि बच्चे दैनिक जीवन के क्रियाशीलनों द्वारा यथासमय और यथास्थान भाषा सीखते जाते हैं। इस प्रकार मातृभाषा-शिक्षण के सिद्धान्त पर विचार करते हुए इन तथ्यों पर भी ध्यान देना जरूरी होगा।

हिन्दी शिक्षण की कठिनाइयां और उपाय

वर्तमान में हिन्दी हमारी राष्ट्रभाषा है किन्तु उसे वह स्थान प्राप्त नहीं है जो अंग्रेजी को प्राप्त है। अभी भी अंग्रेजी भारत की संपर्क भाषा बनी हुई है। लेकिन यह यथार्थ व परम सत्य है कि एक दिन हिन्दी अपना यथोचित स्थान प्राप्त कर लेगी तथा राष्ट्रभाषा के रूप में समस्त देश के जनमानस को भावात्मक एकता के सूत्र में बांध सकेगी। शनैः शनैः अहिन्दी भाषियों का आक्रोश भी दूर होगा तथा वे भी राष्ट्र के व्यापक हित में हिन्दी को राष्ट्रभाषा के रूप में स्वीकार ही नहीं, उसका हृदय से स्वागत भी करेंगे।

उत्तर प्रदेश, उत्तराखंड, बिहार, झारखंड मध्य प्रदेश, राजस्थान, छत्तीसगढ़, हिमालच प्रदेश, हरियाणा और दिल्ली जैसे उत्तरी राज्यों की मातृभाषा हिन्दी है। इस प्रकार उन राज्यों में हिन्दी-शिक्षण की बहुत बड़ी समस्या नहीं है। हिन्दी-शिक्षण की असली समस्या तो उन अहिन्दी भाषी राज्यों में खड़ी होती है, जहां हिन्दी का शिक्षण राष्ट्रभाषा के रूप में होता है। राष्ट्रभाषा-शिक्षण की मुख्य समस्याएं तथा उनके समाधान निम्नलिखित हैं

1. हिन्दी की जटिलता वर्तमान में राष्ट्रभाषा के रूप में हिन्दी का द्रुत गति से विकास हो रहा है। वैज्ञानिक, तकनीकी तथा पारिभाषिक शब्दों का सृजन हो रहा है। इस प्रक्रिया में संस्कृत भाषा से धड़ल्ले के साथ शब्द लिए जा रहे हैं। फल यह हो रहा है कि हिन्दी अग्राह्य, दुरूह, तथा जटिल होती चली जा रही है। सामान्य बोलचाल की भाषा न रहकर वह जन-जीवन से दूर भागती जा रही है। अन्य आधुनिक भारतीय भाषाओं के प्रवाह से भी वह दूर भागती जा रही है। यहां तक कि सामान्य व्यवहार में चल रहे विदेशी एवं तद्भव शब्दों के स्थान पर भी संस्कृत के मुश्किल शब्दों को भरने की कोशिश हो रही है। इस प्रवृत्ति ने जहां राष्ट्रभाषा के स्वरूप को कठिन बनाने का काम किया है, वहां राष्ट्रभाषा शिक्षण को भी अत्यंत कठिन बना दिया है। हिन्दी की संस्कृत-जन्य जटिलता राष्ट्रभाषा शिक्षण की सुगमता तथा लोकप्रियता के मार्ग में बहुत बड़ी बाधा है। इस समस्या का समाधान भाषा-विकास की उदार नीति के अनुसरण में है। यूँ तो संस्कृत हिन्दी की जननी है। इस प्रकार के शब्द वहां से अवश्य लिए जाएं। किंतु, जो विदेशी अथवा तद्भव शब्द लोक-व्यवहार में प्रचलित हैं, उनके स्थान पर कठिन-जटिल शब्द न रखे जाएं। इससे राष्ट्रभाषा का रूप सरल तथा लोक स्वीकृत होगा। अहिन्दी भाषी भारतीयों को हिन्दी भाषा सीखने की ओर प्रवृत्त करने के लिए यह आवश्यक है कि राष्ट्र भाषा को सहज और आसान रूप में प्रस्तुत किया जाय। तभी यह पूरे भारत के लोगों की जन-जन की भाषा के रूप में स्वीकार्य होगी।

2. दुर्लभ तथा कठिन व्याकरणराष्ट्रभाषा हिन्दी का व्याकरण सरल, सुग्राह्य एवं आसान नहीं है। इसमें कतिपय भ्रांतियां हैं और अस्पष्टता भी। लिंग-विधान की जटिलता तो संज्ञा तथा सर्वनाम तक ही सीमित नहीं है। वह तो क्रियापद, विशेषण इत्यादि को भी अपने चंगुल से छुटकारा देने को तैयार नहीं। इसके अतिरिक्त रचना संबंधी भ्रांतियां भी वर्तमान हैं। इस प्रकार व्याकरण की दुर्गमता एवं जटिलता की समस्या राष्ट्रभाषा-शिक्षण के मार्ग की सबसे बड़ी बाधा है। अहिन्दी-भाषी जनता हिन्दी-व्याकरण की इस जटिलता से स्वभावतः घबरा उठती है तथा हिन्दी सीखने से डरने लगती है।

इस स्थिति में यह अत्यंत जरूरी है कि हिन्दी व्याकरण को और सरलता से लिखा जाए, उसमें संशोधन किया जाए जिससे वह ग्राह्य बन जाए। उसके लिंग-विधान में सुधार लाकर उसे पूर्ण रूप से स्पष्ट किया जाए। अच्छा तो यह होगा कि हिन्दी का यह लिंग-विधान भी अन्य आधुनिक भारतीय भाषाओं की तरह बनाया जाए। रचना संबंधी भ्रामकता को भी दूर किया जाए। इस प्रकार मुश्किल व्याकरण-जनित समस्या का समाधान संभव है।

3. अवैज्ञानिक तथा दुरुह पाठ्य पुस्तकें वर्तमान में भाषा-शिक्षण के क्षेत्र में क्रांतिकारी बदलाव हुए हैं परन्तु अब भी हम पुरानी अवैज्ञानिक पाठ्य-पुस्तकों के स्वरूप को ढोए जा रहे हैं। कठिन भाषा, अपरिचित विषय-वस्तु, जीवन से सर्वथा अलग वर्णन तथा अवैज्ञानिक विषय-प्रतिपादन राष्ट्रभाषा की पाठ्य-पुस्तकों को दुरुह, अवैज्ञानिक तथा अरोचक बना देते हैं। अहिन्दी भाषियों के लिए निर्मित पाठ्य-पुस्तकों का स्तर साधारणतया ऊंचा भी रहता है। यह भी राष्ट्रभाषा के शिक्षण में बहुत बड़ी रुकावट है।

इस समस्या का समाधान योग्य एवं प्रशिक्षित विषय लेखकों द्वारा वैज्ञानिक पद्धति से पाठ्य-पुस्तक लिखवाकर किया जा सकता है। इसके अलावा पाठ्य-पुस्तकों में ऐसे विषय रखे जाएं जो स्थानीय तथा क्षेत्रीय परिवेश, आवेष्ठन की विशेषताओं, आकांक्षाओं को मुखरित, प्रकाशित करने में समर्थ हों। महापुरुषों का जीवन, क्षेत्र-विशेष का भूगोल, क्षेत्र-विशेष में प्रचलित लोककथा, क्षेत्र-विशेष एवं देश का इतिहास, राष्ट्रप्रेम की कविताएं, स्थानीय एवं राष्ट्रीय स्तर के साहित्यकारों का परिचय निबंध आदि विषयों का समावेश राष्ट्रभाषा की पाठ्य-पुस्तकों को ग्राह्य, रोचक, वैज्ञानिक तथा सरल बनाने में निश्चित रूप से मददगार होगा।

4. शिक्षण-विधिराष्ट्रभाषा की शिक्षण-विधि तो वही होगी जो विदेशी भाषा की शिक्षण विधि है। वस्तुतः राष्ट्रभाषा हिन्दी का शिक्षण अहिन्दीभाषियों के लिए ही है। हिन्दी भाषियों की तो यह मातृभाषा है ही। इस प्रकार यह देखा जाता है कि साधारणतया राष्ट्रभाषा हिन्दी का शिक्षण पुरानी अनुवाद-विधि से ही होता है। यह विधि दोषपूर्ण एवं अवैज्ञानिक है। इस विधि से भाषा का आचरण शिक्षार्थी के सामने नहीं आता है। हां, यह सबसे कम श्रमसाध्य तथा शिक्षण की नजर से सरल भी है। सही शिक्षण-विधि के अभाव में राष्ट्रभाषा-शिक्षण प्रभावकारी नहीं हो पा रहा है।

यहां हम निश्चित शिक्षण-विधियों की चर्चा करते हैं जिसके माध्यम से राष्ट्रभाषा का शिक्षण सफल एवं प्रभावकारी हो सकता है। इस क्रम में सबसे पहले 'प्रत्यक्ष विधि' को लिया जा सकता है। इस विधि में प्रश्नोत्तर तथा वार्तालाप के माध्यम से बच्चों अथवा वयस्कों को मौखिक अभिव्यक्ति का अभ्यास कराया जाता है। स्थानीय वातावरण तथा दैनिक जीवन से संबद्ध पाठ इस विधि द्वारा शिक्षण के लिए जरूरी होते हैं। इसमें उच्चारण, कथोपकथन एवं भाषण की शिक्षा पूर्ण सफलता से दी जाती है।

रचना-विधि यह एक अत्याधुनिक विधि है। इसका प्रयोग विदेशी भाषा-शिक्षण में बहुत ही सफल प्रमाणित हुआ है। अतः राष्ट्रभाषा शिक्षण में भी इसकी उपयोगिता

स्पष्ट है। इसके तहत् वाक्य-रचना के द्वारा पाठ दिया जाता है। इसमें समान रचना वाले वाक्यों का पूरा-पूरा अभ्यास कराया जाता है। इस विधि में चित्रों, वस्तुओं तथा परिवेश का काफी प्रयोग किया जाता है। इस विधि के द्वारा राष्ट्रभाषा का शिक्षण सफल ही नहीं प्रभावकारी भी हो सकता है। अंत में अनुवाद विधि भी आती है। यूँ तो यह विधि पुरानी तथा दोषपूर्ण है, परन्तु इसकी भी अपनी कुछ विशेषताएं हैं। इसके द्वारा विद्यार्थी विषय जल्द समझ लेता है। यह कम श्रमसाध्य है।

इस तरह उपर्युक्त पद्धतियों की सहायता से इस पद्धति का इस्तेमाल अत्यधिक उपयोगी साबित होगा।

5. अध्यापकराष्ट्र भाषा की शिक्षा समस्याओं से घिरे रहने का मूल कारण है शिक्षकों के लिए वैज्ञानिक प्रशिक्षण का अभाव होना। यहां तक कि शिक्षकों के प्रशिक्षण के लिए संस्थाओं का भी अभाव है जिससे यह समस्या और बढ़ गई है। राष्ट्रीय स्तर पर सभी साधनों से युक्त एक प्रशिक्षण संस्थान की स्थापना भारत सरकार द्वारा करनी चाहिए जहां व्यापक दृष्टि वाले शिक्षकों को तैयार किया जा सके। ऐसा करने से राष्ट्रीय स्तर पर उपयुक्त शिक्षकों की कमी को दूर किया जा सकता है। तभी तो वे अपने कर्मस्थल के लोगों से अपनापन स्थापित कर सकते हैं तथा भाषा-शिक्षण के कठिन स्तर पर क्षेत्रीय भाषा की सहायता ले सकते हैं।

अतः कहा जा सकता है कि राष्ट्रीय एकता और गणतंत्रात्मक शक्ति का विकास राष्ट्रभाषा के शिक्षण के सुधार द्वारा ही संभव है।

साहित्यिक रचनात्मकता को विकसित करने के उपाय

छात्रों को भाषा और साहित्य पढ़ाने के पीछे मुख्य प्रयोजन होता है उनके अंदर रचनात्मक (Creativity) को विकसित करना। वस्तुतः इसी उद्देश्य की पूर्ति में भाषा एवं साहित्य शिक्षण की सच्ची सफलता है। भाषा शिक्षा का मुख्य उद्देश्य अपने विचारों को लिखकर एवं बोलकर दूसरों को समझा देना और दूसरों द्वारा लिखी और बोली गई बातों को समझाना है। किन्तु, छात्रों की सृजनात्मक प्रतिभा तथा शक्ति को विकसित कर देना भाषा एवं साहित्य शिक्षण को पूर्णता एवं सार्थकता प्रदान करना है। छात्रों के अंदर सुषुप्त साहित्य-सृजन की प्रतिभा एवं संभावनाएं अनुकूल परिवेश तथा मार्गदर्शन पाकर विकसित एवं सक्रिय हो उठती है। यदि शिक्षक योग्य और प्रतिभावन होता है तो वह अपने छात्रों के अन्दर दबी साहित्यिक भावना को जागृत कर उनके साहित्यिक प्रतिभा को निखार सकता है। साथ ही साथ, वह छात्रों

में साहित्यिक क्रियाशीलता को प्रोत्साहित कर उनके अन्दर साहित्यक-सृजन की शक्ति को विकसित करता है। संवेदनशील, साहित्यिक तथा योग्य शिक्षक को इस दिशा में अधिक सफलता मिलती है। शिक्षक का भाषा पर अधिकार होना इस काम के लिए अति आवश्यक है। साहित्यिक रुचि रखनेवाला तथा साहित्य-सृजन में प्रवीण शिक्षक छात्रों में साहित्यिक सृजनात्मकता का प्रेरणा स्रोत होता है।

यहां हम कतिपय क्रियाशील के संबंध में विशेष रूप से विचार रखते हैं। इन क्रियाशीलनों के द्वारा विद्यार्थियों में साहित्यिक सृजनात्मक का विकास किया जा सकता है

1. प्रसिद्ध कवियों की कविताओं का अध्ययन तथा उनके आधार पर कविता की रचना।
2. कवि दरबार।
3. विशेष अवसरों के अनुकूल कविता, निबंध का लेखन।
4. समस्या-पूर्ति।
5. कहानी, निबंध एवं कविता-लेखन-कला का अध्ययन।
6. यात्रा तथा प्रकृति-वर्णन।
7. निबंध लेखन तथा प्रतियोगिता।
8. रेडियो एवं टेलीविजन का श्रवण-दर्शन।
9. कविता लेखन तथा प्रतियोगिता।
10. मार्गदर्शनयुक्त पुस्तकालय का उपयोग।
11. नाटक-प्रतियोगिता।
12. कहानी-प्रतियोगिता।
13. कवि-सम्मेलन।
14. साहित्य-महारथियों की जयंतियां।
15. भाषा-प्रतियोगिता।

यहां इनमें से प्रत्येक पर संक्षेप में प्रकाश निक्षेप किया गया है

1. प्रसिद्ध कवियों की कविताओं का अध्ययन तथा उनके आधार पर कविता की रचनाप्रसिद्ध कवियों की कविताओं का अध्ययन अपने आप में एक महत्वपूर्ण एवं उपयोगी कार्य है। महान कवियों की रचनाओं को पढ़कर छात्रों को आनन्द तो आता ही है, साथ ही साथ, उनमें साहित्य-सृजन की भावना भी जागृत होती है। इससे उनमें भावोद्रेक भी होता है तथा मानक छंद का भी परिचय प्राप्त होता है।

2. कवि-दरबारकवि-गोष्ठी तथा कवि-सम्मेलन की तरह ही कवि-दरबार भी होता है। अंतर इतना ही होता है कि कवि-दरबार में कवि स्वयं उपस्थित नहीं होता। इसमें मृत अथवा जीवित महान् कवियों की वेश-भूषा में छात्र और शिक्षक ही भाग लेते हैं। इन अनुकृत करनेवाले छात्रों तथा शिक्षकों में से जो जिस कवि का अभिनय करता है, वह उसकी प्रसिद्ध कविता का यथा-साध्य उसी के अंदाज में पाठ करता है। इससे छात्रों में आत्मविश्वास तथा कविता के प्रति रुचि में वृद्धि होती है जो सृजनात्मकता के विकास में सहायक है।

3. विशेष अवसरों के अनुकूल कविता, कहानी, नाटक तथा निबंध का लेखनविशेष अवसर पर जैसेगणतंत्र दिवस, होली, गांधी जयंती इत्यादि में स्वतंत्र रूप से नाटक, कविता लेख लिखने के लिए प्रोत्साहित किया जाता है। इससे छात्रों में स्वतंत्र रूप से सृजनात्मकता आती है।

4. समस्या पूर्ति समस्या पूर्ति संस्कृत से आई एक प्राचीन एवं उर्दू में भी बहुत लोकप्रिय हुई क्रियाशीलन है। यद्यपि आधुनिक युग में इसकी लोकप्रियता कुछ कम नहीं हुई है, फिर भी इसकी गुणवत्ता में ह्रास से इनकार नहीं किया जा सकता। समस्या-पूर्ति की क्रिया इस प्रकार है। समस्या को छंद के एक चरण अथवा अंश में प्रस्तुत किया जाता है। जो लोग इसमें भाग लेनेवाले होते हैं, वे ऐसे छंद अथवा कविता की रचना करते हैं जिसमें समस्या की पूर्ति तो होती ही है, साथ ही वह प्रस्तुत छंद, चरण अथवा अंश भी सम्मिलित रहता है। छात्रों के बीच समस्यापूर्ति की क्रिया को चलाकर हम उनमें कल्पना-शक्ति तथा सृजनात्मकता का विकास निश्चित रूप से कर सकते हैं।

5. कहानी, निबंध एवं कविता-लेख कला का अध्ययनआधुनिक युग में कहानी, निबंध तथा कविता-लेखन की सुंदर, सुबोध एवं वैज्ञानिक कला का विकास हो गया है। इस दिशा में अनेक पुस्तकें भी प्रकाशित हो चुकी हैं। योग्य शिक्षक के निर्देशन में इन पुस्तकों का अध्ययन छात्रों की सृजनात्मक शक्ति का सही दिशा में विकास कर सकता है।

6. यात्रा तथा प्रकृति-वर्णनछात्रों को दर्शनीय और सुन्दर दृश्य स्थानों पर घुमाने के बाद उनको अपने विश्लेषणात्मक शक्ति के आधार पर यात्रा वृत्तांत लिखने को कहा जाए जिसमें प्राकृतिक सौंदर्य का पुट भी हो। ऐसा करने से छात्रों में विश्लेषणात्मक और सृजनात्मक शक्ति का विकास होगा। इस क्रिया में सामूहिक प्रयास भी बहुत उपादेय होगा।

7. निबंध लेखन तथा प्रतियोगिताभाषा एवं साहित्य शिक्षकों की देख रेख में छात्रों को स्वतंत्रता पर लेख लिखना चाहिए। इसके बाद छात्रों को स्वतंत्र रूप से लिखना चाहिए, जिसमें शिक्षकों द्वारा संशोधन एवं सुधार किया जा सकता है। इसके अतिरिक्त छात्रों के बीच निबंध प्रतियोगिता का आयोजन सृजनात्मकता के विकास में बहुत ही सहायक होता है। इसमें सर्वोत्तम तीन- चार निबंध-लेखकों को पुरष्कृत कर उन्हें इस दिशा में प्रोत्साहित किया जा सकता है।

8. रेडियो एवं टेलीविजन का श्रवण-दर्शनरेडियो तथा टेलीविजन पर भी साहित्यिक कार्यक्रम सुनाए और दिखाए जाते हैं। यदि छात्र इन कार्यक्रमों को कुशल शिक्षक के निर्देश में देखें तो उससे भी उनकी साहित्यिक सृजन क्षमता में विकास होगा।

9. कविता-लेखन तथा प्रतियोगितायोग्य शिक्षक के देखरेख में छात्रों के बीच कविता लेखन प्रतियोगिता से कविता लिखने की शैली का विकास होगा। प्रथम चरण में तो शिक्षक कविताओं का लयात्मक पाठ करता है। फिर उक्त लय में देशप्रेम, प्रकृति वर्णन, लोककथा आदि पर छात्रों से कविता लिखवाता है। आगे चलकर जब छात्र कविता लिखने में गति प्राप्त कर लेते हैं तब उनके बीच कविता-प्रतियोगिता का आयोजन करता है। अंत में सुंदर कविताओं को पुरष्कृत भी किया जाता है। इस प्रकार छात्रों में कविता-सृजन की शक्ति का विकास होता है।

10. दिशा-निर्देशयुक्त पुस्तकालय का उपयोगविद्यालय के पुस्तकालयों के सही उपयोग से छात्रों में सृजनात्मक वृद्धि होती है। शिक्षक के सही मार्गदर्शन में छात्र अपेक्षित काव्य, निबंध अथवा कथा-साहित्य का अध्ययन जब करते हैं, तब उनमें साहित्य के प्रति रुचि उत्पन्न होती है एवं वे साहित्य सृजन की ओर प्रवृत्त होते हैं। सही मार्गदर्शन के अभाव में निश्चित लक्ष्य को नहीं प्राप्त किया जा सकता है।

11. नाटक लेखन प्रतियोगिताछात्रों के मध्य नाट्य लेखन परंपरा का विकास कर उनके बीच नाट्य लेखन प्रतियोगिता को आयोजित करना छात्रों के लिए काफी लाभदायक सिद्ध होता है। योग्य शिक्षक छात्रों को सर्वप्रथम दैनिक जीवन में होनेवाली बातचीत को लेखाबद्ध करने को कहता है। आगे चलकर किसी कहानी के पात्रों के बीच की बातों को कथोपकथन के रूप में लिखने को कहता है। अंत में काल्पनिक कथानक को कथोपकथन के रूप में प्रस्तुत करवाता है। इसके उपरांत नाटक-लेखन-प्रतियोगिता कर आयोजन कर छात्रों में नाटक-लेखन-क्षमता को विकसित एवं परिष्कृत किया जाता है।

12. कहानी-प्रतियोगिताकहानी-प्रतियोगिता का भी अपना महत्व है। विषय अथवा कथा-वस्तु को आंशिक रूप दे दिया जाता है तथा छात्रों से कहानी लिखने या पूर्ण करने को कहा जाता है। फिर उनके बीच प्रतियोगिता का भी आयोजन किया जाता है। पुरस्कार एवं प्रशंसा के द्वारा उन्हें इस दिशा में प्रोत्साहित किया जाता है। प्रारंभ में घटना-प्रधान कहानी तथा बाद में कल्पनापूर्ण एवं समस्या मूलक कहानी लिखने की ओर प्रवृत्त करना अधिक उपयोगी है।

13. कवि-सम्मेलनहम सभी कवि-सम्मेलनों से परिचित हैं। इसका छोटा रूप कवि-गोष्ठी है। इनका आयोजन कर छात्रों को अपनी कविताओं के पाठ का अवसर देना बहुत ही फायदेमंद होता है। वे एक ओर जहां बड़े कवियों की कविताओं से प्रभावित एवं अनुप्रेरित होते हैं, वहीं दूसरी ओर अपनी कविताओं का पाठ कर प्रोत्साहित तथा आत्मविश्वास से पूर्ण होते हैं। उनमें साहित्य-संरचना की शक्ति का निर्धारित रूप से विकास होता है।

14. साहित्य-विद्वानों की जयंतियांतुलसी, कबीर, सूरदास, मीरा, बिहारी, जयशंकर प्रसाद, भारतेंदु हरिश्चन्द्र, माखनलाल चतुर्वेदी, मैथिलीशरण गुप्त, सुमित्रानन्दन पंत, रामधारी सिंह दिनकर, हरिवंश राय बच्चन प्रभृत्ति साहित्य-विद्वानों की जयंतियां विद्यालय में मनाई जाएं। इससे छात्रों को उनके साहित्य पढ़ने, उनसे परिचित होने तथा उनसे अनुप्राणित होने का अवसर प्राप्त होता है। साहित्य-सृजन की शक्ति का इन आयोजनों के द्वारा भी विकास होता है।

15. भाषण-प्रतियोगिताछात्रों के मध्य साहित्यिक विषयों पर भाषण प्रतियोगिता का आयोजन करने से भी छात्रों में साहित्य के प्रति रुचि बढ़ती है। इस प्रक्रिया में छात्रों को आवश्यक साहित्य पहले ही दे दिया जाता है और वे विषय पर पूर्ण तैयार होकर इस प्रतियोगिता में भाग लेते हैं। इस क्रम में वे अपनी तर्कशक्ति एवं भाषा-क्षमता का भी विकास करते हैं जो सृजनात्मकता के लिए बहुत जरूरी है।

उपरोक्त कथ्यों का निष्कर्ष यह है कि छात्रों में साहित्य के प्रति लगाव और सृजनात्मक क्षमता का विकास तभी संभव है जब छात्रों को संवेदनशील, परिश्रमी, साहित्यिक प्रवृत्ति वाले और योग्य शिक्षक का मार्गदर्शन मिले।

दीर्घ उत्तरीय प्रश्न

1. शिक्षण का अर्थ स्पष्ट करते हुए मुख्य परिभाषाओं की चर्चा करें।
2. शिक्षण का स्वरूप क्या है? स्पष्ट करें।
3. उत्तम शिक्षण प्रणाली की प्रमुख विशेषताओं की चर्चा करें।

लघु उत्तरीय प्रश्न

1. भाषा से आपका क्या आशय है? भाषा की परिभाषाओं को वर्णित करें।
2. मातृ भाषा के रूप में हिन्दी की उपयोगिता बढ़ी है या घटी है विवेचना करें।
3. मानक हिदी शिक्षण का उद्देश्य क्या है?

वस्तुनिष्ठ प्रश्न

1. शिक्षक, छात्र और विषय में संबंध कौन स्थापित करता है?
   (क) विषय (ख) विद्यालय
   (ग) शिक्षण (घ) इनमें से कोई नहीं।
2. शिक्षण को सीखने के संगठन रूप में सर्वोत्तम प्रकार से पारिभाषित किया जा सकता हैयह परिभाषा किस विद्वान की है?
   (क) मरसेल (ख) जॉन डीवी
   (ग) रायबर्न (घ) बर्टन
3. 'Principles of Teaching' किस विद्वान की प्रसिद्ध पुस्तक है?
   (क) रूसो (ख) ह्यजेज
   (ग) हिगेट (घ) रायबर्न और फोर्ज

2

हिन्दी-शिक्षण के उद्देश्य एवं लक्ष्य

किसी राष्ट्र को विकास के पथ पर अग्रसर कराने में भाषा का महत्वपूर्ण हाथ होता है। भाषा ही वह माध्यम है जिसके द्वारा एक मनुष्य दूसरे से अपने भाव और विचारों का संप्रेषण करता है। इसके माध्यम से ही एक कुशल अध्यापक अपना विचार छात्रों के सामने से ही एक कुशल अध्यापक अपना विचार छात्रों के सामने रखताा है। भाषा के माध्यम से ही कई विषयों का अध्ययन करता है। भाषा किसी राष्ट्र के नागरिकों के चिन्तन का एक मार्ग है। यह जनतंत्र को प्रोत्साहित करता है। इसके जरिए ही नागरिक एक राज्य से दूसरे राज्य में जाकर अपना जीवन-निर्वाह करता है। भाषा के जरिए ही हम किसी को अपनी ओर आकर्षित करते हैं। भारत जैसे लोकतंत्रात्मक राष्ट्र में कई राज्यों की राजभाषा वहां की बोली जाने वाली स्थानीय भाषा है, जो अलगाववाद का एक सूचक है। अतः सभी राज्यों की सरकार का यह दायित्व बनता है कि वह अपने-अपने राज्य में उसी भाषा को राजभाषा का दर्जा दे जो देश की राष्ट्रभाषा हैं। इसके जरिए ही हम एक समद्ध राष्ट्र की कल्पना कर सकते हैं। अंत कहा जा सकता है कि किसी देश की राष्ट्रभाषा उस देश का बहुमूल्य धरोहर होता है।

किसी भी विषय को पढ़ाने की तुलना में स्थानीय या क्षेत्रीय भाषा में पढ़ाना बहुत जटिल काम है। इस भाषा में विभिन्न योग्यताओं का समावेश रहता हैं।

आजकल यह शिक्षा के क्षेत्र में सिरदर्द का काम करता है। इनके उद्देश्यों को समझना बहुत मुश्किल है। अतः नीचे क्षेत्रीय भाषा के शिक्षण के कुछ सूत्र दिए गए हैं, जो क्षेत्रीय भाषाओं के प्रति छात्रों की रुचि का विकास करने में मदद करेंगे।

(1) भाषा का शिक्षण यथासम्भव अनौपचारिक होना चाहिए। पढ़ाने में बहुत अधिक औपचारिकता आ जाने से पढ़ाई जाने वाली भाषा का स्वरूप कृत्रिम हो जाने की सम्भावना है। भाषा को सीखते और सिखाते समय छात्र और अध्यापक दोनों को ही आनन्द की अनुभूति होनी चाहिए। यदि ऐसा नहीं है तो भाषा-विकास में अवश्य ही कहीं कोई कमी है।

(2) भाषा मानव जीवन की एक बहुत ही सहज प्रक्रिया है। इसे अनायास खेल-खेल में सीखा जा सकता है और समय व परिस्थिति के अनुसार उसकी भाषा का विकास होता चला जाता है। सीखने वाले पर कोई भाषा थोपी नहीं जा सकती है। इसका विकास उसके अन्दर से स्वयं होना चाहिए अध्यापक उस विकास में सहायता पहुँचा सकते हैं।

(3) भाषा सम्बन्धी सभी योग्यताओं का वर्गीकरण मोटे तौर पर सुनकर, बोलने, पढ़ने, लिखने और सोचने की योग्यता में किया जा सकता है। भाषा की अच्छी शिक्षा में इन चारों प्रकार की योग्यताओं का विकास किया जायेगा इसके लिये आवश्यक होगा कि छात्रों को सुनने, बोलने, पढ़ने-लिखने और विचार करने के ज्यादा-से-ज्यादा अवसर दिए जायें। कक्षा में निष्क्रिय श्रोता बने रहकर ही छात्र भाषा के अंगों पर अधिकार प्राप्त नहीं कर सकते हैं।

(4) भाषा के विश्लेषण की योग्यता ऊपर लिखित सभी योग्यताओं का विकास करने में सहायक होती है। इसलिए भाषा विश्लेषण की क्षमता छात्रों में प्रारम्भ से ही उत्पन्न करनी चाहिए। भाषा के उपयोगी विश्लेषण को ही व्यावहारिक व्याकरण का नाम दिया जा सकता है।

(5) बाह्य जगत के प्रति प्रत्येक व्यक्ति की प्रतिक्रिया भिन्न-भिन्न होती है और प्रतिक्रिया की विभिन्नता भाषा का प्रयोग में सहज रूप से अभिव्यक्त होती है। छठी कक्षा के छात्रों में व्यक्तित्व की भिन्नता के लक्षण प्रकट होने लगते हैं।

(6) किसी भी भाषा की सत्ता शून्य में नहीं रहती। इसके माध्यम से जहाँ छात्रों में भाषा सम्बन्धी योग्यता बढ़ेगी वहीं सामाजिक, राजनैतिक, आर्थिक, पारिवारिक, ऐतिहाससिक, वैज्ञानिक, सांस्कृतिक, साहित्यिक आदि विषयों में उनकी जानकारी और रुचि बढ़ेगी। भाषा पढ़े हुए छात्रों को ऐसा लगना चाहिए मानो वे सभी विषय एक साथ पढ़ रहे हैं। वास्तव में भाषा के माध्यम से पढ़ाए जाने वाले विषयों में छात्रों की रुचि जितनी ही अधिक होगी, उनका भाषा-ज्ञान उतना ही विकसित होगा।

मातृभाषा शिक्षण का प्रयोजन

राष्ट्रभाषा के रूप में तो हिन्दी उत्तरी भारत के अधिकांश राज्यों में पढ़ाई जाती ही है, साथ ही, अहिन्दी भाषी राज्यों में 50 अंकों की हिन्दी मातृभाषा (Mother Indian Language) के रूप में पढ़ाई जाती है। इस प्रकार हिन्दी पूरे भारत में अपनी अभिव्यक्ति पाती है। भाषा वह शक्ति है जिसके माध्यम से हम अपने विचार दूसरों पर प्रकट करते हैं। तथा दूसरे के विचारों को समझते हैं। भाषा के आधार पर ही मनुष्य शाश्वत साहित्य को जन्म देता है। इस दृष्टि से भाषा शिक्षण के तीन मुख्य उद्देश्य (1) भाषा ग्रहण, (2) भाव प्रकाशन, तथा (4) सृजन है।

भाषा विज्ञान के विषय में भिन्न-भिन्न विद्वानों के द्वारा व्यक्ति किए गए विचार निम्नलिखित हैं

के. क्षत्रिय के अनुसार "भाषा शिक्षण विद्यार्थियों को शुद्ध, सरल, मधुर, स्पष्ट तथा प्रभावोत्पादक भावाभिव्यक्ति में सफल बना सकें, चाहे वह अभिव्यक्ति मौखिक हो या लिखित। दूसरी तरफ दूसरों की कथित अथवा लिखित बात को समझने की क्षमता प्रदान कर सकें।"

सीताराम चतुर्वेदी के मतानुसार"भाषा की शिक्षा का यह उद्देश्य है कि हम दूसरों की कही तथा लिखी हुई बातें ठीक-ठाक समझ तथा पढ़ सकें और शुद्ध प्रभावपूर्ण तथा रोचक ढंग से लिख तथा बोल सकें।"

राष्ट्रभाषा शिक्षण के उद्देश्य निम्नलिखित हैं

रचनात्मक प्रयोजन

सर्जनात्मक उद्देश्य में कविता, गद्य, निबन्ध, कथा, पत्र उपन्यास तथा सम्वाद आदि आते हैं। सर्जनात्मक उद्देश्य निम्नलिखित हैं

(1) रचना की प्रवृत्ति का विकास तथा प्रोत्साहन।

(2) स्वानुभूति का परिचय तथा स्वाध्याय की प्रेरणा देना है।

(3) काव्य कला, निब्नध, पत्र सम्वाद तथा उपन्यास आदि की रचना को प्रोत्साहन।

(4) विविध शैली का परिचय, चिन्तन, कल्पना तथा तर्क आदि के अनुसार संरचना।

(5) विद्यार्थियों की मौलिकता का विकास।

ज्ञानात्मक प्रयोजन

भाषा का साहित्य से सम्बन्धित ज्ञान ही ज्ञानात्मक उद्देश्य है। ज्ञानात्मक प्रयोजन निम्नांकित हैं

(1) कल्पना, तुलना, मनोविश्लेषण तथा वर्गीकरण आदि का बोध करना।

(2) विद्याथियों को ऐतिहासिक, भौगोलिक, वैज्ञानिक आदि तथ्यों का परिचय देना।

(3) काव्य-कथा-निबन्ध-उपन्यास तथा नाटक आदि का ज्ञान।

(4) सूक्तियों तथा लोकोक्तियों का ज्ञान।

(5) हिन्दी का साहित्यिक तथा सौन्दर्यानुभूत्यात्मक ज्ञान।

(6) शब्द या वाक्य-विन्यास की कला का ज्ञान।

(7) विद्यार्थियों को ध्वनि तत्व का ज्ञान देना।

प्रवीणात्मक प्रयोजन

प्रवीणात्मक उद्देश्य में लेखन, पठन, श्रवण, कथन और अर्थभाव ग्रहण आदि आते हैं।

(1) मूल्यांकन की क्षमता।

(2) मुहावरों तथा लोकोक्तियों का समुचित विकास।

(3) अर्थ ग्राहिका शक्ति, भाव संयोग कला तथा अभिव्यक्ति की क्षमता का विकास।

(4) गति-यति-लय तथा आरोह व अवरोह क्रम से वाचन की क्षमता।

(5) वक्तृत्व कला का विकास करना।

(6) विद्यार्थियों को शुद्ध तथा परिष्कृत सस्वर वाचन का ज्ञान देना।

अभिवृत्यात्मक प्रयोजन

अभिवृत्तियों का उचित विकास, कृतियों का उद्भव तथा मौलिकता का उदय होता है। इसमें दो अभिवृत्तियों का विकास होता है।

(क) सद्वृत्तियों का विकास (चर) भाषा तथा साहित्य में रुचि।

अभिवृत्यात्मक उद्देश्य निम्नलिखित हैं

(1) विद्यार्थियों में रुचि का उत्पादन।

(2) विद्यालय की पत्रिका में विद्यार्थियों का योगदान।

(3) कवियों की कृतियाँ उनके साहित्य ग्रन्थों का अध्ययन करके अनेक विचारों को रचनाबद्ध करना।

(4) साहित्यिक गतिविधियों में पाठ्येत्तर क्रियाकलापों में सहयोग देना।

(5) पाठ्यक्रम के साथ-साथ अन्य ग्रन्थों का अध्ययन।

(6) शैक्षणिक, साहित्यिक आयोजनों में विद्यार्थियों को उत्तरदायित्वपूर्ण कार्य सम्पादन।

(7) ग्रन्थालय का उपयोग।

(8) संस्कृति, सभ्यता अध्ययन तथा सांस्कृतिकता।

राष्ट्रभाषा शिक्षण का प्रयोजन

हिन्दी भाषा शिक्षण के उद्देश्य निम्नलिखित हैं

1. विद्यार्थियों की सृजनात्मक व रचनात्मक क्षमता का विकास करना, पुस्तकों में निहित ज्ञान का ज्ञानार्जन करना तथा स्वाध्याय की क्षमता पैदा करना भाषा शिक्षण का लक्ष्य है।
2. पठन-पाठन के प्रति रुचि पैदा करना तथा साहित्य का रसास्वादन करना।
3. विद्यार्थियों के ज्ञान, विवेक एवं चरित्र का विकास करना।
4. दूसरों की लिखित एवं मौखिक भाषा को समझने की योग्यता उत्पन्न करना।
5. शुद्ध, सरल, प्रभावपूर्ण एवं स्पष्ट भाषा में अपने भावों, अनुभूतियों एवं विचारों को व्यक्त करना।
6. शुद्ध लिखना तथा बोलना हिन्दी-शिक्षण का उद्देश्य है।
7. साहित्य का लक्ष्य उत्तम नागरिक पैदा करना भी है। इसलिए हिन्दी-शिक्षण का उद्देश्य नागरिकता के उत्तमोत्तम गुणों का विकास भी है।
8. विद्यार्थियों में क्रमबद्ध विचार, भावभिव्यंजना तथा ज्ञानार्जन के प्रति गहरी रुचि उत्पन्न करना।
9. विविध लोकोक्तियों, मुहावरों आदि का ज्ञान कराना।
10. हिन्दी भाषा की विविध शैलियों का ज्ञान कराना भी भाषा-शिक्षण का लक्ष्य है।
11. विद्यार्थियों को सद्साहित्य सृजन के योग्य बनाना तथा मानव-जीवन की विविध परिस्थितियों का अध्ययन कराकर उन्हें भावी जीवन के लिए तैयार करना।

प्राथमिक स्तर पर राष्ट्रभाषा शिक्षण का प्रयोजन

प्राथमिक स्तर पर राष्ट्रभाषा के प्रयोजन व उद्देश्य को निम्नांकित बिन्दुओं के तहत स्पष्ट किया जा सकता है

1. छात्रों को पढ़े हुए तथ्यों को वार्तालाप या नाटकीयता के रूप में ढालना चाहिए। इससे उनमें अभिव्यक्ति व भावाभिव्यक्ति के भावों का विकास होता है।
2. छात्रों की बोध शक्ति का विकास करने के लिए उनके शब्द-भण्डार का विकास करना एवं विभिन्न विषयों को पढ़ने की योग्यता उत्पन्न करना।
3. छात्रों में पढ़ने की आदत डालना, लेख या पाठ का भाव ग्रहण करने के योग्य बनाना हिन्दी शिक्षण का उद्देश्य है।
4. पढ़ने की गति के अतिरिक्त गठन की जाती।
5. सुलेख एवं श्रुतिलेख पर विशेष बल देना चाहिए।
6. छात्रों को लिपि का सही ज्ञान कराया जाये तथा उनका जमकर अभ्यास कराया जाए।
7. कविता पाठ का वाचन छात्रों को सस्वर करना चाहिए।
8. छात्रों को इस प्रकार से तैयार करना चाहिए कि उनसे जो प्रश्न (उनके स्तर का) पूछा जाये, उसका उत्तर अपने शब्दों में दे सकें।
9. छात्रों के शब्द-भण्डार में क्रमशः वृद्धि करना। बालकों में ऐसी क्षमता भी लानी है कि वे छोटे-छोटे वाक्य या वाक्यांश बना लें।
10. वाचन के शुद्ध बनाना, प्रवाहपूर्ण बनाना तथा प्रभावोत्पादक बनाना हिन्दी-शिक्षण का उद्देश्य है।
11. छात्रों के विचारों को क्रमशः क्रमबद्ध रूप से विकसित करना।
12. छात्रों को इस प्रकार क्षमताशील बनाना चाहिए कि वे मनोवाचन करके तथ्यों को याद कर लें या सहजग्राह्य कर लें।
13. छात्रों को इस योग्यता तक पहुँचाना कि वे निर्धारित पाठ्यक्रम की शब्दावली व समकक्ष स्तर की शब्दावली को समझ सकें।
14. छात्रों के उच्चारण को शुद्ध बनाना तथा पाठ्यक्रम के स्तर की भाषा को भली-भाँति बोल सकें, ऐसी क्षमता प्रदान करना।
15. छात्रों को इस प्रकार क्षमता से युक्त करें कि वे निर्धारित ज्ञान का सस्वर वाचन कर सकें।

माध्यमिक स्तर पर राष्ट्रभाषा शिक्षण का प्रयोजन

इस स्तर पर पहुँचने के पूर्व छात्र को अपनी राष्ट्रभाषा हिन्दी की जानकारी हो जाती है। वह लेखन एवं पाठन में कुछ प्रवीणता प्राप्त कर लेता है। उसमें श्रवण एवं अभिव्यक्ति की भी क्षमता रहती है।

उच्चतर माध्यमिक स्तर पर राष्ट्रभाषा शिक्षण का प्रयोजन

उच्चतर माध्यमिक स्तर का छात्र हिन्दी भाषा एवं साहित्य की विविध विधाओं की सामन्य जानकारी रखने लगता है। इस स्तर पर भाषा शिक्षण के उद्देश्य निम्नलिखित होंगे

1. छात्रों में सौंदर्यानुभूति की भावना का विकास करना।
2. छात्रों में लिखित अभिव्यक्ति की शैलियों एवं विधाओं का ज्ञान कराना।
3. छात्रों में मौखिक एवं लिखित कुशलता एवं क्षमता की प्रवृत्ति पैदा करना।
4. छात्रों में शुद्ध उच्चारण तथा रचनात्मक क्षमता की वृद्धि करना।
5. छात्रों में सस्वर एवं मौन वाचन के माध्यम से उन्हें भाव ग्रहण के लिए तैयार करना।
6. अपनी मातृभाषा के माध्यम से शिक्षा के अन्य विषयों या पाठ्यक्रम के अन्य विषयों को समझने की क्षमता पैदा करना।
7. छात्रों को इस योग्य बनाना कि पाठ्यक्रम की विविध शाखाओं की शब्दावली, भाव, अभिव्यंजना आदि ग्रहण करने की प्रवृत्ति का विकास हो।
8. छात्रों में मौखिक एवं लिखित भाषा के माध्यम से बोध व भावग्रहण करने की क्षमता का विकास करना।
9. उनमें स्वरचित कविता तथा निबन्धादि के लिए प्रोत्साहन प्रदान करना।
10. छात्रों में अधिकाधिक भाषा अध्ययन करने की प्रेरणा पैदा करना।
11. उन्हें व्यावहारिकता का ज्ञान एवं अन्य विषयों का साहित्यिक अध्ययन कराना।
12. उच्च कोटि के लेखकों की लेखन शैली का ज्ञान कराकर उन्हें स्वयं अपनी शैली का निर्माण करने में सहयोग प्रदान करना।
13. छात्रों को पाठ्यपुस्तकों के अलावा राष्ट्रभाषा की अन्य पुस्तकों एवं साहित्य को पढ़ने के लिए प्रेरणा एवं प्रोत्साहन प्रदान करना।
14. भारतीय संस्कृति एवं मातृभाषा के साहित्य का विद्यार्थियों को ज्ञान कराना।
15. छात्रों के चरित्र एवं भावनाओं को विकसित एवं परिष्कृत करना।

16. छात्रों को भाषा के व्यावहारिक विश्लेषण में समर्थ बनाना।
17. छात्रों में सामान्य समालोचन की प्रवृत्ति पैदा करना।
18. छात्रों में चिन्तन की प्रवृत्ति का विकास करना।
19. कविता के विविध पक्षों एवं गद्य शैली की विविध शैलियों से विद्यार्थियों को परिचित कराना।
20. छात्रों में हिन्दी भाषा एवं उसके साहित्य का सामान्य ज्ञान कराना।

राष्ट्रभाषा शिक्षण के आम प्रयोजन

राष्ट्रभाषा शिक्षण के आम प्रयोजन निम्नलिखित हैं

1. उनकी शुद्धता एवं गति का निरन्तर विकास करते हुए वाचन का अभ्यास कराना।
2. बालकों के शब्दों, वाक्यांशों तथा लोकोक्तियों आदि के कोष में वृद्धि करना।
3. क्रमबद्ध विचार-प्रणाली और भावाभिव्यंजन में दक्ष बनाना।
4. ज्ञान प्राप्त करने और मनोरंजन के लिए पढ़ना-लिखना, सीखना, गद्य-पद्य में निहित आनन्द और चम्मत्कार से परिचय प्राप्त कराना, पुस्तकों में निहित ज्ञान-भण्डार का अवलोकन करना तथा बालक की स्वाध्यायशीलता के प्रति रुचि उत्पन्न करना मातृभाषा-शिक्षण के महत्वपूर्ण उद्देश्य हैं।
5. छात्रों को इस योग्य बनाना कि वे उचित भाव-भंगिमाओं के साथ वाचन करके काव्य-कला एवं अभिनय-कला का आनन्द प्राप्त कर सकें और साथ ही, अपने मानसिक सुख-दुखात्मक भावनाओं के प्रति सन्तुष्टि प्राप्त कर सकें।
6. उन्हें भावानुकूल, भाषा-प्रयोग, स्वर-निर्माण एवं अंग-संचालन की कला का अभ्यास करना।
7. छात्रों को मानव स्वभाव और चरित्र के अध्ययन का मौका मुहैया करना।
8. उन्हें सत्साहित्य के सृजन की प्रेरणा देना, जिससे वे अपने अवकाश के समय के सदुपयोग द्वारा अपने व्यक्तिगत तथा सामाजिक जीवन को सुसंस्कृत एवं सुखी बना सकें।
9. विभिन्न शैलियों का परिचय कराकर अपनी उपयुक्त शैली के विकास में सहायता कराना।
10. ज्ञान-क्षेत्र तथा विवेक का निरन्तर विकास करते हुए चरित्र-निर्माण कराना।
11. शुद्ध, सरल, स्पष्ट एवं प्रभावशाली भाषा में छात्र अपने भावों, विचारों एवं अनुभूतियों की अभिव्यक्ति कर सकें।

हिन्दी शिक्षण के दो रूप होते हैं

(1) साहित्य शिक्षण (2) भाषा शिक्षण। दोनों के उद्देश्य भिन्न-भिन्न होते हैं। दोनों एक दूसरे के पूरक हैं। भाषा एक विज्ञान है तो साहित्य एक कला। दोनों प्रकार के शिक्षण पद्धति में अध्यापक को अलग-अलग स्पष्टीकरण देना पड़ता है।

भाषा-शिक्षण का प्रयोजन

भाषा जीवन के क्रिया-कलापों के मार्गदर्शन का माध्यम तथा साधन है। इसलिए भाषा-शिक्षण के कई उद्देश्य हैं। उपयोग की दृष्टि से इसके दो पक्ष हैं(क) भाषा पक्ष तथा (ख) साहित्य पक्ष।

भाषा पक्ष के भी दो रूप हैं(i) ज्ञान पक्ष और (ii) कौशल या व्यवहार पक्ष। भाषा की एक संरचना होती है इसमें वर्ण माला, शब्द, वाक्य, ध्वनि, वर्तनी, अनुच्छेद होते हैं। भाषा के तत्वों का ज्ञान और उनका प्रयोग भाषा शिक्षण के मुख्य उद्देश्य हैं। भाषा में कौशलों का विकास-शुद्ध लिखने, शुद्ध बोलने, शुद्ध पढ़ने का सम्बन्ध व्याकरण से होता है। कौशल के भी दो पक्ष होते हैं(क) कौशलों का विकास या ग्रहण करना, (ख) उन कौशलों का अभिव्यक्ति में समुचित उपयोग करना। ज्ञानात्मक उद्देश्य भाषा और साहित्य दोनों पक्षों के होते हैं। भाषा में कौशल पक्ष प्रधान होता है। जबकि साहित्य में कलात्मक, भावपक्ष तथा सौन्दर्यानुभूति का बोध प्रधान होता है।

भाषा-शिक्षण के प्रमुख दो ही उद्देश्य होते हैं

(1) ज्ञानात्मक उद्देश्य और (2) कौशलात्मक उद्देश्य

(1) ज्ञानात्मक उद्देश्य की प्राप्ति के लिए निम्नलिखित अपेक्षित व्यवहार किए जाते हैं

(i) इन तत्वों का विश्लेषण करना तथा वर्गीकरण करना।

(ii) भाषा सम्बन्धी तत्वों का उदाहरण प्रस्तुत करना तथा तुलना करना।

(iii) भाषिक तत्वों में परस्पर अन्तर तथा सम्बन्ध ज्ञात करना।

(iv) भाषा सम्बन्धी अशुद्धियों की पहचान करना और उनमें सुधार करना।

(v) भाषा सम्बन्धी तत्व का ज्ञान प्राप्त करना अथवा पहिचान-करना।

(2) कौशलात्मक उद्देश्य इसके अन्तर्गत शिक्षार्थी के अंदर भाषाई तथ्यों का युक्तिपूर्ण तरीके से विकास किया जाता है ताकि इसे समुचित तरीके से प्रयोग किया जा सके। भाषा के तहत चार कौशलों का विकास किया जाता हैपढ़ना, लिखना,

बोलना तथा सुनना। इनका सम्बन्ध शुद्ध उच्चारण, शुद्ध वर्तनी, व्याकरण का प्रयोग करना प्रमुख है। कौशलात्मक उद्देश्य की प्रमुख क्रियाएं या कौशल निम्नलिखित हैं

(i) गद्य, पद्य, कहानी तथा नाटक आदि पढ़कर अर्थ ग्रहण करने की योग्यता का विकास करना।

(ii) बोलकर अपने भावों एवं विचारों को प्रकट करने की क्षमता का विकास करना।

(iii) लिखकर अपने भावों एवं विचारों को व्यक्त करने की योग्यता का विकास करना।

(iv) सुनकर शुद्ध अर्थ ग्रहण एवं क्षमता का विकास करना।

(v) शुद्ध एवं स्पष्ट वाचन की योग्यता प्रदान करना।

भाषा शिक्षक के उद्देश्यों का वर्णन व्याकरण-शिक्षण, वाचन तथा लेखन अध्यायों में विशिष्ट रूप में किया गया है।

हिन्दी साहित्य

पद्य, गद्य, नाटक, कहानी, आत्मकथाएँ, उपन्यास, समाचार पत्र, जीवनी प्रमुख विधायें है। इन रूपों के शिक्षण का वर्णन अलग-अलग अध्यायों में किया गया है। गद्य-शिक्षण, पद्य-शिक्षण, नाटक-शिक्षण, कहानी-शिक्षण आदि अध्यायों में उनके शिक्षण-उद्देश्यों को भी स्थान दिया गया है। यदि उनकी समीक्षा की जाए तो साहित्य-शिक्षण के उद्देश्यों का स्वरूप प्राप्त हो जाता है। फिर भी साहित्य के उद्देश्यों को यहाँ दिया गया है।

साहित्य के मुख्य प्रयोजन

बोधात्मक, ज्ञानात्मक, रसात्मक एवं रचनात्मक, सर्जनात्मक उद्देश्य तथा सदविचारों एवं मानवीय मूल्यों का विकास करना ही साहित्य का मुख्य प्रयोजन है।

शिक्षा तथा शिक्षण के उद्देश्यों की बी. एस. ब्लूम के मतानुसार तीन पक्षों

(1) ज्ञानात्मक

(2) क्रियात्मक तथा

(3) भावात्मक उद्देश्यों में वर्गीकृत किया है।

इन पक्षों को भी श्रेणियों में वर्गीकृत किय गया है जिसे शिक्षण के प्रयोजन को लिखने में उपयोग में लाया जाता है। ज्ञानात्मक पक्ष को छः वर्गों में विभाजित किया गया है

(1) ज्ञान, (2) बोध, (3) प्रयोग, (4) विश्लेषण, (5) संश्लेषण तथा (6) मूल्यांकन। शिक्षण उद्देश्यों का प्रतिपादन तथा पहचान इन्हीं वर्गों के रूप में किया जाता है और शिक्षण विषय वस्तु की सहायता से व्यावहारिक रूप में लिखते हैं जिन्हें शिक्षण के विशिष्ट उद्देश्य अथवा व्यावहारिक उद्देश्य कहते हैं। अन्तिम तीन वर्गो (विश्लेषण संश्लेषण तथा मूल्यांकन) को सर्जनात्मक उद्देश्य भी कहते हैं। साहित्य विषय में विश्लेषण, संश्लेषण तथा मूल्यांकन क्रियाओं को सर्जनात्मक उद्देश्य कहते हैं, साहित्य-शिक्षण के उद्देश्य सर्वोच्च होते हैं। प्रथम तीन वर्गों (ज्ञान बोध एवं प्रयोग) की क्रियाएँ भाषा शिक्षण में की जाती हैं। साहित्य के उद्देश्यों तथा उनके व्यावहारिक रूप को निम्नवत् दर्शाया गया है

शिक्षण प्रयोजन	व्यावहारिक रूप/विशिष्ट उद्देश्य
(अ) ज्ञानात्मक उद्देश्य	(1) साहित्य विधाओं का ज्ञान प्रदान करना
	(2) विषय-वस्तु का ज्ञान प्रदान करना।
	(3) साहित्य के इतिहास की रूपरेखा का ज्ञान देना।
(ब) बोधात्मक प्रयोजन	(1) गद्य, पद्य कहानी आदि का अर्थ ग्रहण कराना।
	(2) पाठ्य-विषय के भावों एवं विचारों का बोध करना।
(स) रसात्मक एवं समीक्षात्मक उद्देश्य	(1) कविता अथवा काव्य में निहित भावों का विश्लेषण तथा संश्लेषण करना।
	(2) निहित भावों का रसावादन तथा आकलन करना।
	(3) गद्य, कहानी, नाटक की समालोचना करना।
(द) सर्जनात्मक और अभिवृत्यात्मक प्रयोजन	(1) गद्य, पद्य साहित्य के निहित भावों पर अपनी मौखिक प्रतिक्रिया करना।

(2) साहित्य शिक्षण से सद्प्रवृत्तियों एवं मूल्यों का विकास करना।
(3) काव्य एवं कविता शिक्षण से सौन्दर्यानुभूति का विकास करना।

साहित्य-शिक्षण के उद्देश्य का आधार साहित्य की विधायें होती हैं। यहाँ पर विधाओं के आधार पर शिक्षण उद्देश्य को व्यावहारिक रूप में प्रस्तुत किया गया है

साहित्य उद्देश्य	***व्यावहारिक/विशिष्ट उद्देश्य***
1. कविता एवं काव्य साहित्य सौन्दर्यानुभूति तथा रसास्वादन	(1) मर्म स्थलों की पहचान और आनन्द प्रदान करना। (2) सौन्दर्य तत्वों, नाद-विचार की भावानुभूति करना। सौन्दर्य में आस्था का विकास करना। (3) कविताओं को कण्ठस्थ करना और पुनर्रावृत्ति करना। (4) छन्द, अलंकार को पहचानना।
2. पद्य साहित्य ज्ञान, बोध तथा समालोचना	(1) पद्य साहित्य का बोध कराना। (2) साहित्यिक अंशों की तुलना करना। (3) निहित विचारों की समालोचना तथा आकलन करना। (4) भाव पक्ष की दृष्टि से सुन्दर स्थलों को पहचानना।
3. कहानी तथा नाटक साहित्य ज्ञान, बोध तथा आलोचना	(1) तथ्यों की प्रामाणिकता से अवगत कराना। (2) कहानी शिक्षण को पहचानना।

4. आत्मकथा एक जीवनी ज्ञान, बोध तथा भव पक्ष	
	(1) निबध के विषय का बोध कराना। (2) जीवन की घटनाओं का आकलन करना। (3) जीवन से शिक्षा प्रदान करना।
5. निबन्ध तथा समाचार-पत्र ज्ञान, बोध तथा समालोचन	
	(1) निबंध के विषय का बोध कराना। (2) भाव पक्ष की दृष्टि से आकलन करना। (3) विषय वस्तु की प्रामाणिकता को जानना

आधुनिक काल में हिन्दी शिक्षण के विकासात्मक पक्ष पर अत्यधिक बल दिया जा रहा है। इसके तहत ज्ञानात्मक, भावात्मक तथा क्रियात्मक तीनों प्रकार के उद्देश्यों को सम्मलित किया जाता है। इसलिए इस खण्ड में हिन्दी शिक्षण के उद्देश्यों को व्यावहारिक रूप में लिखने की प्रक्रिया का विस्तृत वर्णन किया गया है और उन्हें उदाहरण द्वारा स्पष्ट किया गया है।

हिन्दी शिक्षण के उद्देश्यों को प्रचलित रूप में लिखने की प्रक्रिया

उद्देश्यों का प्रचलित रूप में लिखने की प्रक्रिया के लिए **बी. एस. ब्लूम** के वर्गीकरण को आधार मानकर उद्देश्यों का प्रचलित रूप दिया गया है

शैक्षिक प्रयोजन का अभिप्राय और परिभाषा

इसके तह विद्यार्थियों के दैनिक क्रिया-कलापों में बदलाव किया जाता है। विद्यार्थियों को चाल-चलना, रहन-सहन, उठना, बैठना, खानपान के तौर-तरीके के बारे में बताना भी शैक्षिक का मुख्य उद्देश्य होता है। इस तरह शिक्षा उद्देश्यों का सीधा सम्बन्ध विद्यार्थियों के दैनिक क्रिया-कलापों में आवश्यक बदलाव से है।

शिक्षा के क्षेत्र में शिक्षण के उद्देश्यों तथा शैक्षिक उद्देश्यों में अन्तर है। शिक्षण उद्देश्य वे कथन होते हैं जो किसी बदलाव की तरफ इशारा करते हैं जबकि शिक्षा

के उद्देश्य ऐसे सामान्य कथन होते हैं जिनकी प्रकृति दार्शनिक होती है। इन दोनों के अन्तर को अगले पृष्ठ पर तालिका द्वारा स्पष्ट किया गया है।

बी. एस. ब्लूम महोदय ने शिक्षा के उद्देश्यों को पाठ्यक्रम सृजन एवं मूल्यांकन तकनीकी के आधार के रूप में पारिभाषित किया है। उनके मतानुसार शैक्षिक उद्देश्यों की परिभाषा नीचे दी गई है

"शिक्षा उद्देश्य वे लक्ष्य हैं जिनकी सहायत से केवल पाठ्यक्रम की रचना ही नहीं की जाती तथा अनुदेशन के लिये निर्देशन ही नहीं दिया जाता अपितु इनसे ही हमें मूल्यांकन प्रविध्धियों की रचना एवं प्रयोग के लिये विस्तृत विशिष्टताओं की प्राप्ति होती है।"

अतः शैक्षिक उद्देश्यों का मुख्य आभिप्राय विद्यार्थिय में होने वाले उस बदलाव से है जो विद्यार्थियों के दैनिक जीवन में निखार ला सके। इस तरह शैक्षिक उद्देश्यों की तीन विशेषताएं होती है।

(क) अन्तिम लक्ष्य को प्राप्त करने वाली क्रिया को दिशा प्रदान करना।

(ख) विशिष्ट क्रिया द्वारा नियोजित परिवर्तन लाना।

(ग) इनकी सहायता से शिक्षण अधिगम की क्रियाओं की व्यवस्था करना।

हिन्दी शिक्षण के लक्ष्य और प्रयोजन में अन्तर

लक्ष्य	उद्देश्य
1. इनका आधार दार्शनिक होता है।	1. इनका आधार मनोवैज्ञानिक होता है।
2. इनका रूप अधिक व्यापक होता है।	2. इनका रूप संकुचित एवं विशिष्ट होता है।
3. इनकी प्राप्ति परोक्ष रूप में की जाती है।	3. इनकी प्राप्ति अप्रत्यक्ष रूप में की जाती है।
4. इनकी प्रकृति औपचारिक होती है।	4. इसका स्वरूप व्यवहारिक होता है।
5. इनकी प्राप्ति लम्बी अवधि में की जाती है।	5. इनकी प्राप्ति शिक्षण के एक कालांश में की जाती है।
6. शिक्षण के उद्देश्य शिक्षण की क्रिया को दिशा प्रदान करते हैं। इन्हें शिक्षा के उद्देश्य भी कहते हैं।	6. शिक्षण को दिशा प्रदान करते हैं तथा शिक्षण युक्तियों के निर्धारण में सहायक होते हैं।
7. शिक्षा की व्यवस्था की जाती है।	7. शिक्षण का नियोजना करते हैं।

प्रयोजन को ठोस रूप देने की जरूरत

सम्प्रति शिक्षण की अपेक्षा किसी भी चीज को सीखने पर अधिक जोर दिया जा रहा है। कहने का तात्पर्य यह है कि शिक्षण एवं प्रशिक्षण की प्रवृत्ति बदल रही है। अतः जरूरी है कि ऐसे उद्देश्यों का सृजन किया जाय जो व्यवहारात्मक हो। इसके लिए उद्देश्यों का निर्धारण करना जरूरी है। अतः महोदय ने उद्देश्यों को एक नया रूप देने के लिए एक नई तकनीक प्रस्तुत की है।

शैक्षिक प्रयोजन के प्रकार

पूर्व में यह वर्णित किया जा चुका है कि शिक्षा का महत्वपूर्ण प्रयोजन छात्रों के दैनंदिन जीवन में प्रचलित आदतों में परिवर्तन लाना है(1) ज्ञानात्मक, (2) भावात्मक तथा (3) क्रियात्मक। अतः ब्लूम महोदय ने शैक्षिक उद्देश्यों का विभाजन इन्हीं तीन पक्षों में किया है। उन्होंने ही इन तीनों पक्षों का भी वर्गीकरण एवं उपवर्गीकरण किया है, जो इस प्रकार है।

(1) भावात्मक पक्ष का वर्गीकरण इसके तहत छात्रों में भावनात्कमक सम्बन्धी सभी पक्षों का विकास होता है। छात्रों के व्यक्तित्व के विकास की दृष्टि से इन उद्देश्यों को शिक्षक छात्र की अन्तः क्रिया द्वारा ही प्राप्त किया जा सकता है इसलिये कोई भी अनुदेशन प्रणाली शिक्षक का स्थान नहीं ले सकती है।

(2) ज्ञानात्मक पक्ष का वर्गीकरण इसका विकास ब्लूम ने (1950) ई. में किया था। ज्ञानात्मक उद्देश्यों का सम्बन्ध सूचनाओं, ज्ञान, तथ्यों, सिद्धान्तों तथा अधिनियमों के प्रत्यास्मरण तथा अभिज्ञान से होता है। ये ही ज्ञानात्मक पक्ष के उपवर्ग हैं। अभिक्रमित अनुदेशन में इन्हीं उद्देश्यों पक्षों की प्राप्ति विशेष रूप से की जाती है।

(3) क्रियात्मक पक्ष का वर्गीकरण विकास सिम्पसन ने (1962) में किया था। क्रियात्मक उद्देश्यों का सम्बन्ध कौशल तथा शारीरिक क्रियाओं के विकास से होता है। शिक्षण की अपेक्षा प्रशिक्षण में क्रियात्मक उद्देश्यों को विशेष महत्व दिया गया है। शिक्षण से ज्ञानात्मक, भावात्मक उद्देश्यों की प्राप्ति की जाती है तथा कौशल का भी विकास किया जाता है। अभिक्रमित अनुदेशन से ज्ञानात्मक उद्देश्यों की प्राप्ति की जाती और प्रशिक्षण से क्रियात्मक उद्देश्यों की प्राप्ति की जाती है। बी. एस. ब्लूम तथा उनके सहयोगियों ने जो शैक्षिक वर्गीकरण एवं उपवर्गीकरण दिया है उसे निम्न तालिका में प्रस्तुत किया गया है

शैक्षिक प्रयोजन के प्रकार

ज्ञानात्मक पक्ष वर्ग	भावात्मक पक्ष वर्ग	क्रियात्मक पक्ष वर्ग
1. ज्ञान	1. आग्रहण	1. उत्तेजना
2. बोध	2. अनुक्रिया	2. अनुकरण
3. प्रयोग	3. अनुमूल्यन	3. कार्यवाही
4. विश्लेषण	4. विचारण	4. समन्वय
5. संश्लेषण	5. संगठन	5. नियन्त्रण
6. मूल्यांकन	6. चरित्रीकरण	6. आदतों का निर्माण

ज्ञानात्मक शैक्षिक प्रयोजन के प्रकार

बी. एस. ब्लूम (1956) ने ज्ञानात्मक पक्ष के उद्देश्यों के वर्गों (Categories) को क्रमबद्ध किया है। उन्होंने ज्ञानात्मक पक्ष के उद्देश्यों को जटिलता की दृष्टि से छः श्रेणियों में बाँटा हैज्ञान, बोध, प्रयोग, विश्लेषण, संश्लेषण तथा मूल्यांकन अधिगम परिणामों का प्रचलित भाषा में स्पष्ट किया जाता है और इनमें से प्रत्येक उद्देश्य का मापन किया जाता है। नीचे दिए गए पंक्तियों में ज्ञानात्मक उद्देश्यों के सभी वर्गों का वर्णन किया गया है

(1) ज्ञान उद्देश्य ज्ञान उद्देश्य में तथ्यों, शब्दों, नियमों तथा सिद्धान्तों के प्रत्यास्मरण तथा अभिज्ञान का विकास किया जाता है। इसमें उन सभी व्यवहारों तथा परीक्षण परिस्थितियों को सम्मिलित किया जाता है जिनमें प्रत्यास्मरण पर अधिक बल दिया जाता है। अधिगम के समय छात्र जिन सूचनाओं, तथ्यों तथा नियमों को धारण करता है और बाद में जिनके प्रत्यास्मरण पर जोर दिया जाता है उन सभी व्यवहारों को ज्ञान-उद्देश्य में शामिल किया जाता है। इनमें तीन प्रकार की पाठ्यवस्तु के अभिज्ञान तथा प्रत्यास्मरण की क्षमता का विकास किया जाता है।

(क) विशिष्ट तथ्यों, शब्दों, सूचनाओं के प्रत्यास्मरण का विकास।

(ख) पद्धतियों, साधनों तथा आयामों के अभिज्ञान का विकास।

(ग) नियमों, सिद्धान्तों तथा सामान्यीकरण के प्रत्यामरण का विकास।

ज्ञान-उद्देश्य के वर्गीकरण में अधिक जटिल एवं विशिष्ट व्यवहारों को एक क्रम के व्यवस्थित किया जाता है।

(2) बोध उद्देश्यइनमें उन सभी योग्यताओं और क्षमताओं को श ामिल करते हैं जिनका सम्बन्ध समझ अथवा बोधगम्यता से होता है। ज्ञान उद्देश्यों में जिस

पाठ्य-वस्तु के प्रत्यास्मरण के विकास पर बल दिया जाता है। उसी पाठ्यवस्तु को अपने शब्दों में व्यक्त करने का प्रयास किया जाता है। बोध स्तर पर पाठ्यवस्तु से सम्बन्ध स्थापित करने की क्षमता का विकास किया जाता है। बोध उद्देश्य के लिये पाठ्य-वस्तु से सम्बन्धित तीन प्रकार की क्षमताओं का विकास किया जाता है

(क) सूचनाओं, तथ्यों, नियमों, सिद्धान्तों तथा सामान्यीकरण का अनुभव करके अपने शब्दों में सम्प्रेषण करने की क्षमता का विकास।

(ख) उपरोक्त पाठ्य-वस्तु की व्याख्या करने की क्षमता का विकास।

(ग) इस पाठ्य-वस्तु का बाह्य गणना के आधार पर उल्लेख करने की शक्ति का विकास।

(३) प्रयोग उद्देश्यइस वर्गीकरण में सम्पूर्ण ज्ञानात्मक पक्ष के उद्देश्यों को क्रम में व्यवस्थित करते हैं और इनमें प्रत्येक वर्गीकरण उन योग्यताओं एवं क्षमताओं की माँग करता है जो वर्गीकरण क्रम में पूर्व स्थित है। प्रयोग श्रेणी इस नियम का अनुसरण करती है कि किसी विधि, सिद्धान्त एवं विचार का प्रयोग करने से पूर्व उसको समझना आवश्यक है। अध्यापक के अनुसार अगर कोई छात्र किस विषय-वस्तु के तथ्य को भली भांति समझ लेता है तो वह दैनिक जीवन में उसका प्रयोग भी करता है।

विद्यालय, महाविद्यालय, विश्वविद्यालय में शिक्षक गणों से हम जो कुछ सीखते हैं उसमें से अधिकतर को हम आम जीवन में विविध परिस्थितियों में अमल में लाते हैं। सामान्य पाठ्य-क्रम प्रयोग उद्देश्यों के महत्व की ओर इंगित करता है। विद्यालय के कार्यक्रम का प्रभावी होना इस बात पर निर्भर करता है कि विद्यार्थी उन बातों को जो उसे शिक्षा के द्वारा बताई गई है उनको वह अपने जीवन की परिस्थितियों में कितने अंश तक प्रयोग करता है।

प्रयोग उद्देश्य में पाठ्य-वस्तु की मदद से तीन तरह की क्षमताओं का विकास किया जाता है।

(क) नियमों, साधनों तथा सिद्धान्तों का सामान्यीकरण करना।

(ख) पाठ्यवस्तु का विभिन्न परिस्थितियों में प्रयोग करना।

(4) विश्लेषण उद्देश्यशिक्षा के क्षेत्र में विश्लेषण उद्देश्य का योगदान काफी महत्वपूर्ण माना जाता है। इनके जरिए ही सामग्री को विभिन्न अंगों में बाँटने तथा विभिन्न अंगों को एक दूसरे का पता लगाने और उनके संगठित किये जाने के उपायों को विकसित करने पर बल दिया जाता है। इसमें पाठ्य-वस्तु की सहायता से अधोलिखित क्षमताओं का विकास किया जाता है

(क) नियमों, सिद्धान्तों के तत्वों को विश्लेषण करना।

(ख) उनके तत्वों के सम्बन्धों का विश्लेषण करना।

(ग) तत्वों का व्यवस्थित रूप में विश्लेषण करना।

इस उद्देश्य के लिये प्रथम तीनों-ज्ञान, बोध, प्रयोग उद्देश्यों की पूर्व आवश्यकता होती है।

(5) संश्लेषण-उद्देश्यसंश्लेषण उद्देश्य के अन्तर्गत भिन्न-भिन्न तत्वों के सम्मिलन से एक संयुक्त रूप विकसित किया जाता है। सामान्य रूप से हम अपने पहले अनुभवों को नवीन सामग्री के साथ पुनः जोड़ते है। यह ज्ञानात्मक क्षेत्र एक ऐसी श्रेणी है जिसमें सीखने वाले का व्यवहार सृजनात्मक होता है। यहाँ पर यह स्पष्ट कर देना चाहिये कि यह पूर्ण रूप से स्वतन्त्र सृजनात्मक अभिव्यक्ति नहीं है, क्योंकि सामान्यतः विद्यार्थी विशिष्ट समस्याओं, सामग्रियों तथा कुछ सिद्धान्तों एवं विधियां के द्वारा निधारित सीमाओं में कार्य करता है।

संश्लेषण में विद्यार्थी को विभिन्न स्रोतों से तत्व ग्रहण करने होते हैं ओर उनको इस प्रकार से मिलाकर रखना होता है कि नया ढाँचा निर्मित हो जाये। उसके प्रयासों के माध्यम से कोई ऐसी चीज निर्मित होनी चाहिये जिसका अनुभव एक या एक से अधिक इन्द्रियों द्वारा किया जा सके और जो स्पष्ट रूप से उन सामग्रियों से कुछ अधिक हो जिनका प्रयोग किया गया है। इस प्रयोजन से छात्रों के अंदर तीन तरह की नूतन सृजनात्मकता को विकसित किया जाता है।

(क) विभिन्न तत्वों के संश्लेषण से नया सम्प्रेषण करना।

(ख) तत्वों के विश्लेषण से नवीन आयाम की व्यवस्था करना।

(ग) तत्वों के अमूर्त सम्बन्धों को ज्ञात करना।

(6) मूल्याँकन-उद्देश्यइसके अन्तर्गत प्रयोजन की पूर्ति, हेतु विचारों, कार्यों, विधियों, व सामग्रियों, इत्यादि के मूल्य निर्धारित किए जाते हैं। इसमें मूल्यांकन हेतु मानदण्डों का प्रयोग किया जाता है। मूल्यांकन सम्बन्धी निर्णय भावात्मक अथवा गुणात्मक हो सकते हैं। ये मानदण्ड विद्यार्थी द्वारा निर्धारित किये जा सकते हैं अथवा अध्यापक द्वारा किये जा सकते हैं।

ज्ञानात्मक पक्ष का यह अन्तिम उद्देश्य सत्यम के नाम से भी जाना जाता है। यह इस पक्ष का उच्चतम उद्देश्य माना जाता है इसमें पाठ्य-वस्तु सम्बन्धी नियमों, तथ्यों तथा सिद्धान्तों के सम्बन्ध में आलोचना करने की क्षमताओं का विकास किया जाता है। इनकी सत्यता के सम्बन्ध में निर्णय लेने के लिये आन्तरिक तथा बाह्य

मानदण्डों को प्रयुक्त किया जाता है। इसमें दो तरह की क्षमताओं का विकास किया जाता है।

(क) आन्तरिक मानदण्डों की सहायता से पाठ्य-वस्तु के सम्बन्ध में निर्णय लेना।

(ख) बाह्य मानदण्डों के आधार पर नियमों तथा सिद्धान्तों के सम्बन्ध में निर्णय लेना। अभिक्रगित अनुदेशन में ज्ञानात्मक पक्ष के वर्गीकरण को विशेष महत्व दिया जाता हे।

ज्ञानात्मक पक्ष के शैक्षिक उद्देश्यों के वर्गीकरण का सारांश निम्नांकित तालिका में दिया गया है। सामाजिक विज्ञान शिक्षण में इनका विशेष महत्व होता है।

ज्ञानात्मक पक्ष के शैक्षिक उद्देश्यों का वर्गीकरण

स्तर	वर्ग	विशिष्टीकरण
निम्न स्तर	**(1) ज्ञान उद्देश्य**	शब्द तथा नियमों का प्रत्यास्मरण करना।
		(क) विशिष्ट तथ्यों का ज्ञान।
		(1) शब्दावली का ज्ञान।
		(2) विशिष्ट तथ्यों का ज्ञान।
		(ख) साधन तथा स्रोत का ज्ञान।
		(1) वर्गीकरण तथा वर्गों का ज्ञान।
		(2) पद्धतियों का ज्ञान।
		(3) परम्पराओं का ज्ञान।
		(4) मानदण्डों का ज्ञान।
		(5) रीति-रिवाजों का ज्ञान।
		(ग) मौलिक तथा अमूर्त तथ्यों का ज्ञान।
		(1) नियमों तथा सामान्यीकरण का ज्ञान।
		(2) सिद्धान्तों एवं स्वरूप का ज्ञान।
	(2) बोध उद्देश्य	पाठ्य-वस्तु का अन्य पाठ्य-वस्तु से
		(1) उल्लेख करना।
		(2) व्याख्या करना।
		(3) अनुवाद करना।

माध्यम स्तर	**(3) प्रयोग**	सामान्यीकरण तथा प्रत्ययों को परिस्थितियों में प्रयुक्त करना। (1) प्रयोग करना। (2) निदान करना। (3) सामान्यीकरण करना।
उच्च स्तर	**(4) विश्लेषण उद्देश्य**	पाठ्यवस्तु का तत्वों में विश्लेषण करना। (1) सम्बन्धों का विश्लेषण करना। (2) तत्वों का विश्लेषण करना। (3) व्यवस्था के नियमों का विश्लेषण करना।
	(5) संश्लेषण उद्देश्य	तत्वों को नये ढाँचे में समन्वित करना। (1) नया आयाम प्रस्तुत करना। (2) नया सम्प्रेक्षण उत्पन्न करना। (3) अमूर्त सम्बन्धों को खोजना
	(6) मूल्यांकन उद्देश्य	पाठ्यवस्तु के महत्व का मूल्यांकन करना। (1) आन्तरिक मानदण्डों के आधार पर निर्णय करना। (2) बाह्य मानदण्डों के आधार पर निर्णय करना।

ज्ञानात्मक शैक्षिक प्रयोजन की उपलब्धियां

इन उद्देश्यों के अन्तर्गत विद्यार्थियों में जानने या सीखने की प्रवृत्ति का विकास होता हैं इसके जरिए ही को विद्यार्थी किसी विषय-वस्तु के बारे में सही जानकारी प्राप्त कर सकता है। इसके जरिए ही सीखने के समस्या का निदान किया जाता है। ज्ञानात्मक उद्देश्यों की प्राप्ति में निम्नांकित अधिगम-उपलब्धियाँ होती हैं

निम्न स्तर की अधिगम-उपलब्धियाँ

इस स्तर पर अधिगम उपलब्धि दो प्रकार की होती है

(1) तथ्यों की सूचनाइसके अन्तर्गत बच्चों को विषय वस्तु संबंधित सही जानकारी दी जाती है। इससे बच्चों में ज्ञान और बोध का विकास होता है।

(2) पूर्व शाब्दिक प्रत्यक्षीकरणइसके तहत सर्वप्रथम बालकों का सामग्रियों की ओर ध्यान केन्द्रित कराया जाता है इसके उपरान्त वस्तु के संबंध में प्रश्न पूछा जाता है।

मध्यम स्तर की अधिगम-उपलब्धियाँ

इसमें भी अधिगम के दो स्वरूप होते हैं

(1) प्रत्ययों का बोधइस प्रकार के अधिगम बोध से विश्लेषण तक के उद्देश्यों से विकसित किया जाता है। प्रत्यय अधिगम में मूर्त रूप के प्रत्यक्षीकरण से अमूर्त रूप की अनुभूति तक की क्षमताओं को विकसित किया जाता है।

(2) सामान्यीकरण तथा नियम-बोधइस प्रकार की अधिगम-उपलब्धि बोध उद्देश्यों के अन्तिम पक्ष से संश्लेषण उद्देश्यों तक की प्राप्ति होती है। सामान्यीकरण अधिगम की उपलब्धि विशेष रूप से प्रयोग उद्देश्य से होती है तथा नियम-अधिगम का विकास विश्लेषण उद्देश्य में किया गया है।

उच्च स्तर अधिगम उपलब्धियाँ

पूर्व अधिगम-स्वरूप एवं उपलब्धिाँ उच्च स्तर की अधिगम उपलब्धियों के लिये आवश्यक होती है। इसमें तीन प्रकार की अधिगम उपलब्धियों को सम्मिलित करते हैं

(1) रचनात्मक चिन्तन अधिगम इसको विश्लेषण से मूल्यांकन उद्देश्यों तक प्राप्ति से विकसित किया जाता है। इस अधिगम में संश्लेषण उद्देश्य का अधिक महत्व होता है। इस उद्देश्य में नये ढाँचे को उत्पन्न करने तथा नया सम्प्रेक्षण करने की क्षमताओं के विकास पर जोर दिया जाता है। जिससे सर्जनात्मक चिन्तन का विकास होता है।

(2) व्यवस्थित ज्ञान तथा सिद्धान्त अधिगमइस प्रकार के अधिगम का विकास विश्लेषण के उच्च स्तर से मूल्यांकन के उच्च स्तरीय उद्देश्यों की प्राप्ति तक में होता है। इस अधिगम में मूल्यांकन उद्देश्यों का विशेष महत्व होता है। क्योंकि निर्णय शक्ति के विकास से इस प्रकार के अधिगम को बढ़ावा मिलता है।

(3) समस्या समाधान अधिगमसमस्या समाधान अधिगम एक उच्च स्तरीय अधिगम है जिसका उपयोग कर मूल्यांकन उद्देश्य को प्राप्त करने में मदद लिया जाता है। इसमें विश्लेषण तथा संश्लेषण क्षमताओं का विशेष महत्व होता है। संश्लेषण उद्देश्य में समस्या समाधान तथा नवीन आयाम प्रस्तुत करने की क्षमताओं का विकास किया जाता है।

भावात्मक शैक्षिक प्रयोजन के प्रकार

इसके बारे में विस्तृत चर्चा सबसे पहले ब्लूम ने 1964 ई. में अपनी पुस्तक

के जरिए की। इसके तहत छात्रों में ज्ञानात्मक पक्ष का विकास होता है। यहां ब्लूम ने बालक के विकास की दृष्टि अथवा उद्देश्यों का वर्णन किया है।

(1) मूल्यांकन उद्देश्ययह भावात्मक पक्ष की एक ऐसी श्रेणी है जिसका प्रयोग समान रूप से शिक्षण उद्देश्यों के वर्णन में किया जाता है और छात्रों को यह अनुभव कराया जाता है कि वस्तु, तत्व अथवा व्यवहार का मूल्य होता है। मूल्य की यह अमूर्त अवधारणा प्रत्येक छात्र प्राप्त करता है। मूल्य की यह अमूर्त अवधारणा आंशिक रूप से एक व्यक्ति विशेष के अपने स्वयं के मूल्य का परिणाम होता है, परन्तु इससे कहीं अधिक यह एक सामाजिक घटक है जो स्वीकार किया जा चुका है और विद्यार्थी उसे अपने स्वयं के मूल्य के रूप में प्रयोग करता है। इसमें निम्नांकित क्षमताओं का विकास किया जाता है

(क) मूल्यों को स्वीकार करना।

(ख) मूल्यों के लिये कार्य करना।

(ग) मूल्यों के लिये वचनबद्ध होना।

मूल्यांकन प्रयोजन में मनुष्य के अंदर ऐसे व्यवहारों को उभारा जाता है जो उसकी भावनाओं द्वारा नियंत्रित होते हैं। मूल्यांकन द्वारा जो व्यवहार किया जाता है वह स्वयं की इच्छा पर निर्भर होता है, किसी बाह्य निर्देशन तथा आदेशन द्वारा नहीं किया जाता है। मूल्य द्वारा किये जाने वाले व्यवहारों के प्रति व्यक्ति कार्यबद्ध होता है।

(2) चरित्रीकरण उद्देश्ययह भी भावात्मक पक्ष का एक उच्च स्तरीय उद्देश्य है। इसमें शिक्षार्थी एक मूल्य प्रणाली को स्वीकार कर लेता है और उसका अनुसरण करता है। उसका समस्त व्यवहार उसकी मूल्य प्रणाली से नियन्त्रित होत है और वह विशिष्ट प्रकार के व्यवहार करने का अभ्यस्त हो जाता है। दूसरे शब्दों में एक व्यक्ति सदैव उन मूल्यों के अनुरूप व्यवहार करता है जिनका उसने इस स्तर पर अन्तःकरण कर लिया है। यह मूल्य व्यक्ति विशेष की आन्तरिक प्रणाली में संगठित होते हैं। इस उद्देश्य में दो प्रकार की क्षमताओं का विकास होता है

(क) व्यक्ति के व्यवहार को नियन्त्रित करने वाले मूल्यों का सामान्यीकरण करना।

(ख) व्यक्ति के विश्वासों, विचारों तथा अभिवृत्तियों का एकीकरण करना।

शिक्षण की प्रक्रिया का यह अन्तिम उद्देश्य माना जाता है जिसे शिवम् की भी संज्ञा दी जाती है। भावात्मक पक्ष के शैक्षिक उद्देश्यों के वर्गीकरण का सारांश निम्नलिखित तालिका में प्रस्तुत किया गया है

शैक्षिक उद्देश्य तीन प्रकार केज्ञानात्मक, भावात्मक तथा क्रियात्मक होते हैं। इन्हें भी आरोह क्रम में रखा जाता है। जिनका क्रम हैक्रियात्मक, ज्ञानात्मक तथा भावात्मक। इस प्रकार भावात्मक उद्देश्य सबसे उच्च स्तर के होते हैं।

भावात्मक पक्ष के उद्देश्यों से छात्रों की अभिरुचियों अभिवृत्तियों सौन्दर्यानुभूति, मूल्यों तथा समायोजन का विकास होता है।

(3) अनुक्रिया उद्देश्यइस श्रेणी में उन अनुक्रियाओं से सम्बन्ध होता है जो केवल एक तत्व पर ध्यान देने से कुछ आगे जाती है। विद्यार्थी समुचित रूप से अभिप्रेरित किया जाता है जिससे वह तत्व पर ध्यान देने का इच्छुक हो सके अथवा वह सक्रिय रूप से ध्यान दे सके। इस श्रेणी में तीन प्रकार की क्षमताओं का विकास किया जाता है

(क) अनुक्रिया के लिये इच्छा होना।

(ख) अनुक्रिया से संतुष्टि होना तथा

(ग) अनुक्रिया से अर्जित करना।

(4) संगठन उद्देश्यइस उद्देश्य में मूल्यों का संगठन किया जाता है और मौलिक भावनाओं का विकास किया जाता है। शिक्षार्थी ज्यों-ज्यों मूल्यों का अपने अंदर समावेश करता है, त्यों-त्यों उसे ऐसी परिस्थितियों का मुकाबला करना पड़ता है जिनमें एक मूल्य में अधिक मूल्य सम्बन्धित होते हैं। ऐसी परिस्थिति में छात्र को मूल्यों की प्रणाली की रचना करनी होती है। एक प्रणाली में समान प्रकार के मूल्यों का संगठन किया जाता है। भावात्मक पक्ष का यह उद्देश्य उच्च स्तर का माना जाता है और इसमें तीन प्रकार की क्षमताओं का विकास किया जाता है।

(क) एक प्रणाली के समान मूल्यों का संगठन करना।

(ख) विभिन्न प्रकार के मूल्यों में अन्तःसम्बन्ध का निर्धारण करना।

(ग) प्रमुख तथा व्यापक मूल्यों का प्रतिपादन करना।

(5) आग्रहण उद्देश्यइसमें पहले शिक्षार्थी को एक निश्चित उद्दीपन के तत्व के विद्यमान होने के सम्बन्ध में बताया जाता है। शिक्षार्थी में आग्रहण की संवेदनशीलता होनी चाहिए। जब तक छात्र परिस्थितियों तथा घटनाओं के तत्वों के प्रति संवेदनशील नहीं होता है तब तक आग्रहण नहीं कर सकता है। शिक्षार्थी को आग्रहण के लिये इच्छुक होना चाहिये। यह भावात्मक पक्ष का सबसे निम्न स्तर का उद्देश्य होता है। इसमें तीन प्रकार की क्षमताओं का विकास किया जाता है

(क) परिस्थितियों तथा घटनाओं की सजगता का विकास करना।

(ख) इन घटनाओं के आग्रहण की इच्छा का विकास करना।

(ग) इनके प्रति सुनिश्चिता तथा नियन्त्रित रूप में ध्यान देने की क्षमता का विकास करना।

भावात्मक शैक्षिक प्रयोजन की अधिगम सुलभता

इस शैक्षिक प्रयोजन से अलग-अलग प्रकार की कठिनाइयों का निदान होता है। इन कठिनाइयों का विभक्तिकरण नहीं किया जाता। ये प्रमुखतया पांच तरह की होती हैं

(1) सौन्दर्यानुभूति का विकासइसके तहत भाषा-साहित्य के शिक्षण सम्बन्धी जानकारी उपलब्ध कराई जाती है। आग्रहण से मूल्यांकन तक के उद्देश्यों की प्राप्ति से सौन्दर्यानुभूति-अधिगम का विकास होता है।

(2) अभिरुचियों का विकासइसके तहत निम्न स्तर की जानकारी उपलब्ध कराई जाती है। इसका विकास आग्रहण तथा अनुक्रिया उद्देश्यों की प्राप्ति से किया जाता है।

(3) मूल्यों का विकास भाषा-साहित्य तथा सामाजिक विषयों के अनुदेशन में मूल्यों के विकास पर विशेष बल दिया जाता है। अनुक्रिया की सन्तुष्टि से लेकर मूल्यों की प्रणाली विकसित करने वाले उद्देश्यों की प्राप्ति से इस प्रकार के अधिगम का विकास होता है।

(4) अभिवृत्तियों का विकास इसके तहत सामाजिकता सम्बन्धी तथ्यों के बारे में छात्रों को जानकारी दी जाती है। अभिवृत्तियों के विकास में समय अधिक लगता है। अनुक्रिया में संगठन उद्देश्यों तक की प्राप्ति से अभिवृत्तयों का विकास किया जाता है। यह मध्यम स्तर का अधिगम माना जाता है।

भावात्मक पक्ष के शैक्षिक उद्देश्यों का वर्गीकरण

स्तर	वर्ग	विशिष्टीकरण
निम्न स्तर	(1) आग्रहण उद्देश्य	परिस्थिति तथा घटनाओं के प्रति संवेदनशील होना। (क) परिस्थिति तथा घटनाओं की सजगता होना। (ख) इनके आग्रहण की इच्छा होना। (ग) इनके प्रति नियन्त्रित तथा सुनिश्चित रूप में ध्यान होना।

(2) अनुक्रिया उद्देश्य	अनुक्रियाओं के लिये वचनबद्ध होना। (क) अनुक्रिया से अर्जन करना। (ख) अनुक्रिया के लिए इच्छा होना। (ग) अनुक्रिया से सन्तुष्टि होना।
(3) मध्यम स्तर मूल्ययन	प्रत्ययों का मूल्य समझना। (क) मूल्यों को स्वीकार करना। (ख) मूल्यों के लिये कार्य करना। (ग) मूल्यों के लिये वचनबद्ध होना।
(4) संगठन उद्देश्य	मूल्यों की प्रणाली का विकास करना। (क) समान मूल्यों का एक प्रणाली में संगठन करना। (ख) मूल्यों के अन्तःसम्बन्ध का निर्धारण करना। (ग) अपने लिये मूल्यों का प्रतिपादन करना।
(5) उच्च स्तर चरित्रीकरण उद्देश्य	मूल्यों की प्रणाली को स्वीकार करना। (क) व्यवहार को नियन्त्रित करने वाले मूल्यों का सामान्यीकरण करना। (ख) विश्वासों, विचारों तथा अभिवृत्तियों का एकीकरण करना।

(5) समायोजन का विकासइसके तहत बच्चों को समायोजन संबंधी उच्च स्तरीय जानकारी मुहैया कराई जाती है। यह शिक्षा की प्रक्रिया समायोजना की क्षमता का विकास करती है। यह अधिगम स्वरूप शिक्षा की प्रभावशीलता का मानदण्ड माना जाता है। मूल्ययन द्वारा चरित्रीकरण उद्देश्यों की प्राप्ति से समायोजन की क्षमताओं का विकास होता है।

शिक्षण के मार्गदर्शन के जरिए ही छात्रों में ज्ञानात्मक और भावनात्मक पक्ष का विकास कराया जा सकता है। इसके माध्यम से ही शैक्षिक उद्देश्यों की प्राप्ति सहजतापूर्व की जा सकती है। हालांकि इसके जारिए हम क्रियाशील उद्देश्यों को प्राप्त नहीं कर सकते। ज्ञानात्मक एवं भावनात्मक पक्ष के निर्धारण उद्देश्य की उपयोगिता के आधार पर की जाती है। सामाजिक स्तर पर इसका विशेष महत्व है।

उद्देश्यों को प्रचलित तौर पर लिखने की आवश्यकता

ज्ञानात्मक तथा भावात्मक शैक्षिक उद्देश्यों के वर्गीकरण की सहायता से अध्यापक अनुदेशन के उद्देश्यों को वर्गों (Categories) में तो पहचाना जा सकता है, परन्तु इन वर्गों के निर्धारण में शिक्षण की क्रियाओं का विशिष्टीकरण नहीं किया जा सकता और मापन के लिये विशिष्ट प्रश्नों की रचना नहीं की जा सकती। उद्देश्यों को प्रचलित रूप में लिखने से शिक्षण तथा अनुदेशन की क्रियाओं का विशिष्ट रूप प्रस्तुत किया जा सकता है। उद्देश्यों को व्यावहारिक रूप में लिखने से निम्नलिखित लाभ होते हैं

(1) इसे मापने के लिये परीक्षा प्रश्नों की रचना करना सरल हो जाता है।

(2) अधिगम के स्वरूपों को निर्धारित किया जा सकता है और उनके लिये समुचित शिक्षा युक्तियों का चयन किया जा सकता है।

(3) इनसे शिक्षण क्रियायें तथा युक्तियाँ सुनिश्चित तथा सीमित की जाती हैं।

(4) शिक्षण प्रक्रिया को वैज्ञानिक रूप दिया जाता है।

(5) शिक्षण सहायक सामग्री तथा दृश्य-श्रव्य सामग्री के चयन में सरलता हो जाती है।

(6) उद्देश्यों का स्वरूप तथा विस्तार सीमित हो जाता है।

(7) शिक्षण अधिगम तथा परीक्षण में सम्बन्ध स्थापित हो जाता है।

उद्देश्यों को प्रचलित रूप में लिखने की प्रणाली

उद्देश्यों को प्रचलित रूप में लिखना कोई नया प्रत्यय नहीं है। प्राच्य काल से ही प्रयोजनों के विशिष्टीकरण पर और प्रचलित तौर पर लेखन पर जोर दिया जाता रहा है। परन्तु वर्तमान समय में इन्हें प्रचलित रूप में लिखने की पाँच विधियाँ प्रचलित हैं

(1) **ड्रयूकर** (Durcker) ने (1954) में उद्देश्यों को प्रचलित रूप दिया।

(2) **बी. एस. ब्लूम** (Bloom) ने (1956) में परीक्षा प्रश्नों की रचना में उद्देश्यों को प्रचलित रूप में लिखने की विधि का विकास किया।

(3) **राबर्ट मेगर** (Mager) ने (1962) में अभिक्रमित-अनुदेशन के लिये ज्ञानात्मक उद्देश्यों को प्रचलित रूप में लिखने की विधि का विकास किया।

(4) **राबर्ट मिलर** (Miller) ने (1962) सैन्य प्रशिक्षण के लिए क्रियाशील उद्देश्यों को प्रचलित रूप में लिखने की विधि का विकास किया।

(5) भारतवर्ष में राष्ट्रीय शैक्षिक अनुसन्धान एवं प्रशिक्षण परिषद ने मैसूर के महाविद्यालय से उद्देश्यों को प्रचलित रूप में लिखने की विधि का विकास किया है।

प्रचलित रूप में लिखने का श्रेय राबर्ट मेगर को दिया जाता है। *मेगर तथा स्किनर* दोनों ही व्यवहारवादी मनोवैज्ञानिक हैं। मेगर की विधि का शिक्षण तथा अनुदेशन के उद्देश्यों और मिलर की विधि का प्रशिक्षण के उद्देश्यों को व्यवहारिक रूप में लिखने के लिये अधिक प्रयोग होता है।

मेगर विधि से उद्देश्यों को लिखना

मेगर के विचार में उद्देश्यों को व्यावहारिक रूप में अधोलिखित रूप से लिखा जाना चाहिए

(1) सर्वप्रथम, अन्तिम व्यवहार (Terminal Behaviours) को उसके नाम से परिभाषित करना चाहिये। इस प्रकार के व्यवहार को स्पष्ट करना चाहिये जिसे इस बात के साक्षी के रूप में स्वीकार करेंगे कि सीखने वाले ने उद्देश्यों को प्राप्त कर लिया है।

(2) दूसरे, वांछित व्यवहार को उन महत्वपूर्ण दशाओं में जिनके अन्तर्गत वांछित व्यवहार उत्पन्न होने की संभावना है पारिभाषित करना चाहिए।

(3) तीसरे, स्वीकार किये जाने योग्य व्यवहार को पारिभाषित करना चाहिए।

अंतिम व्यवहार, वांछित व्यवहार और स्वीकार किये जाने योग्य व्यवहार संबंधी तीनों कथन हमेशा जरूरी नहीं होते तथापि नये शिक्षकों को इसका अनुसरण करना चाहिए।

मेगर पद्धति के प्रयोजन को प्रचलित रूप में लिखना

उद्देश्यों को प्रचलित रूप में लिखने के लिये *मेगर* ने भी ब्लूम के वर्गीकरण का ही उपयोग किया है। मेगर ने उद्देश्यों को प्रचलित रूप देने के लिये 'कार्य सूचक क्रियाओं' (Action Verbs) की सूची तैयार की है। ज्ञानात्मक उद्देश्यों की क्रियाओं की सूची निम्नांकित तालिका में प्रस्तुत की गई है

ज्ञानात्मक उद्देश्यों की क्रियाओं की सूची

उद्देश्य	कार्य सूचक	क्रियाएँ	
1. ज्ञान	पारिभाषित करना	लिखना	रेखांकित करना
	कहना	प्रत्यास्मरण करना	चयन करना
	सुनना	अभिज्ञान करना	पुनः उत्पन्न करना

	नाम देना	चिपकाना	मापन करना
2. बोध	सिद्ध करना	व्याख्या करना	व्याख्या करना
	उचित कारण बतलाना	चित्त में लाना	निर्णय करना
	चुनना	नाम देना	वर्गीकरण
	प्रकट करना	सूत्र रूप में कहना	
3. प्रयोग	भावी बातें बतलाना	चुनना	रचना करना
	चुनना	पाना	गणना करना
	मूल्यांकन करना	दिखाना	प्रयोग करना
	व्याख्या करना	प्रदर्शित करना	निष्पादन करना
4. विश्लेषण	विश्लेषित करना	चयन करना	उचित कारण बतलाना
	सिद्ध करना	पृथक करना	हल करना
	निष्कर्ष निकालना	तुलना करना	आलोचना करना
	भेद करना	अन्तर करना	
5. संश्लेषण	मिलाना	सिद्ध करना	चुनना
	दोबारा वर्णन करना	संगठित करना	सामान्यीकरण
	सारांश करना	संगठित करना	सामान्यीकरण
	संक्षेप करना	एकीकरण करना	निष्कर्ष करना
6. मूल्यांकन	निर्णय करना	सहारा देना	सिद्ध करना
	मूल्यांकन करना	बचाना	त्याग करना
	निश्चय करना	चुनना	आलोचना करना

इस सूची में से उचित क्रिया का चयन विषय वस्तु तथा उद्देश्य को ध्यान में रखकर किया गया है। पाठ्य-वस्तु के विशिष्ट तत्व के लिये उद्देश्य की समुचित क्रिया को प्रयुक्त करने से उद्देश्यों को प्रचलित रूप दिया गया है। इस प्रकार प्रचलित उद्देश्य के तीन प्रमुख तत्व होते हैं

(1) पाठ्य-वस्तु के तत्व का स्वरूप निश्चित करना।

(2) उद्देश्यों का निर्धारण करना।

(3) समुचित क्रिया का सूची में से चयन करना।

उदाहरणार्थ अनुदेशन की पाठ्यवस्तु 'अभिप्रेरणा' और उसका तत्व 'अभिप्रेरणा का अर्थ' है। उद्देश्य-ज्ञान तथा बोध उद्देश्य के लिये समुचित क्रिया 'पारिभाषित

करना है।' इन तत्वों को मिलाने से उद्देश्य का प्रचलित रूप निम्न प्रकार से प्रस्तुत किया जा सकता है।

(1) छात्र अलंकार की परिभाषा कर सकते हैं। (ज्ञान उद्देश्य)

(2) छात्र 'अलंकार' की पहचान कर सकते हैं (बोध उद्देश्य)

इसी तरह अभिक्रमक अपने 'प्रकरण' के अनुदेशन के निर्माण के लिये उद्देश्य को व्यावहारिक रूप में लिख सकता है। वह अर्थशास्त्र में आवश्यकता के अनुदेशन के उद्देश्यों को व्यावहारिक रूप में निम्न प्रकार से लिख सकता है

उद्देश्य		व्यावहारिक रूप
1. ज्ञान	:	छात्र 'अलंकार' की परिभाषा कर सकते हैं।
2. बोध	:	छात्र 'अलंकार' का वर्गीकरण कर सकते हैं।
3. प्रयोग	:	छात्र 'अलंकार' की पहचान कर सकते हैं।
4. विश्लेषण	:	छात्र 'अलंकार' में भेद कर सकते हैं।
5. संश्लेषण	:	छात्र 'अलंकार' का चयन कर सकते हैं।
6. मूल्यांकन	:	छात्र 'अलंकार' की आकलन कर सकते हैं।

संज्ञा तथा सर्वनाम के लिये उद्देश्यों को निम्न प्रकार से प्रचलित रूप में प्रस्तुत किया जा सकता है

1. ज्ञान उद्देश्य	:	छात्र 'संज्ञा तथा सर्वनाम' के सम्बन्ध में कथन दे सकते हैं।
2. बोध उद्देश्य	:	छात्र संज्ञा तथा सर्वनाम का उदाहरण दे सकते है।
3. प्रयोग उद्देश्य	:	वाक्यों में संज्ञा तथा सर्वनाम उपयोग कर सकते हैं।
4. विश्लेषण उद्देश्य	:	छात्र संज्ञा तथा सर्वनाम की वाक्यों में पहिान कर सकते हैं।
5. संश्लेषण उद्देश्य	:	छात्र संज्ञा तथा सर्वनाम का अपने वाक्य में उपयोग कर सकते हैं।
6. मूल्यांकन उद्देश्य	:	छात्र संज्ञा तथा सर्वनाम के उपयोग के सम्बन्ध में निर्णय ले सकते हैं।

शिक्षण के अनुदेशन में ज्ञानात्मक उद्देश्यों को ही प्रधानता दी जाती है परन्तु भाषा तथा साहित्य के अनुदेशन में भावात्मक उद्देश्यों को महत्व दिया जाता है। मेगर

ने भावात्मक उद्देश्यों को व्यावहारिक रूप में लिखने के लिये ब्लूम के वर्गीकरण को आधार माना है और उसके वर्गों के लिये क्रियाओं की अधोलिखित सूची तैयार की है।

ज्ञानात्मक उद्देश्यों की प्रधानता शिक्षण के अनुदेशन में ही दी जाती है। किन्तु भावात्मक उद्देश्यों का महत्व भाषा तथा साहित्य के अनुदेशन में दिया जाता है। मेगर ने भावात्मक एवं ज्ञानात्मक उद्देश्यों को प्रचलित रूप में लिखने हेतु ब्लूम के वर्गीकरण का आधार माना है और उसके वर्गीकरण हेतु क्रियाओं की नीचे लिखी गई सूची तैयार की है।

भावात्मक उद्देश्यों की क्रियाओं की सूची

	उद्देश्य	**कार्य सूचक**	**क्रियाएँ**
1. अग्रहण	सुनाना	स्वीकार करना	सचेत होना
	ध्यान लगाना	प्राप्त करना	सहायता देना
	प्रशंसा करना, बढ़ाना	जानना समझाना	चुनना
2. अनुक्रिया	वर्णन करना	चुनना	आलेख बनाना
	उत्तर देना	सूची बनाना	विकसित करना
	पूर्ण करना	लिखना	निकालना
3. अनुमूल्यन	अभिज्ञान करना	विकसित करना	निर्णय करना
	भाग लेना	पूर्ण करना	प्रभाव डालना
4. संगठन	संगठित करना	पता लगाना	प्रभाव डालना
	निर्णय करना	निर्धारित	उत्पादन करना, बनाना
	सम्बन्ध रखना	सह-सम्बन्ध ज्ञात करना	चुनाव करना
5. चरित्रीकरण	दुबारा जाँचना	स्वीकार करना	वर्णन करना
	परिवर्तन करना	निर्णय करना	पहिचानना
	सामना करना	विकसित करना	निश्चित करना

अलंकारों के प्रकरण के लिये भावात्मक उद्देश्यों को प्रचलित रूप में निम्न प्रकार से लिख सकते हैं

उद्देश्य	प्रचलित रूप
1. आग्रहण	: छात्र 'अलंकारों' का प्रत्यक्षीकरण कर सकते हैं।
2. प्रतिक्रिया	: छात्र 'अलंकारों' में से चयन कर सकते हैं।
3. अनुमूल्यन	: छात्र अलंकारों को पहिचान सकते हैं।
4. संगठन	: छात्र अलंकारों के सम्बन्ध में निर्णय ले सकते हैं।
5. चरित्रीकरण	: छात्र अलंकारों में परिवर्तन कर सकते हैं।

'भाषा कौशल' के प्रकरण के लिये भावात्मक उद्देश्यों को प्रचलित रूप में इस प्रकार लिख सकते हैं

1. आग्रहण उद्देश्य	: छात्र 'भाषा कौशलों' को पसन्द करते हैं।
2. प्रक्रिया उद्देश्य	: छात्र 'मौलिक अधिकारों' का वर्णन कर सकते हैं।
3. अनुमूल्यन उद्देश्य	: छात्रा भाषा कौशलों को स्वीकार कर सकते हैं।
4. संगठन उद्देश्य	: छात्र भाषा कौशलों में सम्बन्ध स्थापित कर सकते हैं।
5. चरित्रीकरण उद्देश्य	: छात्र भाषा कौशलों में निर्णय ले सकते हैं।

हिन्दी शिक्षण तथा अन्य विषयों के प्रकरणों के अनुदेशन के उद्देश्यों को इसी प्रकार प्रचलित रूप में लिखा जा सकता है।

मेगर विधि की सीमाएँ

उद्देश्यों को प्रचलित रूप में लिखने में मेगर विधि की निम्नलिखित सीमायें है

(1) मेगर अधिगम का उद्दीपन तथा अनुक्रिया के रूप में विश्लेषण करता है जबकि मानव अधिगम को उद्दीपन अनुक्रिया के रूप में प्रकट नहीं किया जा सकता है।

(2) मेगर के व्यवहारिक रूप में, मानसिक क्षमताओं की अपेक्षा क्रियाओं को ही महत्व दिया जाता है।

(3) मेगर की ज्ञानात्मक तथा भावात्मक उद्देश्यों की क्रियाओं की सूचियों में अधिकाँश क्रियाएं दोनों में एक ही हैं। इसलिये ज्ञानात्मक तथा भावात्मक उद्देश्यों के प्रचलित रूप में भेद नहीं किया जा सकता है।

(4) मेगर विधि को क्रियाशील उद्देश्यों को प्रचलित रूप में लिखने के लिये प्रयोग नहीं किया जा सकता है।

(5) मेगर की क्रियाओं की सूची में समान क्रियाओं को विभिन्न उद्देश्यों के लिये सम्मिलित किया गया है। इससे उद्देश्यों में विभेदीकरण नहीं किया जा सकता है।

दीर्घ उत्तरीय प्रश्न

1. किसी राष्ट्र के विकास में मातृभाषा का क्या योगदान होता है? हिन्दी शिक्षण के मुख्य उद्देश्यों को स्पष्ट करें।
2. भावात्मक शैक्षिक प्रयोजन के कितने प्रकार हैं? स्पष्ट करें।
3. शैक्षिक प्रयोजन का अर्थ स्पष्ट करते हुए इसको परिभाषित करें।

लघु उत्तरीय प्रश्न

1. साहित्य का मुख्य उद्देश्य क्या है?
2. शैक्षिक प्रयोजन के कितने प्रकार हैं? स्पष्ट करें।
3. मेगर पद्धति क्या है? इस पद्धति में उद्देश्य को किस प्रकार प्रचलित रूप में लिखा जाता है।

वस्तुनिष्ठ प्रश्न

1. भारत की राष्ट्रभाषा है

   (क) अंग्रेजी (ख) बंगला

   (ग) उर्दू (घ) इनमें से कोई नहीं।

2. भाषा के द्वारा कितने प्रकार के कौशल का विकास किया जाता है?

   (क) एक (ख) दो

   (ग) तीन (घ) चार

3. वर्तमान समय में हिन्दी के किस पक्ष पर अधिक जोर दिया जा रहा है?

   (क) विकासात्मक (ख) भावात्मक

   (ग) ज्ञानात्मक (घ) क्रियात्मक

3

शिक्षण सिद्धान्त व प्रकल्प

प्रचलित सिद्धान्त

विज्ञान और प्रौद्योगिकी के क्षेत्र में होने वाले खोज एवं अनुसंधानों से शिक्षा एवं शिक्षण विज्ञान का क्षेत्र भी अछूता नहीं रहा है। विज्ञान से प्रभावित होकर शिक्षण के क्षेत्र में भी कई शोध एवं अनुसंधान हुए। इसके अन्तर्गत कई शिक्षण सिद्धांतों की उत्पत्ति हुई है, जो निम्न प्रकार हैं

1. उचित नियन्त्रण और अनुकूल वातावरण का सिद्धान्त—किसी भी शिक्षण प्रक्रिया में उचित वातावरण, उचित प्रबन्ध तथा शिक्षण अधिगम परिस्थितियों पर नियन्त्रण का भी बहुत योगदान है। अन्य वातावरण सम्बन्धी तत्व जैसे बैठने की उचित व्यवस्था, कमरों में रोशनदान तथा प्रकाश की व्यवस्था, कक्षा अन्तःक्रिया, समूह गतिविधियाँ तथा अनुशासन अधिगम प्रक्रिया पर बहुत प्रभाव डालते हैं।

2. दूसरे विषयों से सम्बन्धों का सिद्धान्त—शिक्षण प्रक्रिया में विषयों को अलग-अलग नहीं समझना चाहिए। आपस में सभी विषयों में सम्बन्ध होता है। एक विषय दूसरे विषय के अध्ययन में सहायक होता है। इसलिए शिक्षक को सभी विषयों में सम्बन्ध स्थापित करने के सिद्धान्त का पूरी तरह पालन करना चाहिए। जैसे इतिहास का ज्ञान भूगोल को पढ़ाने के लिए हस्तांतरित किया जा सकता है। गणित का ज्ञान विज्ञान सीखने के लिए काम में लिया जा सकता है।

3. प्रभावशाली व्यूह रचना और अनुदेशनात्मक सामग्री का सिद्धान्त—कोई भी उत्पादन किसी-न-किसी प्रक्रिया का परिणाम है। इस प्रक्रिया की सफलता व्यूह रचना, युक्तियों एवं साधनों के उचित चुनाव एवं प्रयोग पर निर्भर करती है। शिक्षण की सफलता भी शिक्षण की प्रभावशाली व्यूह रचनाओं, साधनों व सामग्री पर निर्भर करती है। एक अध्यापक के लिए किसी विद्यार्थी को किसी विषय विशेष या उपविषय के शिक्षण में जो साधन व सामग्री उचित सिद्ध होती है, जरूरी नहीं कि वही साधन व सामग्री दूसरी परिस्थिति में भी सहायक सिद्ध हो। इसलिए किसी भी विषय के शिक्षण में सफलता प्राप्त करने के लिए यह जरूरी है कि विद्यार्थी की योग्यता को ध्यान में रखते हुए बहुत ही सावधानी के साथ किसी उचित व्यूह रचना या अनुदेशनात्मक सामग्री का चयन किया जाए।

4. उद्देश्यों की निश्चितता का सिद्धान्त—शिक्षण प्रक्रिया तब तक सफल नहीं हो सकती जब तक शिक्षण के उद्देश्यों की जानकारी नहीं हो जाती। यदि अध्यापक को अपने कार्य की स्पष्टता ही नहीं या उसे यह मालूम ही नहीं कि उसने कक्षा में क्या करना है या उसकी गतिविधियों का केन्द्र-बिन्दु (Focus) क्या होगा, वह अध्यापक अपने कार्य में कैसे सफल हो सकता है? अध्यापक को अपने उद्देश्यों की स्पष्टता ही उसकी आधी सफलता है। उद्देश्यों की स्पष्टता या निश्चितता से वह उचित शिक्षण विधि का चयन कर सकता है। इससे समय की बर्बादी टाली जा सकती है। इन निश्चित उद्देश्यों की सहायता से अध्यापक सदा अपने ध्यान में रहता है और भटकने से बच जाता है। इस प्रकार उद्देश्यों की निश्चितता का सिद्धान्त शिक्षण को प्रभावशाली बनाने में सहायता करता है।

5. नियोजन का सिद्धान्त—किसी भी कार्य की सफलता के पीछे सुनियोजित नीति और नियोजन का हाथ होता है। शिक्षण प्रणाली पर भी यह बात अक्षरसः लागू होती है। उदाहरणार्थ अगर शिक्षक वर्ग में पढ़ाने के लिए कक्षा में जाने से पहले अपने पाठ की सही योजना बनाकर जाता है तो उसका शिक्षण बहुत ही प्रभावशाली होगा। उसका विषय का प्रस्तुतीकरण भी बहुत प्रभावशाली होगा क्योंकि शिक्षक की इसमें अपने उद्देश्यों की निश्चितता तथा स्पष्टता होगी और उन्हीं के अनुसार वह अपनी शिक्षण विधियों का चुनाव करेगा। एक शिक्षक को बहुत ही सावधानी से अपनी उस यात्रा की पूरी योजना तैयार कर लेनी चाहिए जिसे वह कक्षा के कमरे में या अन्य किसी शिक्षण वातावरण में अपने विद्यार्थियों के साथ तय करने जा रहा है।

6. वास्तविक जीवन से सम्बन्ध जोड़ने का सिद्धान्त—शिक्षण को छात्रों की आवश्यकताओं और वास्तविक जीवन से सम्बन्धित करना जरूरी होता है। शिक्षण

और जीवन में दूरी का अर्थ है प्रभावहीन अधिगम और उद्देश्यों को प्राप्त करने में असफलता। शिक्षा के सामाजिक उद्देश्यों को पूरा करने के लिए शिक्षण प्रक्रिया सामाजिक परिस्थितियों के अनुसार ही सम्पन्न करनी चाहिए। इसलिए छात्र को शिक्षण के माध्यम से जो कुछ भी सिखाए जाएं, वह वास्तविक जीवन से अलग या दूर नहीं होना चाहिए। संक्षेप में शिक्षा का क्षेत्र कक्षा या स्कूल तक ही सीमित न होकर वास्तविक जीवन के विभिन्न पहलुओं का स्पर्श करे, तभी अधिगम प्रभावशाली होगा।

7. व्यक्तिगत विभिन्नता का सिद्धान्त—प्रत्येक मनुष्य का रूप, रंग, आकार प्रकार और शारीरिक बनावट भिन्न-भिन्न प्रकार की होती हैं। उसी तरह हर छात्र रूप, रंग, व्यवहार और बोल-चाल में भिन्न प्रकार का होता है। छात्रों के मध्य पायी जाने वाली विविधताओं को निजी विभिन्नताओं की संज्ञा दी जाती है। ये विभिन्नताएँ बुद्धि, रुचियां, क्षमताएँ आदि के दृष्टिकोण से होती हैं। अच्छी शिक्षण प्रक्रिया वही होगी जिसमें बच्चों की व्यक्तिगत विभिन्नताओं को ध्यान में रखा जाता है और उन विभिन्नताओं के आधार पर ही शिक्षण विधियों का चयन किया जाता है। अतः व्यक्तिगत विभिन्नताओं का सिद्धान्त भी एक आवश्यक सिद्धान्त है।

8. लचीलेपन का सिद्धान्त—यह ठीक है कि शिक्षण कार्य के लिए उचित पूर्व नियोजन की आवश्यकता है लेकिन इसका यह अर्थ कदापि नहीं कि शिक्षण अपने आपमें जड़ व अपरिवर्तनशील बनकर रह जाए। शिक्षण एक कठिन कार्य और एक सजीव प्रक्रिया है। शिक्षण को क्रियान्वित करते समय पूर्व नियोजित स्थितियों या वातावरण में किसी भी प्रकार के परिवर्तन की आवश्यकता पड़ सकती है। इसलिए आवश्यकतानुसार स्थिति पर नियन्त्रण करने के लिए अध्यापक को लचीलेपन के नियम का पालन करना चाहिए। शिक्षण-अधिगम वातावरण एवं विद्यार्थियों की माँग के अनुसार अपने आपको व अपने शिक्षण को समायोजित करने के लिए अध्यापक को साधन, सम्पन्न कल्पनाशीलता, मौलिक एवं रचनात्मक होना चाहिए।

9. सक्रिय सहयोग लेने का सिद्धान्त—शिक्षण एक द्विपक्षीय प्रक्रिया है जो शिक्षक व छात्र दोनों के सामूहिक प्रयास व सक्रिय सहयोग के द्वारा पूर्ण होती है। जिस तरह किसी तार में विद्युतधारा प्रवाहित होने के लिए दो ध्रुवों की आवश्यकता होती है, उसी प्रकार से अध्यापन एवं अध्ययन प्रक्रिया को चालू रखने के लिए अध्यापक व विद्यार्थी दो ध्रुवों का कार्य करते हैं। ज्ञान की धारा को प्रवाहित करने के लिए अध्यापक को विद्यार्थी का वांछित सहयोग आवश्यक है। विद्यार्थी की इच्छा के प्रतिकूल यदि कोई अध्यापक विद्यार्थी शिक्षण प्रक्रिया सम्पन्न करना चाहता है

तो वह उसकी बिल्कुल भूल है। वह अपनी शक्ति के साथ-साथ राष्ट्रीय स्रोतों का भी अपव्यय करता है। एक कुशल शिक्षक अध्यापन पद्धति के वांछित और असरदायक परिणाम की प्राप्ति हेतु सदैव छात्रों का सक्रिय मदद लेने का प्रयास करता है। शिक्षण के उद्देश्यों को प्राप्त करने के लिए शिक्षण कार्य में अपने गम्भीर प्रयासों के साथ-साथ वह अपने विद्यार्थियों को भी उसमें भाग लेने के लिए उत्साहित करता है।

10. बाल केन्द्रितता का सिद्धान्त—शिक्षण का उद्देश्य बालक के व्यवहार में वाँछित (Desirable) परिवर्तन लाता है। इसलिए हर अवस्था में शिक्षण प्रक्रिया को बाल केन्द्रित बनाया जाना चाहिए। छात्रों की योग्यताओं व आवश्यकताओं को ध्यान में रखकर शिक्षण क्रियाओं का नियोजन (Planning) करना चाहिए। शिक्षण कार्यों का मूल्याँकन करते समय छात्रों की योग्यताओं तथा आवश्यकताओं को ध्यान में रखना चाहिए।

शिक्षण का मनोवैज्ञानिक सिद्धान्त

शिक्षण के मनोवैज्ञानिक सिद्धान्त वे सिद्धान्त हैं जिनका जन्म ज्यादातर मनोविज्ञान के क्षेत्र में हुए विभिन्न प्रयोगों और सिद्धान्तों के फलस्वरूप हुआ है। ये सिद्धान्त शिक्षण प्रक्रिया को अधिक प्रभावोत्पापदक बना देते हैं, इस कारण इनका महत्व और भी बढ़ जाता है। कुछ प्रमुख मनोवैज्ञानिक सिद्धान्तों की विवेचना निम्नलिखित है

1. स्व-अधिगम को प्रोत्साहित करने का सिद्धान्त—एक शिक्षक को अपने छात्रों के अन्दर 'स्वाध्याय', स्वयं अपने प्रयत्नों द्वारा सीखना, स्वतन्त्र रूप से चिन्तन एवं कार्य करने की उपयोगी आदतों को विकसित करने का प्रयास करना चाहिए। मुख्य बात ज्ञान की प्राप्ति नहीं बल्कि ज्ञान प्राप्त करने के ढंग का सीखना है। जिस छात्र को ज्ञान प्राप्त करने का ढंग आता है, वह अपने प्रयत्नों से बहुत कुछ सीख सकता है। इसलिए एक अध्यापक को अपने छात्रों को ज्ञान प्राप्त करने के ठीक ढंग का प्रशिक्षण प्रदान करना चाहिए ताकि वे स्वाध्याय एवं अपने प्रयत्नों से वह सब कुछ अर्जित कर सकें जो उनको जीवन में ठीक प्रकार समायोजित होने और समाज में अपना महत्वपूर्ण योग देने में सहायक बना सके।

2. पृष्ट पोषण और पुनर्बलन का सिद्धान्त—अधिगम सिद्धान्तों ने शिक्षण अधिगम क्रिया में पुनर्बलन और प्रतिपुष्टि के महत्व को पूरी तरह कायम करने का प्रयास किया है। कार्य सम्पादन से जुड़े हुए परिणामों का जल्दी-से-जल्दी ज्ञान होना

किसी भी छात्र को आगे सीखने के लिए अधिक प्रोत्साहित करता है। उसी प्रकार से सकारात्मक पुनर्बलन (Positive Reinforcement) जैसेप्रशंसा करना, पुरस्कार और प्रमाण पत्र देना और इसी प्रकार के अन्य प्रोत्साहित करने वाले उपायों के परिणाम बहुत महत्वपूर्ण और प्रभावशाली होते हैं। शिक्षण अधिगम प्रक्रिया के सबसे महत्वपूर्ण लक्ष्य यानि व्यवहार में वांछित परिवर्तन लाने के लक्ष्य को प्रतिपुष्ट एवं पुनर्बलन के सिद्धान्त का अच्छी तरह से पालन करने से प्राप्त किया जा सकता है।

3. आवृत्ति एवं अभ्यास का सिद्धान्त—शिक्षण अधिगम प्रक्रिया में आवृत्ति एवं अभ्यास की उपयोगिता सिद्ध करने के लिए थार्नडाइक (Thorndike) ने प्रयोगात्मक साक्ष्य (Experimental Evidences) प्रस्तुत करने का प्रयत्न किया। अब यह बात स्पष्ट हो चुकी है कि आवृत्ति एवं अभ्यास के सिद्धान्त का प्रयोग करने से व्यवहार में वांछित परिवर्तन प्रभावशाली ढंग से लाए जा सकते हैं। 'करत-करत अभ्यास के जड़मति होत सुजान' (Practice makes a man perfect) यह कहावत कुशलताओं, दृष्टिकोणों, रुचियों एवं ज्ञान की प्राप्ति में सही सिद्ध होती है। जो शिक्षक अपने सिखाए हुए ज्ञान के अभ्यास, आवृत्ति, पुनरावृत्ति एवं प्रयोग में विश्वास रखता है वह अपने शिक्षण के उद्देश्यों को प्राप्त करने में सदा सफलता प्राप्त करता है।

4. ज्ञानेन्द्रियों को प्रशिक्षित करने का सिद्धान्त—सभी ज्ञानेन्द्रियों का ठीक विकास प्रभावशाली अधिगम के लिए उत्तरदायी होता है। सभी ज्ञानेन्द्रियों के प्रयोग तथा उन्हें प्रशिक्षण देने से शिक्षा के क्षेत्र में अच्छे परिणाम प्राप्त किए जा सकते हैं। अतएव इन ज्ञानेन्द्रियों का सही प्रशिक्षण दोषपूर्ण अधिगम से इन इन्द्रियों का विकास रुक जाता है। अधिगम के विभिन्न पक्षों जैसे निरीक्षण, पहचान, सामान्यीकरण व प्रयोगों आदि के लिए सभी प्रकार की क्षमताओं की जरूरत होती है। ये क्षमताएँ इन ज्ञानेन्द्रियों द्वारा ही प्राप्त होती हैं, अतः इसके प्रशिक्षण का ठीक प्रबन्ध होना चाहिए। यदि एक ज्ञानेन्द्रिय के स्थान पर कई ज्ञानेन्द्रियों जैसेसुनने, देखने, स्वाद चखने, स्पर्श करने एवं सूंघने आदि से सम्बन्धित सभी ज्ञानेन्द्रियों को शिक्षा का आधार बनाया जाए तो पढ़ने पढ़ाने के क्षेत्र में अच्छे-से-अच्छे परिणाम प्राप्त किए जा सकते हैं।

5. समूह गतिशास्त्र के उपयोग का सिद्धान्त—शिक्षण के उद्देश्यों की प्राप्ति में समूह व्यवहार और समूह गतिशास्त्र विशेष भूमिका निभाते हैं। समूह व्यवहार के अन्तर्गत कोई भी विद्यार्थी वही सोचता है जैसा कि उसके समूह में शामिल सभी विद्यार्थी सोचते हैं। वह वही करता है जो दूसरे करते हैं और वैसा ही महसूस करता

है जैसा दूसरे करते हैं। एक सफल अध्यापक को अच्छे परिणामों के लिए सदैव ही समूह मनोविज्ञान के उपयोगी सिद्धान्तों का पालन करने का प्रयत्न करना चाहिए।

6. उपचारात्मक शिक्षण का सिद्धान्त—अध्यापन कार्य देखने में जैसा सहज प्रतीत होता है वैसा है नहीं। अध्यापन कार्य का मूल प्रयोजन विद्यार्थी के व्यवहार में आशानुरूप बदलाव लाना है। लेकिन इसे सफल बनाने में कई समस्याओं का साक्षात्कार करना पड़ता है। अपने शिक्षण के बाद ही शिक्षक को यह अनुभव हो सकता है कि वह अपने शिक्षण उद्देश्यों को ठीक प्रकार प्राप्त कर पाया है या नहीं। इसका अर्थ यही है कि शिक्षण अधिगम प्रक्रिया में कहीं-न-कहीं, कोई-न-कोई भूल हो गई है। चाहे वह उद्देश्यों को ठीक प्रकार बाँटने से सम्बन्धित हो या पाठ्य-वस्तु, शिक्षण विधि और अध्यापक विद्यार्थी अन्तःक्रिया की कुछ कमियों के कारण से हो। कोई विद्यार्थी स्वयं अपनी सीमाओं अथवा कमियों के कारण से भी शिक्षा के क्षेत्र में पीछे रह सकता है। एक अध्यापक को हर हालत में सही कारण का पता लगाना होता है और उसे ध्यान में रखते हुए अच्छे-से-अच्छे उपचार की तलाश करनी होती है।

7. सृजनात्मकता एवं आत्माभिव्यक्ति के पोषण का सिद्धान्त—किसी भी उत्तम शिक्षण पद्धति से यह आशा नहीं की जाती कि वह विद्यार्थियों को बगैर सोचेसमझे रट्टा मारने या कथ्यों का केवल दुहराव करने हेतु प्रोत्साहित करे। हर अवस्था में अच्छे शिक्षण के द्वारा व्यक्ति की सृजनात्मक क्षमताओं का विकास होना चाहिए। इसके विद्यार्थियों को अपनी भावनाओं की अभिव्यक्ति के लिए पर्याप्त अवसर मिलने चाहिए। छात्रों को इस तरह का मौका प्रदान कर छात्रों का बहुविध विकास किया जाता है। इससे छात्रों को अन्तर्मुखी से बहिमुर्खी बनने में मदद मिलती है। इसके द्वारा विद्यार्थियों की सृजनात्मकता तथा आत्माभिव्यक्ति में नवीनता, अन्वेषण, क्षमता आदि गुणों को विकसित करने का प्रयत्न किया जाना चाहिए। छात्रों को वस्तुओं एवं तथ्यों की खोज करना और कोई घटना क्यों घटित हुई, इसकी तह में जाने का प्रशिक्षण दिया जाना चाहिए। इस प्रकार से उन्हें नवीन अनुसन्धान, सृजन एवं खोज के मार्ग पर अग्रसर कर मानवता का कल्याण करने में समर्थ बनाया जाना चाहिए।

8. अभिप्रेरणा एवं रुचि का सिद्धान्त—शिक्षण और अधिगम की प्रक्रिया में अभिप्रेरणा और रुचि (Motivation and Interest) प्रमुख तत्व होते हैं। विद्यार्थियों को अभिप्रेरित करना और उसमें रुचि उत्पन्न करना अध्यापक के लिए एक चुनौती भरा कार्य हो सकता है। अतः अध्यापक एक ऐसी शिक्षण योजना की

तैयारी करें जिसमें विद्यार्थियों की अभिप्रेरणा और रुचि का प्रबन्ध हो। तभी वह कुछ सीख पाएगा और उसके व्यवहार में परिवर्तन हो सकेगा। रुचि, व्यवहार में वांछित परिवर्तन लाने तथा अधिगम प्रदान करने का ये सिद्धान्त एक कुंजी है। "आप एक घोड़े को पानी तक ले जा सकते हैं, परन्तु उसे पानी पीने के लिए बाध्य नहीं कर सकते।" (You can take a horse to water but cannot make him drink water) यह कहावत उस छात्र के साथ ठीक बैठती है जिसके व्यवहार में वाँछित परिवर्तन लाने या कुछ सिखाने का प्रयास किया जा रहा है।

9. सहानुभूति और सहयोग का सिद्धान्त—शिक्षक सहानुभूति और सहयोग के सिद्धान्त का पालन करके छात्रों में कई प्रकार के मूल्यों का विकास कर सकता है तथा उनकी कठिनाइयों को दूर करने में सहायक हो सकता है। उचित सहानुभूति और सक्रिय सहयोग प्राप्त करके शिक्षक अपने छात्रों को अधिक-से-अधिक प्रोत्साहन और अमूल्य सुझाव देने का प्रयास करता है। इससे कक्षा का सारा वातावरण प्रेरणादायक और सजीव बन जाता है।

शिक्षण-प्रकल्प

विद्वत्ता, विषय-वस्तु का विशेष ज्ञान और व्यावसायिक योग्यता का धारक होने के बाद भी यह आवश्यक नहीं है कि शिक्षक छात्रों के लिए उपयोगी होगा। वास्तव में वही अध्यापक उपयोगी हो सकता है जो अपने ज्ञान तथा अनुभव की व्याख्या को छात्र के मस्तिष्क तक पहुँचा सके। वर्ग में शिक्षक का मुख्य उद्देश्य व कार्य ऐसा वातावरण तैयार करना होता है जिसमें अधिक-से-अधिक सीखने की क्रियाएँ तथा सीखने के अनुभव उत्पन्न हो सकें। इन उद्देश्यों को प्राप्त करने के लिए लाये गये विचारों तथा किये गये कार्य को ही 'शिक्षण सूत्र' (Maxims of Teaching) कहा जाता है। ये सूत्र विश्वसनीय (Reliable) और सार्वभौमिक (Universal) होते हैं।

प्रमुख शिक्षण सूत्र

कुछ मुख्य शिक्षण सूत्रों का वर्णन यहाँ किया जा रहा है

1. मनोवैज्ञानिक से तार्किक क्रम की ओर—मनोवैज्ञानिक दृष्टिकोण शिक्षा की प्रक्रिया के शिक्षण और सीखने के मनोवैज्ञानिक सिद्धान्तों के महत्व को स्पष्ट करता है। इसके अनुसार शिक्षा का केन्द्र बिन्दु छात्र है। शिक्षण क्रियाओं का नियोजन एवं संगठन बच्चे की आवश्यकताओं, योग्यताओं, रुचियों एवं क्षमताओं के

आधार पर किया जाता है। अनुदेशनात्मक उद्देश्यों का लक्ष्य भी बच्चे के हित को आधार मान कर निश्चित किया जाता है। बाल मनोविज्ञान के आधार पर ही पाठ्यक्रम, शिक्षण व्यूह रचना, सहायक सामग्री और शिक्षण अधिगम वातावरण सभी का निर्माण किया जाता है। लेकिन इसका यह मतलब नहीं कि एक अध्यापक अपना शिक्षण कार्य अनियोजित या बेतरतीब ढंग से करने लगे। छात्र को जो कुछ ज्ञान दिया जाए वह मनोवैज्ञानिक आधार के साथ-साथ तर्कपूर्ण व क्रमबद्ध भी हो। शिक्षण कार्य को प्रभावोत्पादक बनाने के लिए यह परम आवश्यक है कि सीखने के लिए दिए जाने वाले अनुभवों, शिक्षण की व्यूह रचनाओं, मूल्याँकन क्रियाओं, प्रति-पुष्टि की प्रविधियों आदि शिक्षण क्रियाओं को क्रमबद्ध प्रस्तुत किया जाए। इसलिए एक योग्य शिक्षक अपने शिक्षण कार्य में हमेशा मनोवैज्ञानिक एवं तार्किकदोनों नियमों को सही रूप में अपनाता है। वह मनोवैज्ञानिक धरातल पर रहते हुए अपनी शिक्षण क्रियाओं की तर्कपूर्ण क्रमबद्धता बनाए रखने के प्रति सदैव प्रयत्नशील रहता है।

2. वास्तविकता से प्रतिरूप की ओर—शिक्षण अधिगम की किसी भी प्रक्रिया में ज्ञान का एक वास्तविक अंश, पदार्थ, नियम अथवा सिद्धान्त अपने प्रतिरूप में कहीं अधिक श्रेष्ठ होते हैं। शैक्षिक मूल्यों एवं प्रत्यक्ष अनुभव की दृष्टि से कोई भी रोमांचक अनुभव दृश्य जैसेवृक्षों की मरमराहट, पक्षियों की चहचहाहट अपने आप में अतुलनीय अनुभव है। किसी विषय की चर्चा करने के स्थान पर उस स्थान का भ्रमण कराना छात्रों के लिए अधिक लाभकारी होता है। अतएव एक कुशल अध्यापक को सदैव अपने विद्यार्थियों के समक्ष कृत्रिम उदाहरण प्रस्तुत करने के स्थान पर प्राकृतिक उदाहरण प्रस्तुत करनी चाहिए। भाषा में 'रेलवे स्टेशन का दृश्य' विषय पर निबन्ध रचना कराते समय चित्रों के स्थान पर छात्रों को वास्तविक रेलवे स्टेशन का दृश्य दिखाना ज्यादा श्रेयस्कर है।

3. ज्ञात से अज्ञात की ओर—नया पाठ सीखते समय विद्यार्थी पूर्व में पढ़े और प्राप्त किए गए ज्ञान को नवीनतम ज्ञान और तथ्यों से मिलाना चाहता है। शिक्षण प्रक्रिया में अध्यापक भी अपने विद्यार्थी के प्रति यही कार्य करता है। वह बालक के पूर्व ज्ञान के आधार पर नए ज्ञान को जोड़ने की कोशिश करता है। इसके लिए उसे 'ज्ञात से अज्ञात की ओर' के शिक्षण सूत्र को अपनाना पड़ता है। उदाहरणार्थ यदि छात्रों को अनेक फूलों तथा पत्तियों के बारे में ज्ञान कराना हो तो सबसे पहले उनके आकार तथा रंगों के बारे में जानकारी करानी होगी और इसके बाद उनसे भिन्न-भिन्न गुणों तथा प्रयोगों के बारे में बतलाना होगा। यदि शिक्षक गुणों

और प्रयोगों के विषय में जानकारी पहले ही देने लगे तो छात्र उसे समझ ही नहीं पाएँगे। अतः ज्ञात से अज्ञात की ओर सीखने की प्रक्रिया को ले जाने पर बालक के अन्दर किसी तरह की भ्रान्ति नहीं रह पाती है।

4. विश्लेषण से संश्लेषण की ओर—विश्लेषण एक ऐसी प्रक्रिया है जिसमें किसी वस्तु के स्वरूप और रचना को अच्छी तरह समझने के लिए उसे आसान भागों, तत्वों अथवा अवयवों में अलग-अलग विभक्त किया जाता है। यह एक ऐसी प्रक्रिया या प्रणाली है जिसके द्वारा एक समस्या के छिपे जुड़े तथ्य और किसी व्यवहार या घटना के कारणों का पता लगाने तथा किसी तथ्य अथवा वस्तु की प्रकृति की जटिलता को समझने में सहायता मिलती है। जैसे एक मशीन की बनावट या कार्यप्रणाली समझने के लिए मशीन के भागों या पुर्जों को अलग-अलग प्रस्तुत किया जाता है और हर पुर्जे का अलग-अलग ज्ञान दिया जाता है। पुनः पूरे यंत्र की संरचना और कार्यपद्धति की विस्तृत जानकारी दी जाती है। इस तरह विश्लेषण की पद्धति के द्वारा मुश्किल विषय को भी सहज रूप दिया जा सकता है।

संश्लेषण इससे ठीक उल्टा कार्य करता है। इसमें किसी भी वस्तु अथवा तथ्य की पूर्ण जानकारी देने के लिए उस वस्तु के विभिन्न भागों या तत्वों को ठीक रूप में सामने पेश किया जाता है। संश्लेषण की तुलना में विश्लेषण की प्रक्रिया खोज करने या किसी बात का पता लगाने की एक सहज, स्वाभाविक व आसान विधि है। यह शिक्षण अधिगम कार्य को शुरू करने का एक अनुसन्धानात्मक दृष्टिकोण है। इसलिए अच्छे शिक्षक को अपना शिक्षण सदा विश्लेषण से शुरू करके संश्लेषण पर समाप्त करना चाहिए।

5. विशिष्ट से सामान्य की ओर—सामान्यीकृत तथ्य, सिद्धान्त व संप्रत्यय आदि (Generalised Facts Principles and Concepts) अपने आप में कठिन होते हैं। आरम्भ में उन्हें ग्रहण करने में छात्रों को बहुत परेशानी होती है। प्रारम्भ में ही इन्हें प्रस्तुत नहीं करना चाहिए। इसलिए शिक्षण का आरम्भ विशेष तथ्यों, उदाहरणों व प्रयोगों के द्वारा ही किया जाना चाहिए। इस सूत्र का प्रयोग विज्ञान में उपयोगी होता है। 'विशेष से सामान्य की ओर' का सूत्र आगमनात्मक विधि (Inductive Method) पर आधारित है। छात्र पहले विशेष (Specific or Particular) बातों की ओर आकर्षित होता है और फिर सामान्यीकरण (Generalisation) की ओर अग्रसर होता है। इस सूत्र का प्रयोग गणित तथा भाषा-व्याकरण की शिक्षा में भी किया जाता है।

6. सरल से जटिल की ओर—सर्वप्रथम आसान पाठ्यवस्तुओं को जानना और समझना चाहिए। तदुपरान्त कठिन और जटिल पाठों को समझना ठीक रहता है।

प्रारंभ में ही जटिल पाठों से साबका पड़ने पर छात्रों की विषय के प्रति रुचि घट सकती है। शिक्षण अधिगम प्रक्रिया में भी 'सरल से कठिन की ओर' या 'आसान से जटिल की ओर' अग्रसर होने का सूत्र उचित अधिगम क्रम एवं व्यवस्था प्रदान करता है। इसीलिए शिक्षक को शिक्षण कार्य करते समय पहले सरल, बाद में कठिन तथ्य प्रस्तुत करने चाहिए। भाषा की शिक्षा से पहले सरल वाक्यों (Simple Sentences) तथा बाद में जटिल वाक्यों (Complex Sentences) का ज्ञान कराना चाहिए। इतिहास तथा भूगोल में पहले स्थानीय तथ्यों के बारे में और बाद में ऐसे तथ्यों के सम्बन्ध में जानकारी देनी चाहिए जो जटिल हों। इसी तरह गणित में पहले आसान प्रश्न कराए जाएँ तथा बाद में कठिन प्रश्नों की ओर बढ़ना चाहिए। इस सूत्र का प्रयोग करने के लिए शिक्षक को चाहिए कि वह बालकों के विकास की अनेक अवस्थाओं, उनकी वैयक्तिक भिन्नताओं (Individual Differences) तथा आवश्यकताओं को ध्यान में रखते हुए पाठ्य-वस्तु का विभाजन सरल तथा जटिल दोनों ही रूपों में कर लें और शिक्षण का क्रम भी इसी रूप में निर्धारित कर दें।

7. पूर्ण से अंश की ओर—इस शिक्षण-सूत्र का आधार मनोविज्ञान के प्रसिद्ध सिद्धान्त गैस्टाल्टवाद (Gestaltism) पर आधारित है। इसमें पहले पूर्ण वस्तु को प्रस्तुत करके फिर उसके विभिन्न भागों का अध्ययन कराया जाता है। अतः पहले पूर्व वस्तु (Whole thing) का प्रत्यक्षीकरण (Perception) करना चाहिए, फिर उसके अंशों (Parts) का। उदाहरण के लिए यदि हमने कक्षा के विद्यार्थियों को फूल के भाग पढ़ाने हैं तो सबसे पहले उन्हें पूरा फूल दिखाकर फूल से परिचित कराना चाहिए, फिर उसके विभिन्न भागों का अध्ययन कराना चाहिए।

इस सूत्र का उपयोग अलग-अलग विषयों के अध्यापन में विविध प्रकार से किया जाता है। गणित की शिक्षा में इसका प्रयोग करने के लिए अध्यापक गणित की समस्या का सार (Whole) रूप छात्रों के सामने प्रस्तुत करता है, इसके बाद उस समस्या के अनेक पक्षों का विश्लेषण करता है। भाषा की शिक्षा में इस सूत्र का प्रयोग करने के लिए शिक्षक पूरे वाक्य को इकाई मानता है (Sentence as a Unit)। किसी वाक्य के अन्दर शब्दों, अक्षरों तथा स्पेलिंग आदि पर ध्यान बाद में जाता है, भूगोल की शिक्षा में प्रादेशिक वर्णन देते समय पूरे प्रादेशिक क्षेत्र (Region) का चित्रण पहले किया जाता है। इसके बाद अलग-अलग देशों के भौगोलिक तथ्यों का वर्णन किया जाता है। इसी प्रकार अन्य विषयों के शिक्षण में इस सिद्धान्त का प्रयोग होता है।

8. स्थूल से सूक्ष्म की ओर—सबसे पहले मानसिक विकास की आरम्भिक अवस्थाओं में छात्र स्थूल (Concrete) वस्तुओं के बारे में ज्ञान अर्जित करता है। उसके बाद मानसिक विकास के साथ ही उसके अनुभव का क्षेत्र भी बढ़ता जाता है

और वह सूक्ष्म विचारों को ग्रहण करने लगता है। कई बार सूक्ष्म तथ्यों की ओर ध्यान केन्द्रित करते समय छात्र ऊब जाता है। उसका धीरज भी समाप्त होने लगता है। अमूर्त या सूक्ष्म बातों को जानना एक कठिन कार्य होता है। अतः नए ज्ञान को स्थूल (Concrete) उदाहरण से सम्बन्धित करके यदि ज्ञान दिया जाए तो ज्ञान प्राप्त करना आसान हो जाता है। उदाहरणार्थ अगर जानवरों से संबंधित जानकारी छात्रों को प्रदान करनी है तो सर्वप्रथम एक-दो जानवरों से उन्हें परिचित कराना चाहिए। इससे दूसरे जानवरों के विषय में सूक्ष्म विचार बन जाते हैं।

9. आगमन से निगमन की ओर—अच्छा शिक्षण सदैव आगमन से शुरू होकर निगमन पर खत्म होता है। आगमन तरीके से हमें यह पता चलता है कि यदि कोई बात या कथन एक परिस्थिति में ठीक है तो उसी प्रकार की अन्य स्थितियों में भी यह ठीक ही होगा। इसके लिए अध्यापक को बालक के समक्ष कई उदाहरण और प्रमाण प्रस्तुत करने पड़ते हैं। निगमन इसका उल्टा है। इसमें पहले कुछ सिद्धान्तों, सामान्यीकृत तथ्यों व नियमों आदि को शिक्षक द्वारा बालक के समक्ष प्रस्तुत करके उदाहरणों की सहायता से उन सिद्धान्तों, तथ्यों व नियमों की सत्यता (Validity) को जाँचा जाता है। उदाहरणस्वरूप भाषा की शिक्षा में व्याकरण के नियमों का ज्ञान कराते समय विश्लेषण आदि की परिभाषा समझाने के लिए विभिन्न रंगों आदि को वाक्यों के माध्यम से प्रस्तुत करते हुए विश्लेषण के सामान्यीकृत नियमों का ज्ञान प्रदान किया जा सकता है।

10. प्रत्यक्ष से अप्रत्यक्ष की ओर—जो वस्तुएँ तथा घटनाएँ छात्र के अनुभव क्षेत्र में प्रत्यक्ष ढंग से मौजूद होती हैं उनका ज्ञान छात्र को सरलतापूर्वक हो जाता है। वस्तुओं तथा घटनाओं के परोक्ष रूप में होने से उनको छात्र के ज्ञानकोष में प्रविष्ट कराना कठिन कार्य होता है। अतः अध्यापक को चाहिए कि अपने विषय से सम्बन्धित ज्ञान को पहले प्रत्यक्ष ढंग से तथा बाद में अप्रत्यक्ष ढंग से प्रस्तुत करें।

11. प्राकृतिक विधि—शिक्षण की नैसर्गिक विधि का प्रारंभ रूसो के शिक्षा सिद्धान्तों से हुआ। रूसो इस बात के शिक्षा सिद्धांतों से हुई। रूसो इस बात के प्रबल पक्षधर थे कि शिक्षा प्राकृतिक तरीके से होनी चाहिए। छात्र के शारीरिक तथा मानसिक विकास के नियमों के अनुकूल ही उसके शिक्षा के साधन तैयार किए जाने चाहिए। छात्र की शारीरिक तथा मानसिक क्षमताओं की अवहेलना अप्राकृतिक एवं अमनोवैज्ञानिक है। इससे बालक के प्राकृतिक विकास में कठिनाई उत्पन्न होती है और उसका व्यक्तित्व कुण्ठित हो जाता है। शिक्षण का यह सूत्र प्रत्येक विषय की शिक्षा का आधारभूत तत्व है।

12. अनिश्चित से निश्चित की ओर—छात्र का मस्तिष्क अपने वातावरण के सम्पर्क में अनिश्चित से निश्चित की ओर बढ़ता है। जिस प्रकार एक अन्वेषक अनिश्चित तथ्यों के आधार पर निश्चित तथ्यों की प्राप्ति करता है उसी प्रकार छात्र का मस्तिष्क कार्यशील रहता है। छात्र सीखने की प्रथम अवस्था में अनिश्चिय की दिशा में रहता है तथा बाद में चलकर वह निश्चय की स्थिति पर पहुँचता है। विज्ञान के शिक्षण में इस सिद्धान्त का प्रयोग बहुत होता है। छात्र विज्ञान के नियमों, सिद्धान्तों तथा घटनाओं के बारे में जानकारी प्राप्त करने के लिए अनिश्चित से निश्चित की ओर बढ़ता है। वह एक अन्वेषक के रूप में आगे बढ़ता है। इसी तरह गणित की शिक्षा में यह सब लागू होता है। एक आदर्श शिक्षक को ज्यादा देर तक विद्यार्थियों को अनिर्णय और अनिश्चय की अवस्था में नहीं रखना चाहिए, क्योंकि इससे विद्यार्थियों के अंदर भांति-भांति का संदेह कायम हो सकता है। विषय का अच्छी तरह ज्ञान कराने के लिए यह अवस्था भी आवश्यक है क्योंकि इसके पश्चात् निश्चय की अवस्था शीघ्र ही आनी चाहिए।

13. ठोस अनुभव से युक्तियुक्त की ओर—शिक्षण अधिगम प्रक्रिया का आरम्भ नियमीकरण या व्याख्या के स्थान पर छात्र जो देखता है, अनुभव करता है, उसके आधार पर करना सदैव उपयुक्त होता है। किसी वस्तु को देखने, परखने में उसकी अनुभूति पहले होती है तथा उसके बारे में तर्क देने की योग्यता बाद में आती है। युक्तियुक्त दृष्टिकोण ठोस अनुभवों का ही फल है। अनुभूतिजन्य प्रमाण या मूर्त तथ्य ही किसी निष्कर्ष या तर्कसंगत ज्ञान के लिए आधार का काम करते हैं। ठोस, सत्य या मूर्त प्रमाणों से रहित थोथे विचारों से कभी भी युक्तियुक्त चिन्तन की क्रिया सम्पन्न नहीं हो सकती। अतः वस्तुओं-व्यक्तियों, घटनाओं अथवा तथ्यों से सम्बन्धित धारणाओं एवं प्रकृति को भलीभाँति समझने के तर्कसंगत दृष्टिकोणों को विकसित करने के लिए या किसी ठोस निष्कर्ष तक पहुँचने के लिए शिक्षक को छात्रों के सम्मुख प्रत्यक्ष या अप्रत्यक्ष अनुभवों, उदाहरणों, घटनाओं, तथ्यों या प्रमाणों को प्रस्तुत करना पड़ता है। इसलिए शिक्षक को शिक्षण में सदा अपने विद्यार्थियों को ठोस अनुभव से युक्तियुक्त ज्ञान की ओर अग्रसर करना चाहिए। भाषा, गणित तथा विज्ञान आदि विषयों के शिक्षण में यह सूत्र बहुत अधिक मददगार हो सकता है।

दीर्घ उत्तरीय प्रश्न

1. प्रचलित शिक्षण सिद्धान्त कितने प्रकार के हैं? वर्णित करें।

2. शिक्षण के मनोवैज्ञानिक सिद्धान्त को स्पष्ट करें।
3. शिक्षण सूत्र क्या है? सविस्तार बताएं।

लघु उत्तरीय प्रश्न

1. शिक्षण प्रकल्प क्या है? स्पष्ट करें।

वस्तुनिष्ठ प्रश्न

1. शिक्षण एक प्रक्रिया है
   (क) बहुपक्षीय (ख) एकपक्षीय
   (ग) द्विपक्षीय (घ) इनमें से कोई नहीं।
2. शिक्षण की प्राकृतिक विधि का प्रारम्भ किसके सिद्धान्तों से हुआ?
   (क) मेगर (ख) किंडरगार्टन
   (ग) मांटेसरी (घ) रूसो
3. 'पूर्ण से अंश' की ओर शिक्षण सूत्र का आधार किस सिद्धांत पर आधारित है?
   (क) गैस्टाल्टवाद (ख) रूसो
   (ग) मांटेसरीवाद (घ) इनमें से कोई नहीं।

4

हिन्दी पाठ्यक्रम

पाठ्यक्रम का अभिप्राय

'पाठ्यक्रम' अंग्रेजी शब्द curriculum का हिन्दी रूपान्तर है। यह लेटिन भाष currer शब्द से बना है जिसका अर्थ है "दौड़ का पथ।" यहां इस शब्द का प्रयोग शिक्षा के रूप में हुआ है। अतः यहां पाठ्य क्रम को इस तरह पारिभाषित किया जायेगा। "शिक्षा संबंधी दौड़ का वह पथ जिस पर चलकर बालक अपने व्यक्तित्व के विकास के साथ-साथ लक्ष्य की प्राप्ति हेतु प्रयत्नशील रहता है।"

कहने का अभिप्राय यह है कि पाठ्यक्रम छात्रों के लिए सबसे सफल मार्गदर्शक के रूप में काम करती है इस पथ पर चलकर छात्र अपने भविष्य का निर्माण करता है। पाठ्यक्रम का समुचित अध्ययन करने से विद्यार्थियों को विषय वस्तु को समझने में मदद मिलती है। इसके द्वारा छात्रों को कई नई चीजें सीखने को मिलती हैं।

कनिंघम ने पाठ्यक्रम को पारिभाषित करते हुए कहा है"पाठ्यक्रम कलाकार (शिक्षक) के हाथों में एक औजार (साधन) है जिससे वह अपनी वस्तु (छात्र) को अपने कलाकक्ष (विद्यालय) में अपने आदर्शों (शैक्षिक लक्ष्य) के अनुसार ढालता है।"

हिन्दी-शिक्षण में पाठ्यक्रम का महत्व

पाठ्यक्रम की महत्व किसी भी विषय के शिक्षण लक्ष्यों की प्राप्ति के लिए

उस विषय के पाठ्यक्रम की काफी महत्वपूर्ण भूमिका होती है। सीखने संबंधी सभी प्रकार के अनुभवों का समावेश इसी पाठ्यक्रम के अंतर्गत किया जाता है और यही अधिगम अनुभव विद्यार्थी के व्यवहार में वांछित परिवर्तन लाने में सहायक होते हैं। यही कारण है कि हिन्दी भाषा का ज्ञान कैसे और किस प्रकार प्रदान किया जाए तथा विद्यार्थी कैसे इस दिशा में आगे बढ़े, इन बातों की योजना पाठ्यक्रम को ध्यान में रखकर ही बनाई जाती है।

इस प्रकार पाठ्यक्रम का हिन्दी भाषा के शिक्षण में महत्वपूर्ण स्थान है। संक्षेप में हिन्दी भाषा के पाठ्यक्रम के महत्व को निम्न ढंग से प्रकट किया जा सकता है

1. पाठ्यक्रम की सहायता से ही निरीक्षक या मुख्याध्यापक अपने विद्यालय की शैक्षिक प्रगति का निरीक्षण कर सकते हैं। अध्यापक ने कितना पाठ्यक्रम समाप्त कर दिया है, इस बात की जाँच से अध्यापक की कार्यकुशलता की जाँच हो जाती है।

2. पाठ्यपुस्तकों का निर्माण पाठ्यक्रम के आधार पर ही होता है।

3. शिक्षा के उद्देश्यों की प्राप्ति हो रही है या नहीं, इस बात की जाँच करने में भी पाठ्यक्रम हमारी सहायता करता है।

4. परीक्षण के लिए प्रश्नपत्र बनाने में पाठ्यक्रम एक मार्गदर्शन का कार्य करता है।

5. पाठ्यक्रम पूरे समाज में शिक्षा का एक सामान्य स्तर बनाए रखने में सहायता करता है।

6. छात्रों की कमजोरियों का पता लगाकर उन्हें दूर करने का प्रयास किया जाता है। अतः पाठ्यक्रम छात्रों की कमजोरियों का पता लगाने व दूर करने में उनका उचित मार्गदर्शन करता है।

7. पाठ्यक्रम में सभी कार्य स्पष्ट होने से अध्यापक व छात्र दोनों की शक्ति व समय का सदुपयोग होता है।

8. पाठ्यक्रम की सहायता से छात्रों की योग्यता का मूल्यांकन करने में सहायता मिलती है।00

9. पाठ्यक्रम के द्वारा ही स्पष्ट किया जाता है कि विद्यालय में भिन्न-भिन्न स्तरों पर किस-किस विषय का कितना ज्ञान छात्रों को दिया जाएगा। इस प्रकार पाठ्यक्रम से पाठ्य-सामग्री का निर्धारण होता है जिससे शिक्षण-प्रक्रिया को सुनियोजित करने में सहायता मिलती है।

10. पाठ्यक्रम निश्चित होने से अध्यापक को यह ज्ञात हो जाता है कि पूरे शिक्षण सत्र में किसी कक्षा-विशेष को कितना पढ़ाना है, और छात्रों को यह पता लग

जाता है कि पूरे सत्र में उन्हें कितना पढ़ना है। इससे छात्र व अध्यापक पढ़ने व पढ़ाने के लिए मानसिक रूप से तैयार हो जाते हैं।

11. अध्यापक पाठ्यक्रम को मासिक, साप्ताहिक व दैनिक इकाइयों में विभाजित कर लेता है और उसी के आधार पर अपने शिक्षण-कार्य की व्यवस्था करता है। इस प्रकार पाठ्यक्रम शिक्षण-प्रक्रिया को सुव्यवस्थित कर देता है।

पाठ्य सृजन के प्रणाली

पाठ्यक्रम शिक्षण प्रक्रिया का सबसे महत्वपूर्ण अंग है। विद्यालय के सभी शिक्षण-कार्य एवं शैक्षिक आयोजन पाठ्यक्रम पर आधारित होते हैं। अतः पाठ्यक्रम का निर्माण बहुत सोच-विचारकर अनुभवी विद्वानों के द्वारा किया जाना चाहिए। पाठ्यक्रम का सृजन करते समय निम्नलिखित प्रणाली को ध्यान में रखना चाहिए

1. लचीलेपन का सिद्धांत समय परिवर्तन का सूचक है। अतएव पाठ्यक्रम का निर्धारण करते समय समाज में परिवर्तित होने वाली परिस्थितियों के अनुरूप बदलाव की सुविधा होनी चाहिए। पाठ्यक्रम में बच्चों की तात्कालिक आवश्यकताओं को स्थान देकर, पाठ्यक्रम को रूढ़िवादी होने से बचाने का प्रयास करना चाहिए।

2. निरंतरता का सिद्धांत पाठ्यक्रम का निर्माण करते समय इस बात का ध्यान रखना चाहिए कि बच्चे प्राप्त अनुभवों के आधार पर जटिल सामग्री को समझने का प्रयास कर सकें। परिचित और ठोस तथ्यों की सहायता से अपरिचित और सूक्ष्म तथ्यों को जानें। अर्थात किसी भी स्तर पर पाठ्यक्रम अपने से पूर्व स्तर के पाठ्यक्रम पर आधारित होना चाहिए। इससे अधिगम में निरंतरता बनी रहती है।

3. उपयोगिता का सिद्धांत 'निज भाषा उन्नति अहै, सब उन्नति को मूल।' वास्तव में भाषा का अध्ययन करने से ही बालक जीवन के विभिन्न क्षेत्रों में पदार्पण करने में समर्थ होता है। अतः भाषा के पाठ्यक्रम में ऐसे प्रकरणों को स्थान देना चाहिए जो बालक को भावी जीवन के लिए तैयार करते हों। जिनका अध्ययन कर वह समाज का उपयोगी सदस्य बन सके।

4. वातावरण के साथ एकीकरण का सिद्धांतशिक्षा वह उपक्रम है जो छात्रों को जीवन में सफल रहने के गूर सिखाती है। साथ ही, प्रतिकूल परिस्थिति में भी सामंजस्य कायम करना सिखाती है। अतः पाठ्यक्रम में बच्चे के जीवन से संबंधित घटनाओं को समन्वित करना चाहिए ताकि वह अपने सामाजिक वातावरण के साथ तालमेल स्थापित कर सकें।

5. समवाय का सिद्धांत ज्ञान अपने आप में पूर्ण इकाई है। विभिन्न विषय ज्ञान की उप इकाइयाँ हैं। अतः इनमें आपस में सह-संबंध होता है। भाषा तो एक

कौशल है जिसमें हम बच्चों में सुनने, बोलने, पढ़ने और लिखने का कौशल विकसित करने का प्रयास करते हैं। इन कौशलों को विकसित करने के लिए हिन्दी भाषा के पाठ्यक्रम में जो विषय-सामग्री ली जाती है वह विभिन्न विषयों से संबंधित होनी चाहिए। किसी महान वैज्ञानिक के पाठ द्वारा हिन्दी व विज्ञान में समवाय स्थापित किया जा सकता है। इसी प्रकार भाषा का अन्य विषयों से भी समवाय स्थापित किया जा सकता है।

6. क्रियाशीलता का सिद्धांतबच्चा हमेशा सक्रिय रहना चाहता है। साथ ही स्वयं करके सीखा हुआ ज्ञान स्थायी भी होता है। अतः पाठ्यक्रम का आयोजन इस प्रकार से किया जाए जिसमें बच्चों को स्वयं कार्य करने के अवसर प्राप्त हों।

7. पाठ्यक्रम बच्चों के मानसिक स्तर के अनुकूल हो आज संपूर्ण शिक्षण-प्रक्रिया बालकेंद्रित मानी जाती है। इस बात को सभी स्वीकार करते हैं कि बालक उसी विषय को आसानी से ग्रहण कर सकता है जो उसके शारीरिक, सामाजिक, मानसिक एवं संवेगात्मक विकास पर आधारित हों। बच्चे की अधिगम क्षमता, रुचियों एवं आवश्यकताओं को ध्यान में रखकर ही पाठ्यक्रम में ऐसी पाठ्य-सामग्री का चयन किया जाए जिसमें प्राकृतिक दृश्यों आदि का चित्रण हो।

8. पाठ्यक्रम शैक्षिक उद्देश्यों के अनुसार हो शिक्षा एक त्रिकोणात्मक प्रक्रिया है। सर्वप्रथम हम शैक्षिक उद्देश्यों का निर्माण करते हैं फिर उन उद्देश्यों की प्राप्ति के लिए शैक्षिक क्रियाकलापों को निर्धारित किया जाता है। अतः पाठ्यक्रम ऐसा हो जो शैक्षिक लक्ष्यों की प्राप्ति में सहायक हो। पाठ्यक्रम की प्रत्येक इकाई किसी एक या अनेक उद्देश्यों पर आधारित हो। उदाहरण के लिए यदि विषय का उद्देश्य छात्रों का सृजनात्मक विकास करना है तो पाठ्यक्रम में रचना संबंधी ऐसी क्रियाओं एवं प्रकरणों को शामिल किया जाए जो बालक की सृजनात्मक शक्तियों को विकसित करने में सहायता करनेवाले हों।

उपरलिखित बातों से पता चलता है कि पाठ्यक्रम भाषा-शिक्षण को सफल बनाने में महत्वपूर्ण भूमिका अदा करता है। यह विषय-वस्तु को संतुलित रूप देता है। इससे छात्रों को विषय-वस्तु की सही जानकारी मिलती है। इसका कार्य उत्तरदायित्व पूर्ण होता है। अतः पाठ्यक्रम का निर्माण करने के लिए विषय विशेषज्ञों की एक समिति बननी चाहिए। पूरी तरह से सोच-विचार, गंभीर चिंतन-मनन, शिक्षाकार्य में रत अध्यापक वर्ग से विचार-विर्मश एवं शैक्षिक उद्देश्यों का अध्ययन करने के उपरांत ही पाठ्यक्रम का निर्माण होना चाहिए। पाठ्यक्रम लागू करने के पश्चात छात्र वर्ग एवं अध्यापक वर्ग की जो भी प्रतिक्रिया हो, उसको जानकर

पाठ्‌यक्रम में आवश्यक परिवर्तन करने चाहिए। समय-समय पर पाठ्‌यक्रम का मूल्यांकन भी करते रहना चाहिए कि वह बदलते हुए परिवेश के लिए उपयोकगी है या नहीं। इस तरह समय के बदलाव के साथ-साथ पाठ्‌यक्रम में भी बदलाव करना चाहिए ताकि यह नई पीढ़ी के बदलते सोच को अपनी ओर आकर्षित कर सके और उनमें शिक्षा के प्रति अभिरूची पैदा कर सके।

पाठ्‌यक्रम का समालोचन

विषय-वस्तु की जानकारी हेतु शिक्षक शिक्षण सत्र के दौरान जिन क्रिया-कलाप का आयोजन करता है, तथा जिन तरीकों से छात्रों को पढ़ाता है, वह सब पाठ्‌यक्रम के अन्तर्गत आते हैं। इसके जरिए ही शिक्षण-उद्देश्यों की प्राप्ति की जाती है। यहां बात यह उठती है कि छात्रों को इसमें रुचि है या नहीं। अतएव उपरोक्त तथ्यों को स्मरण में रखते हुए पाठ्‌यक्रम के गुण-दोषों की जो विवेचना की जाती है, उसे समालोचना कहा जाता है।

किसी भी विषय के पाठ्‌यक्रम की समीक्षा करने के लिए उस विषय के उद्देश्य तथा उसके निर्माण के सिद्धांतों को ध्यान में रखना पड़ता है।

विद्‌यालयी शिक्षा के प्राथमिक, माध्यमिक एवं उच्च सभी स्तरों पर बच्चों को भाषा की शिक्षा दी जाती है। जहाँ तक भाषा के रूप में हिन्दी-शिक्षण की बात है, उत्तर प्रदेश, मध्य प्रदेश, राजस्थान, बिहार, हरियाणा, केंद्रशासित दिल्ली आदि सभी राज्यों में हिन्दी मातृभाषा के रूप में पढ़ाई जाती है। इन सभी प्रांतों में अलग-अलग पाठ्‌यक्रम लागू हैं। इस दृष्टि से किसी प्रांत विशेष के पाठ्‌यक्रम का मूल्यांकन न कर हम हिन्दी विषय के पाठ्‌यक्रम की समालोचन सामान्य ढंग से कर रहे हैं।

माध्यमिक स्तर पर हिन्दी भाषा के पाठ्‌यक्रम में प्रायः निम्न तरह की पुस्तकें निर्धारित की जाती हैं

1. व्याकरण की कोई पुस्तक, जैसेव्याकरण प्रबोध।

2. कविता-संग्रह की पुस्तक, जैसेपद्यपीयूष या मकरंद आदि।

3. गद्‌य की विभिन्न विधाओं का संग्रह जैसेइंद्रधनुष या एकांकी-संग्रह या कहानी-संग्रह आदि।

4. निबंध-संग्रह की पुस्तक, जैसेगद्‌य-सौरभ या गद्‌य-कौमुदी आदि।

ये पुस्तकें पाठ्‌यक्रम की रूपरेखा के आधार पर ही प्रस्तावित की जाती हैं। इन पुस्तकों का अध्ययन करने से हम अपने राज्य के पाठ्‌यक्रम की समालोचना निम्नलिखित ढंग से कर सकते हैं

आधुनिक पाठ्यक्रम की विशिष्टताएं

वर्तमान पाठ्यक्रम की निम्नलिखित विशिष्टताएं हैं

1. पाठ्य-सामग्री बच्चों के मानसिक स्तर के अनुकूल है। बच्चे पाठ को पढ़कर उसके केंद्रीय भाव को समझ सकते हैं।

2. पुस्तकों का अध्ययन करने से छात्रों के भाषा-ज्ञान में वृद्धि होती है, उनके शब्द-भंडार में वृद्धि होती है तथा इन्हें मौखिक अभिव्यक्ति का उचित अवसर प्राप्त होता है।

3. पाठ्यक्रम में समवाय के सिद्धांतों का भी पूर्णतया पालन किया गया है।

4. हिन्दी भाषा के पाठ्यक्रम में प्रस्तावित पुस्तकों का अध्ययन करने पर ज्ञात होता है कि इसमें बालकेंद्रितता, उपयोगिता, प्रजातांत्रिक मूल्यों का विकास आदि सिद्धांतों पर पूरा ध्यान दिया गया है।

5. पत्र-रचना, निबंध-रचना आदि के द्वारा लिखित अभिव्यक्ति की योग्यता को विकसित कर भावी जीवन के लिए तैयार किया जाता है।

6. व्याकरण पुस्तक के माध्यम से छात्रों को हिन्दी की वर्णमाला, शब्द-विन्यास, पद-विश्लेषण, वाक्य-रचना, वाक्य-विश्लेषण, आदि का समुचित ज्ञान देकर, भाषा शुद्ध प्रयोग करने की योग्यता विकसित की जाती है।

7. साहित्य की विभिन्न विधाओं के संग्रह बच्चों को समाज की विभिन्न स्थितियों से परिचित कराते हैं।

8. कविता-संग्रह में जिन कविताओं का संग्रह किया जाता है, उनमें से अधिकांश कविताएँ रसानुभूति कराने में समर्थ हैं। देशभक्ति की कविताएँ छात्रों में देशभक्ति की भावना विकसित करती है। रस, छंद तथा अलंकार का ज्ञान भी प्रदान करती है। कविता एक कंठस्थ करने योग्य है। सूर, तुलसी, मीरा, रहीम आदि प्राचीन कवियों की कविताएँ भारतीय संस्कृति के प्रति आस्था विकसित करती है।

दोष तथा कमियाँ इन गुणों के साथ-साथ पाठ्यक्रम में कुछ कमियाँ भी पाई जाती हैं, जो बहुत खटकती हैं

1. बाल-मनोविज्ञान का भी पूरी तरह से ध्यान नहीं रखा गया है।

2. पाठ्यक्रम में साहित्यिक क्रियाओं को उचित स्थान नहीं दिया गया है।

3. साहित्य की विभिन्न विधाओं को बहुत कम स्थान दिया गया है।

4. पाठ्यक्रम को सामाजिक जीवन से पूरी तरह संबंधित नहीं किया गया है।

5. पाठ्यक्रम में प्रारंभ से ही व्याकरण की शिक्षा देने की व्यवस्था की गई है जो उचित नहीं। भाषा का पर्याप्त ज्ञान होने के उपरांत ही व्याकरण का ज्ञान देना

चाहिए। व्यवहारिक व्याकरण पर कम जोर दिया गया है। माध्यमिक स्तर पर समीक्षा के सामान्य सिद्धातों की तरफ कम ध्यान दिया गया है।

6. पाठ्यक्रम में उचित क्रम का अभाव है। भाषा-शिक्षण में सुनना, बोलना, पढ़ना लिखना स्वाभाविक क्रम माना गया है। पाठ्यक्रम में सुनने का कौशल विकसित करने की कोई व्यवस्था नहीं है।

7. एक स्तर का पाठ्यक्रम दूसरे स्तर के पाठ्यक्रम से पूरी तरह से संबंधित नहीं है।

8. समवाय के सिद्धांत का भी पूर्णतया पालन नहीं किया गया है।

पाठ्यक्रम संबंधी इन त्रुटियों को आसानी से दूर किया जा सकता है। थोड़े-से प्रयास एवं सावधानी से हम पाठ्यक्रम को प्रभावशाली, व्यापक एवं दोषरहित बना सकते हैं।

वैसे आधुनिक समय में माध्यमिक स्तर का पाठ्यक्रम कुछ कमियों के होते हुए भी एक सरल पाठ्यक्रम है क्योंकि यह हिन्दी भाषा के शिक्षण-महत्व, उद्देश्यों एवं सिद्धांतों की कसौटी पर खरा उतरता है।

अधिगम प्रश्न

1. पाठ्यक्रम का अर्थ स्पष्ट करते हुए हिन्दी शिक्षण में पाठ्यक्रम के महत्व को बतायें।
2. आधुनिक पाठ्यक्रम की मुख्य विशेषताओं की चर्चा करें।
3. पाठ्य सृजन प्रणाली के मुख्य सिद्धांतों का वर्णन करें।

लघु उत्तरीय प्रश्न

1. शिक्षण पाठ्यक्रम की समालोचा करें।
2. पाठ्यक्रम शिक्षण के मुख्य दोषों की चर्चा करें।

वस्तुनिष्ठ प्रश्न

1. शिक्षण में सर्वाधिक महत्वपूर्ण स्थान है

(क) पाठ्यक्रम (ख) विषय

(ग) पाठ्य सृजन (घ) इनमें से कोई नहीं।

2. भाषा शिक्षण को सफल बनाने में प्रमुख भूमिका निभाता है

(क) विषय-वस्तु (ख) पाठ्यक्रम

(ग) पाठ्य सृजन (घ) इनमें से कोई नहीं।

5

भाषायी कौशलों का शिक्षण

भाषा ही वह माध्यम है, जिसके द्वारा मनुष्य किसी व्यक्ति, विषय या परिवेश के विषय में जानने का प्रयत्न करता है। अपनी जिज्ञासा को मनुष्य मौखिक या लिखित किसी रूप में प्राप्त उत्तर से शान्त कर लेता है। मौखिक रूप का प्रयोग करने के लिए वह सुनने और बोलने की क्रिया करता है और लिखित रूप का प्रयोग करने के लिए पढ़ने और लिखने की। मौखिक प्रणाली और लेखन प्रणाली में मौखिक विधि अधिक प्राचीन है। लेखन विधि की खोज से पूर्व मौखिक भाषा का ही इस्तेमाल होता था।

बच्चा बोलकर, सुनकर, पढ़कर और लिखकर विचारों का आदान-प्रदान करता है। इस प्रकार इन योग्यताओं को विकसित करना ही भाषा-शिक्षण का मुख्य उद्देश्य है। इन्हें ही भाषा-शिक्षण का अत्युत्तम उद्देश्य कहा जाता है। ये कौशलात्मक उद्देश्य ही भाषाई कौशल कहे जाते हैं। ये चार हैं

1. श्रवण कौशल
2. पठन कौशल
3. मौखिक अभिव्यक्ति कौशल
4. लेखन कौशल

श्रवण और पठन कौशल ग्राह्यात्मक कौशल और मौखिक अभिव्यक्ति व लेखन कौशल अभिव्यंजनात्मक कौशल कहे जाते हैं।

इन चार भाषाई कौशलों को छात्रों में विकसित कर उनमें विचारों के आदान-प्रदान अर्थात् दूसरों के भाव व विचार ग्रहण करने और अपने भाव व विचार व्यक्त करने की क्षमता व योग्यता विकसित की जाती है। छात्रों में यह क्षमता व योग्यता विकसित हुई है या नहीं इसका पता उनमें होने वाले व्यवहारगत परिवर्तनों से लगाया जाता है।

प्राथमिक स्तर पर इन कौशलों का महत्वभाषा एक कला है। भाषा कौशल में दक्षता हेतु निरंतर अभ्यास की जरूरत होती है। यदि बच्चे की छोटी आयु से ही उसे किसी कौशल का अभ्यास कराया जाता है। तो वह उस कौशल पर शीघ्र ही पूर्णता के साथ अधिकार प्राप्त कर लेता है। बच्चे में अनुकरण की प्रवृत्ति होने के कारण वह कौशल का अनुकरण बड़ी तीव्रता के साथ करता है।

भाषाई कौशलों के शिक्षण की दृष्टि से भी बालक की शिक्षा के प्राथमिक स्तर का महत्वपूर्ण स्थान है। बच्चों की शैशवावस्था एवं बाल्यावस्था में अनुकरण-प्रवृत्ति बड़ी तीव्र होती है और भाषा अनुकरण से सीखी जाती है अतः प्राथमिक स्तर पर बच्चों को बहुत सुगमता व सहजता के साथ इन भाषाई कौशलों का अभ्यास कराया जा सकता है। वैसे तो अपनी इसी प्रवृत्ति के कारण, विद्यालय में आने से पूर्व ही बच्चा अपने परिवार के सदस्योंमाता-पिता, भाई-बहन आदि से शब्दों एवं वाक्यों का ज्ञान प्राप्त कर लेता है। उसका अपना एक शब्द-भण्डार होता है, उसको सुनकर विचारों को ग्रहण करना आता है, उसके पास अपनी मौखिक अभिव्यक्ति भी होती है। इतना ही नहीं, कई बच्चे तो माता-पिता के निर्देश से विद्यालय आने से पूर्व कुछ-कुछ पढ़ना-लिखना भी सीख जाते हैं। कहने का तात्पर्य यह है कि प्राथमिक स्तर पर पहली कक्षा में प्रवेश करने से पूर्व चारों भाषाई कौशलों का कुछ-न-कुछ ज्ञान रखते हैं। परन्तु यह जरूरी नहीं कि उनका यह ज्ञान शुद्ध ही हो।

जरूरत इस बात की है कि वर्ग में प्रवेश करने से पूर्व बच्चा क्या कुछ जानता है, शिक्षक सर्वप्रथम यह पता लगाएं। इसी पूर्व ज्ञान को आधार बनाकर चारों भाषाई कौशलों का उत्तरोत्तर विकास किया जा सकता है।

अध्यापक यह भी पता लगाएं कि उसका कितना ज्ञान शुद्ध है और कितना अशुद्ध। अशुद्ध ज्ञान को शुद्ध करना होता है क्योंकि बाल्यावस्था में जो छाप मस्तिष्क पर पड़ जाती है वह अमिट होती है। अतः प्रथम कक्षा से ही बच्चे को शुद्ध उच्चारण, शुद्ध बोलने, पढ़ने-लिखने आदि का अभ्यास कराया जाए।

प्रारंभिक अवस्था में बच्चों की मानसिक अवस्था कोरे कागज के समान होती है। अतः इस उम्र में बच्चों के दिमाग में उत्तम और जानकारी प्रदान करने वाली बातें

डाली जायें, क्योंकि 7 वर्ष से कम आयु के बच्चों में नई चीजों को सीखने और ग्रहण करने की क्षमता काफी अधिक होती है। अतः चारों भाषाई कौशलों को विकसित करने की दृष्टि से प्राथमिक स्तर पर अत्यन्त महत्वपूर्ण है।

इस उम्र में बच्चों की मांसपेशियां नाजुक और लचीली रहती हैं। लिखित कौशल को विकसित करने की दृष्टि से सुन्दर, सुडौल लेख का अभ्यास कराने के लिए यही समय सर्वथा उपयुक्त है। बालक की उंगलियों को हम विभिन्न वर्णों के लेखन की दृष्टि से जिन दिशाओं में घुमाने का अभ्यास करा देंगे वह आयुपर्यन्त के लिए स्थायी प्रभाव छोड़ देगा। यदि इस समय सुडौल लेख का अभ्यास करा दिया जाए तो बालक का लेख हमेशा के लिए सुन्दर व सुडौल हो जाएगा।

यही बात उच्चारण व मौखिक अभिव्यक्ति की है। यदि बालक की जिह्वा को उचित स्थान का स्पर्श करने का अभ्यास कराकर उसे शुद्ध ध्वनि-उच्चारण सिखा दिया जाएगा तो वह हमेशा ही मौखिक अभिव्यक्ति में शुद्ध उच्चारण करेगा। इसी प्रकार बोलचाल के लिए भी अवसर प्रदान कर यदि बच्चे का संकोच व हिचक दूर कर उसमें बोलने के लिए आत्मविश्वास पैदा कर दिया जाए तो वह बालक जीवन में कभी भी, किसी भी क्षेत्र में विचाराभिव्यक्ति में घबराएगा नहीं।

अध्यापक का बच्चों के साथ मधुर व्यवहार जरूरत इस तथ्य की है कि अध्यापक का व्यवहार सहानुभूतिपूर्ण हो, बच्चे के मन से डर दूर कर दिया जाए, उसे खुलकर बोलने का अवसर प्रदान किया जाए तथा उसकी त्रुटियों को प्यार के साथ समझाकर दूर कराया जाए।

विद्यालय में समय-समय पर विभिन्न प्रकार की भाषा सम्बन्धी क्रियाएं व खेल आयोजित किए जाएं जिनमें बच्चों को इन कौशलों के अभ्यास का अवसर मिले।

इस प्रकार सुनकर विचार व भाव ग्रहण करने, बोलकर विचार व्यक्त करने, पढ़कर अर्थ ग्रहण करने एवं लिखकर विचार व्यक्त करने की पहली सीढ़ी है।

यह प्राथमिक स्तर ही शिक्षा के भावी स्तरों का आधार है। प्राथमिक स्तर पर बालक में विकसित की गई योग्यता एवं कौशल ही माध्यमिक एवं उच्चतर स्तर तक उत्तरोत्तर विकसित होते रहते हैं। यदि प्राथमिक स्तर पर बालक किसी भी कौशल का अर्जन पूर्ण रूप से नहीं कर पाएगा तो आगे के स्तरों में उस कौशल के सम्बन्ध में वह पिछड़ा ही रहेगा। इसलिए प्राथमिक स्तर पर इन चारों कौशलों का ठीक रूप से ज्ञान एवं अभ्यास अत्यन्त आवश्यक है। शिक्षक को इस विषय में काफी सतर्क रहना चाहिए।

श्रवण कौशल

श्रवण कौशल भाषा सीखने का प्रथम तरीका 'श्रवण' है। अतः श्रवण-कौशल ही अन्य कौशलों को विकसित करने का प्रथम आधार है। जो बच्चा बचपन से सुन नहीं पाता है वह बोलने में भी असफल रहता है, उसका भाषा-ज्ञान शून्य रहता है। श्रवण-कौशल के बाद ही उसमें पढ़ने-लिखने का कौशल विकसित किया जाता है। परिभाषा की दृष्टि से सोचा जाए तो किसी भी व्यक्ति के द्वारा प्रयुक्त ध्वनियों, शब्दों एवं भावों को कानों के माध्यम से ग्रहण कर, उसका अर्थ ग्रहण करने की क्रिया 'श्रवण' कही जाती है। वक्ता जिस अभिप्राय या उद्देश्य से अपने विचारों की मौखिक अभिव्यक्ति कर रहा है, उस बात को पूरी तरह से ध्यानपूर्वक सुनकर, उसी अभिप्राय को ग्रहण करने की योग्यता ही श्रवण-कौशल है।

श्रवण कौशल का अर्थ बच्चे के व्यक्तित्व के विकास में श्रवण-कौशल का अत्यधिक महत्व है। बच्चा जन्म के बाद वातावरण की ध्वनियों को सुनता है जो उसके दिमाग में बैठ जाती है। ये अंकित ध्वनियां ही बच्चे के भाषा-ज्ञान का आधार बनती हैं। अच्छी प्रकार से सुनने के कारण ही बालक इन ध्वनियों के सूक्ष्म अन्तर को समझ पाता है। अतः यह श्रवण-कौशल ही अन्य भाषाई कौशलों को विकसित करने का प्रमुख आधार बनता है।

भाषा कौशल को सीखने का सबसे सहज और सशक्त माध्यम हैमाता-पिता और परिवार के बड़े लोगों का अनुकरण करके सीखना। एक बालक अपने परिवार में माता-पिता, भाई-बहन, दादा-दादी एवं अन्य पारिवारिक सदस्यों के वक्तृत्व शैली का अनुसरण करता है। नये-नये शब्दों को स्वीकार अपना शब्द-सामर्थ्य बढ़ाता है। अपने से बड़ों व अध्यापक आदि को सुनकर स्वयं भी शुद्ध उच्चारण, उचित स्वर-गति, हाव-भाव, उतार-चढ़ाव आदि के अनुसार बोलने का प्रयास करता है और इस प्रकार मौखिक अभिव्यक्ति में दक्षता प्राप्त करता है।

सिर्फ मौखिक कौशल के लिए ही नहीं वरन् पठन एवं लेखन-कौशल को विकसित करने के लिए भी श्रवण-कौशल की आवश्यकता होती है।

श्रवण-क्रिया के द्वारा ही बच्चा विभिन्न ध्वनियों, शब्दों आदि को पहचानता है। ये ध्वनियां, शब्द आदि वाचन में सहायक होते हैं। अध्यापक पुस्तक दिखाते हुए अपने मुख से एक-एक वर्ण का उच्चारण करता है और बच्चे को वर्णों से परिचित कराता है। अध्यापक के द्वारा किए गए आदर्श वाचन को सुनकर ही बच्चा भी उसी प्रकार अनुकरण करते हुए स्वयं वाचन करता है।

लेखन अभ्यास और लेखन कला को प्रखर बनाने के लिए भी शिक्षक कक्षा में छात्रों से श्रुतिलेख लिखवाते हैं। जिससे वर्तनी आदि का अभ्यास होता है। इसी प्रकार उचित स्वर, गति एवं विराम के साथ बोलते हुए अध्यापक बच्चों को उचित गति से लिखने का अभ्यास कराता है। इस क्रिया को श्रुतलेख कहा जाता है। जो बच्चा ध्यान से नहीं सुनता है वह लिखने में पिछड़ जाता है। आगे चलकर रचना-कार्यादि कराने के लिए भी अध्यापक पहले मौखिक रचना कराता है फिर इसे लिखित रूप से देना होता है। इसके लिए भी श्रवण-कौशल आवश्यक है।

केवल भाषाई कौशल ही नहीं वरन् मातृभाषा-शिक्षण के सभी उद्देश्यों की प्राप्ति में श्रवण-कौशल की आवश्यकता होती है। बच्चा कविता को सुनकर रसास्वादन करता है। कहानी आदि को सुनकर जितना आनन्द लेता है उसकी सीमा नहीं। साहित्य की विभिन्न विधाओं का अध्ययन करते समय अध्यापक के द्वारा की गई विषय से सम्बन्धित व्याख्या को सुनकर ही उस विषयवस्तु को ग्रहण करता है।

विभिन्न साहित्यिक क्रियाओं का आनन्द भी श्रवण द्वारा लिया जाता है। रेडियो, टीवी आदि के कार्यक्रमों को सुनकर ही उनसे अपना मनोरंजन करता है। व्यावहारिक जीवन में पारिवारिक व सामाजिक कार्यों को सम्पन्न करने के लिए सुनने का कार्य करना ही पड़ता है।

अतः शिक्षण के प्रारम्भ से ही छात्र को श्रवण-कौशल में दक्ष करना आवश्यक है।

श्रवण-कौशल के उद्देश्यश्रवण-कौशल के द्वारा छात्रों में निम्नलिखित योग्यताओं को विकसित करना होता है

(i) श्रुत सामग्री के आकर्षक व रुचिकर अंशों का चयन करने की योग्यता विकसित करना।
(ii) श्रुत सामग्री का सारांश ग्रहण करने की योग्यता विकसित करना।
(iii) छात्रों को साहित्यिक गतिविधियों में भाग लेने व सुनने के लिए प्रेरित करना।
(iv) भाषा एवं साहित्य के प्रति रुचि उत्पन्न करना।
(v) वक्ता के मनोभावों को समझने की निपुणता विकसित करना। छात्रों को दूसरों की बातों को ध्यानपूर्वक सुनने के लिए प्रेरित करना।
(vi) दूसरों के द्वारा जो उच्चारण किया गया है, उसको सुनकर शुद्ध उच्चारण के लायक अपने आप को बनाना।
(vii) श्रुत सामग्री का अर्थ समझने की योग्यता विकसित करना।
(viii) श्रुत सामग्री के रुचिकर अंशों को पहचानने की योग्यता विकसित करना।

(ix) छात्रों में सुनकर स्वराघात, बलाघात तथा उचित उतार-चढ़ाव के साथ बोलने व पढ़ने की क्षमता का विकास करना।

श्रवण-कौशल शिक्षण की विधियां छात्रों में श्रवण-कौशल को विकसित करने के लिए अध्यापक निम्नलिखित विधियों, सामग्री, क्रियाओं एवं उपकरणों की मदद ले सकता है

1. वाद-विवादश्रवण-कौशल का प्रशिक्षण देने के लिए भाषण की तरह वाद-विवाद भी एक उपयोगी क्रिया सिद्ध होती है। वाद-विवाद में भाग लेने वाले छात्रों को हर बात ध्यानपूर्वक सुननी होती है, क्योंकि बिना सुने न तो वे प्रतिद्वंद्वी वक्ता की बातों का उत्तर दे सकेंगे, न अपने तर्क ही प्रस्तुत कर सकेंगे। भाषा-अध्यापक को कक्षा में समय-समय पर उचित विषय का चुनाव कर वाद-विवाद का आयोजन करना चाहिए। सभी छात्रों को भाग लेने के लिए प्रोत्साहित करना चाहिए और वाद-विवाद की समाप्ति पर सभी छात्रों से प्रश्न पूछकर यह जांच करनी चाहिए कि वे वाद-विवाद के तर्क-वितर्कों को ध्यान से सुन रहे थे या नहीं।

2. कहानी के माध्यम से पाठकों को समझानाकहानी के द्वारा रोचक ढंग से बच्चों को समझाने की क्रिया संचालित की जाती है। सबसे पहले अध्यापक बालकों को कहानी बोलकर सुनाते हैं। तत्पश्चात छात्र इसे अच्छी तरह से श्रवण करके पुनः स्मरण शक्ति के आधार पर उसी कहानी को अध्यापक को सुनाते हैं। इससे भी पता लग जाएगा कि छात्रों ने कहानी ध्यान से सुनी है या नहीं। कहानी सुनने में बच्चों की स्वाभाविक रूप से रुचि होती है। अतएव रोचकपूर्ण ढंग से बच्चों को कहानी सुनाकर बच्चों का ध्यान श्रवण कौशल की तरफ आकर्षित किया जा सकता है।

3. प्रश्नकालशिक्षक को विद्यार्थियों से व्यावहारिक तथ्यों और वर्ग में बताए गए पाठों पर आधारित सवाल पूछने चाहिए। छात्रों के उत्तर से यह जांच हो जाएगी कि छात्र सुनकर विषयवस्तु को ग्रहण कर रहे हैं या नहीं। अध्यापक के द्वारा प्रश्न पूछे जाने से छात्र भी सावधान हो जाएंगे और कक्षा में ध्यानपूर्वक अध्यापक की बात को सुनेंगे।

4. भाषणभाषण मौखिक कौशल को विकसित करने का साधन है; परन्तु श्रवण-कौशल का प्रशिक्षण देने में भी इसे प्रयुक्त किया जा सकता है। छात्रों को भाषण से पहले यह बता दिया जाए कि वे भाषण को ध्यान से सुनें, भाषण की समाप्ति के उपरान्त उनसे प्रश्न पूछे जाएंगे। बाद में प्रश्न पूछकर यह पता लगाया जाए कि छात्रों ने भाषण को ध्यान से सुना और समझा है या नहीं।

5. श्रव्य सामग्री का प्रयोग(क) चलचित्र सिनेमा मानव जीवन के ही कथानकों पर आधारित मनोरंजन की एक वस्तु है। इसमें आवाज और दृश्य दोनों साथ-साथ दिखाई देते हैं। ऐसा प्रतीत होता है कि चलचित्र में जो सब दिखाया जा रहा है वह सही है। बच्चे हर दृश्य को बहुत ध्यान से देखते एवं सुनते हैं। अतः शैक्षिक चलचित्रों का प्रयोग भाषा-शिक्षण को रोचक बना देता है।

(ख) रेडियो रेडियो के द्वारा हर चैनल पर छात्रों के लिये एक ऐसा कार्यक्रम प्रसारित किया जाता है जो ठीक समय के अनुसार होता है और श्रवण कौशल को जारी करने में इनकी सहायता ली जाती है।

(ग) दूरदर्शनचलचित्र को तो हम सिनेमा हॉल में जाकर ही देख सकते हैं, परन्तु दूरदर्शन तो अब घर-घर में पहुंच चुका है। घर के कमरे में बैठे हुए हम बोलने वाले की आवाज तो सुनते ही हैं; साथ ही उसकी आकृति भी देखते हैं। श्रवण-कौशल को विकसित करने में इसका प्रयोग भी उपयोगी सिद्ध हो सकता है।

(घ) ग्रामोफोन एवं टेपरिकॉर्डरग्रामोफोन एवं टेपरिकॉर्डर सामान्य रूप से मनोरंजन के साधन के रूप में प्रयुक्त होते हैं, परन्तु श्रवण-कौशल को विकसित करने के लिए भी ग्रामोफोन एवं टेपरिकॉर्डर का प्रयोग एक उपयोगी रोचक साधन के रूप में किया जा सकता है। सस्ता होने के कारण विद्यालय में इन्हें आसानी से खरीदा जा सकता है। कहानी, कविता, महापुरुषों के भाषण, नाटक आदि सुनाकर बच्चों को साहित्य की तरफ आकर्षित किया जा सकता है। शुद्ध उच्चारण की शिक्षा देने में भी इनकी सहायता ली जा सकती है। टेपरिकॉर्डर के द्वारा किसी भी साहित्यिक कार्यक्रम को रिकार्ड करके जब चाहे छात्रों को सुनवाया जा सकता है। सुनवाने के पश्चात् सम्बन्धित विषय पर वार्तालाप एवं प्रश्नोत्तर द्वारा छात्रों के श्रवण-कौशल की जांच भी जरूर करनी चाहिए।

(ङ) वीडियोजिस तरह से मनुष्य या किसी भी वस्तु की आवाज को टेप करके दूरदर्शन और विभिन्न चैनलों पर दिखाया जाता है ठीक उसी प्रकार अगर विद्वानों की आवाज को इसी ढंग से छात्रों के पास पहुँचाया जाए तो इससे श्रवण कौशल के साथ मौखिक कौशल को भी विकसित होने में सहायता मिलेगी।

6. सस्वर वाचनछात्र अध्यापक के द्वारा किए आदर्श वाचन और कक्षा के किसी छात्र द्वारा किए जाने वाले अनुकरण को ध्यानपूर्वक सुनकर शुद्ध उच्चारण, बलाघात, गति आदि का ज्ञान प्राप्त करते हैं। छात्रों से भी सस्वर वाचन कराकर अध्यापक यह पता लगा सकता है कि छात्र ध्यान से सुन रहे हैं या नहीं।

7. श्रुतिलेखश्रुतिलेख लेखन कौशल को धारदार बनाने का एक सशक्त माध्यम है। श्रुति लेख लेखन के साथ-साथ श्रवण कौशल का भी विकास करता है।

इसमें अध्यापक द्वारा उच्चारित गद्यांश या कहानी छात्रों को सुनकर लिखना होता है। जो छात्र ध्यानपूर्वक सुनेगा वह पूरी सामग्री को लिख लेगा, परन्तु जो छात्र ध्यान से नहीं सुनेगा उसके लेख में बीच-बीच में शब्द या वाक्यांश छूट जाएंगे। श्रुतलेख के लिए गद्यांश का चुनाव सोच-समझकर करना चाहिए।

इस प्रकार उपर्युक्त साधनों एवं विधियों का प्रयोग कर हम छात्रों के श्रवण-कौशल को विकसित करने में सफलता प्राप्त कर सकते हैं।

पठन कौशल का अध्यापन

वाचन का अभिप्रायपढ़ने की शिक्षा के लिए वाचन व पठन दो शब्दों का उपयोग आम तौर पर होता है। वाचन शब्द वाक् धातु से बना है, जिसका अर्थ हैशब्द, वाणी अथवा कथन। लिखे हुए अथवा छपे हुए शब्दों का उच्चारण करना वाचन कहलाता है, परन्तु यह वाचन का संकुचित अर्थ है। यथार्थ में लिखित सामग्री को पढ़ते हुए अर्थ ग्रहण करने की क्रिया को पठन या वाचन कहा जाता है।

पठन एक सोद्‌देश्य, सार्थक तथा चिन्तन-प्रधान क्रिया है। पठन करते हुए, जैसे-जैसे पढ़ने वाले की दृष्टि छपे हुए शब्दों पर घूमती है वैसे-वैसे वह उन शब्दों में निहित अर्थ एवं भाव को भी ग्रहण करता जाता है। वास्तव में यही पठन या वाचन का सही रूप है।

पठन/वाचन के प्रकारसामान्यतः वाचन दो प्रकार का होता है

1. मौन वाचन
2. सस्वर वाचन

1. मौन वाचनलिपिबद्ध भाषा अर्थात् लिखित सामग्री को बिना ध्वनि किए हुए मन-ही-मन में शान्तिपूर्वक पढ़कर अर्थ ग्रहण करने की क्रिया को मौन वाचन कहा जाता है।

इसमें आंखें पाठ्य-सामग्री को शीघ्र पढ़ती हैं और मस्तिष्क उस सामग्री के अर्थ को ग्रहण करता जाता है। इसमें बिना होंठ हिलाए बच्चा मन ही मन में पढ़ता है।

मौन वाचन का महत्वसस्वर वाचन का अभ्यास कराने के पश्चात् बच्चों को मौन वाचन का अभ्यास कराया जाता है। जीवन में ऐसे बहुत-से अवसर आते हैं जब व्यक्ति सस्वर वाचन नहीं कर सकता है, जैसेबहुत-से लोगों की उपस्थिति में आवाज करते हुए पढ़ना अच्छा नहीं लगता। इससे दूसरों को बाधा पहुंचती है। ऐसी स्थिति में मन ही मन में पढ़ना जरूरी होता है। अतः हर बच्चे को मौन वाचन का अभ्यास होना जरूरी है। पुस्तकालय एवं वाचनालयों में या सार्वजनिक स्थानों पर,

जहां जोर से पढ़ना वर्जित होता है, मौन वाचन करना पड़ता है। मौन वाचन में मनुष्य का दिमाग भी काफी तेज होता है।

मौन वाचन में नेत्र तथा मस्तिष्क सक्रिय रहते हैं, परन्तु उच्चारण-अवयवों को सक्रिय नहीं होना पड़ता है, अतः काफी देर तक बिना थके हुए अध्ययन किया जा सकता है।

मौन वाचन में पढ़ने की गति भी तेज होती है। अतः कम समय में अधिक पाठ्य सामग्री का अध्ययन किया जाता है। आंखें झटके के साथ बीच-बीच में रुकती हुई आगे बढ़ती हैं। मौन वाचन में आँखों की गति का पर्याप्त विकास होने से नेत्र विराम कम होते जाते हैं और द्रुत गति से पढ़ाई होती है।

किसी पाठ्य सामग्री को अध्ययन, चिंतन और मनन के द्वारा आत्मसात किया जाता है। अध्ययन एक तपस्या है। मौन पठन के वक्त छात्र को दत्तचित्त होकर, ध्यान केन्द्रित करना पड़ता है। अतः मौन पठन के समय किया गया अध्ययन स्थायी होता है।

मौन वाचन से ही स्वाध्याय की आदत का विकास होता है। गहन अध्ययन वही व्यक्ति कर सकता है जिसे मौन वाचन का अभ्यास है।

मौन वाचन के उद्देश्यमौन वाचन के निम्नांकित प्रयोजन हैं :

(क) छात्रों की परिचित शब्दावली को सक्रिय शब्दावली में परिवर्तित करना।

(ख) छात्रों की तीव्र गति से पढ़ने का अभ्यास करना।

(ग) छात्रों के विश्लेषण क्षमता को बढ़ाना।

(घ) पाठ्य-सामग्री का अर्थ ग्रहण कर उसके केन्द्रीय भाव को समझने के योग्य बनाना।

(ङ) छात्रों की वाचन में रुचि जाग्रत करना।

(च) अवकाश के समय का सदुपयोग करना सिखाना।

(छ) छात्रों में स्वाध्याय की आदत विकसित करना।

मौन वाचन के गुण एवं सावधानी मौन पठन के समय वातावरण बिल्कुल शांत होना चाहिए, बगैर होठ हिलाए मन-ही-मन एकाग्रचित्त होकर पढ़ना चाहिए। पाठक का चित्त एकाग्र होने पर ही पाठ्य-वस्तु का अर्थ व भाव ग्रहण किया जा सकता है। सस्वर वाचन का अभ्यास कराने के उपरान्त ही मौन वाचन का अभ्यास कराना चाहिए। इसी प्रकार मौन वाचन कराने से पहले कठिन शब्दों तथा कठिन स्थलों की पूर्ण व्याख्या कर देनी चाहिए। जिससे भाव ग्रहण में बाधा न हो। मौन वाचन के समय कक्षा में पूर्ण शान्ति रहनी चाहिए।

मौन वाचन के पहले छात्रों को स्पष्ट निर्देश दे देना चाहिए, जिससे बालक उन बातों को ध्यान में रखकर मौन पाठ करें। मौन वाचन के उपरान्त प्रश्न पूछकर यह जांच कर लेनी चाहिए कि बच्चों को पाठ्य वस्तु का अर्थ व भाव समझ में आया है या नहीं तथा बच्चे ध्यान से पढ़ रहे थे या नहीं। अध्यापक की सजगता एवं सावधानी पर ही मौन वाचन की सफलता निर्भर करती है।

वाचन या पठन-कौशल शिक्षण की तकनीकी एवं विधियां पठन या वाचन भाषा का एक महत्वपूर्ण कौशल होने के साथ ही विचारों के आदान-प्रदान का एक प्रभावपूर्ण माध्यम भी है। वास्तव में पठन ही ज्ञानार्जन की कुंजी है। पठन के माध्यम से ही देश-विदेश में हो रहे विकास एवं परिवर्तन से परिचित हो सकते हैं। अपने क्षेत्र विशेष, समा प्रान्त और देश की सभ्यता और संस्कृति के बारे में ज्ञान प्राप्ति भी पढ़ाई के द्वारा ही हो सकती है। पठन ही व्यक्ति के ज्ञान में वृद्धि कर, उसमें उचित भावनाओं का संचार करता है और जीवन के किसी भी कार्यक्षेत्र के लिए आवश्यक कौशल प्रदान करता है। अतः बच्चे में पठन-कौशल को विकसित करना भाषा-शिक्षण का एक महत्वपूर्ण उद्देश्य है।

भाषा की इकाई वाक्य, वाक्य का इकाई शब्द तथा शब्द का इकाई वर्ण है। अतः पठन-कौशल विकसित करने के लिए सबसे पहले वर्ण-परिचय कराना आवश्यक होता है। वर्णों की पहचान होने पर ही बालक शब्दों और वाक्यों का पठन कर सकेगा। पठन-कौशल की शिक्षा देने के लिए हमें निम्न प्रक्रिया एवं विधि का प्रयोग करना चाहिए

वाचन के लिए तैयार करना अचानक पुस्तक देकर बच्चों को वर्ण पढ़ने के लिए कहना अमनोवैज्ञानिक माना जाता है। अतः अध्यापक का कर्त्तव्य है कि बच्चों को वर्ण पढ़ना-सिखाने से पहले, उनके मन में पढ़ने अर्थात् वर्णों से परिचित होने की इच्छा जाग्रत करें। रंग-बिरंगे चित्र, कहानी, कविता आदि के माध्यम से बच्चों की रुचि पढ़ने की तरफ आकर्षित की जा सकती है। पढ़ने की रुचि जागृत होने के बाद ही बच्चों से वर्णों की पहचान कराई जानी चाहिए।

अक्षर-ज्ञान करानाबच्चों को हिन्दी की वर्णमाला के विभिन्न वर्णों का ज्ञान कराने तथा उनके मेल से बनने वाले शब्दों व वाक्यों को पढ़ने का अभ्यास कराने के लिए कई प्रकार की विधियों का प्रयोग किया जाता है। अध्यापक अपनी रुचि व विधि की उपयोगिता को देखते हुए किसी भी विधि का प्रयोग कर सकता है। अक्षर-ज्ञान कराने की विभिन्न विधियां निम्नलिखित हैं

1. वर्णोच्चारण विधिइस विधि में अध्यापक एक-एक वर्ण को श्यामपट्ट पर लिखकर उसका उच्चारण करता है। छात्र श्यामपट्ट पर लिखी हुई या पाठ्य-पुस्तक

में छपी हुई वर्ण की आकृति को देखते हैं और अध्यापक का अनुकरण करते हुए वर्ण का उच्चारण करते हैं। यह अत्यन्त प्राचीन विधि है। वर्णों का ज्ञान देने के पश्चात मात्राओं आदि की पहचान कराकर वाचन की ओर अग्रसर किया जाता है।

गुण (iii) इसमें बच्चों को ध्वनियों के शुद्ध उच्चारण का ज्ञान होता है।

(i) इस विधि से बच्चों को हिन्दी वर्णमाला के हर वर्ण का तार्किक क्रम में ज्ञान होता है।

(ii) वर्णों की पहचान पूरी तरह से होने के उपरान्त बच्चे अक्षरों को जोड़कर शब्द पढ़ते हैं। इसमें सफलता मिलने पर वाचन में उनकी रुचि विकसित होती है।

दोषवर्ण अपने आप में अर्थहीन है। अतः बच्चे की रुचि पढ़ने में विकसित नहीं हो पाती है। यह अमनोवैज्ञानिक भी है क्योंकि शिक्षण-सूत्रों के विपरीत चलती है। अक्षर सूक्ष्म है, अज्ञात है, कठिन है। इस विधि में पहले अक्षर फिर शब्द सिखाए जाते हैं। अतः अज्ञात से ज्ञात, कठिन से सरल, सूक्ष्म से स्थूल एवं अंश से पूर्ण की ओर जाना पड़ता है। इस प्रकार यह प्रणाली अपूर्ण है।

2. अक्षर-बोध विधिअक्षर बोध शिक्षण पद्धति में छात्रों को सर्वप्रथम वर्णमाला के वर्णों का क्रमिक रूप से ज्ञान कराया जाता है। पहले अ, आ, इ, ई, उ, ऊ, ए, ऐ, ओ, औ, अं, अः का, तदुपरान्त क, ख, ग, घ, ङ, से लेकर क्ष, त्र, ज्ञ तक। वर्णों की पहचान कराने के पश्चात् मात्राओं का ज्ञान कराया जाता है वर्णों का ज्ञान कराने के लिए वर्ण से बनने वाले शब्द का चित्र भी दिखाया जाता है। जैसे'अ' से अनार।

गुण (i) इसमें वर्णों का क्रमबद्ध ज्ञान होता है।

(ii) वर्णों को मिलाकर शब्द पढ़ने का अभ्यास होता है।

(iii) उच्चारण शुद्ध होता है।

(iv) चित्र, फ्लैश कार्ड आदि का प्रयोग होने से शिक्षण रुचिकर हो जाता है।

(v) मात्रा आदि का पूर्ण ज्ञान हो जाता है।

दोषअक्षर बच्चों के लिए बिल्कुल नया होता है। इनका बालमन के साथ कोई जुड़ाव नहीं होता है। बच्चों के लिए इनका कोई महत्व नहीं होता है। जब बालक चित्र के साथ वर्ण की पहचान करता है तो चित्र के अभाव में वर्ण पढ़ना कठिन हो जाता है। इसी प्रकार एक-एक वर्ण को मिलाकर शब्द पढ़ता है। जैसेक + म + ल = कमल, तो उसे अटक-अटककर पढ़ने का अभ्यास हो जाता है। इससे आगे चलकर उचित गति से वाचन करने में परेशानी होती है।

3. देखो और कहो विधिइस विधि से शब्द से सम्बन्धित वस्तु या चित्र दिखाकर पहले शब्द का ज्ञान कराया जाता है। चित्र के नीचे वस्तु का नाम लिखा

जाता है। चित्र परिचित होने के कारण बच्चे आसानी से शब्द से साहचर्य स्थापित कर लेते हैं। अध्यापक का अनुकरण करते हुए बच्चे शब्द का उच्चारण करते हैं। फिर शब्द के प्रारम्भिक वर्ण व अन्य वर्णों की पहचान करते हैं। कई बार देखने-सुनने और बोलने से वर्णों के चित्र मस्तिष्क पर अंकित हो जाते हैं।

गुण यह पद्धति पूर्णतया मनोवैज्ञानिक है। इसमें पूर्ण से अंश की ओर, ज्ञात से अज्ञात की ओर, सरल से कठिन की ओर आदि शिक्षण-सूत्रों का पालन होता है। भाषा की इकाई वाक्य व वाक्य की इकाई शब्द है। शब्द सार्थक होता है। अतः इस विधि में शब्द के द्वारा वर्ण-पहचान होने से वाचन-शिक्षण रोचक हो जाता है। वाचन-शिक्षण में दृष्टि-विराम का अत्यन्त महत्व है। इसमें शुरू में ही दृष्टि-विराम शब्द के पश्चात् होता है, वर्ण के पश्चात् नहीं।

दोषइस पद्धति में समस्त शब्दों के चित्र को प्रदर्शित करना मुश्किल काम है। बच्चे चित्रों के आधार पर अक्षर और शब्दों को पहचान लेते हैं, चित्र के अभाव में शब्द पढ़ना कठिन हो जाता है। शब्दों का परिचय कराने पर भी अन्ततः वर्ण-बोध कराना आवश्यक होता है।

4. ध्वनि-साम्य विधिइस विधि में समान ध्वनि के वर्णों को एक साथ सिखाया जाता है। जैसेकाम, दाम, राम, शाम, चाम, नाम, नर्म, मर्म, कर्म, गर्म, धर्म, चर्म आदि।

गुण इस विधि में एक ही वर्ण को कई बार उच्चारित करने से ध्वनियों का पूर्ण अभ्यास हो जाता है।

दोषइस विधि में ध्वनि-साम्य के कारण कई शब्द ऐसे बना लिए जाते हैं जो अर्थहीन होते हैं। दूसरे, इस विधि से सभी वर्णों का सिखाना कठिन हो जाता है। कई शब्द या वाक्य ऐसे बना लिए जाते हैं जो बनावटी से हो जाते हैं, जैसेचल घर चल, बस कर, हठ मत कर, जल भर आदि।

5. वाक्य विधिभाषा की इकाई वाक्य है। अतः इस विधि में चार्ट पर लिखा हुआ वाक्य प्रस्तुत किया जाता है और अध्यापक वाक्य पढ़ता है। बच्चे अध्यापक का अनुकरण करते हुए वाक्य का उच्चारण करते हैं। बार-बार वाक्य को पढ़ते हुए बच्चे उसके शब्दों से परिचित हो जाते हैं। फिर वाक्य में प्रयुक्त शब्दों को अलग-अलग क्रम में बच्चों के सामने रखते हैं। जैसे

वह कलम मेरी है। कलम यह मेरी है। मेरी है यह कलम।

बच्चे इन शब्दों को पहचानते हुए, वाक्य को पढ़ने और वाचन का अभ्यास करेंगे।

गुणयह विधि मनोवैज्ञानिक है। पहले वाक्य, फिर शब्द, फिर वर्णइस क्रम में बच्चों को वाचन का अभ्यास कराया जाता है। अतः इस विधि में बच्चा स्वाभाविक क्रम में पढ़ना सीखता है।

अवगुणबच्चों की अनुभव-परिधि से सम्बन्धित वाक्यों का निर्माण कठिन कार्य है। बच्चे शब्द रट लेते हैं। उनका शब्द-भण्डार सीमित रह जाता है। इसलिये बच्चों को शब्द के साथ अर्थ पर ध्यान दिलाना चाहिये।

6. अनुसरण विधिइस पद्धति में छात्र शिक्षक का अनुसरण करके अक्षर, शब्द और वर्णों का उच्चारण करना सीख जाते हैं। अध्यापक एक-एक वाक्य, शब्द एवं वर्ण का उच्चारण करता है और बच्चे उसका अनुसरण करते हुए शब्द की ध्वनि का उच्चारण करते हैं। वैसे यह विधि हिन्दी भाषा के लिए उतनी उपयोगी नहीं जितनी अंग्रेजी भाषा के लिए।

7. कहानी-विधिबच्चों को कहानी से काफी रुचि होती है। अतः अध्यापक को चाहिये कि ठीक और अच्छी कहानी का चित्र बनाकर का बच्चों को बताएँ। अध्यापक चार्ट या चित्र दिखाते हुए, चित्र के नीचे लिखे हुए वाक्य को पढ़ता है। विद्यार्थी अध्यापक का अनुकरण करते हुए उस वाक्य का उच्चारण करते हैं। शनैःशनै विश्लेषण द्वारा विद्यार्थी शब्दों को, फिर वर्णों को पहचानने लगते हैं।

गुणयह वाक्य-विधि का ही विकसित रूप है। कहानी में बच्चों की रुचि होने के कारण इस विधि में वाचन रोचक हो जाता है।

दोषवर्णों की पहचान के बिना कहानी के माध्यम से वाक्य, फिर शब्द व फिर वर्ण सिखाना बहुत कठिन कार्य है।

8. कविता-विधिबच्चे की संगीत में स्वाभाविक रुचि होती है। उसी को ध्यान में रखते हुए इस विधि का विकास किया गया। इसकी शिक्षण-प्रक्रिया कहानी-विधि जैसी ही है। कहानी के स्थान पर सरल शब्दों के वाक्य वाली कविता होती है। बच्चों से कविता का गायन कराया जाता है। धीरे-धीरे शब्दों व वर्णों की पहचान होने लगती है।

9. प्रर्दशन-विधिइस विधि में कक्षा के कमरे की दीवार पर चित्र लगा दिए जाते हैं। इन चित्रों में शब्द व वर्ण भी लिखे होते हैं। वैसे ही शब्द व वर्ण के कार्ड कमरे में रखे होते हैं। बच्चे दीवार पर लटके चित्र के वर्णों से मिलते हुए वर्ण के कार्ड छांटकर निकालते हैं और अध्यापक इनका उच्चारण कर, बच्चों की इनसे पहचान कराता है। धीरे-धीरे चित्र, कार्ड एवं उच्चारण में साहचर्य स्थापित होता है और बालक को शब्दों तथा वर्णों का ज्ञान होता जाता है। बालक खेल-खेल में सक्रिय होकर वाचन करना सीख जाते हैं।

10. मिश्रित विधिउपर्युक्त सभी विधियों का सूक्ष्म अवलोकन करने से ज्ञात होता है कि कोई भी पद्धति सर्वगुण सम्पन्न नहीं है। सभी विधियों की अच्छाई ग्रहण कर हमें दोषों को त्यागते हुए समस्त पद्धतियों का लाभ उठाना चाहिए। यदि प्रारम्भ में ही वर्ण-परिचय के समय ही बच्चे की अरुचि हो गई तो आगे वाचन-अभ्यास कराना कठिन हो जाएगा। अतः सभी विधियों की अच्छाइयों को ग्रहण करना उनका मिश्रित रूप से प्रयोग कर वाचन-शिक्षण को रुचिकर बनाने का प्रयास करना चाहिए। इस मिश्रित रूप को ही संयुक्त विधि कह सकते हैं। इस विधि में वाचन-शिक्षण का निम्न क्रम होगा

(i) विद्यार्थियों को मौखिक रूप से बताते समय आकर्षक चित्र और उसमें लिखे शब्दों की तरफ बच्चों का ध्यान आकृष्ट करना चाहिए।

(ii) सबसे पहले मौखिक वार्तालाप द्वारा बच्चों के मन में वाचन के लिए रुचि व उत्सुकता उत्पन्न करनी चाहिए।

(iii) फिर ध्वनि-साम्य-विधि की सहायता से एक-एक वर्ण के अनेक शब्द बनाकर वर्णों को पढ़ना सिखाया जाए।

(iv) 'देखो और कहो' विधि की सहायता से फ्लैश कार्ड, चित्र, लकड़ी के ब्लॉक आदि का प्रयोग कर वर्णों का ज्ञान कराना चाहिए। शब्दों से वर्णों को अलग कर, फिर वर्णों से शब्द बनाकर अर्थात् संश्लेषण से विश्लेषण और विश्लेषण से संश्लेषण के क्रम में वर्णों की पहचान करानी चाहिए।

(v) इसके बाद शब्द, फिर वाक्य का वाचन कराना चाहिए।

(vi) इसके उपरान्त वर्णमाला के सभी वर्णों को तार्किक क्रम में एक-एक कर प्रस्तुत करना चाहिए। सभी मात्राएं यथाक्रम में सिखानी चाहिए। हर वर्ण के साथ सभी मात्राएं लगाकर भी पढ़ने का अभ्यास कराना चाहिए। जैसेक, का, कि, की आदि। इसके बाद संयुक्त वर्णों को पढ़ना सिखाया जाए।

वाचन-अभ्याससभी वर्णों तथा मात्राओं का ज्ञान होने के उपरान्त सस्वर वाचन के द्वारा बच्चों को स्वतन्त्र रूप से पढ़ने का अभ्यास करना चाहिए। इसके लिए पहले अध्यापक को स्वयं 'आदर्श वाचन' करना चाहिए। अध्यापक के आदर्श वाचन को सुनकर उसका अनुकरण करते ही कक्षा के बच्चों से अलग-अलग सस्वर वाचन कराकर बच्चों को सही ढंग से वाचन करना सिखाना चाहिए।

वाचन की सामान्य गलती वाचन एक सम्पूर्ण कला है। नियमित अभ्यास से वाचन कौशल को विकसित किया जा सकता है। वाचन करते हुए बच्चे निम्न प्रकार की गलती करते हैं

1. बिना अर्थ समझे पढ़ना
2. अनुचित वाचन-शैली
3. अशुद्ध उच्चारण
4. अनुचित गति
5. अनुचित मुद्रा (पुस्तक निकट लाकर या झुककर पढ़ना)

कारण

1. अरुचिकर पाठ्य-सामग्री
2. मनोवैज्ञानिक कारण
3. दृष्टि दोष, वाणी सम्बन्धी दोष,
4. वाचन सम्बन्धी मार्गदर्शन का अभाव
5. कक्षा का तनावपूर्ण वातावरण
6. अध्यापक का व्यवहार
7. वाचन-अभ्यास की कमी
8. शब्द-भण्डार की कमी
9. पाठ्य-सामग्री में छपाई सम्बन्धी त्रुटि
10. पाठ्य-सामग्री का कठिन होना
11. असावधानी।

उपाय

1. शब्द-भण्डार में वृद्धि करना
2. शारीरिक उपचार द्वारा दृष्टि दोष व वाणी दोष को दूर करने का प्रयास
3. वाचन सम्बन्धी उचित मार्गदर्शन
4. ध्वनियों का पूर्ण ज्ञान व अभ्यास
5. सावधानी से पढ़ने का अभ्यास कराना
6. वाचन से पहले कठिन शब्दों की व्याख्या
7. अध्यापक का आदर्श वाचन
8. कक्षा का आकर्षक वातावरण

9. छात्रों के मानसिक स्तर के अनुकूल पाठ्य सामग्री का चुनाव
10. सस्वर वाचन
11. बच्चों से हमदर्दी का व्यवहार करना।
12. पाठ्य-पुस्तकों की शुद्ध छपाई

मौखिक अभिव्यक्ति कौशल

मौखिक अभिव्यक्ति का अर्थ महान दार्शनिक अरस्तू के अनुसार-मानव एक सामाजिक प्राणी है। समाज में मनुष्य अपने विचार तथा भावों का एक-दूसरे से आदान-प्रदान करता है। इस कार्य के लिए भाषा के दोनों माध्यमों लिखित और मौखिक का प्रयोग किया जाता है। वाणी व लिखित रूपजब व्यक्ति ध्वनियों के माध्यम से, मुख के अवयवों की सहायता से, उच्चरित भाषा का प्रयोग करते हुए अपने विचारों को प्रकट करता है तब उसे मौखिक अभिव्यक्ति कहा जाता है इसे ही बोलचाल भी कहा जाता है।

इस प्रकार मुख से व्यक्त होने वाली भाषा मौखिक भाषा है और मुख के अवयवों के माध्यम से भावों व विचारों की अभिव्यक्ति मौखिक अभिव्यक्ति है।

मौखिक अभिव्यक्ति का महत्व मानव-जीवन की जितनी भी बुनियादी आवश्यकताएं हैं, उनमें भावों व विचारों की अभिव्यक्ति भी एक अनिवार्यता है। जीवन के हर क्षेत्र में मौखिक अभिव्यक्ति की आवश्यकता जान पड़ती है। इसके महत्व को निम्न दृष्टि से देखा जा सकता है :

1. छात्र के अंदर किसी चीज को जानने की जिज्ञासा पैदा होती है। वह भांति-भांति के सवाल पूछकर अपनी जिज्ञासा का समाधान कर सकता है। इससे उसके स्वाभाविक विकास में सहायता मिलती है। उसके आत्मविश्वास में वृद्धि होती है और व्यक्तित्व में निखार आता है।

2. विद्यालयी पाठ्यक्रम के सभी विषयों की शिक्षा में मौखिक भाषा ही प्रमुख माध्यम होती है।

3. आधुनिक युग में राजनीतिक जीवन में सफलता की दृष्टि से भी मौखिक भाषा का अपना महत्व है। एक कुशल नेता अपनी वक्तृत्व कला के दम पर विशाल जन-समुदाय को अपना बना लेता है एवं अपनी वार्ता के माध्यम से अपने सम्पर्क में आने वाले लोगों को अपना मुरीद बना लेता है।

4. सामाजिक जीवन में सामंजस्य स्थापित करने एवं सामाजिक सम्बन्धों को सुदृढ़ बनाने में भी मौखिक भाषा की प्रमुख भूमिका होती है।

5. वार्तालाप, बोलचाल या प्रश्नोत्तर द्वारा सीखी गई विषयवस्तु अपना स्थायी प्रभाव छोड़ती है। अतः विद्यालय में शिक्षण-पद्धति को रोचक व प्रभावशाली बनाने में भी मौखिक भाषा का अत्यधिक महत्व है।

6. दैनिक जीवन में सभी कार्य-कलापों में मौखिक भाषा ही प्रयुक्त होती है। अपने परिवार में, समाज में अन्य सदस्यों के साथ विचारों का आदान-प्रदान करने के लिए तथा अपनी बात उनसे कहने व उनकी बात समझने के लिए भाषा के इसी रूप का प्रयोग करना होता है।

7. मौखिक भाषा ही अभिव्यक्ति का सहज व सरलतम माध्यम है। मौखिक भाषा में ही मनुष्य अपने भावों को स्वाभाविक रूप से दूसरों के सामने व्यक्त कर देता है।

8. मौखिक भाषा के द्वारा विचारों को नए तरीके से आदान-प्रदान कर ज्ञान में वृद्धि की जाती है। अशिक्षित व्यक्ति बोलचाल के द्वारा ही ज्ञान अर्जित कर लेता है।

9. मौखिक भाषण के इस्तेमाल द्वारा कोई व्यक्ति भीड़ पर छा जाता है और अपनी वाणी के माध्यम से लोगों को सम्मोहित कर लेता है। बाल गंगाधर तिलक, सुभाष चन्द्र बोस, इंदिरा गांधी, अटल बिहारी वाजपेयी, लाड़ली मोहन निगम जैसे लोकप्रिय जननेताओं के भाषण इस बात के प्रमाण हैं।

10. भाषा-शिक्षण का एक स्वाभाविक क्रम हैसुनना, बोलना, पढ़ना और लिखना। मौखिक भाषा का प्रयोग बालक को सुनने व बोलने में दक्ष बनाता है। यह बोलचाल ही पढ़ने-लिखने के कौशल को विकसित करने का आधार बनता है।

मौखिक भाषा-शिक्षण के उद्देश्य मौखिक भाषा एवं मौखिक अभिव्यक्ति के महत्व को देखते हुए विद्यालय में मौखिक भाषा की औपचारिक शिक्षा आवश्यक हो जाती है। इसके शिक्षण के उद्देश्यों का वर्णन निम्न प्रकार से किया जा सकता है

1. छात्रों को निःसंकोच होकर अपने विचार रखने के योग्य बनाना।

2. छात्रों को इस योग्य बनाना कि वे पूछे गए प्रश्नों का उत्तर स्पष्ट रूप से ठीक-ठीक दे सकें।

3. छात्रों को धारा-प्रवाह, प्रभावोत्पादक वाणी में बोलना सिखाना।

4. छात्रों को इस योग्य बनाना कि वे अपनी कही हुई बात का औचित्य सिद्ध करने के लिए उचित रूप से तर्क कर सकें।

5. छात्रों को उचित समय पर, उचित शब्दों का प्रयोग कर बोलने का अभ्यास कराना।

6. छात्रों में सरलतापूर्वक आपस में वार्ता करने की आदत विकसित करना।

7. छात्रों को इस योग्य बनाना कि वे अपने अनुभवों, भावों व विचारों को सरलतापूर्वक, सहज ढंग से व्यक्त कर सकें।

8. छात्रों को शुद्ध उच्चारण, उचित स्वर, उचित गति एवं उचित हाव-भाव के साथ बोलना सिखाना।

9. छात्रों को इस योग्य बनाना कि वे अपने मन में उत्पन्न होने वाली शंकाओं का समाधान निःसंकोच रूप से प्रश्न पूछकर कर सकें।

10. छात्रों को मधुरतापूर्वक शिष्टाचार के नियमों का पालन करते हुए बोलना सिखाना।

सर्वश्रेष्ठ मौखिक अभिव्यक्ति की विशेषताएँ जन्म के पश्चात एक साल का होने पर शिशु अपने माता-पिता की भाषा में अस्पष्ट रूप से बोलना शुरू कर देता है। थोड़ा और बड़ा होने पर जब शिशु स्कूल जाता है तो उसमें भाषाई कौशल का स्वतः विकास होने लगता है। भाषा के अध्यापक को इस बात का ज्ञान होना चाहिए कि वह मौखिक भाषा-कौशल को विकसित करने की दृष्टि से छात्रों को किस तरह का बोलना सिखाए और उनके मौखिक अभिव्यक्ति-कौशल को क्या दिशा प्रदान करे। इसके लिए उसे मौखिक भाषा के निम्न गुणों की जानकारी होनी आवश्यक है

1. मधुरतामौखिक अभिव्यक्ति में मधुर वाणी का प्रयोग करना चाहिए। वाणी की मधुरता ही व्यक्ति को मित्र बना देती है और कठोरता शत्रु। मीठी वाणी का प्रयोग कर किसी भी व्यक्ति से सहजता से काम निकाला जा सकता है।

2. सरलताजो भी बात कही जाए उसके लिए सरल व सुबोध भाषा का प्रयोग करना चाहिए। अभिव्यक्ति का लाभ तभी है जब वह श्रोता को समझ आ जाए।

3. सर्वमान्य भाषामौखिक अभिव्यक्ति में सर्वमान्य भाषा का प्रयोग करना चाहिए। आम प्रचलन में नहीं रहने वाले शब्दों के प्रयोग से वार्ता नीरस हो जाती है।

4. स्पष्टतावाचन में स्पष्टता होनी चाहिए। किसी बात को बिना किसी लाग-लपेट के सही और स्पष्ट शब्दों में कहना चाहिए। साथ ही वाचक को स्पष्टवादी होना चाहिए।

5. शुद्धताबोलते समय शुद्ध भाषा का प्रयोग करना चाहिए। उच्चारण भी शुद्ध होना चाहिए। अशुद्ध उच्चारण व अशुद्ध भाषा का वक्तव्य प्रभावहीन हो जाता है।

6. शिष्टताकिसी भी मनुष्य के साथ बातचीत करते वक्त शिष्टाचार का सदैव स्मरण रखना चाहिए। अशिष्ट मौखिक अभिव्यक्ति सम्बन्धों को बिगाड़ देती है।

7. अवसर के अनुकूलअवसर के अनुसार ही भाषा का प्रयोग होना चाहिए। जीवन में विभिन्न अवसरों पर हर्ष, उल्लास, शोक, दुःख, दया, सहानुभूति एवं प्यार आदि भावों को व्यक्त करना पड़ता है। इन भावों के अनुकूल ही उचित हाव-भाव के साथ मौखिक अभिव्यक्ति करनी चाहिए।

8. स्वाभाविकताबोलने में स्वाभाविकता होनी चाहिए। बनावटी बोली का प्रयोग हास्यास्पद हो जाता है। अस्वाभाविक भाषा वक्ता को अविश्वसनीय बना देती है। स्वाभाविक भाषा एवं अभिव्यक्ति विश्वसनीय होती है।

9. श्रोताओं के अनुकूल भाषाजिस स्तर के व्यक्तियों से बात की जाए उसी प्रकार की भाषा का प्रयोग करना चाहिए। ग्रामीण व्यक्तियों के साथ अत्यन्त क्लिष्ट भाषा का प्रयोग करना उचित नहीं।

10. प्रवाहिकतामुंहजबानी में भाषा में लय प्रवाह होना चाहिए। विराह-चिह्नों के उचित पालन से अभिव्यक्ति में सम्यक् गति व प्रवाह आ जाता है। कहां कम रुकना है, कहां पूर्ण विराम देना है, कहां प्रश्नसूचक गति देनी है, कहां विस्मयजनक, इन बातों के उचित पालन से अभिव्यक्ति बहुत प्रभावशाली बन जाती है।

मौखिक अभिव्यक्ति कौशल के शिक्षण की विधियां मौखिक कार्य ही भाषा-शिक्षण का मुख्य आधार होता है। मौखिक भाषा के बिना सीखना और सिखाना दोनों ही कठिन हैं। अतः प्रारम्भिक स्तर से ही मौखिक भाषा की शिक्षा प्रदान की जानी आवश्यक है ताकि उच्च कक्षा तक पहुंते-पहुंचते उनकी अभिव्यक्ति में शुद्ध, स्पष्टता, सुबोधता, मधुरता, प्रवाहिकता, स्वाभाविकता एवं प्रभावोत्पादकता पूरी तरह से विकसित हो जाए। इसके लिए अध्यापक निम्नलिखित शिक्षण-विधियों एवं साधनों का प्रयोग कर सकता है

1. स्वतन्त्र आत्मप्रकाशन का अवसरबच्चों को यात्रा करने के क्रम में, अभिभावक के साथ घूमने फिरने और अन्य लोगों के साथ मिलने के क्रम में कई तरह के अनुभव होते हैं। विभिन्न घटनाओं, दृश्यों या व्यक्तिगत जीवन से सम्बन्धित इन अनुभवों को सुनाने के लिए अवसर देकर भी अध्यापक मौखिक भाषा का अभ्यास करा सकता है।

2. वार्तालापपाठ्य-पढ़ाते समय या किसी अन्य अवसर पर व शिक्षक को चाहिये की बातचीत करे। प्रत्येक छात्र को वार्तालाप में भाग लेने के लिए प्रेरित करना

चाहिए। वार्तालाप का विषय बच्चों के ज्ञान व अनुभव की परिधि के भीतर का होना चाहिए। बच्चे स्वभाव से जिज्ञासु प्रवृत्ति के होते हैं। अतएव एक सफल अध्यापक को विद्यार्थियों द्वारा जिज्ञासा प्रकट किए गए सवालों का सही तरीके से जवाब देकर उन्हें सन्तुष्ट करना चाहिए।

3. वाद-विवादइसमें बालक पूर्व निर्धारित विषय पर विचारों का आदान-प्रदान करते हैं। कुछ बालक विषय के पक्ष में और कुछ विपक्ष में अपने विचार प्रस्तुत करते हैं। इस तरह भावपूर्ण ढंग से अपने विचारों का तर्कपूर्ण प्रतिपादन करने का प्रशिक्षण देने के लिए वाद-विवाद एक उत्तम साधन है।

4. अनुच्छेद-सार या पाठ का सारपाठ्य-पुस्तक या अन्य किसी पत्रिका का कोई पाठ या रचना पढ़कर उसका सार बताने के लिए कहा जाता है। छात्र रचना की मुख्य-मुख्य बातें संक्षेप में व्यक्त करते हैं। इसी प्रकार किसी पाठ का कोई अनुच्छेद पढ़कर उसका सार बताने के लिए भी कहा जाता है।

5. नाटक कलामौखिक अभिव्यक्ति की समस्त विधाओं के विकास का नाट्य मंचन एक सशक्त माध्यम है। इसमें भाग लेने वाले विद्यार्थी को पात्र के चरित्र के अनुसार उचित हाव-भाव, उतार-चढ़ाव एवं प्रवाह के साथ संवाद प्रस्तुत करने होते हैं। अतः उचित नाटक का चुनाव कर, अध्यापक को छात्रों को नाटक-मंचन में पूर्ण सहयोग देना चाहिए। इससे छात्र पूरी लगन के साथ मौखिक अभिव्यक्ति की विविध शैलियों को सीखते तथा उसका अभ्यास करते हैं।

6. भाषणपूर्व निर्धारित कोई रोचक विषय देकर, अध्यापक छात्रों को भाषण करने का अवसर प्रदान कर सकता है। 'भाषण' मौखिक अभिव्यक्ति का एक सरलतम साधन है। भाषा का विषय छात्रों के मानसिक स्तर के अनुकूल होना चाहिए। आवश्यकतानुसार छात्रों का उचित मार्गदर्शन भी करना चाहिए। समय-समय पर विभिन्न भाषण-प्रतियोगिताओं का आयोजन करके छात्रों को भाषण में भाग लेने के लिए प्रोत्साहन करने का प्रयास भी करना चाहिए।

7. अन्त्याक्षरी प्रतियोगिताइस साहित्यिक क्रिया में बालक कविताओं को कण्ठस्थ करते हैं और प्रतियोगिता के समय पहले दल के बालक द्वारा कही गई कविता जिस वर्ण से खत्म होती है, उसी वर्ण से शुरू होने वाली कविता सुनाते हैं। इससे बच्चों में कविता के प्रति रुचि उत्पन्न होती है और मौखिक अभिव्यक्ति का अभ्यास भी होता है।

8. कविता-पाठछोटे बच्चे गीत सुनने व सुनाने दोनों में ही काफी रुचि लेते हैं। अतः कविताएं कण्ठस्थ कराके उन्हें कविता-पाठ के लिए प्रेरित करना चाहिए।

उचित हाव-भाव व अंग-संचालन के साथ कविता-पाठ करने में उन्हें बहुत आनन्द का अनुभव होता है। इसलिए कविता-पाठ मौखिक अभिव्यक्ति की शिक्षा देने का एक उपयोगी साधन है।

9. कहानी के माध्यम से पाठ को रोचक बनानाबच्चे कहानियों को बहुत पसन्द करते हैं। अतः अध्यापक को पहले स्वयं कहानी सुनानी चाहिए, फिर बच्चों से उसी कहानी को सुनाने के लिए कहना चाहिए। इससे श्रवण-कौशल एवं मौखिक अभिव्यक्ति-कौशल दोनों को विकसित करने में सहायता मिलती है।

10. सस्वर वाचनपाठ्य-पुस्तक का पाठ शुरू करते समय शिक्षक को चाहिये कि खुद अनुच्छेद का वाचन करे। फिर छात्रों से वाचन कराये जिससे की मौखिक अभिव्यक्ति का संकोच दूर हो जाए।

11. प्रश्नोत्तरछात्रों को मौखिक शिक्षा देने के लिए प्रश्नोत्तर एक उच्चस्तरीय पद्धति है। सामान्य विषयों पर या पाठ्य-पुस्तक से सम्बन्धित पाठों पर छात्रों से प्रश्न पूछने चाहिए। छात्रों से पूर्ण वाक्य में ही उत्तर स्वीकार करना चाहिए। यदि उत्तर अपूर्ण या अशुद्ध हो तो उसे सहानुभूतिपूर्ण ढंग से पूर्ण व शुद्ध कराया जाए।

12. चित्र-वर्णनछोटे बच्चे चित्र देखने में रुचि लेते हैं। अतः किसी चित्र को दिखाकर उस पर प्रश्न पूछकर बच्चों से चित्र-वर्णन कराना चाहिए। जैसे गाय का चित्र दिखाकर गाय के बारे में बच्चों को बहुत-सी बातें बता सकते हैं। इसी प्रकार चित्र के द्वारा कहानी कही जा सकती है। मौखिक अभिव्यक्ति के लिए चित्र-वर्णन एक रोचक विधि है।

उपरोक्त पाठ्य-क्रियाओं एवं सह-पाठ्य-क्रियाओं का आयोजन कर अध्यापक अपने छात्रों को मौखिक अभिव्यक्ति का अभ्यास करने के उचित अवसर प्रदान कर सकता है। आवश्यकता इस बात की है कि उपुर्यक्त क्रियाओं के लिए जो भी विषय चुना जाए, वह बच्चों के मानसिक स्तर के अनुकूल हो। अध्यापक का व्यवहार प्रेम एवं सहानुभूतिपूर्ण हो। अध्यापक स्वयं सतर्क एवं सजग रहें। विद्यार्थियों की मुंहज़बानी व्यक्त किए जाने वाले विचार के दोषों को सतर्कतापूर्वक दूर किया जाय एवं समस्त विद्यार्थियों को मौखिक अभिव्यक्ति में सक्रिय रूप से हिस्सा लेने हेतु बढ़ावा दिया जाय।

लेखन कौशल

लिपि का अभिप्रायभाषा के दो रूप हैंमौखिक एवं लिखित। विचारों की अभिव्यक्ति के लिए व्यक्ति जिन ध्वनियों का प्रयोग करता है वह मौखिक भाषा

कहलाती है। इन्हीं ध्वनियों को जिन विशिष्ट चिह्नों के माध्यम से लिखित रूप में व्यक्त किया जाता है, उन्हें 'लिपि' कहते हैं। प्रत्येक भाषा की अपनी एक लिपि होती है। हिन्दी भाषा की लिपि देवनागरी है।

लेखन-कौशल का अभिप्रायसामान्य रूप से लिखकर विचारों की अभिव्यक्ति करना लेखन-कौशल या लिखित अभिव्यक्ति कहा जाता हैं। लिपि का ज्ञान प्राप्त करने के उपरान्त भाषा के लिखित रूप का प्रयोग कर व्यक्ति अपने भावों और विचारों को लेखन-कौशल के द्वारा स्थायित्व प्रदान करता है। साहित्य के स्थायित्व एवं समृद्धि का मुख्य आधार यह लिखित अभिव्यक्ति ही है।

लिपि की शिक्षा की जरूरत और लेखन-कौशल का महत्व

बच्चों में लेखन-कौशल का विकास करने के लिए लिपि की शिक्षा अत्यंत आवश्यक है। जिस तरह ध्वनियों के पूर्ण ज्ञान के बिना उच्चारण शुद्ध नहीं हो सकता एवं मौखिक अभिव्यक्ति में पूर्णता नहीं आ सकती, उसी प्रकार लिपि के ज्ञान के बिना बच्चा न तो शुद्ध वर्तनी का प्रयोग कर सकता है और न ही विचारों को लिखित रूप में अभिव्यक्त कर सकता है।

जब तक बच्चे को लिखना पढ़ना नहीं आता तब तक भाषा पर उसका पूर्ण अधिकार नहीं हो सकता। अतः भाषा पर पूर्ण अधिकार कराने एवं अभिव्यक्ति-कौशल को पूरी तरह विकसित करने के लिए बच्चे को लिपि का पूर्ण ज्ञान देना अति आवश्यक है।

लेखन-कौशल या लिखित अभिव्यक्ति के महत्व को हम निम्न रूप से स्पष्ट कर सकते हैं :

1. जीवन के अनेक ऐसे क्षेत्र हैं जहां केवल मौखिक अभिव्यक्ति से काम नहीं चल सकता। दूर रहने वाले मित्र या सम्बन्धी को अपना संदेश देने, एक-दूसरे के साथ कोई कार्य करने या अन्य कोई समाचार पहुंचाने के लिए लिखित भाषा की आवश्यकता होती है।

2. अपने विचारों को सुरक्षित रखने के लिए लिखित अभिव्यक्ति की आवश्यकता है। लिखकर हम अपने विचारों को वर्षों के लिए स्थायित्व प्रदान कर सकते हैं।

3. भाषा के दो रूप हैंमौखिक और लिखित। भाषा पर पूर्ण कमान हासिल करने के लिए मौखिक के साथ-साथ लिखित रूप में भी उत्तम तरीके से भाषा को अभिव्यक्त करने की कला का विकास होना जरूरी है।

4. दैनिक जीवन का विवरण रखने, घर पर दैनिक हिसाब-किताब रखने आदि व्यावहारिक कार्यों में लिखित भाषा का प्रयोग करना पड़ता है।

5. भाषा सभ्यता एवं संस्कृति की वाहक है। हमारे पूर्वज ताम्र पत्र पर लिखा करते थे। कालान्तर में यह पीढ़ी दर पीढ़ी हस्तांतरित होता गया। कागज के आविष्कार के बाद इसे छपाई मशीन में लिपिबद्ध किया गया। इसी तरह वर्तमान संस्कृति भी भावी पीढ़ी तक लिखित भाषा के द्वारा हस्तांतरित होती रहेगी।

6. शिक्षा ग्रहण करते समय पठित सामग्री को संगठित करने, प्रश्नों का उत्तर तैयार करने, पाठ का सार तैयार करने, गृहकार्य करने आदि में लेखन-कौशल की आवश्यकता होती है।

7. लिखित भाषा ही साहित्य के भण्डार में वृद्धि करती है। यदि लिपि न होती तो आज साहित्य कहां से आता? यदि लेखन-कौशल न होता तो नई-नई रचनाएं कहां से आतीं?

8. लिखित भाषा बालक के हाथ और मस्तिष्क में सन्तुलन बनाकर रखती है। भाषा में एकरूपता लाती है।

9. देश-विदेश में हो रहे ज्ञान-विज्ञान आदि से परिचित कराने का मुख्य साधन लिखित भाषा ही है।

10. आधुनिक शिक्षा-प्रणाली की प्रमुख विशेषता 'परीक्षा' है। इसके बिना शिक्षा-प्रणाली की कल्पना भी नहीं की जा सकती है। लेखन-कौशल के द्वारा ही बच्चे की योग्यता का मूल्यांकन किया जाता है।

11. आज तो लेखन एक स्वतन्त्र व्यवसाय के रूप में भी मानव जाति का कल्याण कर रहा है अनेक व्यक्ति अपनी लेखनी की कला से ही अपनी रोटी-रोजी की व्यवस्था कर रहे हैं।

12. व्यावसायिक एवं औद्योगिक प्रगति का आधार भी लिखित भाषा है। मौखिक रूप से कार्य-व्यवसाय में सफलता प्राप्त नहीं की जा सकती है। हर व्यवसाय में तरह-तरह के रिकार्ड आदि लिखकर रखने पड़ते हैं।

लिखित अभिव्यक्ति के अध्ययन के उद्देश्य

लेखन-कौशल के महत्व को ध्यान में रखते हुए लेखन-कौशल की शिक्षा के निम्नलिखित उद्देश्य निर्धारित किए जा सकते हैं

1. शुद्ध एवं सुन्दर लिखावट की आदत को छात्रों के अंदर विकसित करना।
2. बच्चों को वर्णों की ठीक-ठीक बनावट लिखना सिखाना।

3. छात्रों में सावधानीपूर्वक लिखने की आदत विकसित करना।
4. छात्रों को शुद्ध अक्षरविन्यास का ज्ञान कराना।
5. बच्चों को सुन्दर व सुडौल लेख का अभ्यास कराना।
6. छात्रों को शब्द, सूक्ति, मुहावरे एवं लोकोक्तियों का उचित व प्रसंगानुकूल प्रयोग करना सिखाना।
7. छात्रों को वाक्य-रचना के नियमों से परिचित कराना।
8. छात्रों को विराम-चिह्नों का सही-सही प्रयोग करना सिखाना।
9. छात्रों को अपने विचारों को तार्किक क्रम में प्रकट करना सिखाना।
10. छात्रों को विषयानुसार भाषा-शैली का प्रयोग करना सिखाना।
11. छात्रों को उचित अनुच्छेदों में विभाजित कर विचारों को व्यक्त करना सिखाना।
12. छात्रों में अपने अनुभवों व विचारों को लिखकर व्यक्त करने की योग्यता विकसित करना।
13. छात्रों में साहित्य के प्रति रुचि जाग्रत करना।
14. छात्रों की सृजनात्मक योग्यता को विकसित कर उन्हें मौलिक रचना करने के योग्य बनाना।
15. छात्रों में सावधानीपूर्वक लिखने की आदत विकसित करना।

इस प्रकार प्राथमिक कक्षा से प्रारम्भ होकर उच्च कक्षा तक लेखन-कौशल-शिक्षण चलता रहता है। इन सभी स्तरों पर उपर्युक्त लेखन-कौशल-उद्देश्यों को ध्यान में रखकर ही अध्यापक को अपने शिक्षण-कार्य की व्यवस्था करनी चाहिए।

लेखन-कौशल को विकसित करने की विधियां भाषा सीखने का एक स्वाभाविक क्रम हैसुनना, बोलना, लिखना, और पढ़ना। भाषा की शिक्षा देने के लिए प्राथमिक स्तर से ही बच्चों में इन चारों कौशलों को विकसित करने का प्रयास किया जाता है। बच्चों को पहले मौखिक भाषा की शिक्षा दी जाती है, उसके पश्चात् पढ़ना सिखाया जाता है और उसके तुरन्त पश्चात् लेखन-कौशल का शिक्षण आरम्भ किया जाता है। जैसे ही बच्चे अक्षरों का उच्चारण कर उनके लिपिबद्ध रूप को पहचानने लगते हैं, वैसे ही इन अक्षरों के लिपिबद्ध रूपों को लिखना सिखाना भी शुरू कर दिया जाता है। परन्तु इस कार्य में जल्दी नहीं करनी चाहिए, जब उनकी उंगलियां कलम पकड़ने में समर्थ हो जाएं तभी लिपि की शिक्षा देनी चाहिए।

लेखन-कौशल को विकसित करने के लिए अध्यापक को निम्न क्रम का पालन करना चाहिए

1. पहली अवस्थालिखने के लिए तैयार करना लेखन-कौशल को विकसित करने के लिए सर्वप्रथम बच्चों को मानसिक रूप से तैयार करना चाहिए,

क्योंकि लिखना सिखाना शुरू करने से पहले यह जानना जरूरी होता है कि बच्चा लिखने के लिए तैयार है या नहीं। उसकी उंगलियां व हाथ की मांसपेशियां कलम पकड़ने के योग्य हैं या नहीं। लिखना सिखाना मौखिक या वाचन-कौशल से कठिन होता है। बालक के अंदर लेखन कला का विकास करने हेतु शिक्षक को निम्नांकित प्रयत्न करने चाहिए

(i) तरह-तरह के बीज, दाने, मोती आदि की सहायता से भी खेल-खेल में वर्णों की आकृतियां बनाने का अभ्यास कराया जा सकता है।

(ii) जमीन पर बालू या रेत पर उंगली घुमाकर वर्णों की आकृति का अनुसरण कराना चाहिए।

(iii) लकड़ी, गत्ते या प्लास्टिक के बने हुए वर्णों के आकार के टुकड़े देकर बच्चों को उनके चारों तरफ उंगली फेरने के लिए कहना चाहिए। इससे बच्चे की उंगली को विभिन्न दिशाओं में घूमने का अभ्यास करता है।

(iv) अध्यापक बालक को बोर्ड पर बड़े अक्षर लिख कर उनके चारों तरफ अंगुली घुमाने का बच्चों से अभ्यास कराये ताकि उनके अंदर का डर दूर हो।

(v) पेंसिल से कागज पर या चॉक से श्यामपट्ट पर तरह-तरह की रेखाएं खींचने का अभ्यास कराना चाहिए। इससे बच्चे को कलम या चॉक पकड़ने का अभ्यास होता है।

(vi) कक्षा का आर्कषक वातावरणकक्षा के कमरे में आकर्षक रंग-बिरंगे चित्र एवं चार्ट टांगने चाहिए। चार्ट में चित्र, शब्द व वर्ण बने होने चाहिए। कक्षा की दीवारों पर फर्श से 2 फुट ऊंचे श्यामपट्ट बने होने चाहिए। रंग-बिरंगी चॉक रखी होनी चाहिए। इन चार्टों व चित्रों से वर्णों की आकृति बच्चे के मानस-पटल पर अंकित हो जाती है और चॉक से वह मनचाही रेखाएं खींचता है तथा चॉक पकड़ने का अभ्यास करता है।

इस प्रकार के विभिन्न साधनों व क्रियाओं के माध्यम से बच्चों की उंगलियों की मांसपेशियों को कलम पकड़ने तथा विभिन्न दिशाओं में घूमने का अभ्यास कराने के पश्चात ही वर्णों की रचना सिखानी चाहिए। इससे पहले बच्चों को लिखना नहीं सिखाना चाहिए क्योंकि लिखना पढ़ने से कठिन है। यदि शुरू में ही लिखने में बच्चे की अरुचि हो गई तो लेखन-कौशल का विकास कठिन हो जाएगा।

2. दूसरी अवस्थावर्णों की रचना सिखाना लेखन-कौशल की शिक्षा की यह दूसरी अवस्था है। जब बच्चा लिखना सीखने को तैयार हो जाए तो उसे विधिवत् रूप से वर्णमाला के सभी वर्णों को लिखना सिखाना चाहिए। वर्णों को लिखना सिखाने

की कई विधियां हैं। उनमें से अध्यापक अपनी सुविधानुसार किसी भी विधि की सहायता ले सकता है। ये विधियां निम्नलिखित हैं :

(i) मांटेसरी विधिश्रीमती मांटेसरी 3 वर्ष की आयु के पश्चात् बच्चे को वर्ण-रचना सिखाने का समर्थन करती हैं। इस विधि में सर्वप्रथम बच्चे को लकड़ी या गत्ते के बने अक्षर दिए जाते हैं और उन पर उंगली फेरने को कहा जाता है, फिर उनके बीच पेंसिल चलाने को कहा जाता है। जब उनकी उंगली सध जाती है तब स्वतन्त्र रूप से वर्ण लिखने को कहा जाता है। परन्तु देवनागरी लिपि के अभ्यास के लिए इस विधि का प्रयोग अनुपयुक्त है। हर वर्ण की आकृति को बीच से काटना कठिन है।

(ii) चित्र विधिशिक्षण पद्धति में चित्र का अत्यंत महत्वपूर्ण स्थान हैं। वस्तुतः लिपि का विकास ही चित्र के माध्यम से हुआ है। प्राचीन सिन्धु घाटी सभ्यता, ब्राह्मी लिपि और वर्तमान में चीन और जापान की लिपि भी कमोबेश चित्रात्मक ही है। चित्र पद्धति से बच्चों को सिखाना आसान हो जाता है क्योंकि बच्चों की चित्र बनाने में स्वाभाविक रूप से रूचि होती है। अतः इस विधि की सहायता से खेल-खेल में बच्चों को वर्ण-रचना सिखा दी जाती है। जैसेम, त, प, न, ग वर्ण, मेज, कुर्सी, नल आदि के चित्र बनाकर सिखाए जा सकते हैं। शनैः शनैः निरन्तर अभ्यास करने से लिखना भी सीख जाते हैं।

(iii) पेस्टालॉजी की रचनात्मक प्रणालीइस विधि में अक्षरों को टुकड़ों में विभक्त कर लिया जाता है और एक-एक टुकड़े की आकृति बनाने का अभ्यास कराया जाता है फिर सभी टुकड़ों को मिलाकर पूरा अक्षर बनाना सिखाया जाता है। जो अक्षर सरल हैं उन्हें पहले सिखाया जाता है और कठिन अक्षरों को बाद में। परन्तु हिन्दी भाषा में यह विधि अवैज्ञानिक है।

(iv) अनुसरण विधिवर्ण-रचना सिखाने की यह अत्यन्त प्राचीन विधि है। इस विधि में अध्यापक बच्चे की स्लेट या तख्ती पर पेंसिल से वर्ण लिख देता है। बच्चे उस लिखे हुए वर्ण के ऊपर स्याही के साथ कलम चलाते हैं। कुछ दिनों तक इस प्रकार अभ्यास कराने के उपरान्त अध्यापक तख्ती या स्लेट पर केवल एक पंक्ति लिख देता है। फिर बच्चे शेष तख्ती या स्लेट पर देख-देखकर लिखते हैं। वर्तमान समय में तख्ती और स्लेट-चॉक का प्रयोग समाप्त प्राय हो गया है। इसका स्थान कापी और पेंसिल ने ले लिया है।

(v) रेखा विधिदेवनागरी लिपि के सभी वर्ण रेखाओं तथा वृत्तों से बनते हैं। इस विधि में शुरू में बच्चे को विभिन्न प्रकार की रेखाएं खींचने का अभ्यास कराया

जाता है। जैसेखड़ी रेखा, पड़ी रेखा, तिरछी रेखा, अर्द्ध वृत्त, पूर्ण वृत्त आदि। फिर रेखाओं को मिलाकर वर्ण-रचना सिखाई जाती है। जैसे 'न' सिखाना हो तो पहली एक खड़ी रेखा, (।) फिर बीच में एक पड़ी रेखा (।) और उसके पश्चात् पड़ी रेखा के बाएं सिरे पर गोलाई 'न'। इस प्रकार बच्चों को विभिन्न वर्णों की रचना सिखाई जाती है।

इस प्रकार किसी भी विधि की सहायता से बच्चों को वर्णों की रचना करने का अभ्यास कराना चाहिए।

3. तीसरी अवस्थाशब्दों तथा वाक्यों की रचना की शिक्षा तृतीय चरण में छात्रों को शब्द और वाक्यों को लिखना सिखाया जाता है। यथारानी, मदन, अमरमां पिताजी आगे देखो। देखो भालू वाला आया, काला-काला भालू लाया, डुगडुगडुग डुगिया बोली, जमा हुई लड़कों की टोली, भालू नाच दिखाएगा, पैसे लेकर जायेगा आदि। वर्णों की रचना आने के पश्चात् बच्चे वर्ण मिलाकर शब्द बनाना और उसके पश्चात् वाक्य लिखना सीखते हैं। लेखन-शिक्षण की इस अवस्था में बच्चों पर ज्यादा ध्यान देने की आवश्यकता है। इस समय बच्चे में लिखने से सम्बन्धित जैसी आदतें विकसित हो जाती हैं, वे आगे भी चलती रहती हैं। अतः इस समय बच्चे को सुन्दर, सुडौल व स्पष्ट रूप से लिखने का अभ्यास कराना चाहिए।

इस समय शब्द तथा वाक्यों को सुन्दर, सुडौल व स्पष्ट रूप से लिखने का अभ्यास कराने के लिए अध्यापक को निम्न विधियों का प्रयोग करना चाहिए।

(i) अनुलिपिइस पद्धति में छपे हुए शब्द या अक्षर के अनुरूप बच्चों को लिखने का अभ्यास कराया जाता है। उसी तरह अनुलिपि में प्रथम पंक्ति में कुछ शब्द लिखे होते हैं, बच्चे उसे देखकर स्वतन्त्र रूप से वैसा ही लिखने का प्रयास करते हैं। इसके लिए अध्यापक का अपना लेख सुन्दर होना चाहिए तथा अनुलिपि की कापी का चुनाव करते समय भी देख लेना चाहिए कि उसमें शब्द तथा वाक्य सही अनुपात में छपे हैं या नहीं।

(ii) सुलेखप्रारम्भ से ही छात्रों में सुलेख की योग्यता को विकसित करने का प्रयास करना चाहिए। इसके लिए अध्यापक को सुलेख पुस्तिकाओं की सहायता लेनी चाहिए। इन पुस्तिकाओं में प्रत्येक पृष्ठ के ऊपर प्रथम पंक्ति में सुन्दर व मोटे आकार के वर्ण छपे होते हैं, बाद की पंक्तियों में हल्का-हल्का लिखा होता है। बच्चे उस पर कलम फेरकर वैसा ही लिखने का प्रयास करते हैं। बच्चे की कापी पर भी अध्यापक हल्का-हल्का पैंसिल से लिख देते हैं, बच्चे उस लिखे हुए पर अभ्यास करते हैं। इसके लिए अध्यापक को कुछ अन्य बातों पर भी ध्यान देना चाहिए।

(क) लेखन-सामग्री का भी निरीक्षण होना चाहिए। तख्ती चौरस व चिकनी हो। सफेद तख्ती पर काली स्याही और काली तख्ती पर खड़िया का प्रयोग होता है। स्याही ठीक घुली हो। कलम ठनक हो।

(ख) बच्चे के लिखने के आसन का निरीक्षण करना चाहिए। कुर्सी इतनी ऊंची हो कि बैठने पर बच्चे के पैर जमीन पर सीधे रखे रहें। घुटने 90 का कोण बनाते हों। रीढ़ की हड्डी सीधी हो। कापी आंख से एक फुट की दूरी पर हो।

(ग) बच्चों के सामने सुलेख के नमूने प्रस्तुत करने चाहिए जिससे उन्हें अपना लेख सुधारने की प्रेरणा मिले।

(घ) कलम पकड़ने का तरीका सही होना चाहिए। कलम अंगूठे व मध्य उंगली के बीच रखी हो, तर्जनी उंगली कलम के ऊपर रहे। कलम को निब से 2 सेमी ऊपर से पकड़ना चाहिए।

(ङ) अक्षर सुडौल, सुन्दर व ठीक अनुपात से सीधे-सीधे लिखने चाहिए। दो शब्दों के मध्य एक वर्ण की दूरी होनी चाहिए। दो वाक्यों के बीच एक शब्द का व दो पंक्तियों के बीच एक पंक्ति जितना अन्तर होना चाहिए। शब्द के ऊपर सिधी रेखा खींचनी चाहिए।

(iii) श्रुतलिपिप्रतिलिपि में बच्चे देखकर लिखते हैं, किन्तु श्रुतलिपि में बिना देखे, सिर्फ सुनकर लिखते हैं। इसमें अध्यापक बोलता जाता है और छात्र सुन-सुनकर लिखते जाते हैं। इससे विद्यार्थियों को सुनकर लिखने का अभ्यास होता है। अक्षर-विन्यास का प्रशिक्षण मिलता है। ठीक गति से सावधानीपूर्वक लिखने की योग्यता विकसित होती है। इसके लिए समुचित गद्यांश का चयन कर, अध्यापक को उचित गति से बोलते हुए, बच्चों को लिखवाना चाहिए। बाद में संशोधन कर अशुद्धियों को शुद्ध कराना चाहिए।

(iv) प्रतिलिपिप्रतिलिपि किसी भी छपी हुई पुस्तक में से देख-देखकर गद्यांश या पद्यांश लिखा जाता है। इसके लिए अध्यापक को यह ध्यान रखना चाहिए कि प्रतिलिपि की सामग्री बच्चे के मानसिक स्तर व रुचि के अनुकूल हो। विद्यार्थी की लेखन-सामग्री व आसन का भी निरीक्षण कर लेना चाहिए। प्रतिलिपि का संशोधन बहुत सावधानी से होना चाहिए। चूँकि प्रतिलिपि से बच्चों को शब्दों व वाक्यों के लिखने का अभ्यास होता है। वर्तनी का अनुभव होता है। विराम-चिह्नों का प्रयोग करना होता है। इस तरह सावधानी पूर्वक संशोधन का काम कर बच्चों की गलतियों को दूर करने का प्रयत्न करना चाहिए। और सावधानी से लिखने की आदत विकसित करने की कोशिश भी करनी चाहिए।

4. चौथी अवस्थालेखन-अभ्यास कराना यह लेखन-कौशल की चतुर्थ अवस्था है। अब तक बच्चों को देखकर और सुनकर सुन्दर लेख के द्वारा शब्द व वाक्य लिखने का अभ्यास हो जाता है। अब बच्चों को अपने भावों व विचारों को तार्किक क्रम में, व्याकरण के अनुसार भाषा का प्रयोग करते हुए लिखने का अभ्यास कराना होता है जिससे उनमें लेखन-कौशल पूरी तरह विकसित हो सके। इसके लिए कक्षा में समय-समय पर लिखित कार्य का अभ्यास कराते रहने का प्रयत्न करना चाहिए। बच्चों के मानसिक स्तर के अनुसार विषय देकर उस पर प्रश्नों का उत्तर लिखने, विचार व्यक्त करने, पठित अंश का सार लिखने आदि क्रियाओं के द्वारा लेखन-अभ्यास कराया जा सकता है।

अतः अलग अलग अवस्थाओं में विभिन्न विधियों की मदद से बच्चों में लेखन-कौशल को विकसित किया जा सकता है।

भाषा सम्प्रेषण का प्रवाह

दो लोगों के बीच होने वाली बातचीत में भाषा कौशल का इस्तेमाल होता है। सम्प्रेषण की प्रक्रिया एक-मार्गी तथा द्वि-मार्गी होती है। सम्प्रेषण की क्रिया लिखित तथा मौखिक दोनों ही प्रकार की होती है। सम्प्रेषण का कोई रूप क्यों न हो उसमें दो भाषा कौशल का उपयोग किया जाता है। किसी एक भाषा कौशल का उपयोग सार्थक तथा उपयोगी नहीं होता है। यदि कोई बोल रहा है तब सुनने वाला होना चाहिए। कक्षा शिक्षण में शिक्षक बोल कर अपनी पाठ्यवस्तु का प्रस्तुतीकरण करता है और छात्र सुनकर पाठ्यवस्तु को समझते हैं और उसे बोधगम्य करते हैं। इस प्रकार बोलने तथा सुनने का उद्देश्य बोधगम्यता है। इसी प्रकार शिक्षक श्यामपट पर लिखता है और छात्र उसे पढ़ते हैं जिससे पाठ्यवस्तु को समझ लेते हैं। इसे सम्प्रेषण की सक्षमता भी कहते हैं। दो कौशलों के मध्य प्रवाह होगा तभी बोधगम्यता हो सकती है।

भाषा कौशल के अनिवार्य तत्व

प्रत्येक भाषा कौशल के दो तत्व होते हैं उनके माध्यम से सम्प्रेषण का प्रवाह होता है। वे तत्व इस प्रकार हैं

(1) अभिव्यक्ति या सम्प्रेषण तथा

(2) पाठ्यवस्तु अथवा भाव एवं विचार।

भाषा के चारों कौशलों में इन्हीं तत्वों की सहायता से सम्प्रेषण का प्रवाह चलता है। पाठ्यवस्तु-अभिव्यक्ति या अभिव्यक्ति-पाठ्यवस्तु।

(1) बोलना तथा लिखना कौशलों का प्रयोग मन में उमड़ने-घुमड़ने वाले विचारों को बोलकर या लिखकर अभिव्यक्त करने से होता है। इस प्रकार सम्प्रेषण प्रवाह में भाव एवं विचार प्रथम और उनकी अभिव्यक्ति द्वितीय स्थान पर होती है। पाठ्यवस्तु-अभिव्यक्ति क्रम होता है।

(2) सुनना तथा पढ़ना कौशलों का उपयोग तब होता है जब कोई बोल रहा हो या लिखे को पढ़ना हो इनमें अभिव्यक्ति तत्व का क्रम प्रथम होता है और भाव एवं विचार को समझना द्वितीय स्थान पर होता है। अभिव्यक्ति-पाठ्यवस्तु क्रम होता है।

सम्प्रेषण-प्रवाह

इस प्रकार भाषा कौशल के उपयोग में दो सम्प्रेषण प्रवाह क्रियाशील होते हैं। यह सम्प्रेषण-प्रवाह इस प्रकार है

(1) लिखना-पढ़ना सम्प्रेषण प्रवाह

(2) बोलना-सुनना सम्प्रेषण प्रवाह

इस सम्प्रेषण-प्रवाहों का विवरण यहाँ दिया गया है

(1) लिखनापढ़ना सम्प्रेषण प्रवाह इस प्रकार का सम्प्रेषण-प्रवाह भी शिक्षक तथा छात्रों के बीच होता है। शिक्षक श्यामपट पर लिखता है और छात्र उसे पढ़ता है। पढ़कर लिखे हुए भावों एवं विचारों को बोधगम्य करता है। लेखक किताब में अपने अनुभव और विचारों को अपनी लेखनी के माध्यम से प्रकट करता है। पुस्तक को पढ़ने वाला पाठक इसे पढ़कर समझता है।

(2) बोलनासुनना सम्प्रेषण प्रवाह इस पद्धति का प्रयोग वर्ग के अंदर अध्यापक और विद्यार्थियों के बीच होता है। सम्प्रेषण छात्र तथा अध्यापक के मध्य होता है जिसे अन्तः प्रक्रिया कहते हैं। इस सम्प्रेषण में शिक्षक की भूमिका प्रमुख होती है। परन्तु अधिगम की दृष्टि से छात्र का क्रियाशील होना कहीं अधिक महत्वपूर्ण होता है। इस तरह के सम्प्रेषण में तीन प्रकार के घटक सम्मिलित होते हैं(1) पाठ्य-वस्तु, (2) शिक्षण विधि, तथा (3) शिक्षण सहायक सामग्री। सम्प्रेषण में चार प्रक्रियाएँ प्रमुख होती हैं (1) पढ़ना, (2) लिखना, (3) बोलना, तथा (4) सुनना। मौखिक सम्प्रेषण के अन्तर्गत बोलना तथा सुनना प्रमुख क्रियाएँ होती है।

इस पद्धति में अध्यापक द्वारा बोले गए पाठ्यवस्तु को विद्यार्थी श्रवण कर उसे आत्मसात कर लेते हैं तदुपरान्त पुनः विद्यार्थी अपने स्पष्टीकरण हेतु बोलता है तो शिक्षक सुनकर उसे पुनः बोलकर समझाने का प्रयास करता है।

इस सम्प्रेषण-प्रवाह में शिक्षक श्यामपट पर लिखता है तब छात्र उसे पढ़कर समझने का प्रयत्न करते हैं। विद्यार्थी द्वारा कॉपी में लिखे काम को अध्यापक पढ़कर उसमें त्रुटि वाले स्थान पर आवश्यक सुधार करता है। इससे विद्यार्थियों के अंदर लेखन कौशल विकसित होता है।

भाषा का कौशल के रूप में औचित्य

उपरोक्त कथन से ज्ञात होता है कि भाषा का एक प्रधान अंग कौशल भी है। भाषा के दूसरे घटक भाषा विज्ञान और व्याकरण भी हैं। यह कारक भाषा के सैद्धांतिक पक्षों का विवेचन करते हैं और कौशल भाषा का व्यवहारिक पक्ष है। भाषा की व्यावहारिकता को सभी समझते हैं परन्तु भाषा के सैद्धान्तिक पक्ष को भाषाविद् ही समझ पाता है। भाषाई परिभाषा में व्यावहारिकता को अत्यधिक महत्व प्रदान किया गया है।

भाषा भाव तथा विचारों की अभिव्यक्ति का साधन अथवा माध्यम है इस परिभाषा में भाषा के दो तत्वों को महत्व दिया गया है

(1) भाव तथा विचार अथवा पाठ्यवस्तु

(2) अभिव्यक्ति अथवा सम्प्रेषण

भाषा कौशल में भी इन्हीं भाषाई तत्वों के प्रवाह से सम्प्रेषण प्रवाह पैदा किया जाता है। कोई भी भाषा कौशल एकल रूप में उपयोग नहीं की जा सकती है बल्कि भाषा कौशलों को जोड़े के रूप में प्रयुक्त किया जाता है जिससे सम्प्रेषण प्रवाह पैदा होता है। प्रत्येय भाषा कौशल में भाषाई तत्वों(1) भाव तथा विचार तथा (2) अभिव्यक्ति को एक विशिष्ट क्रम में प्रयुक्त किया जाता है जिससे सम्प्रेषण प्रवाह उत्पन्न होता है। प्रत्येय भाषा कौशल में भाषाई तत्वों(1) भाव तथा विचार तथा (2) अभिव्यक्ति को एक विशिष्ट क्रम में प्रयुक्त किया जाता है। इन तत्वों से दो प्रवाह क्रम उत्पन्न किए जाते हैं

प्रथम प्रवाह (1) भाव तथा विचार(2) अभिव्यक्ति

द्वितीय प्रवाह (1) अभिव्यक्ति(2) भाव तथा विचार

भाषा के तहत इन्हीं दो तत्वों के प्रवाह क्रमों का अनुसरण किया जाता है। इन तत्वों के प्रवाह क्रम को अनुसरण हेतु स्पष्ट किया गया है जिससे 'भाषा एक कौशल' प्रत्यय की पुष्टि भी होती है।

सर्वविदित है कि

1. भावाभिव्यक्ति और विचाराभिव्यक्ति दोनों तत्व भाषा के अंग है। इनका भाषा कौशल में लिखित और मौखिक दोनों रूपों में प्रयोग किया जाता है।

2. इन भाषाई तत्वों से सम्प्रेषण-प्रवाह क्रम उत्पन्न किया जाता है। इन्हीं भाषाई तत्वों के प्रवाह क्रम में करें भाषा कौशलों से वाक्य विन्यास और शब्द विन्यास को व्यावहारिक रूप दिया जाता है जिससे सम्प्रेषण-प्रवाह उत्पन्न होता है।

3. प्रथम भाषाई तत्वों का क्रम (1) भाव तथा विचार(2) अभिव्यक्ति। इसी क्रम को सम्प्रेषण प्रवाह में **वाचन कौशल** तथा **लेखन कौशल** से व्यावहारिक रूप दिया जाता है। इन कौशलों में भाव तथा विचार मन में होते हैं तभी उनकी अभिव्यक्ति की जाती है।

4. द्वितीय भाषाई तत्वों का क्रम (1) अभिव्यक्ति(2) भाव तथा विचार सम्प्रेषण प्रवाह में इसी क्रम को **श्रवण कौशल** तथा **पठन कौशल** से व्यावहारिक रूप दिया जाता है। इन कौशलों में सुनने तथा पढ़ने में पहले अभिव्यक्ति होती है। जिसकी प्रतीत से भाव तथा विचारों का बोध होता है।

5. भाषा को अभिव्यक्ति का साधन मानते हैं। भाषा कौशल ही अभिव्यक्ति के साधन हैं। इसलिए भाषा को एक कौशल कहा जाता है।

6. भाषागत प्रवाह एवं बोधगम्यता भाषा कौशलों के प्रयोग की त्रुटिहीनता पर आश्रित होती है।

दीर्घ उत्तरीय प्रश्न

1. श्रवण कौशल का अर्थ स्पष्ट करते हुए बताएं कि भाषाई कौशल भाशा और देश के विकास में किस प्रकार अपना योगदान देता है?
2. श्रवण-कौशल शिक्षण की मुख्य विधियों की चर्चा करें।
3. वर्तमान समय में अक्षर ज्ञान कराने की कौन-सी विधियां प्रचलित हैं स्पष्ट करें।

लघु उत्तरीय प्रश्न

1. भाषा कौशल के अनिवार्य तत्वों का वर्णन करें।
2. मौखिक अभिव्यक्ति का अर्थ स्पष्ट करते हुए इसके महत्व पर प्रकाश डालें।
3. उत्तम मौखिक अभिव्यक्ति की विशेषताएं क्या हैं? वर्णित करें।

वस्तुनिष्ठ प्रश्न

1. मौन वाचन में शरीर का कौन-सा अंग निष्क्रिय रहता है?
   (क) नेत्र (ख) मस्तिष्क
   (ग) हाथ (घ) इनमें से कोई नहीं।
2. लिपि का विकास हुआ है
   (क) भाषा (ख) चित्र रो
   (ग) मनुष्य से (घ) इनमें से कोई नहीं।
3. किस लिपि के सभी वर्ण रेखाओं तथा वृत्तों से बनते हैं?
   (क) रोमन लिपि (ख) कोरियाई लिपी
   (ग) देवनागरी लिपि (घ) लेटिन

6

हिन्दी में वर्ण-व्यवस्था और लिपि

भाषा के विकास में शिक्षक की भूमिका अहम होती है, क्योंकि एक कुशल शिक्षक ही अपनी मधुर व स्पष्ट आवाज से विद्यार्थियों का अपनी ओर ध्यान केन्द्रित करता है। अतः शिक्षक को अपनी भाषा को प्रभावपूर्ण बनाने के लिए उन्हें विषय-वस्तु सम्बन्धी जानकारी अधिक होनी चाहिए। भाषा के विकास के लिए सरकार को भी कदम उठाना चाहिए। उदाहरण के लिए प्राथमिक स्तर के विद्यालय, माध्यमिक स्तर के विद्यालय तथा उच्चस्तर के विद्यालय में उन शिक्षकों की नियुक्ति करनी चाहिए, जिन्हें ध्वनि विज्ञान, वाक्य विज्ञान एवं रूप विज्ञान के साथ-साथ सामाजिक एवं व्यवहारिक ज्ञान की जानकारी हो। कहने का अभिप्राय यह है कि एक कुशल शिक्षक के माध्यम से ही भाषा का विकास हो सकता है। क्योंकि यह एक सभ्य राष्ट्र का निर्माता माना जाता है।

हिन्दी भाषा का भाषागत स्वरूप

हिन्दी का स्वरूप ध्वनि पर आधारित है अर्थात् उच्चारण और लेखन में किसी प्रकार का अन्तर नहीं है। वक्ता के मुख से जो भी ध्वनि बोली जायेगी उसी प्रकार लिखी जायेगी क्योंकि एक ध्वनि हेतु एक ही अक्षर होता है। अतः हिन्दी ध्वन्यात्मक

भाषा है। यदि भाषा शिक्षण के प्राथमिक स्तर पर तथा उच्चारण के शुद्ध स्वरूप पर विशेष ध्यान दिया जाए तो छात्र निश्चय ही पढ़ने लिखने में अशुद्धि नहीं करेगा। हिन्दी की दूसरी विशेषता यह है कि यह एक विश्लेषणात्मक भाषा (Analytical language) है। जहाँ पृथक् से कारक चिन्ह आदि का प्रयोग किया जाता है। संस्कृत संयोगात्मक भाषा है, संयोगात्मक स्वरूप के कारण यदि हम संस्कृत में 'राम' गच्छति' लिखेंगे तो हिन्दी में वियोगात्मक स्वरूप के कारण राम जाता है लिखेंगे। सूक्ष्मता से देखा जाय तो प्रत्येक भाषा की आकृति सम्बन्धी अपनी विशेषताएँ पृथक् होती हैं। हिन्दी एक प्रत्यय प्रधान भाषा (Post positional language) है। उपसर्ग प्रधान भाषा (Prepositional language) है। उपसर्ग प्रधान भाषा में शब्दों का क्रम उपसर्ग प्रधान भाषा की अपेक्षा कुछ कम महत्वपूर्ण होता है। हिन्दी में ऐसे बहुत से उदाहरण हैं जिनमें शब्दों में बदलाव नहीं होता और स्थान बदलने से अर्थ बदल जाता है जैसे 'राम गोपाल से कहता है' तथा 'गोपाल राम से कहता है'। इन वाक्यों में शब्द एक से हैं किन्तु स्थान बदलाव होने से अर्थ भी बदल गया।

प्राथमिक स्तर पर ही भाषाजन्य विकास शुरू हो जाता है। जिन प्रान्तों की मातृभाषा हिन्दी है वहाँ विशिष्ट तौर पर हिन्दी भाषा शिक्षण के समय ध्वनि, रूप और वाक्य का स्पष्ट और वैज्ञानिक शिक्षण आवश्यक है क्योंकि प्राथमिक स्तर पर सीखी गई मातृभाषा छात्र के आगामी जीवन में व्यक्तित्व का आधार बनती है, जहाँ वह भाषा के आधार पर शैक्षिक, व्यावसायिक व व्यावहारिक क्रिया-कलापों को पूर्ण करता है। अतः हिन्दी भाषीय प्रदेशों में हिन्दी शिक्षकों की महत्वपूर्ण भूमिका है।

अतः भाषा शिक्षण के क्रमिक चरण के अन्तर्गत ध्वनि-विज्ञान, रूप-विज्ञान तथा वाक्य-विज्ञान आते हैं हिन्दी शिक्षकों को यह जानकारी होना चाहिए कि उक्त दृष्टिकोण को ध्यान में रखते हुए ही प्रस्तुत अध्याय में ध्वनि विज्ञान, रूप विज्ञान और वाक्य विज्ञान की विस्तृत चर्चा की जायेगी।

ध्वनि विज्ञान का महत्व भाषा-शिक्षण में प्रथम स्तर से आरम्भ हो जाता है। ध्वनि विज्ञान में हिन्दी वर्णमाला का वर्गीकरण और विश्लेषण किया जाता है। भाषा में दो ज्ञानेन्द्रियाँ 'कान' तथा 'जिह्वा' का प्रयोग होता है। मुख से निकाली गई ध्वनियों को तरंगों के रूप में कान ग्रहण कर वक्ता के भावों को समझाता है और अनुभूति करता है। हिन्दी एक ध्वन्यात्मक भाषा है जहाँ शब्द उसी प्रकार लिखे जाते हैं जैसे उन अक्षरों की ध्वनि होती है और एक ध्वनि के लिए एक ही अक्षर होता है। हिन्दी एक विश्लेषणात्मक भाषा है।

हिन्दी-शिक्षक को यह ज्ञान होना चाहिए कि 'रूप' तथा शब्द में क्या अन्तर है। रूप विज्ञान में 'रूप' अनेक 'रूप ग्रामों' से मिलकर बनता है। इसमें 'रूप का

अध्ययन विभिन्न दृष्टियों से किया जाता है। 'रूप' वाक्यों में प्रयुक्त होने वाला शब्द है, शब्द कोश में स्वतन्त्र रूप होते हैं। रूप सार्थक इकाई होती है जबकि रूप ग्राम निरर्थक भी हो सकते हैं। इसका ज्ञान अध्यापक को होना चाहिए।

भाषा में अभिव्यक्ति हेतु वाक्यों का प्रयोग किया जाता है शब्द उसकी इकाई होता है। वाक्य किसी भाषा की आत्मा होती है। मुख्य रूप से वाक्य तीन प्रकार के होते हैं(1) अर्थ की दृष्टि से, (2) व्याकरण की दृष्टि से, तथा (3) साहित्य की दृष्टि से। वाक्य-विज्ञान से शिक्षक छात्रों में भाषा की कुशलता एवं दक्षता लाने में सफल होता है। भाषा वाक्य से चलकर ध्वनि की इकाई पर समाप्त होती है। वाक्यों की रचना पद, शब्द तथा रूपों से होती है। वाक्य के बाद रूप या पद का विचार जरूरी है। रूप-विज्ञान में 'रूप-संरचना' की प्रक्रिया आती है। शब्द का आधार ध्वनि होता है। ध्वनि-विज्ञान में ध्वनियों (स्वर-व्यंजनों) का अध्ययन किया जाता है। किसी भाषा की ध्वनि व्यवस्था का सम्बन्ध ध्वन्यात्मक संरचना से होता है। शब्द संरचना की व्यवस्था का अध्ययन रूप-विज्ञान के तहत किया जाता है।

हिन्दी भाषा में ध्वनि-विज्ञान

ध्वनि-विज्ञान का सम्बन्ध वर्णमाला से होता है। हिन्दी की वर्णमाला में स्वर तथा व्यंजन होते हैं। हिन्दी में दस स्वरों का प्रयोग होता है और बयालीस व्यंजन होते हैं। ध्वनियों का सम्बन्ध वर्णमाला के स्वर अक्षरों से होता है। "स्वर उन ध्वनियों को कहते हैं जिनके उच्चारण से वायुमार्ग में किसी भी प्रकार का पूर्ण या अपूर्ण अवरोध नहीं होता है।" स्वरों की संख्या ग्यारह मानी जा सकती है। "भाषा-ध्वनि का सम्पूर्ण-अध्ययन ही ध्वनि-विज्ञान है।" भोलानाथ तिवारी ने ध्वनि-विज्ञान की तीन शाखाओं का वर्णन किया है

(1) उच्चारणिक ध्वनि-विज्ञान (Articulatory Phonetics)बोलना,

(2) श्रौतिक ध्वनि-विज्ञान (Auditory Phonetics)सुनना, तथा

(3) तरंगीय ध्वनि-विज्ञान (Acoustic Phonetics)ध्वनि-वेग।

इन शाखाओं का सम्बन्धी बोलने (उच्चारण), ध्वनियों को सुनने तथा ध्वनि की प्रकार अथवा ध्वनि-लहरों सम्बन्ध प्रक्रिया तथा यन्त्रों के अध्ययन से होता है। ध्वनि-विज्ञान से विकास, वर्गीकरण तथा तुलनात्मक अध्ययन किया जाता है।

1. ऐतिहासिक ध्वनि-विज्ञान

भाषा का सम्बन्ध जीवन से होता है और जीवन में बदलाव स्वाभाविक है।

इसलिए भाषा में भी बदलाव होता रहता है। इसे विकास की संज्ञा दी जाती है। भाषा को ध्वनि के माध्यम से अभिव्यक्त किया जाता है। ध्वनि परिवर्तन की गति भाषा की तुलना में थोड़ी धीमी होती है।

भोलानाथ तिवारी के मतानुसार''किन्हीं विशेष ध्वनियों में, किसी विशिष्ट युग में विशिष्ट दशाओं में हुए नियमित बदलाव को भाषा का ध्वनि नियम कहते हैं।''

ध्वनि बदलाव दो कारण से होता है-आन्तरिक तथा बाह्य करण। बाह्य वातावरण में सामाजिक, राजनैतिक, सांस्कृतिक तथा भौगोलिक वातावरण को सम्मिलित किया जाता है। दूसरा कारण आन्तरिक-जैसे अधिक प्रयोग से तथा स्वाराघात आदि से भी ध्वनि बदलाव होता है। बोलने में भावुकता, शीघ्रता, विभाषा, बनाकर बोलना का प्रभाव पड़ा है। इसके तहत ध्वनियों के विकास एवं बदलाव के कारणों एवं स्वरूप का विश्लेषण किया जाता है।

2. ध्वनिग्राम-विज्ञान

ध्वनि इकाई मात्र है। ध्वनियों के बदलाव से शब्दों के अर्थ बदलते हैं। भाषा विभिन्न ध्वनियों का निरन्तर प्रवाह है। ध्वनियाँ भाषा में शब्द के सृजन में उपयोग की जाती है। प्रत्येक भाषा के ध्वनि-ग्राम अन्य भाषाओं के ध्वनि-ग्रामों से अलग होती है।

''ऐसी ध्वनियों के समूह को जिन्हें हमारे कान एक ध्वनि के रूप में स्वीकार करते हैं उसे ध्वनि-ग्राम कहते हैं। इस समूह को निर्मित करने वाले ध्वनि के विभिन्न रूपों को संध्वनि कहते हैं।''

राबर्ट लोडो के अनुसार-''ध्वनि-विज्ञान में भाषा के ध्वनि ग्राम और उनकी विभिन्न संध्वनियों का वर्णन होता है। यह संध्वनियाँ उच्चारण की दृष्टि से एक ही ध्वनि ग्राम की अनेक विविध ध्वनियाँ हैं।

भोलानाथ तिवारी के अनुसार-''किसी भाषा में किसी भी ध्वनि के यह विभिन्न रूप ही संध्वनि कहलाते हैं, और उनका सामूहिक रूप से सबको समावेश कर लेने वाला ध्वनि ग्राम कहलाता है।''

ध्वनिग्राम तथा संध्वनि

सम्पूर्ण भाषा विभिन्न ध्वनियों का निरन्तर प्रवाह है। मात्र 50-60 ध्वनियों से कई लाख शब्दों का निर्माण हो जाता है, वास्तव में उच्चरित भाषा का नियन्त्रण

ही उसका भाषा-विज्ञान है। बोलने और लिखने में अन्तर होता है क्योंकि एक ही ध्वनि की उच्चरित भाषा में कई संध्वनियाँ हैं। यद्यपि लिखते समय कोई भेद नहीं किया जाता है। उदाहरणार्थ यदि हम क्रम से कागज, कलम, कपड़ा, समान, केला शब्दों का उच्चारण करें तो अनुभव होगा कि उत्तरोत्तर पश्चगामी होता चला जाता रहा है। इसी प्रकार हिन्दी में दो संध्वनियाँ स्फोटित 'प' व अस्फोटित 'प' वितरण में आप व स्फीटित 'प' अन्यत्र जैसे पलँग, अपना, अटपटा आदि।

ध्वनि-ग्रामों में संध्वनियों का अस्तित्व किसी भाषा विशेष के सन्दर्भ में ही होता है इंगलिश में w तथा v दो ध्वनिग्राम हैं जबकि हिन्दी में इन दो ध्वनिग्रामों के लिए 'व' ध्वनिग्राम है। वैज्ञानिक दृष्टि से देखा जाए तो कोई भी व्यक्ति एक ध्वनि का दो बार से अधिक पूर्ववत् उच्चारण नहीं करता। एक ही ध्वनिग्राम समूह को जिन्हें हमारे कान एक ध्वनि के रूप में स्वीकार करते हैं उन्हें ध्वनि ग्राम कहते हैं।

ध्वनि-गठन का स्वरूप

प्रत्येक भाषा की अपनी पृथक ध्वनि होती है जिसका संबंध दूसरी भाषाओं से सर्वथा पृथक होता है। हिन्दी भाषा के ध्वनि-ग्राम दो तरह के होते हैं

(1) खण्ड ध्वनि ग्राम तथा (2) खण्डेतर ध्वनि-ग्राम।

स्वर तथा व्यंजनों का पता खण्ड ध्वनि-ग्राम के अन्तर्गत लगाया जाता है। खण्डेतर ध्वनि-ग्राम, खण्ड-ग्रामों पर आधारित होते हैं। इनमें बलाघात, सुरलहर, संगम अनुनासिकता और दीर्घता का अध्ययन किया जाता है।

हिन्दी में स्वरों की संख्या 'ऑ' को मिलाकर ग्यारह मानी जाती है। हिन्दी स्वरों का वर्गीकरण छः आधार पर किया जाता है।

(1) प्रकृति के आधार पर स्वर मूल तथा संयुक्त दो प्रकार के होते हैं। मूल स्वर में जीभ स्थिर रहती है जैसेअ, ओ, इ, ई, उ, ऊ, ए, ओ मूल स्वर हैं। संयुक्त स्वर में जीभ एक स्वर से दूसरे स्थान की ओर चलती है जैसेऐ, औ, संयुक्त स्वर हैं।

(2) ओठों की स्थिति के आधार पर ओंठ वृतमुखी- उ, ऊ, ओ, औ, तथा ओंठ अवृतामुखी अ, आ, इ, ई, ए, ऐ।

(3) जीभ के उठने के आधार पर जीभ ऊपर उठती है तो उसे संवृत तथा नीचे होने को विवृत कहते हैं तथा मध्य में हरने को अर्ध विवृत कहते हैं। संवृत जैसेइ, ई, उ, ऊ, अर्थ संवृत-ऐ, ओ, अर्ध विवृत-ऐ, अ, आँ, वितृत-आ।

(4) जीभ के भाग के आधार पर अग्र स्वर-इ, ई, ए, ऐ मध्य स्वर-अ, तथा पिछला (पश्च) स्वर-उ, ऊ, ओ, औ, ऑ।

(5) मुख के मार्ग से निकलने के आधार पर जिन स्वरों के उच्चारण में वायु मुख से निकलती है जैसे अ, आ, ओ, इ, ई, उ, ए, ऐ, आ, औ, इस प्रकार के स्वर। जिनमें वायु नाक से निकलती है उन्हें अनुनासिक स्वर कहते हैं जैसेअँ, आँ, ई, ऊँ, ऐं, ओं, औं आदि हैं।

(6) मात्राओं के आधार पर ह्रस्व उच्चारण में कम समय और दीर्घ में अपेक्षाकृत अधिक समय लगता है। ह्रस्व-अ, इ, उ, दीर्घ- आ, ई, ऊ, ऐ, ओ हैं।

हिन्दी में व्यंजनों की संख्या बयालीस होती है और इनका वर्गीकरण निम्नांकित चार आधार पर किया गया है

(1) प्रयत्न के आधार पर व्यंजन के आधार पर प्रयत्न किया जाता है उसे प्रयत्न कहा जाता है। इसमें एक अंग का दूसरे से स्पर्श होता हैं जैसेक, ख, ग, घ, ट, ठ, ढ़, त, थ, द, ध, प, फ, ब, भ, म स्पर्श व्यंजन हैं। संघर्षी व्यंजनफ, व, स, ज, श, ग, ह।

(2) स्थान के आधार पर व्यंजन के उच्चारण स्थान का आधार होता है जैसे-ओठ, दाँत, समूहों (वत्सर्प) तालव्य (तालू), जीभ तथा गले व मुख से उच्चारण किए जाते हैं। **1. ओठों से**-प, फ, ब, भ, म, व, **2. दाँतों से** त, थ, द, ध, **3. तालू से** च, छ, ज, झ, ञ, **4. पूर्व तालव्य से** ट, ठ, ड, ण, ड़, ढ़ **5. कोमलतालव्य से** क, ख, ग, घ, ङ, **6. गले से** ह, क, ख, ज आदि।

(3) घोषत्व के आधार पर गले में स्थित स्वर-यंत्र में घर्षण के साथ जो ध्वनियाँ निकलती हैं उन्हें घोष ध्वनि कहते हैं और जिनमें यह यन्त्र प्रयुक्त नहीं होते हैं उन्हें अघोष कहते हैं। घोष ध्वनि-ग, घ, ज, झ, ड, द, ण, क्ष, ध, न, भ, म, र, ल, व, ह, ज, ग, ड़ सभी स्वर घोष हैं। अषोष ध्वनि-क, ख, क, च, छ, ट, ठ, त, प, फ, स, श, फ, अषोष स्वर हैं।

(4) प्राणत्व के आधार पर प्राण का अर्थ वायु जिनके उच्चारण में कम वायु निकलती है। अल्पप्राण, अधिक वायु निकालती हैक, ग, च, ज, ट, ड, ण, त, द, न, थ, ब, य, र, ल, व आदि। महाप्राण व्यंजनख, घ, झ, ठ, द, थ, ध, फ, भ, क्ष, आदि।

3. हिन्दी भाषा की ध्वनियों का वर्गीकरण

हिन्दी ध्वनियों का सर्वाधिक प्रचलित वर्गीकरण स्वर और व्यंजन के रूप में

मिलता है। पाविनी के मतानुसार वैदिक ध्वनियों की संख्या 63 या 64 है परन्तु कुछ ध्वनियों के लुप्त हो जाने के कारण आज मात्र 59 स्वर व व्यंजन ध्वनियाँ प्रयुक्त होती हैं।

स्वर-स्वतन्त्र रूप से उच्चारण की जाने वाली ध्वनि स्वर कहलाती है। आज हिन्दी में स्वरों की संख्या 12 है। जिनका विस्तृत वर्णन इस अध्याय में किया जा रहा है। वे 12 स्वर निम्नलिखित हैं

अ, आ, इ, ई, उ, ऊ, ए, ऐ, आ, औ, ऋ, ऑ

व्यंजन- भोला नाथ तिवारी ने व्यंजन की परिभाषा इस प्रकार दी है ''व्यंजन वह ध्ध्वनि है जिसके उच्चारण में हवा अबाध गति से नहीं निकलती' या तो इसे पूर्ण अवरुद्ध होकर आगे बढ़ना पड़ता है या संकीर्ण मार्ग-से घर्षण रखते हुए निकलना पड़ता है।''

हिन्दी में 47 व्यंजन ध्वनियाँ इस समय प्रयोग की जा रही हैं।

जिनका वितरण निम्नलिखित है

1. क ख ग घ ङ - क वर्ग
2. च छ ज झ ञ - च वर्ग
3. ट ठ ड ढ ण - ट वर्ग
4. त थ द ध न - त वर्ग
5. प फ ब भ म - प वर्ग
6. य र ल व - वर्गहीन- अन्तस्थ
7. स श ष ह - वर्ग हीन- उष्मा
8. अं (अनुस्वार) अः (विसर्ग)
9. ँ (चन्द्रबिन्दु) अनुनासिक स्वर
10. क़ख़ग़ज़फ़ - फारसी और अरबी से आई ध्वनियाँ
11. ड़ ढ़ त्र ज्ञ - विकसित ध्वनियाँ
12. क्ष त्र ज्ञ - संयुक्त व्यंजन ध्वनि

इस प्रकार 47 व्यंजन ध्वनियाँ प्रयोग की जाती हैं। अनुनासिक व्यंजनों की ध्वनि मुख विवर से न निकल कर नासिक विवर से निकलती है।

ङ- अनुनासिक कण्ठ्य

ञ- अनुनासिक तालव्य

ण- अनुनासिक मूर्धन्य

न- अनुनासिक वर्त्स

म- अनुनासिक ओष्ठ

4. शारीरिक ध्वनि-विज्ञान

ध्वनि-विज्ञान के इस खण्ड में उच्चारण के अवयवों एवं ध्वनि को सुनने वाले अंग तथा उनके कार्यों का विवरण सम्मिलित किया जाता है। इसमें शरीर के लगभग पन्द्रह अवयव भाषा की ध्वनियों में क्रियाशील रहते हैं। जिनका ज्ञान निम्न बिन्दुओं की मदद से किया जा सकता है

(1) श्वास नलिका (wind pipe), (2) स्वर यन्त्र (Larynx), (3) स्वर तन्त्रियाँ (Vocalcherds), (4) अभिकाकल (Epiglottis), (5) कौवा (Uvula), (6) नासिका विवर (Nasal Cavity), (7) कण्ठ (Guttur), (8) कोमल तालु (Soft Palate), (9) जिह्वा (Tongue), (10) मूर्द्धा (Hard Palate), (11) वर्त्स (Teeth ridge), (12) ऊपर का दाँत (Upper lip), (15) निचला ओष्ठ (Lower lip)।

हिन्दी के प्रभावशाली अध्यापक हेतु जरूरी होता है कि वह इन शारीरिक अंगों तथा उनसे उत्पन्न होने वाली ध्वनियों अथवा स्वरों से परिचित हो, तभी वह शुद्ध-उच्चारण का शिक्षण कर सकता है। शारीरिक दोष के कारण बालक शुद्ध उच्चारण में असमर्थ होता है। जिसके कारण छात्रों में भाषा के उच्चारण के अनेक दोष आ जाते हैं।

हिन्दी के प्रभावशाली अध्यापक हेतु यह जरूरी होता है कि वह शिक्षण के दौरान शुद्ध उच्चारण का प्रयोग करें। इससे बालक शुद्ध उच्चारण करने में सामर्थ्य होता है और इससे भाषा के उच्चारण में कोई दोष नहीं पाया जाता।

5. ध्वनि वेग या तरंगीय ध्वनि विज्ञान

एक प्रभावशाली शिक्षक वही हो सकता है जो ध्वनि के उतार-चढ़ाव के बारे में जानकारी रखता है। ऐसा करने से छात्रों को अभिप्रेरणा मिलती है और शिक्षण में रुचि लेते हैं जिससे शिक्षण की प्रक्रिया में आकर्षण बना रहता है। जिन शिक्षण बिदुओं को शिक्षक महत्व देना चाहता है उन्हें बल देने के लिए उच्च तरंग ध्वनि से प्रस्तुत करता है ध्वनि की आवृत्ति, समय तथा तीव्रता अधिक होती है। सम्पूर्ण कक्षा के छात्रों को प्रोत्साहन मिलता है। इसी प्रकार अच्छे वक्ता के भाषण में उतार-चढ़ाव की प्रवृत्ति होती है। इसके लिए अनुकरणीय प्रविधि अधिक प्रभावी होती है। इसके लिए दर्पण का प्रयोग, लिंगवाफोन, टेपरिकॉर्डर, विडियो, टेप तथा भाषा प्रयोगंशाला का भी प्रयोग किया जा सकता है।

ओरेटर मम ने दर्पण का प्रयोग करके भाषण देने की दक्षता का विकास किया और विश्व प्रसिद्ध वक्ता बना, जबकि प्रथम भाषण में एक वाक्य को ही तीन बार

पुनर्रावृत्ति करके बैठ गया (आई कन्सीव, आई कन्सीव, आई कन्सीव) अंग्रेजी में 'कन्सीव' के दो अर्थ होते हैं उनकी पत्नी ने दूसरे अर्थ से उन्हें शर्मिंदा किया। ध्वनि तरंग का मापन पिच मीटर से किया जाता है ध्वनि की तीव्रता की गम्भीरता मीटर द्वारा माप की जाती है। तरंगीय ध्वनि विज्ञान वास्तव में भौतिक विज्ञान का प्रकरण है। इसमें शास्त्रों के वैज्ञानिकता की मदद ली जाती है। जिससे तरंगीय ध्वनि का मापन तथा विकास किया जाता है। ध्वनि-विज्ञान में उच्चारण के साथ सुर लहर का भी महत्वपूर्ण स्थान है। वाक्यों के उच्चारण में कहाँ कितना बल दिया जाए, कहाँ कैसे ध्वनि की जाए इसका बोध सुर-लहर के अन्तर्गत होता है। प्रभावशाली शिक्षक तथा वक्ता के प्रस्तुतीकरण में शब्द सुर-लहर होता है।

व्यंजनों का वर्गीकरण

1. स्वर तन्त्रियों के आधार पर वर्गीकरण

(i) घोष ध्वनियाँ जिन ध्वनियों के उच्चारण में- समस्त स्वर तंत्रियाँ मिल जाती हैं- ग घ ज झ इ ध ब ड ढ य र ल व ह

(ii) अघोष ध्वनियाँ जब अच्चारण करते समय स्वर तंत्रियाँ अलग रहती हैं क ख च छ त, ठ त थ प म स श ष

2. प्रयत्न के आधार पर वर्गीकरण

(i) स्पर्श व्यंजन उच्चारण स्थान वर्ग स्पर्श मात्र - क ख ग घ ट ठ ढ त थ द ध प फ ब म

(ii) स्पर्श संघर्षी उच्चारण स्थान पर रगड़- च छ भ ज झ

(iii) संघर्षी व्यंजन उच्चारण स्थान पर अधिक रगड़- स श ह

(iv) अनुनासिक व्यंजन नासिक विवर से उच्चारित- ङ ञ ण न म होने वाली ध्वनियाँ

(v) पाशिर्वक व्यंजना मुख द्वार बन्द होने के कारण हवा-ल दोनों ओर से निकलती है।

(vi) लुणित व्यंजन जीभ की नोक को बेलन की तरह- र लपेट कर तालु के स्पर्श से उच्चारित ध्वनि

(vii) असप्त व्यंजन जीभ की नोक को उलटकर तालु को- ड़ ढ़ झटक से मार सीधा कर लेने से उत्पन्न ध्वनि

(viii) अर्द्ध स्वर स्वर और व्यंजन के बीच की ध्वनियाँ- य, ब

3. संयुक्तता-असंयुक्तता के आधार पर

इस आधार पर व्यंजनों के तीन भेद लिए जा सकते हैं

संयुक्त	-	ध्व, म्प
असंयुक्त	-	धव मप
द्वित्व	-	च्च, प्प,

4. प्राणत्व के आधार पर वर्गीकरण

प्राण का अर्थ है श्वास या हवा। इस आधार पर व्यंजन अल्पप्राण या महाप्राण कहे जाते हैं।

(i) अल्प प्राण जिन ध्वनियों के उच्चरण में हवा का आधिक्य न हो श्वास बल कम हो - क ख ग च ज ञ ट ड ण त द न प ब म ड़

(ii) महाप्राण जिन ध्वनियों के उच्चारण में हावा का आध्विय हो, श्वास बल अधिक हो- य ध फ भ ढ़

5. उच्चारण के स्थानों के आधार पर वर्गीकरण

जिस स्थान से जिस ध्वनि का उच्चारण किया जाता है उसी के आधार पर वर्णों का वर्गीकरण किया जाता है ताकि विद्यार्थी उचित ध्वनि निर्गम से परिचित हो सकें व उच्चारण सम्बन्धी अशुद्धियाँ न करें।

	उच्चारण स्थान		वर्ण
(i)	कण्ठ	-	अ, आ, ऑ, क ख, ग, घ, ड, ह तथा विसर्ग
(ii)	तालु (कोमल तालु)	-	इ, ई, च, छ, ज झ, त्र य श,
(iii)	मूर्द्धा (कठोर तालु)	-	ऋ, ट, ठ, ड, ढ, ण, र श
(iv)	जीभ	-	ड़ तथा ढ़
(v)	अन्त	-	त, थ, द, ध, तथा त्र
(vi)	वर्त्स	-	न, ल, स, तथा ज
(vii)	ओष्ठ	-	उ, ऊ, प ु ब, भ, म
(viii)	कण्ठ तथा तालु	-	ए, ऐ तथा क्ष
(ix)	दन्त और ओष्ठ	-	ङ्ग, ञ, ण न म, अनुस्वार तथा चन्द्र बिन्दु
(x)	कण्ठ तथा जित्व मूल	-	क ख ग

हिन्दी भाषा में रूप-विज्ञान के महत्व

शब्द को परिभाषा की शक्ल में बांधना काफी मुश्किल काम है। शब्द अभिप्राय के स्तर पर अक्षर के बाद भाषा की सर्वाधिक छोटी इकाई है। विभिन्न स्तर व व्यंजन ध्वनियों से शब्द बनाता है और शब्दों से वाक्य की रचना की जाती है। भाषा की इकाई वाक्य मानी जाती है जिसे शब्दों में विभाजित किया जाता है। क्रमशः शब्दों को ध्वनियों में विभक्त किया जाता है। शब्द और पद में अन्तर प्रयोग के आधार पर ही किया जाता है। स्वतन्त्र रूप से यदि कोई शब्द है तब उसको शब्द ही कहेंगे और यदि वहीं शब्द व्याकरणिक रूप से सम्बन्ध तत्व के साथ वाक्य में प्रयुक्त हो जाए तो पद या रूप कहा जायेगा।

भाषा के तहत शब्द को पारिभाषित करना काफी कठिन काम है। अक्षरों से शब्द बनता है और शब्दों से वाक्य की रचना की जाती है। ध्वनि की दृष्टि इकाई नहीं मानी जाती है। भाषा की इकाई वाक्य माना जाता है जिसे शब्दों में विभाजित किया जाता है। एक या एक से अधिक शब्दों से वाक्यों का निर्माण होता है। एक या एक से अधिक ध्वनियों से शब्द का निर्माण होता है।

भोलानाथ तिवारी के अनुसार-"शब्द के स्थान से ही शब्द का सम्बन्ध अन्य शब्द से स्पष्ट हो जाता है या दूसरे शब्दों में बिना विभक्ति आदि जोड़े किसी वाक्य में अपना विशिष्ट स्थान पर रखे जाने के कारण ही पद या 'रूप' बन जाता है।" रूप-विज्ञान के अन्तर्गत शब्द रचना और वाक्य में प्रयुक्त स्थान पर विचार किया जाता है। शब्द को वाक्य में प्रयोग करने योग्य बना लेने पर उसे रूप माना जाता है।

रूप विज्ञान के प्रकार

रूप विज्ञान के मुख्य तीन भेद होते हैं, जिसके अन्तर्गत रूप या पद का अध्ययन विभिन्न दृष्टियों से किया जाता है।

(क) ऐतिहासिक रूप विज्ञान,

(ख) तुलनात्मक रूप विज्ञान तथा

(ग) वर्णनात्मक रूप विज्ञान।

(क) ऐतिहासिक रूप विज्ञान ऐतिहासिक रूप विज्ञान में विभिन्न समय तथा युगों से शब्दों के रूप में परिवर्तन होता रहा है, शब्दों के रूप बदलते रहे हैं। भाषा विज्ञान की दृष्टि से इसे ऐतिहासिक रूप-विज्ञान कहा गया है।

(ख) तुलनात्मक रूप विज्ञान तुलनात्मक रूप विज्ञान में विभिन्न भाषाओं में शब्दों के रूप का तुलनात्मक अध्ययन विकास की दृष्टि से आवश्यक होता है।

(ग) वर्णनात्मक रूप विज्ञान वर्णनात्मक रूप-विज्ञान में शब्दों के रूप का वर्णन वर्तमान परिप्रेक्ष्य में किया जाता है। वाक्यों में शब्दों के रूप परिवर्तन का वर्णन किया जाता है।

रूप ग्राम-विज्ञान

रूप विज्ञान का प्रमुख भाग ही भाषाओं का रूप ग्रामीय अध्ययन है। जिस प्रकार ध्वनि विज्ञान में ध्वनि ग्राम का वर्णन किया जाता है उसी प्रकार रूप विज्ञान के अन्तर्गत रूप ग्राम विज्ञान का अध्ययन किया जाता है।

रॉबर्ट लाडो ने रूप विज्ञान की परिभाषा इस प्रकार की है-रूप-विज्ञान रूप ग्रामों को पहचानता है, वर्गीकरण करता है व वर्णन करता है। सम्बद्धता के भेदों का जिनसे किसी भाषा के शब्दों का निर्माण होता है। रूप या पद वे अवयव या घटक हैं जिनसे वाक्य बनता है। रूप ग्राम से तात्पर्य है कोई सार्थक इकाई। यदि कल शब्द को विभक्त करें तो क और ल विभक्त तो हो सकता है परन्तु सार्थक नहीं। पुस्तकें शब्द को यदि हम विभक्त करें तो यह शब्द दो रूप ग्रामों में विभक्त होगा जैसे पुस्तक और ए अर्थात् भाषा या वाक्य की लघुतम सार्थक इकाई को रूप ग्राम कहते हैं।

राबर्ट लाडो ने स्पष्ट किया है "प्रत्यय उपसर्ग और धातु से मिलकर शब्दों का निर्माण होता है। जिस प्रकार ऐतिहासिक कारणों से ध्वनियों में परिवर्तन आता है उसी प्रकार शब्द और रूप में भी परिवर्तन आता है। ऐतिहासिक रूप विज्ञान के अन्तर्गत रूप परिवर्तन की दिशाओं एवं कारणों का अध्ययन किया जाता है।

रूप विज्ञान के मुख्य कारण इस प्रकार हैं

(1) सरलता कई बार मुख सुख सुविधा के कारण या शब्द को सरल बनाने के कारण अशुद्ध रूप प्रचलित हो जाता है। राजेन्द्र शब्द को राजेन्दर कह कह कर बोलना शिक्षित वर्ग का भी अभ्यास सा बन गया है।

(2) एक रूप की प्रधानता सम्बन्ध कारक के अनुसार मुझे, मुझकों, मुझसे, मुझ पर, के स्थान पर, मेरे, मेरे को, मेरे से, मेरे पर, रूप प्रचलित हो गये हैं। जबकि भाषा की दृष्टि से सही नहीं है।

(3) अज्ञानता आम तौर पर मातृभाषा होने के कारण हिन्दी को काफी हल्के अंदाज में लिया जाता है। काफी आसान मानने के कारण शब्दों का व्याकरण के

आधार पर विश्लेषण करने की चेष्टा नहीं की जाती। रूप परिवर्तन का बहुत कारण अज्ञानता है। यथा एक शब्द में एक से अधिक प्रत्यय का प्रयोग सौन्दर्यता, मित्रताई। अनुकरण के कारण यही रूप प्रचलित हो जाते हैं।

(4) नवीनता कभी-कभी किसी शब्द को नये अन्दाज में बोलने का प्रयोग, या बहुत बल देने के प्रयास में अशुद्ध रूप प्रचलित हो जाता है जैसे 'मैं' के स्थान पर 'हम' अनेक के स्थान पर अनेकों।

हिन्दी में प्रयोग होने वाले शब्दों का वर्गीकरण

(1) रचना के आधार पर रचना के आधार पर शब्द तीन प्रकार के होते हैंरुढ़ि, यौगिक और योग रूढ़ि/उसे रूढ़ शब्द कहते हैं जैसेमेघ, जल आदि। यौगिक शब्द से तात्पर्य है कि दो सार्थक शब्दों से बना नवीन शब्द जैसे मित्रता मेघश्याम आदि। योग रूढ़ि शब्द वे होते हैं जिसमें यौगिक और रूढ़ि दोनों ही प्रकार के शब्दों का मिश्रण हो जाए और जिसका अर्थ एक विशेष अर्थ के लिए सीमित हो जाए पंकज इसका अर्थ पंक से उत्पन्न होने वाली समस्त वस्तुओं से है।

(2) इतिहास के आधार पर यह निम्नलिखित है

1. तत्समशब्द ये वे शब्द हैं जिन्हें संस्कृत से ज्यों का त्यों उपयोग में लिया गया है जैसे विद्या, देश, विद्यालय आदि।

2. तद्भव शब्द तद्भव शब्द मूलतः संस्कृत के ही हैं लेकिन उपयोग के क्रम में इनमें काफी विकृति आ गई है यथाकर्ण से कान, जिह्वा से जीभ आदि।

3. देशज शब्द ये शब्द वे है जो उक्त किसी श्रेणी में न आकर सामान्य बोलचाल में अधिक प्रयुक्त होते हों। इन शब्दों की व्युत्पत्ति कैसे हुई ये भी ज्ञात नहीं जैसे लालू, बाजू, चिड़ियाँ।

4. विदेशज शब्द ये वे शब्द हैं जो विदेशी भाषाओं से आकर हिन्दी में इतने घुल-मिल गये हैं जिन्हें हम विदेशी भाषा शब्द समझ ही नही पाते जैसेहकीम, दुकान, स्टेशन, रेडियो, मास्टर, टेलीवीजन, अलमारी, कम्प्यूटर आदि।

5. अर्द्ध तत्सम ये शब्द तत्सम और तद्भव के बीच में आते हैं। हालांकि इन शब्दों की तद्भावना मापन के लिए कोई सुनिश्चित मापदण्ड नहीं है। फिर भी ये शब्द तत्सम से प्रद्भवता की ओर प्रतीत होते हैं जैसे कृष्ण का किशन।

6. अनुकरणात्मक शब्द ये शब्द पशु पक्षी के अनुकरण करते हुए बनाये गये हैं जैसे- मों मों, काँव काँव, टप टप, चरै मर्र आदि।

7. द्वित्र शब्द ये शब्द दो भाषाओं से मिलकर बने हैं बिना किसी व्याकरणिक विश्लेषण के ये शब्द हिन्दी में व्यापक रूप से प्रचालित हैं। जैसे-डबलरोटी, रेलगाड़ी, अजायब घर आदि।

हिन्दी शब्दों का सृजन

(1) व्यक्ति वाचक संज्ञाओं के आधार पर किन्हीं व्यक्तियों के विशिष्ट गुण, कार्य या विशेषता को लेकर शब्द बन जाते हैं। जैसेसावित्री (पतिव्रता) सुभाष (देश भक्त) हरिश्चन्द्र (सत्यवादी) आदि।

(2) दो शब्दों के मेल से ये शब्द प्राचीन शब्द और नवीन शब्द; नवीन शब्द और नवीन शब्दों, विदेशी शब्द + देशी शब्द और विदेशी शब्द से मिलकर बनते हैं।

अंग्रेजी (रेल)	+	हिन्दी (गाड़ी)	=	रेलगाड़ी
संस्कृत (दल)	+	फारसी (बन्दी)	=	दलबन्दी
अरबी (अजायब)	+	हिन्दी (घर)	=	अजायबघर
संस्कृत (देश)	+	हिन्दी (निकाल)	=	देशनिकाला

(3) उपसर्ग से बने शब्द शब्द का अर्थ अन्त में प्रयुक्त शब्दशः प्रत्यय कहलाता है। जिससे नवीन शब्दों का निर्माण होता है जैसे राखनहार, बाशिन्दा, बपौती आदि।

(4) सन्धि से बने शब्द दो वर्णों के मेल से बने शब्द सन्धि शब्द कहलाते हैं। जैसेशुभागमन, विद्यालय आदि।

(5) समास के बने शब्द दो या दो से अधिक शब्दों के संयोग से जो नये शब्द बनते हैं उन्हें समासिक शब्द कहते हैं। जेसे लम्बोदर, प्रतिदिन, सप्तऋषि और माता-पिता आदि।

अभिव्यक्ति की लघुतम सार्थक इकाई रूप ग्राम भी है और शब्द भी है क्योंकि यह अभिव्यक्ति की लघुतम सार्थक इकाई है जिसका सम्बन्ध बुक के अर्थ से जुड़ा है। 'एस' का सम्बन्ध जुड़ा हुआ है बहुवचन से इसलिए ये भी रूप ग्राम हैं। बुक एक शब्द है क्योंकि इसका प्रयोग स्वतन्त्र रूप से कहीं नहीं हो सकता है किन्तु प्रत्यय 'एक' रूप ग्राम है लेकिन शब्द नहीं क्योंकि वह शब्द का अंग मात्र है।

राबर्ट लार्डो के अनुसार"ध्वनि विज्ञान रूप ग्रामों को पहचानता है तथा उनका वर्गीकरण भी करता है। सम्बद्धता के भेदों का, जिनसे किसी भाषा के शब्दों का सृजन होता है।

रूप ग्राम वाक्य की लघुतम सार्थक इकाई माना जाता है जिन्हें भाषा में शब्द कहते हैं, किन्तु रूप ग्राम दस होते हैं। रूप ग्राम में शब्द का अर्थ और उसका कार्य स्पष्ट होता है। 'पुस्तकें' शब्द और रूप ग्राम भी हैं। रूप ग्राम के भेद निम्नांकित आधार पर किए जाते हैं। रूप ग्राम के भेद कई आधार पर किए जा सकते है, जो निम्नलिखित हैं

(क) संरचना एवं प्रयोग के आधार पर,

(ख) अर्थ के आधार पर,

(ग) खण्डीकरण के आधार पर, तथा

(घ) इतिहास के आधार पर।

(क) सृजनात्मक एवं प्रयोगात्मक के आधार पर

(1) बद्ध रूप ग्राम जो अलग से प्रयोग में नहीं आ सकते केवल मुक्त रूप ग्राम के साथ जुड़ कर ही प्रयोग में आते हैं जैसे 'ई' 'का' इन दोनों रूप ग्रामों में उस लगाने से ही शब्द बनेगा उसी या उसका।

(2) मुक्त रूप ग्राम जो स्वतन्त्र रूप से प्रयोग में आ सकते हैं और रूप ग्रामों के साथ भी जैसे किताब, घर, रसोई यहाँ ये रूप ग्राम स्वतन्त्र रूप से आये हैं और किताबें रसोई घर यहाँ अन्य रूप ग्राम के साथ प्रयोग किया गया है।

(ख) अर्थ के आधार पर

(1) अर्थ के आधार पर रूप ग्राम के दो भागों में बांटा जा सकता है। संयुक्त रूप ग्राम एवं मिश्रित रूप ग्राम। संयुक्त रूप ग्राम में अर्थ तत्व सिर्फ एक ही होता हैजैसे किताब, कमल जब कि मिश्रित रूप ग्राम में एक में अधिक अर्थतत्व होते हैं। जैसे-पुस्तकालय-

(2) अर्थ के आधार पर रूप ग्रामों के दो भेद और किए जा सकते हैं(1) अर्थ दर्शी रूप ग्राम जिनका कार्य मात्र अर्थ प्रकट करना ही है जिनका दूसरा नाम धातु भी होता है। शब्दों के ये ही मुख्य आधार होते हैं। (2) सम्बन्ध दर्शी रूप ग्राम जिनका प्रमुख कार्य सम्बन्ध दर्शन होता है। जैसे-लिंग, वचन, पुरुष, काल आदि। जैसे लडक् धातु अर्थ दर्शी रूप ग्राम है इसमें ई आ इयाँ ऐ ओं आदि सम्बन्ध दर्शी रूप ग्राम को जोड़कर ही लड़की, लड़कियाँ, लड़के आदि शब्द बन सकते हैं।

हिन्दी में नवीन शब्दों के सृजन के स्रोत

हिन्दी में नवीन शब्दों का निर्माण अनेक स्रोतों से हुआ है। हिन्दी की

शब्दावली में संस्कृत भाषा, विदेशी भाषा, ग्रामीण बोलियाँ तथा प्राचीन साहित्य से शब्द लिए हैं। जैसेडबलरोटी-डबल अंग्रेजी का शब्द है तथा रोटी हिन्दी का शब्द है। इसी प्रकार रेल अंग्रेजी और गाड़ी हिन्दी का शब्द है। दलबन्दी-दल संस्कृत का शब्द है और बन्दी फारसी भाषा का शब्द है। अजायबघर- अजायब अरबी का शब्द है और घर हिन्दी का शब्द है। शब्दों का निर्माण दो शब्दों के मेल से होता है। शब्द निर्माण के स्रोत प्रगुख हैं

(1) दो शब्दों के मेल से नवीन शब्दों का निर्माण होता है।

(2) व्यक्ति बाचक संज्ञाओं के आधार पर-विभीषण-घर का भेदी।

(3) ध्वनियों के आधार भड़-भड़, टर-टर।

(4) दृश्य के आधार पर चमचम तथा जगमग।

(5) अन्य शब्दों के रूप के आधार पर।

(6) व्याकरण के आधार पर जैसे प्रत्यय, उपसर्ग, सन्धि तथा समास वाक्य के अन्दर प्रयुक्त शब्द का रूप व्याकरण निर्धारित करता है। शब्द का प्रयोग व्याकरण सुनिश्चित करता है। संज्ञा, सर्वनाम, विशेषण, क्रिया तथा क्रिया-विशेषण शब्दों का रूप निर्धारित करते हैं। जैसे-देखना ही विश्वास करना है। यहाँ 'देखना' संज्ञा के रूप में प्रयुक्त हुआ है जबकि देखना क्रिया होता है। इसी प्रकार 'गलती करना मानव का स्वभाव है।' यहाँ गलती करना क्रिया के साथ कर्म का भी कार्य करता है।

(अ) सन्धि से नवीन शब्दों का निर्माण होता है, जैसेमाता और पिता, माता-पिता, मृगनयनी, दशानन चतुरानन, सदानन्द, गजानन्द, त्रिपुरारी आदि।

(ब) समास से नये शब्द बनते हैंराधा-कृष्ण, त्रिमूर्ति, त्रिभुज

(स) उपसर्ग लगाने से भी नये शब्द बनते हैं, जैसेअनुकरण, अनुशासन, उपमान, अपवाद, वियोग, विज्ञान, स्वधर्म, स्वदेश, सहपाठी, सहयोगी आदि।

(द) प्रत्यय लगाने से नवीन शब्दों का निर्माण होता है, जैसेचलने से चालक, लूटना से लुटेरा, मिलना से मिलनसार, लोहा से लुहार, सोना से सुनार, ढोल से ढोलक, बढ़ई से बढ़ईगीरी आदि।

व्याकरण का ज्ञान शिक्षक को होना चाहिए और व्याकरण की बोधगम्यता शब्दों के निर्माण, उनके रूप तथा प्रयोग की दृष्टि से जरूरी है। भाषा की शुद्धता के लिए व्याकरण का विशेष महत्व है। वर्तनी की अशुद्धियों के साथ शब्द के वाक्य के प्रयोग में उसके रूप को ध्यान में रखना होता है। एक शब्द अनेक वाक्यों में प्रयोग किया जाता है, उसकी वर्तनी में अन्तर नहीं होता है बल्कि प्रयोग में रूप बदलता रहता है और अर्थ भी बदल जाता है। कहावतों तथा मुहावरों में शब्दों के अर्थ सामान्य

प्रयोग से अलग होते हैं। जैसे''काला अक्षर भैंस बराबर'' यहाँ पर 'काले अक्षर' कर अर्थ बिना पढ़े लिखे से होता है। जबकि शाब्दिक अर्थ से बिल्कुल ही भिन्न है। शब्द की सार्थकता उसके प्रयोग पर निर्भर होती है। यदि कोई पूछता है कि 'काले-अक्षर' का क्या अर्थ है उसका सार्थक अर्थ बताना कठिन होगा किन्तु जब उपरोक्त कहावत में प्रयोग किया गया है तब उसकी सार्थकता सुनिश्चित हो जाती है।

यहाँ पर व्याकरण के प्रकरणों-संज्ञा, सर्वनाम, क्रिया, विशेषण, प्रत्यय, उपसर्ग, सन्धि, समाज तथा अलंकार आदि का वर्णन करना जरूरी नहीं मालूम होता है क्योंकि प्रशिक्षण में अभ्यर्थी को व्याकरण का ज्ञान होता है। यदि स्वामित्व नहीं है तब व्याकरण की पुस्तकों से अध्ययन किया जा सकता है। यहाँ पर भाषा-विज्ञान के प्रमुख प्रकरणों को संक्षिप्त रूप में दिया गया है। भाषा-विज्ञान पर भी अलग रूप में साहित्य उपलब्ध है।

वाक्य-संरचना या वाक्य-विज्ञान

वाक्य संरचना (Sentence Structure) को वाक्य विन्यास भी कहा जाता है। इसके तहत वाक्य के स्वरूप को विकसित करने की प्रक्रिया का अध्ययन किया जाता है। वाक्य पदों या शब्दों के समूह की उस इकाई को कहते हैं जो व्याकरण की दृष्टि से शुद्ध तथा पूर्ण हो तथा वाक्य में क्रिया जरूर हो। वाक्य को सबसे छोटी पूर्ण कथन भी कहा जाता है।

भोलानाथ तिवारी के मतानुसार''अर्थमान ध्वनि समुदाय जो पूर्ण कथन अथवा भाव की तुलना में पूर्ण हो तथा जिसमें परोक्ष या अपरोक्ष रूप में क्रिया का भाव हो वाक्य कहलाता है।''

प्रत्येक वाक्य के दो पक्ष-भाव एवं अर्थ होते हैं। वाक्य के अर्थ एवं भाव में सामंजस्य होना चाहिए तभी वाक्य अर्थपूर्ण तथा भावपूर्ण होता है। शिक्षक तथा वक्ता अपने शाब्दिक सम्प्रेषण में वाक्य के माध्यम का प्रयोग करता है। व्यक्ति अपने चिन्तन में भी वाक्य का ही सहारा लेता है।

वर्तमान भाषा-विज्ञान की यह मान्यता है कि वाक्य भाषा की मुख्य इकाई है। शब्द कोश में शब्दों का अर्थ होता है किन्तु वाक्य के प्रयोग करने पर भाव प्रगट करता है। वाक्य का प्रयोग लिखने तथा बोलने दोनों में ही किया जाता है। इस प्रकार भाषा का स्वरूप वाक्यात्मक और वाक्य शब्दात्मक होते हैं। शब्द ध्वनियों से और ध्वनि संकेतों का तात्पर्य वर्णमाला (स्वरों तथा व्यंजनों) से है।

वाक्य-विज्ञान की परिभाषा कई विद्वानों ने ही है, परन्तु राबर्ट लाडो की परिभाषा अधिक व्यापक तथा व्यावहारिक है।

राबर्ट लाडो के अनुसार "एक भाषा में शब्दों का वाक्य या वाक्य-खण्डों में निश्चित स्थान पर आने के विविध प्रतिमानों का अध्ययन किया जाता है। वाक्य विज्ञान में भाषाशास्त्री इन शब्दों या पदों की व्यवस्था के प्रतिमानों के विविध वाक्य अथवा वाक्य खण्डों में तथा सभी शब्दों में पारस्परिक सम्बन्धों को वर्णन करता है। यह प्रक्रिया वाक्य-विज्ञान का क्षेत्र है कि इस वाक्य का शब्द क्रम सामान्य वाक्य का सूचक हैयह एक पुस्तक है।"

वाक्य विज्ञान का अध्ययन तीन तरह से किया जाता है

(1) ऐतिहासिक वाक्य-विज्ञान,

(2) वर्णनात्मक वाक्य-विज्ञान तथा

(3) तुलानात्मक वाक्य-विज्ञान।

(1) ऐतिहासिक वाक्य-विज्ञान इस वाक्य विज्ञान में एक भाषा के वाक्य संरचना का अध्ययन विभिन्न कालों में किया जाता है जिससे वाक्य संरचना के विकास क्रम एवं बदलाव का ज्ञान होता है।

(2) वर्णनात्मक वाक्य-विज्ञान इस वाक्य विज्ञान में एक भाषा की सरंचना का अध्ययन वर्तमान अथवा व्यवहारिक वाक्य-संरचना का अध्ययन किया जाता है। शिक्षक को इसका ज्ञान होना अति आवश्यक होता है।

(3) तुलनात्मक वाक्य-विज्ञान इस में दो या से अधिक भाषाओं के वाक्य-सरंचना की तुलना की जाती है। जैसे हिन्दी और अंग्रेजी भाषा के शिक्षण में अनुवाद विधि को अपनाते हैं।

हिन्दी के वाक्य में शब्दों का क्रम-कर्त्ता, कर्म तथा क्रिया होता है

(1) वाक्य में एक से अधिक शब्द (पद) होते हैं।

(2) वाक्य में शब्दों को एक क्रम में रखा जाता है।

(3) वाक्य व्याकरण की दृष्टि से पूर्ण होता है।

(4) वाक्य अर्थ तथा भाव की दृष्टि से पूर्ण हो भी सकता है परन्तु अर्थ की दृष्टि से पूर्ण होता है।

(5) वाक्य में एक क्रिया अवश्य होती है।

वाक्य संरचना शिक्षण

वाक्य रचना शिक्षण के तहत मुख्य तीन प्रक्रियाएँ होती हैं। इन्हें पढ़ाते समय समुचित उदाहरण देने चाहिए

(1) वाक्य में प्रयुक्त शब्दों का अर्थ समझाना, इसे अर्थ तत्व कहते हैं।

(2) वाक्य में प्रयुक्त शब्दों का सम्बन्ध स्पष्ट करना, इसे सम्बन्ध-तत्व कहते हैं।

(3) शुद्ध वाक्य रचना का अभ्यास तथा अशुद्धियों को सुधार करना।

वाक्य की आवश्यकताएँ

एक उत्तम प्रकार के वाक्य पाँच बातों की आवश्यकता होती है

(1) सार्थकता वाक्य में प्रयुक्त किए गए शब्द सार्थक होने चाहिए।

(2) योग्यता वाक्य में निहित शब्दों में परस्पर संगति की क्षमता होनी आवश्यक है जिससे अर्थ के साथ भाव भी प्रगट हो सकें।

(3) समीपता वाक्य के शब्द समीप होने चाहिए। जिन शब्दों में परस्पर सम्बन्ध हो उन्हें समीप रखा जाए।

(4) आकांक्षा वाक्य का स्वरूप इस प्रकार का हो जिससे पढ़ने वाले या सुनने वाले की जिज्ञासा की पूर्ति हो सके।

(5) अन्विति वाक्य के शब्दों में व्याकरण की दृष्टि से एकरूपता होनी चाहिए। हिन्दी में क्रिया प्रायः लिंग, वचन, पुरुष में कर्त्ता के अनुरूप होती है। गाय घास खाती (खाता) है। घोड़ा घास खाता (खाती) है। गाय के साथ खाता तथा घोड़े के साथ खाती अशुद्ध क्रियाएं हैं।

वाक्य-विन्यास की दृष्टि से वाक्य में अनेक प्रकार की अशुद्धियाँ होती हैंवाक्य में पुरुष, कर्त्ता, लिंग, क्रिया, विभक्तियों, वाक्य संरचना, निरर्थक वाक्य, निरर्थक शब्दों का प्रयोग, वाक्य के अर्थ एवं भाव में एकरूपता का न होना आदि है।

वाक्यों के भेद

हिन्दी भाषा में वाक्यों के भेद कई तरह से किए गये हैं(1) व्याकरण की दृष्टि से (2) अर्थ की दृष्टि से (3) क्रिया की दृष्टि से तथा (4) साहित्य की दृष्टि से। हिन्दी में वाक्य के दो खण्ड होते हैंउद्देश्य तथा विधेय। उदाहरण के लिए 'छात्र पुस्तक पढ़ते हैं।' छात्र-उद्देश्य तथा पुस्तक पढ़ते हैंविधेय है। वाक्यों में मुख्य भेद पाँच होते हैं।

(अ) व्याकरण की दृष्टि से, (ब) क्रिया की दृष्टि से,

(स) अर्थ की दृष्टि से, (द) साहित्य की दृष्टि से तथा

(य) क्रिया न होने की दृष्टि से।

(अ) व्याकरण की दृष्टि से वाक्य के तीन प्रकार होते हैं

(1) साधारण वाक्य, (2) संयुक्त वाक्य, तथा (3) मिश्रित वाक्य।

(1) साधारण वाक्य साधारण वाक्यों में एक उद्देश्य तथा एक विधेय होता है जैसे-वह घर गया।

(2) संयुक्त वाक्य संयुक्त वाक्य में दो या दो से अधिक उपवाक्य हो। उद्देश्य तथा विधेय भी एक से अधिक होते हैं।

(3) मिश्रित वाक्य में एक प्रधान एक प्रधान उपवाक्य तथा अन्य उपवाक्य हों-वह छात्र जिसने अनुशासनहीनता की थी, घर चला गया।

(ब) क्रिया की दृष्टि से वाक्य तीन प्रकार के होते हैं

(1) कर्त्तृ प्रधान वाक्य (2) कर्मवाचक वाक्य तथा (3) भाव प्रधान

(1) कर्त्तृ प्रधान कर्त्तृ प्रधान वाक्य में कर्त्ता की भूमिका महत्वपूर्ण होती है अर्थात मुख्य होती है। 'रमेश स्कूल जा रहा है।'

(2) कर्मवाचक वाक्य कर्मवाचक वाक्य में कर्म प्रधान होता है कर्त्ता का लोप होता है जैसेगाना गाया जा रहा है। पत्र पढ़ा जा चुका है।

(3) भाव प्रधान वाक्य भाव प्रधान वाक्य में भाव तत्व मुख्य होता है, जैसेभाई को अधिक बीमार देखकर वह रोने लगा।

(स) अर्थ की दृष्टि से यह वाक्य निम्न प्रकार के होते हैं

(1) विविध वाचक (2) निषेध वाचक (3) आज्ञा सूचक (4) प्रश्न वाचक (5) सन्देह सूचक (6) इच्छा बोधक (7) विस्मयादि बोधक तथा (7) संकेत वाचक वाक्य आदि।

(द) साहित्य की दृष्टि से इन वाक्यों के भेद तीन तरह से किए जाते हैं

(1) संयत वाक्य (2) शिथिल वाक्य तथा (3) सन्तुलित वाक्य।

(1) संयत वाक्य इसमें पाठक को अन्त तक जिज्ञासा रखने का भाव एवं विचार रहता है।

(2) शिथिल वाक्य शिथिल वाक्य में भाव तथा विचार अंश पहले ही आ जाता है और बाद में उसकी व्याख्या की जाती है। जिससे पाठक में जिज्ञासा नहीं रहती है।

(3) सन्तुलित वाक्य इसमें आन्तरिक क्रमबद्धता होती है किसी एक वाक्य या शब्द को निकाल देने से वाक्य निरर्थक हो जाता है।

(य) क्रिया न होने की दृष्टि से क्रिया विहीन वाक्य भी काव्य में विज्ञापनों में प्रयोग किए जाते हैं जिससे अर्थ पूर्ण होता है किन्तु व्याकरण की दृष्टि से अशुद्ध होता है जैसे 'नौ दो ग्यारह' तथा एक और एक ग्यारह।

वाक्य संरचना की अशुद्धियां

शिक्षक के लिए वाक्य संरचना की अशुद्धियों का ज्ञान होना अधिक आवश्यक होता है। तभी वह छात्रों की अशुद्धियों का निदान करके उनमें सुधार कर सकता है। छात्रों में वाक्य रचना का सही ज्ञान एवं कौशल का विकास कर सकता है। हिन्दी में वाक्य रचना में अनेक प्रकार की अशुद्धियाँ, पाई जाती हैं। यहाँ पर कुछ सामान्य अशुद्धियों का उल्लेख किया गया है

(1) अशुद्ध वाक्य संरचना, (2) संयुक्त वाक्यों में योजक शब्दों का अशुद्ध प्रयोग, (3) वाक्य में एक ही पुरुष के विभिन्न रूपों का प्रयोग करना, (4) क्रिया सम्बन्धी अशुद्धियाँ, (5) पुरुषवाचक सर्वनाम का अशुद्ध प्रयोग, (6) विभक्तियों की अशुद्धि, (7) वाक्य की अस्पष्टता, (8) निरर्थक वाक्यों की रचना, (9) वाक्यों में जटिलता होना, (10) वाक्यों में संगति का अभाव होना, (11) निरर्थक शब्दों का प्रयोग करना, (12) वाक्य में शब्दों की क्रमबद्धता एवं समीपता का अभाव होना, (13) वाक्य का अर्थ एंव भाव की दृष्टि से अपूर्ण होना, (14) वाक्य में शब्दों की पुनर्रावृत्ति का होना, (15) वाक्य में अन्य भाषाओं के शब्दों का प्रयोग, (15) वाक्यों में अन्य भाषाओं के शब्दों का प्रयोग, (16) भ्रामक कारण निर्देशन, (17) प्रयोग न किया जाना, (18) वाक्य में शब्दों को समुचित स्थान पर प्रयोग न किया जाना, (19) पुरुषवाचक सर्वनाम का अशुद्ध प्रयोग, (20) शिथिल वाक्य का अधिक प्रयोग किया जाना आदि।

वाक्य में पद क्रम या शब्द क्रम का स्वरूप

वाक्य की रचना में शब्दों या पदों को एक क्रम में रखा जाता है। प्रत्येक भाषा में वाक्य के तहत पद क्रम अपने ढंग का होता है। पद क्रम का अर्थ होता है 'वाक्य' में पदों को रखने का क्रम।

अंग्रेजी भाषा में पद क्रम-कर्त्ता, क्रिया तथा कर्म का कम होता है। जैसे मोहन पढ़ता है पुस्तक जबकि हिन्दी भाषा में पदों का क्रम अलग होता है। हिन्दी भाषा में पद क्रम-कर्त्ता, कर्म तथा क्रिया का क्रम होता है, जैसेराम आम खाता है। हिन्दी में पद क्रम को समझने के लिए निम्नांकित बातों को ध्यान में रखना होता है

(1) कर्त्ता, (2) कर्म (3) क्रिया, (4) विशेषण, (5) क्रिया विशेषण, (6) सर्वनाम, (7) वाचक, (8) कारक, (9) अव्यय, (10) बोधक आदि मुख्य व्याकरण सम्बन्धी तथ्य हैं।

(1) कर्त्ता वाक्य में कर्ता पहले और क्रिया प्रायः अन्त में होती है। कर्त्ता का विस्तार पहले और क्रिया का विस्तार कर्त्ता के बाद आता है। राम ने रावण के भाई विभीषण को लंका की राजगद्दी पर बैठाया।

(2) कर्म वाक्य के मध्य में और क्रिया अन्त में आती है। यदि वाक्य में दो कर्म हों तब मुख्य कर्म बाद में गौण कर्म पहले आता है। राम ने रावण के भाई विभिषण को लंका की राजगद्दी पर बैठाया।

(3) क्रिया वाक्य में प्रायः अन्त में आती है परन्तु कभी-कभी बल देने के लिए पहले भी आती है। जैसेसुना, मैंने क्या कहा? बैठो, यहाँ पर राम आम खाता है। मोहन पत्र लिखता है।

(4) विशेषण वाक्य में विशेषण विशेष्य से पहले आता है जैसे पुरुषार्थी व्यक्ति जीवन में प्रगति करता है। पूरक विशेषण विशेष्य के बाद में आता है। राजीव अकर्मण्य छात्र है। विशेषण वाक्य में क्रिया से पहले आता है।

(5) क्रिया विशेषण वाक्य में कर्त्ता और क्रिया के मध्य क्रिया विशेषण आता है। जैसेउसका घोड़ा तेज दौड़ता है। मैं शीघ्र ही लौट आऊँगा।

(6) पूर्वभासिक वाक्य में क्रिया मुख्य क्रिया से पहले आती है। जैसे-वह खाना खाकर आराम कर रहा है। वह नहा कर पूजा कर रहा है। पूजा करते हैं नहा कर।

(8) सम्बोधन वाक्य के आरम्भ में आता है, जैसे-बैठो मित्र! चलो भाई!

(9) करण कारक वाक्य में कर्त्ता और कर्म के मध्य में आता है।

(10) सम्प्रदाय बल के अनुसार-कर्त्ता के बाद और करण से पहले या करण के बाद आता है। जैसे-मोहन अपनी भाभी को डाक से उपहार भेज रहा है। मोहन डाक से अपनी भाभी को उपहार भेज रहा है।

(11) अपादान कारक वाक्य में कर्त्ता व क्रिया के मध्य में या कर्त्ता व कर्म के बीच में आता है। जैसं-बालक पेड़ से गिरा। मैंने अलमारी से कपड़े निकाले।

(12) अधिकरण कारक वाक्य के मध्य में क्रिया से पहले आता है। कपड़े अलमारी में हैं। डाकू घोड़े पर हैं। बल देने हेतु दूसरे स्थान पर भी आ सकता है। जैसे-घोड़े पर डाकू है उसका पीछा कैसे किया जाए।

(13) विस्मयादि बोधक आरम्भ में आते हैं जैसे-अरे! या ओह! तुम आ गए।

(14) केवल शब्द का प्रयोग पहले किया जाता है, जैसेसिर्फ आप ही आये हैं।

(15) मात्र शब्द का प्रयोग भी पहले होता है, जैसे-मात्र दस रुपये ही चाहिए। कभी -कभी बाद में प्रयोग करते हैं-दस रुपये मात्र चाहिए।

वाक्य में शब्दों का क्रम संगत न होने पर अर्थहीन हो जाता है। वाक्य में शब्दों का सही क्रम ही सार्थक तथा भावपूर्ण बनाता है, जैसमुझे ठण्डा फ्रिज का पानी चाहिए। शुद्ध क्रम मेंमुझे फ्रिज का ठण्डा पानी चाहिए। इसी प्रकार मुझे पीने को एक दूध का गिलास चाहिए। शुद्ध क्रम मेंमुझे पीने को दूध का एक गिलास चाहिए।

अन्वय का अर्थ तथा भेद

अन्वय का अर्थ होता है 'अनुरूप होना' 'समानता होना'। वाक्य में व्याकरण की दृष्टि से एकरूपता को अन्वय कहते हैं। अंग्रेजी भाषा में क्रिया की दृष्टि से लिंग का भेद नहीं होता है जबकि हिन्दी में क्रिया का लिंग भेद होता है। जैसे-(ही गोज तथा शी गोज) हिन्दी-वह जाता है तथा वह जाती है। अन्वय लिंग, वचन, पुरूष तथा मूल और विकृत रूप की होती है। जैसे

(अ) मोहन पुस्तक पढ़ रहा है। (दोनों, पुल्लिंग एकवचन है)

(ब) राधा नाच रही है। (दोनों स्त्रीलिंग एकवचन हैं)

(स) सिपाही घोड़े पर सवार हैं। (दोनों विकृत रूप हैं)

(द) वह अभियंता है। (दोनों अन्य पुरुष एकवचन हैं)

वाक्य में अन्वय कई प्रकार के होते हैं

(1) कर्त्ता और क्रिया का अन्वय कर्त्ता और क्रिया में अन्वय होना चाहिए। मोहन गाना गा रहा है। राधा गाना गा रही है। परन्तु इसके विपरीत भी होता है, जैसेराम को आना है। मोहन ने पत्र लिखा। कर्त्ता कर्म प्रति आदर भाव प्रगट करता है तब एकवचन कर्त्ता के साथ बहुवचन की क्रिया का प्रयोग किया जाता है। महात्मा बुद्ध एक महान् पुरूष थे। महात्मा गाँधी मानवता के पुजारी थे।

(1) कर्त्ता दोनों लिंगों के वाक्यों में हो तब क्रिया पुंलिग बहुवचन में होती है। जैसे -वर और वधू आ गये। कृष्ण और राधा वृन्दावन गए। दादा जी और दादी जी अभी नहीं आये।

(2) कर्त्ता दोनों वचनों में प्रयुक्त होने पर क्रिया अन्तिम कर्त्ता के लिंग के अनुरूप होती है। जैसे-एक लड़का और लड़कियाँ दिल्ली जा रही हैं। एक लड़की और लड़के यात्रा पर जा रहे हैं।

(3) कर्त्ता कई पुरुषों में हो तब वाक्य में पहले अन्य पुरुष बाद में मध्य पुरुष और अन्त में उत्तम पुरुष को रखना चाहिए।

मोहन, तुम और हम विद्यालय चलें।

मोहन और तुम जाओ।

मोहन, तुम और मैं विद्यालय चलते हैं।

(4) दर्शन, दया, आँसू, प्राण आदि को कर्त्ता के रूप में प्रयुक्त करने पर क्रिया बहुवचन में होती है। आपके दर्शन बहुत दिनों में नहीं हुए हैं। आपकी दया से ही यह सब कुछ हुआ है।

(5) कर्त्ता के लिंग का बोध न होने पर क्रिया पुलिंग होती है।

अभी कौन अन्दर गया है। कौन आया है?

(2) कर्म और क्रिया का अन्वय कर्त्ता के साथ कारक चिन्ह हो तो क्रिया कर्म के अनुसार होती है। जैसे-गीता ने पानी पिया, राम ने रोटी खाई, छात्रों ने प्रदर्शनी देखीं सीता ने पत्र को पढ़ा, सीता चावल खा रही है, राम रोटी खा रहा है।

(3) कर्त्ता और कर्म से निरपेक्ष क्रिया यदि वाक्य में कर्त्ता और कर्म दोनों के साथ कारक चिन्ह हो तो क्रिया सदैव पुलिंग एकवचन होती है। वर ने वधू को देखा। सीता ने राम को देखा।

(4) विशेषण और विशेष्य का अन्वय विशेषण के अन्वय का प्रश्न उन्हीं विशेषणों के साथ उठता है जो अकारात होते हैं। साधारण एक रूप रहता है। सुन्दर फूल, सुन्दर पत्तियाँ।

(1) वह लम्बी डाली फूलों से लदी है।

(2) वह लम्बा पेड़ फूलों से लदा है।

(3) वह छोटा लड़का चला गया।

(4) पीला फूल खिल रहा है।

एक विशेषण के कई विशेष्य हों तब भी यही नियम लागू होता है।

(1) वह बड़ा और हरा बगीचा सुन्दर है।

(2) उस बड़े और सुन्दर मकान में कौन रहता है?

(5) सम्बन्ध और सम्बधी का अन्वय वाक्य में सम्बन्ध के रूपों पर भी वही नियम लागू होते हैं जो ऊपर विशेषण के सम्बन्ध में दिए गऐ हैं। सम्बन्ध के रूप में विशेषण ही होते हैं तथा सम्बन्धी विशेष्य होता है। जैसे-यह मेरी पुस्तक है, यह पुस्तक मेरी है। उसके माता जी व पिता जी चले गये। उनके पिताजी और माता जी चली गई।

(6) संज्ञा और सर्वनाम का अन्वय वाक्य में सर्वनाम अपनी संज्ञा के लिंग-वचन का अनुसरण करता है जिसके स्थान पर सर्वनाम का प्रयोग किया गया

है। वह छात्र गए। वे छात्राएँ चली गईं। आदर-भाव के लिए एकवचन संज्ञा के लिए बहुवचन सर्वनाम का प्रयोग होता है। माधवाचार्य आये हैं और वे नगर में दो दिन ठहरेंगे। पिता जी को गाँव जाना है।

किसी वर्ग के प्रतिनिधि के रूप में 'मैं' के स्थान पर 'हम' का और 'मेरा' के स्थान पर 'हमारा' रूपों का प्रयोग किया जाता है। यदि वे, मैं, मेरा, हमारे आदि का प्रयोग करें तो उसका अर्थ व्यक्तिगत रूप से होता है।

आप, तुम, तू तीनों सर्वनामों का प्रयोग मध्यम पुरुष के रूप में होता है परन्तु वाक्य के प्रयोग में सम्बन्धित संज्ञा के अनुसार आते हैं।

अध्याहार का अर्थ एवं प्रकार

अध्याहार वाक्य छोटा करने का एक तरीका है। इसका अर्थ होता है वाक्य को स्पष्ट करते समय कुछ ऐसे शब्दों को लाना जिन्हें वाक्य बनाते समय छोड़ दिया गया है। क्योंकि उनके बिना भी अर्थ समझ में आ जाता है''राम जा रहा है और मोहन भी'' मूल वाक्य है राम जा रहा है और मोहन भी जा रहा है।

(अ) कर्त्ता का अध्याहार सुना है पुलिस अधीक्षक के घर चोरी हो गई।

(ब) क्रिया का अध्याहार लोकोक्तियों में-'नौ और दो ग्यारह' 'तिल का पहाड़'

(स) वाक्य का अध्याहार प्रश्नोत्तर में-आप कहाँ रहते हैं? मुजफ्फपुर (बिहार)

वाक्य का रूप-मैं मुजफ्फपुर रहता हूँ।

वह सीधी है जैसे गाय। (गाय सीधी होती है)

वाक्य में विराम चिन्हों का प्रयोग

वाक्य की रचना शब्दों के क्रम में रखने से की जाती है परन्तु वाक्य को भागों में विभाजन और पढ़ने में यथा स्थान रुकने के लिए जिन चिन्हों का प्रयोग लेखन में किया जाता है, उन्हें विराम-चिन्ह कहते हैं।

शिक्षक तथा वक्ता अपने कथन में स्पष्टता और अर्थ बोध की सुगमता के लिए वाक्यांश या वाक्य के अन्त में कुछ क्षण के लिए रूकते हैं। इसके अतिरिक्त कथन में प्रश्न करते समय, आदेश देते समय, सम्बोधन करते समय या विस्मय प्रकट करते समय, बोलने के प्रवाह में उतार-चढ़ाव, बल देना या मोड़ का सहारा लेते हैं। परन्तु लेखन में चिन्हों का प्रयोग किया जाता है जिससे लेखक के विचारों एवं भावों को

सरलतापूर्वक समझते हुए पढ़ते या सुनते चलते हैं। विराम चिन्ह वाक्य के अर्थ एवं भाव अभिव्यक्ति में सहायक होते हैं। तथा प्रमुख साधन भी हैं। वाक्य के स्वरूप का बोध भी इन्हीं चिन्हों से होता है। वाक्य की जटिलता को इन चिन्हों से सरल एवं बोधगम्य बनाते हैं।

वाक्य में विराम चिन्हों की जरूरत एवं महत्व विराम चिन्हों की जरूरत निम्नांकित दृष्टि से होती है

(1) विराम चिन्हों के उपयोग से वाक्य का उद्देश्य या आशय भी प्रगट होता है।

(2) विराम चिन्ह वाक्य के अर्थ एवं भाव अभिव्यक्ति को स्पष्ट एवं सुगम करने का प्रमुख साधन है।

(3) वाक्य की जटिलता, संयुक्त या मिश्रित वाक्यों के अर्थ को सरलतापूर्वक समझा सकते हैं।

(4) विराम चिन्हों से भाव अभिव्यक्ति में सहायता मिलती है।

(5) वाक्य में अर्थ की स्पष्टता विराम चिन्हों से होती है।

(6) इन चिन्हों से वाक्य के स्वरूप का बोध होता है कि प्रश्नवाचक, आदर्श-सूचक, विस्मयाबोधक, सम्बोधन-सूचक आदि हैं।

(7) वाक्य को पढ़ने या बोलने समय वाणी में उतार-चढ़ाव लाते हैं।

विराम चिन्हों के भेद हिन्दी भाषा में विराम चिन्हों को अंग्रेजी भाषा से लिया गया या अनुकरण किया गया है। प्रमुख विराम चिन्हों के भेद या रूप निम्नलिखित हैं

(1) पूर्ण विराम	**1**	(2) अल्प विराम	,
(2) अर्द्ध विराम	;	(4) प्रश्न चिन्ह	?
(5) संबोधन या विस्मयादि	!	(6) कोष्ठक	()
(6) निर्देशक (डैश)	-	(7) अवतरण चिन्ह	'-'
(9) विवरण चिन्ह	:-	(10) योजनक का विभाजन	-

(1) पूर्ण विराम (1) अथवा, या का प्रयोग जब वाक्य पूर्ण हो जाता है तब उसके अन्त में पूर्ण विराम लगाया जाता है। एक वाक्य के तहत कई उपवाक्य भी होते हैं परन्तु विराम चिन्ह मुख्य वाक्य के अन्त में ही लगाया जाता है। जैसे

कल स्कूल में संगीत के कार्यक्रम होंगे, जिसमें अनिल का भाग लेना जरूरी है। कविता में दोहे की प्रथम पंक्ति के अन्त में पूर्ण विराम का प्रयोग किया जाता है, चौपाई के आधे भाग के बाद पूर्ण विराम तथा चौपाई के अन्त में दो पूर्ण विराम

प्रयुक्त किए जाते हैं। पूर्ण विराम के बाद पाठक को कुछ क्षण रुकना पड़ता है यह अन्तराल सबसे अधिक होता है।

(2) अल्प विराम (,) का प्रयोग यह न्यूनतम विराम का द्योतक है। अन्य विरामों की तुलना में इसका प्रयोग अधिक होता है। इसका उपयोग प्रायः नीचे लिखे स्थानों पर किया जाता है

वाक्य में समानपादी शब्दों को पृथक् करने के लिए; जैसे-राम अपनी भूमि, सम्पत्ति, प्रतिष्ठा और मान-मर्यादा सभी कुछ खो बैठा।

वाक्य में प्रयुक्त युग्म शब्दों को एक-दूसरे से पृथक् करने के लिए; जैसे-पाप और पुण्य, सर्दी और गर्मी, हर्ष और विषाद, रात और दिन सब ईश्वर की ही देन हैं।

जब एक ही शब्द-भेद के दो शब्दों के बीच समुच्चय बोधक न हो तो उन्हें पृथक् करने के लिए; जैसे-आजकल अकालग्रस्त क्षेत्रों में लोग, घास, पात, से पेट भर रहे हैं।

समानाधिकरण शब्दों के मध्य में; जैसे-पं. मोतीलाल के पुत्र, भारत के प्रधानमंत्री, पं. जवाहरलाल नेहरू भारतीय जनतांत्रिक राज्य व्यवस्था के संस्थापक थे।

यदि उद्देश्य बहुत अधिक लम्बा हो तो उसके पश्चात्; जैसे-चारों ओर से आने वाले घुड़सवारों के घोड़ों की हिनहिनाती हुई आवाजें, दूर-दूर तक फैल रही थीं।

पढ़ते समय वाक्य में जिस स्थान पर अल्प समय के लिए रुकना पड़े; जैसे-वह चुपचाप शान्त लेटा था, न कुछ बोलता था, न आँखे खोलता था और न किसी बात का उत्तर देता था।

यदि सम्बोधन शब्द वाक्य के प्रारम्भ में हो तो सम्बोधन शब्द के बाद और यदि सम्बोधन शब्द वाक्य के मध्य में हो तो उसके पूर्व और पश्चात् दोनों स्थलों पर; जैसेराम मैं आपका ऋणी हूं। यहां आओ राम आपसे कुछ बातें करनी हैं।

जब एक ही वर्ग के तीन या अधिक शब्द आएँ और उनके मध्य विकल्प समुच्चय बोधक रहे, तो अन्तिम शब्द को छोड़कर शेष शब्दों के पश्चात; जैसे- मुझे काशी, प्रयाग, मथुरा, पुष्कर और द्वारिकापुरी की तीर्थयात्रा करनी है।

जब एक ही शब्द या वाक्यांश की पुनरावृत्ति हो; जैसे-आओ, आओ, शीघ्र आओ। वहाँ नहीं, वहाँ नहीं, तुम सब यहाँ बैठो।

एक ही क्रिया की पुनरावृत्ति न कर उक्त क्रिया के स्थान पर; जैसेराम आागरा होकर दिल्ली गए, मैं अलीगढ़ होकर।

उद्धरण चिन्ह के पूर्व; जैसे-राम ने कहा, 'श्याम, मैंने समाज-सेवा का अब व्रत ले लिया है।'

उपाधियों को अलग करने के लिए; जैसे-शास्त्री, साहित्याचार्य; एम. ए.।

किसी वाक्यांश या उपवाक्य को अलग करने के लिए; जैसे-तीन-तीन भाषाओं के समावेश से, मैं, समझाता हूँ, माध्यमिक विद्यालयों का पाठ्यक्रम बहुत बोझिल हो जाएगा।

हाँ या नहीं के पश्चात; जैसे हाँ, तुम्हारा कहना सही है। नहीं, तुम्हारा कहना सही नहीं है।

६क्रिया विशेषण या वाक्यांशों को अलग करने के लिए; जैसे-भारतीय मनीषियों ने, समय-समय पर, विचार के क्षेत्र में विश्व का पथ-प्रदर्शन किया है।

संज्ञा उपवाक्य को छोड़कर मिश्रित उपवाक्य के शेष बड़े उपवाक्यों के बीच में; जैसे-उस विद्यार्थी को स्वर्णपदक मिला, क्योंकि उसने इस विश्वविद्यालय, की एस. ए. परीक्षा में सर्वप्रथम स्थान प्राप्त किया था।

जब संज्ञा उपवाक्य से किसी समुच्चय बोधक द्वारा नहीं जोड़ा जाता; जैसे-अध्यक्ष ने कहा, मैं इस समारोह के समापन की घोषणा करता हूँ।

जब समानाधिकरण उपवाक्यों के बीच समुच्चय बोधक नहीं रहता, तब उनके बीच में; जैसे-सूरज निकला, सवेरा हुआ, चिड़ियाँ चहचहाने लगीं।

कर्त्ता जब क्रिया से बहुत दूर हो, तो कर्त्ता के बाद; जैसे-वह पुस्तक, जिसे मैंने कल राम से लिया था, कहीं खो गई।

(3) अर्द्धविराम; का वाक्य में प्रयोग इसका प्रयोग अल्प विराम की अपेक्षा ज्यादा समय तक रुकने के लिए होता है। यह पूर्ण विराम और अल्पविराम के बीच का चिन्ह माना जाता है।

किसी नियम के पश्चात् आने वाले उदाहरणसूचक 'जैसे' शब्दों के पहले; जैसे, स्त्रियों के नामों के साथ प्रायः देवी शब्द का प्रयोग करते हैं; जैसे-गायत्री देवी।

जब संयुक्त वाक्य के मुख्य या प्रधान उपवाक्यों में परस्पर विशेष सम्बन्ध नहीं रहता हो उन्हें अलग करने के लिए; जैसे-आज जिसे हम मित्र समझते हैं कल वही हमारा शत्रु हो सकता है; आज जिसे हम चाहते हैं, कल उससे घृणा कर सकते हैं।

समानाधिकरण वाक्यों के मध्य में; जैसा महात्मा गाँधी ने स्वतन्त्रता आदोलन को एक नया मोड़ दिया; उन्होंने सत्याग्रह का एक नया अस्त्र दिया; उन्होंने ही अंग्रेजों को भारत छोड़ने पर मजबूर किया।

मिश्रित अथवा संयुक्त वाक्य में विपरीत अर्थ प्रकट करने वाले उपवाक्यों के बीच में; जैसे-लोग उसे गालियाँ देते; वह उन्हें अपना प्यार देता; लोग उस पर पत्थर फेंकते; वह उनके कल्याण के लिए ईश्वर से प्रार्थना करता।

कारण वाचक क्रिया विशेषण उपवाक्य का जब मुख्य उपवाक्य में निकट सम्बन्ध नहीं रहता, तब उनके मध्य में; जैसे-वायु के दबाव से साबुन का एक बुलबुला भी नहीं दब सकता; क्योंकि बाहरी हवा का दबाव भीतरी हवा के दबाव से कट जाता है।

उन कई मिश्रित उपवाक्यों के बीच में जो एक ही प्रधान उपवाक्य पर आश्रित होते हैं; जैसे-जब तक अध्यापक यह नहीं जानेगा कि बालक का शारीरिक स्वास्थ्य कैसा है; उसकी बौद्धिक योग्यता कैसी है; उसी अभिरुचियाँ क्या हैं; उसकी पारिवारिक स्थिति क्या है? तब तक वह उसे उचित रीति से शिक्षा प्रदान करने में सफल नहीं हो सकता है।

(4) प्रश्नसूचक (?) चिन्ह का वाक्य में प्रयोग इसका प्रयोग प्रश्नवाचक वाक्य के अन्त में होता है; से, तुम कहाँ जा रहे हो?

यदि एक वाक्य में कई प्रश्नवाचक उपवाक्य हों और वे एक ही प्रधान उपवाक्य पर अवलम्बित हों तो ऐसे प्रति उपवाक्य के अन्त में अल्प विराम का प्रयोग करके सबके अन्त में अर्थात् प्रधान उपवाक्य के पश्चात् इसका प्रयोग होता है; जैसे-तुमने यह काम क्यों नहीं किया, तुम कहाँ चले गए थे, तुम क्या कर रहे थे, तुम किन लोगों के साथ खेल रहे थे, तुम अपना जीवन नष्ट करने पर क्यों तुले हुए हों?

यदि वाक्य के अन्त में कहीं सन्देहात्मक या व्यंग्यात्मक भाव प्रकट किया जाए तो कभी-कभी कोष्ठक के भीतर प्रश्नसूचक चिन्ह का प्रयोग होता है; जैसे-'गरीबी हटाओं' का संकल्प पूरा होगा (?)

(5) विस्मयादिसूचक (!) चिन्ह का वाक्य में प्रयोग हर्ष, विषाद, घृणा, आश्चर्य, भय, प्रार्थना, आज्ञा आदि मनोवेग सूचक वाक्यों, शब्दों के अन्त में; जैसे हाय! बेचारा कुचल गया! छिः! धोखा देते हो! वाह! उसने तो कमाल किया!

प्रश्नवाचक वाक्यों के अन्त में, जहाँ मनोवेग प्रदर्शित होता है; जैसे-सुनते क्यों नहीं, क्या बहरे हो!

मनोवेग की क्रमशः वृद्धि दिखाने के लिए दो या तीन विस्मयादि बोधक चिन्हों का प्रयोग करते हैं; जैसे-शोक! हा, शो!! महाशोक !!!

जहाँ सम्बोधन का संकेत हो; जैसे-ए लड़के !-मित्रों !-!

(5) निर्देशक (-) चिन्ह का वाक्य में प्रयोग समानाधिकरण शब्दों, वाक्यांशों अथवा वाक्यों के बीच में; इन कविताओं से नैतिक मूल्योंराष्ट्रप्रेम, बलिदान, कर्त्तव्यपालन आदिकी शिक्षा मिलती है।

किसी वाक्य के प्रवाह में अवरोध होने पर अथवा भाव-बदलाव होने पर; जैसे-मैने तुम्हें पाला, पोसा, पढ़ाया, लिखायापर, अब यह सब करने से क्या लाभ!

किसी के वाक्य को उद्धृत करने के पूर्व; जैसे-शिक्षक-किन छात्रों ने काम पूरा कर लिया है?

निम्नांकित हैं या निम्नलिखित हैं के बाद; जैसे हमारे देश के प्रसिद्ध क्रांतिकारी निम्नांकित हैं जैसे-सरदार भगतसिंह, चन्द्रशेखर, राजगुरु आदि।

किसी शब्द की व्याख्या करने हेतु; जैसे-ईश्वर सब कुछ देता है-जीवन, संतति, सुख, सम्पत्ति आदि।

किसी अवतरण के बाद और उसके लेखक के पूर्व; जैसे'देखिए रूप नाम अधीना'तुलसीदास।

(7) कोष्ठक () का वाक्य में प्रयोग क्रमसूचक अंकों या अक्षरों के साथ; जैसे(1) संज्ञा (2) सर्वनाम; (क) भारत (ख) चीन।

समानार्थी शब्द या वाक्यांश के साथ; जैसेअफ्रीका के नीग्रो (हब्शी) अधिकतर उन्हीं की सन्तान हैं। ज्ञानराशि (विचारों का समूह) के संचित कोश का नाम ही साहित्य है।

किसी रचना का रूपान्तर करने में बाहर से लगाए गए शब्दों के साथ; जैसे-इन्द्र- (आनन्द से) अच्छा, देव सेना सज्जित हो गई।

(8) अवतरण या उद्धरण चिन्ह (“ ”) का वाक्य में प्रयोग किसी का कथन उजागर करने में अथवा कहावतों में; जैसेऋषियों ने मातृभूमि को स्वर्ग से भी ऊँचा पद दिया था'जननी जन्मभूमिश्च स्वर्गादपि गरीयसी'। उस बालक की कुशाग्रता देखकर लोग यही कहते थे कि 'होनहार बिरवान के होते चीकने पात।' तुलसीदास ने सत्य ही लिखा है।

'जासु राज प्रिय प्रजा दुखारी। सो नृप अवसि नरक अधिकारी।।'

कभी-कभी पुस्तकों के नाम अथवा व्यक्ति वाचक नाम भी इकहरे अवतरण चिन्हों के भीतर लिखे जाते हैं; जैसे-नागरी प्रचारिणी सभा द्वारा प्रकाशित 'हिन्दी व्याकरण' भाषा के छात्रों के लिए उपयोगी पुस्तक है।

जब किसी अक्षर, शब्द या वाक्य का प्रयोग अक्षर या शब्द के अर्थ में होता है; जैसे-हिन्दी में 'ल' का प्रयोग नहीं होता। चारों ओर से 'चोर-चोर' की आवाज आ रही थी।

(9) विवरण चिन्ह (:-) का वाक्य में प्रयोग किसी विषय अथवा बातों को समझाने के लिए अथवा निर्देशन के लिए विवरण चिन्ह का प्रयोग किया जाता है; जैसे-क्रिया दो प्रकार की होती है(अ) अकर्मक तथा (ब) सकर्मक।

(10) योजक या विभाजक चिन्हका वाक्य में प्रयोग उन तत्पुरुष एवं द्वन्द्व समासों में जब सन्धि या रूप बदलाव के कारण दोनों शब्द एक नहीं हो पाते; जैसे-वर्णन-भेद, रूप-ज्ञान।

मध्य के अर्थ में; कालका-हावड़ा मेल, राम-रावण युद्ध।

अक्षरों में लिखी जाने वाली संख्याओं और उनके अंशों के बीच में; जैसे-एक-तिहाई, तीन-चौथाई।

पुनरुक्ति अथवा जोड़ा रूप में जिन शब्दों का प्रयोग होता है उनके बीच में योजक चिन्ह लगाया जाता है। ऐसे शब्द संज्ञा, विशेषण, क्रिया, क्रिया-विशेषण आदि पदों के रूप में हो सकते हैं।

संज्ञा घर-घर, बच्चा-बच्चा!

विशेषण काले-काले, लाल-लाल।

क्रिया पढ़ते-पढ़ते, हँसते-हँसते।

क्रियाविशेषण धीरे-धीरे, जल्दी-जल्दी।

विस्मयबोधक छिः-छिः, अरे-अरे, हाय-हाय!

अतिशयबोधक पानी-पानी, बाग-बाग।

विराम चिन्हों के उचित प्रयोग के लिए छात्रों को लिखित रचना-शिक्षण के समय विविध अभ्यास दिए जा सकते हैं। विराम चिन्ह रहित वाक्यों एवं अनुच्छेदों को देकर उपयुक्त स्थलों पर विराम चिन्ह लगाने के लिए उन्हें कहना चाहिए। उनकी रचना-पुस्तिकाओं में अशुद्ध विराम चिन्ह-प्रयोगों का संशोधन अवश्य करना चाहिए और उन्हें कक्षा में स्पष्ट कर देना चाहिए कि किस स्थान पर कौन सा विराम चिन्ह शुद्ध और उपयुक्त है।

वाक्य रचना शिक्षण की प्रक्रिया

गद्य शिक्षण में वाक्य रचना शिक्षण का अधिक अवसर होता है। पद्य-शिक्षण में भी अवसर होता है, परन्तु अपेक्षाकृत कम होता है। भाषा का परिष्कृत रूप गद्य साहित्य में ही पाया जाता है अर्थ गद्य-साहित्य भाषा का मानक होता है। पद्य में भाषा का परिष्कृत रूप कम ही होता है। कवि व्याकरण तथा भाषा की सीमाओं से मुक्त रहना चाहता है क्योंकि कवि का उद्देश्य भावाभिव्यक्ति अधिक होता है। भाषा के शिक्षण के समय निम्नांकित प्रकरणों को ध्यान में रखना चाहिए

(1) गद्य शिक्षण समय की प्रक्रिया,

(2) मौखिक तथा लिखित रचना में शिक्षण की प्रक्रिया,

(3) व्याकरण शिक्षण की प्रक्रिया, तथा

(4) साहित्यिक कार्यक्रमों में समय की प्रक्रिया।

(1) गद्य शिक्षण के समय निम्नांकित रूपों में बालकों को शुद्ध में विचार प्रकट करने और वाक्य-दोषों को दूर करने का अवसर मिलता है। शिक्षक को विशेष रूप से सजग और सावधान रहना चाहिए कि बालक शुद्ध वाक्य का ही प्रयोग करें और यदि कोई अशुद्धि होती है तो तत्काल ही उसका संशोधन हो जाए। ये अवसर इस प्रकार के हैं

(1) गद्य शिक्षण में भाषा-कार्य के अन्तर्गत तथा प्रसंग अभ्यास का अवसर।

(2) वस्तु बोध एवं व्याख्या सम्बन्धी प्रश्नों के उत्तर शुद्ध वाक्यों में प्राप्त करना।

(3) पठित अंश का सारांश कहलवाना या लिखवाना।

(4) पठित अंश में आए हुए तथ्यों एवं विचारों का पृथक्-पृथक् उल्लेख कराना और उन्हें क्रमबद्ध कराना।

(5) पाठ में आए हुए वाक्य रूपों का चयन और संकलन।

वाक्य परिवर्तन द्वारा; जैसे, मिस्र अथवा संयुक्त वाक्यों को साधारण वाक्यों में कहलवाना, अथवा अनेक साधारण वाक्यों को संश्लिष्ट रूप में प्रस्तुत कराना।

(2) मौखिक एवं लिखित रचना के शिक्षण में वाक्य-रचना शिक्षण का पर्याप्त अवसर मिल सकता है। प्रायः मौखिक एवं लिखित रचना में शिक्षक विषय-सामग्री पर अधिक बल देते हैं, अभिव्यक्ति पर कम। परन्तु अभिव्यक्ति पर ध्यान देने से छात्रों की भाषा एवं शैली में निखार आ सकता है। मौखिक या लिखित रचना की सफलता शुद्ध वाक्यों के प्रयोग पर ही निर्भर है। भावाभिव्यक्ति के समय बालकों से होने वाली वाक्य-रचना सम्बन्ध अशुद्धियों का संशोधन करते हुए उन्हें शुद्धवाक्य सृजन हेतु प्रोत्साहित करना चाहिए।

मौखिक या लिखित रचना के समय शिक्षक को सचेष्ट रहना चाहिए कि बालक शुद्ध, स्पष्ट एवं पूर्ण वाक्यों में ही अपने विचार व्यक्त करें। कभी-कभी शीघ्रता अथवा पाठ-विकास में सक्षिप्तता लाने के लिए शिक्षक शिक्षार्थियों के उत्तर अधूरे वाक्यों, वाक्यांशों और शब्दों में ही स्वीकार कर लेते हैं और आगे बढ़ जाते हैं। इस कारण छात्र की शुद्ध, स्पष्ट एवं पूर्ण वाक्य-प्रयोग की उपेक्षा कर देते हैं। अतः अधूरे एवं अशुद्ध वाक्यों को कभी भी स्वीकार नहीं करना चाहिए।

बालकों के अस्प्ट कथन का मुख्य कारण वाक्य-रचना का दोष है। बालक अपने भावों एवं विचारों को भाषा का रूप दूसरे शब्दों में वाक्यों का ठीक परिधान

नहीं दे पाता और इस कारण उसके विचारों में भी अस्पष्टता, शिथिलता और भ्रामकता आदि दोष उत्पन्न हो जाते हैं। अतः ठीक-ठीक आशय व्यक्त करने हेतु शुद्ध वाक्य-रचना के अभ्यास जरूरी हैं।

(3) शिक्षण में यथा अवसर शुद्ध वाक्य-रचना के प्रयोग और अभ्यास का यथेष्ट अवसर मिल सकता है। शिक्षक को चाहिए कि बालकों में उनकी स्थानीय भाषाओं के प्रभाव से प्राथमिक स्तर पर दोषपूर्ण शिक्षण से अशुद्ध वाक्य-रचना की जो आदतें पड़ गयी हैं उन्हें विविध युक्तियों से दूर करे और शुद्ध-रचना की आदत डाले। इस दृष्टि से निम्नांकित प्रकार के अभ्यास विशेष उपयोगी सिद्ध होते हैं-

1. दोषपूर्ण वाक्यों-अस्पष्ट, निरर्थक, शिथिल आदि-को शुद्ध रूप में लिखने का अभ्यास कराना।
2. सभी प्रकार के वाक्यों-साधारण, मिश्रित, संयुक्त विश्लेषण सम्बन्धी अभ्यास कराना।
3. मिश्रित वाक्यों की रचना करना।
4. संयुक्त वाक्यों की रचना करना।
5. संयुक्त क्रियाओं के प्रयोग सम्बन्धी अभ्यास कराना।
6. क्रिया के रूप एवं काल में परिवर्तन करना।
7. कर्त्ता अथवा कर्म की स्थिति में क्रिया में परिवर्तन करना।
8. विभक्तियों के प्रयोग सम्बन्धी अभ्यास कराना।
9. विभक्ति रहित कर्त्ता की जगह विभक्ति सहित कर्त्ता अथवा विभक्ति सहित कर्त्ता की जगह विभक्ति रहित कर्त्ता के कारण वाक्य-परिवर्तन कराना।
10. पुलिंग से स्त्रीलिंग अथवा स्त्रीलिंग से पुलिंग में शब्द-परिवर्तनों के कारण वाक्य-परिवर्तन करना।
11. शब्दों को एकवचन से बहुवचन एवं बहुवचन से एकवचन में परिवर्तित करते हुए वाक्य-रचना में परिवर्तन करना।
12. दिए गए वाक्य में अशुद्ध शब्द को चिन्हित करना और उसके स्थान पर शुद्ध का प्रयोग करना।
13. अपूर्ण वाक्यों को पूरा करना अथवा रिक्त स्थानों की पूर्ति कराना आदि।
14. ऐसे वाक्यों को शुद्ध करना जिनमें शब्दों का क्रम ठीक नहीं दिया गया है।
15. वाक्य में उचित एवं शुद्ध पदक्रम सम्बन्धी अभ्यास करना।

(4) कक्षा-शिक्षण के ऐसे साहित्यिक कार्यक्रमों के आयोजन भी जरूरी हैं जिनमें बालक सक्रिय रूप से हिस्सा ले सकें और उन्हें बोलने तथा लिखने का

अधिक-से-अधिक अवसर मिल सके। वाद-विवाद, भाषण, विचार-विमर्श, कहानी कहना, वार्तालाप, लिखित प्रतियोगिताएँ आदि आयोजन इस दृष्टि से उपयोगी सिद्ध होते हैं। बालकों में शुद्ध भाषा प्रयोग का संस्कार सुदृढ़ करने के लिए उन्हें यह भी निर्देश दिए जा सकते हैं कि वे इन अवसरों पर प्रयुक्त अशुद्ध वाक्यों का संकलन करें और फिर उन पर विचार-विमर्श करें।

हिन्दी भाषा बनावट का शिक्षक हेतु उपयोग

एक सफल शिक्षक को भाषा-बनावट का ज्ञान एवं कौशल का होना जरूरी है। क्योंकि यह भाषा सीखने में स्पष्ट तथा ग्राहयता हेतु मूल आधार माना जाता है। इसके आधार पर हिन्दी भाषा की सभी प्रकार की अशुद्धियों को निदान करके उनके सुधार तथा उपचार का प्रयास किया जा सकता है। छात्र किस तरह की त्रुटि कर रहे हैं उसका क्या कारण है इसका स्पष्टीकरण भाषा बनावट के अन्तर्गत ही मिलता है। एक शिक्षक हेतु इसके निम्नलिखित लाभ हैं

(1) शिक्षण विधि भाषा-शिक्षण में अभ्यास और सृजनात्मक विधि का प्रयोग अधिक किया जाना चाहिए कौशलों का विकास अभ्यास से सम्भव होता है।

(2) भाषा-शिक्षण स्वाभाविक रूप में किया जाना चाहिए इसके लिए समुचित वातावरण अपेक्षित होता है। भाषा शिक्षण में सरल से जटिल, ज्ञात से अज्ञात की तरफ उन्मुख होना चाहिए। भाषा कौशल-लिखना, पढ़ना, बोलना तथा सुनने को प्राथमिकता दी जानी चाहिए। उच्च स्तर के शिक्षण में समालोचना और सौन्दर्यानुभूति उद्देश्य पर जोर दिया जाए।

(3) व्याकरण भाषा शिक्षण का मूल आधार व्याकरण है। रूप-विज्ञान तथा वाक्य संरचना के व्याकरण का बोध एवं प्रयोग शिक्षक हेतु जरूरी होता है। क्योंकि शिक्षक को शब्दों का अर्थ तथा वाक्य का अर्थ एवं भावार्थ देना होता है बिना व्याकरण के इनका शिक्षण शुद्ध रूप में नहीं किया जा सकता है। शिक्षण में प्रयोगात्मक व्यावहारिक व्याकरण को महत्व देना चाहिए।

(4) वाक्य संरचना वाक्य के स्वरूप में शब्दों का सुनिश्चित क्रम होता है। हिन्दी भाषा में शब्दों का अपना क्रम होता है। वाक्य संरचना में व्याकरण का विशेष महत्व होता है। वाक्य की सार्थकता (अर्थ-तत्व तथा भावा-तत्व) शब्दों के समुचित क्रम पर निर्भर करता है। वाक्य की योग्यता, सार्थकता, आकांक्षा, समीपता और अन्वति मुख्य विशेषताएँ हैं। इनका सही बोध शिक्षक को होना चाहिए तभी छात्रों के अंदर वाक्य रचना का समुचित बोध एवं कौशल का विकास कर सकता है।

(5) हिन्दी भाषा में रूप विज्ञान का विशेष महत्व है। भाषा की इकाई वाक्य मानते हैं। और वाक्य शब्दों से बनता है। वाक्य में शब्दों का अपना रूप होता है। शब्दों की सार्थकता उनके समुचित प्रयोग पर निर्भर होती है। शब्दों की सहायता से भाव की अभिव्यक्ति होती है। शब्दों के सृजन का बोध होता है। शब्दों की रचना का बोध होता है शिक्षण के समय इस प्रकार का स्पष्टीकरण जरूरी होता है। शब्दों के स्रोत का भी बोध होता है।

(6) ध्वनि-विज्ञान से भाषा ध्वनियों का सम्पूर्ण ज्ञान होता हैबोलने, सुनने ध्वनि-वेग कौशलों का समुचित विकास किया जा सकता है। अशुद्धियों का निदान करके उपचार किया जाता है। ध्वनियों का सम्बन्ध मुख के अवयवों से ज्ञात होता है।

देवनागरी लिपि की समस्या

धरती पर पाये जाने वाले जीवों में केवल मानव ही अपने भाव, विचार तथा जानकारी का एक-दूसरे से लेन-देन करता है। मानव द्वारा अभिव्यक्त विचार मौखिक और लिखित दो तरह का होता है। इसमें मौखिक रूप अत्यधिक प्राचीन है। लिपि के उदय व विकास के साथ भाषा का लिखित रूप सामने आया। भाषा के इस लिखित रूप को लिपि ने जन्म दिया। लिपि मुख से उच्चरित ध्वनि समूह को लिखने के निर्धारित चिह्नों को कहा जाता है। कुछ लोगों का कहना है कि प्राचीन काल में लिपि का अस्तित्व नहीं था। परन्तु वेद, अष्टाध्यायी जैसे ग्रन्थों में अक्षर व 'लिख्' धातु का उपयोग हुआ है। नाट्यशास्त्र, महाभारत, नारदस्मृति में भी लिपि का संकेत हुआ है।

उक्त उल्लेख से स्पष्ट होता है कि लिपि का विकास वैदिक काल में हो गया था। अब प्रश्न उत्पन्न होता है कि उस समय जो लिपि अस्तित्व में थी उसे किस नाम से जाना जाता था। इसके सम्बन्ध में भाषा वैज्ञानिकों का कथन है कि सबसे पुरानी लिपि 'ब्राह्मी' और 'ब्राह्मी लिपि' से ही भारतीय भाषाओं की लिपियां निकली हैं। लिपि के इतिहास का अध्ययन करने पर मालूम होता है कि ब्राह्मी लिपि के अतिरिक्त प्राचीन काल में एक अन्य लिपि भी थी जिसका नाम 'खरोष्ठी' था। ब्राह्मी लिपि तथा खरोष्ठी लिपि में यह अन्तर है कि ब्राह्मी लिपि देवनागरी के समान बाईं से दाईं ओर लिखी जाती थी। बाद में ब्राह्मी लिपि उत्तरी, दक्षिणी तथा पाली तीन वर्गों में वर्गीकृत हो गई। उत्तरी लिपि से देवनागरी लिपि विकसित हुई तथा दक्षिणी लिपि से तेलुगू, तमिल, तथा कन्नड़ की लिपियां विकसित हुईं तथा सिंगली तथा जावा भाषा की लिपियां पाली से विकसित हुईं।

लिपि की वैज्ञानिकता कोई लिपि कितनी वैज्ञानिक है इसके लिए निम्नांकित तथ्यों के आधार पर परीक्षण किया जाता है

(1) क्या लिपि सुन्दर और समानुपातिक है?

(2) क्या जो लिखा जाता है वही पढ़ा जाता है?

(3) जिस भाषा के लिए इस लिपि का उपयोग किया जाता है क्या उसकी सभी ध्वनियों के प्रतीक इसमें आ जाते हैं?

(4) क्या एक ध्वनि के लिए सदा एक ही चिह्न रहता है या एक ही ध्वनि को प्रकट करने के लिए कई चिह्न हैं?

(5) क्या एक चिह्न से एक ध्वनि का बोध होता है या एक चिह्न से कई ध्वनियों का?

देवनागरी लिपि की विशेषताएं देवनागरी लिपि नेपाली, संस्कृत, हिन्दी, मराठी तथा गुजराती भाषाओं के लिए प्रयुक्त होती है। देवनागरी लिपि की कुछ विशेषताएं इस तरह हैं

(1) **सुन्दरता** कलात्मक दृष्टि से नागरी लिपि के अक्षर बड़े सुन्दर और सुडौल हैं। नागरी लिपि की शिरो-रेखा इसकी सुन्दरता को और बढ़ा देती है।

(2) अन्य लिपियों की तुलना में देवनागरी लिपि काफी समृद्ध है। देवनागरी लिपि की यह विशेषता है कि इसमें जो लिखा जाता है वही पढ़ा जाता है।

(3) देवनागरी लिपि में एक विशेषता यह भी है कि एक ध्वनि के लिए एक ही चिह्न का प्रयोग किया जाता है, साथ ही साथ एक चिह्न से एक ही ध्वनि का बोध होता है। यह गुण अन्य किसी लिपि में नहीं पाया जाता है।

(4) नागरी लिपि के 52 अक्षरों में सिर्फ गुजराती, बंगला, हिन्दी, मराठी इत्यादि भाषाओं की ही नहीं वरन् संसार की सभी भाषाओं की ध्वनियों को सरलता से अंकित किया जा सकता है। देवनागरी लिपि में ह्रस्व तथा दीर्घ स्वरों के साथ-साथ संयुक्त व्यंजनों व मात्राओं का भी प्रावधान है।

(5) यह सभी लिपियों को पारस्परिक जोड़ती है।

(6) देवनागरी लिपि का सम्बन्ध भारतीय संस्कृति से भी है।

(7) देवनागरी के प्रत्येक वर्ण के उच्चारण के लिए नियत स्थान है।

हिन्दी वर्णों के मानक और वैकल्पिक रूप

वर्णमाला में वर्णों का मानक रूप निम्नलिखित है

(1) अमानक रूप मानक रूप

पक्का पक्‍का
दफतर दफ्तर

(2) ख, छ, ण, ध, भ

(3) संयुक्त 'र' के प्रचलित तीनों रूप यथावत् रहेंगे। यथाप्रकार, धर्म, राष्ट्र।

(4) ङ, छ, ट, ठ, ड, ढ, द और ह के संयुक्ताक्षर हल् चिह्न लगाकर ही बनाए जाएं, जैसे

बुड्ढा, विद्या, चिह्न, वाङ्मय, लट्टू, ब्रह्म

वाङ्य, लट्टू, बुड्ढा, चिह्न, ब्रह्मा, विद्या, नहीं लिखा जाना चाहिए।

(5) संस्कृत में संयुक्ताक्षर पुरानी शैली में भी लिखे जाएंगे। उदाहरणसंयुक्त चञ्चल, विद्वान, चिह्न, विद्या, वृद्ध, अंक, द्वितीय, बुद्धि इत्यादि।

(6) श्र को श्र नहीं लिखा जाना चाहिए।

(7) त् + र को त्र तथा त्र दोनों रूपों में लिखा जाना चाहिए।

(8) हल् चिह्न युक्त वर्ण से बनने वाले संयुक्ताक्षर के द्वितीय व्यंजन के साथ 'इ' की मात्रा का प्रयोग सम्बन्धित व्यंजन के तत्काल पहले ही किया जाना चाहिए। जैसे

कुट्टिम, द्विवितीय, बुद्धिमान, चिह्नित।

(कुट्टिम, द्विवतीय, बुद्धिमान, चिह्नित नहीं)

वर्तनी विषयक नियम

(1) सर्वनाम और विभक्ति के बीच 'ही', 'तक' इत्यादि का निपात हो तो विभक्ति को पृथक् लिखा जाए। यथाआप ही के लिए, मुझ तक को।

(2) संयुक्त क्रियाओं में सभी अंगभूत क्रियाएं पृथक-पृथक लिखी जाएं। यथा खेला करेगा, पढ़ा करता है, बढ़ते चले जा रहे हैं।

(3) द्वन्द्व समास में दो पदों के बीच हाइफन रखा जाए यथाराम-लक्ष्मण, खेलना-कूदना, चाल-चलन, आदि।

(4) 'सा', 'जैसा' आदि से पूर्व हाइफन रखा जाए। उदाहरणराम-जैसा, तुम-सा, चाकू-से तीखे।

(5) 'तक', 'साथ' इत्यादि अव्यय सदा पृथक लिखे जाएं। जैसेआपके साथ, यहां तक।

(6) जहां य, व का प्रयोग विकल्प से होता है वहां स्वरात्मक रूपों को ही अपनाया जाए। जैसेकिए (किये) नई (नई) हुआ (हुवा)।

जहां ये शब्द का ही मूल तत्व हो वहां स्वरात्मक प्रयोग न किया जाए। यथा दायित्व है, दाइत्व नहीं, स्थायी है स्थायी नहीं।

(7) अनुस्वार के लिए जिस वर्ग का बाद वाला अक्षर है उसका पञ्चम अक्षर होता है,1 जैसेठण्डा-ठंडा, गङ्गा-गंगा, व्यञ्जन-व्यंजन, सम्बन्ध-संबंध।

(8) निम्न शब्दों के हिन्दी में दोनों ही रूप स्वीकृत हैं। उदाहरणगरमी-गर्मी, बरफ-बर्फ, गरदन-गर्दन, बिलकुल बिल्कुल, सरदी-सर्दी, कुरसी-कुर्सी, भरती-भर्ती, फुरसत-फुर्सत, बरदाश्त-बर्दाश्त, बरतन-बर्तन, वापिस-वापस, दोबारा-दुबारा, दूकान-दुकान, बीमारी-बिमारी इत्यादि।

(9) सर्वनामों के साथ यदि दो विभक्ति चिह्न हों तो उनमें से पहला मिलाकर और दूसरा अलग लिखा जाए। जैसेउसके लिए, इसमें से।

(10) संस्कृत तत्सम शब्दों की वर्तनी में सामान्यतः संस्कृत रूप ही रखा जाए। किन्तु जिन शब्दों के प्रयोग में हिन्दी में हलन्त लुप्त हो चुका है उनमें उसको फिर लगाने का प्रयत्न न किया जाए। यथा विद्वान्-विद्वान महान्-महान्।

सर्वनाम शब्दों के साथ ये चिह्न साथ लिखे जाएंउसको, उसने, उस पर।

(11) पूर्वकालिक प्रत्यय 'कर' क्रिया से मिलाकर लिखा जाए। उदाहरणार्थमिलाकर, रो-रोकर, खा-पीकर आदि।

(12) संज्ञा शब्दों के साथ विभक्ति चिह्न पृथक से लिखे जाएं। उदाहरणराम ने, स्त्री ने।

(13) संस्कृत मूलक तत्सम शब्दों की वर्तनी ज्यों की त्यों ग्रहण की जाए। यथाब्रह्मा, चिह्न को चिह्न, उऋण को उरिण नहीं। गृहीत को ग्रहीत, द्रष्टव्य को दृष्टव्य, अनधिकार को अनाधिकार अत्यधिक को अत्याधिक, लिखना गलत है।

(14) शिरोरेखा का प्रयोग जरूर किया जाना चाहिए।

(15) संस्कृत के जिन शब्दों में विसर्ग का प्रयोग होता है, वे यदि तत्समरूप में प्रयुक्त हों तो विसर्ग का प्रयोग अवश्य किया जाना चाहिए। जैसेदुःखानुभूति, यदि तद्भव रूप में विसर्ग विलुप्त हो गया हो तो वह रूप भी ग्राह्य है, जैसे सुख-दुख।

दीर्घ उत्तरीय प्रश्न

1. ध्वनि गहन का स्वरूप कितने आधारों पर होता है? स्पष्ट करें।
2. हिन्दी भाषा की ध्वनियों का वर्गीकरण करें।
3. अन्वय का अर्थ स्पष्ट करते हुए इसके प्रमुख प्रकारों की चर्चा करें।

लघु उत्तरीय प्रश्न

1. हिन्दी में प्रयुक्त होने वाले शब्दों का वर्गीकरण करें।
2. हिन्दी भाषा में वाक्यों के भेद कितने प्रकार से किए गए हैं?
3. विराम चिन्हों के भेद कितने प्रकार के हैं?

वस्तुनिष्ठ प्रश्न

1. ध्वनि विज्ञान का संबंध है

(क) शब्द (ख) वर्णमाला

(ग) शब्द संरचना (घ) इनमें से कोई नहीं।

2. रूप विज्ञान के मुख्य रूप से कितने भेद हैं?

(क) दो (ख) तीन

(ग) चार (घ) पांच

3. पूर्ण विराम और अल्प विराम के बीच का चिन्ह है

(क) विस्मयादि (ख) अर्द्ध विराम

(ग) विवरण चिन्ह (घ) इनमें से कोई नहीं।

7

मुख्य शिक्षण पद्धतियां

ए.एच. गार्लिक ने शिक्षण-प्रणालियों पर प्रकाश उलते हुए लिखा है कि अध्यापक को सबसे पहले यह निर्णय करना पड़ता है कि वह क्या पढ़ायेगा। उसके बाद वह विषय-सामग्री को व्यवस्थित और क्रमबद्ध करता है। फिर यह सोचता है कि वह उसको अपने छात्रों के समक्ष किस प्रकार प्रस्तुत करेगा। वह ऐसा करने के लिए विभिन्न प्रणालियों का प्रयोग करता है। शिक्षा की बढ़ती मांग और बालकों के भिन्न-भिन्न व्यवहार को पूर्ण करने में कोई शिक्षण प्रणाली सक्षम नहीं है। ऐसे में एक आदर्श अध्यापक कुछ निश्चित सिद्धान्तों पर कई शिक्षण प्रणालियों के मिश्रण के द्वारा अपने पाठ्य वस्तु को छात्रों के समक्ष प्रस्तुतीकरण की योजना बनाता है।

विदेशों में हिन्दी की लोकप्रियता निरंतर बढ़ती जा रही है। लेकिन आजादी के 60 वर्षों बाद भी भारत में राष्ट्रभाषा हिन्दी को वह स्थान प्राप्त नहीं हुआ है जिसकी वो हकदार है। राजनीतिज्ञों की अवसरवादिता ने उत्तर और दक्षिण भारत को हिन्दी और अन्य दक्षिण भारतीय भाषाओं के बीच बांटने का प्रयास किया है जबकि हकीकत यह है कि हिन्दी का विरोध क्षेत्रीय भाषाओं से नहीं बल्कि अंग्रेजी से है। संविधान द्वारा मान्यता प्राप्त 21 भारतीय भाषाएं हैं। हिन्दी को राष्ट्रीय भाषा का दर्जा प्रदान किया गया है। हिन्दी उत्तर प्रदेश, उत्तराखंड, मध्य प्रदेश, छत्तीसगढ़, बिहार, झारखंड, राजस्थान, हिमाचल प्रदेश, हरियाणा और दिल्ली की राजकीय भाषा है। अतएव इन राज्यों के लोगों को हिन्दी की शिक्षा राष्ट्रभाषा के रूप में दी जाएगी। स्पष्ट है कि शिक्षण की विधि मातृभाषा शिक्षण-विधि से अलग होगी। यहां यह ध्यान देने

की बात है कि हिन्दी भाषी राज्यों में राष्ट्रभाषा-शिक्षण की पद्धति से होगा। जिस राज्य में हिन्दी मातृभाषा नहीं है, उस राज्य में हिन्दी नवीन तथा द्वितीय भाषा है। इसलिए वहां नवीन भाषा को सिखाने के लिए सरल, आसान एवं वैज्ञानिक विधियां अपनाई जाएं तो अच्छा है। प्रशिक्षित एवं योग्य भाषा-शिक्षकों द्वारा निम्नलिखित शिक्षण-विधियों को अपनाना राष्ट्रभाषा के सफल शिक्षण के लिए आवश्यक है

1. प्रत्यक्ष विधियह विधि आधुनिक है। इस विधि में नवीन भाषा को सीखने का माध्यम भी वही भाषा है। यह विधि मातृभाषा-शिक्षण की विधि है। इस विधि में भाषा-शिक्षण का कार्य नई भाषा में वार्तालाप करके होता है। सीखनेवाला पहले वाक्य बोलता है इसके बाद लेखन की बारी आती है। बोलने में काफी प्रगति कर लेने के बाद ही लेखन-कार्य में उसे प्रोत्साहित किया जाता है। इस विधि में व्याकरण की शिक्षा बहुत महत्व नहीं रखती। व्याकरण की शिक्षा व्यावहारिक रूप में दी जाती है। भाषा का ज्ञान प्राप्त करते हुए व्याकरण का ज्ञान भी सीखनेवाले को दे दिया जाता है। व्यवहार द्वारा भाषा के स्वरूप तथा उसकी रचना-प्रक्रिया को समझा देने के बाद, उसे तत्संबंधी व्याकरण नियम को निकाल लेने को प्रोत्साहित किया जाता है। व्याकरण ज्ञान आगमन प्रणाली द्वारा तैयार किया जाता है। इस विधि में मातृभाषा को शिक्षण का माध्यम नहीं बनाया जाता।

प्रत्यक्ष विधि वैज्ञानिक है। वस्तुतः भाषा तो मौखिक वस्तु है। अतः इस विधि में नई भाषा अथवा राष्ट्रभाषा सीखने में उसके उच्चारण तथा वाक्य-प्रयोग को सीखने में बहुत सुविधा होती है। इस विधि में व्याकरण के नीरस नियम याद करने की आवश्यकता नहीं होती। किंतु इस विधि का प्रयोग कुशल एवं योग्य शिक्षक ही कर सकते हैं। इसके लिए विशेष रूप से प्रशिक्षित होने की भी आवश्यकता है। जो शिक्षक नवीन शिक्षा में दक्ष होगा, वही इस विधि से अध्यापन करने में भी सफल हो सकेगा। सभी अध्यापक इस विधि को अपनाने में सफल नहीं हो सकते। छात्रों में भी जो कुशल एवं तीव्रबुद्धि हैं, वे ही इस विधि से नवीन भाषा सीखने में प्रगति कर सकते हैं।

प्रत्यक्ष पद्धति में कई खूबियां होने के बावजूद यह दोष रहित नहीं है। भाववाचक संज्ञाओं तथा विशेषणों का शिक्षण इस विधि द्वारा कठिन है। इसके अतिरिक्त मातृभाषा से एकदम संबंध विच्छेद संभव भी नहीं हैं। कोई भी व्यक्ति अपने दैनिक जीवन में अधिक से अधिक मातृभाषा के परिवेश में ही रहता है। यही कारण है कि प्रत्यक्ष प्रणाली को आंशिक तौर पर ही लागू किया जाता है।

2. अप्रत्यक्ष विधियह विधि पुरानी है। इस विधि में मातृभाषा के माध्यम से किसी नवीन भाषा का शिक्षण होता है। अनुवाद के पश्चात मातृभाषा तथा नवीन

भाषा की तुलना की जाती है। अनुवाद के माध्यम से ही नवीन भाषा के शब्द एवं मुहावरों का समुचित ज्ञान दिया जाता है। व्याकरण ही पाठ्य-पुस्तक का आधार होता है।

इस पद्धति के माध्यम से अहिन्दी भाषी राज्यों में राष्ट्रभाषा की शिक्षा दी जाती है, क्योंकि उन क्षेत्रों के लिए यह नई भाषा हो जाती है। यथा कर्नाटक, तमिलनाडु, केरल और आन्ध्र प्रदेश में स्थानीय भाषाएं राजकीय भाषा के रूप में मान्यता प्राप्त हैं।

इस पद्धति में अनुवाद को मुख्यता प्राप्त है। अनुवाद के द्वारा भाषा सीखने में नई भाषा का यथार्थ स्वरूप स्पष्ट नहीं होता। मानस में मातृभाषा ही उभरती है, तब फिर अनुवाद के सहारे नई भाषा के भाव स्पष्ट होते हैं। इस विधि में व्याकरण प्रधान हो जाता है और वास्तविक भाषा गौण। इस प्रकार यह विधि दुरूह हो जाती है तथा नवीन भाषा को सीखना अत्यधिक कठिन एवं अरुचिकर हो जाता है। इस विधि में लिखित भाषा को पढ़ने पर अधिक बल दिया जाता है। फलस्वरूप बोलचाल के प्रयोग में भाषा नहीं आ पाती और सीखनेवाला व्यक्ति नई सीखी हुई भाषा को बोलने में दक्ष नहीं हो पाता। अतः राष्ट्रभाषा शिक्षण की सर्वाधिक प्रचलित एवं सरल विधि होने पर भी यह दोषपूर्ण तथा अरोचक है।

3. गठन संरचना विधि यह विधि अत्याधुनिक है तथा वैज्ञानिक भी। इसमें भाषा के कतिपय चुने हुए प्रचलित शब्द तथा उनसे निर्मित समान वाक्यों के माध्यम से भाषा-शिक्षण का कार्य शुरू होता है। इस प्रकार प्रचलित शब्दों तथा व्यावहारिक वाक्यों के लगातार उपयोग से बच्चे कुछ ही वर्षों में संबंधित भाषा का ठोस ज्ञान प्राप्त करने में सक्षम होते हैं। हिन्दी की वाक्य रचना भिन्न हैं फिर भी इस दिशा में लगातार प्रयोग चल रहे हैं तथा कुछ उत्साहवर्धक फल भी प्राप्त हुए हैं। राष्ट्रभाषा के शिक्षण में यह पद्धति बहुत ही रोचक तथा सफल प्रामाणित होगी।

उपरोक्त विधियों पर विश्लेषण करने से यह स्पष्ट हो जाता है कि राष्ट्रभाषा (हिन्दी) के शिक्षण में स्थान, परिस्थिति एवं जरूरत को ध्यान में रखकर विधि-विशेष अथवा विधियों को अपनाया जाए। हिन्दी में गठन विधि तो अभी अविकसित है, परन्तु प्रत्यक्ष विधि को आंशिक रूप से लागू करके नई प्रणाली तथा अप्रत्यक्ष विधि को भी काम में लाना श्रेयस्कर होगा। आसान परिस्थिति में मातृभाषा के माध्यम को स्वीकार करना ज्यादा फायदेमंद होगा।

4. नवीन प्रणाली अथवा वेस्ट-विधियह प्रणाली अथवा विधि सर्वथा नवीन है। इसके प्रतिपादक डॉ. माइकेल वेस्ट हैं। यह विधि प्रत्यक्ष विधि की विरोधी

है। इस विधि के अनुसार भाषा-शिक्षण में वाचन को प्रधानता दी गई। वेस्ट महोदय ने भाषा-शिक्षण का प्रारंभ वाचन से करने का संकेत किया है। वाचन के द्वारा बच्चे नए-नए शब्दों को सीखते हैं। इससे उनके शब्द भंडार में वृद्धि होती है तथा वे शब्दों के समुचित प्रयोग जानते हैं। वाचन सीख लेने से बच्चे आसानी से बोलना तथा लिखना सीख लेते हैं। इसलिए तो वेस्ट महोदय कहते हैं कि वाचन भाषा सीखने का सर्वाधिक सरल एवं छोटा मार्ग है।

वेस्ट महोदय ने नई भाषा को सिखाने के लिये मातृभाषा के माध्यम को ही अनिवार्य बताते हैं। नवीन भाषा के शब्दों का ज्ञान कराने के लिए मातृभाषा में अनुवाद का सहारा लेना अधिक कारगर होता है। वेस्ट महोदय के अनुसार वाचन, लेखन तथा भाषण के लिए अलग-अलग विधियों का प्रयोग उपयोगी है। एक साथ ही तीनों का अभ्यास प्रभावकारी तथा सफल नहीं हो सकता।

यह प्रणाली नवीन भाषा के शिक्षण में एक अंश तक कारगर हुई है। मातृभाषा के माध्यम से राष्ट्रभाषा का अध्ययन सफल भी हो रहा है। हमारे देश की वर्तमान परिस्थिति में यह प्रणाली उपयोगी है।

सब कुछ होते हुए भी यह विधि पूर्णतः दोषमुक्त नहीं है। वस्तुतः वाचन, लेखन तथा भाषण पारस्परिक रूप से संबंधित है। इनकी शिक्षा अलग-अलग देना न केवल भ्रमपूर्ण है, बल्कि अवैज्ञानिक भी। इस प्रणाली के अनुसरण से अध्यापक की मौलिकता जाती रहती है।

शिक्षण की प्रमुख विधियां

1. वर्णन विधि

(क) वर्णन का अभिप्राय और प्रयोजन 'वर्णन' के अर्थ एवं उद्देश्य को स्पष्ट करते हुए गार्लिक ने अपना विचार इस तरह व्यक्त किया है"वर्णन का अर्थ हैशब्दों या संकेतों या दोनों के द्वारा किसी वस्तु या चित्र को प्रस्तुत करने का कार्य। यह शाब्दिक चित्र बनाने की प्रक्रिया है। वह किसी वस्तु का ब्योरा देने का प्रयत्न करता है, जिससे कि बालक उसके बारे में उचित धारणा बना सके।"

'वर्णन' वास्तव में 'स्पष्टीकरण' का एक रूप है। उदाहरण के लिएशिक्षक भूगोल पढ़ाने में किसी पर्यटन का, विज्ञान पढ़ाने में किसी यन्त्र का या भूगोल पढ़ाने में किसी प्रदेश का वर्णन करके छात्रों के मस्तिष्क में उनका चित्र अंकित करता है। 'वर्णन-प्रणाली' का प्रयोग कम या अधिक मात्रा में सभी विषय के शिक्षण में किया जाता है। इस समय वह संक्षेप में स्पष्टीकरण ही देता है।

(ख) वर्णन करने की सावधानियाँ वर्णन करते समय निम्नलिखित बिन्दुओं पर ध्यान देना चाहिए

(i) वर्णन अधिक लम्बा या अधिक छोटा नहीं होना चाहिए। अधिक लम्बा वर्णन छात्रों को भ्रम में डाल देता है। अधिक छोटा वर्णन उसके मस्तिष्क पर धुँधला चित्र अंकित करता है।

(ii) वर्णन करने के श्रम में न तो तथ्यों का दुहराव होना चाहिए, न ही तथ्य छूटने पर तथ्य आधे-अधूरे रह जाते हैं। फलस्वरूप वर्णन अपूर्ण हो जाता है।

(iii)वर्णन स्थल का चयन पाठ-योजना बनाने के समय ही कर लेना चाहिए।

(iv)वर्णन व्यवस्थित और क्रमबद्ध होना चाहिए, जिससे छात्रों पर उसका स्थायी प्रभाव पड़ सके।

(v) वर्णन के समय शिक्षक को केवल शब्दों का ही सहारा नहीं लेना चाहिए, उसे विषय से सम्बन्धित स्थूल वस्तुयें भी छात्रों को दिखानी चाहिए।

(vi)वर्णन करते समय शिक्षक को 'पूर्ण से अंश की ओर' और 'ज्ञात से अज्ञात की ओर' जाना चाहिए।

(vii) शिक्षक को उस वस्तु अथवा व्यक्ति का पूर्ण ज्ञान होना चाहिए, जिसका वर्णन वह करने जा रहा है।

(viii) वर्णन सदैव सरल व सरस भाषा में किया जाना चाहिए।

(ix) वर्णन को जीवंत और दिलचस्प बनाने के लिए अध्यापक को हाव-भाव की मदद लेनी चाहिए।

(x) वर्णन की विषय-वस्तु, छात्रों की आयु, अनुभव और मानसिक स्तर के अनुरूप होनी चाहिए।

(xi) वर्णन को मनोरंजक और प्रभावोत्पादक बनाने के लिए उपयुक्त सहायक सामग्री का प्रयोग करना चाहिए।

(xii) वर्णन तर्कों और तथ्यों पर आधारित होना चाहिए। किसी दशा में उसमें कल्पना या असत्यता का समावेश नहीं होना चाहिए।

2. स्पष्टीकरण पद्धति

(क) स्पष्टीकरण का आशय एवं उद्देश्य 'स्पष्टीकरण' का अर्थ बताते हुए **गार्लिक** ने लिखा है''स्पष्टीकरण वास्तव में एक प्रकार का वर्णन है। स्पष्टीकरण के द्वारा भाव या अर्थ स्पष्ट किया जाता है और उसके विचारों को स्पष्ट रूप से व्यक्त करने की कला कहा जा सकता है।''

'स्पष्टीकरण' का उद्देश्य हैछात्रों के सामने नवीन ज्ञान को इस तरह से स्पष्ट और बोधनीय ढंग से प्रस्तुत करना कि वे उसे हृदयंगम कर लें। शिक्षक इस पद्धति का उपयोग उस समय करते हैं; जब उन्हें स्पष्ट रूप से यह ज्ञात होता है कि जो विषय वह पढ़ाने जा रहा है, इसके संबंध में छात्रों को काफी कम जानकारी है।

(ख) स्पष्टीकरण करने की सावधानियाँ स्पष्टीकरण करते समय निम्नलिखित बिन्दुओं पर ध्यान देना चाहिए

(i) अध्यापकों को अपना स्पष्टीकरण छात्रों के मानसिक स्तर के अनुसार बनाना चाहिए।

(ii) शिक्षक और छात्रों को पाठ का उद्देश्य व अभिप्राय स्पष्ट रूप से ज्ञात होना चाहिए।

(iii) शिक्षक को अपनी विषय-सामग्री पर ज्यादा-से-ज्यादा विचार-विमर्श करना चाहिए।

(iv) शिक्षक को अपनी विषय-वस्तु को तार्किक ढंग से छात्रों के समक्ष रखना चाहिए।

(v) शिक्षक को चाहिए कि वह सम्पूर्ण पाठ को स्पष्ट और स्वाभाविक खण्डों में बाँट ले।

(vi) जब शिक्षक पढ़ाना समाप्त कर दे, तब उसे यह जानने के लिए कि छात्र विषय-वस्तु को समझे हैं या नहीं, प्रश्न पूछने चाहिए।

(vii) शिक्षक का स्पष्टीकरण सरल, सुबोध व सुनिश्चित होना चाहिए।

(viii) शिक्षक की भाषा स्वाभाविक व छात्रों में बोधनीय होनी चाहिए।

(ix) शिक्षक को विषय-वस्तु के मुख्य बिन्दुओं को संक्षिप्त रूप में श्यामपट पर लिख देना चाहिए और उन पर बल देना चाहिए।

(x) शिक्षक को अपने पाठ में अत्यधिक सहायक सामग्री का प्रयोग नहीं करना चाहिए। ऐसा करने से छात्रों का ध्यान विषय की अपेक्षा सामग्री पर अधिक रहता है।

(xi) शिक्षक को प्रत्येक पद के बाद पुनरावृत्ति करनी चाहिए। इससे मन्दबुद्धि बालकों को स्पष्टीकरण में सहायता मिलती है।

(xii) अध्यापक को वर्ग में धीरे-धीरे बोलना चाहिए ताकि छात्र आसानी से शब्द और विचारों को समझ सकें।

(xiii) यदि पाठ में बहुत-से उप-प्रकरण (Sub-Topics) हैं, तो शिक्षक को एक उप-प्रकरण पूर्ण रूप से बताने के बाद ही दूसरा प्रारम्भ करना चाहिए।

(xiv) शिक्षक की प्रस्तावना संक्षिप्त होनी चाहिए।

3. कथा-पद्धति

(क) कहानी कहने का अर्थ एवं उद्देश्य कहानी कहना और श्रवण करना एक प्राचीन कला है। इस विधा के द्वारा किसी विषय अथवा घटना को मनोरंजन बनाकर छात्रों के समक्ष परोसा जाता है और उन्हें सरलता से विषय या घटना की जानकारी दी जा सकती है। तराइन के युद्ध का वर्णन कहानी के माध्यम से किया जा सकता है। इसके लिए पृथ्वीराज चौहान को मुख्य पात्र बनाकर कहानी बच्चों को सुनायी जा सकती है। इससे विद्यार्थी इस युद्ध को स्वाभाविक रूप से अपने अन्तःकरण में ला सकते हैं। इसका उद्देश्य हैछात्रों में पाठ्य-विषय के प्रति रुचि और उत्साह को जागृत करना। इसलिए कहानी कहने को औपचारिक शिक्षा (Formal Education) का महत्वपूर्ण साधन माना गया है और प्रत्येक शिक्षक को उससे पूर्ण रूप से अवगत होने का परामर्श दिया है।

(ख) कहानी कहने की सावधानियाँ कहानी कहते समय निम्नलिखित बिन्दुओं पर ध्यान देना चाहिए

(i) कहानी कहते समय शिक्षक के सामने उसका मानसिक चित्र उपस्थित रहना चाहिए; तभी वह कहानी क्रमबद्ध और मनोरंजक हो सकती है।

(ii) कहानी बिल्कुल स्वाभाविक ढंग से कही जानी चाहिए, लेकिन आवश्यकता के अनुरूप हाव-भाव और अभिनय निश्चित रूप से किया जाना चाहिए।

(iii)कहानी बालकों के ज्ञान और मानसिक स्तर के अनुकूल होनी चाहिए।

(iv)यदि कहानी में ऐतिहासिक तथ्य नहीं है, तो छात्रों की आयु को ध्यान में रखकर उसके स्वरूप को छोटा या बड़ा कर देना चाहिए।

(v) कहानी कहते समय हास्य की अवहेलना नहीं करनी चाहिए, क्योंकि हास्य से बालकों को सजग रखने में सहायता मिलती है।

(vi)छात्रों को कहानी कहते समय अध्यापक के उद्देश्य को प्राथमिकता देनी चाहिए। क्योंकि बगैर उद्देश्य के कही गई कहानी निरर्थक साबित होती है।

(vii) शिक्षक जिस कहानी को कहना चाहता है, उसे अद्योपान्त याद होनी चाहिए।

(viii) कहानी पढ़ी नहीं जानी चाहिए, वरन् कही जानी चाहिए। क्योंकि पढ़ने से कहानी की रोचकता समाप्त हो जाती है।

(ix)शिक्षक को कहानी का विवरण उसमें आई हुई घटनाओं के क्रम में देना चाहिए।

(x) कहानी कहते समय शिक्षक को रुकना नहीं चाहिए, क्योंकि इससे धारा-प्रवाहिकता और मनोरंजन दोनों का क्षय होता है।

(xi) छोटे बालकों को कहानी सुनाते समय कहानियों के मुख्य वाक्यों और वार्त्तालापों को बार-बार दोहराना चाहिए, ऐसा करने से बालकों को इसमें आनन्द आता हो।

(xii) शिक्षक जिस कहानी को कहना चाहता है, उसमें उसे रुचि होनी चाहिए, अन्यथा वह अपने श्रोताओं में रुचि उत्पन्न करने में असफल हो सकता है।

(xiii) कहानी सरल शब्दों में और स्पष्ट रूप से कही जानी चाहिए। ऐसा न होने से कहानी प्रभावहीन हो जाती है।

(xiv) छोटे बालकों की कहानियों में अधिकाधिक क्रियाओं का समावेश होना चाहिए।

(xv) छोटे बालकों को प्रारम्भिक कहानियाँ उन विषयों के बारे में सुनानी चाहिए, जिनका उन्हें अनुभव हो।

4. वर्णन पद्धति

(क) विवरण का आशय और उद्देश्य वर्णन और विवरण एक ही सिक्के के दो पहलू हैं। हम किसी व्यक्ति या स्थान का वर्णन करते हैं, पर किसी घटना का विवरण देते हैं। वस्तुतः 'विवरण' कहानी कहने का एक रूप है। **ग्रीन व बरचेना** के अनुसार"विवरण का अर्थ हैक्रमबद्ध घटनाओं का वर्णन।"

'विवरण-प्रणाली' का प्रयोजन छात्रों के दिमाग पर किसी घटना का स्पष्ट चित्र अंकित करना है। इससे वे संबंधित घटना को सरलतापूर्वक ग्रहण कर सकते हैं। इस प्रणाली का इतिहास के शिक्षण में विशेष महत्व है; क्योंकि शिक्षक विभिन्न ऐतिहासिक घटनाओं का विवरण देकर ही छात्रों को उनसे अवगत कराता है। इससे ऐतिहासिक युद्धों का स्पष्ट चित्र विद्यार्थियों के मस्तिष्क पर अंकित हो जाता है।

(ख) विवरण देने की सावधानियाँ विवरण प्रस्तुत करते समय निम्नलिखित बिन्दुओं पर ध्यान देना चाहिए

(i) विवरण देते समय शिक्षक को उपदेश नहीं देने चाहिए, क्योंकि छात्रों को उपदेशों से स्वाभाविक घृणा होती है।

(ii) विवरण प्रारम्भ से लेकर अन्त तक मौखिक होना चाहिए।

(iii) विवरण विद्यार्थियों की आयु और रुचि को ध्यान में रखकर होना चाहिए।

(iv) विवरण स्पष्ट, सरल और रोचक होना चाहिए।

(v) विवरण को रोचक और आकर्षक बनाने के लिए शिक्षक को भावों के अनुसार अपने स्वर में उतार-चढ़ाव लाना चाहिए।

(vi) विवरण देने से पूर्व शिक्षक को अपने विचार को क्रमबद्ध कर लेना चाहिए और उसी क्रम के अनुसार विवरण देना चाहिए।

(vii) विवरण अधिक लम्बा या अधिक छोटा नहीं होना चाहिए। अधिक लम्बा विवरण छात्रों में विरक्ति पैदा करता है और अधिक छोटा विषय का पूर्ण परिचय नहीं दे पाता।

(viii) विवरण की शैली सजीव और चित्ताकर्षक होनी चाहिए।

(ix) किसी तथ्य, कहानी या घटना का विवरण देते समय गैरजरूरी बातों का समावेश नहीं होना चाहिए। इससे ऊर्जा, वक्त और ताकत तीनों बिलावजह जाया होता है।

(x) शिक्षक जिस घटना का विवरण देना चाहता है, उसे उसका और उससे सम्बन्धित तथ्यों का पूर्ण ज्ञान होना चाहिए।

(xi) शिक्षक को संकेतों एवं शारीरिक विधियों द्वारा विवरण से सम्बन्धित वातावरण का निर्माण करना चाहिए।

(xii) विवरण में आने वाली महत्वपूर्ण बातों पर प्रश्न पूछे जाने चाहिए। इससे छात्रों में सजगता रहती है और शिक्षक को यह जानकारी हो जाती है कि छात्र उसको समझ रहे हैं या नहीं।

(xiii) विवरण देते समय चित्रों, उदाहरणों और दृष्टान्तों का स्वतन्त्र रूप से प्रयोग करना चाहिए, क्योंकि इससे विवरण प्रभावोत्पादक हो जाता है।

(xiv) विवरण को नाटक के रूप में अभिनय करने हेतु छात्रों को अवसर देना चाहिए।

(xv) विवरण खण्डों में दिया जाना चाहिए। लेकिन इन खण्डों को तार्किक क्रम में नियोजित करना चाहिए।

5. तुलना प्रणाली

(क) तुलना का आशय और उद्देश्य 'तुलना' को हम शिक्षण की सहायक प्रणाली मान सकते हैं। इसका प्रयोग अन्य प्रणालियों के साथ शिक्षण को अधिक प्रभावोत्पादक बनाने के लिए किया जाता है। 'तुलना' के अर्थ पर प्रकाश निक्षेप करते हुए **लेंडन** ने लिखा है"तुलना का अर्थ हैएक तथ्य को दूसरे के साथ रखना और दोनों के निकट सम्बन्ध का अध्ययन करना। इसके अर्थ को विस्तृत करने के लिए इसमें विभिन्नता को भी सम्मिलित करना चाहिए।"

'तुलना-प्रणाली' का प्रयोग प्रायः नागरिकशास्त्र, विज्ञान, भूगोल आदि सभी विषयों में होता है। इस प्रणाली का उद्देश्य हैछात्रों में निरीक्षण, परीक्षण और चिन्तन

के गुणों का विकार करना। जब शिक्षक दो तथ्यों, वस्तुओं, घटनाओं आदि में समानता और असमानता बताते हुए छात्रों से प्रश्न पूछता है, तब उनमें इन गुणों का स्वाभाविक रूप से विकास होता है। इसके अलावा छात्र एक निश्चित निष्कर्ष पर पहुँचकर अपने ज्ञान को निश्चित रूप प्रदान करते हैं।

(ख) तुलना करने की सावधानियाँ तुलना करते समय निम्नलिखित बिन्दुओं पर ध्यान देना चाहिए

(i) जिन बातों की तुलना की जाय, उनका पूर्व ज्ञान विद्यार्थियों को निश्चित रूप से होना चाहिए। ऐसा न होने से तुलना नहीं कर सकते हैं।

(ii) तुलना कराने में वर्ग के सभी विद्यार्थियों को समान मौका देना चाहिए।

(iii)तुलना किए जाने वाले तथ्यों या विचारों में समता या असमता की बातें विद्यार्थियों से पूछी जानी चाहिये। इससे उनमें रुचि, जिज्ञासा और सक्रियता का समावेश होता है।

(iv)तुलना से प्राप्त निष्कर्षों को क्रमबद्ध करके विद्यार्थियों से सामान्य नियम या सिद्धान्त निकलवाना चाहिए।

(v) सिर्फ उन्हीं कथ्यों और विचारों की तुलना करनी चाहिए, जो विद्यार्थियों के लिए वास्तव में महत्वपूर्ण हों और जिनसे उनकी विचार-शक्ति का विकास हो।

(vi)तुलना की जाने वाली वस्तुओं को विद्यार्थियों के समक्ष प्रस्तुत करना चाहिए। अगर ऐसा सम्भव नहीं हो तो सहायक सामग्री व रेखाचित्रों का सहारा लेना चाहिए।

6. पुस्तक-पठन-पद्धति

(क) पुस्तक-पठन-प्रणाली का अर्थ और उद्देश्य पुस्तक-पठन-प्रणाली का तात्पर्य हैपुस्तक पढ़कर ज्ञान प्राप्त करना। सामान्य रूप से पुस्तक-पठन की दो विधियाँ हैं : पहली विधि में अध्यापक कक्षा में पुस्तक को स्वयं पढ़ता है, और दूसरी विधि में वह उसको छात्रों से पढ़वाता है। दोनों विधियों में वह पुस्तक में आने वाली कठिन और महत्वपूर्ण बातों की व्याख्या करता है। अतः पुस्तक-पठन-प्रणाली का उद्देश्यछात्रों के ज्ञान में वृद्धि करना है।

(ख) पुस्तक-पठन में सावधानियाँ पुस्तक-पठन में निम्नलिखित बातों को ध्यान में रखना चाहिए

(i) शिक्षक या छात्रों के द्वारा पुस्तक-पठन का कार्य किसी भी दशा में नीरस, निर्जीव और यन्त्रवत् नहीं होना चाहिए।

(ii) शिक्षक का सदैव यह प्रयास होना चाहिए कि बालक पुस्तक को ध्यान और बुद्धिमानी से पढ़ें, क्योंकि शिक्षा का सम्पूर्ण ढाँचा ऐसे पढ़ने पर आधारित है।

(iii)जो विषय-सामग्री छात्रों के द्वारा पढ़ी जानी है, उसे शिक्षक को स्वयं पहले पढ़ लेना चाहिए, जिससे कि वह छात्रों के द्वारा उसके पढ़े जाने के समय उनका उचित निर्देशन और पथ-प्रदर्शन कर सके।

(iv)पठन-सामग्री बालकों की रुचि के अनुकूल होनी चाहिए। यथाप्रारम्भिक कक्षाओं के बालकों के लिए रोचक कहानियाँ।

(v) पुस्तक पढ़वाते समय शिक्षक का मुख्य उद्देश्यबालकों में स्वतन्त्र रूप से पढ़ने की आदत डालना होना चाहिए।

7. व्याख्यान-पद्धति

(क) व्याख्यान का अर्थ एवं उद्देश्य 'व्याख्यान' शिक्षण का एक ऐसा रूप है, जिसमें शिक्षक उन बातों को, जिन्हें वह अपने छात्रों को बताना चाहता है, लगातार बोलता रहता है। इस सन्दर्भ में **रिस्क** का मत है"व्याख्यान उन तथ्यों, सिद्धान्तों या अन्य सम्बन्धों का स्पष्टीकरण है, जिनको शिक्षक चाहता है कि उसके सुनने वाले समझें।"

रिस्क के कथन के आधार पर हम यह कह सकते हैं कि व्याख्यान का उद्देश्यउन तथ्यों को प्रस्तुत करना है, जो किसी निर्दिष्ट लक्ष्य की प्राप्ति में मददगार होता है।

हिन्दी शिक्षा विचारकों ने व्याख्यान पद्धति की कटु आलोचना करते हुए इसे वर्ग शिक्षण हेतु सर्वथा अव्यावहारिक माना गया। इसका समर्थन प्रसिद्ध विद्वान् **रेन** ने भी किया है। इस सन्दर्भ में **रेन** का विचार है"व्याख्यान देना कभी-कभी शिक्षण की प्रणाली माना जाता है।" व्याख्यान देना व्याख्यान-प्रणाली है और जब शिक्षक व्याख्यान देता है, तब वह शिक्षण कार्य नहीं करता है। रेन का विचार निराधार नहीं है, क्योंकि शिक्षण और व्याख्यान दोनों अर्थ व उद्देश्य में भिन्न हैं। व्याख्यान का अर्थ हैसूचना देना और शिक्षण का अर्थ हैसूचना का प्रयोग करना। शिक्षण का उद्देश्य हैसिखाना। व्याख्यान शिक्षण के इस मूल उद्देश्य की पूर्त्ति में समर्थ नहीं है। इसलिए व्याख्यान को शिक्षण-प्रणाली नहीं माना जा सकता है।

विपन के इन सभी उपर्युक्त तर्कों के बाद की व्याख्या का शिक्षण-प्रणाली के रूप में पूर्ण रूप से अस्वीकार नहीं किया जा सकता। क्योंकि इस प्रणाली से विद्यालय के छात्रों को अनेक लाभ होते हैं। रिस्क और लेंडन ने भी इसका समर्थन किया है।

लेंडन ने तो इसके समर्थन में यहाँ तक कह दिया''कुछ सीमा तक प्रत्येक पाठ में इसकी आवश्यकता होती है और अनेक पाठ मुख्य रूप से इस पर निर्भर रहते हैं।

(ख) व्याख्यान देने में सावधानियाँ व्याख्यान देने में निम्नलिखित बिन्दुओं को ध्यान में रखना चाहिए

(i) व्याख्यान छात्रों की आयु, योग्यता और प्रगति के अनुरूप होना चाहिए जिससे छात्र उसको समझ सकें।

(ii) व्याख्यान निश्चित सीमाओं के अन्दर दिया जाना चाहिए और उसमें वे बातें कदापि नहीं आनी चाहिए, जिनका विषय से कोई सम्बन्ध नहीं है।

(iii)व्याख्यान देते समय शिक्षक को महत्वपूर्ण बातों पर बल देना चाहिए। अतः सम्पूर्ण व्याख्यान एक स्वर में नहीं होना चाहिए, वरन् उसमें उतार-चढ़ाव होना चाहिए।

(iv)शिक्षक की भाषा सरल और स्पष्ट होनी चाहिए एवं उसके विचारों का एक-दूसरे से सम्बन्ध होना चाहिए।

(v) कम उम्र के बच्चे ज्यादा समय तक अपने ध्यान को केन्द्रित नहीं रख सकते हैं। निम्न कक्षाओं में लगातार व्याख्यान अति अनिवार्य परिस्थितियों में ही दिया जाना चाहिए।

(vi)शिक्षक को व्याख्यान देने से पहले उसका उद्देश्य निश्चित कर लेना चाहिए, क्योंकि सब कार्यों के समान व्याख्यान का भी उद्देश्य होना आवश्यक है।

(vii) उच्च कक्षाओं में व्याख्यान-प्रणाली का प्रयोग प्रत्येक पाठ में किया जा सकता है, लेकिन इस प्रणाली के साथ-साथ किसी अन्य प्रणाली का भी प्रयोग किया जाना चाहिए। इस तरह के प्रणाली-परिवर्तन से छात्रों की रुचि में स्थिरता आती है।

(viii) छात्रों के ध्यान को एकाग्र और आकर्षित करने हेतु अध्यापक की व्याख्यान देने की शैली रोचक और प्रभावोत्पादक होनी चाहिए।

(ix) माध्यमिक स्तर की कक्षाओं में पढ़ाते समय अध्यापक को कुछ देर रूककर एवं सवाल पूछकर यह आकलन कर लेना चाहिए कि विद्यार्थी ध्यानपूर्वक उनकी बातों को सुन-समझ रहे हैं या नहीं।

योजना शिक्षण विधि

योजना आव्यूह शिक्षण प्रणाली की अत्याधुनिक तकनीक मानी जाती है। इसका विकास शिक्षा में सामाजिक प्रवृत्ति के फलस्वरूप हुआ है। यह पद्धति अनुभव पर आधारित और केन्द्रित होती है। सामाजिक विषयों के शिक्षण में इसे भली प्रकार प्रयुक्त किया जा सकता है।

स्वरूप इसका स्वरूप इस प्रकार है

1. शिक्षक केवल निर्देशन का कार्य करता है। छात्र स्वयं विषय-वस्तु सामग्री का अध्ययन करके समस्या का समाधान करते हैं।

2. इसके लिए अनेक सूचनाओं को एकत्रित किया जाता है।

3. समस्या समाधान के लिए योजना तैयार की जाती है।

4. छात्रों के जीवन से सम्बन्धित समस्याओं को वास्तविक रूप में प्रस्तुत किया जाता है। छात्र समस्या की अनुभूति करते हैं।

सिद्धांत यह विधि निम्नलिखित सिद्धांतों पर आधारित है

1. छात्र अधिक क्रियाशील रहता है, स्वयं अनुभव करके सीखता है।

2. इसमें उपयोगिता को विशेष महत्व दिया जाता है। समस्या का सम्बन्ध छात्रों के जीवन से होता है।

3. छात्रों में सामाजिक गुणों का विकास होता है, सहयोग की भावना विकसित होती है क्योंकि उन्हें समूह में कार्य करना पड़ता है। यह अनुभव-केन्द्रित शिक्षण की विधि है।

4. छात्र स्वतंत्र वातावरण में स्वाभाविक रूप से कार्य करता है। अधिगम परिस्थिति में कृत्रिमता नहीं होती है।

योजना के प्रारूप *किलपैट्रिक* ने योजनाओं को चार श्रेणियों में वर्गीकृत किया है

1. रचनात्मक जिसमें छात्र किसी कार्य को सम्पन्न कर सकें।

2. कलात्मक ऐसी समस्याओं का समाधान करके जिससे उनकी **सौन्दर्यानुभूति** की क्षमताओं का विकास हो सके।

3. समस्या-केन्द्रितछात्रों के समक्ष समस्या प्रस्तुत की जाए जिससे वे उसका समाधान ढूंढ़ने का प्रयास कर सके।

4. सामूहिक अभ्यास-छात्रों को ऐसा कार्य दिया जाये जिसे वे सामूहिक रूप में अभ्यास करके पूरा कर सकें।

योजना के सोपान सभी प्रकार की योजना परियोजनाओं में निम्नांकित चरण होते हैं

प्रथम सोपान छात्रों के जीवन से सम्बन्धित समस्या का चयन करना।

द्वितीय सोपान समस्या चयन तथा उसके स्वरूप को समझना।

तृतीय सोपान समस्या समाधान के लिए योजना तैयार करना।

चतुर्थ सोपान योजना को क्रियान्वित करना।

पंचम सोपान योजना का मूल्यांकन करना।

षष्टम सोपान योजना का आलेख तैयार करना।

विशेषताएँ इस विधि की अधोलिखित विशेषताएँ हैं

1. छात्रों में सूझ-बूझ की क्षमताओं का विकास होता है।

2. मनोवैज्ञानिक तथा सामाजिक सिद्धान्तों पर आधारित है।

3. विद्यालय के सभी विषयों को समन्वित रूप में पढ़ाया जाता है। इससे बोधंगम्यता अधिक होती है।

4. छात्रों को नवीन ज्ञान जीवन से सम्बन्धित करके दिया जाता है। इसलिए अधिक उपयोगी होता है, छात्र रुचि लेते हैं।

5. छात्रों को मौलिक चिन्तन, क्रियाओं तथा अनुभवों द्वारा सीखने का अवसर मिलता है। किसी नाटक का आयोजन करना।

6. छात्र में ज्ञान के साथ सामाजिक गुणों का विकास होता है।

सीमाएँ इस विधि की सीमाएँ निम्नलिखित हैं

1. सभी विषयों तथा विषय की समस्त पाठ्य-वस्तु के लिए योजना विधि प्रयुक्त नहीं की जा सकती है।

2. सभी सामाजिक गुणों का विकास नहीं किया जा सकता है।

अधिगम के सभी उद्देश्यों को प्राप्त नहीं किया जा सकता है।

3. ऊंची कक्षाओं में इसका इस्तेमाल अनुपयुक्त है।

4. योजनाओं को यथार्थ स्वरूप देने हेतु ज्यादा खर्च करना होता है।

5. विषयों का ज्ञान क्रमबद्ध रूप में नहीं दिया जाता है।

सुझाव इसके उपयोग में निम्नलिखित सावधानियाँ रखनी चाहिए

1. इसको एक सहायक शिक्षण पद्धति के तौर पर प्रयुक्त करना चाहिये।

2. योजना की समस्या मितव्ययी होनी चाहिए।

3. तकनीकी प्रशिक्षण संस्थाओं में प्रयोग करना चाहिए।

4. कृषि विद्यालयों में इसका प्रयोग करना चाहिए।

योजनापूर्ण तरीके से भाषागत शिक्षा

इसमें भाषा की शिक्षा प्रथमतः **मौखिक वार्तालाप** से आरम्भ होती है। कोई भी प्रोजेक्ट चुना जाए, आरम्भ में बच्चे उसे पूरा करने के लिए कार्यक्रम बनाते हैंवह समस्त विवेचन मौखिक रूप से ही सम्पन्न होती है। कुछ कार्य व्यक्तिगत रूप से बाँट लिया जाता हैकुछ सामूहिक रूप से पूर्ण किया जाता है। पार्सल के

प्रोजेक्ट में पार्सल को एक स्थान से दूसरे स्थान पर भेजने के सम्बन्ध में वार्तालाप होता है। वार्तालाप के द्वारा डाक-विषयक अनेक बातें तथा भिन्न-भिन्न स्थानों की जानकारी होती है। टिकटों के माध्यम से अनेक देशों के लोगों का ज्ञान हो जाता है।

नाटक की कथा-वस्तु चयनित होने पर सबसे पहले कौन-सा पात्र बनेगा? यही सब लेकर विवेचना होती है।

ताजमहल का प्रोजेक्ट चुनने पर विभिन्न लेख और कवियों को पढ़ना, तदन्तर ताजमहल पर निबन्ध लिखना, उसे देखने जाने की योजना वार्त्तालाप द्वारा ही बनाना-रेलवे अधिकारियों से पत्र-व्यवहार करना, घूमते समय कुछ नोट करते जाना, सब भाषा-शिक्षण के अन्तर्गत ही आएगा। भाषा के सभी अंगों की परिपुष्टि हो जाती है, किन्तु पाठन के लिए अधिक अवसर नहीं होते। कविता-पाठ और आदर्श-पाठ का विशेष प्रश्न नहीं उठता। दूसरा दोष यह है कि-शिक्षा श्रृंखलाबद्ध नहीं हो पाती। अच्छा यह होगा कि पूरे वर्ष में केवल दो-चार ही प्रोजेक्ट करवाए जाएँ-शेष कार्य क्रमिक रूप से होता रहे।

विद्यालय में डाकघर खोलने के प्रोजेक्ट का उदाहरण

मौखिक कार्य डाकिया एवं उसकी कार्यों का उल्लेख करना। गाँव या नगर के पोस्ट ऑफिस के ऊपर एक छोटा-सा भाषण कि वहाँ साधारणतया क्या होता है? सुधार के उपाय-पोस्ट ऑफिस पर वार्त्तालाप। पोस्ट ऑफिस पर पोस्टमैन या पोस्ट मास्टर का भाषण-उसके उपरान्त विद्यार्थियों की जिज्ञासा हेतु उससे प्रश्न पूछना।

पढ़ना पुस्तकों और पत्रिकाओं से डाक घर सम्बन्धी प्राप्त होने वाली सामग्री को पढ़ना। पोस्ट ऑफिस के कार्यो तथा विदेशों के पोस्टल सर्विस के विषय में पढ़ना। पोस्ट ऑफिस के अनेक फार्मों को पढ़ना, जैसे-मनीआर्डर आदि। स्कूल के संचालित पोस्ट ऑफिस द्वारा प्राप्त पोस्टकार्ड या अन्य पत्रों को पढ़ना। पोस्टल-सर्विस के सम्पूर्ण इतिहास को पढ़ना।

लिखनाप्रोजेक्ट-पुस्तिका को लिखना। मनीआर्डर का फार्म भरना सीखना।

आवश्यक सामग्री माँगाने हेतु प्रधानाध्यापक को प्रार्थना-पत्र लिखना। अपने प्रिय मित्रों को स्कूलों के पोस्ट-ऑफिस द्वारा पत्र लिखकर भोजना। नए वर्ष के कार्ड और दीपावली-कार्ड आदि बनाकर स्कूल पोस्ट ऑफिस के द्वारा भेजना। भाषा की शिक्षा की विस्तृत योजना बनाकर अन्य विषयों को सार में बताना।

(1) **कला** शुभकामना सम्बन्धी चित्रों में कलात्मक डिजाइन बनाना।

(2) **हस्त कार्य** के रूप में पोस्ट-बॉक्स का खम्भा गत्ते से बनाना, कागज के लिफाफे बनाना आदि।

(3) **भूगोल** दूसरे देशों के नाम और पते का ज्ञान।

(4) **अर्थमैटिक** जिसका ज्ञान मनीआर्डर आदि में काम आता है। टिकट खरीदने, डाकिया की तनख्वाह दूसरे देशों में टिकटों के दाम आदि जानना।

(5) **नैतिकता** दूसरों की भावना पर विचार केन्द्रित करते हुए पत्र का उत्तर शीघ्र देना। पत्रों और पार्सलों पर उचित टिकट लगाना।

(6) **इतिहास** पोस्टल सर्विस का इतिहास।

पर्यवेक्षित अध्ययन पद्धति

इस शिक्षण तकनीकी का अन्वेषण पुरातन शिक्षण तकनीकी के त्रुटियों को दूर करने के रूप में विकसित की गयी है। इस शिक्षण तकनीक में शिक्षक छात्रों के कामों का निजी तौर पर पड़ताल करता है। बालक अपनी कठिनाइयों को अध्यापक के समक्ष सहायता एवं निर्देशन के लिए रखता है। कुछ विद्वानों के मातानुसार पर्यवेक्षित अध्ययन प्रविधि में बालक के प्रत्येक कार्य का निरीक्षण अभीष्ट रहता है किन्तु यह बड़ा ही व्यापक एवं उदार विचार है। व्यवहारिक दृष्टि से विचार करने पर यह मत खण्डित होता जाता है। बालक की प्रत्येक क्रिया का निरीक्षण करना असम्भव-सा प्रतीत होता है। अतः अधिक व्यावहारिक दृष्टिकोण यह है कि बालकों को किसी निश्चित कार्य का आदेश देकर उनकी क्रियाओं का निरीक्षण किया जाए, परन्तु अध्यापक यह न भूले कि उसे निरीक्षण कार्य एक मार्ग-प्रदर्शंक तथा मित्र के रूप में करना है न कि नियन्ता एवं स्वामी के दृष्टिकोण से। यह प्रविधि वैयक्तिक भिन्नता एवं क्रियाशीलता के सिद्धांतों पर आधारित है। इसका प्रयोग मुख्यतः दो दृष्टियों से किया जाता है

(क) ऐसे छात्रों को ध्यान में रखकर जो कक्षा के अन्य बालकों की अपेक्षा पिछड़े हुए हैं। बोध स्तर पर इसका उपयोग होता है।

(ख) समस्त बालकों को ध्यान में रखकर।

(ग) छात्रों को परिपाक का अवसर दिया जाता है।

इसके प्रयोग के विविध रूप हैं, जो इस प्रकार हैं

(क) सम्मेलन योजनाइस विधि में कुछ सम्मेलन आयोजित किए जाते हैं एवं छात्रों की निजी समस्याओं का निदान पूरे सम्मेलन में किया जाता है। यह सम्मेलन एक विचार गोष्ठी के रूप में सम्पन्न होती है।

(ख) विशिष्ट अध्यापक योजनाइस पद्धति के तहत एक कुशल शिक्षक छात्रों की त्रुटियां, उनकी भ्रामक धारणाओं और समस्याओं को दूर करता है।

(ग) विभाजित कालांश योजना इसके तहत एक विशिष्ट अध्यापक बालकों के कार्यों का निरीक्षण करते हैं।

(घ) द्वि-कालांश योजना इस विधि के अनुसार एक ही विषय सामग्री के अध्ययन के लिए दो कालांश (two periods) दिए जाते हैं। प्रथम कालांश में निश्चित विषय को पढ़ने का आदेश देकर उससे सम्बन्धित भूमिका प्रस्तुत की जाती है और दूसरे कालांश में उनकी अध्ययन विधियों का निरीक्षण किया जाता है। *मेबेल ई. सिम्पसन* ने इस विधि का प्रयोग बड़े ही सराहनीय ढंग से किया है। उन्होंने 80 मिनट के दो संयुक्त कालांशों को अधोलिखित रूप में विभक्त किया था

समीक्षा	25 मिनट
गृह कार्य	25 मिनट
शारीरिक व्यायाम	5 मिनट
समर्पित कार्यों का अध्ययन	35 मिनट
	योग : 90 मिनट

(ङ) सामयिक योजनाइस पद्धति में अध्यापक किसी काम को करने का आदेश देकर कुछ निश्चित अवधि के बाद बालकों की प्रगति का परीक्षण करता है। इस प्रकार साप्ताहिक, पाक्षिक अथवा मासिक रूप में वह परीक्षण एवं निर्देशन का कार्य करता है।

इस प्रविधि को प्रभावशाली बनाने की दृष्टि से निम्नांकित तथ्यों का स्मरण रखना चाहिए

(1) समर्पित किए जाने वाले कार्य (Assignments) बालकों की मानसिक योग्यता, रुचि एवं रूझानों के अनुकूल होने चाहिए।

(2) बालक की अध्ययन विधियों में वैज्ञानिक दृष्टिकोण एवं वैज्ञानिक चिन्तन विकसित करने पर विशेष बल देना चाहिए।

(3) छात्रों में प्रजातान्त्रिक गुणों तथा सहयोगिता, सहिष्णुता एवं मैत्रीपूर्ण भाव से कार्य करना आदि का विकास इस प्रविधि द्वारा सम्भव है। अतः अध्यापक को ऐसी योजना निर्मित करनी चाहिए जिससे इस लक्ष्य की प्राप्ति होने में सुगमता हो।

(4) इस प्रविधि का सफल प्रयोग करने के निमित्त अध्यापक में अन्तदृष्टि एवं कक्षा में साधन सम्पन्नता का होना अत्यन्त आवश्यक है।

(5) इस प्रविधि के माध्यम से बालकों में आत्मनिर्भरता एवं आत्मबल लाने के लिए सचेष्ट रहना चाहिए।

प्राथमिक शिक्षा प्रणाली

इसे 'वर्धा-योजना भी कहते हैं। उत्तर-प्रदेश में वर्धा-शिक्षा या बेसिक शिक्षा तथा मध्य प्रदेश में विद्या-मन्दिर योजना-सब इसी प्रकार की शिक्षा योजना है। गांधीजी एक जननेता होने के साथ-साथ एक शिक्षाविद् भी थे। गांधीजी ने महसूस किया कि ब्रिटिश काल में प्रचलित शिक्षा पद्धति भारत की कठिनाइयों का समाधान करने में अक्षम है। उन्होंने एक ऐसी शिक्षा-योजना का निर्माण किया जो देश की निर्धनता, निरक्षरता, परतन्त्रता और शिक्षा-प्रणाली की नीरसता को मिटा डाले। इसकी पृष्ठभूमि में उन्होंने चार मनोवैज्ञानिक सिद्धांतों का अवलम्बन लिया

(1) क्रिया द्वारा सीखना

(2) आत्म-शिक्षण

(3) श्रम के प्रति आदर।

(4) अव्ययिक शिक्षा, और

'वर्धा-योजना' नामकरण इसलिए हैक्योंकि सर्वप्रथम (1937) में होने वाली शिक्षा-परिषद में इस योजना के लिए चार प्रस्ताव पास किए गए जो इसके मूलाधार हैं

1. स्वावलम्बन-यहाँ तक कि उसमें शिक्षकों का वेतन भी निकल आए। चौथे अंग की पूर्ति असम्भव नहीं तो कठिन अवश्य हैअतः उसे पृथक कर दिया जाए।

2. किसी उत्पादक हस्त-कार्य को शिक्षा का केन्द्र बनाकर समवाय विधि से समस्त विषयों की शिक्षा दी जाए।

3. शिक्षा का माध्यम 'मातृ भाषा' हो।

4. निःशुल्क तथा अनिवार्य प्रारम्भिक शिक्षा की सप्तवर्षीय योजना।

मानव जीवन हेतु लाभकारी समस्त विषयों को इसके तहत शामिल किया गया। इसके पाठ्यक्रम में हस्तकला एवं उद्योग (जिसमें कताई, बुनाई, बागबानी, कृषि, काष्ठ-कला, चर्म-कार्य आदि सम्मिलित किए), मातृ भाषा, व्यावहारिक गणित, संगीत, चित्रकला, स्वास्थ्य-विज्ञान आदि सिखाएँ-पढ़ाएँ जाते हैं। विद्यालय के साढ़े पाँच घण्टों में से तीन घण्टे बीस मिनट केवल हस्त-कार्य को दिए जाते है, जो बहुत ही अधिक सिद्ध हुए और फलस्वरूप उन्हें कम करना पड़ा।

प्राथमिक शिक्षा और मातृ भाषा

प्राथमिक योजना नवीन प्रणालियों में अद्वितीय स्थान रखती है। यह नवीन शिक्षा योजना पूर्णतया भारतीय योजना है, वहीं शिक्षा से जुड़ी दूसरी अन्य योजनाओं का विदेशी विद्वानों ने किया है। अतः इसमें मातृ भाषा 'हिन्दी को प्रतिष्ठा मिलना अनिवार्य था। समवाय पद्धति के प्रयोग के कारण प्रोजेक्ट की ही भाँति इसमें भी हस्तकार्य को केन्द्र मानकर सब विषय सम्बन्धित रूप में पढ़ाए जाते हैं।

किसी भी उत्पादन समाजोपयोगी उद्योग को केन्द्र मानकर उससे सम्बन्धित सभी विषय पढ़ाए जाते हैं।

गुड़ बनाना

गुड़ और खांडसारी निर्माता किसानों से बातचीत करना एवं सवाल पूछना आदि। गुड़ बनाने की क्रिया में प्रयुक्त शब्दों से **शब्द भण्डार** आप से आप बढ़ता चलेगा। अनेक प्रसंग वाली पुस्तकों तथा पत्र-पत्रिकाओं से गुड़ बनाने की क्रिया पढ़ना। विभिन्न राज्यों में कौन-सी विधियाँ काम में लाई जाती हैंयह भी अध्ययन द्वारा ज्ञात करना। गुड़ बनाने की सामग्री प्राप्त करने के लिए पत्र आदि **लिखना** तथा बन चुकने के उपरान्त समस्त क्रिया को अपने आप लिखना। कार्य की रिपोर्ट आदि लिखकर तैयार करना। निष्कर्ष यह है कि भाषा-शिक्षा के सभी अंगों की पूर्ति किसी विशेष हस्त-कार्य पर आधारित करके की जाती है।,

वार्त्तालाप की शिक्षा बच्चों से हस्त-कार्यों पर बातचीत की जाती है। विशिष्ट उद्योग में काम आने वाले सभी औजार, तथा क्रिया आदि का ज्ञान सर्वप्रथम वार्त्तालाप द्वारा ही आ जाता है।

लिखना और पढ़ना सीखना पढ़ाई-लिखाई में प्रयुक्त होने वाली समस्त वस्तुओं के नाम लिख दिए जाते हैं। बच्चा क्रम से उन्हें पढ़ना और लिखना सीखता जाता है। यह आरम्भिक शब्द-ज्ञान ही वाक्य-ज्ञान के रूप में विकसित हो जाता है। समय का अपव्यय निश्चित रूप से होता है।

पाठ्य-पुस्तकों की शिक्षा यह भी हस्त-कौशल के अनुरूप ही चलती है, उससे पृथक होकर नहीं। 'बुनाई' हस्त-कार्य चुनने पर कपास की कहानी, विभिन्न वेशभूषा आदि पर लेख तथा कविताएँ पढ़ाई जा सकती हैअन्यथा नहीं। सूत का बनाना, उसके आदान-प्रदान सम्बन्धी पत्र लिखना तथा कपड़े बुनने का पूर्ण लेख-लिखना-लेखन कार्य में कुशलता लाता है।

कार्य करते समय लय के साथ गीतों का गाया जाना, संगीत और भाषा दोनों की ही शिक्षा देते हैं।

भाषा के तीन माध्यम

1. हस्त-उद्योग 2. सामाजिक वातावरण 3. प्राकृतिक वातावरण

हस्त-उद्योग को केन्द्र मानकर शिक्षण-विधि की ही विवेचना अब तक की गई है, किन्तु मूलोद्योग के लिए कच्ची सामग्री की दाता-प्रकृति है और उद्योग द्वारा निर्मित वस्तुओं की तब तक उपादेयता नहीं, जब तक वह समाज के लिए कल्याणकारी न हों।

भाषा का सरोकार समाज से है। यही कारण है कि समाज में सम्पन्न होने वाले कई मेले एवं त्योहार के माध्यम से भाषागत शिक्षा मिलती है। एक बच्चे को अपने सामाजिक वातावरण से काफी कुछ सीखने को मिलता है। सामाजिक सम्पर्क का ब्रह्मास्त्र भाषा ही है। सफाई करना, रोगी की सेवा करना, ग्राम-सुधार करना, त्योहार मनाना-किसी न किसी सामाजिक वातावरण में सम्पन्न किए जाते हैं। इनके द्वारा भी भाषा की शिक्षा प्रदान की जा सकती है।

जन्माष्टमी मनाने के समय सूर-साहित्य का पाठ किया जा सकता है। कृष्ण के जीवन को लेकर व्याख्यान दिलवाए जा सकते हैं। 'जन्माष्टमी' शीर्षक देकर निबन्ध लिखवाए जा सकते हैं और कृष्ण के जीवन की एक झांकी प्रस्तुत करने का प्रयास किया जा सकता हैं। कक्षा की योग्यता को ध्यान में रखते हुए उनमें अनेक प्रकार के अभ्यास करवाए जा सकते हैं।

नैसर्गिक परिवेश से मानव जीवन का अटूट संबंध है। कितने शब्द तो प्रकृति विषयक बालक अनायास ही सीख लेते हैंचाँद, तारे, आकाश, पृथ्वी, जल, वायु सूर्य आदि। प्रकृति के विषय में उसमें जिज्ञासा अवशेष रहती हैवह उस पर कुछ जानना चाहता है, कुछ लिखना भी चाहता है। प्राकृतिक दृश्यों एवं वस्तुओं का चित्रांकन ही होता है।

अच्छा होगा, भाषा शिक्षा की योजना बना ली जाए-उद्योग, प्राकृतिक और सामाजिक वातावरण की भाषा-सम्बन्धी सीमाओं का ज्ञान कर लिया जाए, भाषा के ज्ञान में क्रमबद्धता अवश्य हो। समवाय की स्थितियों को ऐसे जोड़ा जाए कि पूर्व ज्ञान का अभ्यास; अर्थात् पुनरावृत्ति हो जाए और भाषा-ज्ञान के विकास में क्रमबद्धता बनी रहे।

खेल प्रणाली

खेल पद्धति का उपयोग उपरोक्त समस्त विधियों में किया गया है। हाँ, इस विशिष्ट पद्धति के प्रारम्भ का श्रेय **श्री काल्डवेल कुक** को है। **कुक** ने अपनी पुस्तक **"प्ले-वे"** में इसकी उपयुक्ता अंग्रेजी पढ़ाने के सम्बन्ध में की है। कितना भी जटिल काम क्यों न हो, बच्चों की दिलचस्पी जिस काम में जागृत हो जाती है, वह काम न रहकर खेल हो जाता है। बच्चे इतने चालाक और जानने की इच्छा रखने वाले होते हैं कि हर क्षण कुछ न कुछ करना और जानना चाहते हैं। मनोविज्ञान में बच्चे की स्वाभाविक प्रवृत्ति बालकों में खूब पाई जाती है। अतः इसे शिक्षा-पद्धति में प्रयोग करके शिक्षा-शास्त्रियों ने अपरिमित बुद्धि-कौशल दिखाया है।

खेल के विषय में अनेक सिद्धांतों का प्रतिपादन किया गया। **शिलर** और **हरबर्ट का "अतिरिक्त शिक्षा का सिद्धांत",** लार्ड क्रिम्स का **'शक्ति-वर्द्धन का सिद्धांत'** कार्लग्रूस का **'भावी जीवन की तैयारी का सिद्धांत'** तथा यूनान के प्राचीन दार्शनिक **अरस्तू** का **'रेचन का सिद्धांत'** आदि। खेल को पारिभाषित करते हुए ग्यूलिक ने अपनी प्रसिद्ध पुस्तक 'फिलास्की आफ प्ले' में लिखा है"जो कार्य हम अपनी इच्छा से स्वतन्त्रतापूर्वक करें, वही खेल है।" प्रोजेक्ट, डाल्टन, मॉण्टेसरी और किण्डरगार्टन-सभी में खेल के दर्शन हैं।" इस खेल विधि को फ्रोविल ने दिया था।

विद्यालय में खेल का महत्व आम तौर पर विद्यालय में खेल विधि से तात्पर्य शारीरिक विकास से लिया जाता था। लेकिन परिवर्तित समय में खेल पद्धति को मानसिक विकास का पहला चरण माना जाात है। **क्रिया द्वारा सीखने** से विषय-वस्तु सरलता से आ जाती है तथा ज्ञान भी स्थायी होता है खेल-खेल में बालक की बुद्धि प्रखर होती जाती हैइसमें सन्देह नहीं कि खेल के उपकरणों (जैसे मॉण्टेसरी ओर किण्डरगार्टन आदि) में जानकर मानसिक विकास की क्षमता रखी जाती है। सामूहिक रूप से खेलने में भी कई अवसर नेता बनने के आते हैं। **भावनाओं का परिष्करण** होता है और फलस्वरूप **व्यक्तित्व का विकास** होता है।

खेल में विजयी होकर वे जीवन में सफल होने के स्वप्न देखने लगते हैं। भविष्य उज्ज्वल दिखाई देने लगती है। संकोच, घबराहट और झिझक-आप से आप दूर हो जाती है।

शैक्षणिक खेलों में बरती जाने वाली सावधानियां

(1) खेल के प्रयोग का मुख्य कारण-विषय को रोचक बना देना है 'रोचकता' खेल का प्राथमिक गुण होना चाहिए छात्रों की आयु, योग्यता और रुचि का पूर्ण ध्यान

रखना होगा। बचपन में हमें जिन खेलों में आनन्द आता है, बड़े होकर हम उनकी ओर न देखते हैं, न सोचते हैं।

(2) इन खेलों का दूसरा सिद्धान्त यह है कि इसमें प्रत्येक विद्यार्थी भाग ले सकें। यहाँ तक कि क्षीण या अल्प-बुद्धि वाले बालकों को कुशाग्र बुद्धि वालों से ज्यादा मौके मिलें, जिसके वे अभ्यास करते-करते निश्चित स्तर तक पहुँच जायें।

(3) शैक्षणिक खेलों का लक्ष्य शिक्षक के मस्तिष्क में सजग और पूर्ण होना चाहिए। एक अध्यापक ही यह स्मरण रखता है कि बच्चे खेल के उद्देश्य प्राप्ति की दिशा में अग्रसर हो रहे हैं अथवा नहीं। बालक के लिए खेल केवल खेल है, उसका अन्य कोई उद्देश्य नहीं। अनभिज्ञता ओर अज्ञानता में ही बालक बड़े लक्ष्यों तक पहुँच जाता है।

पंडित सीताराम चतुर्वेदी का कथन है कि खेल द्वारा शिक्षा की सामग्री के प्रचलन का श्रेय केवल विदेशी मनोवैज्ञानिकों और शिक्षा-शास्त्रियों की ही नहीं है''आर्य ऋषियों ने वेद के आध्यात्मिक तत्वों को प्रचार और प्रसार उपनिषद् के आख्यानों द्वारा किया। भगवान बादरायण व्यासजी ने पुराणों के द्वारा वेद की व्याख्या करके वेद व्यास नाम धारण किया और विष्णु शर्मा ने तो शुद्ध और स्पष्ट भाषा में यह बात समझा दी''जो राजकुमार सीधे उपदेशों और पाठों से घबरा गये हों, उन्हें कथा के द्वारा नीति सिखाई जाय''

''कथाच्छलेन बालानां नीतिस्तदिह कथ्यते।''

(कथा सुना-सुनाकर उसी के बहाने बालकों को यहाँ नीति सिखाई जा रही है।)

यह कथा-प्रणाली भी खेल-प्रणाली का एक रूप है। इसी, प्रकार भारत ने नाट्य को भी हितोपदेश-जनन और सर्वोपदेश-जनन कहा है। महाकवि कालिदास ने अपने **'मालविकाग्निमित्र'** नाटक में नाट्याचार्य नागदास से स्पष्ट कहला दिया है

"नाठ्यं भिन्न रचेर्जनस्य बहुधाप्येक समाराधनम्।"

नाट्य ही एक ऐसा उत्सव है, जिसमें भिन्न रुचि वाले लोग भी एक-सा आनन्द पा सकते हैं, अतः खेल के द्वारा ज्ञान सिखाने की प्रेरणा हमें वास्तव में विदेशों से नहीं प्राप्त हुई है।"

खेल और भाषागत शिक्षण

चतुर्वेदी जी ने प्रमाणित कर दिया कि **नाटक** और **कहानी** आदिकाल से ही खेल द्वारा शिक्षा देने के अनुपम साधन हैं।

नाटक ऐसा उत्सुकतावर्द्धक अंग है कि बोलने, पढ़ने, लिखने।

सभी की शिक्षा खेल-खेल में प्रदान करता है। यह स्मरणीय है कि नाटक को काफी सहजतापूर्वक पूर्ण कर लेने का यहां सवाल ही नहीं है। प्रश्न हैउसकी पूर्व-योजना का। भाषण और गानों की तैयारी, वेषभूषा की तैयारी, स्टेज को सजाना और बनाना, अभिनय का अभ्यास करना और सहयोग एवं सामूहिकता का सुन्दर पाठ सीखना मुख्य है। माना कि लक्ष्य-नाटक का हकीकत में अभिनय ही है, किन्तु उसकी पूर्व-योजना में ही तो शिक्षण के सूत्र निहित रहते हैं। भाषा, कला और कहानी का सजग ज्ञान बच्चे ग्रहण करते हैं।

कहानी कहानी मानव का साथ जन्म के समय से लेकर मृत्यु तक निभाती है। कुछ लोग जब तक कहानी की कोई पुस्तक नहीं पढ़ लेते, वे सो नहीं पाते। कुछ बच्चों को अगर कहानी न सुनाई जाय तो वे सोते नहीं। अतः कहानी कहने के अवसर की खोज में रहना चाहिए जहाँ तक हो, छोटी रोचक कहानियाँ सुनाई जाएँ। छात्रों की कल्पना बड़ी प्रखर होती है उन्हें कहानी बनाने की प्रेरणा दी जानी चाहिए।

हास्य-मुकदमे, हास्य साक्षात्कार आदि में भाषा के मौखिक व्यवहार के उपयुक्त अवसर मिलते हैं।

पत्रिका इसकी शुरुआत निजी तौर पर शनैः शनैः कक्षा-पत्रिका और स्कूल-पत्रिका में लिखने की प्रेरणा देकर करनी चाहिए। बगैर आदेश के ये पत्रिकाएं हिन्दी में ही लिखी जायेंगी, क्योंकि हिन्दी भारत की राष्ट्रभाषा है। राष्ट्रभाषा विचारों को अभिव्यक्त करने का उत्तम साधन है। यदि इन पत्रिकाओं का मुद्रण न कराया जाय तो सुन्दर साधन है। यदि इन पत्रिकाओं का मुद्रण न कराया जाय तो सुन्दर लेख की शिक्षा भी दी जा सकेगी। बच्चों को अपनी रचना सुन्दर लेख की शिक्षा भी दी जा सकेगी। बच्चों को अपनी रचना सुन्दर लेख में लिखकर देनी होगी। विद्यालय में ऐसा प्रयोग गत वर्ष किया गया था। बी. ए, बी. एड. और एम. एड. की एक-एक हस्तलिखित पत्रिकां बनवाई गई बहुत सुन्दर और उच्च कोटि के लेखों को वर्ष की मुद्रित मैगजीन में दिया गया।

हस्तलिखित लेखों का इस्तेमाल महाविद्यालय में स्वयं कराया जाएऔर गत वर्ष कक्षाओं की हस्तलिखित पत्रिका देख कर निर्णीत किया कि लेख की कल्पना-सजग क्षमता-छोटे बच्चों में अतिशय मात्रा में होती है।

प्रथमिक स्कूलों के लिए भाषा सम्बन्धी खेल

(1) भाषा विषयक खेल को कुछ विस्तृत और कठिन बनाकर ऊँचे वर्गों में

संचालित किया जा सकता है। शब्दों और वाक्यों के स्थान पर सवाल लिखे रहेंऔर रिक्त दूसरी पंक्ति में छात्र शुद्ध उत्तर लगाएँ।

(2) वाचन-शिक्षण अक्षर, शब्द या वाक्य या उसके अंशो को पहिचानना सिखाना। (1), (3), (5) और (7) वीं. पक्तियों मे विद्याथ्रियों के योग्य वर्ण, शब्द और वाक्य लिखे होते हैं। वाक्य की (2), (4), (6) और (8) वी. पक्तियाँ खाली रखी जाती हैं। इनकी प्रतिलिपियाँ गत्ते के टुकड़े पर की ली जाती हैं तथा उनको वर्णचिट तथा वाक्य-चिट में बाँट दिया जाता है, प्रत्येक के पास चिटों का एक सेट तैयार रहता है। चिटों को उलट कर रखने का आदेश दिया जाता है। शिक्षक जैसे ही एक संख्या बोलता है, हर समूह का उस संख्या वाला छात्र वर्ण, शब्द या वाक्य से अपनी चिट को मिलाकर खाली स्थान पर लगा देता है। यथा-

सबसे पहले ठीक लगाने वाले को 2 नम्बर।

दूसरे नम्बर पर लगाने वाले को 1 नम्बर।

तीसरे नम्बर पर लगाने वाले को 0 नम्बर।

सबसे अधिक अंक पाने वाली टोली जीतती है।

(3) क्रियात्मक शब्दों का खेल दफ्ती के टुकड़ों पर कुछ क्रियात्मक शब्द लिख लिए जायें। कक्षा में उन टुकड़ों को फेंक दिया जाय और जिस छात्र के हाथ मे जो आए उसी के अनुरूप वह क्रिया करें; यथाचलना, दौड़ना नाचना, हँसना रोना आदि। कक्षा इस खेल के अतीव रूचि लेती है।

(4) चित्रों पर लिखे शब्दों अथवा वाक्यों की मदद को वाचन हेतु कई खेल हो सकते हैं

(क) विडम्बन दौड़ दौड़ के मार्ग में कुछ वाक्य लिखे होते है। जो जितने वाक्य पढ़ लेता है, वह उतने ही अंक पा जाता है। जो समस्त वाक्य पढ़कर निश्चित स्थान पर पहुँच जाता हैवह प्रथम और विजयी माना जाता है।

(ख) समस्त छात्र एक गोला बनाकर बैठ जाते हैं। शिक्षक कोई बाजा बजाता है, जैसे ही बाजा रूक जाता है उस समय जिस छात्र के पास डिब्बा रह जाता है, **चिट निकाल कर पढ़नी पड़ती है।**

(ग) लोगे मोल एक विद्यार्थी एक थैले में शब्द या वाक्य की चिटें भरकर कक्षा के समक्ष जाकर पूछता है **'लोगे मोल'**। मूल्य पूछने पर विद्यार्थी का उत्तर हैंइसको **पढ़ लेना मात्र** ही इसका मूल्य है'। जो छात्र नहीं पढ़ पाता, उसे वह चिट पुनः व्यापारी को लौटा देनी पड़ती है।

पढ़ना और लिखना-दोनों का शिक्षण

(1) कक्षा में कुछ वाक्य चिर्टे छिपा दी जायें। प्रत्येक विद्यार्थी उन्हें खोज निकाले तथा उनकी नकल अपनी कापी पर करें।

(2) वर्ग को दो समूह में विभक्त कर दोनों समूह के विद्यार्थी पृथक-पृथक गोलों में बैठ जाते हैं। प्रत्येक विद्यार्थी अपने पास कुछ लिखे और दूसरे दल से आया हुआ छात्र एक-एक के पास जाकर लिखित वाक्य को पढ़े। वह **जितने की वाक्य को शुद्ध-रूप में पढ़ सकेगा,** उतने ही ज्यादा अंक प्राप्त होंगे।

शब्द-सामर्थ्य में वृद्धि

(1) एक **विशेष-सा शब्द देकर,** उस शब्द में प्रयुक्त अक्षरों से कई शब्द बनाने का आदेश दिया जाए।

(2) रिक्त स्थानो की पूर्ति करना

(क) वाक्य के किसी विशिष्ट शब्द का स्थान खाली रखा जाये। तीन-चार शब्द दे दिए गये हों, उनमें से उचित शब्दों का चुनाव करना हो, जैसे- ऊँट का रंग (काला, सफेद, भूरा) होता है।

(ख) बिना शब्दों को दिए रिक्त स्थान छोड़ दिए जायेंछात्र विचार-बुद्धि से भरे।

(ग) रिक्त स्थान में उसका विपरीत शब्द भरने को कहा जाये।

(3) संयोजक अभ्यास कुछ वस्तुओं की सूची देकर पूछा जाए कि उन्हें निम्न तीन वर्गों में कहा रखा जाएगा

(क) जल-सेना (ख) वायु-सेना (ग) थल-सेना

(4) अन्त्याक्षरी अर्थात् अन्तिम अक्षर से पुनः शब्द-निर्माण, वाक्य-निर्माण या पूर्ण किवता निकलती चली आए।

(5) किसी टँगे हुए चित्र का वर्णन करना।

(6) गलत शब्दों के स्थान पर सही शब्द को भरना।

रचना-विषयक खेल

(1) अक्षर पत्ते खोलना-ताश के 52 पत्तों पर एक-एक शब्द लिखकर वितरित कर देना। प्रथमतः एक बालक चलेगा और दूसरा यह प्रयास करेगा कि पूर्ण अक्षर बनाने वाला ताश फेंकू। पूर्ण शब्द बनाने वाला व सारे पत्ते उठाने का अधिकारी हो जाता हैं।

(2) निश्चित शब्द की परिभाषाएँ मिला दी जाएँफिर उन्हें क्रमबद्ध रूप में करने का आदेश दिया जाये।

(3) किसी अनुच्छेद के वाक्यों को उल्ट-पुल्ट कर छात्र को दे दिया जाए कि वह उसे क्रमिक रूप से सजा दे।

(4) डिब्बे में चिटें बन्द हों। बाजा बजना जहाँ और जिस विद्यार्थी के पास रूके-उसे चिट पर लिखे शीर्षक पर लगातार दो मिनट कुछ बोलना हो। समय देना भी यदि ठीक न रहे तो वाक्यों की निश्चित संख्या दे दी जाये।

व्याकरण-विषयक खेल

(1) अनर्थक शब्दावली से सक्रम तथा सार्थक वाकय बनवाना-आदि।

(2) रिक्त स्थानों की पूर्ति व्याकरण के लिए यथेष्ट उपयोगी रहेगी। वाक्य में संज्ञायें जोड़िए, उचित क्रिया जोड़िए-आदि।

बालक सिंह मुर्गा

(3) वर्ग को दो समान संख्या में बांटकर एक से प्रश्न और दूसरे भाग से उत्तर दिलवाने की व्यवस्था की जाय।

संज्ञा, क्रिया, विशेषण आदि के सम्बन्ध में भी पूछा जा सकता है। उत्तरों के जोड़ पर विजय निर्भर होगी।

माध्यमिक वर्गों हेतु

1. डायरी भरने में बच्चे अत्यधिक दिलचस्पी लेते हैं।
2. काल्पनिक बातचीत करवाना; जैसेनगर के चूहे और गाँव के चूहे का वार्त्तालाप।
3. किसी घटना का वर्णन।
4. चित्र के आधार पर कहानी बनवाना (मौलिक प्रयास)
5. अपने स्वप्न के आधार पर कुछ लिखाना।

ऊंचे वर्गों के लिए

1. कहानियों का संवाद करवाना।
2. काल्पनिक भेंट का विवरण।
3. किसी भावी की कल्पना।
4. कहानियों का संवाद करवाना।

5. मौलिक कविताएँ, नाटक और कहानी लिखाना।

6. हस्तलिखित पत्रिकायें भी यहीं से वस्तुतः आरम्भ होती है।

समस्त नूतन पद्धतियां भाषा-शिक्षण पर यथेष्ट प्रभाव डाल रही हैं आशा है भारत में, और विशेष रूप से मातृ-भाषा की शिक्षा में अभिनव विकास लायेंगी और आ रही हैं।

हिन्दी शिक्षण पद्धति की प्रभावकारिता का मूल्यांकन

हिन्दी शिक्षण की पद्धतियों की प्रभावशीलता का मूल्यांकन उनकी सार्थकता हेतु जरूरी होता है। इसके लिए अनेक प्रविधियों तथा मानदंडों को प्रयुक्त करते हैं। इनका विभक्तिकरण दो तरह से किया जा सकता है (1) प्रत्यक्ष मूल्यांकन तथा (2) अप्रत्यक्ष मूल्यांकन।

(1) प्रत्यक्ष मूल्यांकन इस तरह के मूल्यांकन में वर्ग में बैठकर निरीक्षण प्रतिधियों का वर्तमान करने से प्रभावशीलता का आकलन किया जाता है। कक्षा-शिक्षण की पद्धतियों की प्रभावशीलता हेतु कई प्रविधियों का विकास किया गया है। शोध कार्यों में इनका उपयोग करके कक्षा शिक्षण का मूल्यांकन किया है। **फ्लैंडर्स** की शाब्दिक अन्तःप्रक्रिया प्रविधि अधिक प्रयुक्त की जाती है। कक्षा शिक्षण के मुख्य तीन पक्ष होते है जिनका सम्बन्ध शिक्षण की विधि से होता है। पक्ष इस प्रकार हैं

(क) शाब्दिक अन्तःप्रक्रिया,

(ख) अशाब्दिक अन्तःप्रक्रिया तथ

(ग) पाठ्यवस्तु प्रस्ततीकरण की गुणवत्ता।

कक्षा शिक्षण में शिक्षक अपनी शाब्दिक और अशाब्दिक क्रियाओं की सहायता से कक्षा में 'सामाजिक-भावात्मक वातावरण' पैदा करता है उसमें छात्र सक्रिय होकर सीखने के अनुभव की प्रतीत करता है और विद्यार्थियों के हाव-भाव में अपेक्षित बदलाव होते हैं। परन्तु छात्रों के व्यवहार-परिवर्तन में इनकी अहम् भूमिका होती है। शाब्दिक अन्तःप्रक्रिया प्रविधि में पाठ्यवस्तु की गुणवत्ता का आकलन नहीं होता है।

पाठ्यवस्तु की गुणवत्ता का मूल्यांकन सी.पी. हिल की 'पाठ्यवस्तु विश्लेषण तकनीक के द्वारा किया जाता है। इन्हें पाठ्यवस्तु से सम्बन्धित क्रियाओं को 12 वर्गों में विभाजित किया है। कक्षा निरीक्षण में इन्हीं वर्गों के लिए आवृत्तियों लगाई जाती है। अवलोकन के उपरान्त इन्हीं आवृत्तियों का विश्लेषण किया जाता है जिससे पाठ्यवस्तु की गुणवत्ता का मूल्यांकन होता है। शिक्षण पद्धति की प्रभावशीलता ज्ञान होती है।

(2) अप्रत्यक्ष मूल्यांकन शिक्षण विधियों की प्रभावशीलता का मूल्यांकन आदिकाल से अप्रत्यक्ष रूप में किया जाता रहा है। शिक्षण पद्धतियों के मूल्यांकन में छात्रों की निष्पत्तियों एवं उनकी अभिवृत्तियों को विशेष महत्व दिया जाता है। वर्तमान युग में एक नया प्रत्यय विकसित हुआ-''शिक्षक का उसके छात्रों द्वारा मूल्यांकन''। शिक्षण विधियों के मूल्यांकन में इस प्रत्यय का प्रयोग किया जा सकता है। इस तरह शिक्षण विधियों के मूल्यांकन में निम्नांकित मानदण्डों को इस्तेमाल किया जाता है

(क) छात्रों की निष्पतियाँ,

(ख) छात्रों की अभिवृत्ति तथा

(ग) छात्रों द्वारा शिक्षण विधि के प्रति दृष्टिकोण।

(घ) शिक्षक तथा शिक्षण पद्धतियों का मूल्यांकन सामान्यतः छात्रों की निष्पतियों के आधार पर ही किया जाता है। इस तरह के मूल्यांकन में लिखित तथा और मौखिक दोनों तरह की परीक्षाओं का हिन्दी शिक्षण विधियों के लिए किया जाता है। लिखित परीक्षा मे भी निबन्धात्मक और वस्तुनिष्ठ परीक्षाओं को प्रयुक्त करते हैं। निबन्धात्मक परीक्षा से भाषायी पर्क्षो, व्याकरण, भाषा की शुद्धता आदि का मूल्यांकन निबन्धात्मक परीक्षाओं द्वारा ही किया जा सकता है।

अगर शिक्षण विधियों का उपयोग मूल्यांकन तहत के तहत किया गया है तब निबन्धात्मक परीक्षा उद्देश्य-केन्द्रित प्रश्नों का प्रयोग किया जाता है। मूल्यांकन में मानदंड परीक्षण का प्रयोग का मूल्यांकन करना होता है तब मानक परीक्षण को प्रयुक्त करते हैं।

(ख) शिक्षण-विधि के तत्वों के आधार पर छात्रों से रेटिंग कराया जाता है। जैसेसामान्य, अच्छा तथा उत्तम। शिक्षण पद्धति को प्रयुक्त करने के उपरान्त, इस रेटिंग मापनी को छात्रों से भरवाया जाता है और उनका अंकन करके अभिवृत्ति गुणक ज्ञात करते है जिससे शिक्षण विधि की प्रभावशीलता का बोध होता है।

(ग) किसी विशिष्ट शिक्षण पद्धति का प्रयोग करने के बाद छात्रों की उसके प्रति राय जानने का प्रयत्न करते हैं तथा अन्य विधि से तुलना करने को कहा जाता है। प्रभावशीलता सापेक्ष होता है अतएव शिक्षण विधि के मूल्यांकन में तुलनात्मक प्रविधि ज्यादा लाभकारी है।

शिक्षण पद्धतियां एवं अधिगम परिस्थितियाँ

शिक्षण विधियों का प्रयोग वास्तव में समुचित अधिगम परिस्थितियों का पैदा करने हेतु किया जाता है। जिससे विद्यार्थी नये अनुभव प्राप्त करते हैं और व्यवहार

परिवर्तन होता है। इसलिए कुछ शोध अध्ययनों में अधिगम परिस्थितियों की दृष्टि से शिक्षण पद्धतियों की प्रभावशीलता का मूल्यांकन किया है। इनके निष्कर्षों को तालिका मे दिया गया है। निम्नांकित तालिका में वर्णित धन चिन्ह शिक्षण प्रणाली की प्रभावशीलता का द्योतक है।

हिन्दी शिक्षण प्रणाली और अधिगम परिस्थितियाँ

शिक्षण विधि	अधिगम स्वरूप				
	संकेत	शृंखला	बहुउद्देशीय	प्रत्यय	सिद्धान्त
1. प्रश्नोत्तर विधि	++++	++++	++++	++++	++++
2. प्रवचन विधि			++++	++++	++++
3. आगमन-निगमन विधि	++++	++++	++++	++++	++++
4. अनुकरण विधि	++++	++++	++++		
5. सामूहिक अभ्यास विधि	++++	++++			
6. भाषा प्रयोगशाला	++++	++++			

इस तालिका से ज्ञात होता है कि प्रश्न का उत्तर और आगमन-निगमन शिक्षण विधियों से सभी प्रकार के अधिगम स्वरूपों को पैदा किया जाता है। प्रवचन पद्धति से उच्च अधिगम स्वरूपों को पैदा करते हैं। अनुकरण, अभ्यास भाषा प्रयोगशाला तथा खेलविधि से निम्न स्तर के अधिगम स्वरूपों को उत्पन्न करते हैं। इनका प्रयोग भाषा कौशल शिक्षण हेतु ज्यादा लाभकारी होता है।

हिन्दी शिक्षण की विधियों की प्रभावशीलता हेतु मूल्यांकन हेतु विधि मानदंडों, परीक्षणों तथा प्रविधियों को प्रयुक्त किया जाता है। किसी एक मानण्दंड के आधार पर मूल्यांकन करना उपयोगी नहीं हो सकता है।

हिन्दी शिक्षण पद्धति की प्रभावशीलता पर शोध काम

हिन्दी शिक्षण विधियों की प्रभावशीलता का मूल्यांकन शोध अध्ययनों के द्वारा भी किया गया है। इन अध्ययनों में प्रभावशीलता हेतु दो मानदंड को प्रयुक्त किया है वे इस प्रकार हैं

(1) शिक्षण प्रणाली और शिक्षण का प्रयोजन

(2) शिक्षण प्रणाली और अधिगम परिस्थितियाँ।

इन मानदंडों पर प्राप्त शोध निष्कर्षों को यहाँ तालिकओं के रूप में दिया गया है। जिससे शिक्षण पद्धति की प्रभावशीलता मालूम होती है।

(1) शिक्षण प्रणाली और शिक्षण प्रयोजन

अधिकांश शोध अध्ययनों में शिक्षण प्रणाली के प्रभाव का मूल्यांकन शिक्षण उद्देश्य को हासिल करने की दृष्टि से किया गया है। हिन्दी शिक्षण की जिन विधियों पर शोध किय गया है। उनके निष्कर्ष तालिका के रूप में दिये गये हैं। धन का चिन्ह प्रभावशीलता का सूचक है।

हिन्दी शिक्षक प्रणाली और शिक्षण का प्रयोजन

शिक्षण विधि	**शिक्षण उद्देश्य**		
	ज्ञानात्मक	**क्रियात्मक**	**भावात्मक**
1. प्रश्नोत्तर विधि	++++		++++
2. प्रवचन विधि	++++		++++
3. आगमन-निगमन विधि	++++		++++
4. अनुकरण विधि	++++	++++	
5. सामूहिक अभ्यास विधि		++++	
6. भाषा प्रयोगशाला		++++	

इस तालिका से विदित होता है कि प्रश्नोत्तर, प्रवचन तथा आगमन-निगमन विधियों से ज्ञानात्मक तथा भावात्मक उद्देश्यों की प्राप्ति की जाती हैं इनका प्रयोग साहित्य शिक्षण में अधिक किया जाता है। इनी प्रकार अनुकरण विधि, सामूहिक अभ्यास तथा भाषा प्रयोगशाला से क्रियात्मक उद्देश्यों को हासिल किया जाता है। इन विधियों का इस्तेमाल भाषा शिक्षण में किया जाता है।

अधिगम प्रश्न

1. पुस्तक पठन पद्धति से आप क्या समझते हैं? भाषा शिक्षण में इसकी उपादेयता को स्पष्ट करें।
2. भाषा शिक्षण में व्याख्यान पद्धति और योजना पद्धति के प्रयोग को स्पष्ट करें।
3. भाषा शिक्षण में खेल विधि को स्पष्ट करें।

4. हिन्दी शिक्षण विधियों की प्रभावशीलता के मूल्यांकन की प्रविधियों को स्पष्ट करें। मूल्यांकन की अप्रत्यक्ष प्रविधियों का संक्षेप में विवरण दीजिए।
5. शिक्षण पद्धति का अर्थ स्पष्ट करें। प्रत्यक्ष व परोक्ष शिक्षण विधि पर प्रकाश डालें।
6. शिक्षण की वर्णन विधि को स्पष्ट करें।
7. स्पष्टीकरण पद्धति और कथा पद्धिति पर प्रकाश डालें।
8. भाषा शिक्षण में तुलना पद्धति के प्रयोग को स्पष्ट करें।

लघु उत्तरीय प्रश्न

1. पुस्तक पाठन विधि से आप क्या समझते हैं?
2. भाषा शिक्षण में व्याख्यान पद्धति की उपादेयता को स्पष्ट करें।
3. भाषा शिक्षण में योजना पद्धति के प्रयोग को स्पष्ट करें।
4. खेल विधि से आप क्या समझते हैं?
5. रचना शिक्षण में खेल विधि को स्पष्ट करें।
6. व्याकरण शिक्षण में खेल विधि को स्पष्ट करें।
7. योजना विधि की उपयोगिता स्पष्ट करें।
8. शिक्षण विधि का अर्थ बतायें।
9. भाषा शिक्षण में प्रयुक्त किसी एक प्रमुख शिक्षण विधि का संक्षेप में विवरण दें।
10. वर्णन विधि से आप क्या समझते हैं?
11. शिक्षण की स्पष्टीकरण विधि को स्पष्ट करें।
12. कथा शिक्षण विधि को भाषा शिक्षण के सन्दर्भ में स्पष्ट करें।
13. तुलना विधि से आप क्या समझते हैं? भाषा शिक्षण में इसकी उपादेयता को स्पष्ट करें।

वस्तुनिष्ठ प्रश्न

1. योजना विधि का विकास निम्न में से किसने किया?
   (क) हाबरर्ट (ख) इनमें से कोई नहीं
   (ग) किलपैट्रिक (घ) जॉन एडम

2. भाषा शिक्षण में निम्न में किस शिक्षण विधि का उपयोग किया जाता है?

(क) पुस्तक पठन विधि का (ख) उपरोक्त सभी

(ग) अनुकरण विधि का (घ) खेल विधि का

3. हिन्दी शिक्षण की प्रभावशीलता का मूल्यांकन निम्न में किससे करते हैं?

(क) क और ख दोनों (ख) इनमें से कोई नहीं

(ग) परोक्ष प्रविधियों का (घ) प्रत्यक्ष प्रविधियों का

4. हिन्दी शिक्षण के मुख्य घटक हैं

(क) शिक्षण सूत्र (ख) इनमें से सभी

(ग) शिक्षण विधियां (घ) शिक्षण आयाम

8

उच्चारण शिक्षण

शुद्ध उच्चारण का महत्व

स्वर या व्यंजन अक्षरों या शब्दों को मौखिक रूप देना ही उच्चारण है। उच्चारण को आकर्षक और प्रभावशाली बनाने हेतु इसका शुद्ध होना जरूरी है। अक्षरों का शुद्ध उच्चारण सुनने वाले को प्रभावित करता है इसके साथ ही यह कर्णप्रिय भी होता है। इस प्रकार शुद्ध उच्चारण का बहुत बड़ा महत्व है। शुद्ध उच्चारण के महत्व को इन शब्दों में वर्णित किया जा सकता है

(क) शुद्ध उच्चारण की शिक्षा द्वारा ही मातृभाषा पर बोलियों तथा ग्रामीण भाषाओं के प्रभाव को रोका जा सकता है।

(ख) शुद्ध उच्चारण वर्तनी की शुद्धता में मददगार होता है।

(ग) शुरू से ही जिस बच्चे में शुद्ध उच्चारण करने की आदत पड़ जाती है, वह जीवनपर्यंत भाषा के शुद्ध मौलिक रूप को सुरक्षित रखने में सक्षम होता है।

(घ) शुद्ध उच्चारण का ज्ञान ही भाषा के ज्ञान को पूर्णता देती है।

(ङ) शुद्ध उच्चारण भाषा को कर्णप्रिय तथा प्रभावकारी बनाता है।

(च) शुद्ध उच्चारण भाषा को विकृत होने से बचाता है।

अशुद्ध उच्चारण के मुख्य कारण

1. अक्षर तथा मात्राओं के ज्ञान का अभावअक्षर तथा मात्राओं के शुद्ध

ज्ञान के अभाव में भी उच्चारण दोषपूर्ण हो जाता है। यही वजह है कि बहुत-से बच्चे 'बीमार' को 'बिमार' 'क्षमा' को 'छमा', तथा 'ऊष्मा' को 'उष्मा' उच्चारित करते हैं।

2. अन्य भाषाओं का प्रभावहिन्दी के शब्दों के उच्चारण पर दूसरे भाषाओं का विशेषकर उर्दू एवं अंग्रेजी का प्रभाव पड़ा है। जिससे हिन्दी के उच्चारण में शेष उत्पन्न हो गए हैं। प्रताप, सिर पर यमुना शब्द क्रमशः 'परताप', 'सर' तथा 'जमना' हो गए। अंग्रेजी ने 'कलकत्ता', वाराणसी तथा 'दिल्ली' को देहली क्रमशः 'कैलकटा', 'बनारस' बना दिया। इस प्रकार उच्चारण-दोष लाने में अन्य भाषाओं का प्रभाव भी बहुत काम करता है।

3. अध्यापक की अयोग्यताआज के अध्यापकों की अयोग्यता भी शुद्ध और सरस उच्चारण के मार्ग में रुकावट है। भाषा-विज्ञान तथा शुद्ध उच्चारण से अनभिज्ञ हिन्दी अध्यापक खुद भी अशुद्ध उच्चारण करते हैं। इस प्रकार छात्र उनका अनुसरण कर अपना उच्चारण भी दोषपूर्ण बना लेता है।

4. बोलने में जल्दबाजी और असावधानीकुछ बच्चे बोलने में शीघ्रता करते हैं। वे असावधानी से वर्णों का उच्चारण करते हैं। इससे भी उच्चारण दोष आ जाता है।

5. वातावरण का प्रभावएक प्रसिद्ध सूक्ति है कि 'किसी व्यक्ति की पहचान उसकी संगति के द्वारा होती है। बच्चे जिस वातावरण में पलते-बढ़ते हैं, उसके उच्चारण का प्रभाव बच्चे पर भी पड़ता है। अशुद्ध उच्चारण करने वाले परिवार तथा समाज के भीतर रहनेवाले बच्चों से शुद्ध उच्चारण करनेवाले परिवार तथा समाज के भीतर रहनेवाले बच्चों का उच्चारण स्वभावतः ही दोषपूर्ण हो जाता है।

6. प्रयत्न-लाघवकुछ बच्चे शब्दों एवं ध्वनियों को संक्षिप्त रूप में उच्चारित करते हैं, उन्हें पूरे प्रयत्न के साथ नहीं बोलते। परिणामस्वरूप उच्चारण-दोष उपस्थित हो जाता है। 'मार डाला' को 'मा डाला', 'छतरी' को 'छत्री' तथा 'सकता' को 'सक्ता' उच्चारित करना प्रयत्न-लाघव का ही नतीजा है।

7. दोषपूर्ण आदतेंकई बच्चों में दोषपूर्ण आदतें पड़ जाती हैं। नाक से बोलना, अटक-अटककर बोलना तथा शकुन-तकिया के साथ बोलनासभी ऐसी आदतें हैं जिनके प्रभाव में आकर उच्चारण दोषपूर्ण हो जाता है।

8. वर्णों के शुद्ध उच्चारण का अज्ञान बहुत से बच्चों को वर्णों के शुद्ध उच्चारण का ज्ञान नहीं होता। इस प्रकार उनका उच्चारण दोषपूर्ण हो जाता है। यही वजह है कि बहुत-से बच्चे 'स' को 'श', 'ड़' को 'र' 'ण' को 'न' उच्चारित करते हैं। शुरू में इसे नहीं रोकने के कारण वयस्कों में भी यह दोष देखने को मिलता है।

9. शरीर-संबंधी दोषशारीरिक अंगों जैसेहोठ, तालू, दांत आदि में विकार होने से उच्चारण दोष उत्पन्न होता है।

10. क्षेत्र भेद अथवा देश-भेदभाषा के उच्चारण में दोष लाने के लिए क्षेत्रीयता का भी महत्वपूर्ण हाल होता है। हिन्दी को ही लिया जाए। पंजाब, हरियाणा में क, ख, ग तथा घ को का, खा, गा तथा घा उच्चारित करते हैं। बिहार में 'हॉल' को 'हौल' तथा 'बॉल' को 'बौल' उच्चारित करते हैं; किन्तु उत्तर प्रदेश के पूर्वी भाग में 'हाल' तथा 'बाल'। कई स्थानों पर स्थानीय प्रभाव भी काम करते हैं। यथा'लखनऊ' को 'नखलऊ' 'स्टेशन' को 'इस्टेशन', 'पार्क' को 'पारक' तथा 'स्कूल' को 'सकूल' उच्चारित होते हुए हम अक्सर पाते हैं।

अशुद्ध उच्चारण के ठीक करने के तरीके/विधि

1. अध्यापक द्वारा शुद्ध उच्चारण करना शिक्षण-प्रक्रिया में सर्वप्रथम स्थान अध्यापक का है। अतः छात्रों के समक्ष अध्यापक का उच्चारण शुद्ध एवं मानक है। इसका बहुत ही अनुकूल प्रभाव छात्रों के उच्चारण पर पड़ेगा। छात्र अध्यापक का अनुसरण कर शुद्ध उच्चारण करने लगेंगे तथा अपने दोष को सुधार सकेंगे।

2. छात्रों द्वारा शुद्ध उच्चारण का अभ्यासविद्यार्थियों को प्रारंभ से ही सही एवं परिष्कृत भाषा में बोलने का मौका दिया जाए। यह अवसर विद्यालय में वार्तालाप, वाद-विवाद के माध्यम से दिया जा सकता है। घर पर भी अनुकूल वातावरण मिले तो वह बड़ा उपयोगी होता है। शुद्ध उच्चारण करने का स्वतः अभ्यास हो जाता है।

3. अनुकूलित वातावरणवर्ग और स्कूल का परिवेश शुद्ध उच्चारण के अनुकूल रखा जाए। शिक्षक तथा विद्यालय-प्रधान इस दिशा में काफी सशक्त कदम उठा सकते हैं। छात्रों को कक्षा तथा कक्षा से बाहर किसी अवसर विशेष पर शुद्ध बोलने के लिए उत्साहित किया जाए। इससे उन्हें उच्चारणगत दोष को सुधारने का अवसर प्राप्त होगा। संवाद एवं पारस्परिक संभाषण इस दिशा में अधिक उपयोगी होते हैं।

4. शारीरिक चिकित्सायदि किसी छात्र के उच्चारण-अवयवों में जन्मजात-विकार हो तो उसकी समुचित चिकित्सा कराई जाए। चिकित्सा के बाद उच्चारण में अपेक्षित सुधार होते देखा गया है।

5. पुस्तक के शुद्ध पाठ पर बल देनाअध्यापक आदर्श पाठ में शुद्ध उच्चारण करें तथा छात्रों द्वारा अनुकरण पाठ कराते समय उसका ध्यान रखें। अन्य छात्रों द्वारा अशुद्धियों को दूर करवाएं तथा स्वयं भी सहयोग करें।

6. वैयक्तिक एवं सामूहिक आवृत्ति अशुद्ध उच्चारण को शुद्ध कराने के लिए वैयक्तिक एवं सामूहिक दोनों विधियों से आवृत्ति एवं पुनरावृत्ति कराना लाभदायक होता है। उच्चारण का शुद्ध रूप छात्रों के समक्ष प्रस्तुत किया जाए। फिर एक-एक से वैयक्तिक रूप में उसका शुद्ध उच्चारण करवाया जाए। अंत में सामूहिक रूप से उसकी आवृत्ति एवं पुनरावृत्ति कराई जाए।

7. सतर्कता एवं सावधानी दिखाना छात्र पढ़ते तथा बोलते समय शुद्ध उच्चारण के प्रति सतर्क करें। बोलते, समय उच्चारण की शुद्धता में आशंका उत्पन्न होने पर शिक्षक से पूछ लें। शिक्षक भी सहयोग एवं सहायता करने को तत्पर रहें। छात्रों के कान को शिक्षक शुद्ध उच्चारण सुनने में इतना अभ्यस्त कर दें कि अशुद्ध उच्चारण सुनते ही उनके कानों को खटक जाए। इस प्रकार उच्चारण के दोष दूर किए जा सकते हैं।

8. ध्वनि-यंत्रों की जानकारीछात्रों को विभिन्न ध्वनियों की उत्पत्ति के स्थानों का ज्ञान कराया जाए। जिह्वा, नासिका, कंठ, मूर्धा, दंत, तालु तथा होठों का ध्वनि की उत्पत्ति में क्या महत्व एवं स्थान हैछात्रों को स्पष्ट रूप से चित्र, चार्ट तथा मॉडल द्वारा समझाया जाए। दर्पण के सामने छात्र को खड़ा कर शुद्ध उच्चारण का अभ्यास कराया जाए। इससे वह देख सकेगा कि कौन-सी ध्वनि किस अवयव अथवा अवयवों की सहायता से उत्पन्न होती है। इस प्रकार छात्रों के दोषपूर्ण उच्चारण को सुधारा जा सकता है।

9. ग्रामोफोन टेप रिकॉर्डर तथा लिंग्वाफोन का प्रयोग करनाग्रामोफोन तथा लिंग्वाफोन के शुद्ध उच्चारण वाले रिकार्ड को बार-बार सुनाकर छात्रों के उच्चारण को सुधारा जा सकता है। टेपरिकॉर्डर द्वारा शुद्ध उच्चारण को सुनाया जाए, जिससे उनके उच्चारणगत दोष सामने आ जाएं और वे उन्हें स्वतः सुधार सकें।

10. सभी विषयों के शिक्षकों की पूर्णता का ज्ञानछात्रों में उच्चारण दोष दूर करने के लिए भाषा साहित्य के साथ-साथ सभी विषयों के शिक्षकों को सम्मिलित रूप से प्रयास करना चाहिए। सभी विषय शिक्षक शुद्ध उच्चारण स्वयं करें तथा छात्रों को भी वैसा करने के लिए प्रोत्साहित करें।

वर्तनी-शिक्षण

वर्तनी का महत्व

वर्तनी के परस्पर मिलने से शब्दों का आकार तय होता है। जिन अक्षरों के मिलने से शब्दों का निर्माण होता है, वे अक्षर ही उस शब्द की वर्तनी हैं। वस्तुतः

भाषा में वर्तनी का मुख्य स्थान है। भाषा की शुद्धता का आधार वर्तनी है। विशेषकर लिखित भाषा में तो इसका महत्व और भी बढ़ जाता है। वर्तनी की अशुद्धता भाषा के सुन्दर तन को अतिशय कुरूप कर देती है। वर्तनी के अशुद्धता के कारण शब्द का अर्थ भी बदल जाता है। अशुद्ध वर्तनी भाषा को विकृत तथा भ्रांतिपूर्ण बना देती है। वर्तनी तथा उच्चारण का अन्यो न्याश्रय संबंध है। वर्तनी की अशुद्धता के फलस्वरूप हास्यास्पद रूप से अर्थ का अनर्थ हो जाता है। जैसे'दिन' को 'दीन' बना देते हैं, 'चूड़' को 'चूर' कर देते हैं, 'सामान' को समान' कर देते हैं, 'साख' को 'शाख' पर लटका देते हैं तथा 'नीड़' को 'नीर' में डुबा देते हैं। इसी प्रकार अन्य प्रकार के अनर्थ भी वर्तनी की अशुद्धता की वजह से होते हैं। अतः शुद्ध वर्तनी अर्थ को अपेक्षित दिशा देती है। भाषा-शिक्षण में वर्तनी का महत्वपूर्ण स्थान है।

वर्तनी विषयक त्रुटियों के कारण

1. अशुद्ध उच्चारणहिन्दी की ध्वनि-योजना काफी ज्यादा वैज्ञानिक है। उच्चारण दोष के कारण भी वर्तनी में अशुद्धता आ जाती है। इस भाषा को जैसा बोलते हैं, वैसा लिखते भी हैं। हिन्दी में प्रत्येक ध्वनि के लिए एक निश्चित वर्ण होता है। यही वजह है कि उच्चारण की अशुद्धि होते ही वर्तनी भी अशुद्ध हो जाती है। उच्चारण-दोष के कारण 'इक्षा', 'परीच्छा', 'बिमार', 'कबि', 'दीन' तथा 'लिपी' हो जाती है। स्पष्ट है कि ये अशुद्धियां उच्चारण-दोष की वजह से ही होती हैं।

2. मानक उच्चारण का अभावहिन्दी में पृथक-पृथक क्षेत्रों में अलग-अलग उच्चारण चलते हैं। पश्चिमी उत्तर प्रदेश का उच्चारण पूर्वी उत्तर प्रदेश से अलग है। बिहार उच्चारण का उत्तर प्रदेश के उच्चारण से भिन्न है। इसी प्रकार हिन्दी भाषा-भाषियों के ही अनेक उच्चारण हैं। एक मानक का उच्चारण का अभाव है। परिणामस्वरूप वर्तनी में भी अशुद्धियों का होना स्वाभाविक है।

3. अनुस्वार तथा अनुनासिक का भ्रमअनुस्वार तथा अनुनासिक के अंतर को स्पष्ट रूप से न समझने के कारण भी वर्तनी की अशुद्धियां होती हैं। यही वजह है कि हम 'अहिंसा', 'संसद' तथा 'संसार' को क्रमशः 'अहिंसा', 'सन्सद' तथा 'सन्सार' के रूप में लिखा हुआ पाते हैं।

4. लिपि का पूर्ण ज्ञान होनाशुद्ध लेखन के लिए लिपि का पूर्ण ज्ञान बहुत जरूरी है। लिपि के सांगोपांग ज्ञान के अभाव में संयुक्ताक्षर को लिखने में भी अशुद्धियां होती हैं। जैसेलिपि के अधूरे ज्ञान के कारण निम्नलिखित वर्तनी की अशुद्धियां सर्वविदित हैं'आकाश' को 'आकास', 'देश' को 'देस', 'आशीर्वाद' को 'आर्शीवाद' 'वर्षा' को 'बरसा', तथा 'क्रिया' को 'कृया' लिखना।

5. उच्चारण क्षेत्रीय प्रभावअक्षरों और शब्दों के उच्चारण पर आंचलिकता का भी काफी प्रभाव पड़ता है। परिणामस्वरूप वर्तनी में त्रुटि आ जाती है। पंजाब में 'राजेन्द्र' को 'राजिन्दर', 'प्रताप' को 'परताप', 'स्टेशन' को 'सटेशन' तथा 'पर्वत' को 'परवत' लिखते हैं। इसी प्रकार बंगला के प्रभाव में कई दीर्घ इकारान्त शब्द भी ह्रस्व इकारान्त रूप में बोले तथा लिखे जाते हैं।

6. असावधानीवर्तनी की अशुद्धियों का एक मुख्य कारण असावधानी भी है। शीघ्रता से लिखते समय अक्षर तथा आकरादि चिह्न छूट जाते हैं। लिखते समय एकाग्रता की कमी से भी ऐसा होता है। स्पष्ट है कि शीघ्रता तथा सावधानी नहीं होने के कारण वर्तनी संबंधी अनेक अशुद्धियां होती हैं।

7. शिक्षक की अनभिज्ञता एवं असावधानीकुछ शिक्षक घूस देकर, फर्जी डिग्री लेकर या कदाचार करके परोक्ष दरवाजे से शिक्षक बन जाते हैं। ऐसे अध्यापक छात्रों को पढ़ाने-लिखाने में स्वयं ही सक्षम नहीं होते हैं। ऐसी स्थिति में वे बच्चों को क्या शुद्ध लिखना व बोलना सिखलायेंगे। फलस्वरूप छात्रों की वर्तनी का अशुद्ध होना स्वाभाविक है।

8. चंद्रबिंदु तथा अनुस्वार का संबंधशुरू में बच्चों को चंद्रबिंदु (̇) तथा अनुस्वार (̇) में स्पष्ट अंतर नहीं मालूम होता। अतः वे एक के साथ दूसरे का प्रयोग कर देते हैं। अक्सर वे 'मुँह' को 'मुंह', 'हँसी' को 'हंसी', 'बाँस' को 'बांस' तथा 'संस्कृति' को 'संस्कृति' लिख डालते हैं। ऐसी अशुद्धियां कई वयस्क भी करते देखे जाते हैं।

9. अन्य भाषाओं का प्रभावहिन्दी जैसी बोली जाती है, वैसी लिखी भी जाती है। चूँकि हिन्दी भाषा की उच्चारण लिपि काफी वैज्ञानिक है। इस प्रकार उच्चारण का प्रभाव वर्तनी पर पड़ता है। अंग्रेजी, उर्दू, बंगला, आदि भाषाओं के प्रभाव से हमारे उच्चारण में दोष आता है तथा दोषपूर्ण उच्चारण के कारण वर्तनी अशुद्ध हो जाती है। जैसेउर्दू के प्रभाव में कुछ लोग 'प्रताप' तथा 'ब्राह्मण' को क्रमशः 'परताप' तथा 'बरहमन' बोलते एवं लिखते हैं। इसी प्रकार अंग्रेजी के प्रभाव में 'मित्र' तथा 'अशोक' को क्रमशः 'मित्रा' तथा 'अशोका' बोलते तथा लिखते हैं।

शुद्ध वर्तनी का अध्यापन

1. शब्दकोश का उपयोगवर्तनी के शुद्ध करने में शब्दकोष बहुत महत्वपूर्ण होता है। शिक्षकों द्वारा छात्रों को शब्दकोषों के उपयोग के लिए प्रोत्साहित करना चाहिए। वस्तुतः जहां भी कठिन शब्दों का अर्थ जानना हो, अथवा उनकी वर्तनी में

संदेह होछात्र वहां शब्दकोश की सहायता लें। इस प्रकार की आदत शिक्षक डाल सकता है। इससे यह लाभ होगा कि छात्र स्वयं ही शब्दों की सही वर्तनी ढूंढ़ और जान सकेंगे।

2. लिपि का सही ज्ञानछात्रों को लिपि तथा मात्राओं का पूर्ण तथा स्पष्ट ज्ञान दिया जाए। ह्रस्व इकार, दीर्घ इकार, रेफ, संयुक्ताक्षर, अनुस्वार, चंद्रबिन्दु आदि के शुद्ध प्रयोग से उन्हें पूर्ण परिचित कराया जाए। लिखना सिखाते सगय लिपि का स्पष्ट ज्ञान करा देना वर्तनी को शुद्धता प्रदान करता है।

3. शुद्ध उच्चारण अभ्यास करनाकठिन तथा जटिल वर्तनीवाले शब्दों को छात्रों द्वारा बार-बार लिखवाकर अभ्यास कराना लाभकारी होगा। इस प्रक्रिया में शुद्ध उच्चारण करते हुए बार-बार लिखने का अभ्यास कराना चाहिए।

4. शब्द-संग्रह करनाशिक्षक छात्रों को ऐसे शब्दों को संगृहीत करने को प्रोत्साहित करें जिनकी वर्तनी में साधारणतः लोग अशुद्धियां किया करते हैं। इससे यह लाभ होगा कि छात्रों को वैसी वर्तनी संबंधी अशुद्धियों का ज्ञान हो जाएगा जिन्हें लोग सामान्यतः करते हैं, साथ ही उन शब्दों को शुद्ध रूप से लिखने का अभ्यास भी हो जाएगा।

5. वर्तनी संबंधी वैयक्तिक कठिनाइयों को दूर करनाआदत के कारण या मनोवैज्ञानिक कारणों से बच्चे वर्तनी संबंधी गलतियां करते हैं, ये गलतियां पूरी तरह व्यक्तिगत होती हैं। कुछ बच्चे ऐसे होते हैं जिनकी वर्तनी-संबंधी कठिनाइयां है। कोई 'ब' को पेट नहीं काटता और उसे 'व' ही लिखता है। कोई 'ड़' के स्थान पर 'र; लिखता है। कोई-कोई ऐसा भी छात्र है जो 'स' के स्थान हमेशा 'श' लिखता है। इस प्रकार की अशुद्धियां निश्चित रूप से वैयक्तिक हैं। इनके पीछे कोई-न-कोई मनोवैज्ञानिक अथवा आदत संबंधी कारण काम करते हैं। इस प्रकार अक्षर दोष या उच्चारण दोष को दूर करने हेतु अध्यापक को छात्रों के साथ सहानुभूति, स्नेह और सहृदयतापूर्ण व्यवहार करना चाहिए। निरन्तर प्रयास से इस दोष को दूर किया जा सकता है।

6. देखकर लिखनाकिसी पुस्तक अथवा पत्रिका के किसी अंश को ध्यानपूर्वक देखकर अपनी कॉपी पर लिखना चाहिए। शिक्षक के देखरेख में छात्रों को ध्यानपूर्वक देखकर लिखना चाहिए इससे वर्तनी को सुधारने में सहायता मिलती है। आगे चलकर छात्र स्वयं ही यह कार्य संपादित कर सकते हैं। लंबी अवधि तक इस कार्य को चलाने से निश्चित रूप से वर्तनी की शुद्धता आती है। इस प्रकार यह स्पष्ट है कि देखकर लिखना वर्तनी-शिक्षण का एक प्रभावकारी साधन है।

7. उच्चारण शुद्ध करने का शिक्षणहम जानते हैं कि हिन्दी का ध्वनि-विधान बहुत वैज्ञानिक है। हिन्दी भाषा को जैसा जो बोलता है वह वैसा ही लिखता है। अतः भाषा का उच्चारण शुद्ध होना चाहिए। अतः सर्वप्रथम शिक्षक बच्चों के उच्चारण को ही शुद्ध करें। इससे वर्तनी की शुद्धता आप-से-आप आ जाएगी।

8. बाहरी उपायों का प्रयोगविविध प्रकार के शब्द चार्ट तथा अक्षर-लेखन संबंधी चित्रादि का उपयोग भी इस दिशा में लाभदायक होता है। लिंग्वाफोन रिकॉर्ड से शुद्ध उच्चारण सुनवाकर छात्रों की वर्तनी को शुद्ध किया जा सकता है।

9. उच्चारण के अशुद्धियों और लिपियों के अशुद्धियों का वर्गीकरण प्रभावकारी अध्यापक छात्रों के द्वारा की जानेवाली वर्तनी संबंधी अशुद्धियों को एकत्र करता है तथा बाद में उनका वर्गीकरण करता है। उच्चारण की अशुद्धियां तथा लिपि की अशुद्धियां अलग-अलग वर्गों में रखी जा सकती हैं। फिर शिक्षक उन्हें श्याम-पट्ट पर अंकित करे तथा छात्रों को इनसे बचने का मार्ग बताए।

10. पढ़ने का उपयुक्त अवसर देनाछात्रों के किताब और पत्र-पत्रिकाओं के अध्ययन का समुचित मौका देना चाहिए। इससे वे शब्दों की शुद्ध वर्तनी से पूर्ण रूप से परिचित हो सकेंगे। शिक्षक छात्रों को ध्यानपूर्वक पढ़ने को उत्प्रेरित करे।

11. लिखित कार्य का जांचछात्रों द्वारा लिखित कहानी-निबंध के वर्तनी संबंधी अशुद्धियों की जांच शिक्षकों द्वारा की जानी चाहिए तथा सहानुभूतिपूर्वक छात्रों से अशुद्धियों को दूर करने के लिए उत्प्रेरित करें।

अतः कहा जा सकता है कि छात्रों में उच्चारण और वर्तनी संबंधी गलतियों को सुधारने की जिम्मेवारी शिक्षकों पर होती है। इसलिए शिक्षकों को विषय का जानकर एवं शुद्ध उच्चारण करने वाला योग्य प्रशिक्षित और शुद्ध लिखने वाला होना चाहिए। यदि ऐसा नहीं है तो सभी शिक्षण विधियों का कोई महत्व नहीं रह जाता है छात्र को भी पूर्ण मनोयोग से इसे ग्रहण करना चाहिए।

12. सुनकर लिखनासुनकर लिखने में इस विधि द्वारा भी छात्रों में वर्तनी का सुधार किया जाता है। शिक्षक बोलता या सस्वर पढ़ता जाता है तथा छात्र सुनकर लिखते जाते हैं। इस प्रक्रिया में छात्र द्वारा सुनना तथा लिखना दो कार्य साथ-साथ होते चलते हैं। शिक्षक जब बोल या पढ़ चुका होता है तब छात्रों के लिखे हुए अंश को देखता तथा शुद्ध करता है। छात्रों के सम्मुख उनकी वर्तनी संबंधी अशुद्धियों को स्पष्ट करता है। इससे छात्र सावधान होते हैं तथा भविष्य में इस प्रकार की अशुद्धि नहीं करते।

दीर्घ उत्तरीय प्रश्न

1. अशुद्ध उच्चारण के मुख्य कारण क्या हैं?
2. दोषपूर्ण उच्चारण को ठीक करने के मुख्य विधियों की चर्चा करें।
3. शुद्ध वर्तनी का शिक्षण किस प्रकार किया जाता हैं?

लघु उत्तरीय प्रश्न

1. शुद्ध उच्चारण का क्या महत्व हैं?
2. वर्तनी संबंधी दोषों के कारण क्या हैं?
3. वर्तनी के महत्व की चर्चा करें।

वस्तुनिष्ठ प्रश्न

1. स्वर या व्यंजन अक्षरों या शब्दों को मौखिक रूप देना है
   (क) वाक्य (ख) उच्चारण
   (ग) वर्तनी (घ) इनमें से कोई नहीं।
2. अक्षर तथा मात्राओं के शुद्ध ज्ञान के अभाव में उच्चारण हो जाता है
   (क) शुद्धता पूर्ण (ख) दोषपूर्ण
   (ग) असावधानी पूर्ण (घ) इनमें से कोई नहीं।
3. वर्तनी की अशुद्धता के कारण बदल जाता है
   (क) वाक्य का अर्थ (ख) शब्द का अर्थ
   (ग) स्वर का अर्थ (घ) व्यंजन का अर्थ।

9

व्याकरण शिक्षण

भाषा के माध्यम से व्यक्ति अपने विचारों को सुस्पष्ट और ओजपूर्ण तीरके से अभिव्यक्त कर सकता है। भाषा के द्वारा ही व्यक्ति अपने विचारों का परस्पर आदान-प्रदान करते हैं। लेकिन भाषा में भी क्षेत्रीयता का प्रभाव होता है। और इसकी अपनी-अपनी विधि होती है। वाक्य-रचना, शब्द प्रयोग, इत्यादि की कुछ विशेष सीमाएं होती हैं। इन्हीं नियमों तथा सीमाओं में भाषाएं विकसित होती रहती हैं। भाषा संबंधी ये नियम ही तो सम्मिलित रूप में व्याकरण कहलाते हैं। वस्तुतः भाषा का विकास पहले हुआ और बाद में उसकी प्रकृति का निरीक्षण कर व्याकरण का सृजन हुआ।

भाषा संबंधी नियमों का ज्ञान व्याकरण द्वारा होता है। किसी भाषा के निर्माण का सिद्धान्त अथवा नियम ही उसका व्याकरण है। भाषा यदि साध्य है जो व्याकरण उसका साधन है। पतंजलि मुनि ने अपने 'महाभाष्य' में व्याकरण को 'शब्दानुशासन' कहा है। यानी शब्दों पर जो अनुशासन रखे उसे ही व्याकरण माना जाता है।

अंग्रेजी विद्वान् डॉ. स्वीट ने व्याकरण को 'भाषा का व्यावहारिक विश्लेषण' कहा है। व्याकरण ऐसा शास्त्र है जो यह बताता है कि किसी वाक्य में कौन-सा शब्द कहां रहना चाहिए। व्याकरण भाषा के सर्वमान्य रूप का संरक्षण करता है। किन्तु फिर भी भाषा व्याकरण के नियमों से इधर-उधर हट जाती है। इस परिवर्तित भाषा के लिए व्याकरण सम्बन्धी उपनियमों का सृजन किया जाता है। हमें यह ध्यान रखना चाहिए कि पहले किसी भाषा का विकास हुआ और फिर उसका व्याकरण बना। इस प्रकार

भाषा में परिवर्तन एवं विकास के साथ-साथ उसका व्याकरण भी परिवर्तित तथा विकसित होता रहता है।

अनुकरण से सीखी जाती है, उसके लिए व्याकरण के नियमों को रटने की कोई आवश्यकता नहीं। उनका कहना है कि व्याकरण एक नीरस विषय है, बच्चे बिना सोचे-समझे व्याकरण के नियमों को रट लेते हैं, उनका व्यावहारिक प्रयोग उनकी बुद्धि से परे होता है। अतः व्याकरण के नियमों की शिक्षा देना बच्चों के समय को बरबाद करता है।

व्याकरण-शिक्षण के विषय में उपर्युक्त दोनों मत एकांगी हैं। प्रथम मत के अनुसार यदि हम भाषा को व्याकरण के नियमों में बांध देंगे तो भाषा का विकास रुक जाएगा। व्याकरण भाषा को सुव्यवस्थित रखता है। अतः वह भाषा के शुद्ध रूप को बनाए रखने में एक साधन का कार्य करता है, परन्तु यदि हम उसे साधन न मानकर साध्य मान लेंगे तो भाषा-शिक्षण महत्वहीन हो जाएगा। भाषा शिक्षण में व्याकरण अनिवार्य है।

दूसरी तरफ यदि दूसरे मत को माना जाए तो व्याकरण में नियमों को पूरी तरह से उपेक्षित कर दिया जाएगा। यदि व्याकरण सम्बन्धी नियमों का पालन नहीं किया गया तो भाषा का न कोई सर्वमान्य रूप होगा, न उस पर कोई नियन्त्रण होगा। उसका स्वरूप विकृत हो जाएगा और तब अर्थ और भाव को समझना मुश्किल हो जाएगा। अतः व्याकरण-शिक्षण के विषय में हम एक तीसरे मत का प्रतिपादन कर सकते हैं, जिसके अनुसार व्याकरण को साध्य न मानकर साधन माना जाए। हमारा उद्देश्य तो बच्चों को भाषा के शुद्ध रूप का ज्ञान कराना है। भाषा के शुद्ध रूप का ज्ञान कराने के लिए हम जिन साधनों एवं क्रियाओं की सहायता लेते हैं उनमें से एक साधन व्याकरण भी है। भाषा-शिक्षण में व्याकरण के नियमों को रटवाने की बजाय उसके व्यावहारिक प्रयोग पर बल देना चाहिए। भाषा-ज्ञान एवं प्रयोग के आधार पर व्याकरण के नियमों का ज्ञान कराया जाए। वैसे तो बच्चा अनुकरण द्वारा ही भाषा के शुद्ध प्रयोग से परिचित होने लगता है, किन्तु इस शुद्ध प्रयोग को पुष्ट एवं वैज्ञानिक बनाने के लिए व्याकरण की शिक्षा देनी चाहिए। अन्त में हम इस निष्कर्ष पर पहुंचते हैं कि भाषा-शिक्षण में व्याकरण की शिक्षा अनिवार्य है, परन्तु व्याकरण इस ढंग से पढ़ाया जाए जिससे वह शिक्षक की सहायक मात्र हो।

व्याकरण-शिक्षा की उपादेयता

व्याकरण भाषा की अनुगामिनी है। व्याकरण भाषा को सुरक्षा देता है। यह भाषा की व्याख्या करता है और नियम निर्धारित करता है। तथ्य व्याकरण ही भाषा के

स्वरूप को व्यक्तिगत करता है। ये बालक को अपने विचार सर्वमान्य भाषा में प्रकट करने के योग्य बनाते हैं। पं. लज्जाशंकर झा का मत है कि "भाषा के शुद्ध रूप को समझने और पहचानने में समर्थ बनाना ही व्याकरण-शिक्षण का उद्देश्य है।" इस दृष्टि से व्याकरण-शिक्षण के उद्देश्य को निम्नलिखित ढंग से स्पष्ट किया जा सकता है

(i) छात्रों की चिन्तन एवं तर्क शक्ति का विकास करना।
(ii) छात्रों में मानसिक अनुशासन स्थापित करना।
(iii) भाषा के व्याकरण-संगत रूप को सुरक्षित रखना।
(iv) छात्रों में विश्लेषण क्षमता का विकास करना।
(v) छात्रों को भाषा के गुण-दोषों की परख करने के योग्य बनाना।
(vi) छात्रों की शुद्ध भाषा का प्रयोग करने व शुद्ध भाषा सीखने में रुचि उत्पन्न करना।
(vii) छात्रों में शुद्ध भाषा के प्रति लगाव विकसित करना।
(viii) छात्रों को शब्द, सूक्ति, मुहावरे एवं लोकोक्ति का प्रसंगानुकूल अर्थ निकालकर, स्वराघात एवं बलाघात के अनुसार अर्थ ग्रहण करने के योग्य बनाना।
(ix) छात्रों को मौखिक अभिव्यक्ति के समय सर्वमान्य भाषा का प्रयोग करने के योग्य बनाना।
(x) छात्रों को लिखित अभिव्यक्ति के समय शुद्ध वर्तनी लिखने, शुद्ध वाक्य-रचना करने एवं विराम-चिह्नों का शुद्ध प्रयोग करने के योग्य बनाना।
(xi) छात्रों को ध्वनियों, ध्वनियों के सूक्ष्म अन्तर एवं उच्चारण के नियमों का ज्ञान कराना।
(xii) छात्रों को शब्द-योजना, शब्दों के शुद्ध रूप एवं शुद्ध वर्तनी का ज्ञान कराना।
(xiii) छात्रों को वाक्य-रचना के नियम, विराम-चिह्न का शुद्ध प्रयोग आदि का ज्ञान कराना।

व्यवहारिक एवं अव्यवहारिक व्याकरण शिक्षण

व्याकरण एक कठिन विषय है। लेकिन परिवार के लोगों द्वारा आम बोलचाल में व्याकरण के प्रयोग से बच्चे इसे आसानी से सीख लेते हैं। इसके बाद वह विद्यालयों में शिक्षक के बोलने, पढ़ने और लिखने के तरीकों का अनुसरण करके भाषा को सीखता है। परन्तु बच्चे की भाषा त्रुटि-रहित है या नहीं इसका ज्ञान उसे नहीं होता है। बच्चे की भाषा को प्रभावशाली बनाने के लिए उसे भाषा के सर्वमान्य रूप को

सिखाना पड़ता है और भाषा के सर्वमान्य रूप को सीखने के लिए, उसके व्याकरण को जानना आवश्यक है। भाषा के प्रायः सभी विद्वान् इस बात से तो सहमत हैं कि बच्चे को भाषा के व्याकरण का ज्ञान कराया जाए, परन्तु यह ज्ञान किस सीमा तक कराया जाए इस बारे में उनमें मतभेद है। इस मतभेद ने ही व्याकरण से सम्बन्धित दो रूपों को जन्म दिया है :

1. व्यवहारिक व्याकरण।
2. अव्यवहारिक व्याकरण।

1. व्यवहारिक व्याकरणबच्चों को जब हिन्दी की शिक्षा दी जाती है तो सर्वप्रथम व्याकरण के नियम को सही ढंग से सिखाया जाता है। इसमें व्याकरण की एक पाठ्य-पुस्तक भी होती है और विधिवत् ढंग से क्रमपूर्वक व्याकरण के नियमों, उपनियमों, उनके भेदों तथा उपभेदों का ज्ञान कराया जाता है।

औपचारिक व्याकरण का शिक्षण तभी प्रारम्भ करना चाहिए जब बच्चे का मातृभाषा का कुछ ज्ञान हो जाए। उनका मानसिक व बौद्धिक विकास इतना हो जाए कि वे व्याकरण के अमूर्त नियमों को आसानी से समझ सकें। अतः औपचारिक व्याकरण की शिक्षा कक्षा छठी से पहले नहीं देनी चाहिए। परन्तु बच्चों के मानसिक स्तर एवं भाषा-ज्ञान के आधार पर ही किसी भी कक्षा के लिए व्याकरण के पाठ्यक्रम का निर्धारण होना चाहिए। इस प्रकार माध्यमिक स्तर से ही व्यवहारिक व्याकरण की क्रमबद्ध शिक्षा प्रारम्भ होनी चाहिए।

2. अव्यवहारिक व्याकरणयह तो सभी जानते हैं कि बच्चा भाषा अनुकरण से सीखता है और हमारा उद्देश्य भी बच्चों को भाषा का ज्ञान कराना है, उनमें भाषाई कौशलों को विकसित करना है, उन्हें भाषा का शुद्ध प्रयोग सिखाना है। व्याकरण भाषा के इसी शुद्ध रूप की रक्षा करती है। यदि बालक व्याकरण के नियमों की जानकारी के बिना ही भाषा के शुद्ध रूप का प्रयोग करना सीख जाता है तो व्याकरण के नियमों की क्या आवश्यकता? व्याकरण विशारदों का मानना है कि शुद्ध एवं मान्य व्याकरण का आम बोलचाल में व्यवहार होने पर बच्चे इसका अनुकरण करते हैं। अतः परिवार के सदस्यों द्वारा बच्चों के साथ और बच्चों के समक्ष व्याकरण सम्मत भाषा का ही इस्तेमाल करना चाहिए। प्रायोगिक रूप से जितना भी हो सके, व्यावहारिक व्याकरण की शिक्षा देने का कोशिश किया जाए।

इस प्रकार व्याकरण के नियमों की विधिवत् शिक्षा दिए बिना भाषा के शुद्ध रूप का ज्ञान कराना ही अव्यवहारिक व्याकरण-शिक्षण है। जब तक बच्चे का भाषा पर काफी अधिकार नहीं होता और उनका मानसिक व बौद्धिक विकास भी पूरी तरह

नहीं होता तब तक बच्चे को बिना नियम बताए ही अनौपचारिक रूप से व्याकरण की शिक्षा देनी चाहिए क्योंकि व्याकरण का उद्देश्य भाषा के शुद्ध रूप का प्रयोग सिखाना है और इस उद्देश्य की पूर्ति अभ्यास द्वारा अच्छी प्रकार से की जा सकती है। व्याकरण का निर्माण होने से पहले भाषा का विकास हुआ है। लार्ड मैकाले ने कहा था"मनुष्य उसी भाषा का पूर्ण पण्डित हो सकता है जिसे उसने पहले और जिसका व्याकरण उसके बाद सीखा हो।"

माध्यमिक स्तर पर व्याकरण-सीखने की पद्धतियां

व्याकरण के शिक्षक को छात्रों को हर स्तर पर एक समान शिक्षा नहीं देना चाहिए। प्राथमिक स्तर पर बालक अनुकरण द्वारा भाषा सीखता है। छोटे-छोटे बच्चे व्याकरण के नीरस नियमों को नहीं सीख सकते। अतः प्राथमिक स्तर पर व्याकरण के नियम बताए बिना अभ्यास के द्वारा बच्चों की भाषा सम्बन्धी त्रुटियों को दूर कराया जाए।

निम्न माध्यमिक स्तर पर बच्चे का भाषा पर पर्याप्त अधिकार हो जाता है। उनका बौद्धिक, मानसिक व सामाजिक विकास भी इतना हो जाता है कि वे सरल नियमों को सीख सकते हैं। अतः इस स्तर पर व्याकरण में सरल नियमों की जानकारी बच्चों को करानी चाहिए। अध्यापक को यह ध्यान रखना चाहिए कि इस स्तर पर बच्चे का मानसिक विकास इतना नहीं होता कि वे संज्ञा, सर्वनाम, विशेषण आदि के भेदों-उपभेदों आदि को समझ सकें। अतः इस स्तर पर इन नियमों के भेदों को नहीं पढ़ाना चाहिए। कक्षा 7 एवं 8 में इनके भेदों को पढ़ाया जाना चाहिए।

माध्यमिक वर्ग तक आते-आते छात्रों का पूर्ण मानसिक विकास हो जाता है। उनमें तथ्यों का विश्लेषण करने की क्षमता आ जाती है। अतः इस स्तर पर पूर्व कक्षाओं में पढ़ाए गए व्याकरण के नियमों का अधिक से अधिक अभ्यास कराने के साथ, नियमित अर्थात व्यवहारिक व्याकरण का ज्ञान पूरी तरह से कराना चाहिए। इस समय छात्र यह समझ सकते हैं कि उनके बोलने एवं लिखने के कुछ नियम होते हैं जो उनकी अभिव्यक्ति की शुद्धता की परख करते हैं। वे समझ सकेंगे कि उनकी भाषा शुद्ध है या नहीं। अतः इस स्तर पर किसी उपयुक्त प्रणाली के माध्यम से बच्चों को व्याकरण के नियमों की विधिवत् जानकारी देनी चाहिए। व्याकरण-शिक्षण के लिए निम्न प्रणालियां प्रयोग में लाई जाती हैं

1. आगमन प्रणाली यह प्रणाली निगमन विधि की उल्टी है। इसमें पहले छात्रो के सम्मुख उदाहरण प्रस्तुत किए जाते हैं फिर उन उदाहरणों का विश्लेषण कर,

उनकी सहायता से छात्रों से नियम निकलवाए जाते हैं। फिर पुनः उदाहरण प्रस्तुत कर नियम का परीक्षण किया जाता है। इस प्रकार इस प्रणाली के चार उपनियम हैं

(i) उदाहरणों का प्रस्तुतीकरण, (ii) उदाहरणों का विश्लेषण, (iii) नियमीकरण, और (iv) परीक्षण।

यह प्रणाली मनोवैज्ञानिक है। इसमें सरल से कठिन की ओर, ज्ञात से अज्ञात की ओर, स्थूल से सूक्ष्म की ओर, विशिष्ट से सामान्य की ओर आदि शिक्षण-सूत्रों का पालन होता है। इस प्रणाली में छात्र अपने अनुभव के आधार पर व्याकरण के नियमों को सीखते हैं। अतः ये नियम छात्रों के मानस-पटल पर अंकित हो जाते हैं। नियम सीखने में आरम्भ से अन्त तक छात्रों की जिज्ञासा एवं उत्सुकता बनी रहती है। इसमें छात्रों को निरीक्षण, चिन्तन एवं सामान्यीकरण करने का अवसर मिलता है। जिससे उनका मानसिक विकास भी होता है। अतः सभी स्तरों पर व्याकरण की शिक्षा के लिए यह एक सर्वश्रेष्ठ प्रणाली है।

यह प्रणाली दो रूपों में देखने को मिलती है

(ii) सूत्र प्रणाली, (i) पुस्तक प्रणाली।

(i) किताब प्रणालीइस प्रणाली में व्याकरण के नियमों को बताने के लिए किताबों का उपयोग किया जाता है। पुस्तक में एक-एक अध्याय में एक-एक नियम, उसके उदाहरण तथा अभ्यास के लिए प्रश्न दिए होते हैं।

छात्रों को नियमों का अभ्यास कराने की दृष्टि से पुस्तक सहायक का कार्य करती है और परीक्षा की तैयारी करने में भी बच्चों की सहायता करती है। परन्तु यह प्रणाली भी अमनोवैज्ञानिक एवं अरुचिकर है। छात्रों को निरीक्षण, चिन्तन और नियमीकरण का अवसर नहीं मिलता है। यह शिक्षण-सूत्रों के भी प्रतिकूल है। अतः इस विधि से छात्रों को व्याकरण का ज्ञान कराने से उनकी शक्ति व समय का दुरुपयोग ही होता है। इस प्रणाली से व्याकरण के नियमों को सीखने के बाद भी बच्चे इनका प्रयोग करने में समर्थ नहीं हो पाते हैं।

(ii) सूत्र प्रणालीयह प्रणाली विशेष रूप से संस्कृत भाषा में उपयोग की जाती है। इसमें व्याकरण के नियम सूत्र में परिवर्तित कर दिए जाते हैं। छात्र इन सूत्रों को बिना सोचे-समझे रट लेते हैं। आजकल हिन्दी-शिक्षण में इसका प्रयोग न के बराबर है। अमनोवैज्ञानिक, नीरस तथा अरुचिकर प्रणाली होने के कारण इसका प्रयोग नहीं करना चाहिए।

2. निगमन प्रणाली इस प्रणाली में शिक्षक छात्रों को व्याकरण के नियम को उदाहरण देते हुए स्पष्ट करता है। बच्चे इन नियमों को बिना सोचे-समझे रट लेते

हैं। अधिकांश विद्वान् इस प्रणाली को मनोवैज्ञानिक मानते हैं क्योंकि यह प्रणाली शिक्षण-सूत्रों के विपरीत चलती है। 'ज्ञात से अज्ञात की ओर' के स्थान पर यह प्रणाली 'अज्ञात से ज्ञात की ओर' जाती है। 'उदाहरण से नियम की ओर' के स्थान पर 'नियम से उदाहरण की ओर' जाती है।

3. भाषा संसर्ग प्रणालीकुछ विद्वान व्याकरण को उबा ऊ और कठिन विषय मानते है और उनका मत है कि बच्चे अलग से व्याकरण की जानकारी देने के स्थान पर व्याकरण शिक्षा के लिए ऐसे लेखकों की रचना उन्हें पढ़ाई जाए जिनका भाषा पर पूर्ण अधिकारी हो। बच्चों को ऐसे लोगों के साथ वार्तालाप करने का अवसर दिया जाए तो मौखिक अभिव्यक्ति में शुद्ध भाषा का प्रयोग करते हों। इस प्रकार इस प्रणाली में व्याकरण के नियमों का ज्ञान कराए बिना, भाषा के शुद्ध रूप का अनुकरण करने का अवसर प्रदान कर छात्रों को भाषा के शुद्ध रूप का प्रयोग करना सिखाया जाता है। प्राथमिक स्तर पर बच्चों को व्यावहारिक व्याकरण का ज्ञान देने के लिए तो यह विधि उपयोगी है। परन्तु व्याकरण का तार्किक ज्ञान कराने के लिए अन्य विधियों की सहायता लेनी होगी। इस विधि में एक तो बच्चों को व्याकरण के नियमों का ज्ञान हो ही नहीं पाएगा और यदि होगा भी तो बहुत समय लगेगा। दूसरे व्याकरण के नियमों का व्यवस्थित ज्ञान भी नहीं हो पाएगा। नियमों की जानकारी के अभाव में भाषा की शुद्धता या अशुद्धता का निर्णय लेना भी असम्भव ही है।

4. प्रयोग या विश्लेषण-प्रणाली इस प्रणाली में उदाहरणों की व्याख्या तथा उनके प्रयोग के आधार पर व्याकरण के नियमों का ज्ञान कराया जाता है। इसीलिए इसे प्रयोग या विश्लेषण विधि कहा जाता है। इस प्रणाली में व्याकरण-शिक्षण की आगमन व निगमन दोनों विधियों का समन्वित रूप से प्रयोग किया जा सकता है।

सर्वप्रथम छात्रों के सम्मुख उदाहरणों को प्रस्तुत किया जाता है फिर उनका विश्लेषण कर नियमीकरण कराया जाता है। यहां तक आगमन विधि का पालन होता है। नियमीकरण के उपरान्त नियम की पड़ताल करने के लिए पुनः कुछ उदाहरण प्रस्तुत किए जाते हैं और नियम का प्रयोग कराया जाता है। अर्थात् नियम से उदाहरण की ओर बढ़कर निगमन विधि का पालन किया जाता है।

इस प्रकार उदाहरण से नियम की ओर और फिर नियम से उदाहरण की ओर बढ़ते हुए व्याकरण के नियमों का ज्ञान कराया जाता है। इस प्रणाली से छात्र सक्रिय रहते हुए, सरस एवं रोचक ढंग से बिना रटे हुए व्याकरण के नियमों को सीखते हैं। अतः व्याकरण-शिक्षण की यही सर्वोत्तम विधि है।

5. सहयोग प्रणालीइस प्रणाली में भाषा के अन्तर्गत मौखिक या लिखित कार्य कराते समय, गद्य की पाठ्य-पुस्तक पढ़ाते समय या रचना-कार्य कराते समय प्रासंगिक रूप से व्याकरण के नियमों का ज्ञान कराया जाता है। इस विधि में छात्रों को व्याकरण के नियमों का उदाहरण किताब के पाठों से ही लिया जाता है। दूसरे व्याकरण की शिक्षा अलग कालांश में न देकर गद्य, रचना आदि पढ़ाते समय दे दी जाती है।

व्याकरण की व्यावहारिक शिक्षा देने का यह एक नियमित स्वाभाविक एवं रुचिकर विधि है लेकिन इसके द्वारा व्याकरण के नियमों का तार्किक एवं व्यवस्थित ज्ञान नहीं दिया जा सकता है। इस विधि का एक दोष और भी है कि इसमें मूलपाठ से भटक जाने का भय बना रहता है। गद्य पाठ, रचना पाठ या मौखिक अभिव्यक्ति के समय व्याकरण के नियमों का ज्ञान कराते समय ऐसा भी हो सकता है कि गद्य, रचना या मौखिक पाठ व्याकरण का पाठ बन जाए। व्याकरण के नियमों का विधिवत् ज्ञान कराने के पश्चात् अभ्यास के लिए इस विधि का प्रयोग किया जा सकता है।

व्याकरण-शिक्षण को आसान और दिलचस्प बनाने के तरीके

वर्तमान शिक्षण प्रणाली में कठिन विषयों या सूत्रों को अध्यापक समझाने की बजाय छात्रों को रटकर याद करने पर अधिक जोर देते हैं। इसलिए व्याकरण शिक्षण की दिशा और दशा अत्यंत दयनीय हो चुकी है। जबकि भाषा को परिष्कृत बनाने और छात्रों को पूर्ण भाषाई ज्ञान प्रदान करने का सर्वोत्तम माध्यम व्याकरण ही है। भाषा के व्यवहारिक प्रयोग के समय व्याकरण का प्रयोग नहीं कर पाते हैं। व्याकरण उन्हें नीरस व कठिन विषय लगता है। अतः बच्चों को व्याकरण की शिक्षा देने के लिए यह जरूरी है कि पहले व्याकरण-शिक्षण को रुचिकर बनाया जाए, इसके लिए हम निम्नलिखित प्रयास कर सकते हैं

(i) व्याकरण के नियम वाले के लिए जो उदाहरण दिए जाएं वे बच्चों के जीवन से सम्बन्धित हों और व्यवहारिक हों।

(ii) व्याकरण-शिक्षण को देखने-सुनने के सामग्री के प्रयोग से रोचक बनाया जाए।

(iii) व्याकरण अपने आप में एक नीरस विषय है अतः कक्षा में परिस्थितियों व क्रियाओं में बदलाव लाते हुए व्याकरण की शिक्षा दी जाए जिससे छात्र ऊबें नहीं।

(iv) ज्ञात से ज्ञात, मूर्त से अमूर्त, विशिष्ट से सामान्य, सरल से कठिन, उदाहरण से नियम, अनुभव से तर्क आदि शिक्षण-सूत्रों का पालन कर शिक्षण को सरस व प्रभावशाली बनाया जाए।

(v) छात्रों के साथ अध्यापक का व्यवहार प्रेम एवं सहानुभूतिपूर्ण हो।

(vi) बच्चों को सिखाए गए नियमों का अभ्यास कराने के लिए रोचक एवं भिन्न-भिन्न प्रकार का अभ्यास कार्य कराया जाए। जैसेवचन-परिवर्तन, लिंग परिवर्तन,वाक्य-निर्माण, रिक्त स्थान पूर्ति, पर्यायवाची शब्द, विलोम शब्द, संज्ञा-परिवर्तन, स्थान विशेष के लिए उपयुक्त शब्दों का चुनाव, अशुद्ध शब्दों व वाक्यों को शुद्ध करना इत्यादि।

(vii) छात्रों के अभ्यास कार्य का संशोधन सावधानीपूर्वक करना चाहिए। उनकी अशुद्धियों को शुद्ध करने की कोशिश करनी चाहिए।

(viii) छात्रों को भाषा का प्रचुर ज्ञान होने के बाद निम्न माध्यमिक स्तर पर आगमन विधि की सहायता से नियमित व्याकरण की शिक्षा दी जाए। समवाय विधि के द्वारा उन सीखे गए नियमों के अभ्यास का अवसर प्रदान किया जाए।

(ix) छात्रों से ही व्याकरण के नियमों को निकलवाया जाए, रटने की प्रवृत्ति की उपेक्षा की जाए।

(x) पाठ्य-पुस्तकों में गद्य पाठों की रचना इस प्रकार से हो जिससे व्याकरण के नियमों को पाठ के साथ समन्वित करके पढ़ाया जा सके।

(xi) गद्य पाठ या रचना पाठ के समय समवाय करते समय व्याकरण के नियमों पर उतना ही जोर दिया जाए जितना जरूरी हो। शिक्षण करते समय मूल उद्देश्य से कहीं दूर न भटक जाएं।

(xii) बच्चों के भाषा सम्बन्धी ज्ञान को ध्यान में रखते हुए, उनके समक्ष सरल या उत्तरोत्तर मुश्किल रचनाएं प्रस्तुत की जाएं।

(xiii) व्याकरण-शिक्षण करने वाले अध्यापक को खुद व्याकरण के नियमों का पूर्ण व स्पष्ट ज्ञान होना चाहिए तभी वह रोचक ढंग से व्याकरण की शिक्षा दे सकेगा।

(xiv) विद्यार्थियों को व्याकरण की शिक्षा ग्रहण करने के लिए प्रोत्साहित किया जाना चाहिए। इसके लिए भिन्न-भिन्न तरह की व्याकरण शिक्षण संबंधी प्रतिस्पर्द्धाओं का आयोजन किया जाना चाहिए।

(xv) प्रारम्भिक कक्षाओं में बच्चों को व्याकरण की व्यवहारिक शिक्षा दी जाए। व्यवहारिक व्याकरण की शिक्षा भाषा संसर्ग विधि की मदद से दी जाए।

(xvi) व्याकरण में कमजोर बच्चों को विशेष रूप से मदद दी जाए। आलोचनात्मक शब्दों का प्रयोग न किया जाए।

(xvii) व्याकरण का पाठ्यक्रम बच्चों के मानसिक स्तर के अनुसार बनाया जाए।

दीर्घ उत्तरीय प्रश्न

1. व्याकरण क्या है? हिन्दी शिक्षण में व्याकरण के महत्व को रेखांकित करें।
2. व्याकरण शिक्षण में प्रयुक्त होने वाली मुख्य पद्धतियों की चर्चा करें।
3. व्याकरण शिक्षण को आसान एवं रूचिकर बनाने के कौन-कौन से उपाय किए जा सकते हैं?

लघु उत्तरीय प्रश्न

1. व्याकरण शिक्षण की उपयोगिता को स्पष्ट करें।
2. व्यवहारिक एवं अव्यवहारिक व्याकरण शिक्षण के बीच अंतर स्पष्ट करें।
3. माध्यमिक स्तर पर व्याकरण सीखने की प्रमुख पद्धतियां कौन-सी हैं?

वस्तुनिष्ठ प्रश्न

1. भाषा के सर्वमान्य रूप का संरक्षण करता है
   (क) शब्द (ख) वाक्य
   (ग) व्याकरण (घ) इनमें से कोई नहीं।
2. निम्नलिखित में से किस विद्वान ने व्याकरण को भाषा का व्यावहारिक विश्लेषण कहा है?
   (क) कामता प्रसाद गुरु (ख) डॉ. वचनदेव कुमार
   (ग) डॉ. स्वीट (घ) इनमें से कोई नहीं।
3. निम्न से उदाहरण की ओर बढ़ने से किस नियम का पालन होता है?
   (क) निगमन प्रणाली (ख) सहयोग प्रणाली
   (ग) भाषा संसर्ग प्रणाली (घ) सूत्र प्रणाली

10

गद्य शिक्षण

हिन्दी भाषा और शिक्षण में गद्य साहित्य का अत्यंत महत्वपूर्ण स्थान है। कहानी, उपन्यास, नाटक, एकाकी, इत्यादि साहित्य और कला की महत्वपूर्ण विधाएं गद्य साहित्य में ही लिखी जाती हैं। भाषा, विज्ञान, मनोविज्ञान, धर्म, राजनीति, वाणिज्य, धर्म सहित अन्य विधाएं गद्य साहित्य के द्वारा ही आम जन तक जाते हैं। हिन्दी के यशस्वी साहित्यकार भारतेन्दु हरिश्चन्द्र को आधुनिक हिन्दी गद्य साहित्य का पुरोधा माना जाता है। मौखिक अभिव्यक्ति भी मानव गद्य में ही करता है। गद्य के महत्व को देखते हुए प्रश्न उपस्थित होता है कि आखिर 'गद्य' क्या है? गद्य की उत्पत्ति 'गद्' धातु से हुई है जिसका अर्थ हैस्पष्ट कहना। जहां कविता में कवि, भाव को स्पष्ट न कहकर व्यंजना तथा लक्षण। से प्रकट करता है वहीं गद्य में भावों को स्पष्ट व सरल रीति से प्रकट किया जाता है। गद्य में सपाट शब्दों का प्रयोग होता है जबकि कविता में लय, छंद रस, अलंकार का पूरा प्रयोग होता है। कविता में कवि शब्दों को तोड़-मरोड़कर उद्धत करता है जबकि गद्य में नहीं। गद्य में व्याकरणसम्मत भाषा की अपेक्षा की जाती है। आचार्य विश्वनाथ ने गद्य को पारिभाषित करते हुए कहा है"वृत्तगंधोज्झितं गद्यम्" यानी छंदों के बंधन से हीन रचना गद्य है। काव्यादर्श के आचार्य दण्डी ने गद्य के विषय में कहा है'अपादः पदसंतानो गद्यम्-सुवंत, तिङन्त' पद समुदाय में गण-मात्रा इत्यादि का न होना गद्य है।

अंग्रेजी में गद्य को Prose कहा जाता है Prose का तात्पर्य है straight, Direct, from ordenary writing or speech language usage.

उपरोक्त तथ्यों पर गहराई से अध्ययन करने के उपरांत यह कहा जा सकता है कि स्पष्ट, अलंकृत, छंदरहित भाषा में कही गई रचना गद्य है।

गद्य शिक्षण का उपयोग किसी भी साहित्य के दो रूप होते हैं गद्य एवं पद्य। पद्य द्वारा मनुष्य के जीवन के मूल्यों और रागात्मक व्यवहारों का पता चलता है, लेकिन गद्य को मानव के ज्ञान का कोष माना जा सकता है हमारे दैनिक कार्यकलापों को करने का माध्यम गद्य ही है। गद्य साहित्य ही ज्ञान-विज्ञान, संस्कृति, सभ्यता के धरोहर के रूप में आगे की पीढ़ी को हस्तांतरित करता है। व्याकरण सम्मत भाषा सीखने में गद्य अहं भूमिका निभाता है। बाणभट्ट ने इसीलिए कहा है"गद्यं कवीनाम् निकषं वदन्ति।" गद्य भाषा को व्याकरण सम्मत परिमार्जित रूप में प्रयुक्त करना सिखाता है। गद्य की जानकारी के बिना हम कहानी, नाटक, निबंध, उपन्यास, आत्मकथा, संस्मरण, जीवनी आदि अनेक साहित्यिक विधाओं की जानकारी प्राप्त नहीं कर सकते। आज हम समाचार पत्र-पत्रिकाओं से जो भी ज्ञानविज्ञान की सामग्री प्राप्त करते हैं वह भी गद्य के माध्यम से ही संभव है। भाषाई तत्वों जैसेउच्चारण, बलाघात, वर्तनी, शब्दभण्डार, संधि, समास, उपसर्ग-प्रत्यय, मुहावरे-लोकोक्तियों का ज्ञान गद्य के माध्यम से सहज रूप में हो जाता है। गद्य से ही मानव अपने विचारों का सरलता के साथ आदान-प्रदान करता है और यह एक मनोरंजन का भी सरल साधन है। आज के युग में गद्य की प्रचुरता इसके महत्व को स्वयंमेव दर्शाता है। भाषाई कौशलों की जानकारी व उनमें दक्षता गद्य से संभव है। गद्य साहित्य के अध्ययन से छात्रों में सद्गुणों व सद्प्रवृत्तियों का विकास होता है। ज्ञानार्जन व ज्ञानवृद्धि में भी गद्य सहायक होता है। गद्य साहित्य के अध्ययन से छात्रों का चहुंमुखी विकास होता है तथा वे जीवन के विविध पक्षों की जानकारी प्राप्त करते हैं। गद्य से छात्रों की साहित्य के प्रति अभिरुचि उत्पन्न होती है।

गद्य शिक्षण का प्रयोजन

1. शुद्ध उच्चारण का अभ्यास करना।
2. उचित गति, स्वर एवं उतार-चढ़ाव के अनुसार सस्वर वाचन करने के योग्य बनाना।
3. मौन वाचन का अभ्यास कराना।
4. स्वाध्याय का अभ्यास व रुचि उत्पन्न करना।
5. छात्रों के शब्द भण्डार में वृद्धि करना।
6. मुहावरे एवं लोकोक्तियों के प्रयोग का अभ्यास करवाना।

7. पढ़कर लिखित सामग्री का अर्थग्रहण करने के योग्य बनाना।
8. मानक वर्ण, शब्द या वर्णों के चिन्ह से अवगत कराना।
9. एकाग्रतापूर्वक पढ़ने की आदत का विकास करना।
10. लिखित रूप से भावाभिव्यक्ति के योग्य बनाना।
11. विभिन्न गद्य शैलियों और विधाओं की जानकारी देना।
12. कल्पना, विवेचना एवं समालोचनात्मक दृष्टिकोण का विकास करना।
13. साहित्य के प्रति रुचि उत्पन्न करना।
14. गद्य साहित्य के माध्यम से जीवन के विविध पक्षों की जानकारी कराना।
15. छात्रों को सांस्कृतिक, पौराणिक, ऐतिहासिकता की जानकारी कराना।
16. छात्रों में सद्‌गुणों एवं सद्‌प्रवृत्तियों का विकास करना।
17. क्रमबद्ध चिंतन के योग्य बनाना।
18. कल्पना शक्ति का विकास करना।
19. चिंतन-मनन व तार्किक शक्ति का विकास करना।
20. सृजनात्मक व मौलिक गुण का विकास करना।

गद्य साहित्य को गहन (सूक्ष्म) एवं विस्तृत (स्थूल) दो अध्ययन रूपों में विभक्त किया जा सकता है। गहन अध्ययन से तात्पर्य है पाठ्य-पुस्तक का ऐसा अध्ययन करना जिसमें विषयवस्तु का विस्तृत तथा सूक्ष्म अध्ययन किया जाए। इसमें कठिन शब्दों की व्याख्या, मुहावरे-लोकोक्तियों-सूक्तियों की व्याख्या, विचार एवं भावों की व्याख्या आदि की जाती है। कहानी, नाटक, उपन्यास, एकांकी, जीवनी, संस्मरण आदि विस्तृत अध्ययन के लिए होते हैं। इससे छात्रों में द्रुत पठन-गति का विकास होता है तथा विचारग्रहण की योग्यता का विकास होता है। इससे छात्रों के अन्दर साहित्य के प्रति लगाव पैदा होता है।

गद्य-शिक्षण का वर्गीकरण

सूक्ष्म अध्ययन के लिए गद्य शिक्षण को तीन अंगों में बांटा जा सकता है1. वाचन, 2. व्याख्या, 3. विचार विश्लेषण।

1. वाचनप्रारंभिक वर्गों में छात्रों को पढ़ने की कला के अभ्यास द्वारा उच्चारण स्पष्ट और शुद्ध किया जा सकता है। पठल कौशल का विकास होता है जो आगे चलकर स्वाध्याय का रूप धारण कर लेता है। वाचन को निम्न सोपानों में विभाजित किया जा सकता है

(क) शिक्षकों द्वारा आदर्श वाचन।

(ख) छात्रों द्वारा अनुसरण वाचन।

(ग) छात्रों द्वारा मौन वाचन।

(घ) छात्रों द्वारा व्यक्तिगत वाचन।

(क) शिक्षक द्वारा आदर्श वाचनवाचन की इस प्रक्रिया में सबसे पहले शिक्षक गद्य का एक अनुच्छेद का शुद्ध-शुद्ध वाचन करता है। इससे विद्यार्थी को निम्न तरीके से लाभ होता है

1. पढ़ने की गति, विरामादि चिह्नों के अनुसार भावानुकूल वाचन की प्रेरणा मिलती है।

2. सुनने के कौशल का विकास होता है।

3. छात्रों का पाठ्य सामग्री से परिचय हो जाता है।

4. कठिन शब्दों का शुद्ध उच्चारण करने की प्रेरणा प्राप्त होती है।

आदर्श वाचन से संबंधित कुछ प्रश्न हैं, आइए विचार करें। शिक्षण की इस पद्धति में अध्यापक कक्षा में आदर्श वाचन करता है। यह शिक्षण पद्धति प्राथमिक कक्षाओं के लिए अत्यंत लाभकारी है। इसमें बच्चे अध्यापक द्वारा बोले जाने वाले पाठ को ध्यानपूर्वक सीखते हैं। इससे बच्चों के अंदर श्रवण कौशल का शुद्ध उच्चारण बोध का भाव जगता है। गति, यति, तथा विरामादि चिह्नों के अनुसार पठन कौशल का अभ्यास होता है। प्राथमिक कक्षाओं में सभी पाठों का आदर्श वाचन होना चाहिए। संपूर्ण पाठ का ही आदर्श वाचन किया जाए या कुछ अंश का? यदि संपूर्ण पाठ का आदर्श वाचन किया जाएगा तो छात्रों की रुचि व एकाग्रता समाप्त हो जाती है। अतः पाठ के कुछ अंश का ही अध्यापक आदर्श वाचन करे तथा शेष छात्र व्यक्तिगत या मौन वाचन करें।

(ख) छात्रों द्वारा अनुकरण वाचनशिक्षक के साथ-साथ जब छात्र भी बोलें तो वह अनुसरण वाचन कहलाता है। छात्रों के उच्चारण शुद्ध करने, वाचन में निपुणता लाने तथा पढ़कर भाव ग्रहण की योग्यता का विकास करने के उद्देश्य से अध्यापक छात्रों से अनुकरण वाचन करवाते हैं। जब विद्यार्थी अनुकरण वाचन कर रहा हो तो शिक्षक को चाहिये कि बिल्कुल एकाग्र होकर सुने जिससे छात्रों की गलतियों को शुद्ध कर सके। जब छात्र वाचन करते समय अशुद्धियाँ कर रहा हो तो अध्यापक को चाहिये कि उस समय उसे न टोके अन्यथा उसका विश्वास भंग हो जाता है तथा उसकी एकाग्रता भी विच्छिन्न हो जाती है। पहली से तीसरी कक्षा तक अनुकरण वाचन ठीक रहता है।

(ग) छात्रों द्वारा मौन वाचनमौन वाचन, वाचन का सर्वश्रेष्ठ स्तर माना जाता है, उसमें वाचन की गति सस्वर की तुलना में अधिक हो जाती है। उसमें छात्रों

को संबंधित विषय का वाचन मन में कराया जाता है जिसको वे पढ़ चुके हों। तीसरी कक्षा या उससे ऊपर की कक्षाओं में छात्रों को मौन वाचन की आदत डालनी चाहिए। पाठ पढ़ाने के बाद मौन वाचन करवाया जाए या पहले, इसके लिए यदि पठन सामग्री द्रुतपाठ के लिए है, भाव सरल है या पाठ पहले पढ़ा दिया गया हो तो मौन वाचन पहले भी करवाया जा सकता है। गहन अध्ययन के विषय पर मौन वाचन पाठ पढ़ाने से पहले करवाना समय नष्ट करना है। यदि पाठ पढ़ाने के पूर्व वाचन करते समय छात्रों ने पाठ्य बिंदु पर कोई धारणा बना ली हो तो उसका निराकरण कठिनाई से होता है।

(घ) छात्रों द्वारा व्यक्तिगत वाचनअध्यापक जब कक्षा में एक-एक बच्चे को अनुच्छेद या पंक्तियों का सस्वर वाचन करने को कहता है तो वह व्यक्तिगत वाचन कहलाता है। इसमें छात्र वाचन के उद्देश्यों के प्रति जागरूक हो जाता है तथा वाचन में प्रतिस्पर्धा की भावना भी उत्पन्न होती है। पाठों या अनुच्छेदों के व्यक्तिगत वाचन द्वारा छात्रों में उच्चारण की अशुद्धता को बहुत हद तक दूर किया जा सकता है। गलतियां होने पर बच्चे का उपहास न कर उसे सहानुभूतिपूर्वक समझाने की कोशिश करनी चाहिए ताकि विश्वास उत्पन्न हो और वे गलतियां न करें। तथा उनमें संकोच समाप्त हो जाता है।

2. व्याख्यागद्यांश के वाचन के पश्चात् व्याख्या की जाती है। यदि वाचन गद्य का बाह्य पक्ष है तो व्याख्या उसका आंतरिक पक्ष। वाचन का अर्थ केवल वर्ण, शब्दों को पहचानना मात्र नहीं है अपितु उनमें निहित भाव को समझना भी है। गद्य की व्याख्या करते समय निम्न पक्षों का स्पष्टीकरण होना आवश्यक है

(क) शब्दों की व्याख्या।

(ख) मुहावरे, लोकोक्तियों, वाक्यांशों व सूक्तियों की व्याख्या।

(ग) वाक्यों की व्याख्या।

भाषा पुस्तक में शब्दावली उसका आवश्यक अंग है। प्रारंभिक कक्षाओं में यह शब्दावली सीमित होती है। लेकिन उच्च कक्षाओं में विस्तृत। शब्दों के उपर्युक्त व्याख्या द्वारा शब्दों का भण्डार बढ़ता है तथा गद्य का उद्देश्य शब्दों के भण्डार को बढ़ा है। कठिन शब्दों का अर्थ स्पष्ट करने के लिए पाठ्य-पुस्तक में प्रयुक्त शब्दावली का वर्गीकरण इस प्रकार किया जा सकता है

1. व्याकरणिक स्वरूप के आधार परकई शब्दों की व्याख्या छात्रों के लिए तब सहज हो जाती है जब उनको उन शब्दों की व्याकरणिक उत्पत्ति समझा दी जाए; जैसेसंज्ञा, सर्वनाम, क्रिया, विशेषण, क्रियाविशेषण, लिंग-वचन, उपसर्ग-प्रत्यय, संधि-समास के द्वारा स्पष्टीकरण किया जाए।

2. शब्द की प्रकृति के आधार परशब्द की प्रकृति के आधार पर शब्दावली का विभाजन स्थूल भाव द्योतक, सूक्ष्म भाव द्योतक व ध्वन्यात्मक शब्दों के रूप में किया जा सकता है।

3. विकास के आधार परइसमें तत्सम, तद्भव, देशज, विदेशज शब्द आते हैं। हिन्दी में प्रयुक्त अनेक शब्दावली प्रयुक्त होती है जिनमें दिन-प्रतिदिन विदेशी भाषा के शब्द सम्मिलित होते जा रहे हैं।

4. भाषाई कलाओं के आधार परभाषाई कौशलों के आधार पर बच्चा शब्दावली के शब्दों को स्वयं सुनकर, पढ़कर, बोलकर व लिखकर उसकी स्पष्टता को समझने का प्रयास करता है। बच्चे के पास मौखिक शब्दावली तो अधिक होती है लेकिन उनकी अपेक्षा लिखित कम।

इस तरह उपरोक्त प्रणाली से अगर हम शब्दों की पहचान कर लेते हैं तो उनकी व्याख्या भी सहज व सरल हो जाती है। शब्दार्थ स्पष्ट कराने की निम्न विधियां **हैं**

1. परिभाषा द्वाराकुछ शब्द तकनीकी व पारिभाषिक होते हैं। अतः जब तक उनका स्पष्टीकरण परिभाषा से न किया जाए वे स्पष्ट नहीं हो पाते। जैसेखाड़ी। समुद्र का वह भाग जो तीन ओर पृथ्वी से घिरा हो।

2. अर्थविस्तार द्वाराहिन्दी भाषा में कतिपय शब्द ऐसे हैं जिनका शाब्दिक अभिप्राय स्पष्ट करने हेतु उनका विस्तार अनिवार्य हो जाता है, यथासत्याग्रह। सत्य के लिए आग्रह। शब्द को विस्तारित करने का अभिप्राय यह होता है कि व्यक्ति को इसका अर्थ समझने में तनिक भी कठिनाई न हो; जैसेसत्याग्रह। सत्य के लिए आग्रह। महात्मा गांधी ने सत्याग्रह करके नमक कर का विरोध किया।

3. कहानी द्वाराकुछ शब्दों का अर्थ पौराणिक, ऐतिहासिक, काल्पनिक कहानियों द्वारा स्पष्ट किया जाता है। इन शब्दों के साथ ही कहानी जुड़ी होती है। जैसेसत्यवादी, दानवीर, शहीद, देशभक्त, पितृभक्त आदि।

4. व्याकरण सम्मत विधि द्वाराकुछ शब्दों का अर्थ व्युत्पत्ति, विलोम, उपसर्ग-प्रत्यय हटाकर, संधिविच्छेद तथा समास विग्रह करके स्पष्ट किया जाता है। इसी तरह काल, लिंग, वचन के आधार पर भी शब्दों का अर्थ स्पष्ट किया जाता है। इस विधि में छात्र शब्दों की बनावट व उत्पत्ति भी जान लेते हैं।

5. अभिनय द्वाराकुछ शब्दों की संकल्पना कठिन होती है। जैसेभाववाचक संज्ञा आदि की। उनके अर्थ का स्पष्टीकरण अध्यापक अभिनय या अंग संचालन द्वारा करता है। जैसेनमस्ते, आशीर्वाद, घृणा आदि।

6. वाक्य प्रयोग द्वाराकई बार बच्चे मात्र शब्द का अर्थ नहीं जानते लेकिन जब उसी शब्द का वाक्य में प्रयोग किया जाता है तो बच्चा प्रसंगानुकूल उसका अर्थ समझने लगता है। जैसेप्रवृत्तिउसकी अच्छे कार्यों में प्रवृत्ति है।

7. पर्यायवाची शब्द द्वाराअध्यापक को कक्षा में कठिन शब्दों के स्थान पर उसका पर्यायवाची आसान शब्द छात्रों को बताना चाहिए ताकि विद्यार्थी उस शब्द का अर्थ जान जाएं। जैसेसलिल का अर्थ हैजल। पर्यायवाची शब्द सरल होना चाहिए न कि कठिन।

8. प्रत्यक्ष वस्तु प्रदर्शन या दृश्यविधान द्वाराशब्दार्थ स्पष्ट कराने की इस विधि में शिक्षक शब्द से सम्बन्धित वस्तु को छात्र के सामने प्रस्तुत करता है। यह विधि बहुत ही वैज्ञानिक है क्योंकिइसमें वस्तु को देखकर छात्र स्वयं उसका अर्थ स्पष्ट करते हैं। जैसे 'जलज' का अर्थ बताने के लिए कमल के फूल का प्रदर्शन किया जा सकता है। इसी तरह कोई दृश्य उपस्थित किया जा सकता है। इसके साथ मॉडल, चित्र, रेखाचित्र, द्वारा भी शब्द के अर्थ का स्पष्टीकरण किया जा सकता है।

9. व्याख्या द्वाराकुछ शब्द ऐसे होते हैं जिनकी व्याख्या किए बिना उनके अर्थ का स्पष्टीकरण नहीं होता। इनके लिए प्रसंगानुसार विस्तृत व्याख्या करना आवश्यक है। जैसेपार्थ, शहीद, विधा, नोबल पुरस्कार आदि।

10. अनुवाद द्वाराकुछ शब्द विदेशी भाषाओं के होने के कारण भी हिन्दी के साथ इस तरह मिल गये हैं कि बच्चे उसको हिन्दी के शब्दों के स्थान पर उनका अनुवाद कर बतलाने पर तुरन्त समझ जाते है, जैसे'चिकित्सक' को हम डॉक्टर कहकर समझाएं तो बच्चे अधिक जल्दी समझ जाएंगे।

अर्थ स्पष्ट करने के संदर्भ में कुछ प्रश्न हैं जिन पर विचार जरूरी है। उदाहरणार्थ, शब्द का अर्थ वाचन से पूर्व किया जाए, वाचन के समय या वाचन के बाद? कुछ शिक्षाविद् पाठ में आने वाले कठिन शब्दों का अर्थ वाचन से पूर्व बताने के पक्ष में हैं। उनके अनुसार इससे पाठ की सामग्री और भाव सरलता से ग्रहण हो जाते हैं। असल में यह मनोवैज्ञानिक रूप से ठीक नहीं है। चूंकि शब्द का प्रसंगानुकूल अर्थ होता है। इस प्रकार प्रसंग के साथ जोड़े बिना शब्द का अर्थ उचित नहीं। कविता पढ़ाते समय तो कविता की व्याख्या करने से पहले प्रवचन विधि से अर्थ बताने में कोई हानि नहीं परन्तु सारे पाठ के मुश्किल शब्द पहले नहीं बताने चाहिए।

कुछ शिक्षाविद् मुश्किल शब्दों का अर्थ वाचन के समय बतलाने के पक्षधर हैं। वाचन के समय अर्थ संदर्भानुकूल बताया जाता है एवं लेखक का भाव स्पष्ट हो जाता

है। वाचन के समय अर्थ बताने में यह मुश्किल है कि बच्चे शब्द के अर्थ को ही प्रमुख उद्देश्य मान लेते हैं एवं पाठ के संदेश को ग्रहण नहीं कर पाते। छोटी कक्षाओं में तो बच्चे शब्द के अर्थ को लिखने में अटक जाते हैं। इसके विपरीत कतिपय भाषा विद्वानों का मानना है कि कक्षा में पाठ को सुनाने के उपरान्त कठिन शब्दों का अभिप्राय बताने का कोई लाभ नहीं है। पढ़ने का लक्ष्य लेखक का संदेश ग्रहण करना है। इसके लिए यह किया जाना चाहिए कि कठिन शब्द श्यामपट्ट पर अध्यापक लिख दें तथा वाचन के समय प्रसंगानुकूल अर्थ बता दें। बाद में उसका अर्थ श्यामपट्ट पर लिख दिया जाए।

मुहावरे-लोकोक्तियों, वाक्यांशों तथा सूक्तियों की व्याख्यामुहावरा, लोकोक्तियों और कहावतों के माध्यम से वाक्य विन्यास को आकर्षक बनाया जाता है। यथाकलेजे का टुकड़ा होना, आँखों का तारा होना आदि। लोकोक्ति सामान्यतः एक चमत्कारपूर्ण वाक्य होता है। इसमें कोई प्रसिद्ध अनुभव या घटना निहित होती है। उदाहरणार्थन नौ मन तेल होगा न राधा नाचेगी, घर का भेदी लंका ढाहे आदि। मुहावरे और लोकोक्तियों के प्रयोग से तथ्यों का अर्थ समझना आसन एवं सरल हो जाता है। मुहावरे या लोकोक्तियों के पीछे की कहानी को शिक्षक द्वारा वर्गों में स्पष्ट किया जाए। कुछ वाक्य आलंकारिक होते हैं। उनका स्पष्टीकरण भी अध्यापक द्वारा किया जाना चाहिए। यथाचांदनी रात में ताजमहल को देखने का कुछ और ही मजा है।

सूक्तियों का अर्थ बताते हुए उसके कवि, श्लोककार के विषय में जानकारी होनी चाहिए तथा वह सूक्ति कहां से ली गई है, बच्चों को बता देना चाहिए। इसके साथ-साथ किस परिप्रेक्ष्य में कही गई है, इसका भी स्पष्टीकरण किया जाना चाहिए। यदि कोई वाक्य लाक्षणिक भाव वाला हो तो उसका स्पष्टीकरण भी किया जाना चाहिए।

वाक्यों की व्याख्यावाक्य भाषा की सार्थक इकाई है। जब वाक्य मिश्रित या संयुक्त होगा तो उसे समझने में मुश्किल होती है। ऐसी स्थिति में वाक्य को खण्डों में विभाजित करके अर्थ स्पष्ट करना चाहिए। वाक्य के अर्थ को स्पष्ट करने के लिए निम्नलिखित बातों पर ध्यान दिया जाना चाहिए

(क) वाक्य को भावानुकूल पढ़ना। वाक्य को भावानुकूल पढ़ने पर उसके अंदर निहित हर्ष-शोक, भय, आशंका आदि के भाव स्पष्ट हो जाते हैं।

(ख) विरामादि चिह्नों को ध्यान में रखते हुए पढ़ना।

(ग) वाक्य विच्छेद करके पढ़ना।

(घ) वाक्य में निहित अंतर्कथा को स्पष्ट करना।

विचारविश्लेषणगद्य शिक्षण का मुख्य उद्देश्य छात्रों की विचार शक्ति और अर्थ ग्रहण करने की शक्ति को बढ़ाना है। इस प्रकार प्रश्नोत्तर,व्याख्या, कहानी आदि के द्वारा छात्रों को विचार करने के ज्यादा से ज्यादा अवसर दिए जाने चाहिए। दृष्टांत, तुलना, उदाहरण आदि की सहायता से पाठ्यवस्तु के विचारों एवं तथ्यों का स्पष्टीकरण किया जाना चाहिए। प्रश्न ऐसे पूछे जाएं जिससे बच्चों की सृजनात्मक कल्पना शक्ति विकसित हो।

अधिगम प्रश्न

1. गद्य शिक्षण क्या है? इसके मुख्य उद्देश्यों को वर्णित करें।
2. गद्य शिक्षण का विस्तृत वर्गीकरण करें।

लघु उत्तरीय प्रश्न

1. गद्य शिक्षण का उपयोग किन क्षेत्रों में होता है?
2. शब्दावली का वर्गीकरण किस आधार पर किया जाता है?

वस्तुनिष्ठ प्रश्न

1. आधुनिक हिन्दी गद्य साहित्य का पुरोधा माना जाता है

   (क) महावीर प्रसाद द्विवेदी (ख) आचार्य रामचन्द्र शुक्ल

   (ग) भारतेन्दु हरिश्चन्द्र (घ) प्रेमचन्द

2. गद्य की उत्पत्ति किस धातु से हुई है?

   (क) गद्य (ख) गद्

   (ग) ग (घ) इनमें से कोई नहीं।

11

काव्य शिक्षण

भाषा में भावों को अभिव्यक्त करने का दो माध्यम हैगद्य और पद्य। दोनों में शब्दों का समान रूप से प्रयोग होता है लेकिन एक गद्य भाषा में लिखी जाती है दूसरी पद्य भाषा में। हिन्दी भाषा में रचना के छन्द रूप को कविता के नाम से जाना जाता है। काव्य और पद्य दो शब्दों का इस्तेमाल कविता के पर्यायवाची शब्द के रूप में किया जाता है। संस्कृत साहित्य में समाप्त साहित्य को काव्य कहा जाता है। काव्य के दो रूप माने जाते हैंगद्यकाव्य एवं पद्यकाव्य। गद्यकाव्य दृश्य भी होता है और श्रव्य भी, लेकिन पद्य काव्य श्रव्यकाव्य कहा जाता है। जहां गद्य एवं पद्य दोनों का मिश्रित प्रयोग है उसे चम्पूकाव्य कहा जाता है। पद्य की रचना छंद में होती है इसलिए गति यति का अधिक ख्याल रखा जाता है। कविता छन्दोबद्ध भी हो सकती है और छन्दरहित भी। इस तरह प्रत्येक पद्य-रचना कविता हो सकती है लेकिन प्रत्येक कविता पद्य हो, यह जरूरी नहीं। आज की नई कविता में छन्द या लय का किसी भी प्रकार का ध्यान नहीं रखा जाता है, इसे पद्य नहीं कहा जा सकता। कविता के स्वरूप को लेकर विद्वानों में एकमत नहीं है।

मम्मत के कथनानुसार'तद दोषौ शब्दार्थो सगुणावनलंकृति पुनः क्वापि' अर्थात् दोष रहित, गुणमुक्त, प्रायः अलंकृत, किंतु कभी-कभी अनलंकृत शब्द तथा अर्थ को काव्य कहते हैं।

आचार्य विश्वनाथ के अनुसार'वाक्यं रसात्मकं काव्यम्' यानी रसयुक्त वाक्य ही काव्य है। साहित्य दर्पण

आचार्य आनन्दवर्धन के कथनानुसार'काव्यस्य आत्मा ध्वनिः' अर्थात काव्य की आत्मा ध्वनि है। ध्वनि-सामान्य रूप से तीन प्रकार की होती हैरस ध्वनि, वस्तु ध्वनि तथा अलंकार ध्वनि।

पंडित जगन्नाथ के कथनानुसार'रमणीयार्थ प्रतिपादकः शब्दः काव्यम्' अर्थात् रमणीय अर्थ का प्रतिपादन करने वाला शब्द काव्य है।

आचार्य कुन्तल के कथनानुसार'वक्रोक्ति काव्यस्य जीवितम्' अर्थात् वक्रोक्ति ही काव्य आधार है।

आचार्य श्यामसुन्दर दास के कथनानुसार'कलात्मक रीति से सजी हुई भाषा, जिसमें भावों की व्यंजना हो, कविता कहलाती है।

आचार्य रामचन्द्र शुक्ल ने कविता के रागात्मक तत्व एवं प्रयोजन को स्पष्ट करते हुए, कविता के बारे में अपना मत व्यक्त करते हुए कहा है

''हृदय की मुक्ति-साधना के लिए मनुष्य की वाणी जो शब्द-विधान करती आई है उसे कविता कहते हैं।''

Carlyle के अनुसार, "Poetry, we all call musical thought," अर्थात् संगीतमय विचार ही कविता है।

Melton के अनुसार, "Poetry should be simple, sensuous and impassioned अर्थात् सरल, अनुभूतिपूर्ण तथा रागात्मक रचना ही काव्य है।

मैथ्यू ऑर्नल्ड के अनुसार, "Poetry is the criticism of life," अर्थात् 'कविता मूल रूप में जीवन की आलोचना है।'

Hudson के अनुसार, "Poetry is an interpretation of life through imagination and emotion," अर्थात् कल्पना तथा मनोभावों द्वारा जीवन की व्याख्या ही तो कविता है।

पाश्चात्य विद्वान् **वर्डसवर्थ** के कथनानुसार, "Poetry is the emotion recollected in tranquility" अर्थात् शान्त क्षणों में स्मरण किए गए प्रबल मनोवेगों का स्वच्छन्द प्रवाह कविता है।''

Coleridge के अनुसार, "Poetry the best mordso in the best order अर्थात् कविता उत्तम शब्दों का उत्तम क्रम-विधान है।

कविता की इन सभी परिभाषाओं को देखने से यह स्पष्ट हो जाता है कि कुछ विद्वान् कविता में रागात्मकता को महत्व देते हैं तो कुछ विद्वान् छन्द, अलंकार एवं ध्वनि इत्यादि को। इस प्रकार कविता के दो पक्ष माने जाते हैंभावपक्ष और कलापक्ष। भावपक्ष का सम्बन्ध काव्य की आत्मा से है और कलापक्ष का सम्बन्ध काव्य के शरीर से। सभी विद्वानों के विचारों का उल्लेख करने के बाद यह निष्कर्ष निकलता है।

कविता में कल्पना का मिश्रण होता है।

कविता में जीवन का समन्वय होता है।

कविता एक प्रबल अनुभूति है।

कविता में ताल, लय एवं संगीत की प्रधानता होती है।

कविता सरस और दिल को लुभाने वाली होती है।

काव्य-शिक्षण का महत्व

हम इस लोकोक्ति का सहारा कविता के महत्व को स्पष्ट करने में ले सकते हैं"जहाँ न पहुँचे रवि, वहाँ पहुँचे कवि।" असल में सूर्य तो बाह्य जगत को प्रकाशित करता है, लेकिन कवि हृदय को झंकृत कर देता है। कविता की कई विधाएं होती हैंसौन्दर्य रस, प्रेम रस, करुण रस, रौद्र रस, व्यंग्य रस, वीर रस आदि। ओजपूर्ण कविता सुनकर बीमार व्यक्ति भी उठकर खड़ा हो जाता है। कविता में तलवार से भी ज्यादा धार होती है। तभी तो स्वतंत्रता संग्राम काल में भारत के कवियों ने अपनी कविता के माध्यम से जनता को आंदोलित कर उन्हें क्रान्तिकारी बना दिया। कविता सीधे व्यक्ति के हृदय को झंकृत करती है, यथारे रोक! युधिष्ठिर को न यहां लौटा दे अर्जुन-भीम वीर, तभी तो कहते हैंजो शक्ति तलवार में नहीं वह कलम में होती है। सचमुच यह शक्ति कलम में नहीं अपितु उसके द्वारा लिखी गई कविता में होती है।

साहित्य समाज का दर्पण कहलाता है। साहित्य का अधिकांश भाग, उसका काव्य साहित्य है। भारत के काव्य साहित्य में यहां के समाज की संस्कृति, दर्शन, धर्म, आदर्श, मूल्य आदि सभी को प्रभावपूर्ण शैली में, यथार्थ रूप में अभिव्यक्त किया गया है। तुलसीकृत 'रामचरितमानस' भारतीय जनमानस का प्रिय काव्य है। मैथिलीशरण गुप्त की 'भारतभारती' ने अंग्रेजी की दासता से मुक्त होने के लिए, भारतीय नवयुवकों में स्वतन्त्रता की जो चिनगारी सुलगाई, उसकी कोई तुलना नहीं। महाराजा जयसिंह को राजकार्य की ओर उन्मुख करने के लिए जो कार्य उनका कोई भी सभासद नहीं कर सका, वह कार्य बिहारी के एक दोहे ने कर दिया।

जिस तरह भाषा शिक्षा के लिए साहित्य के विभिन्न प्रकारों का अध्ययन आवश्यक है, उसी तरह कविता का अध्ययन भी आवश्यक है। यह बच्चों को सौन्दर्यानुभूति एवं रसानुभूति की भावना को विकसित कर उनमें रागात्मकता का संचार करती है। बच्चों को मानव-जीवन के विविध पक्षों से परिचित कराती है। उन्हें समाज की विभिन्न समस्याओं से परिचित कराकर, उनका समाधान करने के लिए

प्रेरित करती है। उन्हें समाज-विशेष के जीवन, दर्शन एवं धर्म से परिचित कराकर देश, जाति एवं धर्म के प्रति उनमें स्थायी भावों का निर्माण करती है। उनकी कल्पना-शक्ति को विकसित कर उनमें सरसता को प्रवाहित करती है। यह बच्चों की सात्विक भावनाओं को जाग्रत करके उन्हें मानव-कल्याण के लिए प्रेरित करती है।

काव्य-शिक्षण का मुख्य प्रयोजन

सभी विषयों के शिक्षा का उद्देश्य होता है ठीक उसी तरह साहित्य के अन्य विधाओं की तरह काव्य शिक्षा का भी अपना एक लक्ष्य होता है। यूं तो ये लक्ष्य कविता, विशेष और कक्षा-विशेष के छात्रों के मानसिक स्तर पर आधारित होते हैं, परन्तु सामान्य रूप से इन उद्देश्यों को हम निम्नलिखित रूप से स्पष्ट कर सकते हैं

1. छात्रों की सृजनात्मक शक्तियों को विकसित कर उन्हें कविता की रचना करने के लिए प्रेरित करना।
2. छात्रों की चित्तवृत्तियों का परिष्कार कर उनमें उच्च आदर्शों का निर्माण करना।
3. छात्रों में अपनी सभ्यता, संस्कृति एवं सामाजिक आदर्शों के अनुकूल आचरण करने की प्रवृत्ति विकसित करना।
4. छात्रों को विभिन्न काव्य-शैलियों से परिचित कराना।
5. छात्रों को इस योग्य बनाना कि वे कवि की भावनाओं के साथ अपनी भावनाओं का तादात्म्य स्थापित कर सकें।
6. छात्रों को पूर्ण मनोयोग से कविता-पाठ सुनने के योग्य बनाना।
7. छात्रों को कविता-पाठ सुनाकर उसका अर्थ ग्रहण करने एवं भावानुभूति करने के योग्य बनाना।
8. छात्रों को उचित गति, आरोह-अवरोह एवं भावानुसार कविता-पाठ करने के योग्य बनाना।
9. छात्रों की कल्पना शक्ति को विकसित करना।
10. काव्य और साहित्य के छात्रों की रुचि उत्पन्न-करना।
11. छात्रों को कविता का अर्थ एवं रसानुभूति करने के योग्य बनाना।
12. छात्रों में कविता के रस की अनुभूति कर उसके सौन्दर्य की अनुभूति करने और अन्त में परमानन्द प्राप्त करने की क्षमता विकसित करना।
13. छात्रों में कविता को पढ़कर अपने शब्दों में उसका अर्थ एवं भाव स्पष्ट करने की योग्यता विकसित करना।

14. छात्रों को शब्द-योजना, शब्द-शक्तियों, छन्दों, अलंकारों, रसों आदि काव्य-तत्वों का ज्ञान कराना।
15. छात्रों को कविता के माध्यम से मानव-जीवन के विविध पक्षों का ज्ञान कराना।
16. कविताओं के द्वारा छात्रों को अपने देश व समाज की संस्कृति, धर्म तथा दर्शन से परिचित कराना।
17. छात्रों को कविता की समीक्षा करने के योग्य बनाना।

किसी कविता विशेष के द्वारा छात्रों में किन रुचियों और अभिवृत्तियों का विकास होगा इसका निर्धारण करना कविता-शिक्षण के विशिष्ट लक्ष्य कहा जाता है। ये निम्नलिखित हो सकते हैं

1. छात्रों को कवि-विशेष की काव्य-शैली एवं रचनाओं से परिचित कराना।
2. कविता-विशेष में वर्णित भावों को समझने में छात्रों की सहायता करना।
3. छात्रों को इस योग्य बनाना कि कविता-विशेष में वर्णित भावों व विचारों को समझकर उन्हें आत्मसात कर सकें।
4. विद्यार्थियों को इस लायक बनाना जिससे वे कविता द्वारा अभिव्यक्त की गई जीवन की व्याख्या को सही तरीके से जान सकें।
5. छात्रों को कवि-विशेष की अन्य रचनाएं पढ़ने के लिए प्रेरित करना।
6. छात्रों को कविता एवं कवि-विशेष की काव्यगत समीक्षा करने के योग्य बनाना।
7. छात्रों को कविता-विशेष में वर्णित कवि का पैगाम ग्रहण करने के योग्य बनाना।

किसी भी पद्य पाठ की पाठ-योजना बनाते समय तथा कक्षा में पढ़ाते समय अध्यापक को इन सामान्य और विशेष उद्देश्यों की प्राप्ति के लिए यथासम्भव प्रयत्नशील रहना पड़ता है ताकि अध्ययन-अध्यापन की प्रक्रिया सार्थक दृष्टि से आगे बढ़ती रहे।

काव्य-शिक्षण की पद्धतियां

कविता-शिक्षण की कई विधियाँ हैं। शिक्षक कविता-शिक्षण को रुचिकर व प्रभावशाली बनाने के लिए विद्यार्थियों के बौद्धिक एवं मानसिक स्तर के अनुसार किसी भी प्रणाली को अपना सकता है। ये विधियां निम्नलिखित हैं

1. व्याख्या विधिअध्यापक इस विधि में कविता क़ा सस्वर पठन करने या बच्चों से पठन करवाने के बाद स्वयं या छात्रों की सहायता से कविता के सभी

आवश्यक स्थलों का वर्णन करता है। छात्रों से प्रश्न पूछकर उनके उत्तरों की मदद से कविता का अर्थ स्पष्ट करने के साथ उनमें निहित प्रसंगों की चर्चा भी करता है। कविता में प्रयुक्त छन्द, अलंकार एवं रस इत्यादि का स्पष्टीकरण करता है और कवि के साथ छात्रों का रागात्मक सम्बन्ध स्थापित कराते हुए उन्हें कविता की भावानुभूति एवं रसानुभूति करने में मदद करता है।

माध्यमिक एवं उच्च दोनों स्तरों की कक्षाओं में कविता-शिक्षण के लिए यह विधि काफी उपयोगी मानी जाती है। यह विधि छात्रों को सक्रिय रखती है। कविता का भावानुकूल वाचन होने से कविता-शिक्षण सरस बना रहता है। आवश्यक प्रसंगों आदि का वर्णन होने से छात्रों को कविता का अर्थ एवं भाव ग्रहण करने में आसानी हो जाती है। आवश्यकता इस बात की है कि अध्यापक पठन और व्याख्या सिर्फ स्वयं ही न करे अपितु वह छात्रों की सहायता से ही कविता की व्याख्या करे और छात्रों से कविता का भावानुकूल पठन कराए।

2. व्यास-विधियह विधि व्याख्या-विधि का ही विकसित रूप है। इसे व्यास-विधि इसलिए कहा जाता है क्योंकि इसमें अध्यापक कविता पढ़ाते समय उसी पद्धति का अनुकरण करता है जिसे कथावाचक व्यास गद्दी पर बैठकर कथा कहने के लिए अपनाते हैं। दूसरे, इसमें हर दृष्टि से कविता का व्यास अर्थात् विस्तार किया जाता है।

इस विधि में शिक्षक कथा वाचक के तरह कविता के एक-एक भाव या स्थानों को उदाहरण देकर गुढ़ शब्दों के अर्थ समझाने का प्रयास करता है एवं भाषा और भाव के प्रत्येक तत्व की व्यापक व्याख्या करता है। प्रसंगों की व्याख्या करता है, कविता की भाषा एवं शैली का विस्तृत विवेचन करता है, कविता के तत्वोंभाव, छन्द, अलंकार, रस आदि का दार्शनिक विवेचन करता है और इस तरह कविता के सम्पूर्ण भाव को प्रकट कर देता है।

यह प्रणाली उच्च स्तरीय वर्गों में कविता शिक्षण हेतु लाभकारी मानी जाती है। इसके लिए अध्यापक को कविता सम्बन्धी सभी तत्वों की विस्तृत जानकारी होना आवश्यक है। इसमें अध्यापक को अधिक सक्रिय रहना पड़ता है, छात्र निष्क्रिय हो जाते हैं। अतः इसके सफल प्रयोग के लिए यह आवश्यक है कि अध्यापक कविता पढ़ाते समय बीच-बीच में छात्रों का सक्रिय सहयोग लेता रहे। अध्यापक इस बात का भी ध्यान रखे कि कविता-शिक्षण रोचक होने के स्थान पर कहीं दुरूह न हो जाए। अन्तर्कथाओं, उदाहरणों, दृष्टान्तों आदि का प्रयोग छात्रों को कविता के भाव हृदयंगम कराने के लिए किया जा रहा है, कविता को नीरस बनाने के लिए नहीं। एक

निश्चित परिधि में रहकर इस विधि का प्रयोग माध्यमिक कक्षाओं में भी किया जा सकता है।

3. तुलनात्मक-विधिइस विधि में शिक्षक पढ़ाते समय कविता की तुलनात्मक व्याख्या अन्य भाषाओं के कविता या उसी भाषा के कविता के साथ करते हुए पढ़ाता है। वास्तव में यह कोई नवीन विधि नहीं है अपितु सभी पूर्ववर्णित विधियों का ही परिवर्तित रूप है। किसी भी विधि से कविता पढ़ाते हुए किसी अन्य समानार्थक कविता से तुलना की जा सकती है।

इस विधि का प्रयोग प्राथमिक स्तर पर नहीं किया जाता है। माध्यमिक एवं उच्चस्तर पर इस विधि का प्रयोग किया जाना चाहिए। इस विधि का प्रयोग करने के लिए अध्यापक को साहित्य का विस्तृत ज्ञान होना आवश्यक है। अर्थ में समानार्थक रखने वाली विभिन्न कविताओं की जानकारी आवश्यक है। कविता के तत्वों का भी विस्तृत ज्ञान आवश्यक है, क्योंकि तुलना करते समय दोनों कविताओं के भाषा एवं भाव सम्बन्धी सभी समान एवं असमान तत्वों की व्याख्या करनी पड़ती है।

विद्यार्थियों की उम्र, योग्यता और भाषा संबंधी ज्ञान परिपक्व होने की स्थिति में तुलनात्मक पद्धति अत्यंत लाभकारी होती हैं। यह विद्यार्थियों को विस्तृत जानकारी देने में भी उपयोगी होती है। अध्यापक को पाठ्य कविता की तुलना उस समानार्थक कविता से करनी चाहिए जिसका उसे पर्याप्त ज्ञान हो। अध्यापक को दोनों कविताओं की समानताओं एवं असमानताओं का निष्पक्ष वर्णन करना चाहिए। साथ ही तुलना करते समय अध्यापक को विषय से भटकना नहीं चाहिए।

4. गायन-विधिप्रारंभिक कक्षाओं में काव्य पाठ की यह अनुकूल विधि है, इसमें शिक्षक पहले कविता को ताल, लय एवं स्वर में पढ़ता है उसके बाद छात्र भी इसका अनुसरण करते हुए कविता का वैसा ही पाठ करते है। उन्हें गीत गाने में बहुत आनन्द आता है। इस प्रकार गीत-विधि से सिखाई गई कविता उन्हें आसानी से याद हो जाती है। शैशवावस्था में बच्चे जिन बालगीतों को खेल-खेल में गाते हैं, उनकी बच्चों के हृदय पर अमिट छाप पड़ती है। गीत गाने से बच्चों के हृदय झंकृत होते हैं और उनका भावात्मक विकास उचित रूप से होता है।

इस विधि का पूरा लाभ उठाने के लिए यह आवश्यक है कि अध्यापक बहुत सावधानी के साथ बालगीतों का चयन करे। ये बालगीत सरल तुकबन्दियां होते हैं। वाक्य छोटे-छोटे और सरल भाषा में होते हैं। इस कविता में वर्णित बातें बच्चों के जीवन, वातावरण एवं अनुभव की परिधि के अन्दर होती हैं। ये मनोरंजक हों एवं इनमें

गेयता होनी चाहिए। उदाहरण के लिए निम्न कविता ली जा सकती है

सड़क बनी है लम्बी-चौड़ी,
इस पर जाती मोटर दौड़ी।
सब बच्चे पटरी बन जाओ,
बीच सड़क पर कभी न आओ
आओगे तो दब जाओगे
चोट लगेगी पछताओगे।

इस तरह के गीतों की शिक्षा का मूल उद्देश्य कविता में बालकों की रुचि उत्पन्न करना होता है। इन गीतों में जब छोटे बालक आनन्द लेने लगते हैं तो गीतों का अर्थ उनके मानसपटल पर स्पष्ट होने लगता है। अतएव गीत प्रणाली छोटे बालकों के लिए बहुत उपयोगी है।

5. समीक्षा-विधिइसमें कविता की आलोचनात्मक पद्धति द्वारा व्याख्यायित किया जाता है। इसमें कविता के भाव एवं कला दोनों पक्ष समाविष्ट होते हैं। अध्यापक छात्रों को सन्दर्भ-ग्रन्थों एवं समीक्षा-ग्रन्थों के नाम बता देता है और छात्र स्वयं उन ग्रन्थों का अध्ययन कर पाठ्य कविता की रस, भाषा, भाव, अलंकार इत्यादि के गुण-दोषों का उल्लेख करते हैं।

उच्च कक्षाओं में इस विधि का प्रयोग किया जाता है जबकि छात्रों को समीक्षा के सिद्धान्तों का ज्ञान करा दिया गया हो और उनमें काव्य-सिद्धान्तों की कसौटी पर कविता को परखने की क्षमता विकसित हो चुकी हो।

6. अभिनय-विधिइस विधि में अभिनय द्वारा छात्रों को कविता पाठ सिखाया जाता है। इस विधि में शिक्षक कविता पाठ अभिनय करते हुए छात्रों को पढ़ाता है। बच्चे भी अभिनय में स्वाभाविक रुचि लेते है। शिक्षक के बाद छात्र भी अभिनय करते हुए कविता को दुहराते हैं।

व्यक्तिगत व सामूहिक दोनों रूपों में इस विधि का प्रयोग किया जा सकता है। जिन बालगीतों में कई पात्र होते हैं, उनके शिक्षण के लिए बच्चों को पृथक-पृथक पात्र की भूमिका में खड़ा कर दिया जाता है और वे बच्चे अपनी-अपनी भूमिका के अनुसार कविता की पंक्ति का साभिनय गायन करते हैं।

इस विधि का प्रयोग सामूहिक रूप से करने के लिए बच्चे शिक्षक का अनुकरण करते हुए कविता का सामूहिक रूप से साभिनय पठन करते हैं। जैसे निम्न कविता को सामूहिक साभिनय द्वारा पढ़ाया जा सकता है

माँ कह एक कहानी!
बेटा! समझ लिया क्या तूने

मुझको अपनी नानी।
माँ! मुझसे कहती यह चेरी
तू मेरी नानी की बेटी।
कह माँ, कह लेटी ही लेटी
राजा था या रानी
माँ कह ....।

इस कविता का अभिनय बच्चे कर सकते हैं। इस तरह की कविताओं के द्वारा वे अभिनय पूण संवाद करना सीख सकते हैं। वे अपने हाव-भाव से व्यक्त कर सकते हैं।

इस प्रकार जब बच्चे गीत गाते हुए अभिनय करते हैं तब बच्चों की खुशी और उत्साह छुपाये नहीं छुपती है। असल में इस विधि से कविता की शिक्षा देने से बच्चों की कविता में रुचि विकसित होती है, उन्हें कविता सहजता से कण्ठस्थ हो जाती है, उनके गायन व अभिनय की स्वाभाविक रुचि सन्तुष्ट होती है, कक्षा में जीवन बना रहता है और बच्चे सक्रिय रहते हैं। इस विधि के सफल प्रयोग के लिए यह आवश्यक है कि बालगीतों का चयन सावधानीपूर्वक हो, इसका प्रयोग सिर्फ छोटी कक्षाओं तक सीमित रहे और इस बात का ध्यान रखा जाए कि बच्चे अनावश्यक अंग-संचालन न करें।

7. खण्ड काव्य-विधिइस विधि में शिक्षक या छात्र कविता का पाठ करते हैं और पूरी कविता को धीरे-धीरे क्रमिक खंडों में बांट कर प्रत्येक खंड से एक या अधिक प्रश्नों को सृजित कर छात्रों से इन प्रश्नों का उत्तर पूछा जाता है। छात्रों द्वारा नहीं दिए जाने पर शिक्षक इसका उत्तर देता है। इन उत्तरों से कविता के भाव स्पष्ट हो जाते हैं।

यह प्रणाली मनोवैज्ञानिक मानी जाती है। इसमें 'पूर्ण से अंश एवं सरल से कठिन की ओर' शिक्षण-सूत्रों का पालन किया जाता है। प्रश्नोत्तर के माध्यम से कविता-शिक्षण होने के कारण छात्रों को बराबर सक्रिय रहना पड़ता है ताकि अध्यापक कुछ पूछ न दें। कक्षा जीवंत रहता है। छात्रों को भावानुभूति एवं रसानुभूति में सहायता मिलती है। पाठ के विकास में छात्रों का सक्रिय सहयोग होने के कारण कविता-शिक्षण को अधिक से अधिक रोचक बनाया जा सकता है।

उदाहरण के लिए सोना-सज्जन साधु जन टुटी जुड़े सौ बार। दुर्जन कुम्भ कुम्हार के एकै धक्का दरार।" दोहा पढ़ाने के लिए निम्नलिखित प्रकार से प्रश्नों का सृजन किया जा सकता है

प्रश्न 1. कवि ने सज्जन की तुलना किससे की है?
2. कवि ने दुर्जन की तुलना किससे की है?
3. प्रस्तुत दोहा में सोना किसका प्रतीक है?
4. कवि ने सज्जन व्यक्ति को सोना क्यों कहा है?
5. कवि ने दुर्जन व्यक्ति को कुम्हार का घड़ा क्यों कहा है?

आवश्यकता पड़ने पर अध्यापक अपने कथन के दोहे के भाव को स्पष्ट कर सकता है।

8. शब्दों का कथन विधिप्राथमिक कक्षाओं में इस पद्धति का सर्वाधिक इस्तेमाल होता है जहां अध्यापक अपने या विद्यार्थियों से सस्वर वाचन कराता है एवं हर कठिन शब्दों का अर्थ बताते हुए कविता का सत्य अनुवाद करता है। उदाहरण के लिए सुभद्रा कुमारी चौहान की प्रसिद्ध कविता 'झांसी की रानी' पढ़ाते हुए अध्यापक सर्वप्रथम इस कविता की प्रथम पंक्ति का वाचन करेगा''सिंहासन हिल उठे, राजवंशों ने भृकुटी तानी थी। फिर मुश्किल शब्द भृकुटी का अर्थ भौं बताकरसभी पंक्ति का अर्थ इस प्रकार बतलाएगाइस पंक्ति के द्वारा सुभद्रा कुमारी चौहान 1857 की क्रांति की तस्वीर पेश करते हुए कहती हैं, भारतीय राजाओं की भौं अंग्रेजों के विरुद्ध तन गई थी जिससे अंग्रेजों की सत्ता खतरे में आ गई थी। इसी प्रकार सभी पंक्तियों का वाचन करते हुए सरलार्थ करा दिया जाता है।

कविता-शिक्षण के लिए यह विधि बिल्कुल भी उपयोगी नहीं है। इसमें छात्र निष्क्रिय श्रोता के रूप में बैठे रहते हैं और कविता-शिक्षण नीरस हो जाता है। छात्रों को कविता का अर्थ तो समझ आ जाता है लेकिन कविता की भावानुभूति एवं रसानुभूति उन्हें नहीं हो पाती है।

काव्य के रसपाठ और बोधपाठ में भेद करना

कविता-शिक्षण के उद्देश्यों को बतलाते समय यह स्पष्ट किया गया था कि कविता-शिक्षण के द्वारा सर्वप्रथम छात्रों में ध्यानपूर्वक कविता-पाठ सुनने एवं स्वयं उचित ताल, लय आरोह-अवरोह तथा भावानुसार कविता-पाठ करने की योग्यता का विकास किया जाता है ताकि छात्र कविता के अर्थ को ठीक-ठीक ग्रहण कर सकें। जब तक छात्रों को कविता के अर्थ का बोध नहीं होता तब तक वे उस कविता के बोध की अनुभूति नहीं कर सकते और भावानुभूति के बिना रसानुभूति और रसानुभूति के अभाव में आनन्दानुभूति भी नहीं हो सकती। अर्थात् कविता-शिक्षण का प्रथम सोपान अर्थानुभूति, दूसरा सोपान भावानुभूति, तीसरा सोपान रसानुभूति और चौथा

सोपान आनन्दानुभूति है और यदि सम्भव हुआ तो इसके बाद पांचवां सोपान भी हैपरमानन्दानुभूति।

कविता-शिक्षण के प्रथम दो सोपानों के लिए जिस प्रकार का कविता-शिक्षण होता है उसे बोधपाठ कहते हैं तथा अगले दो या तीन सोपानों के लिए होने वाले कविता-शिक्षण के पाठ को रसपाठ कहा जा सकता है। परन्तु इन दोनों पाठों को अलग-अलग करना उचित नहीं। ये तो कविता-शिक्षण के सोपान हैं। कविता के अर्थ का बोध होने के उपरान्त उसी पाठ के छात्रों को काव्य की रसानुभूति एवं आनन्दानुभूति कराई जाती है। जब तक छात्रों को कविता में प्रयुक्त शब्दों के अर्थ तथा उनमें निहित भावों को नहीं समझाया जाता तब तक उन्हें रसानुभूति एवं आनन्दानुभूति हो ही नहीं सकती। अर्थात् कविता के अर्थ को समझे बिना कविता-शिक्षण के लक्ष्यों को पूर्णता के साथ प्राप्त नहीं किया जा सकता। कविता-शिक्षण के अन्तिम लक्ष्य तक पहुंचने के लिए प्राथमिक लक्ष्यों को प्राप्त करना आवश्यक है। बच्चों को कविता के भाव के अनुरूप सस्वर पाठ के योग्य बनाना रसपाठ का कार्य है, अतः इन दोनों पाठों को अलग-अलग नहीं किया जा सकता है। दोनों पाठों के सफलतापूर्वक शिक्षण से ही कविता-शिक्षण के लक्ष्यों को पूरी तरह से प्राप्त किया जा सकता है। कविता-शिक्षण को रोचक, सरस एवं प्रभावशाली बनाने में दोनों पाठों की महत्वपूर्ण भूमिका है। ये दोनों पाठ एक-दूसरे के पूरक है।

काव्य-शिक्षण के विविध आयाम

यूँ तो कविता शिक्षण का कोई सर्वमान्य आयाम निर्धारित नहीं है, बावजूद इसके सामान्य वर्ग शिक्षण में काव्य या पद्य कला के विविध आयामों की उपादेयता भी स्वतः ही स्पष्ट है। यहां कक्षाओं में कविता-शिक्षण के निम्नांकित आयाम प्रस्तुत किए जाते हैं

1. प्रस्तावनाकविता-शिक्षा का मुख्य है छात्रों में कविता के सुन्दरता और कविता के आन्तरिक सुन्दरता के प्रति लगाव उत्पन्न करना है। अतएव कविता-शिक्षण का आरंभ इस प्रकार किया जाए कि छात्रों की रुचि स्वतः ही कविता के प्रति आकृष्ट हो जाए। सही, प्रभावकारी एवं उपयुक्त प्रस्तावना का महत्व स्वयं-सिद्ध है। यहां प्रस्तावना की निम्नांकित प्रणालियां ध्यातव्य हैं

(क) समानांतर कविता-पाठ द्वाराप्रस्तावना में पाठ्य कविता की समान विषयक कविता अथवा कविताओं का पाठ भी प्रभावकारी तथा उपयोगी होता है। इस विधि से न केवल कविता-शिक्षण को आकर्षक ही बनाया जा सकता है, बल्कि उक्त

कविता के शिक्षण के लिए अपेक्षित वातावरण की भी सृष्टि हो पाती है। स्पष्ट ही राष्ट्रप्रेम की कविता को पढ़ाते समय उसी रस की अन्य कविता अथवा कविताओं को सुनना उपादेय होता है। हां, इतना अवश्य ध्यान रखा जाए कि यह प्रस्तावना अधिक लंबी न हो।

(ख) मूल काव्य-पाठ द्वारा'हैडो' साहब मूल कविता के पाठ को ही सर्वोत्तम प्रस्तावना मानते हैं। उनकी मान्यता है कि मूल कविता के पाठ द्वारा ही कविता-शिक्षण का उपयुक्त वातावरण बन जाता है। उसके अनुसार अन्य प्रकार की प्रस्तावना में उलझना समय का अपव्यय मात्र है। मूल कविता का पाठ करने से उसके सौंदर्य को परखने का मौका तो मिलता ही है, उन्हें अन्दरुनी आनंद की भी अनुभूति होती है।

(ग) प्रश्न-उत्तर द्वाराप्रासंगिक तथा कविता के अनुकूल प्रश्न पूछकर तथा उनके उत्तर छात्रों से प्राप्त कर के भी कविता-शिक्षण को प्रारंभ किया जाता है। कविता-संबंधी उपयुक्त प्रश्न पूछकर छात्रों के मानस को उस ओर भी मोड़ा जा सकता है तथा कविता-विशेष के शिक्षण के लिए अपेक्षित परिवेश का सृजन किया जा सकता है। ये प्रश्न संबंधित कवि, कविता की पृष्ठभूमि तथा प्रसंग से संबंधित हो सकते हैं। किंतु, यह भी सत्य ही है कि इस प्रकार की प्रस्तावना से कविता-शिक्षण का उपयुक्त वातावरण पूर्ण रूप से नहीं बन पाता।

(घ) अर्थ-बोध प्रणालीइस प्रणाली में पाठ्य कविता के कठिन शब्दों एवं प्रसंगों को अध्यापन से पूर्व स्पष्ट कर दिया जाता है। यह कार्य शिक्षक चॉक और श्यामपट्ट के सहारे करता है। इसके उपरांत वह पाठ्य कविता का सप्रसंग सारांश भी बता देता है। सारांश-कथन के बाद कविता का सस्वर वाचन भी छात्रों को कराया जाता है। शिक्षक भी आदर्श वाचन प्रस्तुत करता है।

इस प्रणाली से कविता-शिक्षण करने पर सरसता एवं संगीतात्मकता का हनन होता है। छात्रों में उत्सुकता का सृजन नहीं होने पाता। रसानुभूति एवं सौंदर्यानुभूति का अनुकरण ही नहीं होता। यह प्रणाली सर्वथा दोषपूर्ण है। इस प्रणाली की उपयोगिता इतनी ही है कि इसके द्वारा कविता का भाव छात्रों को पूर्ण रूप से समझाया जा सकता है।

(ङ) कविता-परिचय द्वाराकविता-शिक्षण में प्रस्तावना कवि-परिचय को भी बनाया जाता है। पाठ्य कविता के कवि का परिचय शिक्षक कविता-शिक्षण के पूर्व देता है। इस संदर्भ में वह कवि के जीवन, काव्य की विशेषता तथा लेखन या भाषा शैली पर प्रकाश निक्षेप करता है।

इस पद्धति की उपादेयता परीक्षा के दृष्टिकोण से जरूरी है। इस प्रस्तावना के माध्यम से न तो अपेक्षित वातावरण की सृष्टि हो पाएगी और न ही छात्रों में काव्य के प्रति रुचि उत्पन्न हो सकेगी।

(च) मुख्य विषय की चर्चा द्वाराइस प्रणाली में कविता-शिक्षण की प्रस्तावना के रूप में कविता में वर्णित मुख्य विषय की चर्चा शिक्षक छात्रों के समक्ष करता है। इसके भाव कविता को पढ़ने से पूर्व ही छात्रों के सामने स्पष्ट कर देने से अर्थ समझने में आसानी तो होती है, किंतु कविता-शिक्षण के लिए अपेक्षित वातावरण की सृष्टि नहीं हो पाती। छात्रों में कविता के प्रति उत्सुकता नहीं रह जाती तथा पढ़ने में मन नहीं लगता है। यह विधि सर्वथा दोषपूर्ण है।

2. कविता का वाचनपाठन की तुलना में कविता का श्रवण कर्णप्रिय लगता है। शिक्षक द्वारा कविता को प्रणाली ढंग से पढ़ने का काम ही शिक्षक का मुख्य अस्त्र होता है। स्पष्ट है कि शिक्षक को सस्वर, लयात्मक एवं भावपूर्ण वाचन में दक्ष एवं निपुण होना चाहिए। इससे प्रारंभ में अपेक्षित काव्यात्मक वातावरण की सृष्टि होती है। छात्रों में सौंदर्यानुभूति का भी अंकुरण होता है। प्रस्तावना के बाद यह सोपान बहुत ही उपयुक्त है। वाचन भी तीन प्रकार के होते हैं

(क) रागात्मक वाचन

(ख) भावात्मक वाचन

(ग) अभिनयात्मक वाचन।

सुर और ताल में कविता का वाचन करना प्राथमिक वर्गों हेतु ज्यादा उपयुक्त है। बच्चों के लिए यह विधि आकर्षक तो है ही, उनके कोमल भावों को जाग्रत भी करती है। उच्च कक्षाओं के लिए भावानुसार सस्वर वाचन प्रभावकारी होता है। उक्त दोनों प्रकार के स्तरों में आवश्यकतानुसार कवितागत भावों के साथ-साथ शारीरिक अंगों का संचालन होना कविता-शिक्षण को सप्राण बना देता है।

वाचन में इतना अवश्य ध्यान रखा जाए कि सर्वप्रथम शिक्षक द्वारा ही प्रभावकारी ढंग से पाठ्य कविता का सस्वर वाचन हो तथा उसके पश्चात छात्रों द्वारा उसका अनुसरण कराया जाए। इस प्रक्रिया में मौन-वाचन निरर्थक है।

3. आत्मीकरणकविता-शिक्षण के क्रम में यह चौथा सोपान है। भाव-परीक्षण के पश्चात शिक्षक पठित कविता की विस्तृत व्याख्या तथा भाव-विश्लेषण की ओर प्रवृत्त होता है। कवितागत कठिन शब्द तथा दुरूह प्रसंगों को शिक्षक स्पष्ट करता है तथा छात्रों को विशद् व्याख्या का मार्ग दिखलाता है। इस दिशा में वह छात्रों की सहायता भी करता है।

4. सौन्दर्य का अनुभवन इस सोपान में कवितागत सौंदर्य को छात्रों के समक्ष स्पष्ट तथा उजागर करना चाहिए। इसके लिए सर्वप्रथम शिक्षक का काव्यगत सौंदर्य-तत्वों से पूर्ण रूप से परिचित होना अत्यावश्यक है। ये सौंदर्य तत्व हैं

(क) ध्वनि-सौंदर्यशब्द, अलंकार, गुण आदि में।

(ख) विचार-सौंदर्य (भाव-सौंदर्य)कवितागत भाव एवं विचार में।

(ग) शैली-सौंदर्यशब्द-चयन, रचना, प्रतीक-विधान आदि में।

(घ) कल्पना-सौंदर्यअमूर्त तथा कल्पना-प्रधान भावों में तथा काव्य की प्राणधारा ध्वनि में।

(ङ) रस-सौंदर्यनौ प्रकार के रसों में।

इन सौंदर्य-तत्त्वों को पूर्ण रूप से परखने की क्षमता रखनेवाला शिक्षक छात्रों को सही सौंदर्यानुभूति कराने में समर्थ होता है। छोटी कक्षाओं में सिर्फ विचार रख देने से काम चल जाता है। लेकिन उच्च कक्षाओं के लिये इसके अतिरिक्त ध्वनि, शैली, रस तथा कल्पनागत सौंदर्य का भी स्पष्टीकरण श्रेयस्कर होता है। इस सोपान की प्रक्रिया में कविता की समस्त विशेषताएं स्पष्ट होकर सामने आ जाती हैं।

5. भाव-मूल्यांकनभाव मूल्यांकन कविता-शिक्षा के एक महत्वपूर्ण आयाम है। इस विधि द्वारा यह निर्णय किया जाता है कि शिक्षक द्वारा पढ़े गये कविता पाठ को छात्रों ने कितना ग्रहण किया। यह बात सही है कि कविता के प्रभावकारी वाचन के पश्चात् छात्रों की समझ में केंद्रीय भाव आ जाता है, किंतु फिर भी प्रश्नोत्तर प्रणाली से उसकी परीक्षा ले ली जाती है कि सभी छात्रों ने पूर्ण रूप से वैसा किया अथवा नहीं। प्रभावपूर्ण ढंग से दो-तीन बार वाचन करने के पश्चात् शिक्षक उस कविता पर आधारित कुछ प्रश्न छात्रों से पूछता है। छात्र यदि समुचित उत्तर दे देते हैं तब तो ठीक, अन्यथा फिर वाचन करके वह स्पष्ट करता है। इससे प्रगति का ठोस आधार मिलता जाता है।

इस विषय में उपप्रधानाध्यापक इतना तो अवश्य समझते हैं कि छात्रों ने कविता को स्पष्ट रूप से समझ लिया है। अतः विश्लेषणात्मक प्रश्नों की सहायता से कवि के भावों को छात्रों को आत्मसात् कराना श्रेयकर होता है।

इस सोपान की प्रक्रिया में व्याकरण, चित्र अथवा दृष्टांत को लाना लाभकारी नहीं है। इससे छात्रों की कल्पना एवं विचारशक्ति को आघात लगता है। शिक्षक को सजग तथा सतर्क रहने की आवश्यकता है कि जहां भी छात्र के समक्ष कठिनाई उपस्थित हो वहां वह समझने के लिए उपस्थित हो जाए। इस प्रकार इस सोपान में छात्र कविता के आंतरिक एवं बाह्य दोनों ही अर्थों को समझ लेने में समर्थ होता है।

6. सौंदर्य-बोधात्मक प्रश्नकाव्य शिक्षण के सफलता का सही मूल्याकंन इसी सोपान में होता है। इसमें छात्रों द्वारा ग्रहण किया गया काव्य सुन्दरता का मूल्याकंन छात्रों के भाव सौन्दर्य, ध्वनि सौन्दर्य, शैली सौन्दर्य तथा कल्पना सौंदर्य के ज्ञान के आधार पर किया जाता है। कविता-शिक्षण की वास्तविक सफलता का परीक्षण इसी सोपान में होता है।

7. रचनात्मक कार्यसामान्यतः पठित कविता अथवा समान भाव की अन्य कविता को आंशिक या पूर्णरूप से छात्र द्वारा स्मरण कराया जाए। छात्रों के स्तर के अनुकूल कविता-पुस्तकों को पढ़ने की ओर भी उन्हें प्रवृत्त किया जाए। किंतु, यह कार्य तो परंपरागत एवं सामान्य है इससे थोड़ी सी रुचि कविता के प्रति अवश्य जाग्रत होती है। वस्तुतः इससे छात्रों के अंदर की उमंग का सहज प्रस्फुटन एवं सम्यक् विकास नहीं हो पाता। इसके लिए छोटे-छोटे सरल छंदों में लोकप्रिय प्रेरक विषयों पर उन्हें कविता करने की ओर प्रवृत्त करना श्रेयस्कर होगा। प्रचलित लोक-गाथाओं अथवा प्रसिद्ध घटनाओं अथवा मोहक प्राकृतिक दृश्यों को पद्य-रूप देने की ओर भी उन्हें प्रोत्साहित किया जाए। इस तरह उनमें सृजनात्मक शक्ति एवं प्रतिभा का विकास पूर्ण रूप से संभव हो सकेगा।

8. द्वितीय आदर्श वाचनयह सोपान द्वितीय सोपान की ही पुनरावृत्ति है। आत्मीकरण तथा सौंदर्यानुभूति के उपरांत यह आवश्यक हो जाता है कि छात्रों की एकाग्रता संपूर्ण कविता की ओर लाई जाए। इसके लिए शिक्षक द्वारा भावपूर्ण ढंग से कविता का सस्वर वाचन होना चाहिए। इसके अपरात दो-तीन छात्रों द्वारा शिक्षक का अनुकरण भी हो। इससे कविता के अनुकूल वातावरण की पुनः सृष्टि हो जाएगी तथा छात्र कविता को संपूर्णता में ग्रहण कर सकेंगे।

कविता में रुचि जगाने के विविध उपाय (साधन)

छात्रों में कविता अथवा काव्य के प्रति रुचि पैदा करने हेतु निम्नलिखित उपाय किए जा सकते हैं

(क) काव्य-गोष्ठी।

(ख) कविता-संग्रह।

(ग) कवि-सम्मेलन।

(घ) कवि-दरबार।

(ङ) प्रभावशाली सस्वर वाचन।

(च) कविता-रचना।

(छ) अंत्याक्षरी।

(ज) कवि-सम्मान।

(झ) कविता कंठस्थ करना।

(ञ) सुभाषित-प्रतियोगिता।

(ट) समस्या-पूर्ति।

(ठ) कवि-गोष्ठी।

(क) काव्य-गोष्ठीअलग-अलग कक्षा के सम्पूर्ण छात्रों की एक बैठक हो और उनके मनपसंद कविता सुने जाए जो उनको याद हो और स्वरचित कविताओं को सुनाने का भी अवसर उन्हें दिया जाए। इस प्रकार कविता के प्रति उनका प्रेम बढ़ेगा। स्पष्ट ही यह गोष्ठी छोटी तथा सुनियोजित होगी।

(ख) कविता-संग्रहछात्रों से कविता-संग्रह तथा साहित्यिक-पत्रिकाओं का अध्ययन कराया जाता है। उन्हें यह कहा जाता है कि अपनी रुचि के अनुसार श्रेष्ठ कविताओं को अपनी पुस्तिकाओं में लिखते जाएं। इस तरह उनके पास श्रेष्ठ कविताओं का संग्रह हो जाता है। इसे ही हम कविता-संग्रह कहते हैं। भिन्न-भिन्न पत्रिकाओं से मनपसंद कविताओं को काटकर अपनी पुस्तिकाओं पर चिपकाने से भी कविता-संग्रह तैयार हो जाता है। बाद में चलकर यह संग्रह काफी उपयोगी तथा प्रेरक होता है। इस प्रणाली के द्वारा विद्यार्थियों के अंदर काव्य लेखन के प्रति रुचि जागृत की जाती है।

(ग) कवि-सम्मेलनकाव्य सम्मेलन से हम भली-भांति परिचित हैं। काव्य सम्मेलन में कई विख्यात कवि मंच से भारी श्रोता समूह के सामने सस्वर काव्य पाठ करते हैं। समय-समय पर ऐसा आयोजन विद्यालयों द्वारा किया जाए। छात्रों को ऐसे प्रसिद्ध एवं कवियों की श्रेष्ठ कविताओं को सुनने को उत्प्रेरित किया जाए। इससे उनमें कविता करने-सुनने की क्षमता का विकास होगा तथा उनकी रुचि कविता की ओर बढ़ेगी।

(घ) कवि-दरबारप्राचीन कवियों की कविताएं छात्रों को याद कराकर उन्हें उन कवियों की वेशभूषा में कवि-सम्मेलन के रूप में मंच पर उपस्थित किया जाए। फिर वेशभूषा के अनुरूप कवियों की कविताएं उनसे सुनवाई जाएं। कवि-दरबार कतिपय नवीन एवं प्रसिद्ध कवियों पर भी तैयार किया जा सकता है। इसमें कविता कंठस्थ करने का लाभ तो स्पष्ट ही है, इसके अतिरिक्त प्रतिभागी में आत्मविश्वास, तथा कविता के प्रति रुचि की अभिवृद्धि होती है।

(ङ) प्रभावशाली सस्वर वाचनशिक्षक द्वारा कविता का प्रभावशाली सस्वर वाचन अत्यधिक महत्वपूर्ण होता है। अतएव प्रभावशाली सस्वर वाचन से छात्रों पर

बड़ा ही अनुकूल प्रभाव पड़ता है तथा उनकी रुचि भी कविता के प्रति बढ़ती है। वैसे, कविता में सामान्यतः गीतात्मकता होती है और छात्रों से लय तथा ताल के साथ सस्वर वाचन कराकर भी उनमें कविता के प्रति रुचि उत्पन्न की जा सकती है। इस उपाय से छात्रों में कविता के प्रति रुचि तो पैदा की ही जा सकती है। उनमें संगीत एवं लय के प्रति आकर्षण का भी सृजन किया जा सकता है। प्रभावशाली एवं लयात्मक सस्वर वाचन आनंदानुभूति को सहज ढंग से जगाता है।

(च) कविता-रचनाकविता में रुचि उत्पन्न करने की कविता-रचना सर्वोत्तम विधि है। इस क्रिया में बच्चों को उपलब्धि तथा संरचना का आनंद भी प्राप्त होता है। शुरू में तुकबंदी करने पर भी प्रोत्साहन दिया जाए। तभी कविता के प्रति उनकी रुचि उत्तरोत्तर बढ़ती जाएगी। प्रारंभिक रचनाओं का शिक्षक द्वारा वातावरण में संशोधन किया जाना छात्रों को इस दिशा में प्रगति के मार्ग पर ले जाता है। संशोधित कविता को वर्ग के सामने पाठ करने का भी अवसर प्रदान किया जाए। इससे छात्रों में आत्मविश्वास तथा सृजनात्मक क्षमता का उचित विकास होगा। इतना ही नहीं, छात्रों में कविता-प्रतियोगिता भी करानी चाहिए। अवसर विशेष अथवा विषय विशेष पर छात्रों से कविताएं लिखवाई जाएं तथा सर्वोत्तम रचनाओं को पुरष्कृत किया जाए। इससे छात्रों को प्रोत्साहन प्राप्त होता है तथा उनमें कल्पना-शक्ति, अभिव्यक्ति-क्षमता तथा भाषा-शैली का आश्चर्यजनक रूप से विकास होता है। इस प्रकार यह विश्वासपूर्वक कहा जा सकता है कि कविता-रचना तथा कविता-प्रतियोगिता से छात्रों में कविता के प्रति रुचि निश्चित रूप से पैदा की जा सकती है।

(छ) अंत्याक्षरीअंत्याक्षरी के खेल में छात्र एक काव्य पंक्तियों को सुनाते हैं जिसके अन्तिम अक्षर पर दूसरी कविता-पंक्ति अन्य छात्र सुनाते हैं। फिर इसकी पुनरावृत्ति होती है। यह प्रक्रम तब तक चलता रहता है जब तक कि कोई एक दल का काव्य भण्डार खत्म न हो जाए। यह ऐसा मनोरंजक खेल है जिसमें छात्र अल्प समय में सुनियोजित क्रम में काव्य-पंक्ति सुनाते हैं। इससे काव्य के प्रति उनका लगाव बढ़ता है। वे अधिक से अधिक काव्य-पंक्तियाँ याद करना चाहते हैं।

(ज) कवि सम्मानअक्सर समाचार पत्र, पत्रिकाओं और समाचारों से यह जानकारी मिलती है कि राज्य या संस्था द्वारा अमुक कवि अथवा साहित्यकार को सम्मानित किया गया। ऐसी स्थिति में उन कवियों को अपने विद्यालय में आमंत्रित किया जाए तथा उनका विद्यालय-परिवार एवं समाज की ओर से उचित सम्मान किया जाए। इसके अतिरिक्त कवि-विशेष से या सम्मानित कवि से उनकी एक-आध रचनाएं सुनी जाएं। इससे छात्रों में काव्य-सृजन एवं अध्ययन की प्रेरणा का स्रोत प्रवाहित हो उठता है तथा उनकी रुचि काव्य की ओर स्वतः ही मुड़ जाती है।

(झ) कविता कंठस्थ करनाप्रारंभिक अवस्था में बच्चे कविता, कहानी अथवा लघुकथा तुरंत याद कर लेते हैं। उस अवस्था में उनका कंठ भी मधुर एवं कोमल होता है। जब वे कविता सस्वर पाठ करते हैंसुननेवालों को बहुत ही प्रिय लगता है। इस तथ्य को ध्यान में रखकर बच्चों को कविताएं कंठाग्र करा देनी चाहिए। इस अवस्था में कंठस्थ की गई कविताएं आगे चलकर बहुत काम की सिद्धि होती हैं। इन्हें सुनकर तथा स्मरण कर आंतरिक आनंद की प्राप्ति होती है। इस क्रिया से कविता के प्रति रुचि भी उत्पन्न होती है।

(ञ) सुभाषित-प्रतियोगिताइसमें ऐसा होता है कि कम-से-कम दो-दो छात्रों के कई दल बना लिए जाते हैं। इन दलों को किसी कवि की कविता-विशेष को पढ़ने तथा सस्वर पाठ करने को कहा जाता है। यह पाठ ताल एवं लय के साथ होता है। इन दलों में जो दल सबसे अधिक सुंदर ढंग से काव्य-पाठ कर पाता है वह विजेता और पुरस्कृत होता है। इससे निश्चयपूर्वक छात्रों में कविता के प्रति रुचि की वृद्धि होती है।

(ट) समस्या पूर्तियह पहले बहुत प्रचलित थी। अब इसका प्रचलन बहुत कम हो गया है यत्र-तत्र पुराने गुरुओं, गुरुकुलों तथा धार्मिक संस्थाओं में यह आज भी प्रचलित है। इसमें होता यह है कि एक या आधी पंक्ति समस्या-रूप में प्रतिभागियों के बीच रख दी जाती है। उसकी पूर्ति में कविता अथवा एक छंद की रचना की जाती है। तथा वे सभी अपनी-अपनी रचना समस्या-पूर्ति के रूप में सुनाते हैं। दी गई पंक्ति भी रचना के कलेवर में रहना आवश्यक है। आम तौर पर इस पंक्ति को अंतिम में रखे जाने का प्रचलन है। यह कार्यक्रम बड़ा ही मनोरंजक होता है तथा काव्य के प्रति रुचि तो अवश्य ही उत्पन्न होती है।

(ठ) कवि-जयंतीप्रमुख साहित्यिक विभूतियों की जयंती प्रत्येक वर्ष स्कूलों में आयोजित की जाती है। जैसेकालिदास जयंती, विद्यापति जयंती, कबीर जयंती, तुलसी जयंती, सूर जयंती आदि। ये प्रसिद्ध एवं महान् युग प्रवर्तक कवियों की जन्मतिथियों के अवसर पर मनाई जाती हैं। इसी तरह अन्य महान् कवियों की जयंतियां भी विद्यालयों में मनाई जाएं। इनमें छात्रों को उनके जीवन एवं काव्य पर बोलने तथा कविता लिखने को प्रोत्साहित किया जाए। इसके अतिरिक्त संबंधित कवि की प्रसिद्ध एवं प्रेरक रचनाओं को कंठाग्र भी कराया जाए। इस तरह उनकी रुचि कविता में निश्चित रूप से वृद्धि होगी।

शीर्ष पर इन सभी उपायों तथा साधनों के शिक्षक का स्थान है। सृजनशील, काव्य-प्रेमी, संवेदनशील तथा उदात्तभावी शिक्षक के द्वारा ही छात्रों में कविता के प्रति

रुचि पैदा करना संभव है। वस्तुतः उपरोक्त सभी उपायों, साधनों में प्राण का संचार करनेवाला शिक्षक ही होता है।

दीर्घ उत्तरीय प्रश्न

1. काव्य शिक्षण का क्या महत्व है? काव्य शिक्षण के मुख्य प्रयोजनों की चर्चा करें।
2. काव्य शिक्षण की प्रमुख पद्धतियों का वर्णन करें।
3. काव्य शिक्षण के भिन्न-भिन्न आयामों को वर्णित करें।

लघु उत्तरीय प्रश्न

1. काव्य के रसपाठ और बोध पाठ में क्या अंतर है?
2. काव्य शिक्षण का अर्थ स्पष्ट करते हुए इसे पारिभाषित करें।

वस्तुनिष्ठ प्रश्न

1. जहां गद्य और पद्य दोनों का मिश्रित प्रयोग होता है उसे कहा जाता है
   (क) गद्यांश काव्य (ख) पद्यांश काव्य
   (ग) चम्पू काव्य (घ) इनमें से कोई नहीं।
2. भारत भारती के रचनाकार हैं
   (क) जयशंकर प्रसाद (ख) मैथिलीशरण गुप्त
   (ग) सूर्यकांत त्रिपाठी निराला (घ) सुमित्रा नंदन पंत
3. व्याख्या विधि का विकसित रूप है
   (क) तुलनात्मक विधि (ख) व्यास विधि
   (ग) व्याख्या विधि (घ) समीक्षा विधि

12

नाट्य शिक्षण

नाट्य शिक्षण एक दृश्य काव्य माध्यम है। इसे नाट्य अभियान के द्वारा स्पष्ट रूप से देखा और सुना जा सकता है। नाटक के पात्र, उसके दृश्य, उसका कथोपकथन, उसमें वर्णित घटना-स्थिति इत्यादि सभी को रंगमंच पर रूपायित किया जा सकता है। नाटक में प्रभावोत्पादक शक्ति तथा कल्पना दोनों का ही समावेश होता है। रंगमंच पर नाटक सजीव एवं सक्रिय हो उठता है। काव्यों में नाटक बहुत ही मनोरम, प्रभावोत्पादक तथा चित्ताकर्षक होता है। नाटक में सामान्यीकरण की शक्ति सबसे ज्यादा है। संस्कृत में कहा भी है'काव्येषु नाटकं रम्यम्'।

साधारणतया प्रबुद्ध अनुकृति को नाटक कहा जा सकता है। भरत मुनि ने कहा भी है'अवस्थानुकृतिर्नाट्यम्'।

अवस्था को यहां विस्तृत अर्थ में प्रयुक्त किया गया है। मानव-जीवन की सम्पूर्ण परिस्थितियां, अवस्थाएँ एवं समस्याएँ अवस्था के तहत् आ जाती हैं। नाटक में जीवन के विभिन्न संघर्षों के उतार-चढ़ाव, रोना-हँसना मुस्कुराना इन सब चीज को नाटक में बड़ी प्रभावकारी ढंग से पिरोया जाता है। नाटक के अंदर से नाटककार का उद्देश्य झांकता रहता है। वस्तुतः नाटक के परिवेश में भूत रूपायित होता है, वर्तमान प्रभावित होता है तथा भविष्य जन्म लेता है। अभिनव भरत ने कहा है'नाटक वह प्रयोग है जिसमें किसी प्रसिद्ध ऐतिहासिक अथवा कल्पित कथा के आधार पर नाट्यकार द्वारा रचित रूप के अनुसार, नाट्य प्रयोक्ता द्वारा प्रशिक्षित नट रंगमंच पर अभिनय तथा संगीत की सहायता से दर्शकों के हृदयों में यथार्थ रस उत्पन्न करके

उनका मनोविनोद करते हैं और परोक्ष रूप से उन्हें उपदेश देते हैं तथा मनःशांति प्रदान करते हैं।

नाट्य मंचन को पंचम वेद की संज्ञा से विभूषित किया गया है। कल्पना ऐसी है कि इस वेद की रचना स्वयं ब्रह्मा ने की। उन्होंने ऋग्वेद से संवाद, सामवेद से गान, यजुर्वेद से अभिनय तथा अथर्ववेद से रस लेकर नाटक की रचना की। नाटक में जीवन के समस्त ऊहापोहों का अभिनय सुलभ चित्रण गें होता है सच तो यह है कि नाटक में त्रैलोक्य के भावों अथवा अवस्थाओं का ही अनुकीर्तन या अनुकरण होता है।

महत्व एवं उपादेयता

1. कल्पना से अधिक वास्तविकतानाटक के माध्यम से गुजर चुके यथार्थ को वास्तविक तरीके से दर्शकों के समक्ष पेश किया जाता है। नाटक में काल्पनिकता के स्थान पर वास्तविकता का पुट ज्यादा होता है। नाटक में कल्पना के स्थान पर वास्तविकता अधिक होती है। यही कारण है कि नाटक जीवन के अधिक निकट होता है। सच तो यह है कि इसमें वास्तविक जीवन ही रूपायित होता है।

2. विभिन्न रुचियों की संतुष्टि का साधननाटक एक ऐसा साहित्यिक साधन है जिसके द्वारा मानव की विभिन्न रुचियों की संतुष्टि होती है। कालीदास के शब्दों द्वारा इस मान्यता की पुष्टि होती है

नाट्यं भिन्न रुचेर्जन्सय बहुधाप्येकं समाराधनम्।

भरत मुनि ने भी स्पष्ट कहा है कि ऐसा कोई ज्ञान, योग, विद्या, कला अथवा शिल्प नहीं है, जिसे नाटक के माध्यम से प्रस्तुत न किया जा सके। नाटक में कहीं धर्म, कहीं क्रीड़ा, कहीं अर्थ, कहीं श्रम, कहीं हंसी, कहीं रुदन, कहीं काम तथा श्रृंगार के बहुरंगी फव्वारे छूटते रहते हैं। वीर-रस तथा रुद्र-रस का निर्झर भी अपने पूर्ण वेग के साथ प्रवाहित होता रहता है इसमें। अतः यह स्पष्ट है कि नाटक मानव की विभिन्न रुचियों की संतुष्टि का साधन है, माध्यम है।

3. कवित्व की चरम भाषानाटक कवित्व की चरम भाषा है। काव्य में वर्णित दृश्य अथवा अवस्था को मानवीय रूप से समझा जा सकता है। इसके विपरीत नाटक में वर्णित दृश्य अथवा स्थिति को रंगमंच पर प्रत्यक्ष देखकर आनंद प्राप्त किया जा सकता है। इस आनंद को 'ब्रह्मानंद' की संज्ञा दी गई है।

4. लोकहित तथा लोकरंजन की भावना से पूर्णनाटक में लोकरंजन तथा लोकहित की भावना प्रमुख होती है। इससे दर्शकों तथा पाठकों का मनोरंजन तो होता

ही है, उन्हें लोकहितकारी प्रेरणा तथा संदेश की प्राप्ति भी होती है। भारत मुनि के शब्दों में नाटक के इस महत्व को और भी स्पष्ट किया जा सकता है

हितोपदेश जननम् नाट्यमेतद् भविष्यति।
विनोदकरणम् लोके नाट्यमेतद् भविष्यति।।

कहने का तात्पर्य की नाटक हितोपदेश व लोगों के मनोरंजन के लिए किये जाते हैं।

5. जन-साधारण की वस्तुनाटक जन सधारण की चीज हो जब यह रंग मंच पर प्रस्तुत किया जाता है तो अच्छे अच्छे मानव इसको सही मानने पर मजबूर हो जाते हैं। और दर्शक उन्हें वाहवाही देते हैं। रंगमंच पर नाटक की दुरुहता समाप्त हो जाती है। वह जनसाधारण की पहुंच में आ जाता है तथा जन-साधारण आलोड़ित-बिलोड़ित हो जाती है। इस प्रकार नाटक जन-साधारण की वस्तु बन जाता है।

6. शिक्षण का प्रभावकारी माध्यममनोविज्ञान के माध्यम से यह स्पष्ट हो चुका है कि दृश्य-श्रव्य तकनीक के प्रयोग द्वारा शिक्षण पद्धति को और प्रभावशाली बनाया जा सकता है। नाटक एक जीवंत श्रव्य-दृश्य उपादान है। इस महत्व को आधुनिक शिक्षाशास्त्रियों ने भी स्वीकार किया है तथा शिक्षण-कार्यों में इसका उपयोग धड़ल्ले से हो रहा है। अब तो सभी विषयों को नाटक के माध्यम से पढ़ाए जाने की संभावना पर गंभीरतापूर्वक विचार किया जा रहा है। आचरण तथा व्यवहार की शिक्षा नाटक के माध्यम से सर्वोत्तम ढंग से दी जा सकती है। इतिहास की शिक्षा तो नाटक के माध्यम से जीवंत तथा वास्तविक हो उठती है। टेलीविजन पर अभिनय द्वारा आजकल विभिन्न विषयों की शिक्षा दी जाने लगी है।

7. नाटक के गद्य, पद्य एवं मिश्रित रूपनाटक की रचना गद्य, पद्य तथा मिश्रित तीनों रूपों में होती है। शेक्सपियर, कालिदास जैसे महान् नाटककारों ने अपने नाटकों की रचना पद्य में की है। डी. एल. राय, सेठ गोविन्द दास, रामकुमार वर्मा तथा जयशंकर प्रसाद ने अपने नाटक मुख्य रूप से गद्य में लिखे हैं। उन्हें मिश्रित भी कहा जाता है चूँकि इसके अन्दर गाने को भी स्थान दिया गया है।

नाटक का उद्देश्य

नाट्य के द्वारा दर्शकों को स्वस्थ मनोरंजन तो प्राप्त होता ही है, साथ ही, यह कम खर्च पर भी उन्हें उपलब्ध होता है। नाटक के द्वारा आचरण की प्रभावकारी शिक्षा देने का उद्देश्य भी आंखों से ओझल नहीं किया जा सकता। छोटे बच्चों को अपेक्षित

रूप से चलने, बोलने, हाव-भाव प्रकट करने, कुमार्ग से बचने, न्याय के लिए बलिदान करने तथा दुष्टों का निर्भय विरोध करने की प्रेरणा शिक्षा नाटक के द्वारा सशक्त रूप से दी जा सकती है। भाषा-शिक्षण की दृष्टि से भी इसकी शिक्षा के उपयोगी उद्देश्य हैं। बच्चों को शुद्ध उच्चारण करने, सूक्ति एवं सशक्त गद्य-पद्य याद करने तथा सृजनात्मक ताकत को जागृत करने के अवसर पर नाटक-शिक्षण द्वारा प्रभावकारी ढंग से दिए जा राकते हैं। नाटक-शिक्षण द्वारा कल्पना, विवेचना तथा तर्क जैसी शक्तियों का विकास एवं परिष्कार आश्चर्यजनक रूप से होता है। इन बातों पर ध्यान देने से स्पष्ट होता है कि नाटक-शिक्षण के उद्देश्य अत्यंत व्यापक हैं। इन उद्देश्यों को अलग-अलग इस प्रकार रखा जा सकता है

(i) उन्हें भावानुसार तथा प्रभावकारी वाचन की कला में निष्णात कराना।
(ii) उन्हें अभिनय कला से परिचित कराकर उसमें निष्णात कराना।
(iii) उनमें साहित्य के प्रति रुचि उत्पन्न करना।
(iv) उन्हें इतिहास एवं संस्कृति से परिचित कराना।
(v) छात्रों का स्वस्थ मनोरंजन करना और मोहना।
(vi) उनमें साहित्यिक सृजनात्मक शक्ति का विकास करना।
(vii) उन्हें विभिन्न प्रकार के मानव-आचरणों एवं चरित्रों से परिचित कराना।
(viii) उन्हें मानव-स्वभाव के व्यावहारिक रूप से परिचित कराना।
(ix) उन्हें मानव-जीवन तथा समाजगत परिस्थितियों से परिचित कराना।
(x) उन्हें विभिन्न अवसरों के अनुकूल आचरण करना तथा वार्तालाप करना सिखाना।
(xi) उन्हें वास्तविक जीवन के लिए तैयार करना।
(xii) उनमें वक्तृत्व-कला को विकसित कर, उन्हें सार्वजनिक भाषण करने में झिझक से मुक्त कराना।

नाट्य शिक्षण की विधियां

1. आदर्श नाट्य पाठ प्रणालीइस पद्धति में अध्यापक को सर्वाधिक सक्रिय और तत्पर रहने की जरूरत होती है। शिक्षण करने वाला अध्यापक ही वर्ग के बाह्य और आंतरिक परिवेश की देख-रेख करता है। वह प्रत्येक पात्र के संवाद को उसके अनुरूप हाव-भाव के साथ बोलता है। इससे छात्रों को पात्र के चरित्र का स्पष्ट आभास हो जाता है। इसमें अर्थ-कथन का स्थान नहीं है। शिक्षक ही कुछ इस प्रकार के संवाद बोलता एवं हाव-भाव प्रदर्शित करता है कि छात्रों को भाव ग्रहण करने में

कोई कठिनाई नहीं होती। इस प्रणाली में छात्र मात्र श्रोता एवं दर्शक बनकर रह जाते हैं। इसके अतिरिक्त पठित नाटक के तत्वों की व्याख्या भी इस प्रणाली द्वारा होना असंभव हो जाता है। इन दोषों के होते हुए भी यह प्रणाली उचित है।

2. कक्षाभिनय प्रणाली नाम से ही पता चलता है कि शिक्षा और नाटक में कक्षाभिनय में छात्र और शिक्षक केवल इशारे में बात करते है और उनके पास रंगमंच के जैसा पोशाक नहीं होता लेकिन नाटक में सारी वस्तु होती है इसलिये अच्छा लगता है। इसमें नाटक के विभिन्न पात्रों के रूप में कार्य करनेवाले छात्र वर्ग के सम्मुख अपने-अपने संवाद का भावपूर्ण ढंग से पाठ करते हैं। कक्षा-अभिनय-प्रणाली में वाद्य यंत्रों का भी प्रयोग नहीं किया जाता है। इस प्रणाली से शिक्षण में रंगमंच-प्रणाली के सभी गुण तो नहीं हैं, किंतु बहुत अंशों में यह उसके निकट है। इतना ही नहीं, इसमें समय, धन तथा श्रम तीनों की बचत होती है। उद्देश्यों की प्राप्ति में यह प्रणाली अधिक उचित है। इसमें छात्र का क्रियाशीलन, मनोरंजन तथा विषय-स्पष्टीकरण प्रत्यक्ष रूप से हो जाता है। यह प्रणाली प्रस्तुत स्थिति में सर्वाधिक उपयोगी तथा सफल है।

3. अर्थबोध प्रणालीसाधारणतया विद्यालयों में इस प्रणाली का अनुपालन अधिक होता है। इस प्रणाली में शिक्षक अपेक्षित नाटक का वाचन करता है तथा पठित अंश का अर्थ भी कहता चलता है। कतिपय शिक्षक तो नाटक का वाचन भी छात्रों से ही कराते हैं। अपनी ओर से ये मात्र तात्पर्य भर स्पष्ट कर देते हैं। इस प्रणाली में पाठ्य पुस्तक प्रधान होती है। उसका वाचन तथा अर्थ-कथन मात्र शिक्षक का कार्य होता है। यह प्रणाली मुख्य रूप से दोषपूर्ण है। इसमें न तो मनोरंजन होता है, न अभिनय और न कथोपकथन में ही स्वाभाविकता आती है। सच पूछा जाए तो यह कोई प्रणाली ही नहीं है। यह तो मात्र एक दकियानूस परिपाटी है।

4. व्याख्या अथवा समीक्षा प्रणाली यह प्रणाली नाटक को उच्च श्रेणी में शिक्षण करते समय काम में लाई जाती है। इसमें चरित्र, कथोपकथन, भाषा, शैली, कथा, पात्र आदि का वर्णन उद्धृत किया जाता है। व्याख्या का माध्यम कथन तथा प्रश्नोत्तर होते हैं। इस प्रणाली में पठित नाटक के गुण-दोषों का उल्लेख प्रस्तुत किया जाता है। यह कार्य शिक्षक ही मुख्य रूप से करता है। तुलना, दृष्टांत एवं आचार्य-मान्यताओं द्वारा शिक्षक अपनी समीक्षा को पुष्ट बनाता है। इस विधि से छात्रों में गुण-दोष विवेचना की शक्ति का विकास होता है, परन्तु अन्य सभी उद्देश्य गौण पड़ जाते हैं। उच्च श्रेणी की कक्षाओं में यह पद्धति लाभकारी और प्रभावकारी है।

5. प्रयोग प्रणालीयह सर्वविदित है कि नाटक दृश्य-काव्य है। अतः रंगमंच पर उतारकर ही इसे प्रभावपूर्ण बनाया जा सकता है। चरित्र में सजीवता, भाषा में

प्रभावकारिता तथा कथोपकथन में स्वाभाविकता तो नाटक को रंगमंच पर अभिनीत करके ही लाई जा सकती है। नाटक की सार्थकता एवं मौलिक अस्तित्व तो अभिनय में ही है। इससे यह स्पष्ट होता है कि नाटक-शिक्षक की सबसे बढ़िया प्रणाली है। रंगमंच पर उसका असली प्रदर्शन, प्रस्तुतीकरण। यही वजह है कि इस प्रणाली को रंगमंच-अभिनय-प्रणाली' भी कहते हैं। इस प्रणाली में छात्रों को असली ज्ञान प्राप्त होता है। वे सक्रिय होकर कथोपकथन याद करते हैं, उच्चारण शुद्ध करते हैं, भावपूर्ण तरीके से बोलना सीखते तथा उसका अभ्यास करते हैं और इस प्रकार नाटक के संदेश को आत्मसात भी करते हैं। परन्तु, इस प्रणाली में सभी छात्रों को नाटक में भाग लेने का अवसर नहीं मिल पाता। इन दोषों के होते हुए भी यह प्रयोग या रंगमंच-अभिनय-प्रणाली नाटक शिक्षण की सर्वोत्तम प्रणाली है और इसको बड़ी सफलता मिली है।

13

कहानी शिक्षण

कहानी गद्य साहित्य की एक रुचिकर एवं महत्वपूर्ण विद्या है। इसके द्वारा जीवन की कठिनाइयों और विस्तृत प्रभाव वाले कथानकों को कल्पना का पुट देकर पाठकों के समक्ष प्रस्तुत किया जाता है। इसमें लेखक की समस्त शक्ति किसी घटना, भाव या समस्या पर केंद्रित रहती है। मानव कहानी कहना व सुनना पसंद करता है। यह इस बात का प्रमाण है कि बहादुरी, लोककथाएं धार्मिक, कहानी का जीवन में बहुत महत्व था। प्राचीनतम कहानियों का स्वरूप हमें बौद्धकालीन जातक कथा साहित्य व पुराणों में प्राप्त होता है। आधुनिक साहित्यिक विधाओं तथा दैनिक जीवन के नाटक, चलचित्र इत्यादि में भी कहानी का ही बोलबाला है। कहानी एक प्रकार से साहित्य की विधा है तो वहीं मनोरंजन का साधन भी। संस्कृत साहित्य में कहानी के लिए, कथा, आख्यायिका, वृत्तांत तथा कथानिका शब्द प्रचलित हैं। इसके साथ-साथ गल्प, कथानक, बात, किस्सा आदि शब्द भी कहानी के लिए प्रयुक्त होते हैं। डॉ. श्यामसुन्दर दास ने कहानी को पारिभाषित करते हुए कहा है"आख्यायिका एक निश्चित लक्ष्य या प्रभाव को लेकर चलने वाला नाटकीय आख्यान है।"

कहानी एक ऐसी चीज है जो बीते हुए कल की याद दिलाती है।

पाश्चात्य विद्वान् चार्ल्स बैरेट के कथनानुसार, "कहानी एक लघु वर्णनात्मक गद्य रचना है जिसमें वास्तविक जीवन को कलात्मक रूप में प्रस्तुत किया जाता है।"

कहानी आखिरकार है क्या? **प्रेमचंद** के अनुसार"कहानी (गल्प) एक ऐसी रचना है जिसमें जीवन के किसी एक अंश या मनोभाव को प्रकट करना ही लेखक

का उद्देश्य होता है। उसकी शैली, उसके चरित्र, उसका कथान्यास सब उसी एक भाव को पुष्ट करते हैं।''

छोटे बच्चों के लिए लिखी गई काल्पनिक परियों की कथा भी कहानी ही कही जाती है चूँकि इससे बच्चे उत्साहित होते हैं। ऐसी कहानियों में रोचक शैली, सरल भाषा तथा मनोरंजक घटनाओं का ही समावेश होता है। ये कहानियां नन्हे बच्चों के लिए खास आकर्षक तथा उपदेशप्रद होते हैं।

उपर्युक्त परिभाषाओं के विश्लेषण के बाद कहा जाता है कि

1. कहानी में कुतूहल व जिज्ञासा की प्रधानता होती है।
2. कहानी का उद्देश्य निश्चित होता है।
3. कहानी गद्य साहित्य की एक प्राचीन, लघु व आवश्यक विद्या है।
4. कहानी में जीवन की वास्तविकता होती है।
5. कहानी में घटना या भावनाओं की प्रधानता होती है।

कहानी की शैली एवं विषय

प्रतिपादन की दृष्टि से कहानियों को मुख्य रूप से तीन वर्गों में विभक्त किया जा सकता है।

(क) चरित्र-प्रधान कहानियांइस शैली वाली कहानियों में पात्रों के चरित्र-चित्रण को ही प्रधानता दी जाती है। अन्य अंग गौण पड़ जाते हैं।

(ग) मनोवैज्ञानिक कहानियां इस शैली की कहानियों में मानव-आचरणों, चरित्रों तथा मनोभावों की अभिव्यक्ति मनोवैज्ञानिक पृष्ठभूमि में की जाती है।

(ख) घटना-प्रधान कहानियां इस शैली की कहानियों में घटनाओं का क्रमवार वर्णन अथवा उनका संकलन मात्र प्रधान लक्ष्य होता है। इसमें गंभीर चिंतन का कोई स्थान नहीं होता।

कहानी केवल मनोरंजन की ही वस्तु नहीं है अपितु जीवन की वास्तविकता को भी उजागर करती है। यह व्यक्ति के चरित्र-निर्माण के साथ-साथ सद्प्रवृत्तियों के विकास में भी सहायक है। मानव जीवन के विभिन्न पक्षों का ज्ञान प्रदान करने में सहायक है। बच्चे कहानी सुनने तथा सुनाने में बहुत रुचि लेते हैं। अतः यह अभिव्यक्ति पक्ष तथा श्रवण पक्षों को भी पुष्ट करती है। कहानी सुनने से बच्चों की एकाग्रता तथा भावग्रहण की क्षमता का विकास होता है। यही कारण है कि अन्य विषयों के अध्यापन में भी अध्यापक छात्रों का ध्यान केन्द्रित करने के लिए कहानी का सहारा लेते हैं। साहित्य की अन्य विधाओं, गद्य, कविता, उपन्यास, नाटक आदि

का शिक्षण करते समय कहानी विषय को सरल, आकर्षक, सुगम, रोचक व बोधगम्य बना देता है। कहानी गद्य साहित्य की वह विद्या है जो अत्यधिक मुश्किल कथन को भी आसान और सुस्पष्ट बना देती है।

गद्य साहित्य में कहानी के बगैर अंतर्कथा का स्पष्टीकरण आसान नहीं होता। कविता में प्रयुक्त शब्द दानवीर, सत्यवादी, दृढ़प्रतिज्ञ शब्दों के स्पष्टीकरण कहानी के बिना स्पष्ट नहीं हो सकते हैं। व्याकरण में प्रयुक्त मुहावरे व लोकोक्तियों का स्पष्टीकरण करने में मदद करती है। निबंध शिक्षण में होली, दीपावली आदि निबंधों में रामचंद्र जी, प्रह्लाद, हिरण्यकश्यप, होलिका से सम्बन्धित कहानियां शुमार हैं। कहानी सुनने से बच्चों के शब्दभण्डार में वृद्धि होती है तथा लोकोक्तियों व मुहावरों का प्रयोग करना सीखते हैं। कहानियों के द्वारा बच्चों को मानव, पशुपक्षी के गुण-दोषों की जानकारी प्राप्त होती है।

कहानी के द्वारा बच्चों की अभिव्यक्ति पक्ष (वाचन व लेखन) का विकास तो होता ही है, कल्पना शक्ति भी विकसित होती है। कहानी सुनकर बच्चों के पठन के प्रति लालसा उत्पन्न होती है। बच्चे कॉमिक्स या नंदन, पराग व चन्दामामा की कहानी सुनकर सोचते हैं कि काश, मैं भी पढ़ पाता। इससे छात्रों में साहित्यिक अभिरुचि का भी विकास होता है कहानी पढ़ते हुए बच्चे अपने समय का सदुपयोग करना सीखते हैं। कहानी कथन से सुनाने तथा सुनने वाले के मध्य रागात्मक जोड़ स्थापित होती है। कहानी बच्चों के मन पर अमिट छाप छोड़ती है।

दूरदर्शन पर प्रदर्शित कहानी को देखकर बच्चे हाव-भाव, उत्तान-अनुत्तान व अभिनेयता के गुण भी सीखते हैं। पंचतंत्र, हितोपदेश, कथासरित्सागर तथा जातक कथाओं से बच्चों में नैतिक मूल्य विकसित होते हैं। अतः भाषा-शिक्षण में कहानी का महत्वपूर्ण स्थान है। इसके बिना शिक्षण रोचक, सरस एवं प्रभावशाली नहीं हो सकता। किसी भी मूल्य की धार्मिक, सामाजिक, सांस्कृतिक, राजनीति स्पष्टतः कहानी के माध्यम से झलकती है। कहानी के महत्व के सन्दर्भ में रायबर्न का कथन है"प्रत्येक अध्यापक को प्रयत्न करना चाहिए कि वह एक अच्छी कहानी सुनाने वाला बन जाए। किसी भी निपुण अध्यापक को कोई बात इतनी सहायता नहीं करती जितनी कि कहानी सुनाने की निपुणता।"

कहानी शिक्षण के उद्देश्यप्राथमिक स्तर पर कहानी शिक्षण के निम्न उद्देश्य निर्धारित किए जा सकते हैं

1. छात्रों में सद्गुणों एवं सद्प्रवृत्तियों का विकास करना।
2. छात्रों में ध्यानपूर्वक सुनने व सुनकर भावग्रहण करने की कुशलता का विकास करना।

3. कहानी का मुख्य उद्देश्य मनोरंजन करना है।
4. छात्रों के शब्द भण्डार में वृद्धि करना।
5. कहानी के द्वारा मौखिक अभिव्यक्ति को विकसित करने योग्य बनाना।
6. साहित्य की एक महत्वपूर्ण विद्या की जानकारी देना।
7. मुहावरे व लोकोक्तियों का प्रसंगानुसार प्रयोग करने की कुशलता विकसित करना।
8. छात्रों में साहित्यिक अभिरुचि विकसित करना।
9. छात्रों में सृजनात्मक का विकास करना।
10. विभिन्न प्रकार की कहानी, शैलियों, जीवन दर्शन आदि से परिचय कराना।
11. छात्रों की कल्पना व स्मरण शक्ति का विकास करना।
12. छात्रों में नैतिक मूल्यों का विकास करना।
13. पशु-पक्षी एवं मानव स्वभाव, सांस्कृतिक मूल्यों से परिचित कराना।
14. छात्रों को मानव जीवन के विविध पक्षों, पौराणिक, ऐतिहासिक, धार्मिक, सामाजिक पक्षों की जानकारी देना।
15. क्रमबद्धतापूर्वक चिंतन शक्ति का विकास करना।

कहानी का चयन कहानी शिक्षण का बहुत ही बड़ा खास उद्देश्य है जिससे बच्चे खुश व आनंदित होते हैं। अतः कहानी का चुनाव बहुत ही सावधानी और सोच समझ कर किया जाए। कहानी का चयन करते समय निम्न बातें ध्यान में रखी जाएं

1. कहानी की भाषा सरल, प्रवाहमयी और आगे की जानकारी प्राप्त करने के लिए उत्सुकता बनाये रखने वाली होनी चाहिए।
2. कहानी की विषयवस्तु परिवेश से सम्बन्धित हो। प्राथमिक स्तर पर पशु-पक्षियों से सम्बन्धित काल्पनिक साहसिक, ऐतिहासिक व सामाजिक कहानियां हो सकती हैं।
3. कहानी की भाषा छात्रों के अनुकूल होनी चाहिए।
4. कहानियां घटना प्रधान हों।
5. कहानी ऐसी हों, जो बच्चों के चरित्र-निर्माण में सहायक हो सके।
6. कथानक सहज, सरल व बोधगम्य हो।
7. कहानियां ऐसी हों जिनमें वार्तालाप या संवाद हों।
8. कहानी की शब्दावली सरल हो तथा वाक्य-विन्यास छोटे हों।
9. कहानियां छात्रों की रुचियों के अनुकूल हों।

10. कहानी का शीर्षक छोटा, स्पष्ट, उत्सुकता-प्रधान व सारगर्भित हो।

प्राभमिक स्तर पर बच्चों को अच्छे-अच्छे पशु-पक्षियों से भरा हुआ कहानी का चुनाव किया जाए और वह कहानी भी सुनाई जाए जो परियों से अच्छे लगाव वाली कहानी हो। इस आयु में बच्चे आश्चर्यजनक घटनाओं को सुनने में रुचि लेते हैं। बच्चों को भय या आतंकित करने वाली कहानियां नहीं सुनानी चाहिए। बच्चों को सत्य पर आधारित कहानियां ही सुनाई जानी चाहिए। माध्यमिक स्तर पर साहसिक, आश्चर्यजनक खोजों एवं आदर्श से संबंधित कहानियां भी सुनानी चाहिए। इस स्तर पर महापुरुषों के आदर्श चरित्र से संबंधित एवं आश्चर्यजनक साहसिक कहानियां भी सुनानी चाहिए। उच्च माध्यमिक स्तर पर मानसिक, अन्तर्द्वन्द्व, समाज के संघर्ष से संबंधित कहानियां सुनानी चाहिए क्योंकि इस स्तर पर बच्चों में मानसिक स्थिरता आने लगती है तथा उनका संवेगात्मक विकास भी होने लगता है। अतः कहानी चयन में अध्यापक को अत्यंत सजग रहना चाहिए।

कहानी कहना या सुनानाकहानी के उद्देश्यों की सम्प्राप्ति और उसका महत्व कहानी कहने पर निर्भर करता है। अतः एक सफल शिक्षक को कहानी वाचन करते समय सफल कहानी वाचक के गुणों को अपने अंदर आत्मसात करना चाहिए। कहानी सुनाते समय अध्यापक को निम्न बातें ध्यान में रखनी चाहिए

1. कहानी कहते समय स्वर इतना ऊंचा होना चाहिए कि सभी बच्चों को स्पष्ट सुनाई दे।
2. कहानी सुनाने से पहले अध्यापक को कहानी की विषयवस्तु भाव आदि की स्पष्ट जानकारी होनी चाहिए।
3. कहानी सुनाते समय बीच-बीच में बच्चों से प्रश्न भी पूछे जाने चाहिए जिससे उनकी एकाग्रता व विषयवस्तु के अधिग्रहण का मूल्यांकन किया जा सके।
4. कहानी सुनाते समय शिक्षक को उचित हाव भाव का भी प्रदर्शन करना चाहिये उदाहरणार्थ वीर रस से संबंधित कविता को सुनाते समय जोश व उत्साह के भाव होने अत्यावश्यक हैं।
5. कहानी की शब्दावली व गति बच्चों की आयु के अनुरूप होनी चाहिए।
6. कहानी के प्रति शिक्षक अपनी खुद की भी रुचि होनी चाहिये, अन्यथा वह बच्चों के साथ न्याय नहीं कर पाएगा।
7. कहानी मौखिक रूप से ही सुनाई जानी चाहिए।
8. कहानी कहते समय बच्चों के साथ आत्मीयता का संबंध होना चाहिए।
9. कहानी सुनाते समय घटनाओं के क्रम का ध्यान रखना चाहिए।

10. कहानी का उद्देश्य मनोरंजन करना है अतः सरल, सुबोध व सुगम भाषा का प्रयोग करना चाहिए।

कहानी-शिक्षण की विधियां

छात्रों की उम्र, वर्ग स्तर और कहानी के उद्देश्य के आधार पर कहानी शिक्षण की पद्धति अपनाई जाती है। कहानी-शिक्षण की निम्न विधियां हैं

1. गहन अध्ययन-प्रणालीगहन अध्ययन प्रणाली का अर्थ है कहानी में आए कठिन शब्द, विचार, मुहावरे-लोकोक्ति आदि की उचित व्याख्या करते हुए कहानी को पढ़ना, कहानी के कथन, संदेश, उपदेश, निर्देश, कहानी की अन्य कहानियों से तुलना, महत्व आदि का विचार करना भी इसमें सम्मिलित है।

यह प्रणाली उच्च कक्षाओं के लिए उपयुक्त है। भावप्रधान, मनोवैज्ञानिक, विचार प्रधान, साहित्यिक कहानियों के लिए भी यह विधि उत्तम मानी जाती है।

कहानी शिक्षण की उपर्युक्त विधियां कहानी के उद्देश्य पर निर्भर करती हैं। अध्यापक यह फैसला करके कि उसे किस उद्देश्य को प्राथमिकता देनी है, उसी के अनुरूप वह विधि का चयन करे। इसके साथ-साथ एक ही कहानी का कई पद्धतियों या मिश्रित रूप से अध्यापन कर सकता है।

2. अधूरी कहानी पूर्ति प्रणालीइस प्रणाली में अधूरी कहानी को पूरा कराया जाता है। कहानी को पूरा निम्न प्रकार से किया जा सकता है

(क) कहानी का मात्र शीर्षक देकर।

(ख) कहानी का आरम्भ दो-तीन वाक्यों से करके अथवा एक अनुच्छेद देकर। पात्रों, घटना, वातावरण उद्देश्य आदि सभी छात्रों पर छोड़ दी जाती है।

(ग) कहानी की सामान्य रूपरेखा देकर, कुछ संकेतों के आधार पर कहानी को पूरा करने का अवसर दिया जाता है।

इस विधि में छात्रों को आत्माभिव्यक्ति का अवसर मिलता है, तथा कल्पना व सृजनशक्ति का विकास होता है। छात्रों को मनन-चिंतन का अवसर मिलता है। इससे छात्रों के व्यक्तित्व का भी विकास होता है।

(क) सम्पूर्ण कहानी अध्यापक कक्षा में पढ़कर सुनाए।

(ख) एक ही छात्र सम्पूर्ण कहानी को पढ़कर सुनाए।

(ग) कई छात्र अंशतः कहानी को पढ़कर सुनाएं।

(घ) मौनरूप से छात्र कहानी कक्षा में पढ़ें।

(ङ) कहानी का कुछ अंश अध्यापक पढ़कर सुनाए तथा उसका स्पष्टीकरण करते हुए उसी प्रकार छात्रों को पढ़ने को कहें ताकि बच्चों का मनोबल ऊँचा हो।

(च) यदि कहानी में संवाद हैं तो छात्र कहानी के पात्र बनकर अपने-अपने अंश पढ़ें।

3. चित्र प्रदर्शन प्रणालीइस पद्धति के तहत कहानी से जुड़े कई चित्र दर्शाए जाते हैं। चित्रों में कहानी के क्रम का ध्यान रखना नितांत आवश्यक है। चित्र-प्रदर्शन का प्रयोग निम्न प्रकार से किया जा सकता है

(क) पहली सुनाई हुई कहानी के चित्र बच्चों को दिखाएं और घटना या पात्र से संबंधित प्रश्न पूछकर कहानी का विकास किया जाए। इससे बच्चे आसानी से समझ जाएंगे।

पूर्व प्राथमिक तथा प्राथमिक कक्षाओं के लिए यह विधि उपयुक्त है। बच्चे चित्रों को देखकर चमत्कृत हो जाते हैं तथा कहानी की घटनाओं से सम्बन्ध जोड़ने की क्षमता का विकास होता है।

(ख) नई कहानी को चित्रों के माध्यम से पढ़ाया जाए। उन चित्रों से सम्बन्धित प्रश्न पूछे जाएं तथा चित्रों के माध्यम से कहानी का विकास बच्चों की मदद से किया जाए।

इससे बच्चों की कल्पना शक्ति व मौखिक अभिव्यक्ति का विकास होता है।

(ग) स्वतंत्र चित्र दिखाकर कहानी का निर्माण किया जा सकता है। चित्र जीवन की विभिन्न घटनाओं से इस प्रकार जुड़े होते हैं कि विद्यार्थी उन्हें देखकर कहानी का निर्माण स्वयं कर सकते हैं। यदि चित्रों का निर्माण स्थानीय वातावरण के अनुसार हो तो बहुत उपयोगी होगा।

प्राथमिक तथा माध्यमिक स्तर पर चित्र प्रदर्शन बच्चों के लिए अत्यन्त उपयोगी होता है। इसमें बच्चों की कल्पना शक्ति तथा मौखिक अभिव्यक्ति का विकास होता है। इसके साथ-साथ सृजनात्मक शक्ति का भी विकास होता है।

4. मौखिक कहानी कथन प्रणाली इस प्रणाली में कहानी मौखिक रूप से सुनाई जाती है। यह प्रणाली अत्यंत प्राचीन व स्वाभाविक है। निचले वर्गों हेतु यह पद्धति सबसे अच्छी है। बच्चों को कहानियां सुनना अच्छा लगता है। यह श्रवणशक्ति व एकाग्रता का विकास करती है। अतः अध्यापक को चाहिए कि पाठ्य-पुस्तक में निर्धारित कहानी को याद करके बच्चों को सुनाए। वर्णन प्रधान, भाव प्रधान व मनोवैज्ञानिक कहानी का वर्णन मौखिक रूप से कर पाना कठिन है।

व्यावहारिक काम

1. हिन्दी के प्रमुख कहानीकारों द्वारा लिखित कहानी-संग्रहों या कहानियों की सूची तैयार करना।

2. बाल कहानियों व कहानीकारों की सूची तैयार करना।
3. स्वरचित पांच कहानियाँ लिखना।
4. पुस्तकालय में उपलब्ध कहानी की किताब की सूची तैयार करना।
5. किसी कहानी की पुस्तक को पढ़ना और उसकी कहानियों का वर्गीकरण करना।
6. दूरदर्शन पर प्रसारित कहानियों को ध्यान से सुनना तथा उसको अच्छे ढंग से लिखवाना।
7. कहानी लेखन प्रतियोगिता का आयोजन करना।
8. कहानी वाचन प्रतियोगिता का आयोजन करना।

दीर्घ उत्तरीय प्रश्न

1. कहानी का शिक्षण में क्या योगदान है? कहानी शिक्षण के उद्देश्य को स्पष्ट करें।
2. कहानी शिक्षण की प्रमुख विधियों का वर्णन करें।

लघु उत्तरीय प्रश्न

1. कहानी का चयन शिक्षण में क्या मायने रखता है?
2. कहानी की शैली और विषय शिक्षण को किस तरह प्रभावित करता है?

वस्तुनिष्ठ प्रश्न

1. कहानी को परिभाषित करते हुए किस विद्वान ने कहा है"आख्यायिका एक निश्चित लक्ष्य या प्रभाव को लेकर चलने वाला नाटकीय आख्यान है।"
   (क) डॉ. राम सुन्दर दास (ख) डॉ. श्याम सुन्दर दास
   (ग) कामता प्रसाद (घ) आचार्य रामचंद्र शुक्ल
2. मौखिक कहानी वाचन है
   (क) प्राचीन (ख) मध्यकालीन
   (ग) आधुनिक (घ) इनमें से कोई नहीं।

14

रचना शिक्षण

साहित्यिक भाषा में उपन्यास, नाटक, कहानी, निबंध, कविता सभी को साहित्यिक रचना कहा जाता है। इन सभी विद्याओं में भाषा का सुंदर और परिष्कृत रूप ही हमारे समक्ष आता है। संक्षेप में भाषा को सुन्दर ढंग से सजाया, संवारा जाना ही रचना है।

मानव अपने और विचारों की अभिव्यक्ति दो तरह से करता हैहाथ से लिखकर और मुंह से बोलकर। अतः रचना के भी दो रूप होते हैं

1. लिखित रचना लिखकर अपने विचारों को व्यक्त करना।

2. मौखिक रचना बोलकर अपने विचारों को प्रकट करना और,

बच्चा पहले मौखिक रचना शुरू करता है और बाद में लिखित रचना। हम कह सकते हैं कि मौखिक रचना लिखित रचना का आधार है।

रचना-शिक्षणजब हम भाषा-शिक्षण के उद्देश्यों की बात करते हैं तो बच्चों में सुनने, बोलने, पढ़ने और लिखने के कौशल का विकास करने के उद्देश्य के साथ-साथ बच्चों में अपने विचारों को प्रभावशाली ढंग से प्रकट करने की योग्यता का विकास करने के उद्देश्य को भी अपने सामने रखते हैं। बच्चे के अंदर जब तक अपने विचारों को प्रभावशाली रूप से अभिव्यक्त करने की योग्यता विकसित नहीं होती है तब तक उसका भाषा पर पूरा अधिकार नहीं हो पाता है। इसीलिए भाषा-शिक्षण में रचना-शिक्षण का एक खास स्थान से मनोविज्ञान किया जाता है।

"बच्चों को अपने भावों, विचारों तथा अनुभवों को प्रभावशाली ढंग से मौखिक एवं लिखित रूप से अभिव्यक्त करने का प्रशिक्षण देना ही रचना-शिक्षण है।"

छात्रों को अवसरानुकूल शब्दावली का प्रयोग करते हुए, शुद्ध उच्चारण, शुद्ध वर्तनी, विषयानुकूल भाषा-शैली का प्रयोग करने, उचित स्वर एवं उचित गति से विचारों को अभिव्यक्त करने, भावानुकूल हाव-भाव का प्रदर्शन करने, व्याकरणसम्मत भाषा का प्रयोग करने एवं शब्दों, मुहावरों, लोकोक्तियों का उचित प्रयोग करने एवं विचारों को सुसम्बद्ध रूप से व्यक्त करने की योग्यता का विकास करना ही रचना-शिक्षण है।

रचना-शिक्षण का महत्व

भाषा एक कला और कौशल है। इस कौशल पर आधिपत्य कायम करने के लिए छात्रों में श्रवण करने, बोलने, अध्ययन करने एवं लेखन कौशल का विकास करना आवश्यक है क्योंकि भाषा का प्रयोगलिखित और मौखिक दो तरीके से होता है। मौखिक रूप से अधिकार करने के लिए सुनना और बोलना तथा लिखित रूप से अधिकार करने के लिए पढ़ना और लिखनाइन चारों कौशलों को विकसित करना भाषा की शिक्षा का प्रमुख उद्देश्य है। इन चारों कौशलों में से बोलने और लिखने अर्थात् मौखिक रूप से तथा लिखित रूप से विचारों को अभिव्यक्ति करने के कौशल का विकास रचना-शिक्षण द्वारा किया जाता है। रचना की शिक्षा के द्वारा ही बच्चों को शुद्ध उच्चारण करते हुए, सर्वमान्य भाषा का प्रयोग करते हुए, अवसरानुकूल शब्दावली एवं विषयानुकूल भाषा-शैली में उचित हाव-भाव के साथ बोलने का अभ्यास कराया जाता है। इसी प्रकार शब्दों की शुद्ध वर्तनी, सुलेख, व्याकरणसम्मत वाक्य-रचना, विषय के अनुकूल भाषा-शैली, मुहावरों एवं लोकोक्तियों का उचित प्रयोग करते हुए सुन्दर लेख में अपने विचारों को व्यक्त करने का अभ्यास भी रचना-शिक्षण द्वारा ही कराया जाता है।

अतः बच्चों की अभिव्यक्ति में पूर्णता लाने की दृष्टि से रचना-शिक्षण का भाषा की शिक्षा में अत्यन्त महत्वपूर्ण स्थान है।

विभिन्न स्तरों पर रचना-शिक्षण के उद्देश्यभाषा तो मनुष्य के विचार/सप्रेषण का एक खास माध्यम है। भाषा ही मनुष्य को एक सामाजिक प्राणी बनाए रखने में प्रमुख माध्यम का कार्य करती है। वैसे तो बच्चा स्वाभाविक रूप से भाषा का अनुकरण करता हुआ सीख जाता है, परन्तु उसके इस भाषा-ज्ञान में निखार व पूर्णता लाना ही भाषा-शिक्षा का प्रमुख उद्देश्य है। विद्यालयी शिक्षा के प्राथमिक स्तर से ही बच्चे को

भाषा की शिक्षा देना प्रारम्भ कर दिया जाता है। धीरे-धीरे उसके भाषाई कौशलों में निखार लाया जाता है। छात्रों को शब्दों, सूक्तियों, मुहावरों, लोकोक्तियों, वाक्य रचना, वाक्य-रचना के नियमों, विराह-चिह्नों, विभिन्न लेखन-शैलियों आदि का क्रमबद्ध ज्ञान कराया जाता है ताकि उनकी अभिव्यक्ति में क्रमबद्धता एवं प्रभावपूर्णता आ सके। भाषा से जुड़े इन सभी घटकों का सिलसिलेवार ज्ञान शनैःशनै छात्रों के सामर्थ्य और प्रतिभा के मुताबिक कराया जाता है। इन सभी तत्वों आदि का ज्ञान कराना तथा भाषाई क्षमताओं को क्रमबद्धरूप से विकसित करना ही रचना-शिक्षण के उद्देश्य हैं। इन उद्देश्यों को विद्यालयी शिक्षा के विभिन्न स्तरों पर क्रमिक रूप से छात्रों की मानसिक क्षमता, रुचि आदि को ध्यान में रखते हुए विकसित करने का प्रयास करना चाहिए। रचना-शिक्षण के ये उद्देश्य निम्नलिखित हैं

1. छात्रों के अंदर मन में उपजे भाव और विचार को क्रमिक रूप से स्पष्ट करने की क्षमता में वृद्धि करना।
2. छात्रों को व्याकरणसम्मत भाषा का प्रयोग कर सकने के योग्य बनाना।
3. छात्रों की अभिव्यक्ति में मौलिकता लाना।
4. छात्रों में अध्ययन, चिन्तन एवं मनन की अभिवृत्ति का निर्माण करना।
5. छात्रों की सृजनात्मक शक्ति का विकास कर साहित्य-सृजन के लिए प्रेरणा देना।
6. छात्रों को साहित्य की विविध विधाओं के तत्वों से परिचित कराकर, उनका अध्ययन करने एवं उनका भंडार विकसित करने की क्षमता विकसित करना।
7. विद्यार्थियों को कम से कम शब्दावली में अधिकाधिक विचार प्रकट करने के लायक बनाना।
8. विद्यार्थियों के अंदर ऐसी योग्यता पैदा करना कि वे जो कुछ भी विचार या भाव प्रकाशित करें उनमें एक उचित तारतम्य हो।
9. छात्रों को लेखन की विभिन्न शैलियों से अवगत कराना।
10. छात्रों की मौखिक एवं लिखित अभिव्यक्ति में स्पष्टता एवं शुद्धता लाना।
11. छात्रों को विषयानुकूल भाषा-शैली का व्यावहारिक प्रयोग करने के योग्य बनाना।
12. छात्रों की निरीक्षण, तर्क, कल्पना तथा विवेक-शक्तियों को विकसित करना।
13. छात्रों को शब्दों, सूक्तियों, मुहावरों एवं लोकोक्तियों का उचित प्रयोग कर सकने के योग्य बनाना।
14. छात्रों को उचित गति से सुन्दर, सुडौल और स्पष्ट लेख लिखने में प्रशिक्षित करना।

इस तरह से हम देखते हैं कि रचना-शिक्षण के सभी उद्देश्य बच्चों में रचनात्मक शैलियों के विकास के मूल उद्देश्य से सम्बन्धित हैं। अध्यापकों का कर्त्तव्य है कि वे कक्षा में उचित वातावरण का निर्माण कर तथा उचित रचना-शिक्षण विधि एवं प्रक्रिया को अपनाकर विद्यार्थियों की सृजनात्मक शक्ति को पहचानें एवं उन्हें विकसित करने में पूर्ण सहयोग प्रदान करें जिससे छात्र केवल पूर्ण प्रचलित लेखन-शैली का प्रयोग ही न करें बल्कि रचना-कार्य में इतने कुशल हो जाएं कि अपनी स्वतन्त्र-लेखन शैली का निर्माण करें और साहित्य-भण्डार को विकसित करने में अपना अमूल्य सहयोग प्रदान करें।

रचना-शिक्षण में प्रयोग आने वाली विधियां

अपने मन में उमड़-घुमड़ रहे भावों और विचारों को क्रमवार और स्पष्ट रूप से लिखने को रचना कहते हैं। रचना निर्माण की प्रक्रिया को बताना रचना शिक्षण कहा जाता है। विचारों को अभिव्यक्त करने के दो तरीके हैंमौखिक और लिखित। अतः रचना के भी दो रूप होते हैंएक 'मौखिक रचना' अर्थात् बोलकर अपने भावों व विचारों को उचित क्रम में व्यक्त करना और दूसरा 'लिखित रचना' अर्थात् लिपि के माध्यम से उचित भाषा-शैली का प्रयोग कर विचारों को व्यक्त करना।

मौखिक रचना लिखित रचना का आधार होती है। किसी भी विषय पर रचना-कार्य कराते समय अध्यापक छात्रों से पहले मौखिक रूप से रचना करवाता है तदुपरान्त उस मौखिक रचना को लिपिबद्ध करने का आदेश देता है। बच्चों को ठीक प्रकार से रचना-कार्य का प्रशिक्षण देने के लिए अनेक प्रणालियों का विकास किया गया है। अध्यापक को छात्रों के मानसिक स्तर, कक्षा एवं विषय को ध्यान में रखते हुए किसी उपयुक्त प्रणाली का चुनाव कर अपने रचना-शिक्षण को प्रभावशाली, उद्देश्यपूर्ण बनाने का प्रयास करना चाहिए।

रचना-शिक्षण की ये प्रणालियां निम्नलिखित हैं

1. अनुसरण प्रणालीइस पद्धति में विद्यार्थियों के सामने भाषागत एवं शैली की दृष्टि से अशुद्धि रहित कोई रचना पेश की जाती है। छात्र उस रचना का अध्ययन एवं मनन करते हैं। फिर उसी रचना से मिलती-जुलती कोई दूसरी रचना छात्र स्वयं करते हैं। जैसे''यदि मैं शिक्षक होता' रचना का अनुकरण कर छात्र 'यदि मैं परीक्षक होता' विषय पर रचना-कार्य कर सकते हैं। इस विधि का प्रयोग माध्यमिक एवं उच्च स्तर पर रचना-कार्य कराने के लिए किया जा सकता है।

2. शब्द-प्रधान विधिइस विधि में अध्यापक रचना में प्रयुक्त होने वाले सभी प्रमुख शब्दों, सूक्तियों, मुहावरों एवं लोकोक्तियों को बच्चों के सम्मुख रखता है और फिर उनको अपने वाक्यों में प्रयुक्त कर रचना करने का आदेश देता है।

3. प्रवचन प्रणालीइस प्रणाली में अध्यापक रचना के विषय पर छात्रों के सम्मुख अपना व्याख्यान अर्थात् भाषण प्रस्तुत करता है और छात्रों को उस विषय पर रचना करने का आदेश देता है। छात्र अध्यापक के प्रवचन को सुनकर उसके आधार पर तथा अपने विचारों को उसमें मिश्रित कर स्वयं रचना-कार्य करते हैं। स्वतन्त्र अभिव्यक्ति की योग्यता को विकसित करने की दृष्टि से यह एक लाभकारी पद्धति है।

4. मन्त्रणा प्रणालीइस प्रणाली में अध्यापक रचना के विषय पर अपने विचार प्रस्तुत करने के पश्चात् छात्रों को विषय से सम्बन्धित पत्र-पत्रिकाएं तथा किताब के बारे में अवगत करता है। छात्र उन पत्र-पत्रिकाओं एवं पुस्तकों का अध्ययन कर स्वयं रचना करते हैं। किसी भी विषय से जुड़े अलग-अलग दृष्टिकोणों का अध्ययन करने, विचार करने एवं स्वतन्त्र रूप से विचारों को अभिव्यक्ति करने की दृष्टि से यह विधि एक उपयोगी विधि है।

5. तर्क या वाद-विवाद प्रणालीविवादास्पद विषयों पर रचना-कार्य कराने के लिए उच्च कक्षाओं में इस विधि का प्रयोग किया जा सकता है। सहशिक्षा, जातिप्रथा, दहेजप्रथा, मूर्तिपूजा आदि विषयों पर रचना-कार्य कराने के लिए कक्षा के छात्रों को दो भागों में बांटकर रचना के विषय के पक्ष एवं विपक्ष में विचार प्रस्तुत करने के लिए कहा जाता है। छात्र विषय के पक्ष या विपक्ष में बोलते हुए अपने विचारों को सत्य सिद्ध करने के लिए तर्क प्रस्तुत करते हैं। इस प्रकार वाद-विवाद पूरा होने के पश्चात् छात्रों को विषय पर रचना-कार्य करने के लिए कहा जाता है। इसमें छात्र अपने पक्ष का मण्डन (समर्थन) एवं विपक्ष का खण्डन करता है। अतः इसे 'खण्डन-मण्डन विधि' भी कहा जाता है।

6. विचार-विमर्श प्रणालीइस प्रणाली में शिक्षक छात्रों से किसी प्रमुख विषय पर अध्ययन और विचार करके आने को कहता है। छात्र उस विषय पर तैयारी करके कक्षा में आते हैं और सभी छात्रों एवं अध्यापक के साथ उस विषय पर मौखिक रूप से विचार-विमर्श करते हैं। बाद में इसी विचार-विमर्श के आधार पर पाठ्य विषय पर रचना करने के लिए कहा जाता है। सामाजिक, राजनीतिक एवं शैक्षिक विषयों आदि पर रचना-कार्य करने के लिए उच्चमाध्यमिक स्तर पर इस प्रणाली का प्रयोग किया जा सकता है।

7. समीक्षा प्रणालीइस प्रणाली में अध्यापक कहानी, निबन्ध, नाटक, उपन्यास, पद्य, जीवनी आदि के तत्वों तथा रचना-कौशल के सिद्धान्तों को स्पष्ट करता है और छात्रों को किसी भी विषय पर समीक्षात्मक रचना करने का आदेश देता है। छात्र सम्बन्धित विद्या के तत्वों के आधार पर विषय पर समीक्षात्मक निबन्ध लिखते हैं। यह विधि उच्च कक्षाओं में बालकों की लिखित अभिव्यक्ति में सुधार लाने के लिए प्रयुक्त की जा सकती है।

8. स्वाध्याय प्रणालीइस पद्धति के तहत शिक्षक रचना की विषय वस्तु से छात्रों को ज्ञात कराता है। छात्र स्वयं रचना कार्य सम्पन्न करते हैं। रचना करने के लिए पुस्तकों, पत्र-पत्रिकाओं आदि की खोज छात्र स्वयं करते हैं। उनका अध्ययन कर वे स्वयं सम्बन्धित विषय पर रचना करते हैं। इस विधि का प्रयोग उच्च कक्षाओं में किया जा सकता है। जहाँ बच्चे स्वयं सोचने और निर्णय लेने के योग्य होते हैं।

9. भाषायन्त्र प्रणालीयह रचना शिक्षण की एक ऐसी प्रणाली है जिसमें छोटे-छोटे बच्चे खेल-खेल में रचना करना सीख जाते हैं। इस विधि में चार उपकरणों की आवश्यकता होती हैग्रामोफोन मशीन या टेपरिकॉर्डर, रचना का रिकॉर्ड या कैसेट, चित्र एवं सहायक पुस्तक। पहले टेपरिकॉर्डर पर रचना का कैसेट लगाकर उसे चालू कर दिया जाता है, सामने दीवार पर सम्बन्धित चित्र टांगकर, अध्यापक कैसेट से निकलने वाले वाक्यों के अनुसार संकेतक से चित्र पर संकेत करता चलता है। बच्चे चित्र देखते हैं और कैसेट पर उसका वर्णन सुनते हैं। वर्णन पूरा होने के उपरान्त अध्यापक बच्चों से प्रश्न पूछकर रचना को दोहराता है और छात्रों से रचना लिखने के लिए कहता है। बाद में सम्बन्धित पुस्तक से वे अपनी रचना की तुलना करते हैं और अपनी त्रुटियां दूर करते हैं।

इस प्रणाली में बच्चों का आंख, कान, हाथ आदि सक्रिय रहता है। अतः रचना में उनकी रुचि बनी रहती है, परन्तु यह विधि खर्चीली बहुत है और छोटे-छोटे बच्चों से अपनी त्रुटियां अपने आप दूर करने की आशा करना व्यर्थ है।

10. समवाय प्रणालीइस प्रणाली में भाषा साहित्य की अन्य विधाओं, पद्य, कहानी, नाटक, निबन्ध, जीवनी, आत्मकथा आदि पढ़ाते समय छात्रों को ऐसे प्रश्न दिए जाते हैं जिनका उत्तर छात्रों को एक रचना के रूप में देना पड़ता है। छात्र निबन्धात्मक शैली में प्रश्न का उत्तर लिखते हैं और इस तरह उन्हें रचना करने का अवसर मिलता है। माध्यमिक एवं उच्च कक्षाओं में इस प्रणाली का प्रयोग रचना-शिक्षण के लिए किया जा सकता है।

11. चित्र वर्णन प्रणालीइस प्रणाली के तहत जिस विषय पर रचना करायी जानी है उस विषय पर आधारित चित्र कक्षा के भीतर छात्रों के समक्ष प्रस्तुत किए जाते हैं। अध्यापक चित्र से सम्बन्धित प्रश्न क्रमपूर्वक बच्चों से पूछता है और बच्चे चित्र का अवलोकन कर अध्यापक के प्रश्नों का उत्तर देते हैं। चित्र के अंग-प्रत्यंग पर प्रश्न पूछने के बाद अन्त में बच्चों से अपने शब्दों में चित्र का वर्णन करने के लिए कहा जाता है। मौखिक अभिव्यक्ति के उपरान्त छात्रों से लिखित अभिव्यक्ति के लिए कहा जाता है।

प्राथमिक तथा माध्यमिक स्तर पर रचना-कौशल के लिए यह विधि बहुत उपयोगी है। इस विधि में बच्चे रचना के प्रारम्भ से अन्त तक क्रियाशील रहते हैं। अतः उनकी रुचि बनी रहती है। इस विधि में छात्रों की निरीक्षण एवं कल्पना-शक्ति विकसित होती है। छोटे बच्चों की तर्कशक्ति एवं अभिव्यक्ति-शक्ति का विकास करने के लिए तो यह विधि बहुत ही उत्तम है।

इस पद्धति के सफल इस्तेमाल हेतु यह जरूरी है कि चित्र स्पष्ट और पूरे हों। चित्र का विषय बच्चों के मानसिक स्तर के अनुकूल, सरल एवं परिचित हो।

12. प्रश्नोत्तर प्रणाली रचना-शिक्षण की यह प्राचीनतम एवं सर्वाधिक प्रचलित प्रणाली है। जिस विषय पर रचना-कार्य कराना हो, उससे सम्बन्धित प्रश्न अध्यापक इस क्रम में पूछता है कि छात्रों को सम्बन्धित विषय पर क्रमबद्ध रूप से विचार करने का अवसर मिलता है। इस प्रकार इस विधि में पहले मौखिक रचना की जाती है और उसके बाद लिखित रचना करने को कहा जाता है। रचना में होने वाली त्रुटियों को बाद में ठीक कराया जाता है।

इस विधि में छात्र व अध्यापक दोनों ही सक्रिय रहते हैं। अतः रचना-शिक्षण की यह एक उपयुक्त प्रणाली है। किसी भी स्तर पर रचना-कार्य कराने के लिए इस प्रणाली का प्रयोग किया जा सकता है।

लेकिन इस प्रणाली का प्रयोग करते समय अध्यापक को इस बात का ध्यान रखना चाहिए कि रचना का विषय बच्चों के अनुभव-सीमा के भीतर का हो, प्रश्न छोटे व स्पष्ट हों, सभी बच्चों को प्रश्नों का उत्तर देने के लिए प्रोत्साहित किया जाए, प्रश्नों का उत्तर पूर्ण वाक्य में दिया जाए, छात्रों को भी प्रश्न पूछने की छूट हो, उनकी शंकाओं का उचित समाधान किया जाए एवं छात्रों के उत्तरों में त्रुटि होने पर उन्हीं की सहायता से उन त्रुटियों को दूर कराने का पूरा प्रयास भी किया जाए।

13. उद्बोधन प्रणालीइस प्रणाली में प्रश्नोत्तर एवं दृश्य-श्रव्य आदि का प्रयोग करके छात्रों की कल्पना एवं विचार शक्ति को प्रेरित कर सम्बन्धित विषय

की सामग्री को बच्चों से ही निकलवाया जाता है। कक्षा में ऐसी परिस्थितियों का निर्माण किया जाता है कि छात्र स्वयं सम्बन्धित विषय पर विचार प्रस्तुत करते हैं। अध्यापक छात्रों के विचारों को क्रमबद्ध करके उन्हें लिखित रचना करने के लिए कहता है। महापुरुष के जीवन-चरित, आत्मकथा, दृश्यों का वर्णन, ऐतिहासिक एवं भौगोलिक वर्णन आदि से सम्बन्धित विषयों पर रचना-कार्य कराने में यह विधि सहायक होती है।

निम्न माध्यमिक एवं उससे आगे की कक्षाओं में रचना-कार्य कराने के लिए इस प्रणाली का प्रयोग किया जा सकता है।

14. रूपरेखा प्रणालीइस प्रणाली में कहानी, निबन्ध या अन्य विषयों पर रचना-कार्य कराने के लिए सम्बन्धित विषय की रूपरेखा छात्रों के सम्मुख प्रस्तुत की जाती है। छात्र उस रूपरेखा के आधार पर खुद सोच समझकर रचना कार्य करने का प्रयास करता है। यह प्रणाली तार्किक क्रम में विचारों को व्यक्त कर रचना-कार्य करने के लिए तो उपयुक्त है परन्तु स्वतन्त्र अभिव्यक्ति की दृष्टि से यह उपयुक्त नहीं। यह विधि माध्यमिक एवं उच्च दोनों स्तरों पर रचना-कार्य कराने के लिए उपयोगी है।

उपर्युक्त सभी शिक्षण प्रणाली के अध्ययनोपरांत यह बात स्पष्ट हो जाती है कि किसी भी पद्धति का इस्तेमाल कर विद्यार्थियों को मौलिक रचना क्षेत्र में प्रशिक्षित कर पारंगत किया जा सकता है। बशर्ते विद्यार्थी बौद्धिक रूप से योग्य हों और उनमें सीखने की ललक हो। किसी भी प्रणाली का प्रयोग करते समय इस बात का ध्यान अवश्य रखा जाए कि मौखिक रचना लिखित रचना का आधार है। अतः लिखित रचना कराने से पहले छात्रों को मौखिक रूप से विचारों को अभिव्यक्त करने का अवसर दिया जाए, तभी छात्रों की रचनात्मक योग्यता का विकास उचित रूप से हो सकेगा। छात्रों में स्वतन्त्रता विकसित करने के लिए अध्यापक ऊपर लिखित किसी भी रचना का प्रयोग कर सकता है। ये शिक्षण-प्रणालियां रचनात्मक योग्यता को विकसित करने के लिए साधन है, साध्य नहीं हैं।

मौलिक रचना सृजन के उपाय

रचना-शिक्षण का उद्देश्य एक ओर तो छात्रों को शब्दों, सूक्तियों, मुहावरों एवं लोकोक्तियों का उचित प्रयोग करते हुए, अपने भावों एवं विचारों को उचित रूप से अभिव्यक्त करने के योग्य बनाना है तो दूसरी तरफ उन्हें अपने विचारों को क्रमबद्ध रूप से, व्यावहारिक भाषा का प्रयोग करते हुए, मौलिक चिन्तन एवं मौलिक

अभिव्यक्ति की क्रिया में प्रशिक्षित करना है। मौलिक चिन्तन एवं मौलिक अभिव्यक्ति ही साहित्य के भण्डार में वृद्धि करने का एकमात्र उपाय है। छात्रों की अभिव्यक्ति में मौलिकता लाने के लिए निम्नलिखित उपाय किए जा सकते हैं

1. रचना-कार्य कराने से पहले विचार-विमर्श द्वारा छात्रों को मौलिक अभिव्यक्ति का अवसर प्रदान करना चाहिए। बाद में इसी आधार पर लिखित रचना कराई जा सकती है।
2. छात्रों को विभिन्न घटनाओं, दृश्यों का निरीक्षण करने, कल्पना करने और विचार करने के अधिक से अधिक अवसर प्रदान किए जाएं।
3. वर्ग के अंदर विद्यार्थियों को अधिकाधिक लेखन कार्य करने का अवसर मिलना चाहिए।
4. छात्रों को अभिव्यक्ति की पूर्ण स्वतन्त्रता दी जाए।
5. छात्रों की स्वाध्याय में रुचि जाग्रत की जाए। उन्हें अध्ययन, चिन्तन, मनन एवं अभिव्यक्ति के अधिकाधिक मौके दिए जाएं।
6. विद्यार्थियों को अपना पक्ष रखने की पूर्णतया आजादी मिलनी चाहिए।
7. छात्रों के सम्मुख विभिन्न लेखन-शैलियों के उदाहरण प्रस्तुत किए जाएं और उन्हें अपनी रुचि के अनुसार किसी भी शैली का चयन करने की स्वतन्त्रता दी जाए।
8. विद्यालय-पत्रिका का आयोजन भी मौलिक रचना का एक अच्छा अवसर प्रदान करता है।
9. कहानी, कविता, निबंध आदि लेखन प्रतियोगिता का अवसर प्रदान कर रचना-शिक्षण को रुचिकर बनाना चाहिए।
10. छात्रों की अभिव्यक्ति में मौलिकता लाने के लिए छात्रों में अभिव्यक्ति के लिए आत्मविश्वास पैदा करना। उसके मन से भय, हिचक या संकोच की भावना को दूर करने के लिए अध्यापक को छात्रों के साथ प्रेम, सहानुभूतिपूर्ण एवं प्रोत्साहनजनक व्यवहार करना चाहिए।

इस तरह से वर्ग में उचित वातावरण का निर्माण कर अध्यापक छात्रों की रचना में मौलिकता लाने में सफलता प्राप्त कर सकता है।

रचना-शिक्षण को रुचिकर बनाने संबंधी उपाय

छात्रों की अभिव्यक्ति की योग्यता को विकसित करने के लिए अध्यापक रचना-शिक्षण की विभिन्न प्रणालियों का प्रयोग करता है, परन्तु इन प्रणालियों का

प्रयोग करते हुए छात्रों का ध्यान रचना की तरफ आकर्षित करने के लिए शिक्षक निम्न उपाय अपना सकता है

1. लिखित रचना कराने से पहले कक्षा में मौखिक रचना करानी चाहिए। मौखिक रचना ही लिखित रचना का आधार है।

2. रचना-शिक्षण करते समय विद्यार्थियों को अधिकाधिक सक्रिय रखने का प्रयत्न करना चाहिए।

3. दृश्य-श्रव्य सामग्री के प्रयोग से रचना को आकर्षक, सजीव व सरस बनाने का प्रयास करना चाहिए।

4. अध्यापक की स्वयं रचना-कार्य में रुचि होनी चाहिए। रुचि के साथ-साथ रचना-कार्य में अध्यापक की प्रवीणता भी होनी चाहिए। तभी वह छात्रों को रचना-कार्य के लिए प्रेरित कर सकेगा।

5. रचना का विषय छात्रों के मानसिक स्तर के अनुकूल हो। छोटी कक्षाओं में रचना का विषय बालकों की पाठ्य-पुस्तक से सम्बन्धित हो। क्योंकि बच्चों के प्रत्यक्ष अनुभवों से सम्बन्धित विषय उनकी रुचि के अनुकूल होते हैं। अतः रचना के लिए ऐसे ही विषयों का चुनाव किया जाए। प्राथमिक स्तर पर मेले, रेलवे स्टेशन, घर-परिवार आदि पर निबन्ध, माता-पिता, भाई आदि को पत्र, छोटी वर्णनात्मक कहानी, महापुरुष का जीवन-चरित्र आदि पर रचना-कार्य कराया जा सकता है।

माध्यमिक स्तर पर जीवनोपयोगी पत्र, सामाजिक तथा धार्मिक विषयों पर लेख, समारोहों का आंखों-देखा वर्णन लिखवाना आदि कार्य कराए जा सकते हैं।

इसी प्रकार उच्च माध्यमिक स्तर पर उच्चकोटि के वर्णनात्मक एवं कल्पनात्मक लेख, संक्षेपीकरण एवं विस्तारीकरण लेख, पढ़ाए गए पाठ का सार एवं भावार्थ, प्रश्नों के निबन्धात्मक उत्तर आदि रचना के रूप में लिखवाए जा सकते हैं।

6. विद्यार्थी जो भी रचना करे, उसका संशोधन छात्रों की भाषा एवं व्याकरण सम्मत अशुद्धियों को दूर करने के लिए ध्यानपूर्वक लेखन-कार्य की जांच करनी चाहिए। जांच करते समय छात्रों को हतोत्साहित नहीं करना चाहिए।

7. रचना-कार्य में छात्रों की रुचि जागृत करने के लिए विद्यालय में समय-समय पर मौखिक रचना एवं लिखित रचना से सम्बन्धित क्रियाओं की प्रतियोगिताएं आयोजित करनी चाहिए।

8. प्रारंभ में बालकों को आम जीवन में इस्तमाल आने वाले शब्द सामर्थ्य के बारे में बताना चाहिए। इसी प्रकार पहले से ही मालूम शब्दों और मुहावरों का प्रयोग करते हुए ही रचना तैयार करने की प्रक्रिया पूरी करवानी चाहिए। नए शब्दों एवं मुहावरों का प्रयोग कम होना चाहिए।

9. रचना कराने से पहले छात्रों में स्वाध्याय की प्रवृत्ति विकसित करनी चाहिए, क्योंकि अध्ययन से ही विचारों का संग्रह होता है और अभिव्यक्ति में पूर्णता आती है।

10. रचना-शिक्षण में शिक्षण-सूत्रों का ध्यान रखना चाहिए। जैसेज्ञात से अज्ञात की ओर, सरल से कठिन की ओर, मूर्त से अमूर्त की ओर, पूर्ण से अंश की ओर आदि। अर्थात् छात्रों से प्रारम्भ में छोटे-छोटे सरल वाक्य लिखवाने चाहिए फिर लम्बे-लम्बे मिश्रित वाक्य। शुरू से ज्ञात विषयों पर रचना-कार्य कराना चाहिए फिर धीरे-धीरे कल्पनात्मक, विचारात्मक, आलोचनात्मक आदि विषयों पर लेखन-कार्य कराना चाहिए। प्रारम्भ में रचना का आकार छोटा होना चाहिए। धीरे-धीरे लम्बी रचना करानी चाहिए।

उत्तम रचना हेतु अपेक्षित गुण एवं विशेषताएं

विद्यार्थियों के भाव-प्रणय क्षमता को क्रमवार अभिव्यक्ति प्रदान करना ही रचना शिक्षण का मूल प्रयोजन है। इस प्रयोजन की प्राप्ति हेतु शिक्षक विद्यार्थियों को रचना तैयार करने की शिक्षा प्रदान करते हैं। रचना-शिक्षण करते समय अध्यापक को यह ध्यान रखना चाहिए कि बच्चों को रचना के बारे में जो भी अभ्यास कराया जाए वह रचना के गुणों की दृष्टि से ठीक हो। इसके लिए उसे एक अच्छी रचना के गुणों की जानकारी होनी चाहिए। एक अच्छी रचना की निम्न विशेषताएं हैं

1. रचना में विचारों को पूर्ण और स्पष्ट रूप से व्यक्त किया जाए।

2. रचना को भिन्न-भिन्न अनुच्छेदों में विभाजित करना चाहिए। एक अनुच्छेद में एक ही भाव होना चाहिए।

3. लिखित रचना में लेख स्वच्छ तथा सुन्दर होना चाहिए। अक्षरों की बनावट सुडौल होनी चाहिए। वाक्य सीधी पंक्तियों में लिखे जाने चाहिए।

4. रचना में विचारों का विरोधाभास न हो अर्थात् एक ही रचना में एक स्थान पर एक विचार का समर्थन और दूसरे स्थान पर उसी का विरोध अनुचित है।

5. रचना में विराम-चिह्नों का उचित प्रयोग हो।

6. रचना के अन्दर शब्द और वाक्य विन्यास ठीक होना चाहिए। अनावश्यक रूप से शब्दों की आवृत्ति न हो, इसका विशेष रूप से ध्यान रहे।

7. रचना से जिन शब्दों का प्रयोग किया जाए वे वर्तनी आदि की दृष्टि से शुद्ध हों।

8. रचना में विभक्तियों का अव्यवस्थित प्रयोग न हो।

9. रचना में अनावश्यक और निरर्थक शब्दों का प्रयोग न हो।

10. रचना न तो अत्यधिक छोटी न ही अत्यधिक बड़ी हो। साथ ही, रचना अंदर से वजन रखती हो।

11. रचना में बोलचाल के शब्दों का प्रयोग किया जाए।

12. रचना की भाषा सीधी-सादी, सरल, सुबोध तथा विषय के अनुकूल हो।

13. रचना में सभी भाव एवं विचार उचित रूप से क्रमानुसार व्यक्त किए जाएं।

14. रचना में आप्रसंगिक बातों को स्थान न दिया जाए। इस बात का ध्यान रखा जाए कि लिखते समय छात्र विषय से बंधे रहें।

रचनागत त्रुटियां

जब अध्यापक छात्रों के द्वारा की गई लिखित रचना की जांच करते हैं तो उन्हें मुख्यतः निम्न प्रकार की अशुद्धियां देखने को मिलती हैं :

1. वाक्यों की अशुद्ध रचनाइससे भाव स्पष्ट नहीं हो पाते हैं।

2. विराम-चिन्हों का अशुद्ध प्रयोग।

3. अक्षरों की अशुद्ध बनावट अर्थात् रचना में प्रयुक्त वर्णों में सुडौलता का अभाव होता है।

4. रचना में अनावश्यक एवं अप्रासंगिक विचारों का समावेश।

5. किसी-किसी रचना में बिना प्रयोजन ही शब्दों को दोहरा दिया जाता है। इसे शाब्दिक दोष कहा जाता है। जैसे"श्याम अभी तक वापस नहीं लौटा"। इस वाक्य में वापस शब्द की कोई आवश्यकता नहीं क्योंकि लौटा शब्द प्रयोजन को पूरा करता है। इसे शब्दों का निरर्थक प्रयोग भी कहते हैं।

6. छात्रों का लेख खराब एवं गन्दा होता है।

7. विचारों में क्रमबद्धता का अभाव।

8. भावों तथा विचारों की अस्पष्टता।

9. कई बार शब्दों का प्रयोग इस प्रकार कर दिया जाता है कि लेखक का भाव तो कुछ और होता है और पाठक कुछ और समझता है।

10. बच्चे प्रायः रचना करते समय अक्षर-विन्यास की त्रुटियां करते हैं।

11. व्याकरण सम्बन्धी अशुद्धियां (वचन, लिंग, क्रिया, काल आदि की)।

12. शब्दों, मुहावरों एवं लोकोक्तियां का अशुद्ध प्रयोग।

रचना से जुड़ी त्रुटियों के कारण लिखित रचना-सम्बन्धी उपर्युक्त अशुद्धियों को दूर करने के लिए हमें यह पता लगाना आवश्यक है कि बच्चे रचना में ये त्रुटियां क्यों करते हैं? रचना की त्रुटियों के निम्न कारण हो सकते हैं

1. संशोधन कार्य का अभाव लिखित कार्य का संशोधन ठीक से न होने के कारण छात्र अपनी अशुद्धियों को नहीं जान पाते हैं और रचना करते समय उन्हें दोहराते रहते हैं।

2. मौखिक रचना का अभाव मौखिक रचना लिखित रचना का आधार है। लिखित रचना से पहले मौखिक रचना न होने पर भी विषय एवं विचारों सम्बन्धी त्रुटियां रचना में आ जाती हैं।

3. अध्यापक ने छात्रों को रचना के बारे में जो भी निर्देश दिए हैं यदि उनके बारे में कोई शंका हो जाए तो निर्देशों में अस्पष्ट के कारण भी त्रुटियां हो जाती हैं।

4. स्वाध्याय का अभाव स्वाध्याय से ही छात्रों में विचारों की पूर्णता व स्पष्टता आती है और यदि छात्रों में स्वाध्याय की आदत नहीं होती है तो उनकी रचना में विचारों सम्बन्धी अनेक दोष आ जाते हैं।

5. लेखन-कार्य एवं गृह-कार्य का अभाव छात्रों को कक्षा में लिखित कार्य एवं गृह-कार्य न दिए जाने के कारण लिखने का अभ्यास नहीं हो पाता है और अभ्यास के अभाव में अनेक त्रुटियां होती रहती है।

6. रचना करते समय असावधानी असावधानी अशुद्धियों की जननी है। लिखित कार्य करते समय सावधान न होने से अनेक त्रुटियां हो जाती हैं।

7. भाषा एवं व्याकरण सम्बन्धी अज्ञानता लेखन में प्रयुक्त की जाने वाली संपूर्ण भाषागत जानकारी अथवा व्याकरण नियमावली की जानकारी के अभाव में रचना में विविध प्रकार की अशुद्धियां उत्पन्न हो जाती है।

8. अध्यापक की रचना में अरुचि यदि अध्यापक की स्वयं रचना में रुचि नहीं होती है तो वह छात्रों की रुचि भी रचना-कार्य में नहीं बना पाता है। परिणामस्वरूप रचना करते समय छात्रों का मन न होने के कारण अशुद्धियां हो जाती हैं।

9. रचना करने में अतिशीघ्रता बहुत जल्दी-जल्दी लिखने से छात्रों का लेख खराब हो जाता है। मात्राएं आदि छूट जाती हैं। कभी-कभी विराम-चिन्ह आदि भी लगाने से रह जाते हैं।

हस्तलिखित रचना में सुधार

रचना-शिक्षण करते समय हम चाहे जितना भी रचना-कार्य क्यों न करा दें

परन्तु उसमें होने वाली अशुद्धियों के सुधार के अभाव में उस रचना-कार्य का कोई भी लाभ नहीं। अतः रचना में होने वाली अशुद्धियों को दूर करने के लिए अध्यापक को बहुत ही सावधानी की आवश्यकता है। बच्चों की रचना-सम्बन्धी अशुद्धियों को दूर करने के लिए अध्यापक निम्न उपाय काम में ला सकता है

1. वैसे तो लिखित रचना का संशोधन करना एक कठिन कार्य है क्योंकि एक अध्यापक तीन, चार या इससे भी अधिक कक्षाओं को पढ़ाता है। अध्यापक को विद्यालय में और यदि विद्यालय में समयाभाव हो तो घर पर यह कार्य सम्पन्न करना चाहिए।

2. जो छात्र अधिक अशुद्धियां करते हों उन पर व्यक्तिगत ध्यान देना चाहिए।

3. बच्चों को लिखित कार्य करने का अधिक से अधिक अवसर देना चाहिए जिससे बच्चों को लिखने का अभ्यास हो।

4. रचना लेखन और संशोधन पर विशिष्ट रूप से ध्यान देना चाहिए। रचना की अशुद्धियों को कक्षा में बच्चों के सामने ही ठीक करना चाहिए, जिन अशुद्धियों को प्रायः सभी बच्चे करते हैं उन्हें सामूहिक रूप से श्यामपट्ट का प्रयोग करके ठीक कराया जाए और जो अशुद्धियां किसी-किसी छात्र द्वारा की गई हैं उन्हें छात्रों को व्यक्तिगत रूप से समझाकर शुद्ध कराया जाए।

5. लापरवाह छात्रों को खोजकर उन पर विशेष ध्यान देना चाहिए।

6. छात्रों की अशुद्धियों को दूर करवाने को पश्चात् विधिवत् रूप से अभ्यास-कार्य कराना चाहिए। अभ्यास से बहुत-सी अशुद्धियां स्वतः ही दूर हो जाती हैं।

7. छात्रों के प्रति अध्यापक का व्यवहार सहानुभूतिपूर्ण होना चाहिए। और झुंझलाना नहीं चाहिए। बच्चों की पूरी रचना को नहीं काटना चाहिए।

8. विद्यार्थियों के अंदर सावधानीपूर्वक लेखन कार्य की आदत डालनी चाहिए।

9. लिखित रचना कराने से पहले मौखिक रचना अवश्य करानी चाहिए। मौखिक रचना की त्रुटियों को उसी समय दूर कर देना चाहिए। इससे लिखित रचना में कम अशुद्धियों होंगी।

10. विद्यार्थियों की त्रुटियों का निदान ठंडे दिमाग से शनैः शनैः दूर करने का प्रयत्न करना चाहिए।

11. अशुद्धियों को ठीक कराने के उपरान्त परीक्षण करते रहना चाहिए ताकि छात्र वही अशुद्धि दोबारा तो नहीं कर रहा है।

छात्रों की अशुद्धियों को बताने के उपरान्त तुरन्त ही उनका शुद्ध प्रयोग करवाना चाहिए। भूल का सुधार तुरन्त हो जाने से बच्चों की याद बनी रहती है।

12. अशुद्धियों कम हों, इसके लिए लिखित रचना कराने से पहले ही सामान्य अशुद्धियों को कक्षा में स्पष्ट कर देना चाहिए।

13. संशोधन-कार्य कक्षा के बच्चों के मानसिक स्तर और आवश्यकता के अनुसार करना चाहिए।

इस प्रकार से अध्यापक को धीरे-धीरे सावधानी के साथ छात्रों की रचना-सम्बन्धी अशुद्धियों को दूर करने का प्रयास करना चाहिए।

कहानी-रचना-शिक्षण

कहानी गद्य साहित्य की एक प्रमुख विधा है। इसका प्रमुख उद्देश्य बच्चों का मनोरंजन करना और उन्हें आनन्द प्रदान करना है। इस उद्देश्य के साथ-साथ कहानी बच्चों को जीवन के विभिन्न पक्षों से परिचित कराकर जीवनोपयोगी शिक्षा भी प्रदान करती है। भाषा में कहानी का शिक्षण दो रूपों में होता हैएक तो किसी लेखक द्वारा लिखित कहानी का मौखिक शिक्षण या लिखित शिक्षण, दूसरे, छात्रों को स्वयं कहानी की रचना करने का शिक्षण। इन दोनों रूपों के शिक्षण में बहुत भिन्नता है, इसे निम्न प्रकार से स्पष्ट किया जा सकता है

1. कहानी-शिक्षण में कहानी के वाचन पर ज्यादा बल दिया जाता है या कहानी कहने और सुनने पर। परन्तु कहानी रचना-शिक्षण में कहानी लिखने का महत्व दिया जाता है।

2. कहानी-शिक्षण में छात्र कहानी सुनकर कहानी से सम्बन्धित प्रश्नों का उत्तर देते हैं, परन्तु कहानी-रचना-शिक्षण में चित्र, रूपरेखा आदि की सहायता से कल्पना का प्रयोग करके एक नई कहानी की रचना करते हैं।

3. कहानी-शिक्षण का उद्देश्य मौखिक अभिव्यक्ति की योग्यता का विकास है।

4. कहानी-शिक्षण में अध्यापक या तो पाठ्य-पुस्तक में से पढ़कर कहानी की शिक्षा देता है या मौखिक रूप से स्वयं कहानी सुनाकर छात्रों को शिक्षा देता है। परन्तु कहानी-रचना-शिक्षण में छात्रों को स्वयं कहानी लिखने का अभ्यास कराया जाता है।

5. कहानी-शिक्षण में छात्र पूर्वलिखित या वर्णित कहानी को सुनते और कहते हैं, परन्तु कहानी-रचना-शिक्षण में छात्र स्वयं कहानी की रचना करते हैं।

कहानी-रचना-शिक्षण की विधि

कहानी-रचना-शिक्षण के लिए अध्यापक निम्न शिक्षण-विधियों का प्रयोग कर सकता है :

1. प्रश्नोत्तर प्रणाली
2. रूपरेखा प्रणाली
3. चित्र-वर्णन प्रणाली
4. भाषा यन्त्र प्रणाली

पत्र लेखन के माध्यम से अध्यापन

मानव एक सामाजिक प्राणी है। समाज में रहने के कारण मानव का सरोकार भी समाज के साथ जुड़ जाता है। वह अपने परिवार एवं समाज के लोगों के साथ विचाराभिव्यक्ति करता है। अपने खट्टे-मीठे अनुभव और सुख-दुख को समाज के दूसरे लोगों के साथ बांटने में उसे असीम आनंद मिलता है। मशीनीकरण एवं औद्योगीकरण ने व्यक्तियों को सूदूर स्थानों में अपने परिचितों से अलग होकर रहने को बाध्य कर दिया है। इन सुदूर स्थानों में रहने वाले अपने परिचित मित्रों एवं सम्बन्धियों के साथ सम्पर्क बनाए रखने का एकमात्र उपाय पत्र-लेखन ही है। पत्र लिखकर ही हम आंपस में अपने विचारों का आदान-प्रदान करते हैं। पत्रों के द्वारा ही अपने परिचितों को किसी विशेष अवसर पर आने के लिए आमन्त्रित करते हैं तो पत्र के द्वारा ही किसी कष्ट या विपत्ति की सूचना देते हैं। सामान्य जीवन के कुशल समाचार भी पत्र द्वारा प्रेषित करते हैं। अतः पत्र लेखन का मानव के दैनिक जीवन में अत्यधिक महत्व है।

पत्र हमारी प्रत्यक्ष बातचीत का स्थानापन्न है। अतः पत्र में भावों व विचारों की प्रस्तुति बहुत ही सरल व सुबोध रूप में होनी चाहिए। हमारे पत्र का सम्बन्धित व्यक्ति पर सही प्रभाव तभी पड़ता है जब पत्र में विचारों को उचित भाषा-शैली में व्यक्त किया गया हो, पत्र के विचारों में सही तारतम्य हो और जिस उद्देश्य से पत्र लिखा गया है वह उद्देश्य पूरी तरह से व्यक्त हो। इसीलिए हिन्दी भाषा की शिक्षा में पत्र-लेखन-शिक्षण का भी महत्वपूर्ण स्थान है। पत्र-लेखन भी एक कला है। अन्य भाषाई कौशलों के विकास के साथ-साथ प्राथमिक स्तर से ही बच्चों में पत्र-लेखन-कौशल का विकास किया जाना भी आवश्यक है।

पत्र-लेखन के प्रकार सामान्य रूप से पत्र-लेखन दो प्रकार का होता है

(क) व्यक्तिगत पत्र (ख) कार्यालय पत्र

विद्यालय में छात्रों को प्रायः व्यक्तिगत पत्रों को लिखना ही सिखाया जाता है क्योंकि कार्यालय पत्र तो विभिन्न प्रकार के सरकारी, गैर सरकारी एवं अर्ध सरकारी कार्यालयों में लिखे जाते हैं। उनका शिक्षण विद्यालय में किया जाना उचित नहीं।

व्यक्तिगत पत्र ये निम्न प्रकार के होते हैं

(i) **व्यावसायिक पत्र** अपने व्यवसाय से सम्बन्धित मामलों के बारे में व्यवसाय से सम्बन्धित व्यक्तियों को ये पत्र लिखे जाते हैं।

(ii) **आवेदन पत्र** नौकरी आदि प्राप्त करने के लिए ये पत्र लिखे जाते हैं।

(iii) **पदाधिकारियों के नाम पत्र** किसी भी प्रकार की समस्या या परेशानी होने या किसी संस्था आदि से कोई सहायता लेने के लिए सम्बन्धित पदाधिकारी को ये पत्र लिखे जाते हैं।

(iv) **सम्पादक के नाम पत्र** अपने पास-पड़ोस की किसी समस्या या किसी कार्यालय से परेशान किए जाने पर समाचार-पत्र में उस बात को छपवाने के लिए इस प्रकार के पत्र लिखे जाते हैं। इनका उद्देश्य जनता, सम्बन्धित विभाग एवं सरकार का ध्यान उस परेशानी की तरफ आकर्षित करना होता है।

(v) **पारिवारिक पत्र** इन पत्रों में अपने परिवार के सदस्यों, परिचितों, मित्रों आदि को परिवार-सम्बन्धी बातों की सूचना दी जाती है।

(vi) **सामाजिक पत्र** विभिन्न प्रकार के समारोहों एवं अवसरों पर इस प्रकार के पत्र लिखे जाते हैं। जैसे, शादी-विवाह आदि अवसरों पर निमन्त्रण या बधाई के लिए पत्र, शोक के अवसरों पर संवेदना प्रकट करने वाले पत्र आदि।

पत्र लेखन के समय स्मरणीय बातें पत्र लेखन के समय एक उत्तम पत्र की समस्त विशिष्टताओं का ध्यान रखा जाता है जो निम्नवत् है

1. पत्र में जरूरी समस्त बातों का समावेश होना चाहिए जिससे कि कोई भी बात छूटने न पाए। यदि पत्र में किसी बात का उत्तर दिया जा रहा हो, तो हर बात का उत्तर अलग-अलग होना चाहिए।

2. पत्र की भाषा सरल, स्वाभाविक एवं रोचक होनी चाहिए।

3. पत्र लिखते समय पत्र में शिष्टाचार के नियमों का सदैव ध्यान रखना चाहिए।

4. पत्र लेखन में जरूरी बातों का ही वर्णन होना चाहिए। बातों के अनावश्यक दोहराव से बचना चाहिए।

5. पत्र में विचारों की अभिव्यक्ति इस प्रकार कि होनी चाहिए ताकि ऐसा प्रतीत हो मानो पत्र लिखने वाला सामने बैठा हुआ अपनी बात कह रहा हो।

6. पत्र में जो बात कही जाए, स्पष्ट होनी चाहिए। पढ़ने वाला पत्र पढ़ते ही पत्र का भाव समझ जाए।

7. बातों का अनावश्यक विस्तार नहीं करना चाहिए। संक्षेप में अपनी बात कह देनी चाहिए।

8. पत्र में विराम-चिह्नों आदि का शुद्ध प्रयोग होना चाहिए।

9. पत्र के वाक्य छोटे-छोटे प्रभावशाली होने चाहिए।

10. पारिवारिक सदस्यों को लिखे गए पत्र में आत्मीयता झलकनी चाहिए।

पत्र के अनिवार्य भाग

पत्र-लेखन आज के जीवन में एक उपयोगी कला है। सभी प्रकार के पत्रों में सामान्यतः निम्नलिखित भाग होते हैं :

1. पत्र के प्रेषक का पता पत्र के ऊपर दाईं तरफ कोने में पत्र लिखने वाले का पता लिखा जाता है।

2. तिथि प्रेषक के पते के नीचे पत्र लिखने की तारीख लिखी जाती है।

3. सम्बोधन पत्र के बाईं ओर ऊपर कोने में तिथि की सीध में जिस व्यक्ति को पत्र लिखा जा रहा है उसके लिए सम्बोधनसूचक शब्द का प्रयोग करते हैं। बड़ों के लिए आदरणीय, पूज्यनीय, माननीय, श्रद्धेय आदि, छोटों के लिए प्रिय आदि शब्दों का प्रयोग किया जाता है। व्यावसायिक पत्रों में महोदय, श्रीमान् आदि शब्द लिखे जाते हैं।

4. अभिवादन सम्बोधन के बाद अगली पंक्ति में अभिवादनसूचक शब्द लिखा जाता है। जैसे बड़ों को सादर प्रणाम, सादर चरण स्पर्श, अपने से आयु में छोटों के लिए खुश रहो, आदि तथा मित्रों के लिए सप्रेम नमस्ते आदि अभिवादन शब्दों का प्रयोग किया जाता है। व्यावसायिक पत्रों में अभिवादनशील शब्दों का प्रयोग नहीं किया जाता है।

5. पत्रारम्भ पत्र को प्रारम्भ करने वाली सामान्य कुशलता आदि से सम्बन्धित बातें लिखी जाती हैं।

6. मूल विषय या कलेवर जिस उद्देश्य से पत्र लिखा जा रहा है उससे सम्बन्धित सभी बातों को क्रमानुसार अलग-अलग अनुच्छेदों में बांटकर लिखा जाता है।

7. पत्र की समाप्ति सभी महत्वपूर्ण बातों को लिखने के उपरान्त पत्र के अन्त में एक-दो वाक्य शिष्टाचार सम्बन्धी लिखे जाते हैं। यथात्रुटियों को क्षमा करें,शेष कुशल है, पत्रोत्तर शीघ्र दें, धन्यवाद इत्यादि।

8. हस्ताक्षर आत्मनिर्देशक लिखने के बाद लिखने वाला अपने हस्ताक्षर करता है या अपना नाम लिखता है।

9. आत्मनिर्देश पत्र के अन्त में दाएं कोने में अपने लिए निर्देश लिखा जाता है। यथा आपका पुत्र, आपका आज्ञाकारी शिष्य, तुम्हारा शुभचिन्तक, शुभेच्छु, शुभाकांक्षी, तुम्हारा अभिन्न मित्र, प्रार्थी, भवदीय, निवेदक इत्यादि।

10. पत्र पाने वाले का पता निर्धारित स्थान पर पत्र पाने वाले का पता लिखा जाता है।

पत्र में लेखक के विचार प्रकट रहते हैं पत्र का किसी मानव विशेष पर तभी व्यापक प्रभाव पड़ता है, जब पत्र लेखन में सही भाषा शैली का प्रयोग किया गया हो एवं पत्र का विचार सिलसिलेवार और क्रमबद्ध रूप से हो। बच्चों में पत्र-लेखन की योग्यता विकसित करने के लिए कहानी, निबन्ध आदि की रचना करने की शिक्षा देने के साथ-साथ पत्र-लेखन की शिक्षा भी देनी चाहिए।

बच्चों में भाषा सम्बन्धी योग्यता तथा विचाराभिव्यक्ति की योग्यता विकसित होने के साथ ही पत्र-लेखन की शिक्षा देना शुरू कर देना चाहिए। अध्यापक छात्रों को पत्र-लेखन की शिक्षा देने के लिए निम्न विधि का उपयोग कर सकता है :

1. छात्रों को पत्र सुन्दर लेख में लिखने के लिए प्रेरित करना चाहिए जिससे पत्र पढ़ने वाला पत्र को ठीक से पढ़ सके।

2. सबसे पहले छात्रों के मानसिक स्तर के अनुसार पत्र-लेखन के लिए उपयुक्त विषय का चुनाव करना चाहिए। शुरू में सरल व छोटे पत्र लिखवाने चाहिए, बाद में लम्बे पत्र लिखवाने चाहिए।

3. सर्वप्रथम छात्रों के समक्ष एक आदर्श पत्र लेखन का नमूना पेश कर पत्र के भिन्न-भिन्न हिस्सों से भिज्ञ कराना चाहिए।

4. पत्र के अलग-अलग भागों का परिचय देने के लिए अध्यापक को प्रदर्शन विधि एवं प्रश्नोत्तर विधि का प्रयोग करना चाहिए। आदर्श नमूना दिखाते हुए प्रारम्भिक, मध्य एवं अन्तिम भाग से सम्बन्धित प्रश्न क्रमानुसार पूछने चाहिए।

5. छात्रों के द्वारा दिए जाने वाले उत्तरों को श्यामपट्ट पर लिखना चाहिए।

6. छात्रों के द्वारा पत्र-रचना सम्बन्धी कोई त्रुटि होने पर उसी समय उसे ठीक कराना चाहिए।

7. पत्र की भाषा-शैली सरल होनी चाहिए।

8. पत्र पूरा कराने के बाद छात्रों से अपने आप पत्र लिखने के लिए कहना चाहिए।

9. छात्रों के द्वारा लिखे गए पत्र की उसी समय सावधानीपूर्वक जांच करनी चाहिए और उचित संशोधन करना चाहिए।

इस तरह विद्यार्थियों को पृथक्-पृथक् तरह के पत्र लेखन का अभ्यास कराना चाहिए।

निबन्ध-रचना-पद्धति

निबन्ध का अभिप्राय निबन्ध शब्द दो शब्दों से मिलकर बनानि +बन्ध अर्थात् भली प्रकार से बंधा हुआ। इस प्रकार निबन्ध गद्य साहित्य की वह विधा है जिसमें भावों व विचारों को उचित क्रम में, सर्वमान्य भाषा का प्रयोग करते हुए, व्यक्त किया जाता है। यदि पद्य कवियों की कसौटी है तो निबन्ध गद्य की कसौटी है। निबन्ध कई तरह के होते हैंवर्णनात्मक, विवरणात्मक, विचारात्मक तथा भावात्मक।

निबन्ध की भाषा बेसिर पैर की न होकर व्याकरण पर आधारित होनी चाहिए। वाक्य विन्यास आसान शब्दों में और वाक्य का गठन त्रुटिरहित होना चाहिए। विचारों की अभिव्यक्ति क्रमिक रूप से होनी चाहिए। वाक्य एक-दूसरे से जुड़े होने चाहिए। तथ्यों, भावों व घटनाओं में स्पष्टता होनी चाहिए।

निबन्ध के तीन हिस्से होते हैं

(i) भूमिका या प्रस्तावनाइस भाग में पाठक को विषय का परिचय देकर विषय की ओर आकर्षित किया जाता है।

(ii) यह निबन्ध का मूल भाग है। इस भाग में ही निबन्ध के सभी विचारों का स्पष्टीकरण किया जाता है।

(iii) उपसंहारनिबंध के अंतिम हिस्से को उपसंहार के नाम से जाना जाता है। उपसंहार में पूरे निबंध का निचोड़ रहता है। यह सहज, प्रवाहमय भाषा में, मध्यम आकार का और तर्क संगत होना चाहिए। विषयगत लाभ-हानि की समीक्षा निबंध के इसी हिस्से में की जाती है।

निबन्ध-शिक्षण के उद्देश्यनिबन्ध-शिक्षण के उद्देश्य रचना-शिक्षण के उद्देश्य ही हैं, जिनका वर्णन हम इसी अध्याय में पहले ही कर चुके हैं।

निबन्ध-रचना की पाठ-योजनानिबन्ध-शिक्षण के उद्देश्यों को पूरी तरह से प्राप्त करने के लिए जरूरी है कि निबन्ध की पाठ-योजना अच्छी तरह से सोच-समझकर बनाई जाए। यहां पर 'वर्षाऋतु' पर एक पाठ-योजना प्रस्तुत की जा रही है। इसमें प्रश्नोत्तर एवं व्याख्या-विधि का प्रयोग किया गया है। बीच-बीच में चित्रों का प्रयोग भी किया गया है और श्याम पट्ट कार्य के रूप में रूपरेखा प्रणाली को भी अपनाया गया है।

दीर्घ उत्तरीय प्रश्न

1. रचना शिक्षण का छात्रों के लिए क्या महत्व है? विविध स्तर पर रचना शिक्षण के उद्देश्यों की चर्चा करें।
2. रचना शिक्षण में प्रयोग आने वाली विधियों पर प्रकाश डालें।
3. एक उत्तम रचना की विशेषताओं का उल्लेख करें।

लघु उत्तरीय प्रश्न

1. रचना शिक्षण को रुचिकर बनाने संबंधी कौन-से उपाय अमल में लाये जा सकते हैं।
2. रचना संबंधी त्रुटियों के क्या कारण हैं?
3. क्या हस्तलिखित रचना में सुधार संभव है?

वस्तुनिष्ठ प्रश्न

1. लिखित रचना का आधार है
   (क) साहित्य रचना (ख) काव्य रचना
   (ग) गद्य रचना (घ) मौखिक रचना
2. छात्रों में विचारों की पूर्णता और स्पष्टता आती है
   (क) विद्यालय से (ख) शिक्षक से
   (ग) स्वाध्याय से (घ) इसमें से कोई नहीं।
3. कहानी शिक्षण का उद्देश्य निम्नलिखित में से किस प्रकार की योग्यता का विकास करना है?
   (क) मौखिक अभिव्यक्ति (ख) लेखन अभिव्यक्ति
   (ग) प्रश्नोत्तर अभिव्यक्ति (घ) भाषागत अभिव्यक्ति

15

वाचन शिक्षण

वाचन का सामान्य तात्पर्य है पढ़कर सुनाना। दूसरे शब्दों में हम ये कह सकते हैं कि सस्वर पाठ करना वाचन है। वाचन शब्द 'वाक्' धातु से बना है, जिसका अर्थ हैवाणी, शब्द अथवा कथन। लिखे हुए अथवा छपे शब्दों का उच्चारण करना ही वाचन है। यह एक सोद्देश्य प्रक्रिया है। ज्यों-ज्यों पाठक शब्दों को पढ़ता है, त्यों-त्यों उन शब्दों में निहित अर्थों को ग्रहण करता है। पठन के लिए संस्कृत में 'पठ्' या 'पठनम्' शब्द का भी प्रयोग होता है जिसका अर्थ ऊंचे स्वर में पढ़ना, दोहराना, अध्ययन तथा सस्वर पाठ करना है। वाचन एक ऐसी प्रक्रिया है जो पढ़ने की योग्यता के निर्माण में फलीभूत होती है। किसी देश या समाज की प्रगति हेतु विद्धान नागरिकों का होना आवश्यक है। पढ़कर सुनाने के द्वारा विपुल जानकारी हासिल की जा सकती है। इससे समय तथा दूरी की सीमा आसानी से लांघी जा सकती है। सत्साहित्य से व्यक्तित्व का विकास होता है एवं इससे मनुष्य का मनोरंजन भी होता है। बिन वाचन के स्कूली शिक्षा की कल्पना सम्भव नहीं है।

वाचन के विभिन्न तत्व

(1) ध्वनि के प्रतीक वर्णों को देखकर पहचानना।

(2) वर्णों के शब्द संरचना की क्षमता का विकास।

(3) शब्दों को उचित रूप से वर्गीकरण करके निर्माण की क्षमता का विकास करना।

(4) पढ़कर शब्द का सन्दर्भानुसार भाव ग्रहण करना।

(5) लेखक के विचारों को पढ़कर समझना तथा उसका पूर्वश्रुत सामग्री से सम्बन्ध स्थापित करना।

(6) पढ़कर अपनी राय बनाना तथा उसके अनुसार व्यवहार करना।

पाठ प्रांरभ करने से पूर्व की योग्यता

विद्यार्थियों के अंदर किसी भी स्तर की पाठय अध्ययन सामग्री को पढ़ाये जाने से पूर्व कतिपय सामान्य योग्यताओं को विकसित किया जाना जरूरी है ताकि विद्यार्थी दिमागी और दैहिक तौर पर तन्मयतापूर्वक पढ़ने की दिशा में प्रेरित हो जाएं। यही पठनारम्भ योग्यताएं हैं। इन गुणों का विकास करके छात्र भावी जीवन में एक सफल पाठक के रूप में सफल होंगे। छात्र परिवार से निकलकर एक नई संस्था (विद्यालय) में प्रवेश करता है जो उसके लिए अपरिचित होती है। विद्यालय के प्रति उसके मन में अनेक प्रकार की उत्सुकता बनी रहती है। कुछ छात्रों को भय भी रहता है। अतः अध्यापक का कर्त्तव्य है कि वह सर्वप्रथम छात्रों को विद्यालय के वातावरण से परिचित कराए। अनौपचारिक वार्तालाप के द्वारा वह छात्रों में आत्मविश्वास उत्पन्न करे तथा अध्यापक सहानुभूतिपूर्ण व्यवहार करके उन्हें सीखने के प्रति उत्साहित करे। विद्यालय में कुछ दिनों तक इस प्रकार के कार्यक्रम आयोजित किए जाएं जिससे छात्र आपस में घुलमिलकर एकरस हो जाएं। पठन सामग्री के लिए फ्लैश कार्ड, चित्र, वर्णमाला के ब्लॉक, चार्ट दिखाकर उन्हें वाचन के प्रति उत्साहित किया जाए। इसमें विभिन्न प्रकार के खेल, अभिनय, गीत, बाल-गीत, कहानियां सुनाकर छात्रों को वाचन के लिए तैयार करें। वाचन करते हुए वे समझ सकें। बालकों में भाषा ज्ञान के सम्प्रत्यय, श्रव्यबोध तथा गति नियन्त्रण के लिए भी उन्हें उचित निर्देश दे दिए जाएं। इसके साथ निम्न बातों का ध्यान रखना भी अपेक्षित है

(1) पढ़ते समय आंखें न मचकाना तथा न ही सिर हिलाकर पढ़ना।

(2) बाएं से दाएं पढ़ने के लिए निर्देश देना।

(3) भावानुसार पढ़ने का अभ्यास कराना।

(4) दत्तचित्त होकर पढ़ने का अभ्यास कराना।

(5) पुस्तक तथा आंखों में उचित दूरी का ज्ञान कराना।

(6) पुस्तक पर अधिक झुककर न पढ़ना।

(7) पुस्तक को ठीक तरह से पकड़ना सिखाना।

वाचन कौशल का उद्देश्य

जितना छात्र वाचन-कौशल के प्रति रुचि लेंगे उतना ही उनका अधिगम प्रभावशाली होगा। अतः वाचन शिक्षण के निम्न उद्देश्य निर्धारित किए जा सकते है

(1) मनोरंजन के लिए पत्र-पत्रिकाएं, कहानियां व अन्य सामग्री पढ़ने की उत्सुकता।

(2) एकाग्रतापूर्वक पढ़ने की क्षमता का विकास करना।

(3) पढ़ते समय शुद्ध एवं अशुद्ध वर्तनी में अन्तर स्पष्ट करना।

(4) वर्णों के मेल से शब्द शब्दों निर्माण की क्षमता का विकास करना।

(5) गति, यति एवं विरामादि चिह्नों को ध्यान में रखकर पढ़ने का अभ्यास करना।

(6) वर्णों के मेल से बने शब्दों से वाक्य को पढ़ना।

(7) पठित वस्तु का केन्द्रीय भाव ग्रहण करना।

(8) सरल कहानियों, कविताओं, चुटकुलों, वर्णन, सम्वाद व पहेलियों को पढ़कर भाव ग्रहण करना।

(9) मुहावरों, लोकोक्तियों के अर्थ सन्दर्भानुसार समझना।

(10) आश्चर्य, भय, शोक आदि भावों के अनुसार पढ़ना।

(11) निबन्ध, कविता, कहानी, नाटक आदि का उपयुक्त रूप से सस्वर वाचन करना।

(12) सभी वर्णों (स्वर, व्यंजन तथा संयुक्त व्यंजन) को पहचानकर पढ़ना।

(13) लिखित सामग्री को प्रवाह के साथ पढ़ना।

वाचन के प्रकार

साधारण तथा वाचन तीन तरह के होते हैं

(1) सस्वर वाचन प्रारम्भिक स्तर पर छात्रों को वर्ण, शब्द, कविता, कहानी, गद्य का सस्वर वाचन करवाया जाता है। इस प्रक्रिया में छात्र ध्वनि के प्रतीक चिह्नों को पहचानता तथा उनका उच्चारण करके अर्थ ग्रहण करता है। इस प्रक्रिया में छात्रों में आत्मविश्वास की भावना उत्पन्न होती है तथा उनकी झिझक दूर होती है। इससे अध्यापक को छात्रों के द्वारा की गई अशुद्धियों की भी जानकारी हो जाती है तथा वह उन्हें शुद्ध कराने का प्रयास करता है। भाषा के वर्णों व शब्दों के मानक उच्चारण से छात्र परिचित हो जाते हैं। इसके साथ-साथ वे वाचन कौशलों, आरोह-अवरोह, बल,

उत्तान-अनुतान, गति-यति का भी छात्रों को अभ्यास हो जाता है। यह सस्वर वाचन दो तरह से किया जाता है

(क) व्यक्तिगत वाचन एक विद्यार्थी के द्वारा सस्वर किए जाने वाचन को वैयक्तिक वाचन कहते हैं। यह सामूहिक वाचन के बाद की प्रक्रिया है। जब अध्यापक इस प्रकार का वाचन करता है तो उसे आदर्शवाचन तथा अध्यापक के बाद वही वर्ण, शब्द, कविता की पंक्ति छात्रों के द्वारा वाचन की जाए तो उसे अनुकरण वाचन कहते हैं। अध्यापक पहले छात्रों के सम्मुख सस्वर वाचन करता है तो छात्रों को वर्ण या शब्द का सही उच्चारण करने का ज्ञान प्राप्त होता है तथा व्यक्तिगत अशुद्धियों का भी पता चल जाता है, जिससे अध्यापक प्रत्येक छात्र की व्यक्तिगत समस्याओं तथा अशुद्धियों को दूर करने का प्रयास करता है। व्यक्तिगत वाचन कराते समय अध्यापक इस बात का ध्यान रखें कि वाचन करते समय की गई अशुद्धियों को उसी समय दूर न करें, इससे छात्रों के वाचन में व्यवधान आ जाता है, वे निरुत्साहित हो जाते हैं तथा उनका आत्मविश्वास खण्डित होने लगता है। सम्पूर्ण पाठ्य सामग्री को सुनने के उपरान्त शिक्षक विद्यार्थी के त्रुटिपूर्ण वाचन को सही करने का प्रयत्न करे। उत्तम यह रहेगा कि इस पद्धति में वर्ग के दूसरे विद्यार्थियों की सहायता ली जाए। अच्छा हो यदि इस प्रक्रिया में कक्षा के अन्य छात्रों की मदद ली जाए। उस छात्र को व्यक्तिगत रूप से शुद्ध वाचन अवश्य करवाया जाए जिसने पहले वर्ण या शब्द अशुद्ध उच्चारित किया हो।

(ख) सामूहिक वाचन अध्यापक छात्रों को वर्ण, शब्द, कविता, बालगीत को सभी छात्रों को उच्चरित करने के लिए कहता है तो वह सामूहिक वाचन कहलाता है। इस प्रक्रिया में संकोची स्वभाव के छात्र भी अपने साथियों के साथ विषयवस्तु को स्वर सहित पढ़ते हैं तो उनका संकोच दूर हो जाता है तथा आत्मविश्वास आ जाता है। शिक्षक को छात्रों से सामूहिक वाचन कराते समय इस तथ्य का सदैव स्मरण रखना चाहिए कि समस्त विद्यार्थी पाठ सुना रहे हैं या नहीं। वाचन शोर के रूप में परिवर्तित न होने पाए। सस्वर वाचन पहली तथा दूसरी कक्षा तक ही करवाया जाए अन्यथा छात्रों को आदत-सी हो जाती है, जिससे भाव ग्रहण में कठिनाई आती है। इसके साथ-साथ सस्वर वाचन से थकान भी जल्दी हो जाती है। पुस्तकालय, सार्वजनिक स्थलों तथा परीक्षा भवन में लिखते समय भी छात्रों को बोलने तथा बोलकर लिखने की आदत पड़ जाती है जिससे अन्य बैठे पाठकों तथा लिखनेवालों को असुविधा होती है।

सस्वर वाचन का महत्व बच्चों के वाचन कौशल को विकसित करने की यह प्रथम प्रक्रिया है। सस्वर वाचन करते हुए छात्र को स्वयंमेव आनन्दानुभूति होती है

तथा इससे उसकी वाचन के प्रति रुचि बढ़ती है। इससे ही बच्चे को शुद्ध उच्चारण का अभ्यास कराया जाता है तथा उसे उचित रुचि से हाव-भाव, अभिनय, आरोह-अवरोह के द्वारा अभिव्यक्ति का अभ्यास हो जाता है। वह विश्वासपूर्वक अपने विचारों को अभिव्यक्त करने के कौशल में पारंगत हो जाता है। वाचन करते समय उसका नए-नए शब्दों से परिचय होता है। इससे उसके शब्द-भण्डार में वृद्धि होती है तथा उसकी मौखिक अभिव्यक्ति सशक्त होने लगती है। विषयवस्तु को पढ़ते समय उसके ज्ञान में वृद्धि होती है। वाचन के अभ्यास से छात्र में स्वाध्याय की प्रवृत्ति भी विकसित होती है। कविता का सस्वर वाचन करते हुए तो छात्रों को रसानुभूति व आनन्दानुभूति होती है। अतः भाषा-शिक्षण में सस्वर वाचन का विशेष महत्व है।

(2) मौन वाचन छात्रों के अंदर वाचन का प्रारंभिक कौशल विकसित हो जाने पर शिक्षक द्वारा छात्रों को मौन वाचन का अभ्यास कराया जाना चाहिए। मौन वाचन में पठित सामग्री की ध्वनि नहीं होनी चाहिए अर्थात् छात्र मन-ही-मन दत्तचित्त होकर एकाग्रता के साथ विषयवस्तु को पढ़े। इस प्रक्रिया में पाठक सामग्री के मुख्य भाव या सारांश को ग्रहण करता है तथा पठित सामग्री के प्रति मन-ही-मन प्रतिक्रिया अभिव्यक्त करता है तथा मानसिक रूप से तर्क-वितर्क करता है। मौन वाचन से पठन की गति तीव्र होती है तथा एकाग्रता का अभ्यास होता है। बहुत से लोगों की उपस्थिति में आवाज़ करते हुए पढ़ना अच्छा नहीं होता, इससे दूसरों को बाधा पहुंचती है। अतः मौन वाचन का अभ्यास आवश्यक है। मौन वाचन में मस्तिष्क सक्रिय रहता है तथा इसमें पाठक लम्बे अन्तराल तक अध्ययन कर सकता है। इसमें कम समय में अधिक सामग्री पढ़ी जा सकती है, ध्यान केन्द्रित होता है तथा अर्थग्रहण की योग्यता का विकास होता है। अवकाश या समय का सदुपयोग भी होता है। इससे छात्रों में स्वाध्याय की प्रवृत्ति विकसित होती है। वही व्यक्ति गहन अध्ययन कर सकता है जिसे मौन वाचन में रसानुभूति व आनन्दानुभूति नहीं होगी। मौन वाचन करने के बाद उसके मूल्यांकन के लिए पठित सामग्री का विवरण, केन्द्रीय भाव तथा प्रश्नोत्तर पूछे जाने चाहिए, इससे छात्र सक्रिय होंगे।

(3) गहन अध्ययन यदि सस्वर व मौन वाचन एक कौशल है तो अध्ययन उस कौशल की योग्यता का विकास। अध्ययन से छात्र अधिक-से-अधिक ज्ञानार्जन करता है। इससे अध्ययन में गम्भीरता आती है। अध्ययन के समय पाठक एक सम्पूर्ण अनुच्छेद को एक सार्थक इकाई के रूप में पढ़ता है। अध्ययन में पाठक की इतनी गति होती है कि वह एक बैठक में ही सम्पूर्ण पुस्तक को पढ़कर उसके मुख्य भाव, उद्देश्य तथा सन्देश को ग्रहण कर लेता है। इसके साथ-साथ तर्क-वितर्क से

वह समालोचनात्मक दृष्टिकोण को अपनाकर किसी निश्चित निष्कर्ष पर पहुंच जाता है।

वाचन की अशुद्धियां

वाचन का दर्शकों पर प्रत्यक्ष प्रभाव पड़ता है। अटक-अटककर, अति, तीव्र, अधिक मन्द तथा जल्दी पढ़ना, अशुद्ध उच्चारण, भावानुकूल तथा उचित मुद्रा में न पढ़ना वाचन की त्रुटियां हैं। वर्णों, शब्दों का उच्चारण इस प्रकार होना चाहिए कि न तो वे अव्यक्त रहें और न ही कर्कश। उच्चारण स्थानों के अनुरूप ही वर्णों का उच्चारण किया जाना चाहिए। उच्चारण में बल, सस्वरता, लय, प्रवाह तथा गति का ध्यान रखना अपेक्षित है। प्रायः छात्र वाचन में निम्न त्रुटियां करते हैं

(1) पुस्तक को बहुत करीब लाकर पढ़ना।
(2) वाक्य पढ़ते समय एक-एक वर्ण को पढ़ना।
(3) ह्रस्व तथा दीर्घ का अशुद्ध उच्चारण।
(4) ङ-, ड़, व-ब, श-ष-स, छ-क्ष में अन्तर स्पष्ट न कर पाता।
(5) वर्णों को दो-दो बार पढ़ना।
(6) व्यंजन विपर्यय जैसे कमल-कलम, लड़की-लकड़ी।
(7) हकलाकर, तुतलाकर तथा नाक से बोलकर पढ़ना।
(8) वाक्य पढ़ते हुए शब्दों को छोड़ देना।
(9) भावानुकूल न पढ़ना।
(10) गद्य को भी लयात्मक रूप में पढ़ना।
(11) संयुक्त व्यंजनों में भ्रमित होकर पढ़ना जैसे द्य को ध, ह्न को न्ह।
(12) गति, यति, विरामादि चिह्नों को ध्यान में न रखते हुए पढ़ना।

वाचन-संबंधी अशुद्धी का समाधान वाचन संबंधी त्रुटि के निदान हेतु शिक्षक को निम्नलिखित प्रयास करने चाहिए

(1) पठनारम्भ योग्यताओं का पूर्ण विकास करना।
(2) छात्रों को लिपि का पूरा ज्ञान कराना।
(3) अतिरिक्त तथा पूरक पठन सामग्री पढ़ने के लिए छात्रों को प्रेरित करना।
(4) अधिक से अधिक पठनाभ्यास।
(5) मूल्यांकन में पठन को महत्व देना।
(6) वाचन प्रतियोगिताओं का आयोजन करना।
(7) छात्रों की स्तरानुकूल रोचक सामग्री पठन के लिए उपलब्ध कराना।

(8) पठन के प्रति छात्रों में रुचि उत्पन्न करना।

(9) शारीरिक व सम्वेगात्मक दोषों का निराकरण करना।

(10) अध्यापक द्वारा बार-बार आदर्श वाचन करना तथा छात्रों को व्यक्तिगत वाचन कराना।

वाचन की विधियां

भिन्न-भिन्न शिक्षाशास्त्रियों ने वाचन से सम्बन्धित अनुसन्धान करके वाचन-शिक्षण सम्बन्धी निम्न विधियां बताई हैं

(1) अक्षरबोध विधि यह पद्धति विश्व की सर्वाधिक प्राचीन पद्धति है। इस पद्धति के अन्तर्गत विद्यार्थी को क्रमबद्ध तरीके से अक्षर बोध का ज्ञान कराया जाता है। सर्वप्रथम स्वर वर्णअ, आ, इ, ई, उ, ऊ ए, ऐ, ओ, औ, अं, अः की जानकारी तदुपरान्त व्यंजन वर्णक, ख से लेकर क्ष, त्र, ज्ञ तक। अक्षरों का शब्द ज्ञान छात्रों को सिखाए जाते हैं। यथाअ + म + र = अमर यह विधि देवनागरी लिपि के क्रम व उच्चारण स्थानानुसार निश्चित है। सर्वप्रथम स्वर उसके बाद व्यंजन तथा संयुक्त व्यंजन तथा मात्राओं का ज्ञान कराया जाता है। वर्णों का ज्ञान चित्रों की मदद से भी कराया जा सकता है। जैसे अ से अनार, ब से बत्तख। इस विधि में बच्चे वर्ण क्रम से सीखते हैं तथा वर्णों को मिलाकर शब्द पढ़ने का अभ्यास होता है, मात्राओं का पूर्ण ज्ञान हो जाता है तथा उच्चारण भी शुद्ध होता है।

मैंजिल के अनुसार, "इस विधि में वर्णमाला सीखने में बहुत अधिक समय लगता है, इसके साथ-साथ बच्चों को क, ख, ग, घ इत्यादि वर्ण निरर्थक ध्वनियां लगती हैं। एक-एक वर्ण को जब बच्चे अलग-अलग ध्वनियों के रूप में पढ़ते हैं तो उन्हें आगे चलकर वर्णों को मिलाकर शब्द पड़ने में कठिनाई महसूस होती है।" अक्षर-बोध कराने की विधि को संश्लेषणात्मक तथा विश्लेषणात्मक दो हिस्सों में विभक्त किया जाता है

(क) संश्लेषणात्मक विधि इस विधि में अक्षर या वर्ण की पहचान पर बल दिया जाता है, शब्द या उसके अर्थ पर नहीं हिन्दी ध्वनि प्रधान भाषा है। इसे वर्ण तथा व्यंजनों में विभक्त किया जाता है। इसमें पहले वर्ण सिखाए जाते हैं उसके बाद वर्णों को मिलाकर शब्दों का निर्माण सिखाया जाता है। इसके बाद मात्राओं से निर्मित शब्दों को पढ़ने का अभ्यास कराया जाता है। विद्यालयों में अध्यापक अभी भी इसी विधि का सहारा लेते हैं। इस विधि में यदि चित्रों की मदद लेकर वर्ण तथा शब्द लिखना सिखाया जाए तो और अधिक अच्छा रहेगा। बच्चे रुचि से पढ़ेंगे। चित्र के

पहले वर्ण या जिस वर्ण को सीखा रहे हैं उसे मोटी आकृति का बनाया जाए जिससे बच्चों का ध्यान उसी पर केन्द्रित हो, या जो वर्ण सिखाया जा रहा है उसे अलग रंग से अंकित किया जाए। बार-बार इस प्रकार के अभ्यास से बच्चों को वर्णों की आकृति की पहचान हो जाती है तथा उनके मस्तिष्क पर वर्ण की आकृति अंकित हो जाती है। यह विधि प्रारम्भिक स्तर के लिए पूर्णरूप से मनोवैज्ञानिक है।

(ख) विश्लेषणात्मक विधि विश्लेषण का अर्थ है अलग-अलग करना, जैसे वाक्य में से शब्दों को तथा शब्द में से वर्णों को अलग करना। इस विधि के अन्तर्गत पहले शब्द सिखाए जाते हैं और फिर शब्द का विश्लेषण करके। वर्ण इसे निम्न प्रकार से समझा जा सकता है

(i) **शब्द से वर्ण** पुरातन काल में शब्द से वर्ण पद्धति का ही अध्यापन में अधिकांशतया इस्तेमाल होता था। शब्द को लिखकर उसका उच्चारण करवाया जाता या उसे बार-बार पढ़ने को कहा जाता। ऐसा करने पर छात्र शब्द के साथ-साथ वर्णों से परिचित हो जाते हैं। इस विधि को जर्मनी में अपनाया गया उसके बाद अमरीका में। इसी में देखो और बोलो विधि को भी सम्मिलित किया गया है।

(ii) **वाक्य विधि** यह विधि शब्द विधि का विस्तार है। इसमें छात्रों को पढ़ने के लिए एक वाक्य दिया जाता है। जैसे, चाचा आया, आम लाया। इसमें पूर्व सीखे वर्णों के मेल से नए शब्दों का निर्माण करना सिखाया जाता है। आधुनिक समय में स्वर वर्ण और व्यंजन वर्ण के साथ-साथ उसकी मात्राओं की भी जानकारी दी जाती है। यथाक, का, कि, की, के, कै, को, कौ, कू, कु, कं, कः वाक्य में आए नवीन वर्ण अथवा आकृति से भी छात्रों को अवगत कराया जाता है। इस प्रकार बच्चे के शब्दभण्डार में वृद्धि होती रहती है। बाद में स्वर-व्यंजन का क्रमानुसार ज्ञान दिया जाता है। वाक्य विधि से बच्चे में आत्मविश्वास की भावना जागृत होती है।

(2) कहानी विधि कहानी लेखन विश्लेषणात्मक क्षमता का ही विस्तारित रूप है। इसके अन्तर्ग पूरी वर्णमाला को वाक्यों में निरुपित कर कहानी के माध्यम से सिखाया जाता है। अध्यापक इस प्रकार वाक्यों का निर्माण करता है कि उनसे कोई कहानी बनती जाती है। यह विधि बच्चों को बहुत रोचक लगती है तथा वे एकाग्र व दत्तचित्त होकर सुनते हैं। हिन्दी में इस विधि का अभाव है। अध्यापकों को चाहिए कि इस विधि का अधिक से अधिक प्रयोग करें। इस विधि में यदि अध्यापक चित्रों का प्रयोग करे तो विधि और भी आकर्षक व रोचक हो जाती है। चित्रों के नीचे वाक्यों के अक्षर बड़ी-बड़ी आकृति के होते हैं जिन्हें बच्चे सुगमतापूर्वक देख लेते हैं। कहानी सुनकर बच्चे कहानी में प्रमुख वाक्यों से परिचित होकर शब्द

तथा शब्द से वर्णों की जानकारी प्राप्त कर लेते हैं। यह एक मनोवैज्ञानिक तथा रोचक विधि है। इससे छात्रों में पठन कौशल का विकास हो जाता है।

(3) कविता विधि कविता प्रणाली में सर्वप्रथम बालकों को कविता याद कराई जाती है। कविता इस प्रकार की हो जिसमें स्वर-व्यंजन तथा मात्राओं का योग हो। इसमें शब्द तथा वर्णों की आवृत्ति का ध्यान रखा जाता है। उदाहरण के लिए निम्न कविता को देखा जा सकता है

अ अनार अमर लाया, साथ में अखरोट भी,
अगर यह न होता हो अमर भी अनमना होता।

कविता याद हो जाने पर वर्णों का विश्लेषण किया जाता है और अन्त में वर्णों का क्रम सिखाया जाता है। हिन्दी में इस प्रकार की सामग्री का अत्यन्त अभाव है। अतः अध्यापक इस प्रकार की सामग्री का निर्माण करने का प्रयास करें।

(4) साहचर्य विधि साहचर्य पद्धति का विकास श्रीमती मारिया मान्टेसरी द्वारा किया गया। इसमें विविध चित्र और खेल की सामग्रियां एक कक्ष में एकत्रित कर ली जाती हैं। वस्तुएं बालकों के अनुभव तथा परिवेश से सम्बन्धित होनी चाहिए। इन वस्तुओं तथा चित्रों के नाम कार्ड पर लिखे होते हैं। कार्डों को आपस में मिलाया जाता है। बच्चों को चित्र तथा वस्तुओं से सम्बन्धित कार्ड छांटने को दिए जाते हैं। बच्चे कार्ड तथा चित्रों को देखकर नामों को ढूंढ़ने का प्रयास करते हैं। इस प्रकार लगातार अभ्यास करने से बच्चे वर्ण तथा शब्दों से परिचित हो जाते हैं। उनकी चिन्तन तथा सृजनात्मक शक्ति का विकास होता है पढ़ने में रुचि लेते हैं तथा इस क्रिया में वे उत्साहित होते हैं। इस विधि का प्रयोग छोटी कक्षाओं के लिए उपयुक्त है। संज्ञा सूचक शब्दों के ज्ञान के लिए इस विधि में कठिनाई होती है।

(5) संयुक्त विधि उपरोक्त समस्त पद्धतियों का विश्लेषण करने पर स्पष्ट प्रतीत होता है कि किसी-न-किसी विधि में कुछ दोष है तो कुछ में गुण। अतः अध्यापक को उपर्युक्त सभी विधियों का मिश्रण करके पठन शिक्षण इस प्रकार करना चाहिए जिससे बच्चे अधिक से अधिक रुचि से सीख सकें। प्रारम्भ में यदि बच्चों को वर्ण सीखने के प्रति अरुचि हो जाए तो आगे वाचन का अभ्यास कराना कठिन हो जाएगा। अतः सभी विधियों की अच्छाइयां ग्रहण करनी चाहिए। इसके लिए निम्न बातों का ध्यान रखा जाना चाहिए

(1) सर्वप्रथम मौखिक रूप से बच्चों में वाचन के प्रति उत्सुकता व रुचि पैदा की जानी चाहिए।

(2) वर्णों के साथ मात्राओं का प्रयोग करके उनका उच्चारण करवाया जाए।

(3) संयुक्त वर्णों की भी जानकारी छात्रों को दी जाए।

(4) आकर्षक चित्रों के द्वारा वर्ण व शब्दों की ओर बच्चों का ध्यान आकर्षित किया जाए।

(5) वर्णों से शब्द निर्माण व शब्दों से वर्ण अलग-अलग कराए जाएं।

(6) 'देखो व कहो' विधि की मदद से फ्लैश कार्ड, चित्र, लकड़ी के ब्लॉक आदि का प्रयोग करके वर्णों की जानकारी कराई जाए।

(7) पुनः वर्णों का क्रमानुसार ज्ञान कराया जाए।

(8) वर्णों का विभेदीकरण कराया जाए। जैसे ब-व, श-ष-स, छ-क्ष आदि।

व्यावहारिक काम

(1) प्रशिक्षणार्थियों द्वारा साक्षरता आन्दोलन में हिस्सा लेना।

(2) वाचन सम्बन्धी प्रतियोगिताओं का आयोजन।

(3) वाचन के समय श्रोता पर पड़नेवाले प्रभावों का अवलोकन।

(4) हिन्दी वर्णमाला, मात्रा आदि के चार्ट, मॉडल व चित्र इत्यादि का निर्माण।

(5) वाचन सम्बन्धी खेल सामग्री का संरचना।

मूल्यांकन

सस्वर और मौन वाचन के लिए निम्नलिखित प्रकार से मूल्यांकन किया जाना चाहिए

(1) फ्लैश कार्डों को मिलाकर शब्द या वर्ण को छंटवाया जाएं।

(2) फ्लैश कार्ड दिखाकर वर्ण अथवा शब्द बच्चों से पढ़वाए जाएं।

(3) चित्र दिखाकर बच्चों से वर्ण तथा शब्द के विषय में जानकारी प्राप्त की जाए।

(4) श्यामपट्ट पर या पुस्तक में से अवतरण पढ़ाकर भावग्रहण या सारांश पूछकर।

(5) पुस्तक में से वर्ण या शब्दों को पढ़ाकर।

(6) श्यामपट्ट पर वर्ण या शब्द लिखकर।

(7) वाक्यों की पूर्ति कराकर।

(8) सत्यासत्य परीक्षा द्वारा।

(9) स्तम्भ मिलान के द्वारा।

(10) बहुविकल्पनीय परीक्षा के द्वारा।

(11) चार्ट में से शब्द ढूंढ़ने के लिए कहा जाए।

दीर्घ उत्तरीय प्रश्न

1. वाचन शिक्षण क्या हैं? वाचन कितने प्रकार का होता है?
2. वाचन विधियों का वर्णन करें।

लघु उत्तरीय प्रश्न

1. वाचन शिक्षण के प्रमुख उद्देश्यों की चर्चा करें।
2. वाचन संबंधी प्रमुख दोषों को स्पष्ट करें।

वस्तुनिष्ठ प्रश्न

1. वाचन शब्द का निर्माण किस धातु से हुआ है?
   (क) वाच् (ख) वाण्
   (ग) वाक् (घ) इनमें से कोई नहीं।
2. पठन के लिए संस्कृत में किस शब्द का प्रयोग होता है?
   (क) पाठ्य (ख) पठ्
   (ग) पठनीय (घ) पढ़्
3. विश्व की सर्वाधिक प्राचीन वाचन-शिक्षण पद्धति है
   (क) विश्लेषणात्मक विधि (ख) वाक्य विधि
   (ग) अक्षरबोध विधि (घ) संश्लेषणात्मक विधि

16

सूक्ष्म शिक्षण द्वारा शिक्षण कौशलों का विकास

स्टेनफोर्ड विश्वविद्यालय को सर्वप्रथम सूक्ष्म शिक्षण की स्थापना का श्रेय जाता है, जहां 1968 में यह स्थापित हुआ। प्रमुख शिक्षा शास्त्रियों ने सूक्ष्म शिक्षण पर अपना विचार निम्न शब्दों में प्रकट किया है

डी. ऐलन (Dwight Allen) के विचार में"सूक्ष्म-शिक्षण सरल शिक्षण प्रक्रिया है जो छोटे आकार की कक्षा और थोड़े समय के लिए सम्पन्न होती है।"

ऐलन एवं ईव (Allen and Eve, 1968) के विचार मेंसूक्ष्म-शिक्षण की ऐसी नियंत्रित अभ्यास प्रणाली के रूप में परिभाषा दी जा सकती है जिसके द्वारा विशिष्ट शिक्षण व्यवहारों पर ध्यान देकर नियंत्रित परिस्थितियों में शिक्षण अभ्यास किया जा सकता है।

आर. एन. बुश (R. N. Bush) के विचार मेंसूक्ष्म शिक्षण अध्यापक शिक्षा की एक तकनीक है जो अध्यापकों को स्पष्ट रूप से परिभाषित शिक्षण कौशलों का वास्तविक विद्यार्थियों को एक छोटे से समूह में 5 से 10 मिनट शिक्षा प्रदान करने के लिए, सावधानीपूर्वक तैयार किए पाठ में प्रयोग करने के लिए अपनाई जाती है और जो प्रायः परिणामों को वीडियो टेप के माध्यम से देखने का अवसर भी देती है।

बी. के. पासी और एम. एस. ललिता (B. K. Passi and M. S. Lalita) के विचार मेंसूक्ष्म शिक्षण वह प्रशिक्षण प्रविधि है जिनके द्वारा छात्र-अध्यापक एक

संप्रत्यय का शिक्षण विशिष्ट शिक्षण कौशल के प्रयोग द्वारा थोड़े से छात्रों से लिए और थोड़े समय में करे।

एल. सी. सिंह (L. C. Singh) के विचार में"सूक्ष्म-शिक्षण का एक सरल लघु रूप है जिसमें शिक्षक 5 छात्रों के समूह को 5-20 मिनट तक के समय में पाठ्य-वस्तु की एक छोटी-सी इकाई का शिक्षण प्रदान कर देता है।"

सूक्ष्म शिक्षण संबंधी नियम

ऐलन और रियान (Allen & Ryan) ने इसके निम्नलिखित सिद्धान्त दिए हैं

1. सामान्य कक्षा-शिक्षण की कठिनाइयों व जटिलताओं को इसके द्वारा आसानी से दूर किया जा सकता है।
2. इसमें पृष्ठपोषण (Feedback) के प्रभाव से अध्यापन अच्छा होता है।
3. इसमें एक समय में एक ही कौशल (Skill) के प्रशिक्षण पर बल दिया जाता है।
4. इसमें अभ्यास की प्रक्रिया पर नियन्त्रण (Control) रखा जा सकता है।
5. सूक्ष्म शिक्षण के द्वारा वास्तविक शिक्षण किया जा सकता है।

सूक्ष्म शिक्षण की विशिष्टताएं

सूक्ष्म शिक्षण की प्रमुख विशिष्टताएँ निम्नलिखित हैं

1. इसमें पाठ का निरीक्षण निरीक्षक द्वारा सम्भव है।
2. ये शिक्षण का बहुत लघु तथा सरल रूप है जिसमें शिक्षण की जटिल समस्याओं को कम करने का प्रयत्न किया जाता है।
3. शिक्षकों हेतु यह समय के मद्देनजर उपयोगी साबित होता है।
4. इस विधि में व्यवहारों को स्पष्ट रूप से पारिभाषित किया जाता है। इसलिए वांछित परिवर्तनों को शीघ्र ही प्राप्त किया जा सकता है।
5. पृष्ठपोषण (Feedback) के आधार पर विद्यार्थियों को अपना पाठ पुनः नियोजित (Replanned) करने का तथा उसमें सुधार करने का अवसर मिल जाता है।
6. इस विधि में शिक्षक और शिक्षण की परिस्थितियों पर अधिक नियन्त्रण रखा जा सकता है।

7. शिक्षण कार्य में बहुत से विशेष शिक्षण कौशल (Specific teaching Skills) होते हैं। यही एक ऐसी तकनीक है जो इन कौशलों में अच्छी तरह शिक्षण कार्य को सफल बना देती है।
8. यह एक वैयक्तिक प्रशिक्षण तकनीक है। इसमें एक ही समय में एक ही व्यक्ति को किसी एक कौशल का अभ्यास करने का पूरा अवसर मिल जाता है।
9. इसे शिक्षकों को शिक्षण कौशलों का अभ्यास कराने के लिए अपनाया गया है।
10. सूक्ष्म शिक्षण की समाप्ति पर अध्यापक को उसके शिक्षण के विषय में तुरन्त सूचना मिल जाती है कि उसका शिक्षण कैसा रहा। इस जानकारी के बाद तुरन्त पृष्ठपोषण (Feedback) देने में सहायता मिल जाती है।
11. यह एक प्रशिक्षण तकनीक (Training Technique) है। इसे किसी भी अवस्था में शिक्षण तकनीक (Teaching Technique) नहीं समझना चाहिए।

सूक्ष्म शिक्षण के प्रयोग

1. इस विधि द्वारा पढ़ाने से सिद्धान्त व व्यवहार (Theory and Teaching) व एकीकरण (Integration) सम्भव हो सकता है।
2. इसमें अध्यापक टेपरिकार्डर या वीडियो टेप की सहायता से अपना मूल्यांकन स्वयं कर सकता है।
3. इसमें छात्र शिक्षकों का निरीक्षण अधिक वस्तुनिष्ठ (Objective) हो सकता है।
4. शिक्षक की शिक्षण कला में और अधिक सुधार लाने के लिए यह विधि बहुत सहायक होती है।
5. यह विधि अनुसन्धान का अच्छा साधन है।
6. इस विधि में टेपरिकार्डर द्वारा या वीडियो टेप पर आदर्श पाठ रिकॉर्ड किए जा सकते हैं।
7. यह शिक्षण प्रक्रिया का लघु व सरली रूप है। इसलिए शिक्षण कला का अभ्यास करने के लिए यह उपयोगी है।
8. इसमें एक समय पर केवल एक ही शिक्षण कौशल का अभ्यास कराया जाता है जिससे उसमें अच्छी तरह दक्षता प्राप्त की जा सकती है।
9. इस विधि से कक्षा में अनुशासन रखना आसान है। 5 से लेकर 10 छात्रों की छोटी-सी कक्षा को शिक्षा प्रदान करना एक छात्राध्यापक के लिए बहुत आसान

होता है।प्रक्रिया पर कई तरह के अनुसन्धान (Research) हो सकते हैं।

निष्कर्ष के तौर पर हम यह मान सकते हैं कि सूक्ष्म शिक्षण विधि शिक्षण कला में दक्षता प्राप्त करने की एक सुव्यवस्थित, प्रभावशाली और नियंत्रित तकनीक है।

विविध चरणों एवं उनमें निहित क्रियाएं

यह प्रणाली भारतीय परिस्थितियों में एक नई प्रणाली मानी जाती है। दूसरे देशों में सूक्ष्म शिक्षण की पूरी प्रक्रिया को वीडियो टेप करके शिक्षक स्वयं अपने शिक्षण उससे देख लेते हैं। वे अपना आत्म-विश्लेषण (Self-analysis) करके पृष्ठपोषण (Feedback) ले लेते हैं। भारत में ऐसी सुविधाएं प्राप्त नहीं हैं।

इसके पृष्ठपोषण के लिए भारत में शिक्षक का ही प्रयोग कर लेते हैं। ये पृष्ठ-पोषण तीन प्रकार से किया जा सकता है

1. स्व-पृष्ठपोषण जब सम्पूर्ण सूक्ष्म पाठ को टेप कर लिया जाता है और पाठ पूरा होने के बाद विद्यार्थी स्वयं टेप सुनकर पृष्ठपोषण प्राप्त कर लेता है तो इसे 'स्व-पृष्ठपोषण' कहते हैं।

2. सहपाठी पृष्ठपोषण इसमें छात्र-अध्यापक के सहपाठी ही पृष्ठपोषण दे देते हैं।

3. पर्यवेक्षक पृष्ठपोषण सूक्ष्म शिक्षण के पृष्ठपोषण के लिए इसमें अध्यापकों का ही प्रयोग किया जाता है।

सूक्ष्म-शिक्षण के सोपान

1. सैद्धान्तिक ज्ञान देना शिक्षकों को सूक्ष्म-शिक्षण सम्बधी जरूरी सैद्धान्तिक जानकारी देने हेतु निम्न बातों की चर्चा की जानी चाहिए

(i) सूक्ष्म-शिक्षण का अर्थ एवं प्रत्यय।

(ii) इस तकनीक को अपनाने के लिए आवश्यक परिस्थितियां और साधन।

(iii) इसकी कार्य पद्धति।

(iv) इसका महत्व तथा उपयोग।

2. पुनः पृष्ठपोषण पुनः पढ़ाए गए पाठ के समाप्त होने पर शिक्षक को फिर से पृष्ठपोषण दिया जाता है। सहयोगी छात्राध्यापक एक बार फिर निरीक्षण करते हैं। यह सत्र 6 मिनट का होता है। इसे पुनः पृष्ठपोषण सत्र (Re-feedback session) के नाम से भी पुकारते हैं।

3. विशिष्ट शिक्षण कौशल का चयन इस विधि में किसी एक समय में एक कौशल का ही अभ्यास कराया जाता है। अतः छात्राध्यापकों को अभ्यास कराने हेतु किसी एक कौशल का चुनाव कर लिया जाता है और उसके विषय में वृहत् जानकारी दी जाती है।

4. शिक्षण कौशलों की चर्चा इस चरण में विद्यार्थी और अध्यापक को भिन्न-भिन्न शिक्षण कौशल से वाकिफ कराना चाहिए यथा (i) अध्यापक व्यवहार सम्बन्धी घटकों (Component teaching behaviours) की चर्चा। (ii) शिक्षण कार्य में शिक्षण कौशलों का उपयोग तथा महत्व, (iii) शिक्षण कौशल घटकों (Component Teaching Skills) के रूप में विश्लेषण।

5. पुनः पाठ योजना बनाना पृष्ठ-पोषण (Feedback) में पाई गई कमियों को दूर करने हेतु सूक्ष्म पाठ को फिर से नियोजित (Replan) किया जाता है। छात्राध्यापक स्वयं ही शिक्षण पाठ की दोबारा योजना बनाता है। इस कार्य के लिए 12 मिनट का समय दिया जाता है। इस सत्र को पुनर्योजना सत्र (Replan Session) भी कहा जाता है।

6. पृष्ठपोषण प्रदान करना सूक्ष्म शिक्षण के माध्यम से अध्यापक को अपने पढ़ाए हुए पाठ के बारे में तत्काल पृष्ठपोषण (Feedback) प्राप्त हो जाती है। पृष्ठपोषण के लिए 6 मिनट का समय दिया जाता है। यदि सम्भव हो सके तो वीडियो टेप, ऑडियो टेप और क्लोज सर्किट टेलीविजन आदि की भी मदद इस कार्य हेतु ली जा सकती है।

7. आदर्श पाठ प्रदर्शन प्रस्तुतीकरण चुने हुए शिक्षण कौशल की पूरी जानकारी के बाद आदर्श सूक्ष्म पाठ (Model Micro Lesson) प्रशिक्षणार्थियों के सामने प्रस्तुत किया जाता है। इस आदर्श पाठ को विभिन्न प्रणालियों द्वारा प्रस्तुत किया जा सकता है। जैसे

(i) प्रशिक्षक द्वारा पाठ को पढ़ाकर दिखाया जा सकता है।

(ii) टेप रिकार्डर पर टेप करके प्रशिक्षणार्थियों को सुनाया जा सकता है।

(iii) वीडियो टेप पर रिकार्ड करके फिल्म रूप में दिखाना।

(iv) आदर्श पाठ की लिखित योजना छात्राध्यापकों को दी जा सकती है।

8. पुनः अध्यापन दोबारा नियोजित (Replanned) सूक्ष्म पाठ को 6 मिनट के लिए फिर उसी समूह को पढ़ाया जाता है। इसका पर्यवेक्षण भी किया जाता है। इस सत्र को पुनः शिक्षण सत्र (Re-teach session) का नाम भी दिया जाता है।

9. सूक्ष्म शिक्षण चक्र की पुनरावृत्ति इस सूक्ष्म शिक्षण चक्र में योजना से लेकर पढ़ाने, पृष्ठपोषण प्रदान करने, पुनः योजना बनाने, पुनः पाठ पढ़ाने और पुनः

पृष्ठपोषण प्रदान करने आदि से सम्बन्धित अलग-अलग कार्य सम्मिलित हैं। इस प्रकार सूक्ष्म शिक्षण चक्र (Micro Teaching cycle) तक तक चलता रहता है जब तक छात्र शिक्षक को ये पूर्ण विश्वास न हो जाए कि उसने शिक्षण कौशल (Teaching Skill) में कुशलता प्राप्त कर ली है।

10. आदर्श पाठ निरीक्षण एवं समालोचना आदर्श पाठ जिस रूप में भी छात्रों द्वारा देखा, सुना अथवा पढ़ा जाता है, उसका वे विश्लेषण करते हैं। समालोचना के लिए प्रत्येक कौशल के अलग-अलग निरीक्षण प्रपत्र (Observation Schedule) उन्हें दे दिए जाते हैं। इन निरीक्षण प्रपत्रों की प्रयोग विधि उन्हें समझा दी जाती है। इससे आदर्श पाठ प्रस्तुत करने वाले व्यक्ति को भी आवश्यक पृष्ठपुष्टि (Feedback) मिल सकती है।

11. सूक्ष्म पाठ योजना तैयार करना इस सोपान में उचित उपविषय का चुनाव करके शिक्षक एक आदर्श पाठ योजना तैयार करते हैं। इसके लिए वे अपने प्राध्यापकों से विचार-विमर्श भी ले सकते हैं और शिक्षण प्रशिक्षण पर उपलब्ध सामग्री और पुस्तकों का अध्ययन भी कर सकते हैं।

12. शिक्षण-सत्र शिक्षक 5 से 10 छात्रों को अपने तैयार किए हुए सूक्ष्म पाठ को 6 मिनट तक पढ़ाता है। इस सूक्ष्म पाठ का निरीक्षण सहपाठी छात्राध्यापक, शिक्षक या प्रशिक्षकों द्वारा निरीक्षण प्रपत्र (Observation Schedule) के माध्यम से किया जाता है। इस कार्य के लिए वीडियो टेप या टेप रिकार्डर की भी सहायता ली जा सकती है।

13. उचित परिस्थितियों का आयोजन इसमें शिक्षण कौशल का अभ्यास करने हेतु जरूरी सुविधाएं जुटाने तथा उचित परिस्थितियों के सृजन करने का प्रबन्ध किया जाता है। NCERT ने निम्न प्रारूप सुझाया है

(i) सूक्ष्म पाठ की अवधि6 मिनट
(ii) सूक्ष्म शिक्षण चक्र की अवधि36 मिनट
(iii) छात्रों की संख्या5 से 10 तक
(iv) छात्र-सहपाठी छात्राध्यापक
(v) पर्यवेक्षणकर्ताशिक्षण प्रशिक्षण और सहपाठी छात्राध्यापक

पुनः योजना सत्र (Re-plan session) : 12 मिनट
पुनः अध्यापन सत्र (Re-teach session) : 6 मिनट
पुनः पृष्ठपोषण सत्र (Re-feedback Session) : 6 मिनट
इस अवधि का विभाजन निम्न प्रकार से है

शिक्षण सत्र (Teaching Session) : 6 मिनट

पृष्ठपोषण सत्र (Feed-back session) : 6 मिनट

कुल समय : 36 मिनट

सूक्ष्म शिक्षण योजना का मुख्य उद्देश्य उन समस्त विशिष्ट कौशलों को विकसित करना है जिसे एक अध्यापक को अपनी शिक्षण कला को निखारने में अनवरत आवश्यकता पड़ती है। इन्हें उचित रूप में विकसित करने हेतु पर्याप्त अभ्यास की जरूरत होती है। सूक्ष्म शिक्षण प्रक्रिया जिसकी विस्तृत जानकारी दी जा चुकी है, उसके आधार पर प्रशिक्षण कार्यक्रम का विधिवत आयोजन कर तथा विभिन्न शिक्षण-कौशलों से संबंधित सूक्ष्म शिक्षण पाठ योजनाएं तैयार कर उचित अभ्यास कराने से इस दिशा में वांछित सफलता प्राप्त की जा सकती है। आगे हम कुछ महत्वपूर्ण शिक्षण-कौशलों और उनमें निहित विशिष्ट शिक्षण-व्यवहारों की चर्चा करते हुए उनसे संबंधित सूक्ष्म शिक्षण अभ्यास कार्य की विस्तृत जानकारी लेने कोशिश करेंगे।

पाठ-प्रस्तावना कौशल

पाठ-प्रस्तावना कौशल का अर्थ है कि अध्यापक शब्दिक, अशाब्दिक (Verbal and Non-verbal) व्यवहारों तथा अन्य सहायक सामग्री का प्रयोग करते हुए प्रस्तुत पाठ को पढ़ने हेतु छात्रों को इसकी जरूरत अच्छी तरह महसूस करने का कौशल अर्जित करा दे।

कौशल घटक या तत्व

1. उचित प्रविधियों एवं तकनीकी का उपयोगशिक्षक को अपना पाठ सफल बनाने हेतु उचित प्रविधियों तथा तकनीकों का ज्ञान होना बहुत जरूरी है। उसको कहानी सुनाना, प्रश्न पूछना, व्याख्या करना, अभिनय करना, सहायक सामग्री का प्रयोग करना तथा प्रदर्शन करना आदि तकनीक व प्रविधियां काम में लानी चाहिए।

2. पूर्व अनुभवों का उपयोगपूर्व अनुभव नए अनुभवों को ग्रहण करने में मददगार साबित होते हैं। इसलिए छात्रों द्वारा ग्रहण किए हुए पूर्व ज्ञान और अनुभवों का उचित प्रकार उपयोग करने की जरूरत होती है। शिक्षक को इस कार्य में निपुणता प्राप्त करनी चाहिए।

3. क्रमबार बनाए रखनाक्रमबार बनाने हेतु पूछे जाने वाले प्रश्न एक-दूसरे से सम्बन्धित होने चाहिए। अन्य सभी क्रियाओं में तालमेल होना बहुत जरूरी है।

आरंभ से लेकर अन्त तक पाठ प्रस्तावना के सभी अंगों और क्रियाओं में क्रमवार होना चाहिए।

4. शाब्दिक तथा अशाब्दिक व्यवहार की सार्थकताशिक्षक को शाब्दिक तथा अशाब्दिक व्यवहार क्रियाओं की सार्थकता पर पूरा ध्यान देना चाहिए। शिक्षक को इसके लिए, पूर्व ज्ञान की परीक्षा करना, अनुभवों का उपयोग करना, उद्देश्यों की घोषणा करना, तथा पढ़ने की जरूरत अनुभव कराना आदि कार्यों पर ध्यान देना चाहिए।

निरीक्षण अनुसूची एवं रेटिंग स्केल का प्रारूप

अध्यापक........................ दिनांक.......................

कक्षा........................ उप विषय.......................

सत्र........................ अवधि ....

निरीक्षक........................

व्यवहार घटक	रेटिंग स्केल						
	न्यूनतम						अधिकतम
1. अध्यापक में छात्रों को अभि-प्रेरित करने की क्षमता है।	0	1	2	3	4	5	6
2. उपयुक्त साधनों का प्रयोग किया गया	0	1	2	3	4	5	6
3. ध्यान एवं रुचि का पैदा किया जाना	0	1	2	3	4	5	6
4. पाठ प्रस्तावना सम्बन्धी समग्र प्रभाव	0	1	2	3	4	5	6
5. प्रश्नों/विचारों/कथनों में क्रमबद्धता	0	1	2	3	4	5	6
6. प्रश्नों/कथनों का उद्देश्यों से सम्बन्ध	0	1	2	3	4	5	6
7. छात्रों के पूर्व ज्ञान से सम्बन्ध सुझाव	0	1	2	3	4	5	6

निरीक्षक के हस्ताक्षर

निर्देशसात बिन्दु वाली मापनी (Seven Point Scale) के रूप में इस कौशल (Skill) को प्रस्तुत किया गया है। शिक्षण कौशल में सूक्ष्म पाठ जिस सीमा

तक पाया गया है उस अंक पर घेरा लगाना चाहिए। किसी भी कौशल का मूल्यांकन करने के लिए इन सात बिन्दुओं को ध्यान में रखना चाहिए। इस सात बिन्दु मापनी पर अंक 0 कौशल के न्यूनतम प्रभावशाली उपयोग और अंक 6 कौशल के अधिकतम प्रभावशाली उपयोग को दर्शाता है। सभी कौशल के मूल्यांकन में इसी पद्धति को अपनाया जाता है।

उद्दीपन विविधता कौशल

शिक्षक छात्रों के ध्यान (Attention) को आकर्षित करने तथा पाठ में लगाए रखने हेतु अपने व्यवहारों में बदलाव लाता है। जैसेवह कभी अपनी जगह से चलकर श्यामपट के निकट आता है, कभी छात्रों से सवाल पूछता है, कभी छात्रों के सवालों का उत्तर देता है, कभी चित्र या वस्तु दिखाता है और फिर उसका स्पष्टीकरण देता है। इस कौशल को उद्दीपन परिवर्तन कहा जाता है।

कौशल के घटक

1. विराम
2. मौखिक दृश्य का बदलाव
3. अन्तःक्रिया में परिवर्तन
4. वाक परिवर्तन
5. केन्द्रीकरण
6. हाव-भाव
7. संचालन

1. विराम विराम से अभिप्राय ऐसे मौन से है जो शिक्षक बोलते-बोलते रुक जाए ताकि छात्रों का ध्यान उसकी तरफ आकर्षित हो। यदि छात्रों को शिक्षक कहने या पूछने का अवसर न दें और अध्यापक स्वयं ही बोलता रहे तो पाठ नीरस हो जाता है। अतः मौन-विराम का प्रयोग ध्यान आकर्षण के लिए किया जाता है।

2. मौखिक दृश्य परिवर्तन अध्यापक पाठ पढ़ाते हुए मौखिक विवरण के साथ-साथ कभी चित्र दिखाकर या श्यामपट पर रेखा चित्र बनाकर या लिखकर समझाता है, कभी बोलता-बोलता माडल दिखाता है, कभी चित्र दिखाते हुए वह व्याख्या देने लगता है। इन सभी क्रियाओं को मौखिक दृश्य परिवर्तन कहते हैं।

3. अन्तःक्रिया में बदलाव शिक्षक वर्ग में ऐसा वातावरण उत्पन्न करता है कि पाठ में सभी का सहयोग प्राप्त हो। छात्र संभागिता को अन्तःक्रिया बदलाव से

प्रोत्साहन मिलता है। अध्यापक अन्तःक्रिया बदलाव का उपयोग करके अपने शिक्षण को प्रभावशाली बना सकता है।

4. वाक बदलाव आवाज के उतार-चढ़ाव करने या उसमें बदलाव करके कई भावों को छात्रों को समझाया जा सकता है। अध्यापक की आवाज भी कई तरह की हो सकती है। जैसेऊंची आवाज, तेज तीव्र गति, किसी शब्द पर दबाव डालकर बोलना आदि विभिन्न स्थितियों एवं भावों को स्पष्ट करते हैं।

5. केन्द्रीकरणइसका प्रयोग उस स्थिति में किया जाता है जब छात्रों का ध्यान करें पाठ के किसी विशिष्ट बिन्दु पर केन्द्रित करना हो। जैसेशिक्षक कहता है, "इधर ध्यान दो" या "इस चित्र को देखो", चित्र पर निश्चित बिन्दु पर इशारा करके छात्रों का ध्यान केन्द्रित किया जाता है।

6. हाव-भाव अध्यापक को अपने हाव-भाव तथा स्वर में उतार-चढ़ाव लाते रहना चाहिए। पाठ पढ़ाते समय पाठ्य-वस्तु के अनुसार हाव-भाव करने चाहिए।

7. संचालन अध्यापक को वर्ग में पढ़ाते समय किसी निश्चित स्थान पर देर तक रुकना नहीं चाहिए। अध्यापक को कक्षा में गतिमान रहते हुए अपना शिक्षण कार्य संचालित करते रहना चाहिए। कक्षा में यदि शिक्षक जरूरतानुसार अपनी जगह बदलता है, हाथ-पैर हिलाता है तो छात्रों का ध्यान उसकी ओर लगा रहता है।

उद्दीपन-बदलाव कौशल की निरीक्षण अनुसूची

छात्राध्यापक का ब्योरा :
शिक्षण का ब्योरा :
निरीक्षक का नाम :

इसका प्रयोग शिक्षण तथा पुनः शिक्षण में होता है।

व्यवहार घटक	रेटिंग स्केल						
	न्यूनतम				अधिकतम		
1. शिक्षक ने मौखिक दृश्य में परिवर्तन किया।	0	1	2	3	4	5	6
2. शिक्षक द्वारा मौन विराम का प्रयोग किया गया।	0	1	2	3	4	5	6
3. शिक्षण में समुचित हाव-भाव प्रयोग किया गया।	0	1	2	3	4	5	6
4. छात्र-शिक्षक अन्तःक्रिया में बदलाव लाया गया।	0	1	2	3	4	5	6

5. शिक्षक ने अपने स्वर में उतार-चढ़ाव लाया।	0	1	2	3	4	5	6
6. शिक्षण में शिक्षक ने शरीर संचालन किया।	0	1	2	3	4	5	6
7. भाव केन्द्रीकरण की प्रक्रिया की गई।	0	1	2	3	4	5	6

उद्दीपन परिवर्तन कौशल के अभ्यास के लिए आदर्श सूक्ष्म पाठ-भोजन अध्यापक/अध्यापिका का नाम... कला...अवधि 5 मिनट...दिनांक...सत्र...

छात्राध्यापिका क्रियाएं	छात्र क्रियाएं
बच्चो पिछले कालांश में आपने सूर के पदों का अध्ययन किया था। उन्हीं के आधार पर आज हम सूर की काव्यगत विशेषताओं का अध्ययन करेंगे।	छात्र ध्यान से सुनते हैं।
(श्यामपट्ट के समीप जाकर उपविषय लिखती है) एक चार्ट पर चार्ट पर लिखी पंक्तियां दिखाते हुए तथा पंक्ति पढ़कर ''मैया मोरी कबहुं बढ़ेगी चोटी''	अवलोकन छात्र देखते हैं और सुनते हैं ''मैया मोरी मैं नहिं माखन खायो''
(सारी कक्षा से) बच्चों वह पद किसके द्वारा लिखा गया है? (मौन) प्रभातुम बताओ	
सीता सेसूर द्वारा रचित कोई अन्य पद बताओ (छा. आ. गीता द्वारा बताई गई को श्यामपट्ट पर खिलती है।)	
सारी कक्षा सेसूर ने अपनी रचनाओं में मुख्य रूप से किसका वर्णन किया है)	श्री कृष्ण का
शीना अब तुम बताओ सूरदास ने श्रीकृष्ण के किस रूप का अत्यंत सुंदर चित्रण किया है?	बाल रूप का

छात्राध्यापिका (श्री कृष्ण का मक्खन खाते हुए चित्र दिखाते हुए) बच्चो सूरदास जी ने अपने पदों में श्रीकृष्ण की बाललीला का इतना सुंदर वर्णन किया है जिसे पढ़ते ही हमारे सम्मुख वह चित्र सजीव हो उठता है। (हाथों को घुमाते हुए) ऐसा लगता है मानो श्रीकृष्ण हमारे सामने बाललीला कर रहे हैं।	छात्र चित्र देखते हैं और को ध्यान से सुनते हैं।
अच्छा श्रीकृष्ण की बाललीला का कोई अन्य पद सुनाओ (गीता से श्यामपट्ट पर पद लिखती है)	एक छात्रा पर सुनाती है ''मैया मोहि दाऊ बहुत खिझायौ''
बच्चो बताओ बाललीला के पदों में किस रस का वर्णन किया गया है।	वात्सल्य रस का
शाबाश, अच्छा। यह बताओ सूरदास ने अपनी रचना में किस भाषा का प्रयोग किया है? (मौन-विराम) छा. अ. कथनसूरदास ने ब्रजभाषा में काव्य-रचना की है।	ध्यान से सुनते हैं।

पुनर्वलन क्रिया

पुनर्वलन मनोवैज्ञानिक सिद्धान्त पर आधारित है। सूक्ष्म-शिक्षण विधि को आकर्षक बनाने में पुनर्वलन की भूमिका महत्वपूर्ण होती है। यह विद्यार्थियों की अनुक्रियाओं को प्रोत्साहित करती है।

पुनर्वलन के भेद

पुनर्वलन के निम्न दो प्रकार हैं(1) सकारात्मक पुनर्वलन एवं (2) नकारात्मक पुनर्वलन।

1. सकारात्मक पुनर्वलन इसके द्वारा छात्रों में वांछित व्यवहार को प्रबल बनाया जाता है। जैसेइनमें अध्यापक को 'अच्छा' 'शाबाश' 'हां-हां ठीक है' अदि कहना या उत्तर ठीक होने पर मुस्कराना, सिर हिलाना, या हाथ के संकेत आदि आते हैं। इससे छात्र उत्साहित होकर प्रश्नों का उत्तर देते हैं।

2. नकारात्मक पुनर्वंलन इससे विद्यार्थियों के उच्च-शृंखला अथवा गलत व्यवहार को दूर करने का प्रयास किया जाता है। इसमें अध्यापक का वह व्यवहार आता है जिससे छात्रों को गलत व्यवहार से रोकना अभीष्ट है। जैसेगलत उत्तर आने पर अध्यापक 'नहीं' 'ऐसा नहीं है' कहना 'उं हूं' नकारात्मक सिर हिलाना, हाथ से बैठ जाने का इशारा आदि इसी श्रेणी में आते हैं।

कौशल घटक

1. नकारात्मक अशाब्दिक संकेतों का प्रयोग
2. छात्रों की भावनाओं को स्वीकार करना।
3. हाव-भाव और अन्य अशाब्दिक संकेतों का प्रयोग।
4. प्रशंसात्मक कथनों का प्रयोग।
5. निरुत्साहित करने वाले शब्दों का प्रयोग।
6. छात्र के सुझावों का समर्थन।
7. पुनर्बलन का अत्यधिक प्रयोग।
8. नकारात्मक शाब्दिक कथनों का प्रयोग।
9. छात्र के सही उत्तरों को श्यामपट पर लिखना।

निरीक्षण अनुसूचीयुक्त रेटिंग स्केल का प्रारूप

	व्यवहार घटक	रेटिंग स्केल						
		न्यूनतम						अधिकतम
1.	निरुत्साहित करने वाले शब्दों का प्रयोग किया गया।	0	1	2	3	4	5	6
2.	विद्यार्थियों के सुझावों का समर्थन किया गया।	0	1	2	3	4	5	6
3.	पुनर्वलन का अत्यधिक प्रयोग किया गया।	0	1	2	3	4	5	6
4.	नकारात्मक शाब्दिक कथनों का प्रयोग किया।	0	1	2	3	4	5	6
5.	विद्यार्थियों के सही उत्तरों को श्यामपट पर लिखा गया।	0	1	2	3	4	5	6

6.	नकारात्मक अशाब्दिक संकेतों का प्रयोग किया।	0	1	2	3	4	5	6
7.	विद्यार्थियों की भावनाओं को स्वीकार किया गया।	0	1	2	3	4	5	6
8.	हाव-भाव व अन्य अशाब्दिक संकेतों का प्रयोग किया गया।	0	1	2	3	4	5	6
9.	प्रशंसात्मक शब्दों का प्रयोग किया गया।	0	1	2	3	4	5	6

खोज-पूर्ण प्रश्न कौशल

इस पद्धति में अध्यापक में प्रश्न और उससे जुड़े प्रतिप्रश्न पूछने की कला को परखा जाता है। इस पद्धति में देखा जाता है कि अध्यापक छात्र को अभिप्रेरित कर सकता है या नहीं, छात्रों के अन्दर पढ़ाई के प्रति दिलचस्पी पैदा कर सकता है या नहीं और छात्रों की जानकारी को अद्यतन जानकारी में बदल सकता है या नहीं। जब कोई छात्र उत्तर नहीं देता अथवा अपूर्ण और गलत उत्तर देता है तो उसे उत्तर देने हेतु प्रेरित करने में ऐसे प्रश्न सहारा देते हैं। इन्हें ही खोज-पूर्ण प्रश्न (Probing Questions) कहते हैं।

कौशल घटक

1. पुनः केन्द्रणजब छात्र सही उत्तर देता है तब शिक्षक पूर्व घटित या पढ़ी हुई स्थिति का उदाहरण लेकर छात्र का ध्यान उस पर पुनः केन्द्रित करता है इस प्रकार शिक्षक छात्र के इस ज्ञान को अन्य विषयों से भी जोड़ने का प्रयास करता है।

2. समीक्षात्मक अभिज्ञता वृद्धिसही उत्तर पाने पर भी जब शिक्षक “क्यों” और “कैसे” जैसे प्रश्न पूछता है और उत्तर की सार्थकता की विवरण करने को कहता है, इस से छात्रों की समीक्षात्मक अभिज्ञता की वृद्धि कहलाती है।

3. अनुबोधन क्रियाजब उत्तर देने में छात्र कतराता है या आधा उत्तर देकर रुक जाता है या नकारात्मक (Negative) उत्तर देता है। जैसेमुझे नहीं आता या उत्तर देते हुए हिचकिचाए तो शिक्षक इशारा देकर छात्र को ठीक उत्तर हेतु प्रोत्साहित करता हैं। शिक्षक छात्र को निरुत्साहित नहीं करता और इस क्रिया का उपयोग करता हैं।

4. पुनःनिर्देशनअध्यापक एक ही प्रश्न को कई छात्रों से पूछता है। इसे पुनःनिर्देशन कहते हैं।

5. अधिक सूचना प्राप्तिजब छात्र अधूरा उत्तर देते हैं तो शिक्षक ज्यादा सूचना प्राप्त करने का प्रयत्न करता है। जैसेकुछ और बताओ, दूसरे शब्दों में कहो और स्पष्ट करो आदि। इस प्रक्रिया का मदद लेकर उसका उत्तर पूर्ण कराता है।

निरीक्षण अनुसूची एपं रेटिंग स्केल का प्रारूप

अध्यापक........................ दिनांक........................
कक्षा........................ उप-विषय........................
सत्र........................ अवधि........................
निरीक्षक........................

व्यवहार घटक	रेटिंग स्केल न्यूनतम					अधिकतम
1. समीक्षात्मक अभिज्ञता वृद्धि का प्रयास किया गया।	0	1	2	3	4	5 6
2. पुनः केन्द्रीयकरण के लिए प्रश्न पूछे गए	0	1	2	3	4	5 6
3. प्रश्नों का पुनःनिर्देशन किया गया।	0	1	2	3	4	5 6
5. अध्यापक द्वारा संकेतात्मक प्रश्न पूछे गए।	0	1	2	3	4	5 6
4. अधिक सूचना प्राप्ति के लिए प्रश्न पूछे गए।	0	1	2	3	4	5 6

व्याख्यान कौशल

अध्यापक अपने शिक्षण में सबसे अधिक अपने विचारों एवं प्रत्ययों (Concepts) को व्याख्यान द्वारा छात्रों तक पहुंचाता है। इस विधि में अवगुण भी ज्यादा हैं, किन्तु फिर भी इसी का प्रयोग ज्यादा किया जाता है। इसे व्याख्यान कहते हैं। इसका प्रयोग करने के लिए कई तत्वों का प्रयोग किया जाता है।

व्याख्यान कौशल के विविध घटक

1. दृश्य-श्रव्य सामग्री का प्रयोग।
2. रुचिकर युक्तियों का प्रयोग।
3. व्याख्यान समापन।
4. अन्तःक्रिया (Interaction) में परिवर्तन
5. शिक्षण बिन्दुओं को दोहराना।
6. पाठ गति का औचित्य।
7. बोलने की सहजता।
8. व्याख्यान शुरू करने का कौशल।
9. भाषा सहज एवं सुबोध होना।

व्याख्यान कौशल की निरीक्षण अनुसूची तथा रेटिंग स्केल का प्रारूप

	व्यवहार घटक	रेटिंग स्केल						
		न्यूनतम						अधिकतम
1.	व्याख्यान ठीक ढंग से समाप्त किया गया।	0	1	2	3	4	5	6
2.	अन्तःक्रिया में परिवर्तन किया गया।	0	1	2	3	4	5	6
3.	शिक्षण बिन्दुओं को दोहराया गया।	0	1	2	3	4	5	6
4.	पाठ गति का औचित्य होना।	0	1	2	3	4	5	6
5.	दृश्य-श्रव्य सामग्री का प्रयोग ठीक किया गया	0	1	2	3	4	5	6
6.	रुचिकर युक्तियों का प्रयोग।	0	1	2	3	4	5	6
7.	बोलने की सहजता।	0	1	2	3	4	5	6
8.	भाषा सहज एवं सुबोध होना।	0	1	2	3	4	5	6
9.	व्याख्या शुरू करने का कौशल।	0	1	2	3	4	5	6

वाद-विवाद कौशल

इस पद्धति में अध्यापक विद्यार्थियों के सामने कोई प्रश्न रखता है एवं सभी विद्यार्थी एक-एक कर उन प्रश्नों के जवाब देते हैं। शिक्षक इन सभी जवाबों में से

सर्वाधिक उपयुक्त जवाब देने वाले विद्यार्थी का जवाब चयनित करता है। बाद में शिक्षक त्रुटिपूर्ण उत्तर का संतोषजनक उत्तर देता है। कहने का अभिप्राय यह है कि इस वाद-विवाद में छात्रों के एक दूसरे के नीचे अपना विचार रखने की आत्मशक्ति को बढ़ावा मिलता है।

कौशल घटक

इस कौशल में काम आने वाले निम्न कौशल भी हैं

1. पुनर्बलन
2. दूसरों के विचारों का आदर करना
3. छात्र संभागिता में वृद्धि
4. मौन एवं अशाब्दिक संकेत
5. उद्दीपन परिवर्तन
6. प्रश्न पूछना
7. विन्यास प्रेरणा (वातावरण निर्माण)

वाद-विवाद कौशल का निरीक्षण अनुसूची तथा रेटिंग स्केल का प्रारूप

	व्यवहार घटक	**रेटिंग स्केल**						
		न्यूनतम						**अधिकतम**
1.	शिक्षक द्वारा पुनर्बलन का प्रयोग ठीक ढंग से किया गया।	0	1	2	3	4	5	6
2.	अध्यापक ने दूसरे के विचारों का आदर किया।	0	1	2	3	4	5	6
3.	अध्यापक ने छात्र-संभागिता में वृद्धि उपयुक्त ढंग से की।	0	1	2	3	4	5	6
4.	शिक्षक ने अशाब्दिक संकेतों का प्रयोग किया।	0	1	2	3	4	5	6
5.	शिक्षक द्वारा उद्दीपन परिवर्तन किए गए।	0	1	2	3	4	5	6
6.	प्रश्न पूछे गए।	0	1	2	3	4	5	6
7.	उचित वातावरण का निर्माण किया गया।	0	1	2	3	4	5	6

प्रदर्शन कौशल

प्रदर्शन कौशल में अध्यापक विद्यार्थियों को प्रयोग के बारे में शिक्षा देता है। अध्यापक विद्यार्थियों को लेबोरेट्री में गैस निर्माण विधि और रात-दिन होने की प्रक्रिया के बारे में बताता है। वायुमण्डल का सबसे निचला परत कौन है। मेढ़क किस अंग के सहारे सांस लेते है। एक लोहे का बना ठोस वस्तु पानी में डूब जाता है मगर वही जहाज पानी में नहीं डूबता इत्यादि।

कौशल घटक

ये घटक निम्नलिखित हैं

1. विषय वस्तु से सम्बद्धता
2. प्रयोग सम्बन्धी वस्तुओं और सामग्री का उपयोग
3. प्रदर्शन की उपयुक्तता
4. छात्र संभागिता
5. प्रदर्शन दृष्टिगोचर
6. निष्कर्ष क्षमता
7. कार्य व कारण से सम्बन्ध स्थापित करना

निरीक्षण अनुसूचीयुक्त रेटिंग स्केल का प्रारूप

व्यवहार घटक	रेटिंग स्केल						
	न्यूनतम						अधिकतम
1. अध्यापक कार्य और कारण से सम्बन्ध स्थापित करने में सफल रहा।	0	1	2	3	4	5	6
2. अध्यापक ने प्रदर्शन के बाद परिणाम निकालने की क्षमता का भी प्रदर्शन किया।	0	1	2	3	4	5	6
3. अध्यापक ने छात्र-संभागिता को बढ़ाने का प्रयत्न किया।	0	1	2	3	4	5	6
4. प्रदर्शन सभी छात्रों को दिखाई दे रहा था।	0	1	2	3	4	5	6
5. अध्यापक द्वारा प्रदर्शन उपयुक्त ढंग से किया गया।	0	1	2	3	4	5	6

6. प्रयोग सम्बन्धी वस्तुओं और सामग्री का प्रयोग किया गया।	0	1	2	3	4	5	6
7. अध्यापक ने विषय वस्तु से सम्बन्धित प्रदर्शन किया।	0	1	2	3	4	5	6

दृष्टांत कौशल

शिक्षक के समक्ष कई बार शिक्षण के दौरान ऐसी परिस्थितियां आती हैं कि वह सिद्धान्तों, नियमों या प्रत्ययों को अपने व्याख्यान से स्पष्ट नहीं कर पाता। उस स्थिति में शिक्षक अपने शिक्षण को उदाहरण देकर शुरू कर सकता है। इसे दृष्टान्त कौशल का नाम दिया जाता है।

कौशल घटक

इसके मुख्य व्यवहार घटक निम्नलिखित हैं

1. आगमन-निगमन उपागम का निर्माण
2. उदाहरण देने के लिए उचित माध्यम का उपयोग
3. रोचक उदाहरणों का निर्माण
4. सरल उदाहरणों का निर्माण
5. सार्थक उदाहरणों का निर्माण

1. आगमन-निगमन उपागम का प्रयोग कुछ बातें आगम विधि के सहारे भली प्रकार समझाई जा सकती हैं और कुछ निगमन विधि से। अध्यापक उचित विधि का उपयोग करें। दोनों का एक साथ भी उपयोग किया जा सकता है। निगमन उपागम का अर्थ है कि स्थापित सिद्धान्तों को प्रयोग में लाना। आगमन उपागम का अर्थ है कि किसी संप्रत्यय को समझना और सिद्धान्त आदि की स्थापना करना।

2. उचित माध्यम का उपयोग इन उदाहरणों को उचित एवं अधिक प्रभावशाली माध्यम शाब्दिक अथवा अशाब्दिक के द्वारा प्रस्तुत किया जाना चाहिए। इससे इनका प्रभाव अधिक एवं स्थायी होता है। जैसेकहानी, चुटकले, मुहावरे और नमूने, मॉडल, मानचित्र आदि का प्रयोग।

3. रोचक उदाहरणों का निर्माण ऐसे उदाहरण जो छात्रों की जिज्ञासा और अभिरुचि को जाग्रत करें जिनमें मनोरंजन भी हो तो वे अधिक सफल हो सकते हैं।

4. सरल उदाहरणों का निर्माण प्रयोग किए जाने वाले उदाहरणों का स्वरूप सरल होना चाहिए।

5. सार्थक उदाहरणों का निर्माण पाठ्य-पुस्तक से जुड़े ऐसे उदाहरणों का जो विद्यार्थियों की उम्र, ज्ञान और अनुभव पर आधारित हो जिससे विद्यार्थियों को आसानी से पाठ समझ में आ जाय।

निरीक्षण अनुसूचीयुक्त रेटिंग स्केल का प्रारूप

व्यवहार घटक	**रेटिंग स्केल**						
	न्यूनतम						**अधिकतम**
1. निगमन उपागम का प्रयोग।	0	1	2	3	4	5	6
2. उदाहरणों की रोचकता।	0	1	2	3	4	5	6
3. आगमन उपागम का प्रयोग।	0	1	2	3	4	5	6
5. उदाहरणों की सार्थकता।	0	1	2	3	4	5	6
4. उदाहरणों की सरलता।	0	1	2	3	4	5	6

उदाहरण कौशल की सूक्ष्म पाठ योजना

छात्राध्यापक अनुक्रमांक	कक्षा नवम
विषयहिंदी (रचना)	अवधि-6 मि.
प्रकरणवन्यप्राणी संरक्षण	सत्र-शिक्षण
	दिनांक

छात्राध्यापक क्रियाएं	**छात्र क्रियाएं**
अध्यापक कक्षा को एक चित्र दिखाता है	(बच्चे ध्यानपूर्वक चित्र देखते हैं।)
जिसमें लकड़ी के लट्ठे खींचते हुए दो हाथी तथा एक आदमी खड़ा हुआ चित्रित है।	
अध्यापक चित्र दिखाकर निम्न प्रश्न पूछता है	बच्चे प्रश्नों का उत्तर देते है
यह हाथी क्या कर रहा है?	लकड़ी के लट्ठे को खींच रहा है।
दूसरा हाथी क्या कर रहा है।	लकड़ी के लट्ठे को सूंड से ऊपर उठा रहा है।

क्या यह आदमी लकड़ी के लट्ठे उठा सकता है।	नहीं
(दूसरा चित्र दिखाते हुए जिसमें कपड़ों की भारी पोटली लादे गधा व एक बालक दिखाए गए हैं)	(बच्चे उत्सुकतापूर्वक चित्र देखते हैं)
यह बालक इस बड़े गट्ठर को अपनी पीठ पर लेकर जा सकता है?	नहीं
इस बालक के लिए यह गधा क्या कर रहा है?	सहायता या मदद
और वे हाथी उस आदमी की क्या कर रहे थे?	सहायता
तीसरा चित्र जिसमें एक ऊंट एक गाड़ी को खींच रहा है उस पर कुछ लोग बैठे हैं	
यह ऊंट क्या कर रहा है?	गाड़ी खींच रहा है।
इस पर कितने लोग बैठे हैं?	सात लोग
यह ऊंट इन लोगों की क्या कर रहा है?	मदद
अध्यापक स्पष्ट करेगाबच्चो इस तरह हमने देखा कि ये जानवर मनुष्य की मदद करते करते हैं। उनमें मनुष्य से ज्यादा शक्ति होती है और इस तरह से हम अपने कार्यों के लिए उनकी शक्ति का उपयोगी करते हैं। जब पशु हमारे लिए इतना उपयोगी प्राणी है तो हमें उनके प्रति प्रेम और दया का भाव रखना चाहिए। जानवरों को मारना नहीं चाहिए बल्कि उनका संरक्षण करना चाहिए।	बच्चे ध्यानपूर्वक सुनते हैं।

दृष्टांत कौशल का सूक्ष्म शिक्षण पाठों के द्वारा अभ्यास कराने के दौरान निरीक्षण निरीक्षण हेतु जो अनुसूची काम में लाई जा सकती है उसका प्रारूप कुछ निम्न प्रकार का हो सकता है।

व्याख्या कौशल

व्याख्या कौशल से अभिप्राय शिक्षक को विषय-वस्तु सम्बन्धित बातों की जानकारी होनी चाहिए ताकि छात्रों को क्रमबद्ध और सार्थक उदाहरण देकर समझा सके।

कौशल घटक

इसके मुख्य व्यवहार घटक निम्नलिखित हैं

1. निष्कर्षात्मक कथन स्पष्ट करना।
2. उपयुक्त प्रारम्भिक कथनों का प्रयोग।
3. छात्रों की समझ के परीक्षण के लिए बीच-बीच में प्रश्न पूछना।
4. कथनों को आपस में जोड़ने वाले शब्दों अथवा मुहावरों का प्रयोग।
5. असम्बद्ध कथनों की अनुपस्थिति।
6. कथनों में तारतम्य होना।
7. उपयुक्त शब्दों का प्रयोग।
8. भाषा में प्रवाह होना।

निरीक्षण अनुसूचीयुक्त रेटिंग स्केल का प्रारूप

व्यवहार घटक	**रेटिंग स्केल**						
	न्यूनतम						**अधिकतम**
हां/नहीं							
1. छात्रों की समझ के परीक्षण के लिए बीच-बीच में प्रश्न पूछे गए थे।	0	1	2	3	4	5	6
2. कथनों को आपस में जोड़ने वाले शब्दों अथवा मुहावरों का प्रयोग किया गया था।	0	1	2	3	4	5	6
3. शिक्षण में असम्बद्ध कथनों की अनुपस्थिति थी।	0	1	2	3	4	5	6
4. कथनों में निरन्तरता रखी गई।	0	1	2	3	4	5	6
5. कथनों में उपयुक्त शब्दों का प्रयोग किया गया।	0	1	2	3	4	5	6
6. भाषा में प्रवाह था।	0	1	2	3	4	5	6
7. निष्कर्षात्मक कथन स्पष्ट किए गए।	0	1	2	3	4	5	6
8. उपयुक्त प्रारम्भिक कथनों का स्पष्टता से प्रयोग किया गया।	0	1	2	3	4	5	6

व्याख्या कौशल के अभ्यास के लिए आदर्श सूक्ष्म पाठ-योजना

छात्राध्यापक का अनुक्रमांक कक्षानवम

विषय हिन्दी अवधि6 मि.

उपविषय''सूर की काव्यागत विशेषताएं'' सत्रशिक्षण

छात्राध्यापक बच्चों कल हमने सूरदास जी द्वारा रचित दो पदों का अध्ययन किया था आज हम इन्हीं के आधार पर सूरदास जी की काव्यगत विशेषताओं का अध्ययन करेंगे।

सूरदास जी की प्रमुख रचना 'सूरसागर' है जो 12 स्कंधों में विभक्त है और इन 12 स्कंधों में कुल 4032 पद हैं। उनकी दूसरी रचना 'साहित्यलहरी' मानी जाती है।

हिंदी शिक्षण239

सूरदास जी भारतीय काव्य जगत के एक मूर्धन्य कवि हैं। यूँ तो इनकी कई प्रमुख रचनाएं हैं लेकिन सूरसागर के रूप में सिर्फ एक रचना ने इनको अमर कर दिया है। सूरदास जी ने अपनी रचनाओं में भगवान श्री कृष्ण की बाल लीलाओं का इतना मनोहारी वर्णन किया है कि प्रतीत होता है भगवान श्री कृष्ण साक्षात हमारी आँखों के समक्ष बाल सुलभ क्रीड़ाएं कर रहे हैं। ये पद वात्सल्य रस के अनुपम उदाहरण हैं। इसके अतिरिक्त श्रृंगार रस का चित्रण भी सूर ने अपनी रचनाओं में किया है। उनके द्वारा किया गया गोपी विरह का वर्णन वियोग श्रृंगार का अतुलनीय उदाहरण है।

सूर ने अपनी रचनाओं में ब्रजभाषा का प्रयोग किया है। वैसे तो सूर की शैली जयदेव और विद्यापति की तरह गेय शैली है परंतु उनकी शैली काव्य और संगीत के अद्‌भुत समन्वय के कारण बड़ी ही निराली है।

इस प्रकार हम देखते हैं कि सूर हिंदी साहित्यकारों के जगमगाते हुए नक्षत्र हैं।

अच्छा बच्चो अब मैं आपसे कुछ प्रश्न पूछूँगी, आप सोचकर उनके उत्तर देना।

छात्राध्यापिका क्रियाएं	छात्र क्रियाएं
1. बच्चो सूरदास जी की रचनाओं के नाम बताओ	सूरसागर, सूर लहरी
2. सूर ने अपनी रचनाओं में प्रमुख रूप से किसका वर्णन किया है।	श्रीकृष्ण का
3. सूर ने किस रस का सजीव चित्रण किया है?	वात्सल्य रस का
4. सूर ने किस भाषा में काव्य रचना की?	ब्रज भाषा में

5. सूर ने शृंगार रस के किस पक्ष का अत्यंत सफल चित्रण किया है। — वियोग शृंगार का

ब्लेक बोर्ड का कुशल प्रयोग

ब्लेक बोर्ड का शिक्षण कार्यों में अत्यधिक महतव है। ब्लेक बोर्ड के अभाव में शिक्षण प्रक्रिया पूरी नहीं होती है। यह अध्यापक का दाहिना हाथ कहलाता है। क्योंकि जब कोई छात्र कक्षा में अध्यापक की मौखिक बात को नहीं समझ पाता है तो उस परिस्थिति में अध्यापक श्यामपट पर लिखकर छात्रों को समझाता है। यह छात्रों के ध्यानाकर्षण का विकास कटता है। अतः अध्यापक को श्यामपट में स्पष्ट लिखने की कला होनी चाहिए ताकि छात्रों को समझने में कोई कठिनाई न हो।

श्यामपट कार्य में तीन बातों का विशेष ध्यान रखना चाहिए

1. लेख स्पष्ट हो व पढ़ा जा सके।
2. श्यामपट कार्य स्वच्छ व विधिवत हो।
3. यह कार्य उपयुक्त एवं पाठ से सम्बन्धित हो और पाठ विकास में सहायक हो।

कौशल घटक

1. वाक्यों को लाइन में लिखना।
2. अक्षरों की मोटाई व चौड़ाई।
3. अक्षरों का उचित आकार।
4. अक्षरों में उपयुक्त फासला।
5. श्यामपट कार्य का औचित्य।
6. श्यामपट कार्य में स्वच्छता।
7. लेख की स्पष्टता।
8. श्यामपट कार्य में संक्षिप्तता व स्पष्टता।
9. दो शब्दों के बीच समुचित स्थान होना।
10. साफ और स्पष्ट चित्र/रेखा चित्र बनाना।
11. रंगीन चाकों का उपयुक्त प्रयोग।
12. मुख्य शब्दों या बिन्दुओं का रेखांकन।
13. बिन्दुओं को निरन्तरता से लिखना।
14. अनावश्यक बातों को मिटाना।

श्यामपट प्रयोग कौशल का
निरीक्षण अनुसूचीयुक्त रेटिंग स्केल का प्रारूप

व्यवहार घटक	रेटिंग स्केल न्यूनतम						अधिकतम
1. श्यामपट कार्य में संक्षिप्तता व स्पष्टता थी।	0	1	2	3	4	5	6
2. दो शब्दों के बीच स्थान समुचित था।	0	1	2	3	4	5	6
3. चित्र/रेखा चित्र साफ और स्पष्ट बनाए गए।	0	1	2	3	4	5	6
4. रंगीन चाकों का ठीक प्रयोग किया गया।	0	1	2	3	4	5	6
5. मुख्य बिन्दुओं को रेखांकित किया गया।	0	1	2	3	4	5	6
6. सभी बिन्दुओं को निरन्तरता से लिखा गया।	0	1	2	3	4	5	6
7. अनावश्यक बातों को मिटा दिया गया था।	0	1	2	3	4	5	6
8. वाक्य सीधी लाईन में लिखे गए थे।	0	1	2	3	4	5	6
9. अक्षरों की मोटाई चौड़ाई उचित थी।	0	1	2	3	4	5	6
10. अक्षरों का आकार उचित था।	0	1	2	3	4	5	6
11. दो अक्षरों में उपयुक्त अन्तराल था।	0	1	2	3	4	5	6
12. श्यामपट कार्य का कक्षा में औचित्य था।	0	1	2	3	4	5	6
13. श्यामपट कार्य में स्वच्छता थी।	0	1	2	3	4	5	6
14. लेखष्ट लिखा गया।	0	1	2	3	4	5	6

कक्षा प्रबन्ध कौशल

एक उत्तम अध्यापक को वर्ग प्रबंधन की कला में भी माहिर होना चाहिए। क्योंकि इसके अभाव में वह सही कक्षा का आयोजन नहीं कर सकता। अतः शिक्षक को चाहिए कि पाठ शुरू करने से पहले कक्षा में छात्रों को कुछ सख्त निर्देष दें ताकि पढ़ाई के दौरान कोई छात्र शरारत न कर बैठे, किसी तरह का लड़ाई झगड़ा न करें या झगड़ा न करें।

कौशल घटक

1. सौहार्दपूर्ण वातावरण निर्माण
2. अवधान व्यवहार को प्रोत्साहित करना।
3. अनुशासनहीनता पर नियन्त्रण करना

4. वांछित व्यवहार का पुनर्बलन करना
5. विद्यार्थी-अध्यापक अन्तःक्रिया
6. निर्देशों की स्पष्टता
7. अधिगम रोचक बनाना
8. छात्रों को उद्देश्य प्राप्ति के लिए अभिप्रेरित करना
9. अधिगम प्रयोजन पूर्ण बनाना

कक्षा प्रबन्ध कौशल का निरीक्षण अनुसूचीयुक्त रेटिंग स्केल का प्रारूप

व्यवहार घटक	**रेटिंग स्केल**						
	न्यूनतम						**अधिकतम**
1. अवधान व्यवहार को प्रोत्साहन दिया गया।	0	1	2	3	4	5	6
2. सौहार्दपूर्ण वातावरण का निर्माण किया गया।	0	1	2	3	4	5	6
3. वांछित व्यवहारों को पुनर्बलन दिया गया।	0	1	2	3	4	5	6
4. अध्यापक अनुशासनहीनता पर नियन्त्रण पाने में सफल था।	0	1	2	3	4	5	6
5. निर्देश स्पष्ट रूप से दिए गए।	0	1	2	3	4	5	6
6. विद्यार्थी अध्यापक अन्तः क्रिया को प्रोत्साहित किया गया।	0	1	2	3	4	5	6
7. छात्रों को उद्देश्य प्राप्ति के लिए प्रोत्साहित किया गया।	0	1	2	3	4	5	6
8. अधिगम प्रयोजनपूर्ण बनाया गया।	0	1	2	3	4	5	6
9. अधिक रोचक बनाया गया।	0	1	2	3	4	5	6

छात्र संभागिता कौशल

इसके तहत विद्यार्थी को कक्षा में शिक्षक द्वारा पढ़ाते समय अपनी सभी इन्द्रियों को सक्रिय रखकर पाठ का ध्यानपूर्वक श्रवण करना चाहिए। वर्ग में लगातार मौजूद रहना चाहिए ताकि कोई आवश्यक पाठ अनुपस्थित रहने के दिन न पढ़ा दिया जाय। शिक्षक द्वारा कक्षा में पढ़ाये जा रहे पाठ को ध्यानपूर्वक सुनकर शिक्षक द्वारा पूछे गए सवालों का यथासम्भव उत्तर देने का प्रयास करें या उस पाठ के बारे में अपना विचार प्रस्तुत करें जो कक्षा में पढ़ाया जा रहा है। कक्षा के निर्देषों का सही पूर्वक पालन करें।

कौशल घटक

1. छात्रों द्वारा क्रियात्मक सहयोग प्रदान करना।
2. छात्र संभागिता प्रोत्साहन
3. अशाब्दिक पुनर्वलन का प्रयोग
4. शाब्दिक पुनर्वलन का प्रयोग
5. अनुशीलन प्रश्न पूछना
6. मौन विराम एवं अशाब्दिक संकेत
7. प्रश्न पूछना
8. मानसिक तैयारी

कौशल का निरीक्षण अनुसूचीयुक्त रेटिंग स्केल का प्रारूप

व्यवहार घटक	रेटिंग स्केल						
	न्यूनतम				अधिकतम		
1. छात्रों द्वारा क्रियात्मक सह-योग प्रदान किया गया।	0	1	2	3	4	5	6
2. छात्र संभागिता को प्रोत्साहन दिया गया।	0	1	2	3	4	5	6
3. अशाब्दिक पुनर्वलन का प्रयोग किया गया।	0	1	2	3	4	5	6
4. शाब्दिक पुनर्वलन का प्रयोग किया गया।	0	1	2	3	4	5	6
5. अनुशीलन प्रश्न पूछे गए।	0	1	2	3	4	5	6
6. मौन विराम एवं अशाब्दिक संकेत किए गए।	0	1	2	3	4	5	6
7. छात्रों से प्रश्न पूछे गए।	0	1	2	3	4	5	6
8. उचित परिस्थितियों में छात्रों की मानसिक तैयारी की गई।	0	1	2	3	4	5	6

शिक्षण कौशलों का एकीकरण

इससे अभिप्राय यह है कि शिक्षक को शिक्षण के दौरान कक्षा की परिस्थिति को देखते हुए जरूरत के अनुसार शिक्षण कौशलों का प्रयोग करना चाहिए। शिक्षक

को चाहिए की वह अपने योग्यताओं, क्षमताओं और आकर्षक वाकपटुता से कक्षा में छात्रों को अपनी ओर ध्यानाकर्षण करें। इससे शिक्षक कौशलों का एकीकरण सरलातापूर्वक हो जाता है।

एकीकरण की जरूरत

सूक्ष्म शिक्षण का सैद्धान्तिक आधार शिक्षण का व्यापक रूप है। इस सिद्धान्त के अनुसार शिक्षण कार्य को पहले बहुत सारे छोटे-छोटे शिक्षण कौशलों में बांट दिया जाता है और फिर इन कौशलों को अति सूक्ष्म शिक्षण व्यवहारों (Teaching Behaviours) में बांट दिया जाता है। इन सूक्ष्म शिक्षण व्यवहारों को अर्जित करके इन कौशलों में दक्षता प्राप्त की जाती है और एक सफल शिक्षक बना जा सकता है। कक्षा में अलग-अलग स्थितियों में इन शिक्षण कौशलों का उपयोग समन्वित ढंग से किया जाता है। यह जरूरी हो जाता है कि भिन्न-भिन्न अर्जित किए हुए शिक्षण कौशलों को एकीकृत या समन्वित करके एक पूर्ण शिक्षण कला के रूप में प्रयोग कराने का अभ्यास कराया जाता है। इन कौशलों को एकीकृत करने की प्रक्रिया द्वारा यह कार्य ठीक हो सकता है।

प्रयोजन

शिक्षण कौशल को एकीकृत करने का प्रयोजन निम्नवत् है

1. सूक्ष्म शिक्षण परिस्थितियों में किए हुए शिक्षण कौशल अभ्यास को वास्तविक शिक्षण परिस्थितियों में स्थानान्तरण (Transfer) करने में मदद देना।

2. किसी एक शिक्षण परिस्थिति और अनुदेशनात्मक उद्देश्यों के बारे में विभिन्न शिक्षण कौशलों को एकीकृत करने का अभ्यास कराना।

शिक्षण कौशल के एकीकरण की पद्धति

इन कौशलों को एकीकृत करने की निम्न दो विधियां अपनाई गई हैं

1. समग्र एकीकरण विधि
2. आंशिक एकीकरण विधि

समग्र एकीकरण पद्धति

इससे आशय है एक साथ सभी 10 शिक्षण कौशलों का पृथक्-पृथक् अभ्यास करता है और पृथक्-पृथक् प्रवीणता प्राप्त करता है। तो सभी कौशलों को समग्र रूप से एकीकृत करने के प्रशिक्षण के एक ऐसी पाठ योजना बनानी पड़ेगी जिसमें सभी

10 शिक्षण कौशलों को प्रयोग करने के लिए अवसर सम्मिलित किए गए हों। सूक्ष्म शिक्षण चक्र के सभी सोपानों (Steps) में से गुजरते हुए इस प्रकार से शिक्षण अभ्यास कराया जाएगा कि शिक्षक सभी अर्जित शिक्षण कौशलों का अपने शिक्षण कार्य में प्रयोग कर सकें और इस तरह के अभ्यास की तब तक पुनरावृत्ति की जाती रहेगी जब तक शिक्षक पूरी प्रवीणता अर्जित न कर लें।

अपने कार्य में दक्षता हासिल करने हेतु अध्यापक को निम्नांकित तथ्यों का स्मरण रखना चाहिए

1. शिक्षण कौशलों का प्रयोग कब और कहां करना है, इसके लिए उचित पाठ योजना तैयार करना और अभ्यास करना।
2. जो विषय वस्तु अभ्यास में लाई जाती है उसका पूरा ज्ञान होना चाहिए।
3. उपयुक्त परिस्थितियों और साधनों के विषय में जानकारी होनी चाहिए।
4. इस शिक्षण अभ्यास कार्य की पुनरावृत्ति तब तक करते रहना चाहिए जब तक कि सभी पूर्व अर्जित शिक्षण कौशलों का एकीकरण करने में दक्षता प्राप्त न हो जाए।
5. शिक्षण कौशलों का प्रयोग करने के अवसरों का पूर्ण अनुमान होना चाहिए।

आंशिक एकीकरण पद्धति

आंशिक एकीकरण प्रणाली में समस्त शिक्षण कौशल को एक साथ एकीकृत किया जाता है तदुपरान्त सभी शिक्षण कौशल में जरूरत के मुताबिक दक्षता प्राप्त की जाती है। आम तौर पर सूक्ष्म शिक्षण में जिस एक शिक्षण कौशल का अभ्यास करना होता है उसी से सम्बन्धित पाठ योजना बनाई जाती है और कौशल का अभ्यास सूक्ष्म शिक्षण के सभी सोपानों से गुजरते हुए निर्धारित 36 मिनट के समय में किया जाता है। अब अगले तीन या चार शिक्षण कौशलों को एक साथ लेना है तो इन सभी कौशलों के प्रयोग का अवसर देने वाली कुछ बड़ी पाठ योजना बनानी होगी, परन्तु निर्धारित समय की मात्रा उतनी ही गुनी अधिक हो जाएगी जितने कौशलों को एकीकृत करने का प्रयास हम एक साथ करना चाहेंगे। सूक्ष्म शिक्षण चक्रों की पुनरावृत्ति भी उसी तरह अब तक होती रहेगी जब तक कि तीन या चार शिक्षण कौशलों को एकीकृत कर शिक्षण कार्य के प्रयोग करने की कला में दक्षता प्राप्त न हो जाए।

द्वितीय चरण में पहले चरण में लिए गए तीन या चार शिक्षण कौशलों के अतिरिक्त किन्हीं अन्य तीन या चार शिक्षण कौशलों को एकीकृत करके प्रयोग में

लाने का प्रशिक्षण प्रदान किया जाता है और इस प्रकार आंशिक रूप में शनैः-शनैः सभी अर्जित शिक्षण कौशलों को एकीकृत करके प्रयोग में लाने का अभ्यास कराया जा सकता है।

दीर्घ उत्तरीय प्रश्न

1. सूक्ष्म शिक्षण क्या है? इसके प्रमुख विशेषताओं की चर्चा करें।
2. सूक्ष्म शिक्षण के प्रमुख सोपान की चर्चा करें।
3. पाठ-प्रस्तावना कौशल क्या है? इसके विविध घटकों का वर्णन करें।

लघु उत्तरीय प्रश्न

1. सूक्ष्म शिक्षण का अर्थ स्पष्ट करते हुए इसे पारिभाषित करें।
2. खोज पूर्ण प्रश्न कौशल क्या हैं?
3. व्याख्यान कौशल क्या हैं? इसके विविध घटकों की चर्चा करें।

वस्तुनिष्ठ प्रश्न

1. वह विश्वविद्यालय जिसे सर्वप्रथम सूक्ष्म शिक्षण की स्थापना का श्रेय जाता है

(क) हार्वर्ड (ख) पेंसिलवेनिया

(ग) आक्सफोर्ड (घ) स्टेनफोर्ड

2. सूरसागर किनकी प्रसिद्ध रचना है?

(क) तुलसीदास (ख) केशवदास

(ग) सूरदास (घ) इनमें से कोई नहीं।

3. सूर ने अपनी रचनाओं में किस भाषा का प्रयोग किया हैं?

(क) ब्रज भाषा (ख) अवधी

(ग) छत्तीसगढ़ी (घ) मागधी का

17

दृश्य श्रव्य उपकरण

आजकल दृश्य-श्रव्य उपस्करों का हिन्दी शिक्षण पद्धति में भी अत्यधिक इस्तेमाल होने लगा है। दृश्य-श्रव्य यंत्रों के उपयोग से विद्यार्थियों की ज्ञानेन्द्रियां क्रियाशील बनी रहती है जिससे वे बारीक से बारीक जानकारी तथा जटिल भावों को भी आसानी से समझ जाते हैं। शिक्षण प्रक्रिया में जब शिक्षण विधियाँ (Methods) तथा प्रविधियाँ (Techniques) प्रभावोत्पादक दिखाई नहीं देतीं तो इस प्रकार की सामग्री का प्रयोग किया जाता है। ई. सी. डेन्ट के विचार में"श्रव्य दृश्य सामग्री का अर्थ उस समस्त सामग्री से है जो कक्षा में या अन्य शिक्षण परिस्थितियों में लिखित या बोली हुई पाठ्य-सामग्री को समझाने में सहायता देती है।" हिन्दी शिक्षण में भी इसका बहुत अधिक महत्व है।

दृश्य श्रव्य उपस्कर की उपादेयता

दृश्य श्रव्य उपकरण की उपयोगिता निम्नानुसार है

1. व्यक्तिगत भिन्नताओं की आवश्यकताओं की पूर्ति—छात्रों में वृहद् स्तर पर विविधताएं देखने को मिलती हैं। इन साधनों का प्रयोग भिन्न-भिन्न प्रकार के छात्रों की आवश्यकताओं को पूरा करने में सहायक होती है।

2. स्वस्थ कक्षीय अन्तर्सम्बन्ध को बढ़ावा देना—शिक्षण-अधिगम कार्य की सफलता उपयुक्त कक्षा भवन अन्तर्क्रिया पर आधारित है। विभिन्न प्रकार के उद्दीपन,

सक्रिय भाग लेने के अवसर तथा विस्तृत अनुभव प्रदान करने के कारण दृश्य-श्रव्य साधन शिक्षण अधिगम उद्देश्यों की सफल प्राप्ति के लिए स्वस्थ कक्षीय अन्तःक्रिया को बढ़ावा देने में सहायक होते हैं।

3. अनुशासनहीनता की समस्या का समाधान—"खाली मस्तिष्क शैतान का घर होता है।" ऐसी स्थिति में बहुत से छात्र कक्षा में अनुशासन की समस्या पैदा करेंगे। इन साधनों के आविर्भाव से कक्षा में निष्क्रिय, सुस्त और अरुचिकर वातावरण के पैदा होने की सम्भावना कम हो जाती है। इसके अतिरिक्त विद्यार्थियों को अपनी असीम शक्ति के प्रयोग के लिए विभिन्न रचनात्मक माध्यम प्राप्त होते हैं।

4. शिक्षण सूत्रों पर आधरित—इन दृश्य श्रव्य साधनों के प्रयोग से शिक्षक को शिक्षण सूत्रों के प्रयोग में सहायता मिलती है, जैसेज्ञात से अज्ञात की ओर, सरल से कठिन की ओर आदि सूत्र हैं।

5. ज्ञानेन्द्रियों का अधिक प्रयोग—ज्ञानेन्द्रियों को ज्ञान का द्वार माना जाता है। इन साधनों द्वारा इन इन्द्रियों का प्रयोग सही रूप में किया जा सकता है और छात्रों को सीखने में आसानी हो जाती है।

6. ध्यान प्रक्रिया में सहायता—शिक्षण-अधिगम प्रक्रिया में ध्यान केन्द्रीय बिन्दु है। दृश्य-श्रव्य साधन अध्यापक को कक्षा-क्रियाओं में छात्रों की रुचि तथा ध्यान को बनाए रखने की उचित व्यवस्था तथा वातावरण उत्पन्न करने में सहायता करते हैं।

7. एक उत्तम प्रेरणा स्रोत शक्ति—दृश्य-श्रव्य साधन छात्रों की आन्तरिक प्रेरणाओं (आवेश शक्तियों), मूल प्रवृत्तियों, बुनियादी उत्साह तथा प्रयोजनों से मेल खाते हैं और इस प्रकार विद्यार्थियों को प्रभावशाली ढंग से सीखने के लिए सशक्त प्रेरणास्रोत शक्ति सिद्ध होते हैं।

8. मौखिकता कम करना—मौखिकता शिक्षण-अधिगम प्रक्रिया में अधिक प्रभावशाली सिद्ध नहीं होती। इस पक्ष पर टिप्पणी करते हुए रेमांड व्यायमन (Raymond Wyamann) लिखता है

"हम छात्रों को बताते हैं और अधिकतर उन्हें लिखित सामग्री प्रदान करते हैं। शब्द आश्चर्यजनक होते हैं। उन्हें आसानी से एक बार पुनः प्रस्तुत किया जा सकता है, सुरक्षित रखा जा सकता है तथा अन्य स्थान पर भेजा जा सकता है, परन्तु उनका ज्यादा प्रयोग गहरी समस्या बन सकती हैमुख्यतः मौखिक प्रयोग करना या अपनाना तथा भूलने की समस्या।"

दृश्य-श्रव्य उपकरण प्रभावशाली संचार प्रक्रिया साधन बनकर मौखिकता की समस्याओं के समाधान में सहायक हो सकते हैं।

9. समुचित असर उप्पन्न करना—प्रभावशाली रूप में सीखना अनुभवों द्वारा बनाए गए प्रभावों पर निर्भर करता है। ये साधन प्रभाव के रूप में अपना चिह्न छोड़ देते हैं और स्थायी रूप से सीखने में सहायक होते हैं।

10. विषय वस्तु की स्पष्टता—ये साधन भिन्न-भिन्न विषयों से सम्बन्धित कठिन धारणाओं तथा क्रियाओं को स्पष्ट करने में सहायता करते हैं। अतः मौखिक अनुभवों की अधिक आवश्यकता नहीं पड़ती।

11. प्रत्यक्ष अनुभव के लिए एक उत्तम स्थानापन्न—जहाँ ऐसा अध्यापन सम्भव नहीं होता कि छात्रों को प्रत्यक्ष अनुभव प्रदान किया जा सके वहाँ दृश्य साधन वास्तविक वस्तुओं के लिए बहुमूल्य स्थानापन्न (Substitute) सिद्ध होते हैं जिनसे अधिगम अधिक सार्थक बन सकता है।

12. स्रोतों अथवा साधनों की कमी या न्यूनताओं को पूरा करने में सहायता—दृश्य-श्रव्य साधनों का प्रयोग निम्नलिखित समस्याओं को सुलझाने में सहायता करता है :

(i) स्कूल जाने वाली जनसंख्या में वृद्धि।
(ii) कक्षा-कक्ष और स्थान की कमी।
(iii) शिक्षक और अधिगम के लिए प्राप्त सुविधाओं की अपर्याप्तता।
(iv) समय की प्रगति के साथ-साथ अत्यधिक ज्ञान प्राप्ति की बढ़ती हुई माँग।

13. वैज्ञानिक मनोवृत्ति के विकास में सहायता—इन साधनों का प्रयोग छात्रों में वैज्ञानिक मनोवृत्ति विकसित करने में सहायक होता है। सुने हुए तथ्यों के साथ सहमत होने की अपेक्षा वे दृश्य-श्रव्य साधनों की सहायता से उनका निरीक्षण कर सकते हैं।

14. सीखने वालों को पुनर्बलन देना—इन साधनों के प्रयोग से छात्रों को पुनर्बलन मिलता है और सीखना आसान हो जाता है।

15. नए अधिगम को पक्का करने में सहायक—इन दृश्य श्रव्य साधनों के प्रयोग से अधिगम के रूप में जो कुछ सीखा जाता है विद्यार्थियों के दिमाग में स्थायी हो जाता है एवं सुदीर्घ काल तक बना रहता है।

16. समय व शक्ति की बचत—इन साधनों के प्रयोग से समय तथा शक्ति की बचत हो सकती है क्योंकि बहुत सी सूक्ष्म तथा कठिन धारणाएँ आसानी से समझ में आ जाती हैं।

इस प्रकार यह ज्ञात हो जाता है कि यदि हम दृश्य श्रव्य उपकरणों का सही इस्तेमाल करें तो यह शिक्षण क्षेत्र में वरदान साबित हो सकता है और यदि शिक्षण

प्रक्रिया में इन उपकरणों का अत्यधिक इस्तेमाल किया जाए यह शिक्षक इन यंत्रों के ह्रास बन जाएं तो यह अभिशाप साबित हो सकता है।

दृश्य-श्रव्य उपस्कर चयन सिद्धान्त

दृश्य-श्रव्य सामग्री के चयन के लिए शिक्षक को कुछ मार्गदर्शक सिद्धान्तों का अनुकरण करना चाहिए। ये सिद्धान्त निम्नलिखित हैं

1. क्रिया का सिद्धान्त—यह सिद्धान्त अध्यापकों से इस बात की अपेक्षा करता है कि वे छात्रों को उपयुक्त ढंग से दृश्य-श्रव्य अनुभव स्थितियों के प्रति अपनी प्रतिक्रिया व्यक्त करने में सहायता करें।

शिक्षक अधिगम के दौरान प्रयुक्त दृश्य-श्रव्य उद्दीपनों के प्रति सक्रिय अनुक्रिया करने और इन अनुभवों के द्वारा ज्ञान प्राप्त करने में विद्यार्थियों की सहायता की जानी चाहिए।

2. मूल्याँकन का सिद्धान्त—इस सिद्धान्त के अनुसार पूर्व निश्चित उद्देश्यों की प्राप्ति में दृश्य-श्रव्य सामग्री तथा उसकी सहायक विधियों का निरन्तर मूल्याँकन होना चाहिए। ऐसा मूल्याँकन पाठ शुरू करने से पहले लिखे गए प्रश्नों पर विचार करने से हो सकता है। यह मूल्याँकन लिखित या मौखिक प्रश्नों द्वारा भी हो सकता है।

3. चयन का सिद्धान्त—चुनी हुई दृश्य श्रव्य सामग्री शैक्षिक तथा विषय के उद्देश्यों के अनुसार होनी चाहिए। ये छात्रों की योग्यताओं के अनुसार होनी चाहिए। इनके लिए निम्न बातों का ध्यान रखना चाहिए

(i) ये अधिगम उद्देश्यों की प्राप्ति में सहायक होनी चाहिए।

(ii) ये साामग्री छात्रों की योग्यताओं, आयु-स्तर तथा दर्जे के अनुकूल होनी चाहिए।

(iii) ये रुचिकर तथा प्रेरणादायक होनी चाहिए।

(iv) ये सामग्री अनुभव प्रदान करने के लिए सही तथा यथार्थ होनी चाहिए।

4. प्रयोग के लिए तैयारी का सिद्धान्त—चुनी हुई सामग्री के प्रयोग के लिए अध्यापक तथा छात्र दोनों ही पहले से ही तैयार रहने चाहिए। इसके लिए निम्न बातों को ध्यान में रखें

(i) चुनी हुई सामग्री की प्राकृति तथा इसे किस प्रकार प्रयोग में लाया जाए, यह जानकारी अध्यापक को होनी चाहिए।

(ii) जिस साधन का प्रयोग अध्यापक को करना है उसके प्रयोग के लिए निर्देश-पुस्तिका अध्यापक पथप्रदर्शिका (Teacher's Guide) का पहले ही अध्ययन कर लेना चाहिए।

(iii) विद्यार्थियों को उपकरणों की कार्य पद्धति के विषय में बतलाना और विद्यार्थियों का सही मार्गदर्शन करना अध्यापक का मुख्य काम होता है जिससे वे सहायक साधनों का पूरा-पूरा लाभ उठा सकें।

(iv) विद्यार्थियों को इन साधनों से सम्बन्धित शिक्षण अधिगम (Teaching Learning) क्रियाओं में उनके शामिल होने के उद्देश्यों का पूर्ण ज्ञान होना चाहिए।

(v) उपयोग में आने वाले उपकरणों के प्रयोगार्थ छात्रों को दिमागी रूप से तैयार कर लेना चाहिए।

5. भौतिक नियन्त्रण का सिद्धान्त—इस सिद्धान्त के तहत शिक्षक द्वारा दृश्य-श्रव्य सहायक सामग्री के प्रयोग से सम्बन्धित भौतिक सुविधाओं का प्रबन्ध करना या आवश्यक ब्योरा प्राप्त करना आदि आ जाते हैं ताकि उस सामग्री तथा आवश्यक वस्तुओं को सुरक्षित करने में सहायता मिल सके तथा समय की बचत हो।

6. प्रस्तुतीकरण का सिद्धान्त—इस सिद्धान्त के अनुरूप शिक्षक द्वारा सहायक सामग्री के उपयुक्त प्रस्तुतीकरण की अपेक्षा की जाती है। इसके लिए निम्नलिखित बातों पर ध्यान देना चाहिए

(i) प्रस्तुतीकरण की सफलता के लिए उन्हें प्रदर्शन करने वाले की सहायक विधियाँ सीख लेनी चाहिए।

(ii) वास्तविक प्रस्तुतीकरण से पहले अध्यापकों की सहायक सामग्री के प्रयोग की सावधानी से योजना बना लेनी चाहिए और उसके प्रयोग को पहले से समझ लेना चाहिए।

(iii) ये साधन इस प्रकार प्रयुक्त किए जाएँ या उनका प्रदर्शन किया जाए कि छात्रों को उनसे अधिक-से-अधिक लाभ मिल सके।

(iv) उपयुक्त सामग्री का प्रयोग इस प्रकार किया जाना चाहिए ताकि उसके द्वारा विशेष शैक्षिक उद्देश्य की प्राप्ति हो सके।

(v) दृश्य-श्रव्य साधनों का प्रभावकारी प्रस्तुतीकरण विफल हो सकता है यदि सामग्री को ठीक ढंग से न रखा जाए या उसे ठीक ढंग से न सम्भाला जाए। इसलिए ऐसी स्थिति के घटने की सम्भावना को कम करने के लिए उचित ध्यान रखना चाहिए।

दृश्य-श्रव्य उपस्कर का स्थायी उपयोग

1. इनको पाठ की तीन अवस्थाओं में प्रयोग किया जा सकता है (i) प्रस्तावना, (ii) प्रस्तुतीकरण एवं (iii) पुनरावृत्ति। प्रस्तावना में ये सामग्री छात्रों में पाठ के लिए रुचि उत्पन्न करने के लिए प्रयोग की जाती है। प्रस्तुतीकरण में पाठ के सूक्ष्म तथ्यों तथा कठिन बातों एवं भावों को स्पष्ट करने के लिए प्रयोग में लाते हैं। पुनरावृत्ति में पाठ का मूल्याँकन करने के लिए इसका प्रयोग किया जाता है।

2. इस सामग्री का प्रयोग पाठ के भावों को सरल, रोचक तथा मनोरंजक ढंग से स्पष्ट करने के लिए किया जाता है।

3. इससे समय की बचत होती है और छात्र आवश्यक बातों को तुरन्त समझ जाते हैं।

4. इसको इतनी देर अवश्य प्रदर्शित करना चाहिए कि छात्रों को इसके विषय में अवलोकन और चिन्तन करने का पर्याप्त समय मिल जाए।

5. ये सामग्री विविध प्रकार की होनी चाहिए ताकि छात्र एक ही प्रकार के इन साधनों को देखकर ऊब न जाएँ।

6. इसका छात्रों के मार्ग दर्शन के लिए प्रयोग किया जाना चाहिए।

7. सहायक सामग्री को प्रदर्शित करने के तुरन्त बाद हटा देना चाहिए ताकि छात्रों का ध्यान पाठ से दूर न हट सके।

8. प्रदर्शित सहायक सामग्री पर कुछ प्रश्न अवश्य पूछने चाहिए ताकि पाठ के भाव सरल तथा स्पष्ट हो जाएँ।

9. सहायक सामग्री का प्रयोग करने के तुरन्त बाद शिक्षक को अपने पाठ पर आ जाना चाहिए। इससे यह पाठ को समुचित रूप से विकसित कर सकेगा।

10. इस सामग्री को दीवार पर टाँग कर प्रदर्शित करना चाहिए ताकि छात्र पूरी तरह लाभान्वित हो जाएँ।

महत्वपूर्ण दृश्य-श्रव्य सहायक उपस्कर

श्रव्य उपस्कर

यहाँ कुछ महत्वपूर्ण श्रव्य सामग्री का विवरण प्रस्तुत किया जा रहा है

1. रेडियो—आधुनिक जीवन में रेडियो का विकास इतना अधिक हो गया है कि अब यह हर आदमी के लिए आवश्यकता की वस्तु बन गया है। रेडियो द्वारा छात्रों को आधुनिक घटनाओं तथा नई-नई सूचनाओं का ज्ञान दिया जाता है।

उच्चकोटि के शिक्षा शास्त्रियों से राष्ट्रीय तथा अन्तर्राष्ट्रीय समस्याओं के बारे में भाषण रेडियो द्वारा सुनने को मिलते हैं। उनमें राष्ट्रीयता की भावना पैदा की जाती है। रेडियो पर प्रसिद्ध कलाकारों और संगीतज्ञों के प्रोग्रामों से छात्रों को गाने-बजाने की शिक्षा दी जाती है। अतः आधुनिक शिक्षा के क्षेत्र में रेडियो का विशेष महत्व है। हर स्कूल रेडियो सेट रखे हुए हैं।

रेडियो पर प्रसारित होने वाले पाठों की सूचना प्रकाशनों द्वारा पहले ही दे दी जानी चाहिए। इन प्रकाशनों में कक्षा, प्रकरण, दिनांक और समय आदि दिए जाने चाहिए। रेडियो पाठ प्रसारित होने से पहले विद्यार्थियों को तैयार कर लेना चाहिए। पाठ के साथ यदि मानचित्र, ग्लोब आदि उपकरणों का उपयोग करने के निर्देशन हों तो उनका भी इन्तजाम कर लेना चाहिए।

विद्यार्थियों को अपने स्थान पर शान्तिपूर्वक बैठकर पाठ सुनने हेतु कहा जाना चाहिए। रेडियो पाठ के मध्य में सवाल नहीं पूछे जाने चाहिए। प्रश्नों को अपनी-अपनी कापी में लिख लेना चाहिए। रेडियो पाठ पूर्व होने के उपरान्त विद्यार्थियों को सवाल पूछने का मौका देना चाहिए।

रेडियो पाठ के बाद यह देखना आवश्यक है कि पाठ के उद्देश्यों की प्राप्ति किस सीमा तक हो पाई है। यदि कोई कभी पाई जाए तो भविष्य में इसका सुधार किया जाना चाहिए।

2. ग्रामोफोन तथा लिंग्वाफोन—ये भी शिक्षण के महत्वपूर्ण उपकरण हैं। ग्रामोफोन द्वारा छात्रों को गाने तथा भाषण की शिक्षा दी जाती है। लिंग्वाफोन द्वारा छात्रों के उच्चारण (Pronunciation) को शुद्ध कराया जाता है। इन दोनों उपकरणों का प्रयोग करने के बाद अध्यापक को छात्रों के सामने विषय का स्पष्टीकरण अवश्य देना चाहिए। इससे छात्र ज्ञान को सरलतापूर्वक सीख सकते हैं।

3. टेप रिकार्डर—यह एक नया उपकरण है। इसमें व्यक्ति अपनी ध्वनि को भरकर किसी भी समय उसे पुनः सुन सकता है। इसका प्रयोग महापुरुषों के प्रवचन, नेताओं के भाषण तथा प्रसिद्ध कलाकारों की कविताएँ एवं संगीत आदि सुनवाने में किया जाता है। अध्यापक तथा छात्र भी इसमें अपनी ध्वनि भरकर पुनः सुन सकते हैं। इसकी सहायता से उनके उच्चारणों को सुधारने में, बोलने की गति तथा स्वर प्रभाव सम्बन्धी त्रुटियों को दूर करने में सहायता मिलती है। महंगा उपस्कर होने के कारण टेप रिकार्डर का इस्तेमाल स्कूलों में कम ही होता है।

दृश्य उपस्कर

यहाँ कुछ महत्वपूर्ण दृश्य सामग्री का विवरण प्रस्तुत किया जा रहा है

1. वास्तविक पदार्थ—इनका अर्थ मूल वस्तुओं से है। ये पदार्थ छात्रों को निरीक्षण और परीक्षण के अवसर प्रदान करके उनकी अवलोकन (Observation) शक्ति का विकास करते हैं। इन पदार्थों के उपयोग से नाना प्रकार के अनुभव प्राप्त होते हैं। छात्रों को मेज, कुर्सी, रोटी, कपड़ा, फल, फूल और थर्मामीटर तथा भौतिक तुला आदि का ज्ञान देने के लिए वास्तविक पदार्थ काम में लिए जाते हैं। अतः अध्यापक को अधिक-से-अधिक वास्तविक पदार्थों को स्कूल के संग्रहालय (Museum) में रखना चाहिए।

2. नमूने—ये वास्तविक पदार्थों या मूल वस्तुओं के छोटे रूप होते हैं। बड़े वास्तविक पदार्थों के छोटे नमूने दिखाए जा सकते हैं; जैसेहाथी, घोड़े, रेल का इंजन तथा जहाज आदि इतने बड़े होते हैं कि उन्हें कक्षा में नहीं लाया जा सकता है। इसलिए इन सबका ज्ञान देने के लिए उनके नमूने दिखाए जाते हैं। ये नमूने चाहे बड़े हों या छोटे, वास्तविक पदार्थों से मिलते-जुलते होने चाहिए। ये नमूने आकर्षक होने चाहिए। नमूनों की लम्बाई, चौड़ाई तथा मोटाई तीनों स्पष्ट रूप से दिखाई पड़ती है, इसलिए ये चित्रों की अपेक्षा अधिक लाभदायक होते हैं।

3. चित्र—इन चित्रों का प्रयोग उस समय करते हैं जबकि न तो नमूने और न ही वास्तविक पदार्थ मिल सकें। ये चित्र पदार्थों तथा नमूनों से सस्ते मिल जाते हैं। चित्रों की सहायता से जो ज्ञान दिया जाता है उसे छात्र जल्दी ग्रहण करते हैं। चीन की एक कहावत है कि "एक चित्र दस हजार शब्दों के बराबर होता है" A Chinese saying is that "A picture is worth ten thousand words" छोटी कक्षाओं में चित्रों का प्रयोग बहुत लाभदायक होता है। चित्र विशेष रूप से भूगोल, इतिहास, विज्ञान, भाषा बागबानी व प्रकृति निरीक्षण आदि विषयों के पढ़ाने में अवश्य प्रयोग किए जाने चाहिए। चित्रों का आकार बड़ा होना चाहिए तथा उनमें पाठ से सम्बन्धित मुख्य-मुख्य बातें ही दिखनी चाहिए।

4. मानचित्र—मानचित्रों का प्रयोग अधिकतर भूगोल तथा इतिहास विषयों को पढ़ाने में किया जाता है। अध्यापक को मानचित्र स्वयं बनाने चाहिए और उनमें केवल उन्हीं बातों को सुन्दर ढंग से अंकित करें जिनकी नितान्त आवश्यकता होती है। अध्यापकों को मानचित्रों पर नाम, शीर्षक, दिशा तथा संकेत आदि लिख लेने चाहिए तथा उनमें रंगों का प्रयोग कल्पना, अनुभव तथा कलात्मक भाव से करना चाहिए।

5. रेखा-चित्र तथा खाके—कई बार अध्यापक वास्तविक पदार्थ, उनके चित्र तथा माडल प्राप्त करने में असमर्थ रहता है। ऐसी स्थिति में अध्यापक को भाव

प्रकाशन के लिए श्यामपट पर रंगीन चाक से रेखा-चित्र तथा खाके खींच लेने चाहिए। इनका प्रयोग भूगोल, भाषा, इतिहास, गणित एवं विज्ञान आदि विषयों को पढ़ाने के लिए किया जाता है। अध्यापक को भी रेखाचित्र तथा खाके बनाने का अभ्यास कर लेना चाहिए।

6. ग्राफ—इसके इस्तेमाल से छात्रों को भूगोल, इतिहास, गणित तथा विज्ञान आदि अनेक विषयों का ज्ञान देने में सहायता मिल सकती है। जैसेभूगोल के पाठ में जलवायु, उपज तथा जनसंख्या आदि का ज्ञान दिया जा सकता है। विज्ञान का अध्यापन करने के क्रम में भी ग्राफ से काफी मदद ली जा सकती है। अध्यापक को विभिन्न विषयों का शिक्षण करते समय आवश्यकतानुसार ग्राफ स्वयं भी बनाने चाहिए तथा छात्रों से भी बनवाने चाहिए।

7. चार्ट—ये भी शिक्षण के उद्देश्य प्राप्त करने में बहुत सहायक होते हैं। इनका प्रयोग भूगोल, इतिहास, नागरिक शास्त्र, अर्थशास्त्र तथा विज्ञान आदि विषयों में सफलतापूर्वक किया जा सकता है। पाठ की आवश्यकताओं को ध्यान में रखते हुए अध्यापक को चार्ट स्वयं तैयार करने चाहिए। चार्ट सुन्दर तथा आकर्षक होने चाहिए ताकि छात्र उनकी ओर आकर्षित हो जाए और प्रयोजन को आसानी से स्पष्ट किया जा सके।

8. बुलेटिन बोर्ड—इस बोर्ड पर देश की राजनैतिक, सामाजिक तथा आर्थिक समस्याओं से सम्बन्धित चित्र, ग्राफ, आकृति, लेख एवं आवश्यक सूचनाओं को प्रदर्शित किया जा सकता है और इसके इस्तेमाल से विद्यार्थियों की जिज्ञासा ज्ञान अर्जित करने के लिए उत्पन्न की जा सकती है। इस बुलेटिन बोर्ड पर प्रदर्शित की जाने वाली सामग्री छात्रों की आयु, मानसिक स्तर, रुचि तथा योग्यता के अनुसार होनी चाहिए। इस बोर्ड पर प्रदर्शित की जाने वाली सामग्री एक क्रम में व्यवस्थित की हुई होनी चाहिए। यह बोर्ड इतनी ऊँचाई पर लगाया जाना चाहिए कि छात्रों को ठीक प्रकार दिखाई दे जाए। ये बोर्ड सुन्दर होना चाहिए और छात्रों को अपनी इकट्ठी की हुई सामग्री को प्रदर्शित करने का मौका दिया जाना चाहिए।

9. फ्लेनल बोर्ड—शिक्षण में इसका भी बहुत महत्व है। हार्ड बोर्ड या प्लाईवुड के बोर्ड पर फ्लेनल के कपड़े को खींचकर बाँध दिया जाता है और यह बोर्ड तैयार हो जाता है। इस पर प्रदर्शित किए जाने वाले चित्रों तथा मानचित्रों आदि को खुरदरे कागज (Sand Paper) पर गोंद से चिपकाया जाता है। इससे ये टुकड़े फ्लेनल बोर्ड पर चिपके रहते हैं और प्रयोग के बाद आसानी से हटाए जा सकते हैं। इस पर विभिन्न विषयों से सम्बन्धित चित्र, मानचित्र, रेखाचित्र तथा ग्राफ आदि प्रदर्शित

किए जाते हैं। इसका प्रयोग छोटी कक्षाओं में भाषा तथा अंकगणित और बड़ी कक्षाओं में इतिहास, भूगोल, अर्थशास्त्र, नागरिक शास्त्र तथा गणित एवं विज्ञान आदि विषयों के शिक्षण के लिए किया जाता है।

10. श्यामपट—यह एक बहुत ही सस्ता और अच्छा सहायक साधन माना जाता है। इसका प्रयोग शिक्षण में सबसे अधिक किया जाता है। इसके बिना कक्षा में शिक्षण असम्भव सा लगता है। ब्लेक बोर्ड का इस्तेमाल निम्नांकित कथ्यों के अध्यापन में करना चाहिए

1. लिखित कार्य, गृह-कार्य तथा जाँच कार्य से सम्बन्धित प्रश्न लिखने के लिए।

2. दो विचारों और सिद्धान्तों में तुलना करने के लिए।

3. पदों, नियमों, कठिन शब्दों तथा सिद्धान्तों को स्पष्ट करने के लिए।

श्यामपट के प्रयोग में सावधानियाँ श्यामपट इस्तेमाल में निम्नांकित तथ्यों को स्मरण रखना जरूरी होता है

(i) इसका प्रयोग करने के बाद इसे साफ कर देना चाहिए।

(ii) एक ही समय में एक या दो रेखाचित्रों से अधिक इस पर खींचना ठीक नहीं होता।

(iii) श्यामपट पर चित्र बनाने के लिए अध्यापक रंगदार चाकों का प्रयोग करें ताकि चित्रों के सभी भागों को अलग-अलग रंगों से स्पष्ट रूप से दिखाया जा सके।

(iv) श्यामपट ऐसे स्थान पर रखना चाहिए जहाँ सब छात्र इसे अच्छी तरह देख सकें।

(v) इस पर लिखते समय अध्यापक को इस प्रकार खड़ा होना चाहिए कि अधिकाँश छात्र सुविधापूर्वक इसे देख सकें।

(vi) ब्लेकबोर्ड को इस्तेमाल करने से पूर्व अच्छी तरह डस्टर से साफ कर लेना चाहिए।

(vii) इस पर रंग रोगन और पालिश करनी चाहिए।

11. जादू की लालटेन—यह एक चित्र प्रदर्शक यन्त्र है। इस लालटेन के प्रयोग के लिए स्लाइडों (Slides) की आवश्यकता होती है। विभिन्न विषयों की शिक्षा देने के बाद यदि उन्हीं से सम्बन्धित स्लाइडें दिखा दी जाएँ तो उनका ज्ञान लेने में आसानी हो जाती है और छात्र उसे कभी नहीं भूलेंगे। यह लालटेन अमूर्त तथ्यों तथा गूढ़ विचारों को सीखने के लिए एक महत्वपूर्ण साधन है। इसके प्रयोग के लिए निम्न सावधानियाँ रखनी चाहिए।

1. स्लाइडों को स्पष्ट करने के लिए कुछ व्याख्याएँ भी दी जानी चाहिए।
2. स्लाइडें दिखाने से पहले अध्यापक को प्रस्तावना के रूप में विषय के सम्बन्ध में टिप्पणी देनी चाहिए।

12. चित्र विस्तारक यन्त्र—यह यन्त्र पाठ को अधिक स्पष्ट ओर रोचक बना देता है। इस यन्त्र से छोटे-छोटे चित्रों, पोस्टरों, मानचित्रों और पुस्तक के पृष्ठों को कमरे में अन्धेरा करके पर्दे पर बड़ा करके दिखाया जाता है। यह यन्त्र आधुनिक शिक्षा के क्षेत्र में नागरिक शास्त्र, अर्थशास्त्र, इतिहास तथा भूगोल आदि विषयों को पढ़ाने के लिए काम में लिया जाता है। दूसरे देशों में इसका प्रयोग बहुत किया जाता है। इसमें दिखाए जाने वाले चित्रों का आकार इसके अनुसार ही होना चाहिए। इसका प्रयोग करते समय टिप्पणियाँ देते रहना चाहिए ताकि विषय का ज्ञान स्पष्ट हो जाए।

13. फिल्म पट्टियां, स्लाइडें और चित्र-दर्शक—शिक्षण प्रक्रिया में सूक्ष्मातिसूक्ष्म तथ्यों को पर्दे पर विस्तारित रूप में दिखाने हेतु स्लाइडों का इस्तेमाल किया जाता है। इसके अलावा स्लाइड चलने के क्रम में ही शिक्षक जटिल तथा महत्वपूर्ण विषयों को स्पष्ट करते जाता है। इससे पाठ आसान और सहज बन जाता है। स्लाइड का निर्माण शीशे से किया जाता है।

अब स्लाइडें फिल्म के ऊपर भी बनाई जाने लगी हैं। इन्हीं को फिल्म पट्टी (Film Strips) कहा जाता है। इस पट्टी को बनाने के लिए पाठ से सम्बन्धित 15 या 20 स्लाइडों को 35 मिलीमीटर की फोटोग्राफी की फिल्म पर उतार लिया जाता है। इस फिल्म पट्टी को चित्र-दर्शक (Projector) द्वारा पर्दे पर बड़ा करके कक्षा के सामने दिखाया जाता है।

आधुनिक समय में चित्र-दर्शक (Projector) का महत्व अधिक बढ़ गया है। इस पर स्लाइडों तथा फिल्म-पट्टियों को एक क्रम से दिखाया जाता है। कहने का अभिप्राय यह है कि जिस प्रकार सिनेमा में विज्ञापन दिखाए जाते हैं उसी तरह से चित्र-दर्शक से फिल्म पट्टियों द्वारा विभिन्न विषयों से सम्बन्ध रखने वाले चित्रों की आवश्यकतानुसार लगातार व रुक-रुक कर हर तरह से दिखाया जा सकता है।

14. मूक चित्र—यह सिनेमा का प्रथम रूप है जब तकनीक आज के समान विकसित अवस्था में नहीं थी। मूक चित्र प्रणाली में ध्वनि का अभाव रहता है और सिर्फ चित्र ही दिखाई जाती है। इसके द्वारा विभिन्न विषयों तथा क्रियाओं जैसेसफाई के साधन, विभिन्न रोगों से बचने के उपाए तथा प्राकृतिक दृश्यों एवं वर्णनों को क्रियारूप में आसानी से पढ़ाया जा सकता है। अतः मूक चित्रों का शिक्षण में बहुत महत्व माना गया है।

दृश्य-श्रव्य उपस्कर

ये वे साधन हैं जिनमें श्रव्य तथा दृश्य दोनों इन्द्रियों का प्रयोग होता है। ये भी कह सकते हैं कि जिनमें ज्ञान को श्रव्य तथा दृश्य दोनों इन्द्रियों के द्वारा प्राप्त किया जा सके। अतः श्रव्य तथा दृश्य दोनों ही इन्द्रियों के साथ-साथ प्रयोग करने से ज्ञान प्राप्त होता है।

1. नाटक—यह दृश्य-श्रव्य साधन प्राचीन काल से ही शिक्षा जगत में एक महत्वपूर्ण स्थान रखता है। नाटक देखने या उसमें भाग लेने से ही छात्र शिक्षण की क्रिया में भाग ले रहे होते हैं और वे स्वाभाविक रूप से ही सामाजिक, आर्थिक, धार्मिक व व्यावहारिक अनुभवों तथा नैतिक आदर्शों एवं गुणों को ग्रहण कर लेते हैं। नाटक के द्वारा छात्रों में राष्ट्रीय तथा अन्तर्राष्ट्रीय भावनाएँ भरी जा सकती हैं। इसका इतिहास के शिक्षण में विशेष महत्व है क्योंकि नाटक में भाग लेने से छात्रों को ऐतिहासिक घटनाओं, महापुरुषों के कार्य-कलापों तथा विभिन्न वेश भाषाओं का ज्ञान हो जाता है। नाटक द्वारा छात्रों के मनोरंजन के साथ-साथ विभिन्न विषयों की शिक्षा भी स्वाभाविक रूप से दी जाती है।

2. चलचित्र या सिनेमा—यह मूक चित्र का दूसरा रूप कहा जाता है। इसमें क्रियाओं के साथ-साथ ध्वनि की भी व्यवस्था होती है। यह शिक्षा का सस्ता, सुलभ तथा यंत्रीकृत साधन है। इसके द्वारा प्राप्त किया हुआ ज्ञान अधिक स्थायी होता है क्योंकि इसमें देखने तथा सुनने की दोनों ही इन्द्रियाँ काम करती हैं। यह ऐतिहासिक घटनाओं और वैज्ञानिक अनुसन्धानों का ज्ञान देने में सहायक होता है। इसके द्वारा विभिन्न देशों की स्थितियों, परिस्थितियों तथा मानव और उसके कार्यकलापों का ज्ञान दिया जाता है। इसके द्वारा छात्रों को सामाजिक, आर्थिक, धार्मिक व नैतिक रूप से विकसित किया जाता है। शैक्षिक चित्र जिनमें भूगोल, इतिहास, अर्थशास्त्र, समाज शास्त्र तथा विज्ञान आदि विषयों की सामग्री का समावेश हो, दिखाए जाने चाहिए। स्कूलों में 16 मिलीमीटर वाले प्रोजेक्टर द्वारा छात्रों को फिल्में दिखाई जा सकती हैं और भारत सरकार के दूतावासों से शैक्षिक फिल्में निःशुल्क मिलती हैं जिनमें लाभ उठाया जा सकता है।

3. टेलीविजन—दूरदर्शन भी रेडियो की ही तरह शिक्षण पद्धति का एक महत्वपूर्ण दृश्य-श्रव्य उपकरण है। टेलीविजन पर छात्रों को उच्च कोटि के शिक्षा शास्त्री तथा कलाकारों की वाणी के साथ-साथ उनकी शक्लों तथा कार्यक्रमों में भाग लेते हुए भी दिखा सकते हैं। इसकी सहायता से छात्रों के कान व आँख दोनों ही इन्द्रियों का विकास किया जा सकता है। टेलिविजन पर शिक्षा शास्त्रियों द्वारा

बातचीत, भाषण देना तथा शैक्षिक अभिनय आदि अनेक बातों को छात्र सरलतापूर्वक सीख सकते हैं।

भाषा प्रयोगशाला

भाषा प्रयोगशाला शिक्षण के क्षेत्र में दूसरे दृश्य-श्रव्य उपकरणों की ही तरह एक सहयोगी मात्र है, न कि अध्यापक/शिक्षा का प्रतिस्थापन। भाषा-प्रयोगशाला एक विशेष कक्ष होता है जो विविध दृश्य, श्रव्य तथा दृश्य-श्रव्य उपकरणों से युक्त होता है। सामान्यतः एक भाषा प्रयोगशाला चारछः आठ...बत्तीस टेप रिकॉडरों का एक क्रमिक व्यवस्थित संयोजन होता है, जिसके माध्यम से शिक्षार्थी/अध्येता भाषा-अध्ययन के लिए विभिन्न तरह के अभ्यास करते हुए भाषा सीखते हैं। संकुचित अर्थ में एक ऐसा कमरा भी भाषा-प्रयोगशाला कहा जा सकता है, जिसमें केवल एक टेपरिकॉर्डर हो और जिसके द्वारा शिक्षार्थी/अध्येता भाषा अभ्यास कार्य करते हों, किन्तु वास्तव में भाषा-प्रयोगशाला एक सामान्य कक्षा का पूरक रूप है, जहाँ छात्र सामान्य कक्षा के अध्ययन के अतिरिक्त समय में टेपित (tapped) पाठों का श्रवण करते हुए अनुकरण आदि के द्वारा भाषा को व्यहार के स्तर पर सीखते हैं। भाषा कौशलों का विकास किया जाता है।

किसी भाषा प्रयोगशाला की कार्य प्रणाली उस भाषा प्रयोगशाला में उपलब्ध दृश्य-श्रव्य उपकरणों की मात्रा तथा गुण पर निर्भर है। जिस भाषा प्रयोगशाला में जो-जो उपकरण उपलब्ध होंगे, उनकी संचालन व्यवस्था तथा संचालन प्रक्रिया उन्हीं के अनुरूप रखनी होगी। अलग-अलग प्रकार के प्रक्षेपकों से आवश्यकता के अनुरूप कक्षा स्तर के अनुसार अध्ययन सामग्री का प्रक्षेपण किया जाता हैं कमरे में दृश्य सामग्री प्रक्षेपण के समय पर्याप्त हो अंधेरा होना आवश्यक है। बूथों की संख्या के अनुसार मॉनीटर कन्सोल का आकार-प्रकार रखा जाता है। सामान्यतया 16 बूथों वाली भाषा प्रयोगशाला के मॉनीटर कन्सोल में चार बड़े-बड़े टेप रिकार्डरों में चार ग्रुपों हेतु एक साथ चार कार्यक्रम तक प्रसारित होने की व्यवस्था हो तो अच्छा है। प्रायः मॉनीटर कनेकंशन में यह व्यवस्था रखी जाती है

(1) हरे बल्ब, (2) ग्रुप सेलेक्टर स्विच, (3) बूथों के नम्बर, (4) लाल बल्व, (5) आन-ऑफ स्विच, (6) बूथों से बातें करने/प्रोग्राम प्रसारित करने के लिए स्विच, (7) बाल्यूम कन्ट्रोल स्विच (ध्वनि नियंत्रक) हो।

भाषा प्रयोगशाला में प्रयोगार्थ पाठ रिकार्ड करने हेतु पास ही साउंड प्रूफ स्टूडियों का छोटा सा कक्ष तथा यन्त्रों/टेप रिकॉडरों आदि की मरम्मत/सुधार के लिए छोटा सा कमरा होना भी जरूरी है।

भाषा प्रयोगशाला में प्रयोगार्थ जो श्रव्य पाठ बनाये जाते हैं, उनके बनाने तथा प्रयोग करने की योजना भाषा-प्रयोगशाला के स्वरूप से प्रभावित होती है। इकहरे ट्रैक वाले टेप रिकॉडरों के लिए बनाये जाने वाले पाठों के तकनीकी पक्ष से अलग रहता है, यथा-इकहरे ट्रैक वाले टेप स्किॉडरों में पाठ के चार चरण होते हैं

(1) टेप-अवचालन तथा श्रुत अंश का अनुकरण अच्चारण, (2) टेप-प्रचालन तथा पाठांश-श्रवण, (3) टेप-अवचालन तथा श्रुत अंश का शुद्ध रूप में उच्चारण (4) टेप-प्रचालन तथा स्व-उच्चारण की जाँच हेतु श्रुत पाठांश का पुनःश्रवण।

दुहरे ट्रैक वाले ट्रेप रिकॉर्डर के पाठ के भी चार चरण होते हैं

(1) टेपांकन हेतु श्रुत अंश का अनुकरण उच्चारण, (2) टेप-प्रचालन तथा पाठांश-श्रवण, (3) टेपाकंन हेमतु उच्चारण पुनर्रावृत्ति, (4) स्व-उच्चारण की जाँच हेतु रुत पाठांश का श्रवण।

दीर्घ उत्तरीय प्रश्न

1. दृश्य-श्रव्य उपकरण से आप क्या समझते हैं? इसकी उपयोगिता का वर्णन करें।
2. दृश्य-श्रव्य उपकरण चयन सिद्धान्त क्या है?

लघु उत्तरीय प्रश्न

1. प्रमुख दृश्य-श्रव्य सहायक उपकरण की चर्चा करें।
2. दृश्य-श्रव्य उपकरण का स्थायी प्रयोग किन अवस्थाओं में की जा सकती है?

वस्तुनिष्ठ प्रश्न

1. शिक्षण अधिगम प्रक्रिया में अधिक प्रभावशाली साबित नहीं होती
   (क) मौखिकता (ख) लेखन
   (ग) प्रवृत्ति (घ) इनमें से कोई नहीं।
2. शिक्षा में किसके प्रयोग से समय और शक्ति की बचत होती है
   (क) ब्लेकबोर्ड (ख) सेमीनार
   (ग) दृश्य-श्रव्य उपकरण (घ) इनमें से कोई नहीं
3. दुहरे ट्रैक वाले टेप रिकार्डर के पाठ के कितने चरण होते हैं?
   (क) एक (ख) दो
   (ग) तीन (घ) चार

18

हिन्दी पाठ्यपुस्तक

मानवीय ज्ञान की तीन प्रकार होती हैमानवीय ज्ञान में वृद्धि की जाती है, मानवीय ज्ञान तथा अनुभवों को संचित किया जाता है तथा मानवीय ज्ञान तथा अनुभवों का संचार किया जाता है। मनुष्य पुस्तकों के माध्यम से ज्ञान संचित करता है। पुस्तक ज्ञान संचित करने का एक प्रमुख साधन है। इस पुस्तक के जरिए ज्ञान संचित ही नहीं किया जाता बल्कि इनके जरिए नई पीढ़ी को ज्ञान दिया जाता है। अतः अध्यापक इस संचित ज्ञान को शिक्षण के दौरान प्रयोग करते हैं, और छात्र परीक्षा के दौरान।

पाठ्यक्रम के स्वरूप प्रदान करने से पहले विषय वस्तु की सूची तैयार की जाती है। इससे यह मालूम होता है कि पाठ्यक्रम में कितनी पाठ्यवस्तु को शामिल किया गया है। विभिन्न स्तरों पर वही प्रकरण शामिल किए जाते हैं, परन्तु उनके स्वरूप में महत्वपूर्ण अन्तर होता है। यह अन्तर पाठ्य-पुस्तकों से स्पष्ट होता है।

इस तरह पाठ्य-पुस्तकें पाठ्यक्रम की पूरक होती हैं। पाठ्यक्रम का प्रारूप बिना पुस्तकों के अधुरा होता है। पाठ्यक्रम का सम्पादन होता है।

किसी स्तर के पाठ्यक्रम के स्वरूप को समझने हेतु पाठ्यक्रम की रूपरेखा के साथ पुस्तकों का भी उल्लेख किया जाता है। पाठ्यक्रम के स्वरूप के लिए पाठ्य-पुस्तकें भी संस्तुति की जाती हैं उन पुस्तकों के अवलोकन से विभिन्न प्रकरणों का स्वरूप बोध शिक्षक तथा विद्यार्थियों को होता है परीक्षक भी प्रश्न-पत्रों के निर्माण के समय इन्हीं पुस्तकों की सहायता लेता है।

ऐतिहासिक आधार

मानव में किसी वस्तु को संचित करने की जन्मजात प्रवृत्ति होती है। बच्चे इसी मूल प्रवृत्ति के सन्तोष के लिए कुछ न कुछ वस्तुएँ संग्रहीत करते रहते हैं। मनुष्य में यह मूल प्रवृत्ति आगे चलकर शोधित हो गई है। इस प्रवृति की भावना से ही आज मान व सभ्यता और संस्कृति का विकास संचय हो चुका हैं। पुस्तकें भी उन्हीं संग्रहीत निधियों में से एक है। मनुष्य ने अपने अर्जित अनुभवों और ज्ञान को भावी पीढ़ी हेतु संचित रखने के लिए उसे स्थायी महत्व की पुस्तकों से कुछ सामग्री चयन करके विविध स्तरों के विद्यार्थियों के लिए पुस्तकों के रूप में व्यवस्थित कर लेते हैं। इन पाठ्य-पुस्तकों का विद्यार्थियों के लिए अत्यधिक महत्व होता है।

भारत में पाठ्य-पुस्तकों का इतिहास अति प्राचीन है। पहले पुस्तकें भोज-पत्रों पर तैयार की जाती थी। पुस्तकें की संख्या बहुत कम होती थी। इस काल में प्रायः छात्रों को मौखिक शिक्षा दी जाती थी। कागज के आविष्कार के साथ ही किताबों को मनचाहे आकार में और आवश्यकता के अनुरूप प्रतियां छापना संभव हुआ। कागज के आविष्कार के साथ ही, मुद्रण जगत में भी व्यापक क्रांति आई। ईस्ट-इण्यिा कम्पनी के शासन-काल में सबसे पहला मुद्रणालय सन् (1824) ई. में कलकत्ता में स्थापित हुआ। इसका नाम था 'कलकत्ता शिक्षा-प्रेस'। इसी से भारत में पुस्तकों की छपाई का काम प्रारम्भ हुआ। (1854) ई. में वुड के घोषणा-पत्र में पाठ्य-पुस्तकों के प्रकाशन की संझतुति हुई तो अंग्रेजी, संस्कृत और फारसी में कुछ पुस्तकें प्रकाशित हुई। किसी भी आयोग ने पाठ्य-पुस्तकों के गठन पर बल नहीं दिया। (1882) ई. में भारतीय शिक्षा आयोग, सन् (1918) के कलकत्ता विश्वविद्यालय आयोग, (1929) ई. की हर्टाग समिति, (1936-37) की वुडएक्ट रिपोर्ट में पाठ्य-पुस्तकों की सृजन और सुधार के सम्बन्ध में कोई सुझाव नहीं मिलता। सन् (1910) ई. के बाद भारतीय नेताओं ने शिक्षा की ओर ध्यान तो दिया किन्तु वे भी पाठ्य-पुस्तकों की समस्या तक अन्य बाधाओं के कारण नहीं पहुँच सके।

सन् (1935) ई. में 'गवर्नमेण्ट ऑफ इण्डिया एक्ट' के मतानुसार जब कुछ प्रान्तों में स्वायत्त-शासन का प्रारम्भ हुआ तो कुछ राष्ट्रीय नेताओं ने पाठ्य-पुस्तकों की रचना और सुधार पर भी ध्यान दिया। सन् (1937-38) ई. की प्रथम आचार्य नरेन्द्रदेव समिति ने पाठ्य-पुस्तकों के सम्बन्ध में निम्निलिखित सुझाव दिए

(1) राज्य सरकार द्वारा गठित बोर्ड इनका सम्पादन करे।

(2) इस बोर्ड के तत्वधान में लेखकों द्वारा पुस्तकें लिखाई जाएँ।

(3) प्रचलित-पाठ्य-पुस्तकों की नई जरूरतों के अनुकूल पुनर्रचना की जाए।

सन् (1943) ई. की जनवरी में केन्यिी शिक्षा सलाहकार परिषद् की एक बैठक हुई जिसमें सुझाव दिया गए कि

(1) पाठ्य-पुस्तकों को 3 वर्ष से पहले न बदला जाए।

(2) पाठ्य-पुस्तकों का मूल्य उचित हो जिससे प्रकाशक छात्रों का शोषण न कर सके।

(3) पाठ्य-पुस्तकों का प्रकाशन अच्छे और मान्य प्रकाशकों द्वारा हो।

(4) पुस्तकें योग्य लेखकों द्वारा तैयार कराई जाएँ। लेखकों को प्रोत्साहब दिया जाए।

सन् (1953) में *दूसरी आचार्य नरेन्द्रदेव* (उ. प्र.) गठित हुई। इसने पाठ्य-पुस्तकों के सम्बन्धन में निम्नलिखित सुझाव दिए

(1) प्रधानाध्यापक और अध्यापक ही पाठ्य-पुस्तकों को चुने।

(2) किसी स्वीकृत पाठ्य-पुस्तक की व्यवस्था करे।

(3) पुस्तक-लेखन हेतु लेखकों को पर्याप्त समय मिले।

(4) सरकार अच्छी पुस्तकों की व्यवस्था करे।

(5) पुस्तकों की छपाई का उत्तरदायित्व सरकार अपने ऊपर ले।

(6) अच्छे लेखकों को पुरस्कृत किया जाए।

सन् (1952-53) ई. में मुदलियार आयोग की स्थापना हुई। उसने पाठ्य-पुस्तकों की भर्त्सना करते हुए उनमें सुधार लाने का प्रयास किया। पाठ्य-पुस्तकों से सम्बन्धित एक समिति के सृजन पर भी जोर दिया।

सन् (1954) ई. में *फोर्ड फाउण्डेशन* के तहत एक अन्तर्राष्ट्रीय दल ने प्रचलित भारतीय पाठ्य-पुस्तकों को निरीक्षण किया। उसने सुझाव दिया कि भारतीय सरकार प्रकाशन और लेखन-सम्बन्धी कुछ नियम बनाए और उन्हीं के अधीन प्रकाशक एवं लेखक पुस्तकें तैयार करें। परन्तु सरकार इनके प्रकाशन का उत्तरदायित्व अपने हाथ में न ले।

सन् (1964-66) ई. में *कोठारी आयोग* ने पाठ्य-पुस्तकों पर अधिक ध्यान दिया उसने कहा कि उच्च कोटि के विद्वान पाठ्य-पुस्तकों की रचना में रुचि नहीं लेते, सम्बन्धित अधिकारी पाठ्य-पुस्तकों की स्वीकृति एवं चुनाव में बेईमानी करते हैं। इस क्षेत्र ने अन्वेषण बहुत जरूरत है। पाठ्य-पुस्तकों का प्रकाशन सरकारी शिक्षा-विभाग द्वारा किया जाए।

पाठ्य-पुस्तक का अभिप्राय और मान्य परिभाषाएं

पाठ्य-पुस्तक मानव द्वारा सृजित एक उत्तमकृति है। इसको लिखकर ही मनुष्य अपने ज्ञान को भावी पीढ़ी के लिए संचित कर पाता है। यह ज्ञान संचय का सबसे प्रमुख साधन माना जाता है। वर्तमान युग में पाठ्यक्रम में विषय-वस्तु के अलावा, वर्तमान साधनों एवं माध्यमों का प्रयोग भी सहपाठ्य के रूप में किया जाता है। ताकि छात्रों को विषय-वस्तु के अलावा तकनीकी का भी ज्ञान प्राप्त हो।

हॉलक्वेस्ट के मतानुसार "पाठ्य-पुस्तक शिक्षण क्रियाओं एवं अभिप्रायों के लिए सुव्यवस्थित चिन्तन एवं ज्ञान का लिखित रूप है।"

हर्ल आर. डगलस के मतानुसार "अध्यापकों के अनुभवों एवं विश्लेषण के अनुसार पाठ्य-पुस्तक पढ़ने, पढ़ाने का महत्वपूर्ण आधार है।"

हैरोलिकर के मतानुसार "पाठ्य-पुस्तक ज्ञान, अनुभवों, भावनाओं, विचारों तथा प्रवृत्तियों व मूल्यों का संचय का साधन का है।"

एक कुशल शिक्षक एवं शिक्षण हेतु पाठ्य पुस्तक का होना बहुत जरूरी है। क्योंकि इसके जरिए ही अध्यापक वर्तमान परिस्थिति के बारे में जानकारी प्राप्त करता है।

पाठ्य-पुस्तकों की उपादेयता

पाठ्य-पुस्तक एक अध्यापक के शिक्षण के नियोजन, तथा व्यवस्था के लिए पाठ्य-पुस्तकें मुख्य साधन होती हैं। पाठ्य-पुस्तकें शिक्षण की पूरक तथा सहायक होती है।

वी. एस. बूम के अनुसार "सीखने, अनुभवों के लिए समुचित परिस्थितियाँ पाठ्य-पुस्तकों से ही उत्पन्न की जाती है और शिक्षण उद्देश्यों की प्राप्ति की जाती है। हिन्दी-शिक्षण के उद्देश्यों की प्राप्ति के लिए पाठ्य-पुस्तकों की अधिक उपयोगिता है। यहाँ पर पाठ्य-पुस्तकों की विशेषताओं की उपयोगिता का वर्णन किया गया हैं।

1. पाठ्य-पुस्तकों की की मदद से वर्ग के सभी विद्यार्थियों को एक साथ पढ़ाया जा सकता है।

2. पाठ्य-पुस्तकों के माध्यम से छात्र भी अध्ययन कर सकते है। तथा गृहकार्य करने में भी वे सहायता प्राप्त कर सकते हैं। शिक्षक को घर का काम प्रदान करने मं पुस्तकें पयाप्त सहायक हो सकती है।

3. छात्रों को कम मूल्य पर समस्त आवश्यक तथा महत्वपूर्ण तथा तथ्य सूचनाएँ एक पुस्तक में ही एकत्रित मिल जाती हैं। जिससे उन्हें इधर-उधर भटकने की आवश्यकता नहीं होती।

4. पाठ्य-पुस्तकों के प्रचलन में आने से शिक्षक एवं छात्र दोनों का समय बचता है।

5. पाठ्य-पुस्तकें अध्यापक को कक्षा में जाने से पूर्व पाठ की तैयार करने का अवसर प्रदान करती है।

6. शिक्षण के शाब्दिक सम्प्रेषण से जो सुनने व समझने कर अवसर मिला, उसको अपने दण्ड से पढ़ने और समझने का समुचित अवसर पुस्तकों से मिलता है।

7. कक्षा-शिक्षण के प्रकरणों का अध्ययन करने तथा अभ्यास के लिए अवसर मिलता है। पुस्तकें परिपाक का साधन हैं।

8. पाठ्य-पुस्तकों में तथ्यों, प्रत्ययों एवं सूचनाओं को क्रमबद्ध रूप में प्रस्तुत करती है जिससे छात्रों के सीखने में सुविधा एवं सरलता होती है।

9. पाठ्य-पुस्तकें शिक्षण प्रकरणों की सीमा को निर्धारित करती है तथा शिक्षण का मार्गदर्शन करती है।

10. पाठ्य-पुस्तकें परीक्षा के समय छात्रों की सहायक होती है।

11. पाठ्य-पुस्तक में ज्ञान को क्रमबद्ध एवं व्यवस्थित रूप में प्रस्तुत किया जाता है।

12. पाठ्य-पुस्तक में छात्रों को विषय सामग्री के सन्दर्भ में पूर्ण निर्देशन प्राप्त होते हैं।

13. पाठ्य-पुस्तक के द्वारा शिक्षकों एवं छात्रों को उपयोगी एवं बहुमूल्य अनुभव प्राप्त होते हैं।

14. अतीत के ज्ञान का संचय पाठ्य-पुस्तकों द्वारा ही सम्भव है।

15. पाठ को दोहराने का कार्य पाठ्य-पुस्तकों के बिना सम्भव नहीं है। अध्ययन द्वारा बताई गई अनेक बातें छात्र कक्षा में भूल जाते हैं; उनकी स्मरण शक्ति इतनी तीव्र नहीं होती कि वे एक बार बात सुनकर याद कर लें। अतएव यह जरूरी हो जाता है कि वर्ग में पढ़ाये या बताये गए पाठ को विद्यार्थी घर पर आकर पुनः पढ़ ले।

16. शिक्षा की *डाल्टन पद्धति* एवं योजना प्रणाली में पाठ्य-पुस्तकों की परम आवश्यकता होती है। बालक अपनी रुचि के अनुसार मानसिक विकास करते हैं।

17. प्रत्येक अध्यापक मौखिक शिक्षण में प्रवीण नहीं हो सकता। सामान्य बुद्धि के आध्यापक के लिए पाठ्य-पुस्तकों का सहयोग जरूरी हो जाता है।

18. मौन अध्ययन का अभ्यास पाठ्य-पुस्तकों के द्वारा ही कराया जा सकता है। मौन अध्ययन छात्रों को स्वाध्याय की प्रेरणा देता है।

19. छात्रों को निर्धारित पाठ्यक्रम का ज्ञान पाठ्य-पुस्तकों से ही होता है। वे ज्ञात कर सकते हैं कि वर्ष भर में उन्हें कितना पढ़ना है तथा कितना वे पढ़ चुके हैं।

पाठ्य-पुस्तकों की उपयोगिता के सम्बन्ध में कुछ विद्वानों के विचार निम्नलिखित है

क्रो एवं क्रो के विचारानुसार "न तो केवल पाठ्य-पुस्तक और न केवल शिक्षक, शिक्षा का सर्वोत्तम साधन है। यदि तरूण व्यक्तियों को अपने उत्तरदायित्वों को वहन करने के लिए प्रशिक्षित किया जाता है तो भली-भाँति चुनी हुई पाठ्य-पुस्तकों और भली-भाँति प्रशिक्षण के संयोग की आवश्यकता है।"

क्रो एवं क्रो के विचारानुसार "पाठ्य-पुस्तकों को सीखने-सिखाने की क्रियाओं में अन्य साधनों के साथ महत्वपूर्ण स्थान है।"

हार्न के शब्दों में "शिक्षण विधि एवं पाठ्यवस्तु के सुधार में अच्छी पाठ्य-पुस्तकों का स्थान सर्वोपरि है।"

मेकाम्बर के विचारानुसार "आधुनिक पाठ्यक्रम में पाठ्य-पुस्तकें स्वयं साध्य बनने की अपेक्षा शिक्षा के उद्देश्य को प्राप्त करने में सहयोग देती है।"

विषय-वस्तु के भेद और स्परूप

वर्तमान समय में विषय-वस्तु अध्यापक का काम करती है। यह शिक्षा के क्षेत्र में अमूल्य बदलाव की है। यह शिक्षा को सरल एवं बोधगम्य बना देती है यह छात्रों को निर्देश देने का काम करती है। यह पठन और पाठन दोनों क्रियाओं में सहायक होती है। विषय-वस्तु को निम्नलिखित चारों भागों में बांटा जा सकता है

(1) प्रचलित तथा अनुभव पर आधारित पाठ्य-पुस्तकें, तथा

(2) अभिक्रमित-अनुदेशन पाठ्य-पुस्तकें।

(3) प्रचलित पाठ्य-पुस्तकें,

(4) अनुभवों पर आधारित पाठ्य-पुस्तकें,

इनका संक्षिप्त विवरण यहाँ पर दिया गया है।

(1) प्रचलित तथा अनुभव पर आधारित पाठ्य-पुस्तकें इस प्रकार की पाठ्य-पुस्तकों में उपरोक्त दोनों प्रकार की पाठ्यपुस्तकों की विशेषताओं को सम्मिलित किया जाता है। प्रत्येक अध्याय को दो खंडों में बाँटा जाता हैप्रथम खंड में अभ्यास के लिए प्रश्न तथा समस्याएँ दी जाती हैं। जिन्हें छात्र गृह कार्य के रूप में करते हैं। छात्रों के मौलिक चिन्तन तथा सामान्यीकरण के लिए भी अवसर मिलता है।

इस प्रकार की पाठ्य-पुस्तकों का आकार बड़ा तथा मोटा हो जाता है तथा उनका मूल्य भी अधिक हो जाता है। इस प्रकार की पाठ्य-पुस्तकों को प्राथमिकता स्तर पर अधिक प्रयोग करते हैं।

(2) अभिक्रमित-अनुदेशन पाठ्य-पुस्तकें प्रचलित तथा अनुभव पर आधारित पाठ्य-पुस्तकों की सीमाएँ हैं जिनका वर्णन किया गया और बी. एफ. स्किनर ने शिक्षण प्रक्रिया में भी इसका उल्लेख किया। इनके प्रमुख दोष तथा सीमाएँ नीचे लिखे गए हैं

(क) पाठ्य-पुस्तकों के अध्ययन का कोई छात्र आकलन नहीं सकता कि छात्र ने कितना अध्ययन किया है। प्रत्ययों को पूर्णरूप में प्रस्तुत किया जाता है।

(ख) पाठ्य-पुस्तकों के सृजन में उद्देश्यों को ध्यान में नहीं रखा जाता बल्कि पाठ्यवस्तु के स्वरूप, उसकी गहनता और व्यापकता पर अधिक ध्यान दिया जाता है।

(ग) पाठ्य-पुस्तकों में प्रकरणों और उनके तत्वों की व्यवस्था तार्किक क्रम में की जाती है जबकि मनोवैज्ञानिक क्रम अधिक उपयोगी तथा प्रभावशाली होता है तथा छात्रों को सीखने में सुगमता प्रदान करता है।

(घ) पाठ्य-पुस्तकों में विद्यार्थियों की निजी विविधता और अभिरुचियों हेतु पृथक से कोई प्रबन्ध नहीं किया जाता है।

(ङ) पाठ्य-पुस्तकों से पाठ्यवस्तु या निहित प्रत्यय छात्र को स्पष्ट नहीं हो सका उसके लिए सुधारात्मक अनुदेशन की व्यवस्था नहीं है।

(च) पाठ्य-पुस्तकों के अध्ययन के समय ध्यान एकाग्रचित करने के लिए किसी प्रविधि का प्रयोग नहीं किया जाता है। छात्र स्वयं ध्यान से पढ़ना चाहे तो वह अपना ध्यान केन्द्रित कर सकता है।

हालांकि विषय-वस्तु में भी कुछ दोष पाया जाता है। फिर भी आजकल विषय-वस्तु का प्रयोग दूरवर्ती शिक्षा के लिए अधिक होता है। वर्तमान युग में ऐसी पुस्तक लिखी जानी चाहिए जो अध्यापक का काम करे या छात्र स्वतः पुस्तक को पढ़कर तथ्य को समझ सके। ऊपर की दोषों को दूर करने के लिए बी.एफ. स्किनर ने पांच सिद्धांत का रूप दिया, जो अधोलिखित है

अभिक्रमित अनुदेशन की पाठ्य-पुस्तकों को पाँच मनोवैज्ञानिक सिद्धान्त हैं

(1) स्वतः अध्ययन का सिद्धान्त तथा

(2) छात्र परीक्षण का सिद्धान्त

(3) छोटे-छोटे पदों का सिद्धान्त

(4) तत्कालीन जाँच का सिद्धान्त

(5) तत्परता अनुक्रिया का सिद्धान्त

यह सिद्धान्त *बी. एफ. स्किनर* के अधिगम-सिद्धान्त से लिए गए हैं तथा पाठ्य-पुस्तकों की सीमाओं और दोषों का निवारण भी करते हैं। ये पाँचों सिद्धान्त प्रचलित हैं।

(1) प्रत्येक छात्र को उसे अपनी गति से सीखने का अवसर दिया जाता है। अधिगमन के अवसर छात्र के अनुरूप होते हैं। इसमें व्यक्तिगत भिन्नता की सुविधा मिलती है।

(2) छात्र अध्ययन के साथ अनुक्रियाओं को लिखना होता है तथा उनकी जाँच भी करता है। इस प्रकार अध्ययन का आलेख प्रत्येक छात्र के लिए तैयार होता रहता है। इसे छात्र-आलेख भी कहते हैं। छात्र ने कितना पढ़ा है तथा कितनी अनुक्रियाएँ की हैं तथा कितनी गलत की है इस पर आधारित आलेख तैयार होता है।

(3) पाठ्यवस्तु को छोटे-छोटे पदों में रखा जाता है। पद का आकार इतना होता है कि छात्र सरलता से उसे समझ सकें और पदों को मनोवैज्ञानिक क्रम में व्यवस्थित किया जाता है जिससे छात्रों को सीखने में सहायता मिलती है।

(4) छात्र को अनुक्रिया के बाद उसकी जाँच भी तत्काल करनी होती है। यदि वह अपनी अनुक्रिया को सही पाता है तो उसे पुनर्बलन मिलता है और छात्र आगे बढ़ता है तथा नए ज्ञान की पुष्टि होती है। पाठ्य-पुस्तक में छात्र को अध्ययन के समय कुछ करना होता है तथा पुनर्बलन भी मिलता है।

(5) छात्रों को प्रत्येक पद को पढ़ने के बाद उसमें रिक्त स्थान के लिए अनुक्रिया कर सकता है और नया ज्ञान अथवा नया व्यवहार सीखता है। छात्र को पढ़ते समय तत्पर रहना पड़ता है।

(3) प्रचलित पाठ्य-पुस्तकें इन पुस्तकों में पाठ्वस्तु से सम्बन्धित प्रकरणों को एक व्यवस्थित क्रम में प्रस्तुत किया जाता है। ये उदाहरण तथा अन्य साधनों से भी परिपूर्ण होते हैं। सन्दर्भ-पुस्तकों की सूची भी दी जाती है। सम्पूर्ण पाठ्यवस्तु को दिया जाता है। छात्रों को अध्ययन के बाद ऐसा लगता है कि इससे परे कुछ भी ज्ञान शेष नहीं है। छात्रों को सृजनात्मक क्षमताओं के विकास का अवसर नहीं

होता है। पाठ्यवस्तु को तार्किक क्रम में व्यवस्थित किया जाता है। छात्रों के सीखने की दृष्टि से उपयुक्त हो भी सकती है तथा नहीं भी हो सकती है। छात्रों की व्यक्तिगत भिन्नता को ध्यान में नहीं रखा जाता है।

(4) अनुभवों पर आधारित पाठ्य-पुस्तकें जिन दोषों का उल्लेख किया गया है उनको ध्यान में रखकर अनुभव पर आधारित पाठ्य-पुस्तकों का निर्माण किया जाता है। इन पाठ्य-पुस्तकों में व्यक्तिगत तथा सामूहिक शोध कार्यों को विशेष महत्व दिया जाता है। प्रत्येक अध्याय में शिक्षण बिन्दुओं को एक क्रम में किया जाता है। जिसका तार्किक क्रम न होकर मनोवैज्ञानिक क्रम होता है जो छात्रों को सीखने में सहायक होता है। प्रकरणों से सम्बन्धित आकृतियाँ, व चित्र भी दिए जाते हैं। उदाहरण छात्रों के जीवन से सम्बन्धित ही दिए जाते हैं। छात्रों को अभ्यास के लिए अवसर भी दिया जाता है। सीखने के अनुभव संश्लेषण विधि से प्रस्तुत किए जाते हैं। मूर्त चिन्तन को ही महत्व दिया जाता है। इसमें अमूर्त चिन्तन को अवसर नहीं देते हैं इसलिए प्रतिभाशाली छात्रों के लिए यह पाठ्य-पुस्तकें अधिक उपयोगी नहीं होती हैं।

विषय-वस्तु की विशेषताएं

उत्तम विषय-वस्तुओं की विशेषताएँ निम्नलिखित है

(1) सुनिश्चिता पाठ्य-पुस्तकों का निर्माण विभिन्न स्तरों के लिए किया जाता है। किस स्तर पर कितना ज्ञान अथवा जानकारी छात्रों को प्रदान की जाए इसका बोध पाठ्य-पुस्तकों से होता है। शिक्षक अपने शिक्षक की क्रयाओं का नियोजन करके उनका सम्पदान करता है। छात्रों के समुचित अधिगम परिस्थिति उत्पन्न करके अपेक्षित व्यवहार बदलाव करता है।

(2) सुगमता चयन के आधार पर विषय-वस्तु का वर्गीकरण हम अधोलिखित मानदण्डों के आधार पर कर सकते हैंप्रकरण के तत्वों को चढ़ाव के क्रम में व्यवस्थित किया जाता है जिससे शिक्षक को व्यवस्था की दृष्टि से और छात्रों को सीखने की दृष्टि से सुगम *गने* की अधिगम-परिस्थितियों के चढ़ाव के क्रम और उद्देश्यों के चढ़ाव के क्रम में व्यवस्थित किया जाता है जिससे शिक्षक को व्यवस्था की दृष्टि से और छात्रों को सीखने की दृष्टि से सुगम हो। *गने* की अधिगम-परिस्थितियों के चढ़ाव के क्रम और उद्दश्यों के चढ़ाव के क्रम में ध्यान रख कर पाठ्य-पुस्तकों का निर्माण किया गया हो।

(3) अनुभवों का उपयोग विषय-वस्तुएं एक ऐसा माध्यम रही हैं जिनके द्वारा महापुरुषों के विचारों तथा विद्वानों के शोध कार्यों के प्रचार एवं प्रसार में

विषय-वस्तु की भूमिका अहम होती है। अध्यापक तथा छात्र इन अनुभवों का पर्याप्त लाभ उठाते हैं। मानव के अतीत के अनुभवों तथा ज्ञान का संग्रह पुस्तकों के माध्यम से किया जाता है और भावी नागरिकों को प्रदान किया जाता है।

(4) समय की बचत या मितव्ययिता समय मानव जीवन के लिए अनमोल है। अतः मनुष्य को समय की महत्ता पहचानकर सदैव इसका सदुपयोग करना चाहिए। जो मानव समय का दुरुपयोग करता है वह हमेशा असफल रहता है। अतः समय की बचत में पाठ्य-पुस्तकें महत्वपूर्ण स्थान रखती हैं। उत्तम प्रकार की पाठ्य-पुस्तकों से समय की बचत होती है, मानवीय अनुभव तथा ज्ञान राशि क्रमबद्ध तथा व्यवस्थित रूप में पुस्तकों में मिल जाती है उनके अध्ययन से कम समय में अधिक ज्ञान प्राप्त कर सकते हैं।

किसी विषय का अनुभवी शिक्षक यदि पुस्तक लिखता है तो वह दो प्रकार के अनुभवों को सम्मिलित करता है। पाठ्यवस्तु का प्रारूप उस स्तर के लिए कितना उपयुक्त है और उसे किस रूप में प्रस्तुत किया जाए जिससे छात्र सुगमता से बोधगम्य कर सके। ऐसी पुस्तकें उत्तम प्रकार की मानी जाती है।

चयन के आधार पर विषय-वस्तु के प्रकार

चयन के आधार पर विषय-वस्तु का वर्गीकरण हम अधोलिखित मानदण्डों के आधार पर कर सकते हैं

(1) छात्रों की दृष्टि से उपयुक्ता बालक के मानसिक, सामाजिक, भावात्मक तथा शारीरिक विकास का एक क्रम होता है। भाषा शैली, शब्दावली की अनुकूलता होती है। उसकी के अनुरूप पाठ्यवस्तु का स्वरूप होना चाहिए उनकी रुचियों के अनुसार उदाहरण तथा पाठ्य-सामग्री का प्रस्तुतीकरण होना आवश्यक होता है। इस सम्बन्ध में मनोवैज्ञानिक, तथा शिक्षाशास्त्रियों, निर्देशकों, शिक्षकों और परामर्शदाताओं के विचारों को जानना भी आवश्यक होता है। इन तथ्यों के अनुरूप ही पाठ्य-पुस्तकों का चुनाव किया जाना चाहिए।

(2) सामाजिक तथा राष्ट्रीय आवश्यकताओं की दृष्टि से सामाजिक मूल्यों, मान्यताओं और संस्कृति के विकास की दृष्टि से अपने आप में होनी चाहिए। छात्रों में जीविकोपार्जन के कौशल एवं क्षमताओं के विकास में सहायक होनी चाहिए। प्राकृतिक साधनों तथा विधियों की जानकारी दी जा सके।

विद्यार्थियों के अंदर राष्ट्रवादी भावना को विकसित किये जाने पर ही देश की राष्ट्रीय एकता और अखण्डता अक्षुण्ण बनी रह सकती है। जिससे राष्ट्रीय एकता

और अखण्डता की भावना का विकास किया जा सके। विश्व-बन्धुत्व, अन्तर्राष्ट्रीय सद्भावना और मानवता का भाव छात्रों में जागृत किया जा सके। अन्य विशिष्ट मानदण्ड इस प्रकार हैं

(i) सन्दर्भ, सूची, सूचीपत्र, रेखाचित्र, तालिकाओं में शुद्धता तथा वास्तविकता होनी चाहिए।

(ii) पुस्तक मुद्रण शुद्ध तथा स्पष्ट होनी चाहिए तथा ऊपरी पृष्ठ आकर्षक तथा पाठ्यवस्तु का भाव प्रदर्शित करना चाहिए।

(iii) पाठ्यवस्तु, तथ्य, आँकड़े, मानचित्र, आकृतियाँ तथा ग्राफ आदि सामग्री विश्वसनीय तथा वैध होनी चाहिए।

(iv) लेखकों के विचारों में शुद्धता, मौलिकता तथा निष्पक्षता होनी चाहिए।

(v) उदाहरण बालक के वास्तविक जीवन से सम्बन्धित होने चाहिए।

(3) पाठ्यवस्तु की शुद्धता तथा वैधता हर विषय शब्द सामर्थ्य भिन्न-भिन्न प्रकृति का होता है। उस पाठ्यवस्तु को समुचित शब्दावली से प्रस्तुत किया गया है। पाठ्यवस्तु का स्वरूप के सम्प्रेषण में भाषा ही प्रमुख माध्यम होता है। भाषा सरल एवं सुगम होनी चाहिए जिसे छात्र बोधगम्य कर सकें। भाषा की कठिनाई विषय-वस्तु के समझने में बाधक नहीं होनी चाहिए। तकनीकी शब्दों के साथ-साथ अंग्रेजी शब्दों को दिया जा सकता है।

(4) पाठ्यवस्तु के प्रस्तुतीकरण की भाषा किसी विषय की पाठ्यवस्तु के सम्प्रेषण में भाषा ही प्रमुख माध्यम होता है। भाषा सरल एवं सुगम होनी चाहिए जिसे छात्र बोधगम्य कर सकें। भाषा की कठिनाई विषय-वस्तु के समझने में बाधक नहीं होनी चाहिए। तकनीकी शब्दों को साथ-साथ अंग्रेजी शब्दों को दिया जा सकता है।

(5) पाठ्य-पुस्तक लेखक प्रथम मानदंड यह है कि पाठ्य-पुस्तक लेखक की शैक्षिक योग्यता, उपधियाँ, किस पद पर कार्य कर रहे, जिस विषय पर पुस्तक लिखी है उसके शिक्षण, तथा शोध कार्य आदि का कितना अनुभव या योगदान रहा है। विषय का अनुभवी शिक्षक एक उत्तम प्रकार की पुस्तक लिख सकता है। आम पुस्तक लिखना एक व्यवसाय हो गया है तथा धन कमाने का साधन हो गया है। इसलिए लेखक की विद्वता को ध्यान में रखना चाहिए।

(6) पाठ्यवस्तु की गहनता तथा व्यापकता पाठ्यवस्तु के प्रकरणों को पाठ्यक्रम के सन्दर्भ में देखना चाहिए उसके बाद प्रकरणों के स्परूप की गहनता और वास्तविकता की जाँच कर लेनी चाहिए। आज परीक्षा-केन्द्रित शिक्षा के इसलिए परीक्षा की दृष्टि से भी पाठ्यवस्तु का अवलोकन करना आवश्यक होता है। परीक्षा की दृष्टि से भी पाठ्यवस्तु उपयुक्त होनी चाहिए।

(7) पाठ्यवस्तु का प्रस्तुतीकरण पाठ्य-पुस्तकों में प्रत्यय तथा तथ्यों को आवश्यक आकृतियों, चित्रों तथा चार्टो आदि से प्रस्तुत किया गया है जिससे उन्हें समझना सुगम होता है। प्रकरणों की व्यवस्था समुचित ढंग से की गई, अभ्यास के प्रश्न तथा अन्य सन्दर्भ पुस्तकों को दिया गया है।

विषय-वस्तु सृजन सिद्धान्त

किताबों का लिखना एक रचनात्मक कार्य माना जाता है। पुस्तकों के लिखने पर पारितोषिक दिए जाते हैं तथा सामाजिक योगदान माना जाता है। मौलिक पुस्तक का लिखन कठिन कार्य है। परन्तु पाठ्य-पुस्तकों का लिखना राष्ट्रीय तथा शैक्षिक योगदान माना जाता है। पाठ्य-पुस्तकों में राष्ट्रीयता की चर्चा रहती है। राष्ट्रीय अन्वेषण एवं प्रशिक्षण परिषद् में पाठ्य-पुस्तकों का एक विभाग है। जो पुस्तकों को लिखने का कार्य करती है। इसके अतिरिक्त 'हिन्दी ऐकेडमी' भी पुस्तकों का प्रकाशन कार्य करती है। पाठ्य-पुस्तकों का लिखना एक व्यवसाय भी हो गया है। परन्तु कोई संस्थान इस कार्य को करे परन्तु उत्तम प्रकार की पुस्तकों का प्रकाशन किया जाना चाहिए। पुस्तकों की रचना एवं प्रकाशन में नीचे लिखी गई बातों को ध्यान में रखना चाहिए।

(1) पाठ्यवस्तु का मुख्य-पृष्ठ, सचित्र और आकर्षक होना चाहिए। मुख-पृष्ठ से विषय-वस्तु का भाव भी प्रगट होना चाहिए। जिससे पुस्तक की उद्देश्य-वैधता अधिक हो जाती है। छात्रों को आकर्षित भी करती हैं।

(2) पाठ्य-पुस्तक के सन्दर्भ, लेखक, तथ पाठ्यवस्तु के स्रोत विश्वसनीय होना चाहिए। पुस्तक में अवतरण, कथन परिभाषाएँ आदि शुद्ध रूप में दी जानी चाहिए।

(3) पाठ्य-पुस्तकों की अध्ययन सामग्री एवं अध्यायों का आकार भी छात्रों के मानस पटल पर आधारित होना चाहिए। छोटी कक्षाओं के छात्रों के लिए छोटे अध्याय एवं बड़ी कक्षाओं के छात्रों के लिए बड़े अध्याय का पुस्तक में समायोजन होना चाहिए।

(4) प्रत्येक अध्याय के आरम्भ में उद्देश्यों को लिखना चाहिए और अन्त में सीखने के अभ्यास के लिए प्रश्न भी दिए जाने चाहिए जिनसे उद्देश्यों की प्राप्ति का मूल्यांकन किया जा सके। प्रश्न पाठ्यवस्तु पर आधारित होने चाहिए।

(5) पाठ्य-पुस्तकों का मुद्रण तथा प्रकाशन स्वच्छ, शुद्ध तथा स्पष्ट होना चाहिए। उत्तम प्रकार के कागज का प्रयोग करना चाहिए।

(6) पाठ्यवस्तु की व्यवस्था मनोविज्ञान के नियमों तथा सिद्धान्तों के आधार पर होनी चाहिए। कठिन प्रत्ययों को सरल ढंग से उदाहरणों की सहायता से करना चाहिए। उदाहरण उनके वास्तविक जीवन से सम्बन्धित होना चाहिए।

(7) पाठ्य-पुस्तकों की विषय-वस्तु शुद्ध रूप में लिखी जाए तथा उसी के अनुरूप चित्र, मानचित्र, आकृतियाँ तथा रेखाचित्र आदि दिए जाए जिसे छात्रों को समझने में सरलता हो।

(8) पाठ्य-पुस्तकों की भाषा शैली तथा शब्दावली ऐसी होनी चाहिए जिससे छात्रों को कठिनाई न हो। कठिन शब्दों का प्रयोग नहीं करना चाहिए। तकनीकी शब्दों को साथ ही साथ अंग्रेजी में दे देना चाहिए। वाक्यों का आकार छात्रों के अनुकूल होना चाहिए।

(9) पाठ्य-पुस्तकों में पाठ्यवस्तु तथा प्रकरणों के तत्वों को चढ़ाव के क्रम में व्यवस्थित करना चाहिए। सरल से कठिन की ओर, ज्ञात पाठ्वस्तु की व्यवस्था तार्किक क्रम में तथा मनोवैज्ञानिक क्रम की दृष्टि से वैध होनी चाहिए।

(10) पाठ्यवस्तु के लिए छोटे-छोटे वाक्य तथा परॉग्राफ भी छोटे हों जिन्हें छात्र सुगमता से समझ सकें।

(11) पाठ्य-पुस्तकों का प्रारूप विशिष्ट होता है जिस स्तर के छात्रों के लिए पुस्तक लिखी जाए उनके मानसिक विकास के अनुरूप होनी चाहिए।

(12) पाठ्य-पुस्तकों की रचना में शिक्षा और पाठ्यक्रम के उद्देश्यों को भी ध्यान में रखना चाहिए। प्राथमिक स्तर पर ज्ञान, स्मृति तथा कौशल के विकास उद्देश्यों को माध्यमिक स्तर पर बोध, ज्ञान प्रयोग तथा अभिरुचियों के विकास को तथा उच्च स्तर पर विश्लेशण मूल्यांकन तथा सौन्दर्यानुभूति उद्देश्यों को महत्व दिया जाता है।

हिन्दी की विषय-वस्तुओं का प्रारूप

हिन्दी की विषय-वस्तु को मुख्य रूप से दो वर्गों में विभाजित किया जा सकता है

(1) **अध्ययन की दृष्टि** से विषय सामग्री।

(क) पाठ्यवस्तु का चयन

(ख) पाठ्यवस्तु का स्तरीकरण, तथा

(ग) प्रस्तुतीकरण का स्वरूप

(2) **रूपात्मक पक्ष** इन पक्षों का विवरण दिया गया है

(क) पाठ्यवस्तु के चयन में दो बातों का ध्यान में रखा जाता है

1. विषय सामग्री की मात्रा को सुनिश्चित करना

2. विषय सामग्री की प्रकृत्ति को ध्यान में रखना, तथा

(i) *विषय सामग्री या पाठ्यवस्तु की प्रकृति तीन प्रकार की होती है*

भाषिक पाठ्यवस्तु इसमें शब्दावली, संरचनाएँ वाक्य, उपवाक्य तथा व्याकरण सम्बन्धी अवयव।

साहित्यिक रूप एवं विधाएँ इसमें गद्य, पद्य, कहानी, नाटक, आत्मकथा, संस्मरण, निबन्ध, वर्णन तथा विधि शैलियाँ।

वैचारिक पाठ्यवस्तु इस दृष्टि से मूल विषय, प्रत्यय, भाव, विचार तथा मूल्यों सम्बन्धी प्रकरण।

(ii) *विषय सामग्री की मात्रा का निर्धारण भी किया जाना है*

शिक्षण के समय का निर्धारण

शिक्षण उद्देश्य की पूर्ति के अनुसार।

निर्धारित समय के अनुसार मातृभाषा

(ख) पाठ्यवस्तु का स्तरीकरण भी चयन प्रक्रिया के अनुसार किया जाता है। स्पष्टीकरण में तीन पक्षों को ध्यान में रखते हैं

(i) वैचारिक पाठ्यवस्तुमूल विषय तथा प्रत्यय

(ii) भाषिक पाठ्यवस्तुशब्दावली, संरचना तथा व्याकरण

(iii) साहित्यिक रूप तथा विधाएँलिखित सामग्री, विधाएँ, विविध शैलियाँ तथा शिक्षण की विधियाँ एवं प्रविधियों का चयन भी किया जाता है।

(ग) पाठ्यवस्तु के प्रस्तुतीकरण की दृष्टि से भी तीन प्रकार हैं

(i) सम्पूर्ण-पाठ्यवस्तु का क्रमबद्ध रूप में प्रस्तुतीकरण हो।

(ii) पाठ्यवस्तु का अध्यायों में विभाजन करके प्रकरण सामग्री का प्रस्तुतीकरण हो।

(iii) पुस्तक में सहायक सामग्री का प्रयोग किया जाए। चित्र, चार्ट, मानचित्र अभ्यास के लिए अवसर, छात्रों एवं शिक्षकों के लिए निर्देशन, कठिन शब्दों के अर्थ, व्याख्या, टिप्पणी तथा सन्दर्भ आदि दिए जाए।

विषय-वस्तु लेखन का प्रकल्प

विषय-वस्तु का लिखना एक रचनात्मक कला माना जाता है। परन्तु आज के युग में रचनात्मक कला व्यवसाय तथा आर्थिक स्रोत बनते जा रहे हैं, जिसका

परिणाम यह होता है कि उत्तम प्रकार के पुस्तकों का निर्माण संभव नहीं हो पा रहा है। पाश्चात्य देशों की पुस्तकों को अधिक महत्व दिया जाता है स्वतन्त्रता के बाद से हिन्दी तथा क्षेत्रीय भाषाओं की पाठ्य-पुस्तकों का निर्माण हुआ है परन्तु छात्र सस्ते साहित्य प्रश्नोत्तर तथा गाइड के अध्ययन में अधिक रुचि लेता है। इस प्रवृत्ति को कम करने के लिए रोक लगानी होगी तथा उत्तम प्रकार की पाठ्य-पुस्तकों का निर्माण करना होगा। पाठ्य-पुस्तकों को निर्माण की दृष्टि से दो रूपों में बाँट सकते हैं

(1) प्रचलित अथवा परम्परागत पाठ्य-पुस्तकें, तथा

(2) अभिक्रकित अथवा नवीन प्रकार की पाठ्य-पुस्तकें।

अभिक्रकित पाठ्य-पुस्तकों के लिखने की विधि अधिक वैज्ञानिक तथा मनोवैज्ञानिक है इसका विस्तृत उपचारी-शिक्षण पिछले अध्याय में किया गया है। यहाँ पर प्रचलित पाठ्य-पुस्तकों के लिखने की प्रक्रिया का वर्णन किया गया है। औपचारिक तथा अनौपचारिक रूप में चार उपायों का अनुसरण किया जाता है। ये उपाय इस प्रकार हैं

प्रथम सोपान-पाठ्य-पुस्तक हेतु नियोजन करना पाठ्यवस्तु के नियोजन का प्रमुख आधार *पाठ्यक्रम का प्रारूप होता है।* पाठ्यक्रम के प्रारूप में सभी घटकों तथा आधारों व उद्देश्यों को ध्यान में रखा जाता है। पाठ्यक्रम के प्रारूप में प्रकरणों की सूची ही दी जाती है उनका विशिष्ट स्वरूप नहीं दिया जाता है। इसलिए पाठ्यवस्तु विश्लेषण किया जाता है। इस पाठ्यवस्तु विश्लेषण से अध्यायों को सुनिश्चित किया जाता है कि पुस्तक में कौन-कौन से अध्याय होंगे।

(1) पाठ्यवस्तु विश्लेषण लेखक को पाठ्यवस्तु विश्लेषण हेतु विषय से संबंधित समस्त सुलभ किताबों का अध्ययन करना होता है। छात्रों के मानसिक विकास क्रम और रुचियों को समझना होता है। पाठ्यक्रम में प्रतिपादित उद्देश्यों तथा उनके विशिष्ट रूप को समझना होता है तथा उपलब्ध शिक्षण विधियों को भी ध्यान में रखकर पाठ्यवस्तु का स्वरूप विकसित करना होता है। प्रकरणों में पाठ्यवस्तु को बाँटता है, फिर प्रकरणों को उपक्रमों में बाँटन का प्रयास करता है यदि सम्भव हो सके उसके बाद प्रकरण या उपप्रकरणों को तत्वों में विभाजित करता है जिन्हें उपशीर्षक भी कहते हैं। उन्हें एक तार्किक क्रम में व्यवस्थिति करने का प्रयास करता है। क्रम में व्यवस्थित करते समय सरल से कठिन की ओर चढ़ाव के क्रम, स्थानान्तरण की दृष्टि, ज्ञान से अज्ञात की ओर आदि नियमों को ध्यान में रखकर-व्यवस्थित करता है। इसका प्रारूप इस प्रकार तैयार करता है।

पाठ्यवस्तु

(1) प्रकरण	(4) प्रकरण
1. तत्व 2. तत्व 3. तत्व 4. तत्व	1. तत्व 2. तत्व 3. तत्व 4. तत्व
(2) प्रकरण	(3) प्रकरण
1. तत्व 2. तत्व 3. तत्व 4. तत्व	1. तत्व 2. तत्व 3. तत्व 4. तत्व

(2) पाठ्यवस्तु का प्रारूप पाठ्यवस्तु के विकास क्रम के सम्बन्ध में अनुभवी विषय के शिक्षकों तथा विशेषज्ञों की अनुमति भी ली जा सकती है। पाठ्यवस्तु विश्लेषण से पाठ्य-पुस्तक का प्रारूप तैयार हो जाता है। हर प्रकरण पर एक अध्याय का क्रम भी सुनिश्चित हो जाता है। इतना ही नहीं प्रत्येक अध्याय में किन तत्वों अर्थात् शीर्षक व उपशीर्षक का उल्लेख किया जाएगा यह भी प्रत्येक अध्याय के लिए सुनिश्चित कर लिया जाता है।

हर अध्याय का प्रयोजन भी सुनिर्धारित कर लिया जाता है ताकि प्रकरण का स्वरूप विशिष्ट हो जाता है। उदाहरणार्थयदि बी. एड. के छात्रों के लिए अधिगम-सिद्धान्तों की पाठ्य-पुस्तक में ज्ञान, बोध तथा प्रयोग उद्देश्यों को महत्व दिया जाएगा तो एम. ए. या बी. ए. मनोविज्ञान के छात्रों हेतु अधिगम-सिद्धान्तों की पाठ्य-पुस्तक में ज्ञान, बोध तथा प्रयोग उद्देश्यों को महत्व दिया जाएगा तो एम. ए. या बी. ए. मनोविज्ञान के छात्रों हेतु अधिगम-सिद्धान्तों की पाठ्य-पुस्तक में ज्ञान तथा बोध उद्देश्यों को महत्व दिया जाएगा। प्रयोग की जरूरत नहीं होती है। इस प्रकार पाठ्यवस्तु का स्वरूप बदल जाएगा।

द्वितीय सोपान-पाठ्यवस्तु तथा अध्यायों को लिखना वर्तमान परम्परा यह है कि पाठ्यक्रम के प्रारूप में पहले उद्देश्यों को लिखा जाता है। उसके बाद पाठ्यवस्तु को इकाइयों में प्रस्तुत किया जाता है। प्रथम उपाय में पाठ्यवस्तु का विश्लेषण किया जाता है यह लेखक को निर्देशन का कार्य करता है। जिस क्रम में अध्याय की पाठ्यवस्तु की व्यवस्था नियोजन में की जाती है उसी का लेखक अनुसरण करता है।

पाठ्य-पुस्तकों के अध्यायों को आरम्भ करने से उद्देश्यों को प्रचलित रूप में एक में लिखते हैं। विषय-वस्तु की सहायता से उद्देश्यों की प्राप्ति की जाती है। इसलिए विषय-वस्तु उद्देश्य से सम्बन्धित होती है जिसे छात्र पढ़ चुके हैं वह ज्ञात से अज्ञात की ओर नियम का अनुसरण करते हैं। उसके अध्याय के प्रकरण के प्रथम तत्व को प्रस्तुत किया जाता है। उसके अध्याय के प्रकरण के प्रथम तत्व को प्रस्तुत किया जाता है। पाठ्य-पुस्तक तथा शिक्षण में पाठ्यवस्तु को प्रस्तुत करने की मुख्य

विधि आगमन तथा निगमन है। किसी तत्व का अर्थ तथा परिभाषा दी जाती है। उसके बाद उदाहरण से स्पष्ट किया जाता है। किन्ही परिस्थितियों का उदाहरण देकर प्रत्यय का अर्थ या परिभाषा दी जाती है। इन विधियों की प्रभावशीलता पर शोध कार्य बहुत कम हुए हैं, इसलिए लेखक या शिक्षक ही निर्णय करता है कि नियम-से-उदाहरण विधि प्रयुक्त की जाए अथवा उदाहरणों-से-नियम की विधि शिक्षण हेतु प्रयुक्त की जाए।

पाठ्यवस्तु में सम्बन्ध स्थापित करते हुए प्रस्तुतीकरण करना चाहिए। किन्हीं तत्वों को समझाने के लिए आकृतियों, रेखाचित्र, ग्राफ, चित्र आदि की भी जरूरत होती है, देखी हुई वस्तु को याद करना तथा समझना सरल तथा सुगम होता है। अतएवं जरूरत के मुताबिक इसका इस्तेमाल होना चाहिए।

पाठ्यवस्तु के तत्वों के तत्वों के लिए लेखक को प्रामणिक पाठ्य-पुस्तकों का अध्ययन करना चाहिए जिससे पाठ्यवस्तु को शुद्ध रूप में प्रस्तुत किया जा सके। अनुभवी शिक्षकों को अपने अनुभवों के आधार पर पाठ्यवस्तु का स्वरूप प्रस्तुत करना चाहिए। सांख्यिकी की पाठ्य-पुस्तकों में केन्द्रवर्ती मान तथा विचलन मानों को अलग-अलग अध्यायों में प्रस्तुत किया जाता है। परन्तु मध्यमान तथा प्रामाणिक विचलन को एक साथ पढ़ाने और प्रस्तुतीकरण से छात्रों को सीखने में सुगमता होती है ऐसा अनुभव किया गया है।

भाषा जितनी आसान होती है उतनी ही हृदयग्राह्य होती है। कहने का तात्पर्य यह है कि भाषा सरल और प्रवाहमय हो। वाक्य विन्यास कठिन नहीं हो और इसमें मुश्किल शब्दों के प्रयोग से बचा जाय। साथ ही, जनमानस में प्रचलित भाषा का इसमें समाविष्ट होना चाहिए। परॉग्राफ अधिक बड़ा न हों। वाक्य लिखने की शैली सरल हो।

पाठ्यवस्तु के प्रकरणों, शीर्षक प्रसंगों तथा उपशीर्षकों को भी प्रस्तुतीकरण में देना चाहिए। इनसे छात्रों को याद करने में सहायता मिलती है। उसे संकेत अधिगम सिद्धान्त में विशेष महत्व दिया है। प्रस्तुतीकरण द्वारा स्वामित्व की तरफ अग्रसर किया जाए। अध्याय के अन्त में अभ्यास के लिए तथा उद्देश्यों के मूल्यांकन हेतु वस्तुनिष्ठ और निबन्धात्मक दोनों की प्रकार के प्रश्नों को देना चाहिए। प्रश्नों से पहले अध्याय का सारांश भी देना चाहिए। प्रश्नों को उद्देश्य केन्द्रित या मानदण्ड-प्रश्न के रूप में रखना चाहिए।

विषय-वस्तु का प्रस्तुतीकरण प्रचलित पाठ्य-पुस्तकों की रचना में यह सोपान अनौपचारिक होता है। जब कोई लेखक किसी प्रकाशक से सम्पर्क करता

है तब हस्तलिखित पाठ्यवस्तु के सभी अध्यायों को विषय के विशेषज्ञ को देता है और उनकी अनुमति लेता है कि पाठ्यवस्तु का प्रस्तुतीकरण शुद्ध तथा सार्थक है तभी प्रकाशक उसके मुद्रण के लिए तैयार होता है। इस सोपान में दो पक्षों की जाँच की जाती है।

(1) पाठ्यवस्तु की शुद्धता एवं व्यवस्था, तथा

(2) प्रस्तुतीकरण भाषा शैली तथा शब्दावली की दृष्टि से उपयुक्तता।

(1) विषय-वस्तु की शुद्धीकरण इस प्रकार की जाँच विषय के अध्यापकों तथा विषय विशेषज्ञों द्वारा ही की जाती है। लेखक को हस्तलिखित पाठ्य-पुस्तक को विषय के अध्यापकों तथा विशेषज्ञों को दिखाकर उनकी राय लेना चाहिए तथा उनके परामर्शों के आधार पर सुधार करना चाहिए। प्रकाशक भी मुद्रण से पूर्व उसकी जाँच करता है। विशेषज्ञ सुधार हेतु परामर्श देता है या उसे उपयुक्त नहीं बतलाता है।

(2) पाठ्य-पुस्तकों में भाषा शैली तथा शब्दावली की भूमिका इस पक्ष की जाँच शिक्षकों, विशेषज्ञों तथा छात्रों की सहायता से ही जाती है। इसके लिए छात्रों को पढ़ने के लिए दिया जाए और उनसे भाषा की कठिनाई, वाक्यों के आकार, परॉग्राफ का आकार सम्बन्धी, प्रतिक्रिया ज्ञात की जा सकती है। मुद्रण के बाद जब छात्र पुस्तक पढ़ते है तब वे इसी प्रकार की प्रतिक्रिया करते हैं। भाषा सरल है अथवा कठिन है। वाक्यों का आकार अधिक बड़ा है समझना कठिन होता है। छात्र पाठ्यवस्तु की शुद्धता पर प्रतिक्रिया नहीं कर सकते हैं। परन्तु भाषा शैली, शब्दावली में छात्रों की प्रतिक्रियाओं के आधार पर सुधार कर सकते हैं।

विषय-वस्तु का मूल्यांकन पाठ्यवस्तु के हस्तलिखित प्रारूप की आधार पर सुधार किया जाता है। उसके बाद प्रकाशन को छपाई के लिए दिया जाता है। छपाई शुद्ध तथा स्वच्छ होनी चाहिए। कागज भी उत्तम कोटि का प्रयोग करना चाहिए। अच्छे प्रकाशक इन बातों का ध्यान रखते है। छपाई में त्रुटियों की संख्या नगण्य होनी चाहिए। मुखपृष्ठ की साज-सज्जा मनभावन और आकर्षक होनी चाहिए। पुस्तक का मूल्य अन्य पुस्तकों के समान तथा अपेक्षाकृत कम होना चाहिए। जब पाठ्य-पुस्तक प्रकाशित होकर आ जाती है शिक्षक और छात्र उसका अध्ययन करते हैं। तब पाठ्य-पुस्तक का मूल्यांकन अनौपचारिक रूप में होता है। मूल्यांकन प्रक्रिया सतत चलती रहती है। मूल्यांकन के तीन प्रकार होते हैं

(1) पाठ्य-पुस्तक की भाषा शैली, शब्दावली की महत्ता इस पक्ष का मूल्यांकन छात्रों द्वारा किया जाता है। पुस्तक की भाषा शैली, वाक्यों का आकार,

अध्याय का स्वरूप तथा प्रकरणों का व्यवस्था क्रम छात्रों की दृष्टि से कितना उपयुक्त है। मूल्यांकन प्रक्रिया औपचारिक भी है इसलिए अनुस्थिति मापनी का प्रयोग किया जाता है। इसका विश्लेषण भी यहाँ पर किया गया है।

(2) पाठ्य-पुस्तक की गुणवत्ताइसका सम्बन्ध पाठ्य-पुस्तक के तकनीकी पक्ष से होता है। पुस्तक का मुख पृष्ठ, कागज की गुणवत्ता, छपाई की शुद्धता एवं स्वच्छता तथा पुस्तक का मूल्य, इसके लिए प्रकाशक उत्तरदायी होता है। पुस्तक का प्रचार तथा विज्ञापन और नमूने की पुस्तकें शिक्षकों को भेजना आदि।

(3) पाठ्य-पुस्तक शुद्धता इस पक्ष का सम्बन्ध लेखक से होता है और शिक्षक तथा विशेषज्ञ उसके सम्बन्ध में अपने विचार प्रकट करते हैं कि पाठ्यवस्तु शुद्ध है तथा उसकी व्यवस्था समुचित रूप में की गई। उदाहरण तथा अन्य सामग्री का प्रयोग भी समुचित रूप में किया गया है।

मूल्यांकन मापनी

इसके अन्तर्गत पाठ्य-पुस्तकों की विशिष्टताएं ज्ञात की जाती हैं। शिक्षक अपने अनुभव के आधार पर मूल्यांकन विशेषताओं को तीन या पांच भागों में बांटता है। हालांकि तीन विशेषताओं का ही आकलन ज्यादा होता है।

पाठ्य-पुस्तक की विशेषता(1) उत्तम, (2) औसत, तथा (3) हीन।

हर विशेषता के सम्मुख किसी एक अनुस्थिति पर सही का चिन्ह लगाएँ। इन विशेषताओं को पढ़कर पुस्तक के सम्बन्ध में अपनी अनुमति अंकित कीजिए।

अनुस्थिति मापनी

क्रम सं.	**पाठ्य-पुस्तक की विशेषताएँ**	**(1) उत्तम**	**(2) औसत**	**(3) हीन**
1.	**पाठ्यवस्तु की व्यवस्था का स्वरूप**			
	(अ) मुखपृष्ठ अथवा उद्देश्य वैघता	....	....	....
	(ब) विषय का वर्गीकरण	....	....	....
	(स) मुद्रण तथा कागज	....	....	....
2.	**पाठ्यवस्तु का प्रस्तुतीकरण का स्वरूप**			
	(अ) भाषा शैली, वाक्यों का आकार	....	....	....
	(ब) शब्दावली	....	....	....
	(स) नवीनता	....	....	....
	(द) पैराग्राफ तथा शीर्षक, उपशीर्षक	....	....	....

3.	**मानचित्र रेखाचित्र, अशुद्धितियों का प्रारूप**			
	(अ) शुद्धता	....	....	....
	(ब) स्पष्टता	....	....	....
	(स) उपयोगिता	....	....	....
4.	**उदाहरणों का स्वरूप**			
	(अ) छात्रों के जीवन से सम्बन्ध	....	....	....
	(ब) शुद्धता तथा वास्तविकता	....	....	....
	(स) रोचकता	....	....	....
5.	**अभ्यास के प्रश्नों का स्वरूप**			
	(अ) पाठ्यवस्तु से सम्बन्ध	....	....	....
	(ब) उपयोगिता/ उद्देश्य से सम्बन्ध	....	....	....
6.	**शब्दावली सन्दर्भ सूची तथा निर्देशन का प्रारूप**			
	(अ) व्यावहारिकता	....	....	....
	(ब) वैधता	....	....	....
	कुल योग	....	....	....

इस अनुस्थिति मापनी में छः विशिष्टताओं को शामिल किया गया है। प्रत्येक विशेषता का उसके विभिन्न पक्षों में विभाजित किया गया है। शिक्षकों तथा विशेषज्ञों की अनुस्थितियों का योगकर लिया जाता है उन्हें प्रदत्तों में बदल लिया जाता है। उत्तम को 4 अंक, औसत 2 अंक तथा हीन को शून्य अंक दिया जाता है। उत्तम को 4 अंक, औसत 2 अंक तथा हीन को शून्य अंक दिया जाता है। उत्तम स्तम्भ की अनुस्थितियों के योग 4 से और औसत के योग को 2 समे गुणा करके उन्हें योगकर लिया जाता है। इसी प्रकार 6 विशेषताओं के पृथक्-पृथक् अंक प्राप्त कर लिए जाते हैं। अभिवृत्ति गुणक की भी गणना की जाती हैइसका सूत्र है।

अभिवृत्ति गुणक उत्तम-हीन

उत्तम + औसत + हीन

इस सूत्र का प्रयोग करके पूर्ण मापनी तथा प्रत्येक विशेषता का गुणक अलग रूप में ज्ञात कर लिया जाता है। इसे एक उदाहरण से स्पष्ट कर सकते हैं। अनुस्थिति मापी 100 व्यक्तियों को दी गई है। उनमें से 70 से उत्तम, 15 से औसत तथा 15 से हीन अनुक्रिया प्राप्त हुई।

अभिवृत्ति गुणक 70-15

70 + 15 + 15

55

100 = 0.55

अभिवृत्ति गुणक 0.55 प्राप्त हुआ इसका अर्थ होता है कि 55 प्रतिशत व्यक्ति पाठ्य-पुस्तक की विशेषताओं से सहमत है। इसी प्रकार प्रत्येक विशेषता का अभिवृत्ति गुणक ज्ञात किया जा सकता है। और इसी प्रकार इसका अर्थापन किया जा सकता है।

मूल्यांकन मापन संबंधी त्रुटि

पाठ्य-पुस्तकों के मूल्यांकन के लिए इस मापनी का प्रयोग शोधकार्यों में भी किया जाता है परन्तु इसकी अपनी सीमाएँ हैं

(1) अनुस्थितियों में विशेषताओं का स्वरूप विशिष्ट नहीं होता है।

(2) अनुस्थितियों में विभेदीकरण करना कठिन होता है।

(3) यह मापनी वस्तुनिष्ठ नहीं होती है व्यक्तिगत पक्षों का प्रभाव रहता है।

(4) पाठ्य-पुस्तकों में त्रुटियों का बोध नहीं होता है।

(5) मापनी के परिणामों के आधार पर पुस्तकों में सुधार के लिए दिशा नहीं मिलती है। प्रभावशीलता का ही बोध होता है।

(6) पाठ्य-पुस्तकों में मनोवैज्ञानिक सिद्धान्तों के अनुसरण का सही बोध नहीं होता है।

वर्तमान की आम त्रुटियां

व्यवहारित पाठ्य-पुस्तकें हमारी जरूरतें ठीक प्रकार से पूरा नहीं करती, क्योंकि इनमें कई दोष पाये जाते हैं जो अधोलिखित हैं

(1) पुस्तक-लेखक से पूर्व लेखक छात्रों की सामान्य क्षमताओं और आवश्यकताओं पर ध्यान नहीं देते। अतः वे पुस्तकें बालकों के लिए अनुपयोगी सिद्ध होती है।

(2) ये ज्ञान को जीवन से सम्बन्धित करके प्रस्तुत करती हैं। अतः बालकों के लिए वे जीवनोपयोगी सिद्ध नहीं होती।

(3) प्रायः रद्दी कागज, अनाकर्षक छपाई, कच्ची बँधाई और अनुपयुक्त जिल्द का उपयोग किया जाता है। उनकी साज-सज्जा छात्रों को आकर्षित नहीं कर पाती है।

(4) इनके तैयार करने में लेखक और प्रकाशक का उद्देश्य धनोपार्जन करना होता है। अतः वे पुस्तकें छात्रों के विभिन्न स्तरों के अनुरूप उनकी आवश्यकताओं की पूर्ति के लिए तैयार करते हैं।

(5) पाठ्य-पुस्तकों में मुद्रण सम्बन्धी और भाषा सम्बन्धी अक्षम्य दोष पाए जाते हैं। इसका कारण उन्हें शीघ्रता में तैयार करना ही है।

(6) इसमें उपयुक्त दृष्टान्तों, चित्रों, मानचित्रों, रेखा-चित्रों और उदाहरणों का अभाव रहता है।

(7) पुस्तकें तैयार करते समय शिक्षण-विधियों को आधार नहीं बनाया जाता। अतः अध्यापक उनसे लाभ नहीं उठा पाते।

(8) पुस्तकों में राष्ट्रीय एकता की भावना और अन्तर्राष्ट्रीय सद्भाव का पूर्ण अभाव रहता है।

पाठ्य-पुस्तकों की कमियों को दूर करने संबंधी परामर्श

पाठ्य-पुस्तकों में उपयुक्त सामान्य दोषों को देखते हुए निम्नलिखित सुझाव उनके सुधार के लिए दिए जाते हैं। इसका कारण हैं

(1) पुस्तक-लेखन से पूर्व लेखक छात्रों की सामान्य क्षमताओं और आवश्यकताओं पर ध्यान नहीं देते। अतः वे पुस्तकें बालकों को लिए अनुपयोगी सिद्ध होती हैं।

(2) प्रत्येक विषय पर 6 या 7 पाठ्य-पुस्तकें अवश्य हों। वे सीमित न हो। इसमें जो स्थानीय आवश्यकताओं को अधिक पूरा करती हों उन्हें प्रधानाध्यापक और अध्यापक चुनने में स्वतन्त्र हो।

(3) पाठ्य-पुस्तकों को उपयुक्त चित्रों, रेखाचित्रों, मानचित्रों, उद्धरण और उदाहरणों से उपयोगी बनाया जाए।

(4) कुछ आदर्श पाठ्य-पुस्तकें सरकारी शिक्षा-विभाग द्वारा अवश्य तैयार कराई जाएं। ये पुस्तकें सभी दृष्टियों से उन्नत हों। इनका अनुकरण अन्य प्रकाशक और लेखक करें।

(5) पाठ्य-पुस्तकों में मुद्रण सम्बन्धी और भाषा सम्बन्धी अक्षम्य दोष पाए जाते हैं। इसका कारण उन्हें शीघ्रता में तैयार करना ही है।

(6) इसमें उपयुक्त दृष्टान्तों, चित्रों, मानचित्रों, रेखा-चित्रों और उदाहरणों का अभाव रहता है।

(7) पुस्तकें तैयार करते समय शिक्षण-विधियों को आधार नहीं बनाया जाता। अतः अध्यापक उनसे लाभ नहीं उठा पाते।

(8) मुद्रित किताबों में राष्ट्रीय एकता की भावना एवं वैश्विक भाईचारे का पूर्णतया अभाव रहता है।

पाठ्य-पुस्तकों के राष्ट्रीयकरण की आवश्यकता

निम्नलिखित कारणों से पाठ्य-पुस्तकों के राष्ट्रीयकरण की जरूरत का अनुभव होता है

(1) अब तक प्रचलित पुस्तकों में राष्ट्रीय एकता और अन्तर्राष्ट्रीय सद्भाव को ठीक स्थान नहीं मिलता है। सरकार का कर्त्तव्य है कि वह इन भावनाओं को पाठ्य-पुस्तकों के माध्यम से छात्र-छात्राओं तक पहुँचाए। ऐसा तभी सम्भव है जब सरकार पाठ्य-पुस्तकों का राष्ट्रीकरण करके उनका प्रकाशन अपने हाथ में ले।

(2) सरकार आदर्श पुस्तकों का प्रकाशन करे। यह प्रकाशन अनुसन्धान द्वारा प्राप्त निष्कर्षों के अनुरूप हो इसे देखकर प्रकाशक लोग भी अच्छी पुस्तकों का प्रकाशन करने का प्रयत्न करेंगे।

(3) कोठरी आयोग की संस्तुति के अनुसार पाठ्य-पुस्तकों से सम्बन्धित अन्वेषण कार्य चल रहा है। परन्तु जो परिणाम इस अनुसन्धान के फलस्वरूप निकलते हैं उन्हें प्रकाशक लोग नहीं मानते। इसलिए आवश्यक है कि सरकार पाठ्य-पुस्तकों का राष्ट्रीयकरण करके इनके प्रकाशन का उत्तरदायित्व स्वयं वहन करे।

(4) प्राथमिकता शिक्षा को बुनियादी स्वरूप देने का निश्चय किया जा चुका है। परन्तु उपयुक्त पाठ्य-पुस्तकों के अभाव में यह लक्ष्य भी पूरा नहीं हो पा रहा है। सरकार ने कुछ बेसिक पुस्तकों को प्रकाशन किया भी है। परन्तु वह प्रकाशन इतना अल्प है कि उससे देश की आवश्यकताएँ पूरी नहीं हो पाती। इसलिए सरकार इस आवश्यकता को पूरा करे।

(5) भारतीय संविधान में 14 वर्ष तक के बच्चों को निःशुल्क और अनिवार्य शिक्षा देने की व्यवस्था है। परन्तु यह लक्ष्य अभी तक पूरा नहीं हो सका। फिर भी हमारी सरकार शिक्षा के प्रति सजग हैं। आबादी निरन्तर बढ़ने के कारण छात्र-छात्राओं की संख्या भी बढ़ती जा रही है। इन छात्रों के लिए विभिन्न प्रकार की पाठ्य-पुस्तकों की जरूरत है। इस जरूरत को धनलोलुप प्रकाशक ठीक से पूरा नहीं कर पा रहे हैं। इससे प्रकाशन-कार्य में भारी अनैतिकता आ गई है। इस अनैतिकता को दूर करना और छात्रों की आवश्यकता को पूरा करना सरकार का उत्तरदायित्व है। इसलिए सरकार का कर्तव्य है कि वह पाठ्य-पुस्तकों का राष्ट्रीयकरण करके इनकी समुचित व्यवस्था करें।

(6) राष्ट्रीयकरण द्वारा पाठ्य-पुस्तकों के माध्यम से सरकार को कुछ न कुछ आय आवश्यक होगी। इस आय का उपयोग शिक्षा विकास के लिए भली प्रकार किया जा सकता है।

(7) राष्ट्रीयकरण से पाठ्य-पुस्तकों में एकरूपता आ जाएगी। पुस्तकें छात्रों और अध्यापकों को शीघ्र मिल सकेगी। इससे अध्यापक शीघ्र ही अपनी शिक्षण-योजना तैयार कर सकेंगे।

(8) वैकल्पिक विषयों की पुस्तकें छापना प्रकाशकों को पसन्द नहीं, क्योंकि उनमें छात्र संख्या कम होने से उनकी बिक्री कम होती है। पुस्तकों के राष्ट्रीयकरण से वैकल्पिक विषयों की पुस्तकों की समस्या भी दूर हो जाएगी।

(9) पाठ्य-पुस्तकों के राष्ट्रीयकरण से निर्धन छात्रों को मुफ्त पुस्तकें मिल सकेगी। इससे सरकार को अधिक खर्च नहीं करना होगा।

(10) सुन्दर साज-सज्जा और टू कलर, फोर कलर के प्रयोग के कारण पुस्तकों की छपाई काफी महंगी हो जाती है। साथ ही इसमें प्रकाशक का मुनाफा जुड़ जाने पर निर्धन और मध्यमवर्गीय विद्यार्थी इसे नहीं खरीद पाते। फलस्वरूप आर्थिक दृष्टि से कमजोर छात्रों की पढ़ाई बाधित हो जाती है। यदि सरकार बिना लाभ की दृष्टि से सस्ते मूल्य पर पाठ्य-पुस्तकें तैयार कराए तो निर्धन छात्रों को इससे भारी लाभ होगा। प्रकाशकों को सस्ते दामों पर पुस्तकें छापने के लिए बाध्य नहीं किया जा सकता है।

राज्यों में पाठ्य-पुस्तकों के राष्ट्रीयकरण की पृथक नीति

भारत के कई राज्यों में पाठ्य-पुस्तकों के राष्ट्रीयकरण में एक जैसी नीति नहीं देखने को मिलती है। यहां की सरकार ने औपचारिक रूप से पाठ्य-पुस्तकों का राष्ट्रीयकरण किया है। नीचे इन राज्यों की नीति का उल्लेख किया गया है।

बिहार में पाठ्य-पुस्तकों का पूर्ण राष्ट्रीयकरण कर दिया गया है। अर्जित लाभ गरीब छात्रों में वितरित किया जा रहा है।

राजस्थान में यहाँ पुस्तकों के राष्ट्रीयकरण के लिए एक बोर्ड बनाया गया जिसमें शिक्षा-विभाग का उप-सचिव, राजस्व बोर्ड का एक सदस्य, वित्त विभाग का सचिव, शिक्षा-निदेशक, प्रशासन सवा-स्तर को कोई अधिकारी या शिक्षा-निदेशक के स्तर का कोई अधिकारी इस पुस्तक की राष्ट्रीयकरण-समिति में रखे गए हैं। इसके अतिरिक्त एक समीक्षक परिषद् (Reviewer Board) तथा एक उच्च शक्ति समिति (High Power Committee) का गठन भी किया गया है। इनके सहयोग

से यहाँ पाठ्य-पुस्तकों की समीक्षा करके उनमें सुधार का सुझाव का सुझाव प्रस्तुत करते है। उच्च शक्ति समिति में उच्च न्यायालय का न्यायाधीश, राजस्थान लोक सेवा का एक सदस्य और राष्ट्रीयकरण परिषद् का अध्यक्ष होता है। जो निर्णय समीक्षा बोर्ड लेता है। उसकी स्वीकृति इस उच्च शक्ति से ही लेनी पड़ती है।

पंजाब में पाठ्य-पुस्तकों का पूर्ण राष्ट्रीयकरण कर दिया गया है।

आन्ध्र प्रदेश में यहाँ प्राथमिक स्तर की सभी पुस्तकों का राष्ट्रीयकरण कर दिया गया है।

उत्तरप्रदेश में जूनियर हाई स्कूल तक की सभी पुस्तकों का परन्तु हाई-स्कूल एवं इण्टर की हिन्दी, संस्कृत और अंग्रेजी की पुस्तकों का राष्ट्रीयकरण कर दिया गया है। वितरण पुस्तक विक्रेता करते है।

तमिलनाडु में पुस्तकों का राष्ट्रीयकरण किया गया परन्तु पुस्तकों का वितरण पुस्तक विक्रेताओं के हाथ में रखा गया है।

केरल में पुस्तकों का राष्ट्रीयकरण करने के बाद 1958-59 ई. में समिति का गठन यह जानने के लिए किया गया कि इस राष्ट्रीयकरण के माध्यम से साम्यवादी विचाराधारा का प्रचार तो नहीं किया जा रहा है? समिति ने बताया कि इसके माध्यम से साम्यवादी विचारधारा का प्रसार हो रहा है। अतः वहाँ पुस्तकों का राष्ट्रीयकरण बन्द कर दिया गया।

उड़ीसा, गुजरात और महाराष्ट्र में इन राज्यों में पुस्तकों के राष्ट्रीयकरण का कोई प्रयास नहीं हुआ है।

पाठ्य-पुस्तकों के सरकारीकरण से उत्पन्न समस्याएं

पिछले पृष्ठों में बताया गया है कि पुस्तकों के सरकारीकरण से बहुत से उद्देश्यों की पूर्ति होती है। लेकिन कुछ समस्याओं के उत्पन्न होने से उपयुक्त उद्देश्यों की पूर्ति नहीं हो पा रही है। ये समस्याएं निम्नलिखित हैं

(1) पाठ्य-पुस्तकों के मूल्य में विशेष अन्तर न होने की समस्या राष्ट्रीयकरण से यह आशा की जाती है कि पुस्तकें बच्चों को सस्ते दामों पर मिलेंगी; परन्तु अनुभव में ऐसा नहीं आया। इसका कारण यह है कि सरकार व्यक्तिगत मुद्रणालयों पर निर्भर करती है।

(2) मुद्रण और भाषा विषयक त्रुटि पाठ्य-पुस्तकों का राष्ट्रीयकरण होने से छात्रों को सस्ते दामों पर किताबें मिलती हैं। परन्तु अनुभव में ऐसा नहीं आया। इसका कारण यह है कि सरकार व्यक्तिगत मुद्रणालयों पर निर्भर करती है।

(3) लेखकों में प्रतिस्पर्द्धा होने का अभाव प्रतिस्पर्द्धा की स्थिति में उच्च स्तरीय पुस्तकें तैयार होती हैं। राष्ट्रीकरण से पूर्व लेखकों में एक ही विषय पर अच्छी से अच्छी पुस्तकें लिखने की होड़ लगी रहती है। परन्तु राष्ट्रीयकरण के उपरान्त कुछ चुने हुए व्यक्ति ही व्यक्ति ही पुस्तकें लिखते हैं। अतः लेखक में अच्छी पुस्तक लिखने की होड़ ही नहीं रहती है।

(4) पाठ्य-पुस्तकों के वितरण की समस्या सरकार और विद्यार्थियों के बीच राष्ट्रीयकृत पुस्तकों का वितरण का कार्य पुस्तक विक्रेताओं के माध्यम से पूरा होता है। इससे विद्यार्थियों को पुस्तकें कठिनाई से और देर से प्राप्त होती है। अच्छा हो स्कूलों में सरकार की ओर से सहकारी समितियाँ बन जाए जो इन पुस्तकों का वितरण करें।

(5) विभिन्न सामाजिक दृष्टिकोणों के अभाव की समस्या राष्ट्रीयकृत पुस्तक का लेखन कुछ ही व्यक्ति करते हैं। अतः वे केवल अपना ही सामाजिक दृष्टिकोण उसमें व्यक्तकर सकते हैं। अन्य सामाजिक दृष्टिकोण को वे भुला सकते हैं या उनकी उपेक्षा कर सकते हैं। इससे छात्रों को विविध सामाजिक एवं सांस्कृतिक दृष्टिकोण को समझने का अवसर नहीं मिल सकता है।

(6) पुस्तकों के प्रकाशन में विलम्ब होने की समस्या राष्ट्रीयकरण के कारण पुस्तकों के प्रकाशन में लालफीताशाही काम करने लगती है। प्रकाशन-प्रक्रिया कई समितियों या व्यक्तियों के हाथों से निकलकर सम्पन्न होती है। परिणाम यह होता है कि विद्यार्थियों तक वह पुस्तक बहुत देर से पहुँच पाती है। कभी तो सत्र प्रारम्भ होने के बहुत समय बाद वह बाजार में आती है।

(7) राजनीतिक विचारों के प्रचार की समस्या भारत में अनेक राजनीतिक दलों का अस्तित्व है। जो भी दल सत्ता में होता है वह अपनी राजनीतिक विचारधाराओं को राष्ट्रीयकरण के बल पर पुस्तकों के माध्यम से छात्रों तक पहुँचाने का प्रयास करता है। जैसेकेरल में साम्यवादी विचारधारा को फैलाना प्रारम्भ कर दिया। इससे छात्रों की स्वतन्त्र विचार करने की शक्ति और प्रक्रिया कुण्ठित हो सकती है। इससे जनतन्त्र को आघात पहुँचेगा।

(8) शिक्षक स्वातंत्र्य समाप्त होने का भय पाठ्य-पुस्तकों का राष्ट्रीयकरण होने पर अध्यापक निर्धारित पुस्तक को पढ़ाने के लिए बाध्य होगा। राष्ट्रीयकरण न होने की दशा में अध्यापक किसी विषय पर छपी 3 या 4 पुस्तकों में से किसी उपयुक्त पुस्तक को चुनने के लिए स्वतन्त्र होता है। यहाँ यह स्वतन्त्रता लुप्त हो जाती है। इस समस्या को दूर करने के लिए कोठारी आयोग का सुझाव है कि सरकार एक ही विषय पर 3 या 4 पुस्तकें छापे। फिर अध्यापक उनमें से एक को चुन ले।

राष्ट्रीयकरण की सफलता हेतु सुझाव

पिछले पृष्ठों में पुस्तकों के राष्ट्रीयकरण की कुछ समस्याओं को समझा। अब राष्ट्रीयकरण की सफलता के लिए कुछ सुझाव भी देना आवश्यक होगा। ये सुझाव इस तरह हैं

(1) एक ही लेखक को अवसर दिया जाए। इससे शैली में भिन्नता और सुधार आएगा। पुस्तकों का सरल, आकर्षक बनाने के लिए चित्रों, रेखाचित्रों पर बल दिया जाए।

(2) सरकार कागज मिल से सीधा ले; चित्रों और ब्लाकों के लिए अपना संग्रहालय बनाए। इससे भी पुस्तक-मूल्य गिरेगा।

(3) सरकार पुस्तकों के प्रकाशन में 'न लाभ न हानि' (No Prolit) वाली नीति अपनाए। इससे पुस्तकें सस्ती मिलेगी।

(4) लेखक को पुस्तक लिखने का समय कम से कम 2 वर्ष का मिले। 6 मास या एक वर्ष का समय थोड़ा है।

(5) राजस्थान की नीति और व्यवस्था को अपनाया जाए।

(6) जो पाठ्यक्रम एक बार स्वीकृत हो जाय, उसे न्यूनतम 5 सालों तक यथावत् रखना चाहिए।

(7) पाठ्य-पुस्तकों के चयन में अध्यापक को भी थोड़ी स्वतन्त्रता मिले। अतः एक विषय पर कम से कम 3-4 पुस्तकें अवश्य तैयार कराई जाएं।

(8) पुस्तक-लेखन के लिए अनुभवी और योग्य लेखकों को आमन्त्रित किया जाए। अच्छे लेखन कार्यों पर लेखकों को पुरस्कृत भी किया जाए। पारिश्रमिक भी अच्छा दिया जाए।

(9) सरकार एक अनुसन्धान केन्द्र, स्थापित करे जो पुस्तक के प्रकाशन एवं छपाई में सुधार लाए। केन्द्र के निष्कर्षों को व्यवहार में लाया जाए।

(10) सरकार पुस्तकों का प्रकाशन निजी प्रेसों में कराए।

भाषा शिक्षण में पाठ्यपुस्तकों का महत्व

(1) शिक्षण और पठन-पाठन में पाठ्य-पुस्तकों का अत्यधिक महत्व है। पुस्तक वह सामग्री है जिससे शिक्षक एवं छात्र दोनों को समान रूप से लाभ होता है। इनके द्वारा कक्षा विशेष का पाठ्यक्रम स्पष्ट हो जाता है और अध्यापक को बहकने का अवसर नहीं रहता। बच्चों को भी यह पता रहता है कि उन्हें कितना पढ़ना है। इस प्रकार पुस्तकों के सहारे शिक्षा की प्रक्रिया बड़े व्यवस्थित ढंग से चलती है।

(2) पाठ्य पुस्तकें शिक्षा की पूरक होती हैं। कक्षा में जो पढ़ाया जाता है, यह आवश्यक नहीं कि सब बच्चे उसे पूर्ण रूप से ग्रहण कर लें। उस स्थिति में ये पुस्तकें बच्चों की सहायता करती हैं। वे घर पर इन पुस्तकों का अध्ययन कर तथा ज्ञान प्राप्त कर लेते हैं। इस प्रकार बच्चों में स्वाध्याय की आदत भी पड़ती है। पाठ्य-पुस्तकें कक्षा शिक्षण का एक प्रमुख साधन होती हैं। एक साथ अनेक बच्चों को पढ़ाना इन पाठ्य-पुस्तकों द्वारा ही सम्भव होता है। इनके द्वारा समय और शक्ति दोनों की बचत होती है।

(3) भाषा की शिक्षा में पुस्तकों का सबसे अधिक महत्व है। भाषा की पुस्तकें तो साध्य और साधन दोनों रूपों में प्रयोग की जाती है। जब पुस्तकों को बच्चों के शब्द एवं सूक्ति कोष में वृद्धि करने, उनके उच्चारण को शुद्ध करने, उनको, पठन, कला में निपुण करने, उनकी बोध एवं कल्पना शक्ति के विकास करने, उनकी रचनात्मिका वृत्ति को सचेष्ट करने और उन्हें विविध विषयों का ज्ञान कराकर उनका चरित्र निर्माण करने के हेतु प्रयोग करते हैं तो ये साधन के रूप में काम करती हैं; और जब उन्हें किसी खण्ड काव्य अथवा नाटक का रसास्वादन कराने हेतु पढ़ाया जाता है तो ये साध्य बन जाती हैं।

(4) भाषा शिक्षण में पुस्तकों की उपयोगिता कक्षा के अन्दर और बाहर, सभी स्थानों पर होती है। बच्चों को भाषा ज्ञान देने के लिए आज हमें पुस्तकों का सहारा लेना पड़ता है, बच्चों को स्वाध्यायी बनाने के लिए कुछ सहायक पुस्तकों का सहारा लेना होता है, और विशेष अध्ययन के लिए बच्चे पुस्तकालयों से अनेक पुस्तकें लेकर पढ़ते हैं। भाषा शिक्षण की पूरी क्रिया आज पुस्तकों पर आधारित है।

वैयष्टिक शिक्षण (डाल्टन आदि प्रणालियों) में पाठ्य-पुस्तकों की विशेष जरूरत होती है। बच्चे पुस्तकों का अध्ययन कर ज्ञान प्राप्त करते हैं, अध्यापक तो सिर्फ सहायक और पथ प्रदर्शक का कार्य करते हैं।

भाषा शिक्षण में पुस्तकें ज्ञान के विकास में तो सहायक होती ही है, इसके साथ-साथ इनसे बच्चों का मनोरंजन भी होता है। नाटक, कहानी और कविताओं की पुस्तकें तो सबसे अधिक मनोरंजन प्रदान करती है।

पाठ्यपुस्तकों की आलोचना

यद्यपि शिक्षा बोर्ड द्वारा पाठ्यक्रम सूची में आवश्यक निर्देश देने के बावजूद पाठ्य पुस्तकों में कई दोष देखने को मिलते हैं। इसका कारण क्या हैं? हम निम्नलिखित तरह से प्रकट कर सकते हैं

(1) सहायता सामग्री की दृष्टि से भी विशेषतः अभ्यासार्थ प्रश्न उपयुक्त नहीं प्रतीत होते हैं। अधिकांशतः प्रश्न इस प्रकार के होते हैं, जिनका उत्तर उस पाठ के अन्दर ही प्राप्त हो जाता है। परीक्षा पास करने के लिए उनको रट लेना ही पर्याप्त होता हैफिर बेचारे बालकों का क्या दोष? सच तो यह है कि प्रश्न के होने चाहिए, कि उनका उत्तर देने के लिए बालक को अपनी मानसिक शक्तियों, भाव और कल्पना का यथेष्ट उपयोग करना पड़े।

(2) भाषा-शैली की दृष्टि से भी यह पुस्तकें कम आलोच्य विषय नहीं हैं। बच्चों के लिए भाषा इस प्रकार की होती है कि वह उसके गलत अर्थ लगाने लगते है। लिखने का ढंग, लेख का आरम्भ इस तरह के होते हैं कि बालक उन्हें अपने स्वयं के अनुभवों से सम्बद्ध नहीं कर पाते। उदहारणार्थमैथिलीशरण गुप्त के 'अन्योक्तियाँ' लेख का अंश व्यंग्यात्मक ढंग से प्रारम्भ होता है। बालक उसे ज्यों का त्यों रटने का प्रयत्न लिखकर अन्योक्ति का अर्थ तथा मैथिलीशरण गुप्त का आशय स्पष्ट कर देता तो बालक उस लेख का आनन्द प्राप्त कर सकते।

(3) विषय-वस्तु से सम्बन्धित एक विशेष बात यह है कि अधिकतर पाठ ऐसे होते हैं, जो बालकों में **स्वाध्याय व विशद अध्ययन** की जिज्ञासा एवं रचनात्मिका बुद्धि को जन्म दे सके। उदाहरणार्थ, स्व. श्री नेहरू का 'मनुष्य का जन्म' या शालिग्राम मिश्र का 'संसार की सबसे बड़ी नहर'इत्यादि नीरस लेख पढ़कर किसी भी बालक की कामना नहीं होती है। **वह** इसे लेकर कुछ विशेष और पढ़े। शायद इस पाठ को ही पढ़ना उनके लिए भार ही होता है। इसलिए बालकों में स्वाध्याय की आदत मर जाती है। बालक जीवन-क्षेत्र में उतरने पर बिल्कुल ही पुस्तकों से नाता तोड़ देते हैं।

(4) पुस्तकों में लेखकों व कवियों की प्रतिनिधि रचनाएँ ही प्रस्तुत नहीं की जाती हैं; उच्च विद्यालय के वर्गों में बिहारी के भक्तिमय दोहे, यथाअधर धरत हरि के परत, ओठ दीठि पट ज्योति, हरित रंग की बांसुरी इंद्र धनुष दुति होती, रख दिए जाते हैं। इसी प्रकार गुप्तजी सरल भावमयी कविताओं के कवि हैं, पन्त जी विशेषतः प्रकृति के ही कवि हैं इसी दृष्टि से उनके काव्यांश प्रस्तुत करना वांछनीय है।

(5) पाठ्य-पुस्तक में कुछ पाठ ऐसे होते हैं जो **स्तरहीन** होते हैं अथवा व्यर्थ ही मालूम होते है। उदाहरणार्थहाई स्कूल की पुस्तक में धर्मवीर भारती की आधुनिकतम कहानी 'पार्क सड़क की लालटेन और चिड़िया विचित्र ही लगती है। न छात्र-छात्राएँ इसमें रुचि ले सकते हैं और न इससे उन्हें अपने चरित्र-निर्माण के लिए सामग्री ही प्राप्त होती है।

(6) प्रायः वर्तमान पुस्तकों में **मनोरंजन का नितान्त अभाव** होता है। कक्षा 6, 7, 8, की पुस्तकों में ऐसी नीरस रचनाएँ भर दी जाती हैं कि बालक को पढ़ने का मन ही नहीं करता। किसी मनः चंचलता के समय पुस्तक में शान्ति कितना ही खोजने पर भी नहीं हाथ लगती है। उदाहरणार्थस्व. नेहरू का लेख "मनुष्य का जन्म" या अन्य लेख "मुद्रण कला" घाघ की कृषि-विषयक उक्तियाँ" आदि लेख या तो लाभप्रद होने चाहिए अथवा वे लिखे इस ढंग से जाएं कि उनमें रोचकता भर जाए, मनोरंजन हो सके। बालकों की पुस्तकों के चयन में यह तो ध्यान रखना नितान्त अनिवार्य है कि वह बालकों के लिए है जिसमें सर्वत्र सरसता ही सरसता हो।

(7) इस अतिरिक्त पुस्तकों में **वाक्यों और अनुछेदों का भी ध्यान नहीं रखा जाता है।** किन्हीं इतने लम्बे-लम्बे वाक्य व कथन दे दिए जाते हैं कि बालक उनका भाव-ग्रहण ही नहीं कर पाते और वह अतिशय कठिन बन जाते हैं।

(8) प्रायः यह देखने को मिलता है कि पाठ्य-पुस्तकों में ऐसे विषय-वस्तु को रख दिया जाता है, जो छात्रों की समझ से बाहर होता है। फिर भी बालक परीक्षा की दृष्टि से इन कठिन विषय-वस्तु को रटने का प्रयास करता है। बालक उन्हें समझ नहीं पातेकेवल परीक्षा हेतु गलत-सही चाहे जैसा रटने का प्रयत्न करते हैं। उदाहरणार्थबहुत छोटी कक्षाओं में कबीर, रहीम आदि के दोहे रखे जाते हैं। उनके भाव नीरस और दुरूह होते हैं।

अतः हम निष्कर्ष के रूप में हम कह सकते हैं कि वर्तमान पाठ्य-पुस्तकों में स्तरहीन विषय-वस्तु का समावेश रहता है। कठिन भाषा एवं शब्दावली का प्रयोग होता है। कठिन से कठिन वाक्य का सृजन किया जाता है। बड़े-बड़े परॉग्राफ का प्रयोग किया जाता है। पाठ्य पुस्तक में ऐसे विषय-वस्तु को रख दिया जाता है कि छात्र सीखने की जिज्ञासा को छोड़कर परीक्षा की दृष्टि से रहना चालू कर देता है। इस पाठ्य पुस्तक में इन सब बातों को देखते हुए हमारी सरकार ने पाठ्य-पुस्तकों में सुधार करने की कोशिश की है। ताकि छात्रों को उनके स्तर के मुताबिक विषय-वस्तु का शिक्षण प्रदान किया जा सके। इसके लिए सरकार ने शिक्षा को तीन भागों में बांटा है 1. जूनियर स्तर 2. माध्यमिक स्तर 3. उच्चतर स्तर।

प्राथमिक स्तर

1. महान् व्यक्तियों की जीवनी
2. साहसिक कार्य
3. यात्राएँ
4. अन्य देशों के लोग व जीवन

5. यातायात के साधन
6. संचार के साधन
7. नाटक
8. सामाजिक कहानियाँ
9. आत्म-प्रकाशन
10. क्षेत्रीय समस्याएँ
11. खेलकूद
12. कार्टून
13. पौराणिक कथाएँ
14. शिकार (कथाएँ)
15. समुद्र-जीवन की कहानियाँ
16. देशभक्ति की कहानियाँ
17. साहसिक यात्राएँ
18. पशु-जीवन
19. युद्ध-कथाएँ
20. नायक

माध्यमिक स्तर

1. सम्पूर्ण सृष्टि
2. व्यावसायिक कथानक
3. खोज व आविष्कार
4. श्रृंगारिक कहानियाँ
5. ऐतिहासिक किंवदन्तियाँ
6. जंगली पशुओं का जीवन
7. विज्ञान
8. राष्ट्रीय समस्याएँ
9. खेलकूद
10. यंग
11. यौन
12. साहसपूर्ण कार्य
13. हास्य और व्यंग
14. रहस्य और डरावनापन
15. जासूसी
16. धर्म
17. काल्पनिक कथाएँ
18. शिकार
19. यात्राएँ, खोज व सर्वेक्षण
20. जीवन व आत्म कथाएँ
21. संगीत और कला
22. प्राकृतिक इतिहास
23. संस्कृति
24. देशभक्ति से ओत-प्रोत कथानक
25. राजनीति
26. युद्ध
27. साहित्य

दीर्घ उत्तरीय प्रश्न

1. पाठ्य-पुस्तक को पारिभाषित करते हुए इसकी प्रमुख उपयोगिता को बताएं।
2. विषय-वस्तु के अंतर और इसके स्वरूप की चर्चा करें।
3. चयन के आधार पर विषय-वस्तु के कितने प्रकार हैं वर्णित करें।

लघु उत्तरीय प्रश्न

1. उत्तम विषय-वस्तु के विशेषताओं का वर्णन करें।
2. विषय-वस्तु सृजन सिद्धान्त क्या हैं?

वस्तुनिष्ठ प्रश्न

1. ज्ञान संचित करने का एक मुख्य साधन है

   (क) विद्यालय (ख) शिक्षक

   (ग) पुस्तक (घ) इनमें से कोई नहीं।

2. गवर्नमेंट ऑफ इंडिया ऐक्ट ब्रिटिश शासन में कब पारित हुआ?

   (क) 1858 (ख) 1909

   (ग) 1919 (घ) 1935

3. कोठारी आयोग का कार्यकाल था

   (क) 1964-66 (ख) 1950-52

   (ग) 1968-70 (घ) 1985-87

19

हिन्दी-शिक्षण में गृह-कार्य

गृह कार्य का आशय

गृह कार्य से आशय है घर का काम। अध्यापक कक्षा में पाठ को पढ़ाने के बाद, विद्यार्थियों को घर से प्रश्न हल कर लाने के लिए कहते हैं। घर में प्रश्न का उत्तर तैयार करना ही छात्रों का गृह कार्य है। घर के काम को दो भागों में बांटा जाता है।

1. लिखित गृह कार्य (written home work)
2. याद करने का गृह कार्य (remeber home work)

1. लिखित गृह कार्य (written home work) इसके अन्तर्गत छात्रों को किसी प्रश्न का उत्तर घर से लिखित रूप में लाना पड़ता है।

2. याद गृह कार्य (remember home work) इसके अन्तर्गत छात्रों को किसी प्रश्न का उत्तर घर से याद करने के रूप में दिया जाता है। इस कार्य को मौखिक कार्य भी (Oral Work) कहा जाता है।

गृह-कार्य देना चाहिए या नहीं?

घर का काम शिक्षण क्रिया का प्रमुख अंग माना जाता है। इस कार्य के बिना शिक्षण क्रिया पूरी नहीं हो सकती। परन्तु कुछ अध्यापक इसे बाधक भी मानते हैं। अतः उनके तर्क अधोलिखित हैं

गृह-कार्य के पक्ष में दिए जानेवाले तर्क इस तरह हैं

(i) छात्रों की सक्रिय शब्दावली में वृद्धि होती है। उन्हें लिखित अभिव्यक्ति का अवसर मिलता है। वर्तनी का अभ्यास होता है। सुन्दर-सुडौल लेख का अभ्यास होता है।

(ii) भाषा-शिक्षण में मौन वाचन की योग्यता का विकास भी एक उद्देश्य है। गृह-कार्य देने से छात्रों को मौन वाचन करने का अवसर प्राप्त होता है।

(iii) छात्रों को स्वाध्याय करने का अवसर प्राप्त होता है। उन्हें स्वयं पढ़कर चिन्तन करना पड़ता है और प्रश्नों का उत्तर लिखना पड़ता है।

(iv) गृह-कार्य करने से छात्र कक्षा में पढ़ाए गए पाठ को दुहरा लेते हैं। आवृत्ति से कक्षा में सीखा हुआ विषय पक्का हो जाता है।

(v) गृह-कार्य कक्षा-शिक्षण का पूरक है। यदि कक्षा में कोई बात अधूरी रह जाती है तो छात्र गृह-कार्य ठीक करके लाते हैं तो इससे स्पष्ट है कि शिक्षण-विधि सफल है। इसी प्रकार छात्रों की बोधशक्ति, मानसिक योग्यता आदि की जाँच भी आसानी से हो जाती है।

(vi) गृह-कार्य कक्षा-शिक्षण का पूरक है। यदि कक्षा में कोई बात अधूरी रह जाती है तो छात्र गृह-कार्य द्वारा उसे घर पर पूरा कर लेते हैं। इसी प्रकार अगले दिन पढ़ाए जानेवाले पाठ को एक बार घर से पढ़कर आ सकते हैं। भाषा-शिक्षण में नए पाठ के कठिन शब्द छाँटकर ला सकते हैं।

(vii) गृह-कार्य की जाँच करने से अध्यापक को छात्रों की व्यक्तिगत विभिन्नताओं को जानने का सुअवसर प्राप्त होता है। उसे छात्रों की व्यक्तिगत योग्यता व क्षमता का पता लगता है जिसके आधार पर वह छात्रों पर व्यक्तिगत ध्यान दे सकता है।

(viii) गृह-कार्य ठीक होने पर कक्षा में छात्र की प्रशंसा होती है, जिससे उसे और भी लगन व मेहनत से कार्य करने के लिए प्रोत्साहन मिलता है।

(ix) नियमित अध्ययन से परीक्षा के समय छात्रों को घबराना नहीं पड़ता है। वे पूरे आत्मविश्वास के साथ परीक्षा में बैठते हैं।

(x) छात्र पढ़ाई में नियमित रहते हैं। प्रतिदिन गृह-कार्य मिलने पर नियमित रूप से विषय का अध्ययन करना पड़ता है, इससे प्रतिदिन पढ़ने की आदत पड़ जाती है।

(xi) अवकाश के समय का सदुपयोग होता है।

(xii) गृह-कार्य पूरा तथा ठीक होने पर छात्रों में आत्मविश्वास बढ़ता है।

परन्तु कुछ अध्यापक गृह-कार्य को बालक के 'कोमल मन पर दबाव' मानकर इसका खिलाफ करते हैं। उनका मत है कि

1. शिक्षण-प्रक्रिया का उद्देश्य बालक के व्यक्तित्व का संतुलित विकास करना है। गृह-कार्य से इस संतुलित विकास में बाधा पहुँचती है। एक तो विद्यालय में बच्चे को कक्षा में कई-कई घंटे लगातार बैठे रहकर शिक्षा ग्रहण करनी पड़ती है फिर गृह-कार्य के कारण घर में भी आते ही पढ़ाई के लिए बैठ जाना पड़ता है जिससे शारीरिक रूप से क्रियाशील होने का अवसर नहीं मिल पाता है। परिणामस्वरूप बच्चा शारीरिक रूप से सुदृढ़ नहीं हो पाता है। गृह-कार्य के कारण पढ़ाई के लिए कई-कई घंटे लगातार बैठे रहने से स्वास्थ्य पर भी प्रतिकूल प्रभाव पड़ता है और जब शरीर अस्वस्थ होगा तो स्वस्थ मन कहाँ से होगा?

2. दूसरी तरफ गृह-कार्य बच्चे के व्यावहारिक जीवन के विकास में भी बाधक होता है। पढ़ाई के कारण घर पर बच्चे माता-पिता के काम में तनिक भी हाथ नहीं बँटा पाते हैं। घर में किसी अतिथि या रिश्तेदार के आने पर भी बच्चा अलग कमरे में अपनी पढ़ाई में लगा रहता है, परिणामस्वरूप वह न तो उन्हें जान पाता है और न ही उनके साथ बातचीत कैसे करनी चाहिए, या मेहमान का स्वागत-सत्कार कैसे करना चाहिए, इस बात का प्रशिक्षण प्राप्त कर पाता है। इस प्रकार गृह-कार्य बच्चे के सामाजिकत विकास में भी बाधक होता है।

3. गृह-कार्य से बच्चे के मस्तिष्क पर जरूरत से ज्यादा बोझ पढ़ता है जिससे कई बच्चों का तो पढ़ाई से मन ही हट जाता है।

4. गृह-कार्य न कर पाने की स्थिति में कक्षा में सजा मिलती है और इस सजा से बचने के लिए बच्चे बहाने बनाना व झूठ बोलना सीख जाते हैं, जो कि बच्चे के चारित्रिक विकास में बाधक है।

5. बहुधा गृह-कार्य न करने पर सजा से बचने के लिए बच्चे विद्यालय से भागने लगते हैं जिससे बच्चे में आपराधिक प्रवृत्ति पनपने लगती है।

6. बहुत-से विद्यार्थी अध्यापक की डाँट से बचने के लिए नकल करके गृह-कार्य कर लेते हैं। कई छात्र बेगार समझकर बिना सोचे-समझे गलत-सलत कार्य कर देते हैं। इससे बच्चा लापरवाह प्रवृत्ति का बन जाता है।

उपर्युक्त तथ्यों से ज्ञात होता है कि घर का काम शिक्षण-अवरोध के रूप में सिद्ध होता हैं। हालांकि इनमें कई दोष हैं, तो कई गुण भी हैं। अतः गृह कार्य को उचित रूप में प्रयोग किया जाए तो यह शिक्षण प्रक्रिया में लाभकर सिद्ध होगा।

गृह कार्य देते समय स्मरणीय बातें

गृह-कार्य देते समय हमें कुछ बातों को विशेष रूप से ध्यान में रखना चाहिए, जो कि निम्न हैं :

1. गृह-कार्य का संशोधन सावधानीपूर्वक होना चाहिए गृह-कार्य से अध्यापक को छात्र की बोधशक्ति, अभिव्यक्ति की योग्यता एवं विषय-ज्ञान की जाँच करने में सहायता मिलती है। अतः गृह-कार्य की जाँच का कार्य सावधानीपूर्वक करना चाहिए। छात्रों को उनकी कमियों से परिचित कराना चाहिए जिससे वे अपनी कमियों को दूर कर अपने ज्ञान में वृद्धि कर सकें।

2. अध्यापक का व्यवहार सहानुभूतिपूर्ण होना चाहिए गृह-कार्य में त्रुटि होने पर छात्र को डाँटना या फटकारना या शारीरिक दंड देना अमनोवैज्ञानिक है। ऐसे छात्रों के साथ सहानुभूतिपूर्ण व्यवहार, प्रदर्शित कर उसे ठीक कार्य करने के लिए प्रोत्साहित करना चाहिए।

3. गृह-कार्य में विविधता होनी चाहिए एक ही तरह का कार्य करते रहने से नीरसता का उत्पन्न होना स्वाभाविक है। अतः इससे बचने के लिए एक कुशल अध्यापक को हर दिन अलग-अलग प्रकार का काम गृह कार्य के रूप में देना चाहिए, क्योंकि विविधता में ही रोचकता छिपी होती है। प्रतिदिन अलग-अलग तरह का कार्य देना चाहिए। कभी मौखिक कभी लिखित। कभी लम्बे उत्तर वाला तो कभी लघु उत्तर का।

4. गृह-कार्य में सृजनात्मकता होनी चाहिए गृह-कार्य ऐसा हो जिसमें छात्रों को कुछ नवीन कार्य करने का अवसर मिले। केवल पाठ की नकल करके लाना या कंठस्थ करके आना ही ठीक नहीं बल्कि प्रश्न ऐसा हो जिसमें छात्र को स्वयं सोचकर मौलिक विचार प्रकट करने का अवसर मिले और जिससे छात्र में भाषाई कौशलों का विकास हो सके।

5. गृह-कार्य रोचक होना चाहिए गृह-कार्य के रूप में इस तरह के सवाल चाहिए जो छात्रों के लिए रुचिकर हो। छात्र उन्हें बेगार समझकर न करें।

6. गृह-कार्य में स्पष्टता होनी चाहिए जो भी गृह-कार्य दिया जा रहा है, एक तो उसका स्वरूप स्पष्ट होना चाहिए, उसकी भाषा सरल, सुबोध तथा स्पष्ट हो। छात्र को यह समझ में आ जाए कि क्या लिखना है। दूसरे, जो भी प्रश्न दिया जा रहा है उसे एक बार कक्षा में स्पष्ट भी कर देना चाहिए।

7. गृह-कार्य उचित मात्रा में देना चाहिए विद्यालय में छात्र को कई विषय पढ़ाए जाते हैं और हर विषय का अध्यापक छात्रों को गृह-कार्य देता है। यदि सभी

अध्यापक अधिक-से-अधिक गृह-कार्य देंगे तो वह छात्र के लिए बोझिल हो जाएगा। अतः सभी अध्यापकों को छात्र की मानसिक क्षमता का ध्यान रखते हुए उतनी ही मात्रा में गृह-कार्य देना चाहिए जितना छात्र आसानी से कर सके।

8. गृह-कार्य कक्षा-कार्य पर आधारित होना चाहिए अध्यापक को उसी विषय पर गृह-कार्य देना चाहिए जो कक्षा में पढ़ा दिया गया हो। कक्षा में स्पष्टीकरण होने के पश्चात छात्रों को घर पर प्रश्नों का उत्तर लिखने में सुविधा होती है।

9. गृह-कार्य छात्र की मानसिक क्षमता के आधार पर देना चाहिए गृह-कार्य देते समय अध्यापक को इस बात पर विचार कर लेना चाहिए कि जिस कक्षा के छात्रों को गृह-कार्य दिया जा रहा है उनकी मानसिक क्षमता क्या है?

अतः छात्रों द्वारा किसी कारणवश घर का काम पूरा करना नहीं आता है तो उस परिस्थिति में छात्रों को कुछ कहने के बजाय सहानुभूति प्रकट करते हुए प्रोत्साहित करना चाहिए।

हिन्दी-शिक्षण में गृह-कार्य का शुद्धीकरण

गृह-कार्य के शुद्धीकरण का अभिप्रायहिन्दी-शिक्षण में कक्षा में छात्रों को जो कुछ भी पढ़ाया जाता है उसे स्थायी बनाने एवं पक्का करने के लिए उस कार्य का अभ्यास छात्रों के द्वारा अपने आप किया जाना आवश्यक होता है। इसके लिए छात्रों को पढ़ाए गए विषय में से कुछ प्रश्न गृह-कार्य के रूप में दिए जाते हैं। परन्तु इस गृह-कार्य की सार्थकता तभी है जब उसका शुद्धीकरण सावधानी के साथ किया जाए।

विद्यार्थी अपने घर से गृह कार्य का जो काम करके लाता है, उसमें अशुद्धि होने की संभावना रहती है। अध्यापक गृह कार्य जांच करने के क्रम में विद्यार्थी की गलतियों का पता लगाकर कॉपी में संशोधन करता है। इसे ही गृह कार्य संशोधन कहा जाता है। गृह-कार्य मे संशोधन किया जाना अति आवश्यक है। इससे छात्रों को अपनी त्रुटियाँ एवं कमियाँ मालूम पड़ जाती हैं और वे उनको दूर करने का प्रयास करते है। वैसे भी संशोधन होते रहने से छात्रों को गृह-कार्य सावधानी से करने की प्रेरणा मिलती है, क्योंकि उन्हें यह पता रहता है कि यदि वे गृह-कार्य असावधानी से करेंगे तो उनके कार्य में गलतियाँ हो जाएँगी और जब अध्यापक उसकी जाँच करेंगे तो कापी लाल स्याही से रंग जाएगी। संशोधन-कार्य छात्रों को गृह-कार्य कम दे, परन्तु उसका संशोधन सावधानी के साथ करे। जब अध्यापक छात्रों के गृह-कार्य की जाँच करता है तो उसे विभिन्न प्रकार की त्रुटियाँ देखने को मिलती है। संशोधन

कार्य द्वारा ही वह उन अशुद्धियों की तरफ विद्यार्थियों का ध्यान आकर्षित करता है और छात्र उन्हें दूर करते हैं।

शुद्धीकरण प्रक्रिया, तकनीक एवं विधिगृह-कार्य में शुद्धीकरण के महत्व को देखते हुए शिक्षक को गृह-कार्य का संशोधन नियमित रूप से सावधानी के साथ करना चाहिए। अध्यापक को गृह-कार्य का संशोधन नियमित रूप से सावधानी के साथ करना चाहिए। अध्यापक को गृह-कार्य का संशोधन करने के लिए निम्न प्रक्रिया-तकनीक एवं विधि का प्रयोग करना चाहिए :

1. संशोधन-कार्य करने में समय बहुत लगने के कारण कई बार अध्यापक इसके प्रति लापरवाही दिखाते हैं। परन्तु संशोधन का सारा भार अपने ऊपर न लेकर संशोधन करने के लिए छात्रों की सहायता लेनी चाहिए। इसके लिए अध्यापक संशोधन की निम्न विधियों का प्रयोग कर सकता है :

2. गृह-कार्य की जाँच लाल या हरी स्याही से करनी चाहिए, जिससे छात्रों को अध्यापक द्वारा लगाए गए निशान साफ-साफ दिखाई दे जाएँ।

3. गृह-कार्य का संशोधन करने के लिए अध्यापक को समय देना चाहिए, और हर बच्चे की कापी की उचित जाँच करनी चाहिए।

4. बच्चों को जब भी गृह-कार्य दिया जाए तो उसका संशोधन नियमित रूप से सावधानीपूर्वक करना चाहिए। यदि बच्चों को अपनी त्रुटियाँ मालूम नहीं पड़ती हैं तो वे बार-बार उन अशुद्धियों को दोहराते रहते हैं और उनकी अभिव्यक्ति प्रभावहीन हो जाती है।

(क) सामूहिक शुद्धीकरण विधि इस विधि में अध्यापक दिए गए गृह-कार्य से संबंधित संभावित अशुद्धियों को सम्पूर्ण कक्षा के सामने समझाता है और उसके आधार पर छात्र अपने-अपने गृह-कार्य की अशुद्धियों को दूर करते हैं। यह विधि समय व श्रम की दृष्टि से तो अच्छी है परन्तु इसमें व्यक्तिगत समस्याएँ दूर नहीं हो पाती हैं।

(ख) मिश्रित विधिइस विधि में अध्यापक क्रमपूर्वक 3-4 छात्रों को एक-एक कर अपना-अपना गृह-कार्य कक्षा में खड़े होकर पढ़ने के लिए कहता है और स्वयं भी उसे देखकर उसकी अशुद्धियों को सम्पूर्ण कक्षा के सम्मुख स्पष्ट करता है। दो-तीन छात्रों के गुह-कार्य को इस प्रकार से संशोधित किए जाने पर सभी छात्रों की प्रायः त्रुटियाँ दूर हो जाती हैं। इस विधि में भी समय व शक्ति की बचत होती है, परन्तु लापरवाह प्रकृति के छात्र इस विधि से अपनी त्रुटियाँ दूर नहीं कर पाते हैं।

(ग) कक्षा में सम्पर्क विधि इस विधि में अध्यापक कक्षा में एक-एक छात्र को गृह-कार्य की कापी के साथ अपने पास बुलाता है और उसके गृह-कार्य का संशोधन कर उसकी प्रत्येक अशुद्धि को समझाता है। वैसे तो यह विधि अत्यंत उत्तम है क्योंकि अध्यापक प्रत्येक छात्र के साथ व्यक्तिगत सम्पर्क स्थापित करता है और छात्रों की अशुद्धियों की प्रकृति, उसके कारण व दूर करने का ढंग भी बताता है, परन्तु यह विधि बहुत श्रमसाध्य है, इसमें समय भी बहुत लगता है। हाँ, यदि कक्षा में छात्रों की संख्या केवल 10-12 हो तब तो इस विधि का प्रयोग हो सकता है अन्यथा नहीं।

(घ) वैयक्तिक संशोधन विधि इस विधि में अध्यापक सभी छात्रों की गृह-कार्य की कापियाँ एकत्रित कर लेता है और उन्हें घर ले जाकर या खाली पीरियड में एक-एक कर देखता है तथा उनकी अशुद्धियों पर निशान लगाता है और आवश्यक निर्देश भी लिखता है।

(ङ) पारस्परिक शुद्धीकरण विधि इस विधि में छात्रों की गृह-कार्य की नोट-बुक आपस में बदलवा दी जाती है ओर वे आपस में एक-दूसरे के गृह-कार्य का संशोधन करते हैं। परन्तु यह विधि ठीक नहीं, क्योंकि एक तो सभी छात्र त्रुटियों को निकालने में समर्थ नहीं होते हैं, दूसरे वे आपस में एक-दूसरे की कापियों को ज्यादा ही रंग देते हैं, जिससे छात्रों में आपस में लड़ाई-झगड़ा होने की सम्भावना पैदा हो जाती है।

अध्यापक उपर्युक्त विधियों के अलावा अपने प्रयास एवं अनुभवों के आधार पर किसी कम श्रमसाध्य विधि का निर्माण कर अपनी संशोधन-प्रक्रिया को सरल व सार्थक बना सकता है।

5. उपर्युक्त विधियों से संशोधन-कार्य करते हुए अध्यापक को छात्रों के गृह-कार्य में होनेवाली त्रुटियों को ढूँढ़ना चाहिए। छात्र गृह-कार्य में प्रायः निम्न प्रकार की त्रुटियाँ करते हैं :

(i) अक्षरों की बेडौल बनावट अर्थात लिपि की अशुद्धता

(ii) सुलेख का अभाव

(iii) व्याकरण की अशुद्धियाँ

(iv) अक्षर-विन्यास की त्रुटियाँ

(v) शब्दावली का अशुद्ध प्रयोग

(vi) विराम-चिह्नों की अशुद्धियाँ

(vii) अशुद्ध वाक्य-विन्यास

(viii) शब्दों की व्यर्थ पुनरावृत्ति

(ix) विचारों की अपूर्णता

(x) विचारों में क्रमबद्धता का अभाव

(xi) विचारों का उचित अनुच्छेदों में न बँटा होना

(xii) विचारों में स्पष्टता का अभाव

6. अशुद्धि के लिए कुछ विशेष चिह्नों का प्रयोग करना चाहिए और छात्रों को भी उन चिह्नों से परिचित करा देना चाहिए जिससे व चिह्न देखकर अपनी गलती समझ जाएँ। ये चिह्न निम्न प्रकार से हो सकते हैं :

लिलिपि की अशुद्धि

अअक्षर-विन्यास की अशुद्धि

व्याव्याकरण संबंधी अशुद्धि

काकारक संबंधी अशुद्धि

।शब्दों की व्यर्थ पुनरावृत्ति

?अस्पष्ट है

xशब्द अनावश्यक या अशुद्ध है

^कुछ छूट गया है

अनुअनुच्छेद ठीक नहीं हैं। आदि

7. अशुद्धियों के चिह्न लगाकर छात्रों के साथ सहानुभूतिपूर्ण व्यवहार करते हुए उन्हें ठीक कराने का कोशिश करना चाहिए।

8. छात्रों के मानसिक स्तर को ध्यान में रखते हुए अशुद्धियों को दूर कराना चाहिए। जैसे कुछ अशुद्धियों को तो प्राथमिक स्तर पर ही ठीक कराना चाहिए, परन्तु कुछ को माध्यमिक स्तर के लिए छोड़ देना चाहिए।

9. अशुद्धियाँ शुद्ध कराने से पहले धैर्य के साथ उनके कारणों का भी पता लगाना चाहिए और उनके अनुसार ही अशुद्धि को ठीक कराने का प्रयास करना चाहिए। अशुद्धियों के निम्न कारण हो सकते हैं

(i) गृह-कार्य के संशोधन का अभाव

(ii) छात्रों को गृह-कार्य कम दिया जाना

(iii) लिखते समय असावधानी

(iv) लिखित कार्य का अभाव

(v) छात्रों को घर पर समय का अभाव

(vi) लिखते समय अतिशीघ्रता

(vii) व्याकरण-ज्ञान का अभाव

(viii) अनुचित लेख

(ix) गृह-कार्य के रूप में दिए गए प्रश्नों की अस्पष्टता

(x) गृह-कार्य छात्रों के मानसिक स्तर के अनुरूप न होना

(xi) गृह-कार्य में विविधता का अभाव

(xii) गृह-कार्य देने से पहले कक्षा में शिक्षण एवं मौखिक कार्य का अभाव

(xiii) गृह-कार्य की अनुचित मात्रा, आदि

(xiv) छात्रों को प्रोत्साहन का अभाव

10. गृह-कार्य का शुद्धीकरण करते समय छात्रों के प्रति हास्यात्मक शब्दों का प्रयोग नहीं करना चाहिए।

11. गृह-कार्य का संशोधन करते समय अशुद्धियों के कारणों का पता लगाने के उपरांत उन कारणों को दूर करने का प्रयास करना चाहिए और छात्रों की गृह-कार्य संबंधी त्रुटियों को दूर करना चाहिए।

12. संशोधन करने में छात्रों का सक्रिय सहयोग लेना चाहिए।

13. गृह-कार्य में होनेवाली त्रुटियों को श्यामपट्ट पर लिखकर उनका विशेलषण करना चाहिए और उनका शुद्ध रूप समझाना चाहिए।

14. अच्छा गृह-कार्य करनेवाले छात्रों की कक्षा में प्रशंसा करनी चाहिए जिससे अन्य छात्रों को भी त्रुटिरहित गृह-कार्य करने की प्रेरणा मिले।

15. त्रुटियों को दूर करने के लिए आवृत्ति-पुनरावृत्ति के नियम का पालन करना चाहिए।

16. अपने विद्यार्थियों के प्रति शिक्षक का व्यवहार सहयोगात्मक और प्रोत्साहनपरक होना चाहिए।

17. लिखित गृह-कार्य के साथ-साथ कंठस्थ करने के लिए भी कार्य देना चाहिए और कक्षा में छात्रों से सुनना चाहिए।

18. विद्‍यालयों के समय-विभाग-चक्र में कुछ समय अलग से केवल गृह-कार्य के संशोधन के लिए होना चाहिए। इससे अध्यापकों पर भी अधिक बोझा नहीं पड़ेगा।

इस तरह से शुद्धीकरण की प्रक्रिया घर काम को उपयोगी, लाभकारी, सार्थक एवं उद्देश्यपूर्ण बनाता है।

दीर्घ उत्तरीय प्रश्न

1. हिन्दी शिक्षण में गृह कार्य का क्या महत्व हैं? छात्रों के लिए यह उपयोगी है अथवा अनुपयोगी।

2. गृह कार्य देते समय किन बातों का ध्यान रखा जाना आवश्यक है? स्पष्ट करें।
3. गृह कार्य के शुद्धीकरण से आपका क्या अभिप्राय है? शुद्धीकरण प्रक्रिया के तकनीक और पद्धति का वर्णन करें।

लघु उत्तरीय प्रश्न

1. सामूहिक शुद्धीकरण विधि क्या है?
2. पारस्परिक शुद्धीकरण विधि क्या है?
3. मिश्रित विधि क्या है? वर्णित करें।

वस्तुनिष्ठ प्रश्न

1. गृह कार्य को कितने विभाग में विभाजित किया जाता है?
   (क) एक (ख) दो
   (ग) तीन (घ) चार
2. अपने विद्यार्थियों के प्रति शिक्षक का व्यवहार होना चाहिए
   (क) सहयोगात्मक (ख) प्रेरणात्मक
   (ग) अपेक्षात्मक (घ) उपेक्षात्मक
3. कक्षा शिक्षण का पूरक माना जाता है
   (क) दृश्य-श्रव्य उपकरण को (ख) ट्यूशन को
   (ग) गृह कार्य को (घ) इनमें से कोई नहीं।

20

हिंदी शिक्षण में पाठ्यक्रम-सहगामी क्रियाएँ

विज्ञान और तकनीक के विकास के साथ-साथ शिक्षा का स्वरूप भी परिवर्तित होता रहता है, क्योंकि शिक्षा एक परिवर्तनशील प्रक्रिया है। पूर्व की शिक्षा विषय वस्तु पर आधारित थी परन्तु आज की शिक्षा छात्रों के अनुकूल है। कहने का अभिप्राय यह है कि आज की शिक्षा पूर्व की शिक्षा से सहज, सरल, रोचक और क्रमबद्ध है। पहले शिक्षा का अर्थ विषय सम्बन्धी ज्ञान अर्जन करना माना जाता था। परन्तु आज विषय-वस्तु के साथ-साथ छात्रों को कई तरह की शिक्षाएं दी जाती है; जैसेखेल शिक्षा, व्यायाम शिक्षा, संगीत शिक्षा आदि। आज ये शिक्षाएं पाठ्यक्रम में सहगाभी क्रियाओं के रूप में जोड़ी गई है। तथा इसके लिए विद्यालय में अलग-अलग शिक्षकों की नियुक्ति की गई है ताकि छात्र शिक्षा को एक बोझ न समझ लें। यह पाठ्यक्रम छात्रों को पढ़ने हेतु मजबूर करता है। साथ ही छात्रों का इससे नैतिक, शारीरिक मानसिक विकास होता है। अतः शिक्षा के बदलती पाठ्यक्रम ने शिक्षा के क्षेत्र में हड़कम्प मचा दिया है।

वर्तमान शिक्षा का प्रयोजन

बहुत पहले जब शिक्षा का उद्देश्य केवल कुछ विषयों का ज्ञान देना मात्र था

तब इन विभिन्न क्रियाओं को अतिरिक्त क्रियाएँ (Extra-Activites) या पाठ्येतर क्रियाएँ (Extra curricular Activities) कहा जाता था परंतु अब समय की गति के साथ इन्हीं क्रियाओं को पाठ्यक्रम सहगामी या सहपाठ्य क्रियाएँ (Co-curricular Activities) कहा जाने लगा है। पाठ्य एवं सहपाठ्य दोनों क्रियाएँ विद्यालय पाठ्यक्रम का अभिन्न अंग हैं, वे एक-दूसरे की पूरक हैं।

इस प्रकार से हम कह सकते हैं कि ''विभिन्न विषयों के शिक्षण कार्य के अतिरिक्त विद्यालय में आयोजित की जानेवाली वे सभी क्रियाएँ, जिनसे बच्चे के व्यक्तित्व के सर्वांगीण विकास में सहायता मिलती है, पाठ्यक्रम सहगामी या सहपाठ्य क्रियाएँ कही जाती है।'' अर्थात ऐसी क्रियाएँ, जो बच्चों के कक्षा अध्ययन से संबंधित न हों, परंतु जिनमें भाग लेकर बच्चे अपना शारीरिक, मानसिक, सामाजिक व नैतिक विकास करते हों, पाठ्यक्रम का अभिन्न अंग बन जाती हैं और उन्हें सहपाठ्य क्रियाएँ कहा जाता है।

सहपाठ्य क्रियाओं का महत्व और उपादेयता

वर्तमान शिक्षा पद्धति में सहपाठ्य क्रियाओं का अत्यंत महत्वपूर्ण स्थान है। विश्व के सभी शिक्षा-शास्त्री इन क्रियाओं के महत्व को एक मत से स्वीकार करते हैं। इन्हीं क्रियाओं के माध्यम से औपचारिक एवं अनौपचारिक शिक्षा में उचित समन्वय हो पाता है।

संक्षेप में पाठ्यक्रम सहगामी क्रियाओं के महत्व को हम निम्न रूपों में देख सकते हैं

1. ये क्रियाएँ बच्चों में नेतृत्व की क्षमता का विकास करती हैं। ये क्रियाएँ बच्चों में नेतृत्व के गुणों को उभारकर एक अच्छा नेता बनने का प्रशिक्षण देती हैं।

2. नैतिक विकास की दृष्टि से भी इन क्रियाओं का बहुत महत्व है। विभिन्न क्रियाओं में भाग लेते समय, समूह कार्य करते हुए त्याग, प्रेम, सच्चाई, आत्मनियंत्रण एवं निष्पक्षता आदि चारित्रिक गुण बच्चों में अनजाने ही विकसित हो जाते हैं जो बच्चों के चारित्रिक विकास में सहायक होते हैं।

3. बच्चों के भावात्मक विकास की दृष्टि से भी इन क्रियाओं का बहुत महत्व है। आज बच्चों का पढ़ाई का पाठ्यक्रम इतना ज्यादा होता है कि बच्चा हर समय तनावपूर्ण रहता है। इन क्रियाओं में भाग लेने से कुछ समय के लिए बच्चों को उस तनाव से मुक्ति मिल जाती है। बच्चों की जिन इच्छाओं की पूर्ति दैनिक जीवन में नहीं हो पाती है, उनकी पूर्ति इन क्रियाओं में भाग लेने से आसानी से हो जाती है।

4. ये क्रियाएँ छात्रों के मन में अपने स्कूल के प्रति अपनत्व की भावना को विकसित करने में सहायक होती हैं। वे अपने या अपने साथियों के जीतने पर प्रसन्न होते हैं और ऐसा महसूस करते हैं मानों वे स्वयं जीते हैं। अन्य विद्यालयों के साथ विभिन्न प्रतियोगिताओं में भाग लेनेवाले अपने विद्यालय के साथियों की विजय की कामना करते हैं, इससे उनके मन में अपने विद्यालय के प्रति प्रेम उत्पन्न होते है।

5. ये क्रियाएँ बालकों के शारीरिक विकास में सहायक होती हैं क्योंकि इनमें भाग लेने से बच्चों की मांसपेशियाँ सक्रिय होती हैं, उनका उचित व्यायाम होता है तथा उनमें सुदृढ़ता आती है। भागने-दौड़ने से पाचन संस्थान ठीक रहता है और स्वास्थ्य अच्छा रहता है।

6. सहपाठ्य क्रियाएँ मनोवैज्ञानिक दृष्टि से भी उपयोगी होती हैं। ये बालकों की रुचि के आधार पर व्यवस्थित की जाती हैं। बच्चे अपनी रुचि की क्रियाओं में भाग लेते हैं, इससे उन्हें आंतरिक संतुष्टि मिलती है जो उनके स्वभाविक व स्वथ्य विकास में सहायक होती है।

7. सहपाठ्य क्रियाएँ बालकों को सामाजिक अनुकूलन का पाठ पढ़ती हैं। इनमें भाग लेने से भाईचारा, मित्रता, सेवा, प्रेम, सहयोग आदि की भावना विकसित होती है। इनसे बच्चों में ऐसे स्वभाव का विकास होता है जो उन्हें यह सिखाता है कि हमें दूसरों के साथ किस प्रकार मिल-जुलकर जीवन व्यतीत करना चाहिए।

8. सहपाठ्य क्रियाएँ बच्चों के शैक्षिक विकास में भी सहायक होती हैं। भाषा शिक्षण के कई उद्देश्यों को साहित्यिक क्रियाओं के आयोजन के द्वारा ही प्राप्त किया जा सकता है। जैसे मौखिक अभिव्यक्ति की योग्यता का विकास भाषण, वाद-विवाद, नाटक आदि क्रियाओं में भाग लेने से हो सकता है।

9. इतना ही नहीं, पाठ्यक्रम सहगामी क्रियाएँ बच्चों के व्यावसायिक विकास में भी सहायता करती हैं। कुछ बच्चे इन क्रियाओं में इतने पारंगत हो जाते हैं कि वे बड़े होने पर उस क्रिया विशेष में भाग लेकर पढ़ाई के साथ अपनी कुछ आय करने लगते हैं।

10. तरह-तरह के लोक संगीत, लोक नृत्य एवं नाटकों से संबंधित क्रियाएँ बच्चों को देश-विदेश को संस्कृति से परिचित कराती हैं और इस तरह से सांस्कृतिक एकता की दृष्टि से महत्वपूर्ण भूमिका अदा करती हैं।

11. इतना ही नहीं, पाठ्यक्रम सहगामी क्रियाएँ बच्चों के व्यावसायिक विकास में भी सहायता करती हैं। कुछ बच्चे इन क्रियाओं में इतने पारंगत हो जाते हैं कि वे बड़े होने पर उस क्रिया विशेष में भाग लेकर पढ़ाई के साथ अपनी कुछ आय करने लगते हैं।

12. चित्रकला, संगीत, फैंसी ड्रेस, नृत्य, नाटक आदि क्रियाएँ बच्चों में कलात्मक भावनाओं को विकसित करने में सहायक होती हैं।

13. खाली समय में बच्चे इन क्रियाओं का अभ्यास करने में लग जाते हैं, इससे विद्यालय में अनुशासन बना रहता है, किसी भी प्रकार की अव्यवस्था नहीं आ पाती है। अतः अनुशासन स्थापित रखने की दृष्टि से भी इन क्रियाओं का बहुत महत्व है।

14. पढ़ाई करते-करते बच्चे ऊब जाते हैं। ऐसे में सहपाठ्य क्रियाएँ बच्चों का स्वस्थ मनोरंजन करती हैं और उन्हें फिर से पढ़ाई करने के लिए तरोताजा कर देती हैं।

15. मनोवैज्ञानिक तथ्य यह है कि किशारों में कार्य करने की इतनी शक्ति होती है कि यदि बच्चा पढ़ाई के अलावा खाली बैठेगा तो यह अतिरिक्त शक्ति गलत कार्य की तरफ उन्मुख हो जाएगी। अतः सहपाठ्य क्रियाओं में भाग लेने से उस अतिरिक्त शक्ति को बाहर निकालने का अच्छा मार्ग मिल जाता है। जिस तरह इंजन में अतिरिक्त भाप को निकालने के लिए सुरक्षा कपाट (Safety valve) होता है उसी तरह सहपाठ्य क्रियाएँ भी किशोरों की अतिरिक्त शक्ति को निकालने के लिए सेफ्टीवाल्व का काम करती हैं। इससे बच्चा संतुलित व स्वस्थ रहकर उचित रूप से काम करने में समर्थ्य हो जाता है।

16. बच्चे सृजनात्मक प्रवृत्ति के होते हैं। बिना किसी काम के खाली बैठना उन्हें अखरता है। अतः बच्चों को छुट्टी की अवधि में रचनात्मक कार्यों में उलझाए रखना चाहिए, क्योंकि कोई काम नहीं रहने पर बच्चे असामाजिक कार्यों में लिप्त हो जाते हैं। पाठ्यक्रम सहगामी क्रियाएँ बच्चों के अवकाश के समय का सदुपयोग कराने में सहायक होती है। बच्चे अपने खाली समय में अपनी रुचि की किसी भी क्रिया का अभ्यास कर सकते हैं। इससे समय का सदुपयोग भी होगा और वे गलत कार्यों से भी बच जाएँगे।

17. ये क्रियाएँ बच्चों में जनतंत्रात्मक योग्यताओं को विकसित करने में भी सहायता करती हैं। इन क्रियाओं से वे सीखते हैं कि जीवन में कर्त्तव्य, अधिकार और उत्तरदायित्व का क्या महत्व है। विभिन्न क्रियाओं के संगठन के प्रतिनिधियों का चुनाव करते समय वे जनतंत्रीय चुनाव-पद्धति से परिचित होते हैं।

अतः निष्कर्ष रूप में हम कह सकते हैं कि आज का बदलता पाठ्यक्रम छात्रों के सर्वागीण विकास में सहायता करता है। यह छात्रों के व्यावसायिक विकास में भी सहायता करता है। यह छात्रों को छुट्टी की अवधि का उचित उपयोग करने में

मददगार होता है। यह छात्रों को किताबी कीड़े बन जाने से बचाता है। इसके बिना वर्तमान शिक्षा का सफल होना नामूमकिन है।

सहपाठ्य क्रियाओं के संगठन एवं मूल्यांकन के सिद्धांत एवं प्रक्रिया

पाठ्यक्रम में सहगामी क्रियाओं को जोड़ने से पहले यह सोच लेना चाहिए कि यह छात्रों के लिए लाभकर सिद्ध होगा या नहीं। अतः इन्हें रोचक एवं उपयोगी बनाने के लिए हमें निम्नलिखित सिद्धांतों को ध्यान में रखना चाहिए

1. मार्गदर्शन तथा परामर्श का सिद्धांतसहपाठ्य क्रियाओं के उचित संगठन के लिए यह भी जरूरी है कि क्रियाओं के चुनाव एवं उनमें भाग लेने के लिए छात्रों का उचित मार्गदर्शन होना चाहिए। इसके लिए निम्न बातों को ध्यान में रखना चाहिए

(i) क्रियाओं के परामर्शदाता अध्यापक में क्रियाओं के प्रति उत्साह होना चाहिए। यदि उसमें उत्साह नहीं होगा तो वह क्रिया को बोझ समझने लगेगा और तब वह न्यायपूर्वक छात्रों को परामर्श नहीं दे पाएगा।

(ii) परामर्शदाता अध्यापक को विद्यार्थियों के साथ प्रेम और सहानुभूतिपूर्ण व्यवहार करना चाहिए। उसे चतुरतापूर्ण ढंग से विद्यार्थियों के साथ उचित व्यवहार करना चाहिए।

(iii) जो अध्यापक क्रिया का प्रभारी हो उसका शैक्षिक कार्य कुछ कम कर देना चाहिए।

(iv) विद्यार्थियों को प्रभारी शिक्षक की देखरेख में ही काम का अभ्यास करना चाहिए ताकि उनको सही जिससे उनको उचित समय पर उचित मार्गदर्शन मिल सके।

(v) हर अध्यापक को उसकी रुचि के अनुसार किसी-न-किसी क्रिया का प्रभारी बनाया जाए जो छात्रों का उस क्रिया के बारे में उचित मार्गदर्शन कर सके।

(vi) इंचार्ज के उस क्रिया में रुचि होने के साथ-साथ उसकी योग्यता भी होनी चाहिए।

2. प्रेरणा प्रदान करने का सिद्धांतसभी छात्र किसी-न-किसी क्रिया में भाग लें, इसके लिए छात्रों को उचित प्रेरणा देनी चाहिए। विद्यार्थियों को प्रोत्साहित करने के लिए निम्न बातों को ध्यान में रखना चाहिए

(i) प्रातःकालीन सभा या अन्य सभा छात्रों की उपस्थिति में उस छात्र की प्रशंसा की जानी चाहिए जिसने किसी क्रिया में अन्य विद्यालयों के मुकाबले में अपनी विद्यालय को गौवान्वित किया हो।

(ii) विभिन्न क्रियाओं में अच्छा प्रदर्शन करनेवाले छात्रों का नाम विद्यालय के सम्मान-पटल पर लिखवाना चाहिए तथा विद्यालय पत्रिका में भी उनका नाम व फोटो प्रकाशित करवाने चाहिएँ।

(iii) क्रियाओं में भाग लेनेवाले विद्यार्थी को उसके कार्य के आधार पर उचित श्रेय देना चाहिए। अध्यापकों को निष्पक्ष होकर छात्रों के प्रदर्शन के बारे में निर्णय लेना चाहिए।

(iv) छात्रों को इन क्रियाओं में अधिक-से-अधिक भाग लेने के लिए प्रोत्साहित करने के लिए विभिन्न क्रियाओं में भाग लेनेवाले विद्यार्थियों को पुरस्कृत करना चाहिए। नकद राशि, प्रमाणपत्र, पदक, उपयोगी वस्तुएँ आदि के रूप में छात्रों के अच्छे प्रदर्शन के लिए पुरस्कार दिया जा सकता है। इससे भी अन्य छात्रों को भाग लेने के लिए प्रेरणा मिलती है।

(v) क्रियाओं के संगठन में प्रजातंत्रीय दृष्टिकोण अपनाना चाहिए। इससे छात्र अपनी मर्जी से कार्य करने के लिए स्वतंत्र होंगे।

(vi) छात्रों को यह बता देना चाहिए कि यह उनकी स्वयं की सभा या क्लब है। इसे कुशलतापूर्वक संचालित करना और आगे बढ़ाना उनके अपने हाथों में है। इससे वे अपने मन से आगे बढ़-चढ़ कर क्रियाओं के संचालन में भाग लेंगे।

(vii) छात्रों को विद्यालय में आयोजित की जानेवाली विभिन्न क्रियाओं की पूर्व सूचना दी जानी चाहिए जिससे वे अपनी रुचि के आधार पर क्रिया में हिस्सा ले सकें।

(viii) विद्यालय में आयोजित की जानेवाली हर क्रिया का क्लब या सभा बनी होनी चाहिए और छात्रों को अपनी रुचि वाली क्रिया के क्लब का सदस्य बना देना चाहिए।

3. समय व स्थान की व्यवस्था का सिद्धांतपाठ्यक्रम के सहगामी क्रियाओं के सफल बनाने हेतु यह आवश्यक है कि विद्यालय में इनके एक पीरियड की व्यवस्था की जाए। पीरियड निश्चित न होने से बहुत से विद्यार्थी इनसे अपरिचित रह जाते हैं और इनमें हिस्सा नहीं ले पाते हैं। अतः स्कूल के निर्धारित समय में ही इनकी व्यवस्था होनी चाहिए जिसमें सभी छात्र अपनी-अपनी रुचि की क्रिया में भाग ले सकें। समय के साथ-साथ स्थान भी निर्धारित होना चाहिए कि कौन सी क्रिया का पीरियड किस स्थान पर लगेगा।

4. चयन का सिद्धांतशिक्षा के क्षेत्र में पाठ्यक्रम क्रियाओं के सिद्धांत की ये क्रियाएँ शिक्षा-प्रक्रिया की सफलता में एक साधन है, साध्य नहीं। अतः उन्हीं क्रियाओं को चुना जाए जिनका कुछ शैक्षिक मूल्य हो। इसके लिए हमें निम्नलिखित बातों को ध्यान में रखना चाहिए

(i) विद्यार्थियों के स्तर को ध्यान में रखकर ही क्रियाओं का चुनाव करना चाहिए। कोई भी दो स्कूल एक से नहीं होते हैं। प्राथमिक स्कूल की आवश्यकता माध्यमिक स्कूल की आवश्यकता से भिन्न होती है।

(ii) विद्यार्थियों में सहपाठ्य क्रियाएँ धीरे-धीरे ही शुरू करनी चाहिए। एकदम से बहुत अधिक क्रियाएँ शुरू नहीं करनी चाहिए।

(iii) किसी भी विद्यार्थी को उतनी ही क्रियाओं में भाग लेने की अनुमति देनी चाहिए जितने में भाग लेने से उसके शैक्षणिक कार्य में बाधा उत्पन्न न हो।

(iv) छात्रों को अपनी रुचि का काम चयनित करने की पूर्ण आजादी मिलनी चाहिए। किसी भी क्रिया में भाग लेने के लिए छात्रों को बाध्य न किया जाए।

(v) सहपाठ्य क्रियाएँ उतनी ही चुनी जाएँ जितनी आसानी से आयोजित की जा सकें और मुख्याधापक, अध्यापक या विद्यार्थी पर अत्यधिक बोझ न पड़े।

(vi) क्रियाएँ ऐसी हों जिनमें विद्यालय को या विद्यार्थियों को बहुत अधिक खर्चा न करना पड़े।

(vii) प्रत्येक विद्यार्थी की विभिन्न रुचियों, अभिरुचियों और योग्यता को संतुष्ट एवं विकसित करनेवाली क्रियाओं को प्राथमिकता दी जानी चाहिए।

5. नियम संहिता बनाने का सिद्धांतप्रत्येक विद्यालय में शिक्षक के देख रेख में एक क्लब बनाना चाहिए। प्रत्येक क्लब के लिए उसकी नियम संहिता बनाई जाए। क्लब के उद्देश्य, उसकी सदस्यता के नियम, चुनाव-विधि, विभिन्न कार्यकर्त्ताओं के कर्त्तव्य, कार्यक्रमों के आयोजन के नियम आदि अच्छी तरह से सोच-समझकर बना लेने चाहिए जिससे किसी भी क्रिया का आयोजन करने में कोई परेशानी न हो।

6. उचित प्रचार का सिद्धांतसहपाठ्य क्रियाओं में ज्यादा-से-ज्यादा छात्र हिस्सा लें, इसके लिए इन क्रियाओं का उचित प्रसार होना चाहिए। कब, किस समय, किस दिन, किस स्थान पर कौनसी क्रिया का आयोजन होना है, इन सब बातों का उचित प्रचार होना चाहिए। विभिन्न क्रियाओं के आयोजन के बारे में विस्तृत सूचना उचित समय पर दे देनी चाहिए। विद्यालय के सूचना-पटल पर इसके बारे में विस्तृत सूचना कार्यक्रम आयोजन की तिथि से काफी समय पूर्व देनी चाहिए

जिससे छात्रों को किसी क्रिया में भाग लेने व तैयारी करने के लिए यथोचित समय मिल सके। सभी अध्यापकों को भी ठीक प्रकार से सूचित कर देना चाहिए।

7. रिकार्ड रखने का सिद्धांतविद्यालय की सभी क्रियाओं से संबंधित क्लबों, संगठनों या समितियों का पूरा-पूरा रिकार्ड रखना चाहिए। इसके लिए हर क्रिया के अलग-अलग रजिस्टर बने होने चाहिए। उस रजिस्टर में क्लब के प्रतिनिधियों के नाम, सदस्यों की सूची, समय-समय पर होनेवाले कार्यक्रमों की प्रकृति, उसमें भाग लेनेवाले व विजित छात्रों के नाम कार्यक्रम में भाग लेने की नियमावली, कार्यक्रमों की प्रवृत्ति, उसमें भाग लेनेवाले व विजित छात्रों के नाम कार्यक्रम में भाग लेने की नियामवली, कार्यक्रमों में होनेवाला व्यय आदि सभी का उल्लेख होना चाहिए। कार्यक्रम की सफलता या असफलता के बारे में अध्यक्ष की रिपोर्ट भी लिखी जानी चाहिए जिससे भावी कार्यक्रमों के सफल आयोजन के लिए उस रिपोर्ट से मार्गदर्शन मिल सके।

8. उचित सुविधाएँ देने का सिद्धांतविभिन्न सहपाठ्य क्रियाओं के संगठन व आयोजन के लिए जिन-जिन साधनों एवं सुविधाओं की आवश्यकता हो, वे पूरी तरह से उपलब्ध करानी चाहिए। स्थान, फर्नीचर, आवश्यक साधन व सामग्री आदि सभी छात्रों को आवश्यकतानुसार प्रदान करानी चाहिए। परंतु ये सब विद्यालय की वित्तीय सीमाओं के अंतर्गत ही होनी चाहिए।

9. मूल्यांकन का सिद्धांतइस सिद्धांत के अन्तर्गत पाठ्यक्रम के सहगामी क्रियाओं के स्तर का पता लग जाता है तथा कमियों को जानकर उन्हें दूर करने में सहायता मिलती है। इसके लिए हमें निम्न बातों को ध्यान में रखना चाहिए

(i) सभी क्रियाओं का पूरा-पूरा रिकार्ड रखना चाहिए।

(ii) परामर्शदाता या इंचार्ज अध्यापक की अनुमति मिलने पर ही क्रिया का आयोजन होना चाहिए, जिससे आयोजन होने के पश्चात उससे आयोजन की सफलता या असफलता के बारे में विचार-विमर्श किया जा सके।

(iii) किसी भी क्रिया का आयोजन हो जाने के तुरंत बाद ही मीटिंग का आयोजन कर उसमें सभी दृष्टियों से क्रिया की सफलता के बारे में विचार-विमर्श करना चाहिए तथा सभी पक्षों का पुनर्मूल्यांकन करना चाहिए। जिससे भावी आयोजनों के बारे में सही मार्गदर्शन मिल सके।

(iv) विद्यालय में कभी भी किसी क्रिया का आयोजन करते समय उस क्रिया के पहले किए गए आयोजन के रिकार्ड का निरीक्षण करना चाहिए और उस समय के निष्कर्षों के आधार पर नये आयोजन में जरूरी फेरबदल कर लेनी चाहिए। पूर्व में रह गई कमियों का दुहराव नहीं होना चाहिए।

(v) क्रियाओं के उद्देश्य पहले से स्पष्ट हों, उन्हीं के आधार पर क्रियाओं का आयोजन हो और बाद में देखा जाए कि क्रियाओं से उन उद्देश्यों की पूर्ति हो रही है या नहीं।

(vi) क्रियाओं का मूल्यांकन निष्पक्ष होकर करना चाहिए।

10. कुछ अन्य सुझाव (i) परामर्शदाता अध्यापकों को क्रियाओं के बारे में कभी-कभी प्रशिक्षण दिलाते रहना चाहिए जिससे वे नवीन तकनीक का प्रयोग करते हुए परामर्श दे सकें।

(ii) सहपाठ्य क्रियाएँ विद्यालय के आदर्शों को ध्यान में रखकर ही आयोजित की जानी चाहिए। ऐसी क्रियाओं का आयोजन नहीं होना चाहिए जिससे विद्यालय के नाम को धब्बा लगे।

(iii) क्रियाओं के आयोजन में अनावश्यक खर्च नहीं करना चाहिए। बहुत से मुख्याध्यापक अपना रौब दिखाने के लिए अतिथियों के आवभगत पर बहुत ज्यादा खर्च देते हैं, यह उचित नहीं।

(iv) क्रियाओं में छात्रों के प्रदर्शन के स्तर का निर्णय निष्पक्ष व न्यायसंगत होना चाहिए। नहीं तो छात्र भाग लेने के लिए हतोत्साहित हो जाएँगे।

(v) क्रियाओं के आयोजन में कभी-कभी बच्चों के माता-पिता, अभिभावक तथा समुदाय के गणमन्य सदस्यों को भी आमंत्रित करना चाहिए।

(vi) प्रत्येक छात्र को क्रियाओं में हिस्सा लेने का समान मौका प्राप्त होना चाहिए। ये क्रियाएँ केवल कुछ विद्यार्थियों की बपौती बनकर न रह जाएँ।

(vii) क्रियाओं के आयोजन में होनेवाले खर्च का पूरा-पूरा रिकार्ड रखना चाहिए तथा खर्च नियंत्रित रखना चाहिए।

(vii) जहाँ तक संभव हो सके प्रत्येक अध्यापक को अपनी रुचि की किसी-किसी क्रिया का इंचार्ज होना चाहिए।

(ix) जहाँ तक संभव हो, क्रियाओं के आयोजन का स्थान विद्यालय भवन या विद्यालय के खेल के मैदान में ही होना चाहिए, बाहर नहीं।

(x) प्रत्येक क्रिया के उद्देश्य तथा कार्य स्पष्ट एवं रुचिकर ढंग से छात्रों के सम्मुख प्रस्तुत करने चाहिए, जिससे छात्रों की रुचि क्रियाओं की ओर जाग्रत हो सके।

हिंदी की पाठ्य-सहगामी क्रियाएँ

यहां यह प्रश्न उठना लाजिमी है कि माध्यमिक स्तर के विद्यालय में किस

तरह के सहगामी क्रियाओं का आयोजन किया जाए। आजकल विद्यालयों में कुछ अलग तरह के पाठ्य सहगामी देखने को मलते हैं जो निम्नलिखित हैं

1. अवकाश का सदुपयोग करनेवाली क्रियाएँ (Laisure time utilisation activites)

2. नागरिकता प्रशिक्षण संबंधी क्रियाएँ (Civic training activites)

3. सांस्कृतिक क्रियाएँ (Cultural activities)

4. शारीरिक एवं खेल-कूद क्रियाएँ (Physical and sports activities)

5. साहित्यिक एवं शैक्षणिक क्रियाएँ (Literary and Academic activities)

6. नैतिक विकास संबंधी क्रियाएँ (Moral development activities)

7. समाज-सेवा संबंधी क्रियाएँ (Social service activities)

8. वैज्ञानिक अभिरुचि संबंधी क्रियाएं (Scientific interests activities)

9. भ्रमण संबंधी क्रियाएँ (Excursion activities)

10. हस्तकला कौशल से संबंधित क्रियाएँ (Handi craft activities)

आज माध्यमिक स्तर के विद्यालय में पाठ्यक्रम के साथ जो सहगामी पाठ्य क्रियाएं जुड़ी हुई हैं, उन्हें निम्न रूप में दर्शाया जा सकता है

(i) विस्तारभाषण (Extension Lecture)

(ii) लेखन प्रतियोगिताएँ (Writing competitions) (क) कहानी लेखन (Story writing) (ख) निबंध लेखन (Essay writing) (ग) कविता लेखन (Poem writing) (घ) सुलेख (Good writing)

(iii) प्रश्नमंच (Quiz competition)

(iv) साहित्य सभा (Literary Association)

(v) नाटकीकरण (Dramatisation)

(vi) उत्सवों का आयोजन (Organisation of Birthday of great persons and festivals)

(vii) विद्यालय के विभिन्न समारोहों का आयोजन जैसेवार्षिक उत्सव, पुरस्कार वितरण समारोह, अभिभावक दिवस आदि। (Organisation of functions—Annual function, Prize distribution function, Parents day)

(viii) साहित्यिक रुचि के स्थानों का भ्रमण (Visits to the places for Literary interest)

(ix) प्रातःकालीन सभा (Morning Assembly)

(x) भाषण प्रतियोगिता (Declamation contest)

(xi) वाद-विवाद प्रतियोगिता (Debate competition)
(xii) भित्ति पत्रिका (Wall Magazine)
(xiii) विद्यालय पत्रिका (School Magazine)
(xiv) कविता-पाठ (Poetic Recitation)
(xv) गोष्ठी (Seminar)
(xvi) समाचारपत्र पठन (News Paper reading)

पाठ्यक्रम में कुछ सहपाठ्य क्रियाओं का संगठन

उपर्युक्त विश्लेषण के आधार पर हम कह सकते हैं कि माध्यमिक स्तर के विद्यालयों में हिन्दी भाषा के पाठ्यक्रम के सहयोगी क्रिया के रूप में सहगामी क्रियाओं का आयोजन किया जा सकता है। यह आयोजन किस तरह किया जाय इसके बारे में हम आगे चर्चा कर रहे हैं।

प्रातःकालीन सभा

विद्यालय की सबसे पहली क्रिया प्रातःकालीन सभा होती है। इसके दौरान सभी छात्र, अध्यापक प्रधानाचार्य किस खास जगह पर इकट्ठा होकर मां सरस्वती की वन्दना ततूपश्चात प्रधानाचार्य द्वारा छात्रों को ज्ञान दिया जाता है। इसके उपरान्त दूसरे शैक्षिक कार्यक्रमों की शुरुआत की जाती है।

प्रातःकालीन सभा का प्रयोजन

1. बच्चों की श्रेष्ठ उपलब्धियों को पहचानना जो बच्चे विभिन्न प्रकार की सहपाठ्य क्रियाओं या पाठ्य क्रियाओं में श्रेष्ठ प्रदर्शन करते हैं, उनका उल्लेख प्रार्थना सभा में सबके सामने किया जाता है। इससे बच्चों को संतुष्टि एवं आत्मगौरव का अनुभव होता है और दूसरे बच्चों को अच्छे प्रदर्शन के लिए प्रेरणा मिलती है।

2. नेतृत्व का प्रशिक्षण देना प्रार्थना सभा में छात्रों को प्रार्थना का नेतृत्व करना पड़ता है। प्रतिदिन के समाचार संक्षेप में पढ़कर सुनाने पड़ते हैं, इन सबसे प्रार्थना सभा छात्रों में नेतृत्व के गुणों को विकसित करने में सहायक होती है।

3. आत्माभिव्यक्ति के लिए प्रशिक्षण देना सुबह की सभा में भी विद्यार्थियों को छोटे भाषण देने हेतु अभिप्रेरित किया जाता है। छात्रों को श्रोताओं के सामने खड़े होकर बोलने, घोषणाएँ करने आदि का प्रशिक्षण मिलता है।

4. अच्छी आदतों का विकास करना आदर्श सभा का एक उद्देश्य बच्चों

में अच्छी आदतों का विकास करना भी है। बच्चे सामूहिक प्रार्थना के समय शांतचित्त खड़े होकर प्रार्थना करते हैं। सार्वजनिक सभाओं में कैसा व्यवहार करना चाहिए इस बात का प्रशिक्षण यहाँ पर बच्चों को मिलता है। भाषणकर्ता की बात को ध्यानपूर्वक सुनना, उचित समय पर तालियाँ बजाना, दूसरों की भावनाओं का आदर करना आदि आदतें प्रार्थना सभा में अच्छी तरह से विकसित की जा सकती हैं।

5. चरित्र-निर्माण प्रातःकालीन सभा में ईश्वर की प्रार्थना करने तथा संक्षिप्त नैतिक भाषणों को सुनने से बच्चों को अच्छे-बुरे का ज्ञान होता है। वे जानते हैं कि हमारे सच्चे आदर्श क्या हैं? क्या कर्त्तव्य हैं और क्या अकर्त्तव्य हैं। इस प्रकार यह सभा बच्चों में सहायक होती है।

6. आकस्मिक विपत्ति से निपटना किसी भी आपातकालीन स्थिति से निपटने के लिए बच्चों से सहयोग की अपील करने में भी प्रातःकालीन सभा सहायक होती है।

7. बच्चों को नवीनतम समाचार से अवगत कराना देश-विदेश में घटित होनेवाले नवीनतम समाचारों से भी प्रार्थना सभा में बच्चों को परिचित कराया जा सकता है।

8. बच्चों को विद्यालय के उसूलों से अवगत कराना प्रातःकालीन सभा में बच्चों को विद्यालय के नियमों, परंपराओं, आदर्शों आदि से भी आसानी से परिचित कराया जा सकता है।

9. विभिन्न उत्सवों व दिवसों का आयोजन विद्यालय में बिना किसी विशेष औपचारिकता के राष्ट्रीय दिवस एवं राष्ट्रीय उत्सवों को मनाना भी प्रार्थना सभा का उद्देश्य है।

10. महत्वपूर्ण घोषणाएँ करना प्रार्थना सभा का एक उद्देश्य विद्यालय के विभिन्न कार्यक्रमों से संबंधित घोषणाएँ सार्वजनिक रूप में करना भी है। यहाँ सभी बच्चे व अध्यापक इकट्ठे होते हैं। अतः एक साथ ही सबको किसी भी प्रकार की सूचना दे दी जाती है, जैसे विद्यालय के किसी कार्यक्रम के आयोजन के बारे में, दैनिक कार्यक्रम के परिवर्तन के बारे में, किसी अवकाश के बारे में आदि।

11. छात्रों में एकता की भावना उत्पन्न करना सभी छात्रों को एक साथ, एक ही स्थान पर एकत्रित होने, विभिन्न क्रियाओं में भाग लेने और विद्यालय की गतिविधियों से परिचित होने से उनमें विद्यालय के प्रति अपनत्व की भावना तथा आपस में एक होने की भावना विकसित होती है।

अतः हम कह सकते हैं कि प्रातःकालीन सभा सभी छात्रों को पाठ्य एवं सहपाठ्य क्रियाओं में अधिक-से-अधिक भाग लेने के लिए प्रेरित करने का अच्छा साधन है।

प्रातःकालीन सभा का संगठन

सहगामी क्रियाओं के सभी सिद्धान्त को ध्यान में रखते हुए प्रातःकालीन सभा का संगठन करना चाहिए। इनके साथ-साथ निम्नलिखित बातों को भी प्रातःकालीन सभा का आयोजन करते समय ध्यान में रखना चाहिए:

(i) प्रातःकालीन सभा के लिए एक बड़ा हॉल या खुला स्थान होना चाहिए जो साफ-सुथरा हो।

(ii) प्रातःकालीन सभा की एक कमेटी बनानी चाहिए जिसमें कुछ विद्यार्थी और एक-दो अध्यापक सम्मिलित हों। इन्हें प्रातःकालीन सभा के कार्यक्रम की रूपरेखा ठीक प्रकार से पहले से ही तैयार कर लेनी चाहिए।

(iii) सभा में ज्यादा-से-ज्यादा विद्यार्थियों को भाग लेने के लिए प्रोत्साहित करना चाहिए।

(iv) सभा में आयोजित होनेवाली क्रियाओं में विविधता होनी चाहिए।

(v) सभा में दिया गया भाषण दिलचस्प, प्रेरक होने के साथ-साथ आकार में छोटा भी होना चाहिए।

(vi) सभा के कार्यक्रम नैतिक, शिक्षाप्रद एवं प्रेरणादायक होने चाहिए।

(vii) सभा में कुछ समय के लिए सामूहिक व्यायाम भी कराना चाहिए।

(viii) प्रातःकालीन सभा के लिए अच्छी-सी प्रार्थना एवं गीतों का चुनाव करना चाहिए।

(ix) सभा में उचित अनुशासन का पूरा ध्यान रखना चाहिए।

(x) सभा में किसी भी समुदाय के विरुद्ध कुछ नहीं बोलना चाहिए।

(xi) कार्यक्रमों का समय-समय पर निरीक्षण व मूल्यांकन करते रहना चाहिए।

(xii) प्रातःकालीन सभा के कार्यक्रमों की उपयोगिता का मूल्यांकन करने के लिए उसका पूरा-पूरा रिकार्ड रखना चाहिए।

(xiii) इसके गठन के लिए सभी विद्यार्थियों को कुछ सदनों (House) में विभाजित विभाजन किया जा सकता है और उन्हें कुछ विशिष्ट नाम दिए जा सकते हैं; जैसे टैगोर सदन, गांधी सदन, विवेकानंद सदन आदि। हर सदन का प्रभारी कोई अध्यापक होना चाहिए। कुछ दिनों के लिए प्रातःकालीन सभा का आयोजन एक

सदन करे फिर कुछ दिनों के लिए दूसरा सदन। इस प्रकार विद्यालय के सभी छात्रों को इस सभा में भाग लेने का अवसर भी मिलता रहेगा।

अतएव निष्कर्ष के तौर पर यह माना जा सकता है कि उपरोक्त कथ्यों को ध्यान में रखकर ही एक सुव्यवस्थित प्रातःकालीन सभा का आयोजन किया जा सकता है।

भाषण और वाद-विवाद

इसके अन्तर्गत विद्यालयों में छात्रों का मौखिक जांच लिया जाता है ताकि छात्रों में मौखिक अभिव्यक्ति संबंधी प्रवीणता का विकास हो। इस जांच के लिए विद्यालय में भाषण विचार-विमर्श, वाद-विवाद एवं गोष्ठी का आयोजन किया जाता है। इस जांच के दौरान छात्रों को एक-एक करके अपने विचारों को प्रकट करने का मौका मिलता है। इस जांच से यह पता चल जाता है कि किस छात्र में तर्क-वितर्क देने की क्षमता अधिक है।

भाषण और वाद-विवाद का प्रयोजन और लाभ

(i) जो बच्चे इन क्रियाओं में भाग लेते हैं, वे यह चाहते हैं कि उनकी बात को अन्य बच्चे ध्यान से सुनें, अतः वे स्वयं भी दूसरों के विचारों को ध्यान से सुनते हैं। इस प्रकार ये क्रियाएँ बच्चों में श्रवण संबंधी योग्यताओं को विकसित करने में भी सहायता करती हैं।

(ii) इन क्रियाओं में भाग लेने से बच्चों के अंदर आत्मगौरव, सृजन आदि मूल-प्रवृत्तियों की संतुष्टि होती है। इससे बच्चों के स्वाभाविक विकास में सहायता मिलती है।

(iii) भाषण और वाद-विवाद की क्रियाओं में हिस्सा लेने से छात्रों का आत्म विश्वास निरन्तर बढ़ जाता है। आत्माभिव्यक्ति की योग्यता विकसित हो जाने से किसी भी जगह साक्षात्कार आदि के समय होनेवाली घबराहट, हिचकिचाहट अथवा रुकावट उनमें नहीं आ पाती है।

(iv) भाषण एवं वाद-विवाद क्रिया में भाग लेने से बच्चों में तर्क देकर अपनी बात से सहमत कराने की कला का विकास हो जाता है। अतः ऐसे बच्चे अपने सार्थियों से अपनी बात मनवाने की कला में निपुण हो जाते हैं।

(v) इन क्रियाओं में भाग लेने से विद्यार्थियों में आत्मविश्वास बढ़ता है। आत्माभिव्यक्ति की योग्यता विकसित हो जाने से किसी भी जगह साक्षात्कार आदि के समय होनेवाली घबराहट, हिचकिचाहट अथवा रुकावट उनमें नहीं आ पाती है।

(vi) इन क्रियाओं का प्रशिक्षण बच्चों को कालांतर में वकालत, शिक्षण या नेतृत्व आदि के कार्य में सहायक सिद्ध होता है।

(vii) मौखिक अभिव्यक्ति की योग्यता के विकास के बच्चों में जिन भाषायी योग्यताओं का होना आवश्यक है उनको विकसित करने में भी ये क्रियाएँ सहायक होती हैं। इनसे बच्चों के शब्द-भंडार में वृद्धि होती है। उन्हें वाक्य-विन्यास, स्वराघात, विराम-चिह्नों के उचित प्रयोग आदि का ज्ञात होता है। तरह-तरह के विषय की तैयारी करने से ज्ञान में भी वृद्धि होती है। साथ ही वाचन तथा लेखन संबंधी भाषायी योग्यताओं को विकसित करने में भी सहायता मिलती है।

(viii) **भाषण एवं वाद विवाद के उद्देश्य एवं लाभ को निम्न तरह से चर्चा कर सकते हैं :** भाषण एवं वाद-विवाद क्रिया में बच्चों को दिए विषय पर अपने-अपने विचारों को प्रभावशाली ढंग से प्रस्तुत करना पड़ता है। अतः इन क्रियाओं में उन्हें उचित हाव-भाव, उचित मुखमुद्रा, शुद्ध उच्चारण, सुस्वरता, सम्यक गति, उचित प्रवाह, शिष्टाचार आदि मौखिक अभिव्यक्ति के गुणों को ध्यान में रखते हुए बोलने का अभ्यास कराया जाता है। अतः बच्चों में विचारों को उचित प्रकार से बिना हिचक के अभिव्यक्ति की योग्यता विकसित होती है।

(ix) भाषण एवं वाद-विवाद क्रियाएँ बच्चों में स्पष्ट, सशक्त एवं मौलिक चिंतन की योग्यता विकसित करती हैं। उनमें स्वाध्याय की योग्यता का विकास करती हैं। उनकी बोध-शक्ति को विकसित करती हैं। इससे उन्हें तर्क देने का प्रशिक्षण मिलता है।

संगठन

उपरोक्त तथ्यों से यह ज्ञात होता है कि हर स्कूल में संगठन का होना जरूरी है। तथा यह संगठन प्रधानाचार्य या अध्यक्ष प्रभारी के संरक्षण में हो। साथ ही छात्रों को यह अधिकार हो की वह अपने संगठन के मुख्यिा का चयन स्वयं करें।

किसी भी क्षेत्र में संगठन का महत्व कुछ अलग ही रहता है। यह एकता का संदेश होता है यह आपस में विचार-विमर्श करने का तौर-तरीका बताता हैं। यह बताता है कि किस तरह सभा का आयोजन किया जाता है। यह बताता है कि सभा का मुख्यिा कौन होता है तथा किसकी अगुआई में इसका संचालन होता है यह सिखाता है कि किस तरह सभा में अपने विचारों को बढ़ा-चढ़ाकर, प्रभावशाली एवं आकर्षक भाषण दिया जाता हैं। यह सिखलता है कि किसी तरह विवादास्पद बातों को तर्क-विर्तक द्वारा सुलझाया जाता है। यह बतलाता है कि किस तरह सभा में हास्य-विनोद की प्रस्तुति की जाती है।

प्रारंभ में विद्‌यालय स्तर पर ऐसी क्रियाओं का आयोजन होना चाहिए और जब बच्चे भाषण-कला में निपुण हो जाएँ तो उन्हें अन्य विद्‌यालयों में होनेवाली प्रतियोगिताओं में भाग लेने के अवसर देने चाहिए। प्रतियोगिता में अच्छा प्रदर्शन करनेवाले बच्चों को पुरस्कार प्रदान करने चाहिए और इन सभी कार्यों का पूरा-पूरा रिकार्ड रखना चाहिए जिससे क्रिया की सफलता का उचित मूल्यांकन किया जा सके।

काव्य-पाठ

भाषा प्रयोग एक कौशल है। कौशल में निखार आता है अभ्यास से। कहावत है"करत-करत अभ्यास के जड़मति होत सुजान"। अभ्यास के द्‌वारा भाषा के सुनने, बोलने, पढ़ने और लिखने के कौशल में दक्षता प्राप्त की जा सकती है। इन कौशलों में पारंगत होने पर ही बालक को भाषा पर पूर्ण अधिकार प्राप्त हो सकता है। भाषण, वाद-समूह चर्चा आदि की तरह कविता-पाठ भी एक प्रभवशाली सरस साहित्यिक क्रिया है। "कविता कान की कला है आँखों की नहीं।" यह एक श्रव्यकला है। कविता-पाठ के द्‌वारा हम कविता और साहित्य में बच्चों की रुचि विकसित कर सकते हैं। सरस्वर कविता-पाठ मन को प्रफुल्लित कर देता है, इससे थोड़े समय के लिए हम सांसारिक चिंताओं से मुक्त होकर आनंदविभोर हो जाते हैं। अतः विद्‌यालय में हमें समय-समय पर कभी कक्षा के स्तर पर तो कभी विद्‌यालयी और अंतर्विद्‌यालयी स्तर पर कविता-पाठ साहित्यिक क्रिया का आयोजन करना चाहिए। इसमें बच्चे विभिन्न कवियों को रचनाओं का उचित ताल, लय एवं हावभाव के साथ उचित स्वर में काव्य-पाठ प्रस्तुत करते हैं। यदा-कदा बच्चे अपने द्वारा बनाई गई कविता का भी सस्वर पाठ करते हैं।

कविता-पाठ एक प्रभवशाली सरस सहित्यिक क्रिया है। "कविता कान की कला है आंखों की नहीं।" यह एक श्रव्यकला है। कविता-पाठ के द्वारा हम कविता और साहित्य में बच्चों की रुचि विकसित कर सकते हैं। सरस्वर कविता-पाठ मन को प्रफल्लित कर देता है, इससे थोड़े समय के लिए हम सांसारिक चिंताओं से मुक्त होकर आनंदविभोर हो जाते हैं। अतः विद्‌यालय में हमें समय-समय पर कभी कक्षा के स्तर पर तो कभी विद्‌यालयी और अंतर्विद्‌यालयी स्तर पर कविता-पाठ साहित्यक क्रिया का आयोजन करना चाहिए। इसमें बच्चे विभिन्न कृतियों का उचित ताल, लय एवं हावभाव के साथ उचित स्वर में काव्य-पाठ प्रस्तुत करते हैं।

काव्य-पाठ का महत्व

1. यह बच्चों को नई-नई कविता कंठस्थ करने के लिए प्रेरित करता है।

2. कविता-पाठ से बच्चों की अभिव्यंजना शक्ति के विकास में मदद मिलती है।

3. कविता-पाठ बच्चों में रसास्वादन की क्षमताओं में वृद्धि करता है।

4. कविता-पाठ कविता का लयात्मक प्रस्तुतीकरण है। लययुक्त गाना कोई कर पाए या नहीं परंतु सुनना सबको अच्छा लगता है। कविता-पाठ से आनंद की प्राप्ति होती है।

5. कविता-पाठ बच्चों की श्रवण कौशल संबंधी योग्यताओं को विकसित करने में भी सहायक होता है। सभी बच्चे काव्य पाठ को बहुत ही ध्यान से सुनते हैं तथा सुनकर उसका अर्थ ग्रहण करने का प्रयास भी करते हैं।

6. काव्य-पाठ बच्चों की सद्वृत्तियों के विकास में सहायक होता है। इससे बच्चों के सकारात्मक संवेगों का निर्माण करने में सहायता मिलती है।

7. काव्य-पाठ बच्चों के अंदर काव्य-सृजन विषय योग्यता के विकास में भी सहायक है।

कविता-पाठ का आयोजन कक्षा में या विद्यालय में कविता-पाठ क्रिया का आयोजन करते समय निम्नलिखित तथ्यों को स्मरण रखना चाहिए

1. छात्र कविता-पाठ में निपुर्ण हों इसके लिए जरूरी है कि अध्यापक सस्वर कविता-पाठ में निपुर्ण हो। बच्चे अध्यापक द्वारा किए कविता-पाठ के आदर्श का हो अनुकरण करके सीखते हैं।

2. कविता-पाठ भावानुकूल होना चाहिए तब ही उससे छात्रों को कविता के रस की अनुभूति हो सकेगी तथा कविता-पाठ सुनने में आनंद आएगा।

3. कक्षा में हिंदी भाषा और उनके साहित्य का अध्ययन कराते समय बच्चों से कविता का उचित स्वर में पाठ कराना चाहिए और उन्हें वह कविता याद करने के लिए कहना चाहिए।

4. यदा-कदा वर्ग को दो समूहों में विभक्त कर हर समूह के सदस्यों को एक-एककर कविता पाठ करने हेतु कहा जाता है। उनके उच्चारण, लय, प्रवाह, कविता की सरसता आदि के आधार पर उन्हें श्रेष्ठ घोषित किया जाता है।

5. बच्चों से एक 'मेरा कविता संग्रह' नामक पुस्तिका बनवानी चाहिए और उसमें उनकी रुचिकर कविताओं का संकलन करने के लिए प्रोत्साहित करना चाहिए।

6. अन्य विद्यालयों में कविता-पाठ प्रतियोगिता का आयोजन होने पर अच्छे कवितापाठी छात्रों का निष्पक्ष रूप से चयन करके, उन्हें उचित अभ्यास कराकर प्रतियोगिता में भाग लेने के लिए तैयार करना चाहिए।

7. विद्यालय में समय-समय पर होनेवाले आयोजनों में कविता-पाठ क्रिया को शामिल किया जा सकता है। यह कविता-पाठ कार्यक्रम का आयोजन विभिन्न प्रकार से हो सकता है, जैसे

(i) काव्य-गोष्ठी का अयोजन करना

(ii) विद्यालय में कवि-सम्मेलन का आयोजन करना

(iii) किसी कवि की जयंती मनाना।

(iv) अंत्याक्षरी प्रतियोगिता का आयोजन

(v) काव्य-संबंधी समस्या-पूर्ति का आयोजन करना

(vi) कवि-दरबार का आयोजन करना

8. निर्णय देने के लिए योग्य, निष्पक्ष, न्यायप्रिय निर्णायक-मंडल होना चाहिए।

9. इन सभी प्रकार की काव्य-पाठ संबंधी क्रियाओं में श्रेष्ठ प्रदर्शन करनेवाले बच्चों को पुरस्कृत करना चाहिए, इससे अन्य बच्चों को भी भाग लेने के लिए प्रोत्साहन मिलता है।

विद्यालय पत्रिका

स्कूल पत्रिका छात्रों की भावनाओं की लिखित रूप में अभिव्यक्ति प्रदान करने और गुणों के विकास हेतु महत्वपूर्ण साधन माना जाता है।

(क) भित्ति पत्रिका (Wall Magazine)

(ख) वार्षिक या अद्र्धवार्षिक प्रकाशित होनेवाली पत्रिका (Annula of Half yearly Magazine)

इसके तहत छात्रों को अपने हाथ से लेख, कविताएँ तथा अन्य संगृहीत उपयोगी विचार अथवा जानकारी लिखने के लिए कहा जाता है। वे कुछ स्कैच, व्यंग्य चित्र, नमूने या पेटिंग भी बना सकते हैं। इन सभी रेखाचित्रों तथा लेखों की पत्रिका, कमेटी तथा अध्यापक इंचार्ज द्वारा उनके प्रदर्शन से पूर्व ही जाँच-पड़ताल हो जानी चाहिए। इस प्रयोजन हेतु आनेवाली रचनाओं तथा रेखाचित्रों की संख्या के आधार पर उनका प्रदर्शन दो या तीन दिनों या सप्ताह के लिए होना चाहिए। उन पत्रिकाओं में से अच्छी रचनाओं को चुनकर स्कूल-पत्रिका में भी प्रकाशित करवाना चाहिए।

प्रकाशित होनेवाली मैगजीन में विषय-सूची की विविधता होनी चाहिए जैसे लघु कहानियाँ, निबंध, कविताएँ, रेखाचित्र, व्यंग्य चित्र और पेटिंग आदि।

विद्यालय पत्रिका का प्रयोजन

1. रचनात्मक गुणों को खोजना और विकसित करना और इस प्रकार भावी पत्रकारों, लेखकों कवियों, व्यंग्यकारों तथा कलाकारों को अपने छुपे हुए गुणों की अभिव्यक्ति और विकास के अवसर देना।

2. उपयोगी क्रियाओं को प्रोत्साहन एवं प्रेरणा देना।

3. स्कूल कार्यक्रमों तथा क्रियाओं का बाहरी दुनिया में प्रचार करना।

4. अभिभावकों तथा स्कूल के बीच सहयोग के प्रोत्साहन देना।

5. विद्‍यार्थियों के सामान्य ज्ञान को समृद्‍ध बनाने में सहायता करना।

6. लिखित रूप में आत्माभिव्यक्ति के लिए अवसर प्रदान करना।

7. साहित्यिक रुचि तथा अध्ययन संबंधी आदतों का विकास करना।

8. विद्‍यालय में एकात्मकता हेतु साधन रूप में काम करना।

9. अवकाश में उचित उपभोग के लिए प्रशिक्षण प्रदान करना।

10. स्कूल के प्रति निष्ठा का विकास करना और इसकी उपलब्धियों के लिए गौरव का अनुभव करना।

11. आचरण के उच्च प्रतिमान विकसित करने में सहायता करना।

विद्यालय पत्रिका संपादन संबंधी कार्य

इस दिशा में निम्नलिखित उपयोगी हो सकते हैं:

1. नाममात्र की पत्रिका फीस के साथ स्कूल के प्रत्येक छात्र को पत्रिका देने का प्रयत्न करना चाहिए। खर्चे को पूरा करने के लिए अन्य साधनों जैसे समुदाय से चंदा प्राप्त करना तथा विज्ञापन प्राप्त करना आदि का प्रयोग किया जा सकता है।

2. मुद्रण कार्य के गुण या उत्तमता को भी ध्यान में रखना चाहिए।

3. पत्रिका के विगत अंकों (प्रायः एक साल तक की पत्रिकाओं का) को इकट्ठा कर इसका बंच बना लेना चाहिए, और रिकार्ड हेतु पुस्तकालय में रखा जाना चाहिए।

4. स्कूल पत्रिका स्कूल कल्याण से संबंधित प्रसिद्‍ध जनसेवी व्यक्तियों, शिक्षा अधिकारियों तथा अन्य स्कूलों को भेजनी चाहिए।

5. रचनाओं के लिए आमंत्रण बहुत समय पहले देना चाहिए, भित्ती पत्रिका से भी कुछ रचनाओं का चयन करना चाहिए।

6. पत्रिका के प्रकाशन के लिए सरकार से अवश्यक आज्ञा लेनी चाहिए और पत्रिका के नाम का पंजीकरण करा लेना चाहिए।

7. संपादक बोर्ड को ठीक रचनाओं के चयन और भाषा, शैली तथा सामग्री के संशोधन में उचित ध्यान देना चाहिए।

8. विद्यार्थियों को उचित अभिप्रेरणा मिलनी चाहिए, उनको उचित निर्देश तथा बुद्धिमत्तापूर्ण प्रोत्साहन देना चाहिए। दूसरे शब्दों में इन्हें पत्रिका के लिए रचनाएँ देने के हेतु प्रेरित किया जाना चाहिए।

9. कार्य का प्रारंभ भित्ति पत्रिका के माध्यम से होना चाहिए। इस कार्य को क्लास के ढंग पर या सदन रीति पर संगठन करना एक अच्छा पग होगा। एक अध्यापक इंचार्ज की नियुक्ति की जानी चाहिए जो अपने सदन या कक्षा पत्रिका का आयोजन कर सके।

10. पत्रिका के प्रकाशन के लिए योग्यता के आधार पर संपादकीय परिषद-बोर्ड का सतर्कता से चयन करना चाहिए। इसमें स्टाफ संपादक तथा छात्र संपादक दोनों ही होने चाहिए। स्टाफ का वरिष्ठ सदस्य इसका मुख्य संपादक होना चाहिए।

दीर्घ उत्तरीय प्रश्न

1. वर्तमान शिक्षा का उद्देश्य क्या है? हिन्दी की पाठ्य सहगामी क्रियाओं की चर्चा करें।
2. सहपाठ्य क्रियाओं के महत्व और उपयोगिता की चर्चा करें।
3. सहपाठ्य क्रियाओं के प्रमुख संगठन और मूल्यांकन सिद्धांतों की चर्चा करें।

लघु उत्तरीय प्रश्न

1. भाषण और वाद-विवाद के उद्देश्य और लाभ का वर्णन करें।
2. काव्य पाठ क्या है? काव्य पाठ का आम जीवन में क्या महत्व है?
3. विद्यालय पत्रिका के प्रकाशन का उद्देश्य क्या हैं?

वस्तुनिष्ठ प्रश्न

1. वर्तमान शिक्षा प्रणाली किसने अनुकूल है?

   (क) अध्यापक (ख) छात्र

   (ग) विद्यालय (घ) इनमें से कोई नहीं।

2. वर्तमान शिक्षा पद्धति में महत्वपूर्ण स्थान है
   (क) सहपाठ्य क्रियाओं का (ख) मूल्यों का
   (ग) देश भक्ति का (घ) इनमें से कोई नहीं
3. क्रियाओं के संगठन में किस प्रकार का दृष्टिकोण अपनाना चाहिए
   (क) राजतंत्रीय (ख) प्रजातंत्रीय
   (ग) कुलीन तंत्रीय (घ) इनमें से कोई नहीं

21

हिन्दी-शिक्षण में मूल्यांकन

मूल्यांकन से आशय

शिक्षण कार्य को विधिवत आरंभ करने से पूर्व शिक्षण प्रयोजन का निर्धारण किया जाता है। पुनः इन प्रयोजनों की प्राप्ति हेतु अधिगम अनुभव दिये जाते हैं। तदुपरान्त भिन्न-भिन्न प्रविधियों और साधनों की मदद से यह ज्ञात करने का प्रयास किया ज़ाता है कि शिक्षण कार्य अपने अभिष्ट प्रयोजन की प्राप्ति में सफल रहा है अथवा नहीं। शिक्षण-उद्देश्यों की प्राप्ति के स्तर की जांच करने की प्रक्रिया को मूल्यांकन कहा जाता है।

मूल्यांकन का शाब्दिक तात्पर्य हैमूल्य आंकना। हिन्दी-शिक्षण में मूल्यांकन से आशय है इस बात की जांच करना कि शिक्षण के परिणामस्वरूप छात्रों के व्यवहार में क्या बदलाव हुआ है। शिक्षण से पूर्व जिन शिक्षण-उद्देश्यों को निर्धारित किया गया था, शिक्षण द्वारा छात्रों को उनकी प्राप्ति किस स्तर तक हुई है, अध्यापक अपने शिक्षण-कार्य में कहां तक सफल हुआ है, बच्चों की योग्यताओं रुचियों, रुझानों, और व्यवहार में कितना बदलाव हुआ है, इस बात का अनुमान मूल्यांकन द्वारा ही सम्भव होता है। अपनी शिक्षण-क्रिया द्वारा हम छात्रों के व्यवहार में जो अपेक्षित परिवर्तन लाना चाहते हैं? वे परिवर्तन लाए जा सके हैं या नहीं, जिन योग्यताओं को विकसित करना चाहते थे वे योग्यताएं विकसित हो सकी हैं या नहीं और यदि विकसित हुई हैं तो किस सीमा तक। शिक्षण-परिस्थितियां किस सीमा तक इन लक्ष्यों को प्राप्त

करने में सफल हुई हैं। शिक्षण का जो एक विस्तृत उद्देश्य हैबच्चे के व्यक्तित्व का सर्वांगीण विकास, वह कितनी सफलता और किस अनुपात में पूरा हो सका है। इस सबकी जांच करने की प्रक्रिया को ही मूल्यांकन कहा जाता है। इस प्रकार मूल्यांकन द्वारा विषय-वस्तु के ज्ञान की जांच तो होती ही है साथ ही बालक की रुचियों, अभिवृत्तियों, योग्यताओं, दृष्टिकोणों आदि के परिवर्तन तथा विकास की जांच भी की जाती है। इसीलिए मूल्यांकन का क्षेत्र परीक्षा से अधिक व्यापक होता है क्योंकि परीक्षा का सम्बन्ध केवल विषय-वस्तु के ज्ञान की जांच से होता है।

सी. सी. रॉस—"मूल्यांकन का प्रयोग बच्चे के सम्पूर्ण व्यक्तित्व अथवा शिक्षा की समूची स्थितियों की जांच प्रक्रिया के लिए किया जाता है।"

जे. डब्ल्यू. राइटस्टोन के अनुसार "मूल्यांकन में व्यापक व्यक्तित्व से सम्बन्धित परिवर्तनों तथा शिक्षा कार्यक्रम के मुख्य उद्देश्यों पर बल दिया जाता है। इसमें केवल विषय-वस्तु का मूल्यांकन ही सम्मिलित नहीं बल्कि दृष्टिकोणों, रुचियों, आदर्शों, चिन्तन-विधियों, कार्य-आदतों, वैयक्तिक तथा सामाजिक समायोजन योग्यताओं का मूल्यांकन भी सम्मिलित है।"

इस प्रकार से यह स्पष्ट है कि मूल्यांकन एक ऐसी विद्या या प्रक्रिया है जो छात्रों की उपलब्धियों, शिक्षण-विधियों की सफलता तथा शिक्षण-उद्देश्यों की प्राप्ति के स्तर की जांच करती है।

मूल्यांकन का महत्व

कोई भी कार्य अपने उद्देश्य की प्राप्ति में कहां तक सफल रहा है, यह कार्य सम्पन्न होने के बाद मूल्यांकन से ही ज्ञात होता है। परन्तु शिक्षा के क्षेत्र में तो यह आवश्यक है कि शिक्षण-प्रक्रिया को जिन उद्देश्यों की प्राप्ति के लिए सम्पन्न किया गया है, उन उद्देश्यों की प्राप्ति किस स्तर तक हुई, इस बात का पता लगाया जाए। किसी विषय में निर्धारित ज्ञान, कौशल तथा योग्यताओं को किसी छात्र ने किस सीमा तक ग्रहण किया है, इस बात की जानकारी मूल्यांकन द्वारा ही सम्भव है। अतः शिक्षा में अध्यापक एवं छात्र दोनों के लिए ही मूल्यांकन का विशेष महत्व होता है। हिन्दी-शिक्षण में मूल्यांकन के महत्व को निम्न रूप से स्पष्ट किया जा सकता है :

1. शैक्षिक एवं व्यावसायिक मार्गदर्शन में सहायक है मूल्यांकन के द्वारा छात्रों की योग्यता, क्षमता, मनोवृत्ति, रुचियों तथा दृष्टिकोणों का पता चलता है। इससे छात्रों के शैक्षिक एवं व्यावसायिक निर्देशन में सहायता मिलती है। कौन-सा बच्चा किस प्रकार के कार्य-व्यापार को जीवन में सफलतापूर्वक कर सकेगा, कौन-सा छात्र

किस विषय-क्षेत्र में उच्च अध्ययन कर सकेगा, इस बात का मार्गदर्शन मूल्यांकन के परिणामों के आधार पर ही किया जाता है।

2. छात्रों की प्रगति की जानकारी होती हैविद्यार्थियों को स्कूल में विषय संबंधी जितना भी ज्ञान प्रदान किया गया है, उसे विद्यार्थियों ने किस सीमा तक आत्मसात किया है, इस तथ्य की जानकारी मूल्यांकन से ही होती है। परीक्षा, निरीक्षण आदि मूल्यांकन तकनीकों से ही यह ज्ञात होता है कि छात्र ने विद्यालय में कितनी प्रगति की है, कौन-सा छात्र किस स्तर के योग्य है आदि।

3. शिक्षण पद्धति के सही चयन और उनके उपयोग में मददगार है— शिक्षण-प्रक्रिया एक त्रिध्रुवीय प्रक्रिया है। शिक्षण-उद्देश्यों के निर्धारण के पश्चात् उनकी प्राप्ति के लिए अध्यापक शिक्षण-कार्य को क्रियान्वित करता है। शिक्षण-क्रिया को कुशलतापूर्वक सम्पन्न करने के लिए अध्यापक विभिन्न प्रकार की शिक्षण-विधियों का प्रयोग करता है। इन शिक्षण-विधियों की सफलता या असफलता का ज्ञान मूल्यांकन के परिणाम से ही हो सकता है। मूल्यांकन की विभिन्न तकनीकों का प्रयोग करने के उपरान्त जो भी परिणाम प्राप्त होते हैं उनके आधार पर अध्यापक अपनी शिक्षण-विधि से औचित्य का निर्णय लेता है और उनमें वांछित सुधार करता है।

4. छात्रों की कमजोरियों को जानने में सहायक है मूल्यांकन-प्रक्रिया से छात्रों की कमजोरियों का ज्ञान होता है। कौन-सा छात्र भाषा के किस क्षेत्र में कमजोर है, किसे शुद्ध उच्चारण नहीं आता, किसकी लिखित अभिव्यक्ति में दोष है, कौन अक्षर-विन्यास सम्बन्धी त्रुटि करता है, कौन वाचन में कमजोर है आदि बातों की जानकारी मूल्यांकन से ही होती है।

5. विद्यार्थी को भिन्न-भिन्न श्रेणियों में विभक्त करने में मददगार मूल्यांकन में जब छात्रों के उपलब्धि स्तर की जानकारी हो जाती है तो उसके आधार पर उन्हें अलग-अलग वर्गों में विभाजित करने में सहायता मिलती है। कौन-सा विद्यार्थी किस स्तर के योग्य है, कौन-से विद्यार्थी दूसरे विद्यार्थियों से अधिक योग्य या कम योग्य हैंइस बात का निर्णय लेने के उपरान्त ही उन्हें अलग-अलग वर्गों में वर्गीकृत किया जाता है और उनके मानसिक स्तर के अनुरूप ही शिक्षण-विधि का प्रयोग किया जाता है।

6. छात्रों को अध्ययन के लिए प्रेरित करती हैमूल्यांकन-प्रक्रिया छात्रों को पढ़ाई करने के लिए भी प्रेरित करती है। जो छात्र विद्यालय में नियमित रूप से अध्ययन कार्य नहीं करते हैं, जब उन्हें ज्ञात होता है कि परीक्षा या परीक्षण होने वाला है तो वे भी पढ़ाई में जुट जाते हैं।

7. विद्यार्थी को सबल बनाकर उनके उन्नयन में सहायक है मूल्यांकन से जब छात्रों को अपनी कमजोरियों का पता लग जाता है तो वे उनके प्रति सचेत हो जाते हैं और उन्हें दूर करने का प्रयास करते हैं। अध्यापक उनका विशेष ध्यान रखते हैं और उनकी त्रुटियों को दूर करने का प्रयास करते हैं इस प्रकार अध्यापक के मार्गदर्शन में छात्र विशेष अभ्यास कर अपनी कमजोरियों को दूर कर भाषा सम्बन्धी विशिष्ट योग्यताओं को विकसित करने के लिए प्रयत्नशील होते हैं।

8. अभिभावक को विद्यार्थी के उन्नयन की जानकारी होती है मूल्यांकन के द्वारा ही बच्चों के माता-पिता या अभिभावकों को विद्यालय में अपने बच्चों की क्रियाओं, विकास तथा प्रगति की सही स्थिति की जानकारी होती है और इसके आधार पर ही वे बच्चे की शिक्षा के लिए उचित सुविधाओं की व्यवस्था करते हैं।

9. विद्यार्थी के व्यक्तित्त्व मार्गदर्शन में मददगार है हर छात्र के अन्दर अधिगम-क्षमता, रुचि, योग्यताएं आदि अलग-अलग होती हैं। कुछ छात्र प्रखर बुद्धि के होते हैं, कुछ सामान्य स्तर के तो कुछ मन्द बुद्धि के होते हैं। इन सब छात्रों को एक ही तरह से पढ़ाना उचित नहीं है। मूल्यांकन द्वारा छात्रों के इन व्यक्तिगत अन्तरों का पता चल जाता है और अध्यापक छात्रों की योग्यता के अनुसार ही उचित मार्गदर्शन करने का प्रयास करता है।

10. हिन्दी-शिक्षण के उद्देश्यों की प्राप्ति में सहायक है—मूल्यांकन ही वह प्रक्रिया है जिसके द्वारा शिक्षण के उद्देश्यों की प्राप्ति की जांच की जाती है। हिन्दी विषय के शिक्षण से पूर्व कुछ शिक्षण लक्ष्यों का निर्धारण किया जाता है और छात्रों में हुए व्यवहार-परिवर्तन के आधार पर उन उद्देश्यों की प्राप्ति का पता लगता है। छात्रों के व्यवहार-परिवर्तन के स्तर और सीमा की जांच मूल्यांकन की विभिन्न तकनीकों के द्वारा ही की जाती है। यदि उद्देश्यों की प्राप्ति वांछित स्तर तक नहीं होती है तो शिक्षण-क्रिया का पुनर्वेक्षण किया जाता है। इस प्रकार मूल्यांकन ही शिक्षक को उद्देश्योन्मुख बनाए रखता है।

इस तरह से यह ज्ञात होता है कि शिक्षण पद्धति में मूल्यांकन का विशिष्ट स्थान है। मूल्यांकन के अनुरूप निर्दिष्ट मार्ग पर अग्रसर होने वाले बच्चे ही समायोजित व्यक्तित्व से युक्त होकर जीवन में सफलता प्राप्त करते हैं। आज विद्यालयों में सामान्य रूप से त्रैमासिक, अर्द्धवार्षिक एवं वार्षिक परीक्षाएं इसी उद्देश्य से ली जाती हैं। कुछ परीक्षाएं विद्यालय के शिक्षक एवं अधिकारी ही लेते हैं और कुछ परीक्षाएं शिक्षा-बोर्ड आदि के द्वारा ही ली जाती हैं। ये परीक्षाएं ही शिक्षण-पद्धति का अनिवार्य अंग बनी हुई हैं। परन्तु यह वर्तमान परीक्षा-प्रणाली इतनी दोषपूर्ण है कि

इससे छात्रों की उपलब्धियों की सही-सही जानकारी नहीं हो पाती है। अतः इसमें सुधार की आवश्यकता है। इसके लिए मूल्यांकन की विस्तृत योजना का क्रियान्वयन आवश्यक है।

हिन्दी मूल्यांकन में प्रयुक्त विधियां

शिक्षण-क्रिया एक बहुत ही सुनियोजित और व्यवस्थित प्रक्रिया है शिक्षण-क्रिया को सम्पन्न करने हेतु सर्वप्रथम शिक्षण-उद्देश्यों का निर्धारण किया जाता है। हिन्दी-शिक्षण में भी शिक्षण से पूर्व पाठ्यवस्तु को ध्यान में रखते हुए भाषा-शिक्षण के उद्देश्यों का निर्धारण होता है और छात्रों के व्यवहार में आए परिवर्तनों के आधार पर यह ज्ञात किया जाता है कि शिक्षण-उद्देश्यों की प्राप्ति हुई है या नहीं। छात्रों के इन व्यवहारगत परिवर्तनों, रुचियों, आकांक्षाओं, रुझानों एवं योग्यता की जांच करने के लिए अध्यापक विभिन्न तकनीकों, विधियों एवं साधनों की मदद लेता है। मूल्यांकन की ये विधियां निम्नांकित हो सकती हैं

मूल्यांकन					
परीक्षा	पर्यवेक्षक	संचित अभिलेख	घटना वृत्त	गृहकार्य	रेटिंग स्केल
लिखित	मौखिक	प्रायोगिक			
निबन्धात्मक	लघु-उत्तर	वस्तुनिष्ठ			

अध्ययन किये गए विषयों की जांच जब लिखित रूप में की जाती है तो इसे लिखित परीक्षा (Written test) कहते हैं। इस पद्धति से छात्र के सम्पूर्ण विषयात्मक ज्ञान, मौलिकता संबंधी जांच और व्यवहार परिवर्तन की जांच हो जाती है।

उपरोक्त समस्त विधियों का विशद् विवेचन निम्नवत् है

(क) परीक्षा मूल्यांकन की सबसे महत्वपूर्ण विधि परीक्षा है। कक्षा में पढ़ाए गए विषय के आधार पर छात्रों के सम्मुख कुछ प्रश्न प्रस्तुत किए जाते हैं और उनके उत्तरों के आधार पर छात्रों की विषयगत योग्यता की जांच की जाती है। इस प्रक्रिया को ही परीक्षा कहते हैं। यह परीक्षा तीन प्रकार की होती है

I. लिखित II. मौखिक III. प्रायोगिक।

I. लिखित परीक्षा वर्तमान शिक्षण पद्धति और प्रतियोगितात्मक युग में लिखित परीक्षा का कोई विकल्प नहीं है। इसमें एक समय में लाखों छात्रों को विभिन्न केन्द्रों में प्रश्न-पत्र वितरित कर दिए जाते हैं और वे उत्तर-पुस्तिकाओं पर प्रश्नों का उत्तर लिखते हैं। बाद में परीक्षक अपनी सुविधानुसार उनकी उत्तर-पुस्तिकाओं की जांच कर उनकी योग्यता का मापन कर सकते हैं। इसमें सभी कार्य का लिखित रूप में अभिलेख (रिकाड) सुरक्षित रहता है। कभी भी आवश्यकता पड़ने पर उसका पुनर्मूल्यांकन किया जा सकता है। छात्रों को पढ़कर इसका अभिप्राय स्वीकारने ग्रहण करने एवं लिखित रूप से विचारों को अभिव्यक्ति करने की योग्यता की जांच करने की यह एक सर्वोत्तम विधि है।

प्रश्न-पत्र में पूछे गए प्रश्नों की रचना के आधार पर लिखित परीक्षा के तीन रूप हैं :

(i) वस्तुनिष्ठ (ii) लघु उत्तर (iii) निबन्धात्मक।

(ii) लघु उत्तर परीक्षा जिन प्रश्नों का उत्तर बहुत छोटा अर्थात् एक, दो, तीन या चार पंक्तियों में देना होता है, उन्हें लघु उत्तर परीक्षा कहा जाता है। यह निबन्धात्मक परीक्षा का ही परिष्कृत रूप है। इनमें निबन्धात्मक परीक्षाओं की अपेक्षा अधिक प्रश्न पूछे जा सकते हैं। अतः यह पाठ्यक्रम के अधिक अंश से सम्बन्धित ज्ञान की जांच करती है। इनके उत्तर भी अपेक्षाकृत अधिक निश्चित होते हैं। इनमें छात्रों की बोधशक्ति तथा ज्ञान की जांच भी होती है। ये छात्रों की वाक्य-रचना की योग्यता की जांच करने में भी सहायक हैं, परन्तु ये न तो छात्रों की तर्क, विचार आदि मानसिक शक्तियों की जांच कर सकती हैं और न ही भाषा, शैली एवं विचाराभिव्यक्ति की जांच भी पूरी तरह से करने में सक्षम होती हैं।

लघु उत्तर परीक्षाओं में निम्न प्रकार के प्रश्न पूछे जा सकते हैं :

(क) संज्ञा या विशेषण की परिभाषा दो।

(ख) रामचरितमानस हिन्दी का सर्वश्रेष्ठ ग्रन्थ क्यों माना जाता है? कोई चार कारण बताइए।

(ग) नाटक में कौन-कौन से तत्व होते हैं?

(घ) कबीरदास जी की भाषा-शैली की दो विशेषताएं बताइए।

(iii) निबन्धात्मक परीक्षा जिन प्रश्नों का उत्तर छात्रों को विस्तृत निबन्ध के रूप में देना होता है, ऐसे प्रश्नों पर आधारित लिखित परीक्षा को निबन्धात्मक परीक्षा कहा जाता है। इसमें बच्चों को विषय से सम्बन्धित प्रश्नों पर आधारित प्रश्न-पत्र दिया जाता है। प्रश्न-पत्र में 8-9-10 प्रश्न होते हैं, उनमें से छात्रों को 5-6 प्रश्नों का उत्तर एक निश्चित समयावधि में देना होता है।

गुण इस परीक्षा के द्वारा छात्रों की लिखित अभिव्यक्ति की योग्यता की जांच होती है। पढ़कर अर्थ ग्रहण करना, विचारों को संग्रह करना, विचारों को विश्लेषण करना, विचारों को व्यवस्थित करना एवं उचित भाषा तथा क्रम में अभिव्यक्त करना, तीव्र गति से लिखना आदि योग्यताओं का मूल्यांकन करने के लिए निबन्धात्मक परीक्षाएं सबसे अच्छी साधन हैं। इनमें निम्न प्रकार के प्रश्न पूछे जाते हैं, जैसे

(क) तुलसीदास जी की भाषा, शैली एवं रचनाओं का साहित्यिक परिचय दें।

(ख) महावीर प्रसाद द्विवेदी के निबन्ध 'साहित्य की महत्ता' का सार लिखते हुए उसके केन्द्रीय भाव को स्पष्ट करें।

(ग) अपने देश के 'राष्ट्रीय ध्वज' पर एक लेख लिखिए।

इस प्रकार के प्रश्नों से छात्रों की समीक्षात्मक एवं सृजनात्मक योग्यता की जांच करने में सहायता मिलती है। अक्षर-विन्यास, विराम-चिह्न आदि के शुद्ध प्रयोग की परख भी आसानी से की जा सकती है।

दोष कई गुणों से सुसज्जित होने के बावजूद लिखित परीक्षा पद्धति पूरी तरह दोषमुक्त नहीं है। संपूर्ण विषय के पाठ्यक्रम से 10-12 सवाल ही पूछे जाते हैं और उसमें भी केवल 5-6 सवालों का ही उत्तर देना पड़ता है। ऐसे में विद्यार्थी संपूर्ण विषय का बारीकी के साथ अध्ययन नहीं करकर कुछेक संभावित प्रश्नों को रट लेते हैं। प्रश्न-पत्र भी पाठ्यक्रम के कुछ ही अंश पर केंद्रित होता है। अतः छात्र पूरे पाठ्यक्रम का अध्ययन नहीं करते हैं। इनसे विषय की आंशिक जांच ही हो पाती है। ये परीक्षाएं साधन न बनकर साध्य बन गई हैं। छात्र विषय को समझने के स्थान पर रट लेते हैं और परीक्षा में रटे-रटाए उत्तर लिख आते हैं। यदि दुर्भाग्यवश रटे हुए प्रश्न नहीं आए तो अपने भाग्य को कोसते हैं या पास होने के लिए अनुचित साधनों का प्रयोग करते हैं। अतः ये परीक्षाएं छात्रों को भाग्यवादी बना देती हैं और उनमें अनैतिक आदतों का विकास करती हैं। इस परीक्षा में एक दोष और भी है कि इनमें उत्तर-पुस्तिकाओं का मूल्यांकन परीक्षकों के व्यक्तिगत दृष्टिकोण पर निर्भर करता है। उत्तर की निश्चितता या सीमारेखा न होने के कारण एक प्रश्न के उत्तर की जांच करने पर एक परीक्षक 50% अंक देता है तो उसी के लिए दूसरा या तीसरा परीक्षक 40% या 60-70% अंक तक दे सकता है। अतः ये परीक्षाएं अविश्वसनीय, अप्रामाणिक एवं व्यक्तिनिष्ठ हैं। इनमें परीक्षा-परिणाम घोषित होने की अवधि तक छात्रों के मन में आतंक छाया रहता है। बहुत-से छात्र तो परीक्षकों तक पहुंचा करते हैं और अनैतिकता को प्रोत्साहन देते हैं। छात्रों के साथ उचित न्याय नहीं हो पाता है। इन दोषों के कारण बहुत-से विद्वान् इस परीक्षा की कटु आलोचना करते हैं और इसे

त्याज्य मानते हैं। परन्तु इनकी अपनी विशेषताएं भी हैं। जैसा कि इसके गुणों को स्पष्ट करते हुए बताया गया है कि यह परीक्षा छात्रों की विचार-संगठन एवं विश्लेषण-सम्बन्धी योग्यता की जांच करती है, उनकी लिखित अभिव्यक्ति की योग्यता की जांच करती है एवं भाषा के शुद्ध तथा प्रभावशाली प्रयोग आदि का मापन भी करती है। अतः इसे त्यागा नहीं जा सकता है। भाषा-योग्यताओं की जांच की दृष्टि से विशेषकर हिन्दी-शिक्षण में निबन्धात्मक परीक्षा की बहुत उपयोगिता है। इसलिए हिन्दी-शिक्षण के उद्देश्य का मापन करने हेतु इसका इस्तेमाल होना जरूरी है।

(i) वस्तुनिष्ठ परीक्षा जिन प्रश्नों के उत्तर किसी चिह्न विशेष या एक-दो शब्द के द्वारा दिए जाते हैं, उन्हें वस्तुनिष्ठ परीक्षा कहते हैं। निबन्धात्मक परीक्षा के दोषों को दूर करने की दृष्टि से इस परीक्षा का विकास किया गया है। प्रश्नों के उत्तर एक-दो शब्दों में होने के कारण इसमें कम समय में अधिक से अधिक प्रश्न पूछे जा सकते हैं। अतः प्रश्न पूरी पाठ्यचर्या से सम्बन्धित होते हैं। छात्रों को विषय पूरी तरह से तैयार करना पड़ता है, विषय का कोई भी अंश छोड़ा नहीं जा सकता है। इसमें सभी सवालों के उत्तर निर्धारित होने के कारण प्रत्येक स्थिति में जाँचकर्ता को अंक देना पड़ता है। अर्थात् उत्तर सही है तो पूर्ण अंक और गलत है तो शून्य। प्रश्न के उत्तर की विषवस्तु निश्चित होने के कारण ही इसे वस्तुनिष्ठ कहा जाता है। ये परीक्षाएं विश्वसनीय एवं प्रामाणिक होती है। इनके द्वारा बच्चों के ज्ञान की सही-सही जांच होती है।

इन गुणों के होने पर भी वस्तुनिष्ठ परीक्षा दोषमुक्त नहीं है। इनसे बच्चों की विचार, तर्क आदि मानसिक शक्तियों, भाषा-शैली का प्रयोग, विचारों की अभिव्यक्ति आदि की जांच नहीं हो पाती है। ये तो केवल बच्चों की स्मरणशक्ति की जांच करती हैं। कभी-कभी ये अनुमान-कार्य को भी प्रोत्साहन देती हैं।

अतः वस्तुनिष्ठ परीक्षा पर पूरी तरह से निर्भर न रहकर, निबन्धात्मक एवं लघु उत्तर परीक्षाओं के साथ समन्वित करके इसका प्रयोग करना चाहिए। वस्तुगत प्रश्नों का निर्माण बड़ी सावधानी के साथ करना चाहिए। परस्पर विचार-विमर्श एवं पर्याप्त अभ्यास के उपरान्त ही इनका निर्माण किया जा सकता है। प्रश्नों की संख्या इतनी होनी चाहिए कि छात्र दिए गए समय में उनका उत्तर दे सकें। प्रश्न छात्रों के मानसिक स्तर के अनुकूल होने चाहिए। कुछ प्रश्न ऐसे हों जिनका उत्तर 5 से 10 प्रतिशत तक असाधारण प्रतिभा के छात्र दे सकें, कुछ प्रश्न ऐसे हों जिन्हें 40 से 65 प्रतिशत तक सामान्य प्रतिभा के छात्र दें सकें और कुछ प्रश्न ऐसे हों जिन्हें सभी छात्र दे सकें। इससे सभी छात्रों की मानसिक क्षमता, योग्यता आदि की जांच भी हो सकेगी।

वस्तुनिष्ठ सवाल कई तरह के होते हैं

1. रिक्त-स्थान पूर्ति परीक्षा—इसे वाक्य-पूर्ति परीक्षा भी कहते हैं। इसमें वाक्य लिखकर बीच-बीच में रिक्त स्थान छोड़ देते हैं और छात्र उन रिक्त स्थानों में उचित शब्द लिखते हैं। इसके प्रश्न भी दो प्रकार के होते हैं

(i) चुनाव वाक्य-पूर्ति परीक्षा इनमें वाक्य के आगे कुछ शब्द दिए होते हैं और छात्र को उन शब्दों में से उचित शब्द का चुनाव कर रिक्त स्थान को पूरा करना होता है। जैसे

प्रश्न (अ) बैरवे .... की प्रमुख रचना है।

(तुलसीदास, सुमित्रानन्दन पन्त, जयशंकर प्रसाद)

(आ) जो शब्द लिंगावचन आदि अनुसार अपना रूप नहीं बदलते हैं उन्हें .... कहते हैं।

(क्रिया, विशेषण, सर्वनाम, अव्यय)

(इ) ज्ञानराशि के संचित कोष को .... कहते हैं।

(समाज, सभ्यता, साहित्य, संस्कृति)

(ii) स्मृति वाक्य-पूर्ति परीक्षा जैसे

प्रश्न (अ) रामायण के लेखक ....है।

(आ) बिहार की मातृभाषा.......... है।

(इ) गुनाहों का देवता के लेखक .... हैं।

(ई) संज्ञा या सर्वनाम की विशेषता प्रकट करने वाले शब्द को ... कहते हैं।

2. पुनः स्मरण परीक्षा—इस प्रकार के प्रश्नों में छात्रों को अपनी स्मृति अर्थात् स्मरणशक्ति का प्रयोग कर प्रश्नों का उत्तर देना होता है। जैसे

प्रश्न (i) रामायण की रचना किसने की?

(ii) क्रिया की विशेषता बताने वाले शब्दों को क्या कहते हैं?

(iii) विद्यापति की जन्मतिथि क्या है?

(iv) छायावाद के कवियों के नाम लिखो।

(v) पृथ्वी के तीन पर्यायवाची लिखो।

इन प्रश्नों में उत्तर नहीं दिया होता है। छात्रों को स्वयं सीखे हुए ज्ञान का पुनः स्मरण करके उत्तर लिखना पड़ता है।

3. सत्यासत्य परीक्षा इसमें कुछ प्रश्न या कथन प्रस्तुत किए जाते हैं जो सही या गलत हो सकते हैं। छात्रों को ठीक होने पर सही का निशान (सही) लगाने या ठीक, हां, सत्य या शुद्ध लिखने को कहा जाता है। जैसे

प्रश्न नीचे लिखे वाक्यों में जो ठीक हों उनके आगे 'हां' और जो गलत हों उनके आगे 'नहीं' लिखो

(ई) महादेवी वर्मा वेदना की कवयित्री मानी जाती हैं। ( )

(इ) सूरदास ने कृष्ण की बाललीला का अति सुन्दर चित्रण किया है। ( )

(अ) भूषण श्रृंगार रस के कवि हैं। ( )

(आ) राम शब्द व्याकरण की दृष्टि से विशेषण है। ( )

4. बहु-विकल्प परीक्षाइस प्रकार के प्रश्नों में एक प्रश्न के तीन-चार उत्तर लिख दिए जाते हैं और छात्रों को सही उत्तर के आगे निशान लगाना होता है। जैसे

प्रश्न (i) अयोध्या सिंह उपाध्याय 'हरिऔध' ने रामचरितमानस/प्रियप्रवास/कामायनी की रचना की थी।

(ii) कलम शब्द व्याकरण में संज्ञा/सर्वनाम/क्रिया है।

5. व्यवस्थीकरण परीक्षा—इसमें कई शब्दों, कथनों या वाक्यांशों को अव्यवस्थित रूप से रख दिया जाता है और छात्रों को उन शब्दों, कथनों या वाक्यांशों को व्यवस्थित रूप में रखने को कहा जाता है। इससे छात्रों के विषय एवं भाषा-ज्ञान की परीक्षा ली जाती है।

प्रश्न नीचे दिए गए शब्दों को उचित क्रम में रखिए :

(अ) कर्ण, वाक्य, अनुच्छेद, निबन्ध, शब्द।

(आ) गगन हम उन्मुक्त पंछी के।

(इ) हैं संज्ञा स्थान के शब्दों प्रयुक्त को पर सर्वनाम होने वाले कहते।

6. समरूप या युगलीकरण—इसमें प्रश्नों को दो भागों में बांटा जाता है। प्रथम भाग में एक से अधिक कथन, शब्द या वाक्य दिए जाते हैं और दूसरे भाग में उनके उत्तर या उनसे सम्बन्धित सूचनाएं दी जाती हैं परन्तु इनका क्रम अव्यवस्थित होता है अर्थात् उत्तरों को प्रथम भाग वाले कथनों के क्रम में नहीं लिखा जाता है। छात्रों को दोनों भागों के शब्दों, वाक्यों या कथनों को पढ़कर प्रथम भाग वाले कथनों के क्रम में लिखना होता है; जैसे :

प्रश्ननीचे प्रथम भाग में कुछ साहित्यकारों के नाम हैं और दूसरे भाग में कुछ रचनाओं के। जिस साहित्यकार की जो रचना हो उसके क्रम को उसके सामने कोष्ठक में लिखिए

साहित्यकार	**रचना**	
मैथिलीशरण गुप्त	(क) राम की शक्ति पूजा	( )

जयशंकर प्रसाद	(ख) साकेत	( )
जायसी	(ग) कामायनी	( )
सूर्यकान्त त्रिपाठी निराला	(घ) यामा	( )
महादेवी वर्मा	(ङ) पद्मावत	( )

7. वर्गीकृत परख प्रश्न—इन प्रश्नों में लगभग पांच-छः शब्दों का एक समूह होता है। केवल एक शब्द को छोड़कर शेष सभी शब्द एक ही वर्ग के होते हैं। जो शब्द उस वर्ग का नहीं है छात्रों से उसे रेखांकित करने को कहा जाता है। जैसे :

प्रश्न नीचे दिए गए प्रत्येक समूह में से उस शब्द को रेखांकित कीजिए जो उस समूह से सम्बन्धित नहीं है :

(क) प्रेम, प्यार, स्नेह, ममता, दया।

(ख) सूर, तुलसी, मीरा, प्रसाद, कबीर।

(ग) प्रातःकाल, किरण, धूप, सूर्योदय, तारे।

इस प्रकार हिन्दी भाषा-शिक्षण के उद्देश्यों की प्राप्ति की जांच करने के लिए हिन्दी के प्रश्न-पत्र में उपर्युक्त निबन्धात्मक, लघु उत्तर एवं वस्तुनिष्ठ सभी प्रकार के प्रश्नों का समावेश कर प्रश्न-पत्र का निर्माण करना चाहिए जिससे छात्रों की भाषा सम्बन्धी विभिन्न योग्यताओं की सही-सही जांच हो सके।

II. मौखिक परीक्षा इस जांच पद्धति के तहत छात्रों से मौखिक प्रश्न पूछा जाता है। इसका उत्तर भी छात्रों से मौखिक तौर पर ही देने के लिए कहा जाता है। हिन्दी भाषा के मूल्यांकन में मौखिक का बहुत महत्व है क्योंकि हिन्दी भाषा-शिक्षण में पढ़ने-लिखने की योग्यता का विकास करने के योग्य बनाना भाषा की शिक्षा का प्रमुख उद्देश्य है। हम दैनिक जीवन में पढ़ने-लिखने से अधिक कार्य सुनने और बोलने का करते हैं। भाषा के दो रूपों, मौखिक एवं लिखित, में से व्यावहारिक जीवन में मौखिक रूप का प्रयोग अधिक होता है। दूसरे बोलने की योग्यता लिखित योग्यता का विकास करने में भी सहायक होती है। मौखिक रचना ही लिखित रचना का आधार है। अतः हिन्दी के मूल्यांकन में मौखिक अभिव्यक्ति की योग्यता की जांच करना भी उतना ही आवश्यक है, जितना लिखित अभिव्यक्ति की योग्यता की जांच करना।

मौखिक परीक्षा में अध्यापक छात्रों में होने वाले मौखिक अभिव्यक्ति सम्बन्धी अपेक्षित व्यवहार-परितर्वनों व दिए गए ज्ञान के आधार पर प्रश्नों का निर्माण कर लेता है और एक-एक छात्र से कुछ प्रश्नों का उत्तर पूछता है। छात्रों के उत्तर देने के ढंग के आधार पर उनका मूल्यांकन कर लिया जाता है। मौखिक परीक्षा के द्वारा ही

छात्रों की शुद्ध उच्चारण, उचित गति, हाव-भाव, स्वर के उतार-चढ़ाव एवं उचित स्वराघात के साथ बोलने की योग्यता की जांच की जाती है। वाचन सम्बन्धी योग्यता की जांच भी मौखिक परीक्षा द्वारा ही की जाती है। अध्यापक द्वारा पूछे गए प्रश्नों का मौखिक रूप से उत्तर देने पर उनकी सुनने की योग्यता की जांच भी होती है।

इस जांच प्रणाली की सबसे बड़ी मुश्किल यह है कि क्रमबद्ध तरीके से सभी विद्यार्थियों से प्रश्न पूछे जाने के कारण इसमें अत्यधिक समय जाया होता है। परन्तु इसकी उपयोगिता को ध्यान में रखते हुए लिखित परीक्षा के साथ-साथ इसे भी सहायक रूप में स्वीकार करना चाहिए।

III. प्रायोगिक परीक्षा वैसे तो प्रायोगिक परीक्षा विज्ञान, भूगोल, मनोविज्ञान तथा हस्त-कौशलों से सम्बन्धित विषयों की परीक्षा लेने में प्रयुक्त की जाती है, अन्य विषयों में नहीं। परन्तु भाषा भी एक कौशल है। अतः जिस प्रकार अन्य विषयों की कुशलता का मूल्यांकन करने के लिए प्रायोगिक परीक्षा ली जानी चाहिए।

हिन्दी भाषा में सस्वर पाठ, कविता-पाठ, भाषण, वाद-विवाद, सुलेख, निबन्ध-लेखन आदि क्रियाओं द्वारा प्रायोगिक परीक्षा का आयोजन कर छात्रों की भाषा सम्बन्धी विभिन्न योग्यताओं की जांच की जा सकती है। हां, स्वतन्त्र रूप में यह परीक्षा अपने आप में पर्याप्त नहीं है। लिखित एवं मौखिक परीक्षा के साथ इसका प्रयोग किया जा सकता है।

(ख) पर्यवेक्षण किसी भी विषय के शिक्षण के लिए जिन उद्देश्यों को निर्धारण किया जाता है उनकी उपलब्धि व्यवहार-परिवर्तन के रूप में मापी जाती है। परीक्षा के द्वारा तो इस उपलब्धि का आंशिक मूल्यांकन ही हो पाता है। भाषा-शिक्षण सम्बन्धी उपलब्धियों का सही और विस्तृत मूल्यांकन तो बच्चे के दैनिक कार्य-कलापों एवं व्यवहार को देखकर ही किया जा सकता है।

बच्चे के दैनिक व्यवहार एवं क्रियाओं को देखकर उनका लेखा-जोखा रखने की क्रिया को ही पर्यवेक्षण कहा जाता है। कक्षा-शिक्षण के समय कक्षा अन्तर्क्रिया में छात्र की सक्रियता, विद्यालय के विभिन्न कार्यक्रमों में आयोजित भाषा एवं साहित्य सम्बन्धी क्रियाओं में उसकी सहभागिता एवं प्रदर्शन, विद्यालय में छात्र के कार्य करने के ढंग एवं विद्यालय के सभी अध्यापकों, छात्रों व अन्य कर्मियों आदि के साथ वार्तालाप आदि का पर्यवेक्षण करते हुए छात्रों की भाषागत योग्यताओं के विकास एवं उपलब्धियों की जांच की जा सकती है।

(ग) संचित अभिलेख पत्र विद्यार्थियों के व्यक्तित्व के विविध पहलुओं में आए व्यवहार-परिवर्तनों एवं उपलब्धियों को एक ही प्रपत्र में लिखकर सुरक्षित रखा

जाता है, इसी को संचित अभलेख पत्र कहा जाता है। इसकी सहायता से छात्रों के क्रमिक विकास एवं व्यवहार-परिवर्तनों की जांच की जाती है। क्योंकि इसमें छात्र के विद्यालय प्रवेश से लेकर विद्यालय छोड़ने तक की छात्र की स्वास्थ्य एवं शारीरिक विकास सम्बन्धी उपलब्धि, सहगामी क्रियाओं में सहभागिता की स्थिति, मानसिक व बौद्धिक विकास एवं शैक्षिक उपलब्धियों से सम्बन्धित समय-समय पर किए गए मूल्यांकन के परिणामों का पूरा-पूरा लेखा-जोखा (रिकार्ड) रखा जाता है। छात्र का प्रारम्भिक स्तर क्या था, शिक्षणोपरान्त उसमें क्या अन्तर आया है, प्रगति हुई है या नहीं, इन सभी बातों की यथार्थ जानकारी संचित अभिलेख पत्र द्वारा हो जाती है।

घटनावृत्त विद्यालय में घटित होने वाली दैनिक घटनाओं का विवरण भी बालकों के व्यवहार-परिवर्तन का मूल्यांकन करने में सहायता करता है। उन घटनाओं में किस छात्र की क्या भूमिका रही, उस बात का विवरण छात्रों की भाषागत उपलब्धियों का मापन करने में सहायक होता है।

(ङ) गृह-कार्य कक्षा-शिक्षण के पश्चात पढ़ाए जाने वाले विषयों का अभ्यास करने हेतु अध्यापक द्वारा छात्रों को घर से कर के लाने के लिए कुछ प्रश्न दिए जाते हैं। इन्हें ही गृह-कार्य कहते हैं। गृह-कार्य के रूप में लिखे गए प्रश्नों के उत्तर पाठ के सार, शब्दों का वाक्यों में प्रयोग, ... विषयावस्तु को सुनने आदि क्रियाओं के आधार पर भी छात्र की भाषागत योग्यताओं के विकास की जांच की जाती है। अतः मूल्यांकन में गृह-कार्य भी एक साधन का कार्य करता है।

(च) रेटिंग स्केल उपर्युक्त विभिन्न विधियों एवं साधनों द्वारा छात्रों की भाषागत योग्यताओं एवं उपलब्धि की जो जांच की जाती है, वह किस स्तर की है, इस बात का निर्धारण करने के लिए निर्धारण मापक का प्रयोग किया जाता है। निर्धारण मापन की तीन उत्तम, सन्तोषजनक, साधारण या पांच अत्यधिक, अधिक, सामान्य, कम, बहुत कम आदि श्रेणियां बनाकर बच्चे की योग्यता व उपलब्धि को किसी भी श्रेणी विशेष में रखा जाता है। यथा

	श्रेणियां				
योग्यताएं एवं उपलब्धियां	**अत्यधिक**	**अधिक**	**सामान्य**	**कम**	**बहुत कम**
1. सस्वर वाचन भावानुसार है।					
2. साहित्यिक क्रियाओं में भाग लेता है।					

3. अक्षर-विन्यास
   की शुद्धता है।
4. छात्र के उच्चारण में
   शुद्धता है।
5. अभिव्यक्ति में
   मौलिकता है।

इस तरह उपरोक्त पद्धतियों और एवं साधनों की सहायता से शिक्षण-क्रिया के फलस्वरूप छात्रों में आए व्यवहार-परिवर्तनों की जांच आसानी से की जा सकती है। हिन्दी-शिक्षण के उद्देश्यों एवं विषयवस्तु की प्रकृति के आधार पर अलग-अलग विधियों के प्रयोग द्वारा उचित रूप से मूल्यांकन कार्य को सम्पन्न किया जा सकता है।

हिन्दी की विविध विधाओं के शिक्षण का मूल्यांकन

हिन्दी साहित्य की विविध विधाएं

हिन्दी साहित्य के दो अंग हैंपद्य एवं गद्य।

1. गद्य साहित्य के इस रूप में छन्द, लय, प्रवाह आदि के बन्धनों का होना आवश्यक नहीं। उसमें तथ्यों को सर्वमान्य भाषा में ज्यों-का-त्यों प्रस्तुत किया जाता है। साधारणतया साहित्य से रुचि रखने वाला कोई भी व्यक्ति अपने विचारों को गद्य शैली में ही अभिव्यक्त करता है। गद्य हमारे दैनिक जीवन की भाषा है। हमारा मस्तिष्क हर समय विचार करने, तर्क-वितर्क करने, चिन्तन-मनन करने एवं विवेकपूर्ण निर्णय लेने का कार्य करता रहता है। इन्हीं विचारों, तथ्यों एवं सिद्धान्तों का विवेचन साहित्य के गद्य रूप द्वारा किया जाता है। इन विचारों व तर्कों की अभिव्यक्ति में व्यवस्था, क्रम एवं श्रृंखला का होना आवश्यक है। यह गद्य हमें विभिन्न रूपों में देखने को मिलता है। जैसे निबन्ध, कहानी, नाटक, एकांकी, उपन्यास, जीवनी आत्मकथा, संस्मरण, रेखाचित्र, रिपोर्ताज, पत्र, डायरी, आलोचना आदि। इन्हें ही गद्य की विधाएं कहा जाता है। हर विधा, भाषा-शैली, विषय के प्रतिपादन, प्रस्तुतीकरण आदि की दृष्टि से अलग-अलग होती है। समस्त विधाओं को भिन्न-भिन्न तरीके से आगे वर्णित किया जा रहा है

(i) कहानी गद्य साहित्य की दूसरी सर्वाधिक प्रिय विधा कहानी है। कहानी में जीवन के एक पहलू, एक क्षण, एक घटना अथवा एक भावना या एक विचार को

कथारूप में प्रस्तुत किया जा सकता है। कहानी मुख्यतः चार प्रकार की होती है : (i) **घटना-प्रधान** जिनमें किसी पौराणिक, सामाजिक व ऐतिहासिक घटना के तथ्यों को स्पष्ट किया जाता है, **(ii) चरित्र-प्रधान** जिनमें किसी घटना के माध्यम से उसके सक्रिय पात्रों के चरित्र को उभारकर प्रस्तुत किया जाता है, (iii) **समस्या-प्रधान** जिनमें किसी धार्मिक, सामाजिक या राजनैतिक समस्या को आधार बनाकर उसका समाधान प्रस्तुत किया जाता है, (iv) **भाव-प्रधान व मनोवैज्ञानिक** जिनमें पात्रों की मनोदशा या अन्तर्द्वन्द्व का चित्रण किया जाता है। कथावस्तु, पात्र एवं चरित्र-चित्रण, कथोपकथन, भाषा-शैली, देश-काल एवं उद्देश्य, ये कहानी के तत्व होते हैं।

(ii) निबन्ध निबन्ध एक ऐसी गद्य रचना है जिसमें व्याकरणसम्मत भाषा और विषयानुकूल शैली के माध्यम से विचारों अथवा तथ्यों को सरल, संक्षिप्त किन्तु क्रमबद्ध रूप से प्रस्तुत किया जाता है। न्यूनाधिक मात्रा में इसमें लेखक का व्यक्तित्व भी प्रतिबिम्बित होता है। सामान्यः निबन्ध चार प्रकार के होते हैंवर्णनात्मक, विवरणात्मक या कथात्मक विचारात्मक एवं भावात्मक।

वर्णनात्मक निबन्धों में किसी वस्तु, व्यक्ति या स्थान आदि का तथा प्रकृति या मानव-जीवन की घटनाओं का वर्णन किया जाता है। विवरणात्मक या कथात्मक निबन्धों में किसी पौराणिक कथा, ऐतिहासिक घटना, सामाजिक स्थिति अथवा किसी आत्मानुभूत प्रसंग का विवरण प्रस्तुत किया जाता है। विचारात्मक निबन्ध में किसी समस्या अथवा अप्रत्यक्ष विषय पर विचार किया जाता है, और विषय के सत्-असत् का प्रतिपादन या गुण-दोषों का विवेचन सुसम्बद्ध रीति से किया जाता है। भावात्मक निबन्धों में प्रायः लेखक अपनी किसी अनुभूति को या अमूर्त एवं इन्द्रियातीत विषयों को भावपूर्ण भाषा में पाठक के हृदय तक पहुंचाता है।

परिमार्जित भाषा, विषयानुकूल शैली, विचारों की क्रमबद्धता, भावों की गहराई, अपने मत का प्रतिपादन एवं जो कुछ कहा गया है उसका पाठक पर प्रभावये निबन्ध विधा के तत्व कहलाते हैं। निबन्ध में इनका निर्वाह होना आवश्यक है।

(iii) एकांकी यह नाटक का ही एक रूप है। इसमें जीवन की किसी घटना को एक अंक में प्रस्तुत किया जाता है। रंगमंच पर दृश्य-परिवर्तन नहीं करना पड़ता है। कम समय में अधिक आनन्द प्रदान करना एकांकी की विशेषता है।

(iv) नाटक गद्य साहित्य की विभिन्न विधाओं में नाटक प्राचीनतम विधा है। इसमें कथा या घटना को पात्रों के अभिनय द्वारा रंगमंच पर प्रस्तुत किया जाता है। इसे देखने से दर्शकों के हृदय प्रभावित होते हैं अतः इसे दृश्य काव्य कहा जाता है।

कथावस्तु, पात्र एवं चरित्र-चित्रण, संवाद या कथोपकथन, देशकाल, भाषा-शैली, उद्देश्य, अभिनेताये नाटक के तत्व होते हैं।

(v) जीवनी गद्य साहित्य की एक महत्वपूर्ण विद्या जीवनी में किसी चर्चित शख्सियत के जीवन की सत्य घटनाओं को लिखित रूप में प्रस्तुत किया जाता है। व्यक्ति के जीवन की कुछ प्रमुख घटनाओं पर आधारित विवरण प्रस्तुत किया जाता है। व्यक्ति के जीवन की कुछ प्रमुख घटनाओं को चुनकर भाषा-शैली एवं कल्पना के सहारे उसे रोचक और प्रभावशाली रूप में प्रस्तुत किया जाता है। इसमें किसी काल्पनिक घटना का वर्णन नहीं होता है।

(vi) उपन्यास उपन्यास गद्य साहित्य में अपना प्रमुख स्थान रखता है। साहित्य के एक उपांग उपन्यास की विधा ऐसी है जिसका स्वरूप अत्यधिक व्यापक है। इसमें एक विस्तृत प्रमुख कथा का वर्णन होता है परन्तु उस विस्तृत कथा के अन्तर्गत अनेक गौण कथाएं समाहित होती हैं। उपन्यास दो प्रकार के होते हैंघटना-प्रधान व चरित्र-प्रधान। जासूसी तथा साहसिक कथानक वाले उपन्यास घटना-प्रधान होते हैं तथा ऐतिहासिक, सामाजिक और मनोवैज्ञानिक कथानक वाले उपन्यास चरित्र-प्रधान होते हैं।

(vii) संस्मरण साहित्य की इस विधा के तहत लेखक चक्षु द्वारा अवलोकित या महसूस की गई घटनाओं का दिलचस्प तरीके से वर्णन करता है। यदि यह संस्मरण अपने जीवन की घटनाओं से सम्बन्धित है तो आत्मकथा के अति निकट और यदि अन्य व्यक्ति के जीवन की घटनाओं से सम्बन्धित है तो जीवनी के अति निकट होता है। इसमें लेखक अपने दृष्टिकोण से घटना का विश्लेषण करता है।

(viii) आत्मकथा आत्मकथा भी गद्य साहित्य की एक महत्वपूर्ण विधा इसमें कोई मनुष्य अपने जीवन में घटी मुख्य घटनाओं को क्रमिक रूप से लिखकर प्रस्तुत करता है। जीवनी अन्य कोई व्यक्ति लिखता है और आत्मकथा स्वतः लिखी जाती है। लेखक अपने जीवन के सुखद व दुखद, अच्छे एवं बुरे दोनों पक्षों का चित्रण करता है। वह आत्मपरीक्षण कर स्वनिष्कर्ष भी प्रस्तुत करता है जिससे पाठक उसके अनुभवों का लाभ उठा सकें।

(ix) रेखाचित्र गद्य की इस साहित्यिक विधा को शब्दचित्र या स्कैच भी कहते हैं। इससे किसी व्यक्ति की आकृति, चाल-ढाल या स्वभाव की किन्हीं विशेषताओं को शब्दचित्रों के माध्यम से सजीव रूप में चित्रित किया जाता है। इसमें व्यक्ति के कार्यों का संक्षिप्त एवं सजीव चित्रण होता है।

(x) डायरी गद्य साहित्य की यह विधा भी काफी लोकप्रिय है। इस विधा में लेखक अपने अनुभवों, जीवन की घटनाओं, अपने सम्पर्क में आए व्यक्तियों आदि

को प्रतिदिन अलग-अलग लिखित रूप में अभिव्यक्ति करता है। यह डायरी कहलाती है।

(xi) रिपोर्ताज यह विधा रेखाचित्र का ही परिवर्तित रूप है। जब व्यक्ति के कार्यों या व्यापार या आकृति का चित्रण न होकर घटनाओं का क्रमबद्ध चित्रण होता है तो उसे रिपोर्ताज कहा जाता है। यह शब्द रिपोर्ट से बना है। किसी भी घटना की कलात्म एवं साहित्यिक अभिव्यक्ति अर्थात् रिपोर्ट की रिपोर्ताज है। ये घटनाएं वास्तविक होती हैं, केवल कल्पना की सहायता से उन्हें रोचक बनाया जाता है।

(xii) पत्र जब कोई लेखक अपने किसी मित्र, सम्बन्धी या परिचित को पत्र लिखकर अपने किसी सामाजिक या राजनैतिक अनुभव या विचार का विश्लेषण करता है तो गद्य की इस विधा को पत्र कहा जाता है। जवाहरलाल जी द्वारा अपनी पुत्री इन्दिरा को लिखे गए पत्र एवं महात्मा गांधी के पत्र आदि बहुत प्रसिद्ध हुए हैं।

2. पद्य पद्य मानव-मन की भावनाओं का चित्रण है। इसमें छन्द, लय, प्रवाह आदि की प्रधानता होती है। कविता को श्रवण करने में इतनी सुखानुभूति का अनुभव होता है कि श्रोता उसमें डूब से जाते हैं। पद्य या कविता में रस की प्रधानता होती है। आचार्य विश्वनाथ ने कहा है, ''वाक्य रसात्मक काव्याम'। काव्य भी कई प्रकार के होते हैंप्रबन्ध काव्य, खण्ड काव्य, मुक्तक काव्य आदि।

विभिन्न विधाओं का शिक्षण मूल्यांकन

हिन्दी सिर्फ एक विषय ही नहीं होकर भिन्न-भिन्न विषयों को सीखने का एक सशक्त माध्यम भी है। अतः विद्यालय में हिन्दी की शिक्षा देते समय छात्रों को केवल विषयवस्तु का ज्ञान ही नहीं दिया जाता अपितु शुद्ध मौखिक अभिव्यक्ति एवं शुद्ध लिखित अभिव्यक्ति के कौशल को विकसित करने का प्रयास भी किया जाता है। छात्रों की साहित्य में रुचि जागृत कर उसकी सृजनात्मक शक्तियों को विकसित करने की ओर भी ध्यान दिया जाता है। इन सभी उद्देश्यों को प्राप्त करने अर्थात् छात्रों में इन योग्यताओं को विकसित करने के लिए बच्चों को भाषा एवं साहित्य के दोनों रूपगद्य एवं पद्य का अध्ययन कराया जाता है। गद्यशिक्षण में गद्य की विभिन्न विधाओं को हिन्दी पाठ्यचर्या में सम्मिलित किया जाता है। जैसेनिबन्ध, कहानी, नाटक, उपन्यास, एकांकी, जीवनी, आत्मकथा, संस्मरण, रेखाचित्र, रिपोर्ताज, डायरी, एवं साक्षात्कार आदि।

प्राथमिक स्तर पर निबन्ध, एकांकी, नाटक, कहानी, जीवनी, आत्मकथा आदि गद्यविधाओं का ज्ञान छात्रों को कराया जाता है। छात्रों के मानसिक स्तर के अनुरूप

हर शिक्षण स्तर पर कविताओं का अध्ययन भी कराया जाता है। इन सभी विधाओं का शिक्षण करने से पूर्व अलग-अलग इनके शिक्षण अधिगम प्रक्रिया क्रियान्वित की जाती है। शिक्षण अधिगम प्रक्रिया के फलस्वरूप छात्रों में उन पूर्वनिर्धारित योग्यताओं का विकास कहां तक हुआ है, विभिन्न कौशलों को छात्रों ने किस स्तर तक अर्जित किया है एवं छात्रों के व्यवहार में वांछित परिवर्तन किस सीमा तक आए हैं, इस बात की जानकारी प्राप्त करने के लिए मूल्यांकन प्रक्रिया का प्रयोग किया जाता है।

मूल्यांकन करने के लिए मूल्यांकन की विभिन्न तकनीकों एवं साधनों की सहायता ली जाती है और इन सभी तकनीकों एवं साधनों के प्रयोग से मूल्यांकन को उपयोगी, सार्थक एवं उद्देश्यपूर्ण बनाने का प्रयास किया जाता है। अतः हिन्दी की विभिन्न विधाओं की मूल्यांकन प्रक्रिया को स्पष्ट करने से पहले विभिन्न विधाओं के शिक्षण उद्देश्यों की जानकारी आवश्यक है। साधारणतया हिन्दी शिक्षण की समस्त विधाओं का एक़ ही प्रयोजन है एवं वह यह है कि छात्र शिक्षकों के मुखारवृन्द से और श्यामपट्ट पर वर्णित तथ्य और विचारों को आत्मसात करें एवं अपने भावों और अनुभवों को लिखित तौर पर असरकारी ढंग से अभिव्यक्त कर सकें। साथ ही उनके व्यक्तित्व का सन्तुलित विकास कर जीवन में उचित रूप से समायोजित होने के योग्य बनाना भी भाषा-शिक्षण का उद्देश्य है। इन सभी उद्देश्यों को हम संक्षेप में निम्न रूप में स्पष्ट कर सकते हैं

1. छात्रों की सृजनात्मक योग्यता को विकसित करना।
2. छात्रों की साहित्य में रुचि जागृत करना।
3. छात्रों को साहित्य का रसास्वादन करने के योग्य बनाना।
4. साहित्य के अध्ययन से छात्रों को मानव-जीवन के विविध पक्षों का ज्ञान कराना।
5. छात्रों की अभिवृत्तियों को परिमार्जित करना।
6. छात्रों की समीक्षात्मक योग्यताओं को विकसित करना।
7. छात्रों के शब्द-भण्डार में वृद्धि करना।
8. छात्रों को सूक्तियों, मुहावरों एवं लोकोक्तियों का ज्ञान कराना।
9. छात्रों में ध्यानपूर्वक सुनने और अर्थ ग्रहण करने की क्षमता का विकास करना।
10. छात्रों को शुद्ध उच्चारण का अभ्यास कराना।
11. छात्रों में पठन-कौशल को विकसित करना।
12. छात्रों को उचित हाव-भाव आदि के साथ अपने विचारों को मौखिक रूप से अभिव्यक्त करने के योग्य बनाना।

13. छात्रों की अर्थग्रहण-योग्यता अर्थात् बोध-शक्ति का विकास करना।

14. छात्रों को व्याकरणसम्मत शुद्ध भाषा का प्रयोग करते हुए लिखित अभिव्यक्ति के योग्य बनाना।

इन सभी कौशलों एवं उद्देश्यों को छात्रों ने किस स्तर तक ग्रहण किया है इस बात की जांच उनकी पाठ्यचर्या में सम्मिलित विभिन्न विधाओं से सम्बन्धित पाठों के आधार पर की जाती है। इसके लिए निम्नलिखित प्रकार से मूल्यांकन की व्यवस्था की जा सकती है :

1. पठन-कौशल का मूल्यांकन दूसरों के विचारों को एक तो सुनकर ग्रहण किया जाता है और दूसरे पढ़कर। भाषा साहित्य की सभी विधाएं छात्रों में वाचन-कौशल को विकसित करने की उत्तम माध्यम होती हैं। छात्र, गद्य, पद्य, कहानी, नाटक आदि विधाओं को पढ़कर उनमें व्यक्त विचारों से परिचित होते हैं। अतः भाषा की शिक्षा में छात्रों में पठन-योग्यता का विकास करना भी आवश्यक होता है। छात्रों को उचित गति के साथ शुद्ध वाचन का अभ्यास कराया जाता है। छात्रों में वाचन-कौशल का विकास किस सीमा तक हुआ है इसका मूल्यांकन भी मौखिक एवं प्रायोगिक परीक्षा के द्वारा ही किया जाता है। इसके लिए छात्रों को किसी भी पुस्तक से कोई पाठ, अनुच्छेद या अंश पढ़ने के लिए कहा जाता है और छात्रों के पढ़ते समय उसकी पढ़ने की गति, उच्चारण, बल, विराम, स्वर के उतार-चढ़ाव, प्रवाह एवं हाव-भाव का निरीक्षण कर उनसे वाचन-कौशल के स्तर का मूल्यांकन किया जाता है।

2. बोधशक्ति का मूल्यांकन विद्यार्थी ने शिक्षक, अभिभावक और अन्य पारिवारिक सदस्यों के विचारों को पढ़कर या सुनकर कितना कुछ ग्रहण किया है, इसकी जांच करना ही बोधशक्ति का मूल्यांकन कहलाता है। साहित्य की विभिन्न विधाओं में जो भी विचार व्यक्त किए गए हैं उनको समझने के योग्य बनाना भाषा-शिक्षण का एक प्रमुख उद्देश्य है। मौखिक परीक्षा द्वारा अर्थात् मौखिक रूप से प्रश्न पूछकर एवं लिखित परीक्षा द्वारा अर्थात् किसी अनुच्छेद को प्रश्न-पत्र में छापकर, उस पर कुछ प्रश्न पूछकर उनका उत्तर लिखित रूप में देने का निर्देश देकर छात्रों को बोधशक्ति की परीक्षा ली जाती है। प्रश्नों के मौखिक व लिखित उत्तरों में प्राप्त अंकों के आधार पर छात्रों की बोधशक्ति के स्तर का मूल्यांकन किया जाता है।

3. व्याकरण-ज्ञान का मूल्यांकन गद्य साहित्य का अध्ययन करते हुए छात्रों को व्याकरण के विभिन्न नियमों की व्यावहारिक एवं सैद्धान्तिक जानकारी दी जाती है। व्याकरण भाषा के शुद्ध प्रयोग में सहायक होती है। बच्चे व्याकरण का कितना

ज्ञान रखते हैं, व्याकरण की दृष्टि से भाषा का शुद्ध प्रयोग कर सकते हैं या नहीं, इसकी जांच करने के लिए वस्तुनिष्ठ लिखित परीक्षा का प्रयोग करते हुए स्मृति-परख, युगलीकरण-परख, रिक्त स्थान पूर्ति, शुद्ध-अशुद्ध, व्यवस्थीकरण आदि प्रकार के प्रश्नों का प्रयोग किया जा सकता है। लघु-उत्तर परीक्षा रूप में विभिन्न नियमों एवं उपनियमों की परिभाषा आदि पूछी जा सकती है।

4. सृजनात्मक योग्यता का मूल्यांकन साहित्य की सभी विधाएं छात्रों की सृजनात्मक योग्यताओं को विकसित करने के लिए प्रयत्नशील होती हैं। साहित्य के शब्द संधान को विकसित और नई दिशा प्रदान करने का मुख्य तथा एकगात्र साधन सृजनात्मक योग्यता है। अतः छात्रों की सृजनात्मक योग्यता की जांच करने के लिए निबन्धात्मक परीक्षा का प्रयोग किया जाना चाहिए। निबन्ध, कहानी, पत्र आदि की रचना द्वारा, किसी कहानी, निबन्ध आदि का सार लिखवाकर, किसी कहानी, नाटक आदि के पात्रों का चरित्र-चित्रण लिखवाकर एवं उद्देश्य आदि लिखवाकर छात्रों की सृजनात्मक योग्यता का मूल्यांकन किया जा सकता है।

5. साहित्य में रुचि के विकास का मूल्यांकन साहित्य की विभिन्न विधाओं के शिक्षण का एक उद्देश्य साहित्य के विभिन्न रूपों के अध्ययन में छात्रों की रुचि जाग्रत करना भी है। छात्रों में इस साहित्यिक रुचि का विकास हुआ है या नहीं, इसके लिए मूल्यांकन की पर्यवेक्षण तकनीक का प्रयोग करना चाहिए। विद्यालय की साहित्यिक क्रियाओं में छात्रों की क्रियाशीलता, पुस्तकालय से पुस्तकों का अध्ययन, पुस्तकों के रुचिकर अंशों के संग्रह का परीक्षण एवं विभिन्न साहित्यिक संगठनों में छात्रों की सदस्यता आदि की जांच कर छात्रों की साहित्यिक रुचि का मूल्यांकन किया जा सकता है।

6. साहित्य के रसास्वादन की योग्यता का मूल्यांकन हिन्दी शिक्षण में साहित्य के अलग-अलग उपांगों का वर्णन किया जाता है। इसमें कविताओं के बारे में भी शिक्षण दिया जाता है। कविता शिक्षण का प्रमुख विद्यार्थियों को साहित्य के सौन्दर्य से परिचित कराना एवं उनके साहित्यानुराग को विकसित कर उन्हें साहित्यानुरागी बनाना है। इसका मूल्यांकन करने के लिए मौखिक परीक्षा, लघु उत्तर परीक्षा एवं निबन्धात्मक परीक्षा का आयोजन किया जा सकता है। इसके अतिरिक्त कविता-पाठ साहित्यिक क्रिया रसास्वादन की जांच करने का सर्वोत्तम साधन है। उचित स्वर, लय, प्रवाह एवं गति से किए गए कविता-पाठ से रसास्वादन-योग्यता की जांच हो सकती है। अर्थ-बोध के लिए निबन्धात्मक, शैली-बोध एवं काव्य-तत्वों के बोध की जांच के लिए निबन्धात्मक एवं लघु उत्तर परीक्षा का प्रयोग किया जा सकता है।

7. विषयवस्तु के ज्ञान का मूल्यांकन हिन्दी-शिक्षण में विभिन्न शिक्षण-उद्देश्यों का विकास करने के लिए निश्चित पाठ्य पुस्तक के माध्यम से विभिन्न विषयों एवं तथ्यों का ज्ञान दिया जाता है। साहित्य की विभिन्न विधाओं से सम्बन्धित पाठ इस पाठ्य-पुस्तक में संकलित होते हैं। इनके माध्यम से छात्रों को मानव-जीवन के विविध पक्षों से परिचित कराया जाता है। छात्रों को इस विषयवस्तु का कितना ज्ञान प्राप्त हुआ है इसकी जांच के लिए निबन्धात्मक, वस्तुनिष्ठ एवं लघु उत्तर परीक्षाओं का प्रयोग किया जा सकता है।

8. अभिवृत्तियों के विकास का मूल्यांकन साहित्य की विभिन्न विधाओं के अध्यापन के द्वारा छात्रों की मनोवृत्तियों का परिमार्जित कर उनमें सद्वृत्तियों को विकसित करने का प्रयास भी किया जाता है। छात्रों ने इन अभिवृत्तियों को कितना ग्रहण किया है इसके लिए निबन्धात्मक परीक्षा एवं पर्यवेक्षण का प्रयोग किया जा सकता है। किसी कहानी या नाटक से क्या शिक्षा मिलती है आदि प्रश्नों का उत्तर लिखवाकर या छात्रों के दैनिक व्यवहार का निरीक्षण कर उनमें विकसित अभिवृत्तियों का मूल्यांकन करना चाहिए।

9. समीक्षात्मक योग्यताओं का मूल्यांकन विभिन्न साहित्यिक विधाओं के स्वरूप को शुद्ध बनाए रखने एवं भाषा के शुद्ध प्रयोग की दृष्टि से छात्रों की समीक्षात्मक योग्यता को विकसित करना भी भाषा-शिक्षण का उद्देश्य है। किसी भी चीज के गुण-दोषों को परखने की योग्यता रखनेवाला व्यक्ति जीवन के हर मोड़ पर गुण-दोषों की परख कर सही दिशा निर्धारण करने में समर्थ होता है। छात्रों की समीक्षात्मक योग्यता का मूल्यांकन करने के लिए लघु उत्तर एवं निबन्धात्मक परीक्षा का प्रयोग करना चाहिए। इसके लिए विषयवस्तु, भाषा एवं शैली के गुण-दोषों की परख करने से सम्बन्धित प्रश्नों का निर्माण करना चाहिए।

10. शब्द, सूक्ति, मुहावरे एवं लोकोक्ति ज्ञान का मूल्यांकन साहित्य की विभिन्न विधाओं निबन्ध, कहानी, नाटक, एकांकी, जीवनी आदि के शिक्षण द्वारा छात्रों को विभिन्न शब्दों, सूक्तियों, मुहावरों एवं लोकोक्तियों का ज्ञान कराकर उनके शब्द, सूक्ति, मुहावरों एवं लोकोक्ति भण्डार में वृद्धि हो जाती है। छात्रों में इस शब्द-भण्डार का विकास कहां तक हुआ है, इसका मूल्यांकन करने के लिए कक्षा-कार्य एवं गृह-कार्य के पर्यवेक्षण के साथ-साथ मौखिक परीक्षा तथा वस्तुनिष्ठ परीक्षा की सहायता ली जा सकती है। शब्दों के अर्थ, पर्यायवाची, विपरीतार्थक शब्द आदि तथा सूक्तियों, मुहावरों, लोकोक्तियों का अर्थ पूछकर मौखिक परीक्षा हो सकती है और सत्यासत्य, युगलीकरण, स्मृति परीक्षा, रिक्त स्थान पूर्ति, व्यवस्थीकरण आदि

विभिन्न प्रकार के प्रश्नों के निर्माण द्वारा वस्तुनिष्ठ परीक्षा का आयोजन कर शब्दावली आदि के ज्ञान की परीक्षा ली जा सकती है।

11. श्रवण-कौशल का मूल्यांकन साहित्य के अलग-अलग उपांगों का छात्रों के समक्ष वर्णन करते हुए शिक्षक उससे जुड़ी विषय-वस्तु की चर्चा भी छात्रों के समक्ष करता है। छात्रों से उसे सुनकर समझता है या नहीं, इसके लिए पाठ का सार, विषयवस्तु से सम्बन्धित प्रश्न आदि पूछकर अर्थात् मौखिक परीक्षा द्वारा अध्यापक छात्रों के श्रवण-कौशल की जांच कर सकता है। इसी कहानी को सुनाकर छात्रों को अपने शब्दों में कहने के लिए कहा जा सकता है। किसी विषय पर संक्षिप्त भाषण देकर या कहानी सुनाकर उसे संक्षेप में अपने शब्दों में लिखने को भी कहा जा सकता है। इसके लिए गृह-कार्य एवं कक्षा-कार्य के पर्यवेक्षण की सहायता ली जा सकती है।

12. मौखिक अभिव्यक्ति-कौशल का मूल्यांकन छात्रों में अपने भावों, विचारों एवं अनुभवों को मौखिक रूप से अभिव्यक्त करने की योग्यता का विकास करना भाषा की विभिन्न विधाओं के शिक्षण का प्रमुख उद्देश्य है। छात्रों में मौखिक अभिव्यक्ति की योग्यता का विकास किस स्तर तक हुआ है, इस बात की जांच मौखिक परीक्षा एवं प्रायोगिक परीक्षा के द्वारा की जा सकती है। पठित विषयवस्तु पर प्रश्न पूछकर उनके उत्तर देने के ढंग से, कहानी आदि सुनाने के ढंग से, विभिन्न साहित्यिक क्रियाओं जैसे भाषण, वाद-विवाद, नाटक, कविता-पाठ आदि में छात्रों की सहभागिता के स्तर आदि की जांच करके इस बात का पता लगाया जा सकता है कि छात्र मौखिक रूप से अपने विचारों को किस तरह व्यक्त करता है। साक्षात्कार आदि से भी मौखिक अभिव्यक्ति-कौशल की जांच की जा सकती है।

13. उच्चारण कौशल का मूल्यांकन मौखिक अभिव्यक्ति कौशल के विकास में शुद्ध उच्चारण का महत्वपूर्ण स्थान है। बिना शुद्ध उच्चारण के मौखिक अभिव्यक्ति प्रभावशाली हो ही नहीं सकती है। उच्चारण-कौशल की जांच करने के लिए मौखिक परीक्षा ही सर्वोत्तम विधि है। शब्दों को श्यामपट्ट पर लिखकर उनका उच्चारण करने के लिए कहा जा सकता है। पाठ्य पुस्तक का कोई परिच्छेद पढ़वाकर और सामान्य ज्ञान या पुस्तक की विषयवस्तु से सम्बन्धित प्रश्न का उत्तर पूछकर उच्चारण-कौशल का मूल्यांकन किया जा सकता है।

इस प्रकार साहित्य की विभिन्न विधाओं और उनमें निहित विभिन्न शिक्षण-उद्देश्यों की प्राप्ति का मूल्यांकन करने के लिए मौखिक, लिखित एवं प्रायोगिक परीक्षा तथा पर्यवेक्षण आदि का प्रयोग कर हम मूल्यांकन प्रक्रिया को सोद्देश्य, सार्थक एवं प्रभावशाली बना सकते हैं।

हिन्दी में मूल्यांकन हेतु प्रश्न बनाने की प्रक्रिया

हिन्दी भाषा के शिक्षण हेतु जिन प्रयोजनों का निर्धारण किया जाता है, शिक्षण अधिगम प्रक्रिया के उपरान्त उन उद्देश्यों की प्राप्ति किस स्तर तक हुई है, अध्यापक ने शिक्षण के लिए जिन शिक्षण-विधियों का प्रयोग किया वे ठीक थीं या नहीं, तथा जिस पाठ्यचर्या या पाठ्य-पुस्तक को शिक्षण का माध्यम बनाया गया वह छात्रों के मानसिक स्तर के अनुरूप थी या नहीं, इस बात की जांच मूल्यांकन-प्रक्रिया के द्वारा ही की जाती है और यह मूल्यांकन प्रश्न-पत्र के आधार पर किया जाता है। हिन्दी की शिक्षा में चाहे किसी भी साहित्यिक विधा को पढ़ाया जाए, उसके मूल्यांकन के लिए प्रश्न-पत्र का निर्माण ही किया जाता है। छात्रों द्वारा अध्ययन किये गए विषय वस्तु की जांच या मूल्यांकन की सफलता प्रश्न-पत्र की प्रकृति पर आधारित होती है। यदि प्रश्न-पत्र ठीक बन गया अर्थात् प्रश्न-पत्र में पूछे गए प्रश्न सार्थक, विविधतापूर्ण एवं छात्रों के स्तर के अनुकूल हैं तब तो ठीक, नहीं तो सारी की सारी मूल्यांकन-प्रक्रिया प्रभावहीन हो जाती है। अतः मूल्यांकन की सफलता एवं प्रभावशीलता को ध्यान में रखते हुए प्रश्न-पत्र का निर्माण बहुत सावधानी एवं चिन्तन-मनन के प्रश्चात् करना चाहिए। प्रश्न-पत्र में प्रश्नों की विविधता होनी चाहिए, प्रश्न स्पष्ट होने चाहिए, छात्रों के लिए स्पष्ट निर्देश होने चाहिए तथा हर प्रश्न के अंक आदि का उल्लेख भी स्पष्ट रूप से होना चाहिए।

परीक्षा में विद्यार्थियों के परीक्षण हेतु प्रश्न निर्माण के समय एक अध्यापक को निम्नलिखित तथ्य मस्तिषक में रखना चाहिए

1. प्रश्न-पत्र बनाने के लिए अब अध्यापक को पूरा पाठ्यक्रम देखकर अधिक से अधिक भाग पर प्रश्न बनाने चाहिए। इसके लिए पहले परीक्षा की समयावधि निश्चित कर लेनी चाहिए और फिर यह सोचना चाहिए कि उस समयावधि में यथा स्तर के छात्र कितना कुछ लिख सकते हैं, यह विचार करने के उपरान्त प्रश्नों का चयन करना चाहिए।

2. प्रश्नों के प्रकार का निर्धारण करने के लिए यह देखना चाहिए कि हिन्दी-शिक्षण के किस उद्देश्य की प्राप्ति की जांच किस प्रकार के प्रश्नों द्वारा की जा सकती है। इसका निर्णय लेने के उपरान्त ही प्रश्नों के प्रकार एवं संख्या का निश्चय करना चाहिए। यथालिखित अभिव्यक्ति, समीक्षा इत्यादि उद्देश्यों के लिए निबन्धात्मक एवं ज्ञान की जांच के लिए लघु उत्तर तथा वस्तुनिष्ठ प्रश्नों का चुनाव किया जा सकता है।

3. अब शिक्षक को यह निर्णय करना चाहिए एवं पाठ्य-पुस्तक के किस भाग में से निबन्धात्मक प्रश्न पूछे जाएं, किस अंश में से लघु उत्तर और किस भाग में से वस्तुनिष्ठ प्रश्न पूछे जाएं।

4. प्रश्नों के प्रकार को निश्चित करने के बाद यह देखना चाहिए कि किस प्रकार के प्रश्न कितने अंकों के हों। जैसेनिबन्धात्मक प्रश्न 50, लघु उत्तर 25 और वस्तुनिष्ठ प्रश्न 25 अंक के हो सकते हैं।

5. प्रश्न इस प्रकार के हों ताकि प्रतिभाशाली, सामान्य एवं पिछड़ी सभी बुद्धि के बच्चों का समुचित मूल्यांकन हो सके।

6. अब अध्यापक को पाठ्य-पुस्तक समक्ष रखकर प्रश्नों की संरचना करनी चाहिए। प्रश्न सरल, स्पष्ट तथा सुबोध भाषा में बनाने चाहिए।

7. प्रश्न-पत्र में यदि छात्रों को कुछ प्रश्नों की छूट देनी हो तो वह इस प्रकार से दी जाए कि छात्रों को पूरा पाठ्यक्रम तैयार करना पड़े। एक प्रश्न के तहत् ही यह करो या वह करो के आधार पर प्रश्न बनाए जाएं। ऐसा न हो कि छात्र कुछ निश्चित अध्यायों को ही तैयार करें।

8. हरेक प्रश्न और उसके अलग-अलग भागों के लिए भिन्न-भिन्न अंक निर्धारित होने चाहिए और प्रश्न-पत्र में उनका वर्णन भी होना चाहिए।

9. प्रश्न-पत्र में निर्धारित समयावधि का स्पष्ट रूप से वर्णन होना चाहिए।

10. प्रश्न-पत्र में समय का स्पष्ट उल्लेख होना चाहिए।

11. प्रश्न-पत्र बनाने की प्रक्रिया पूरी होने के बाद उसका मूल्यांकन किया जाना चाहिए एवं उसकी त्रुटियों को दूर करने का प्रयास करना चाहिए।

12. परीक्षकों के लिए जरूरी निर्देश भी प्रश्न-पत्र के साथ ही तैयार कर लेने चाहिए जिससे उत्तर-पुस्तिकाओं की जांच करने में किसी भी छात्र के साथ अन्याय न हो सके।

13. प्रश्न-पत्र-निर्माण के बाद उत्तर-तालिका की संरचना भी करनी चाहिए। लघु उत्तर एवं वस्तुनिष्ठ प्रश्नों के उत्तर साफ-साफ लिखे होने चाहिए। निबन्धात्मक प्रश्नों के उत्तरों की सीमारेखा एवं वांछित उत्तरों की संक्षिप्त रूपरेखा का वर्णन भी होना चाहिए जिससे अंकन-कार्य में वस्तुनिष्ठता बनी रहे।

14. हिन्दी भाषा की शिक्षा छात्रों में अनेक योग्यताओं को विकसित करने के लिए दी जाती है। अध्यापक को सर्वप्रथम यह निर्धारित करना चाहिए कि वह छात्र की किस योग्यता का मापन करने के लिए प्रश्न-पत्र का सृजन कर रहा है। विचार अभिव्यक्ति-योग्यता, ग्रहण योग्यता, सृजनात्मक योग्यता या किसी अन्य योग्यता

की, या इन सभी योग्यताओं के विकास का मापन करना है, इस बात को तय कर लेना चाहिए।

15. छात्रों की योग्यताओं के बारे में निश्चय कर लेने के बाद इस बात का निर्णय लेना चाहिए कि किस योग्यता को कितना महत्व देना है यानी भाषा-शिक्षण के किस उद्देश्य के मापन को कितना स्थान देना है। किसी भी विधा के शिक्षण के जितने भी उद्देश्य पूर्वनिर्धारित किए गए हैं, उनमें से किसी भी उद्देश्य की उपेक्षा नहीं होनी चाहिए। जैसे हिन्दी-शिक्षण के मुख्य उद्देश्य यदि ज्ञान, अर्थबोध, अभिव्यक्ति और सौन्दर्यबोध हैं तो अध्यापक को यह सोचना चाहिए कि इन सभी उद्देश्यों के लिए प्रश्न-पत्र में कितने-कितने प्रतिशत अंक देने हैं। उदारणार्थ एक शिक्षक विषय की जानकारी को 30 प्रतिशत, अर्थबोध को 20 प्रतिशत, अभिव्यक्ति को 30 प्रतिशत और सौन्दर्यबोध को 20 प्रतिशत अंक दे सकता है तो दूसरा अध्यापक ज्ञान को 35 प्रतिशत, अर्थबोध एवं अभिव्यक्ति को 45 प्रतिशत एवं रुचि तथा अभिव्यक्ति उद्देश्यों को 10-10 प्रतिशत अंक दे सकता है।

16. उद्देश्यों का मान निश्चित करने के बाद अध्यापक को विषयवस्तु पर ध्यान देना चाहिए। हिन्दी की शिक्षा के लिए भिन्न-भिन्न प्रकार की विषयवस्तु का चयन किया जाता है, यथाकहानी, नाटक, गद्य, पद्य, रचना, व्याकरण इत्यादि। प्रश्न-पत्र बनाने से पूर्व अध्यापक को यह निर्णय करना चाहिए कि किस विधा को या विधा के किस भाग को कितने अंक देने हैंयथा गद्य को 40 अंक, पद्य को 20 अंक, व्याकरण को 25 अंक, रचना को 15 अंक आदि। इसके आधार पर ही विषयवस्तु के प्रत्येक भाग पर प्रश्नों का सृजन करना चाहिए।

इस प्रकार पूरी तरह से विचार करके प्रश्न-पत्र का निर्माण इस प्रकार से किया जाना चाहिए कि प्रश्न-पत्र में वस्तुनिष्ठता, प्रामाणिकता, विश्वसनीयता, विषय की सम्पूर्णता, व्यावहारिकता, वैधता, सरलता, स्पष्टता, सुसम्बद्धता, सुबोधता, आदि गुणों का पूरी तरह से समावेश हो सके।

परीक्षा सम्पन्न होने के उपरान्त प्रधानाध्यापक, विषय का शिक्षण करने वाले शिक्षकों, परीक्षकों और प्रश्न-पत्र बनाने वालों को परस्पर विचार-विमर्श के माध्यम से पूछे गए प्रश्न-पत्र की प्रकृति का विश्लेषण करना चाहिए एवं इसमें और बेहतरी के लिए हो सकने वाले परिवर्तन और सुधार पर विचार करना चाहिए।

दीर्घ उत्तरीय प्रश्न

1. हिन्दी शिक्षण के मूल्यांकन से आपका क्या अभिप्राय है? इसे विद्वानों ने किस तरह पारिभाषित किया है?

2. मूल्यांकन के महत्व को वर्णित करें।
3. हिन्दी साहित्य की प्रमुख विधाओं का वर्णन करें।

लघु उत्तरीय प्रश्न

1. हिन्दी शिक्षण के मूल्यांकन में किन विधियों का प्रमुखतया उपयोग होता हैं?
2. हिन्दी मूल्यांकन हेतु प्रश्न बनाने की प्रक्रिया क्या है?
3. संचित अभिलेख पत्र क्या है?

वस्तुनिष्ठ प्रश्न

1. साहित्य की महत्ता शीर्षक निबंध के लेखक हैं?
(क) आचार्य रामचन्द्र शुक्ल (ख) महावीर प्रसाद द्विवेदी
(ग) भारतेन्दु हरिश्चन्द्र (घ) भोलानाथ तिवारी

2. 'बैखे रामायण' किनकी प्रमुख रचना है?
(क) सूरदास (ख) केशवदास
(ग) जयदेव (घ) तुलसीदास

3. मानव मन की भावनाओं का चित्रण है
(क) गद्य (ख) पद्य
(ग) कहानी (घ) इनमें से कोई नहीं।

22

हिन्दी शिक्षण में शोध

क्रियाशील-अन्वेषण

शिक्षा के क्षेत्र में क्रियात्मक अन्वेषण की प्रक्रिया को प्रयोग में लाने का श्रेय *स्टीफेन एम. कोरी* को है। उनके अनुसार क्रियात्मक क्रियाशील की परिभाषा निम्नलिखित है

"अभ्यासकर्त्ता अपनी समस्याओं का वैज्ञानिक ढंग से अध्ययन करता है। जिससे सही कार्य को दिशा मिल सके और निर्णयों का मूल्यांकन कर सके। इसे अनेक व्यक्ति क्रियात्मक अनुसन्धान कहते हैं।

मेक ग्रैथटे के विचारानुसार "क्रियात्मक अन्वेषण व्यस्थित खोज की क्रिया है जिसका उद्देश्य व्यक्ति या समूह क्रियाओं में सर्जनात्मक सुधार तथा विकास लाना है।"

क्रियात्मक अनुसन्धान एक विधि है जिसके द्वारा कार्य-प्रणाली की समस्याओं का अध्ययन वस्तुनिष्ठ रूप में किया जाता है और उनमें सुधार लाया जाता है। क्रियात्मक अनुसधान का प्रयोग केवल शिक्षा के क्षेत्र में ही नहीं किया जाता अपितु सभी प्रकार की संस्थाओं में किया जाता है। जीवन के विभिन्न क्षेत्रों में अभ्यासकर्त्ता अपनी कार्य-प्रणाली की समस्याओं के अध्ययन के लिये क्रियात्मक अनुसन्धान का प्रयोग करते हैं।

क्रियाशील अन्वेषण का विकास

इसमें आधुनिक मानव कार्यकुशलता के साथ-साथ समस्या समाधान की क्षमता भी होती है। उसके अपने कुछ मूल्य भी होते हैं। इसलिये कार्यकर्त्ता को उसकी कार्य प्रणाली की समस्याओं के समाधान का अवसर देना चाहिए। किसी भी व्यवस्था के भली प्रकार संचालन के लिये उसके सदस्य ही उत्तरदायी होते हैं। उनके समक्ष समस्यायें आती हैं। उनकी गहनता को अभ्यासकर्त्ता भी भली प्रकार समझ सकता है। अतः अभ्यासकर्त्ता को कार्य-प्रणाली की समस्या के चयन करने तथा उसके समाधन ढूंढने की पूर्ण स्वतन्त्रता होनी चाहिये। तभी वह अपने कार्य-कौशल का विकास कर सकता है।

क्रियाशील अन्वेषण का इस्तेमाल सबसे पहले शिक्षा के क्षेत्र में शुरू हुआ। इसका उद्भव और विकास वर्ष 1926 के आस-पास हुआ माना जाता है। व्यक्ति का अपना लक्ष्य होता है। उसी से उसकी समस्त अनुक्रियायें नियन्त्रित होती हैं। वह लक्ष्य को प्राप्त करने का प्रयास करता है। परन्तु बाधायें रूकावट पैदा करती हैं। उन बाधाओं का हल पाने पर लक्ष्य की प्राप्ति में व्यक्ति सफल हो जाता है यही स्थिति अभ्यासकर्ता की होती है।

क्रियाशील अन्वेषण का प्रयोग सर्वप्रथम शिक्षा के क्षेत्र में हुआ था। इसका विकास सन् 1926 के इर्दगिर्द माना जाता है। बकिंघम ने अपनी पुस्तक *'रिसर्च फार टीचर्स* में इसका उल्लेख किया है। परन्तु स्टीफेन एम. कोरी ने क्रियात्मक-अनुसन्धान का शिक्षा की समस्याओं के लिये सबसे पहले प्रयोग किया था।

क्रियाशील अन्वेषण के लक्ष्य

क्रियात्मक-अनुसन्धान के प्रमुख उद्देश्य इस प्रकार हैं

(1) विद्यालय के कार्यकर्त्ताओं में कार्य कौशल का विकास करना।

(2) विद्यालयों के कार्यकर्त्ताओं, शिक्षक, प्रधानाचार्य, प्रबन्धक तथा निरीक्षकों में वैज्ञानिक दृष्टिकोण का विकास करना।

(3) विद्यार्थी और अध्यापकों में लोकतन्त्र के यथार्थ गुणों को विकसित करना।

(4) विद्यालय की कार्य प्रणाली में सुधार तथा विकास करना।

(5) छात्रों के निष्पत्ति स्तर को ऊँचा उठाना।

(6) विद्यालय की कार्य प्रणाली को प्रभावशाली बनाना।

(7) विद्यालय की परम्परागत रूढ़िवादिता तथा यान्त्रिक वातावरण को समाप्त करना।

(8) शैक्षिक प्रशासकों तथा प्रबन्धकों को विद्यालयों की कार्य प्रणाली में सुधार तथा परिवर्तन के लिये सुझाव देना।

क्रियात्मक-अनुसन्धान के लिये क्षेत्र

क्रियाशील-अन्वेषण को विद्यालय की कार्य प्रणाली के अधोलिखित क्षेत्रों में प्रयोग किया जाता है:

(1) छात्रों की खोज सम्बन्धी समस्याओं के निदान हेतु इसे प्रयुक्त करते हैं।

(2) शिक्षकों द्वारा विभिन्न विषयों में दिये जाने वाले गृह-कार्यों की प्रणाली को प्रभावशाली बनाने हेतु इसे इस्तेमाल करते हैं।

(3) छात्रों की अभिरुचि, ध्यान, तत्परता तथा जिज्ञासा में वृद्धि के लिये इसे प्रयुक्त करते हैं।

(4) शिक्षण में प्रयुक्त होने वाली सहायक सामग्री जिसकी उपयोगिता के सम्बन्ध में फैसला लेने हैं इसका प्रयोग करते हैं।

(5) कक्षा-शिक्षण विधियों एवं युक्तियों में सुधार लाना है।

(6) विद्यालय के संगठन एवं प्रशासन से सम्बन्धित समस्याओं के समाधान के लिये प्रधानाचार्य क्रियाशील अन्वेषण की मदद लेते हैं।

(7) परीक्षा में विद्यार्थियों द्वारा चीटिंग करने की समस्या के निदान में इसका इस्तेमाल करते हैं।

(8) छात्रों एवं शिक्षक सम्बन्धी समस्याओं तथा छात्रों में परस्पर आदान-प्रदान की समस्याओं के लिये प्रयुक्त करते हैं।

(9) विद्यार्थियों का कक्षा से अनुपस्थित रहना और विद्यालय देर से पहुँचने संबंधी कठिनाइयों के निदान में इसे इस्तेमाल करते हैं।

(10) भाषा शिक्षण में बर्तनी (Spelling) तथा वाचन की समस्याओं के लिये भी क्रियाशील अन्वेषण को प्रयुक्त किया जाता है।

क्रियाशील-अन्वेषण के उपाय

क्रियाशील अन्वेषण में निम्नलिखित छः उपायों का अनुसरण किया जाता है

पहला चरण : इसके अन्तर्गत सबसे पहले खोज पहले खोज सम्बन्धी समस्या को पहले लिया जाता है। इसके तहत अध्यापक को चेतावनी दी जाती है कि वह

कार्य के प्रति सजग रहे कयोंकि ज्यादातर अध्यापक अपने कार्य के प्रति सजग नहीं रहते हैं।

द्वितीय चरण : यह खोज सम्बन्धी समस्या को करने का दूसरा रास्ता हैं। इसके तहत खोजकर्ता के समस्याओं के कारणों पर चर्चा की जाती है। अतः शोधकर्त्ता का उन्हीं कारणों जो उसके नियन्त्रण में हों, क्रियाशील-अन्वेषण की प्रक्रिया में क्रियाशील-अन्वेषण परिकल्पना की पुष्टि की जाती है जिससे समस्या का समाधान प्राप्त होता है। क्रियात्मक-परिकल्पना के दो पक्ष होते हैं(1) क्रियाशील पक्ष (Action) (2) लक्ष्य पक्ष (Goal) एक अच्छी क्रियात्मक-परिकल्पना में दोनों पक्षों का समावेश होता है।

तीसरा चरण : क्रियाशील परिकल्पना समस्या का सम्भावित समाधान होता है इसलिये इनकी पुष्टि (Verification) के लिये रूपरेखा तैयार की जाती है। एक समय में एक ही क्रियाशील-परिकल्पना की पुष्टि के लिये रूपरेखा तैयार की जाती है। रूपरेखा का स्वरूप निश्चित नहीं होता है अपितु खोजकर्ता अपनी सुविधानुसार उसका स्वरूप निर्धारित करता है। एक अच्छी रूपरेखा समय और धन की दृष्टि से मितव्ययी होती है और उसका समस्या से प्रत्यक्ष सम्बन्ध होता है। क्रियाशील-अन्वेषण की रूपरेखा अधिक लचीली होती है। इसमें प्रदत्तों के संकलन के लिये परीक्षाओं का चयन किया जाता है। समुचित परीक्षा उपलब्ध न होने पर शोधकर्त्ता को परीक्षा की रचना भी करनी होती है। रूपरेखा के चार पक्ष होते हैंयोजना, क्रियायें, साधन तथा समय।

चौथा चरण : क्रियाशील-अन्वेषण की रूपरेखा के सम्पादन के समय शोधकर्त्ता अपने निरीक्षण के आधार पर प्रदत्तों का संकलन करता है और अन्त में छात्रों की परीक्षा भी लेता है। यह परीक्षायें शिक्षक निर्मित होती हैं। प्रमाणिक परीक्षाओं को भी प्रयुक्त कर सकते हैं। निरीक्षण प्रविधि का प्रयोग अधिक किया जाता है। प्रशासन के बाद इनका अंकन किया जाता है और उपलब्धि प्रदत्तों की व्यवस्था की जाती है।

पंचम चरण : इसके तहत शोध सम्बन्धी समस्याओं का सांख्यिकी तकनीकों के जरिए वर्णन किया जाता है। इस प्रकार प्राप्त निष्कर्षों का अर्थापन किया जाता है। साधारणतः क्रियाशील-अन्वेषण में सरल सांख्यिकीय विधियों को प्रयुक्त किया जाता है। प्रतिशत ग्राफ आदि का प्रयोग अधिक होता है। इस विश्लेषण से परिकल्पना के सम्बन्ध में निर्णय लिया जाता है। यदि एक परिकल्पना की पुष्टि नहीं हो सकी तब दूसरी परिकल्पना के लिये प्रदत्तों का संकलन किया जाता है। प्रदत्तों के विश्लेषण से परिकल्पना का सत्यापन किया जाता है।

अन्तिम चरण : इसमें प्रदत्तों के विश्लेषण के परिणामों के आधार पर निष्कर्षों का प्रतिपादन किया जाता है। यह निष्कर्ष नवीन ज्ञान की वृद्धि नहीं करते बल्कि इन क्रियाओं की ओर संकेत करते हैं जिनसे समस्या का समाधान किया जा सकता है। निष्कर्षों का सैद्धान्तिक के बजाय व्यावहारिक स्वरूप होता है क्योंकि इनके आधार पर क्रियाओं में सुधार तथा बदलाव लाया जा सकता है। इनका प्रयोग भी सीमित होता है। क्योंकि समस्या का रूप स्थानीय होता है जिस शिक्षक ने अपनी समस्याओं के समाधान के लिये क्रियाशील-अन्वेषण का प्रयोग किया है उसके निष्कर्षों का प्रयोग वह स्वयं ही अपनी समस्या के सुधार में केवल उसी वर्ष कर सकता है। प्रत्येक वर्ष की समस्यायें भी बदलती रहती हैं।

राष्ट्रीय शैक्षिक अनुसन्धान एवं प्रशिक्षण परिषद (NCERT), क्रियाशील-अन्वेषण को बढ़ावा देने के लिये प्रयत्नशील है। यह परिषद अपने सेवा प्रसार विभाग द्वारा सेमीनार तथा वर्कशाप का आयोजन करके शिक्षकों को क्रियाशील-अन्वेषण का ज्ञान दे रही है और इस क्रिया से कौशल का विकास कर रही है। परिषद ने क्रियाशील-अन्वेषण का अधोलिखित प्रारूप दिया है :

कार्यात्मक अन्वेषण का प्रयोग योजना का प्रारूप

(1) योजना का शीर्षक।
(2) योजना का उद्देश्य।
(3) प्रणाली।
(4) मूल्यांकन।
(5) अनुमानित व्यय।
(6) विद्यालय का नाम, छात्रों की संख्या विभाग सहित।
(7) विद्यालय में अध्यापकों की संख्या।
(8) विद्यालय में योजना के लिये उपलब्ध सुविधाएं।
(9) योजना की पृष्ठभूमि।
(10) विद्यालय के लिये योजना का महत्व।
(11) समस्या को पहचानना।
(12) समस्या का विशिष्ट रूप।
(13) कार्यात्मक-परिकल्पनाओं की पुष्टि।
(14) अन्तिम फैसला अथवा निष्कर्ष।
(15) अन्वेषणकर्त्ता की टिप्पणी।

अध्यापक इस नमूने के आधार पर अपनी क्रियाशील अन्वेषण की एक सुन्दर योजना बना सकता है साथ ही उसका एक रूपरेखा तैयार किया जाता है।

प्रस्तावित अनुसन्धान के उद्देश्य

उसके उद्देश्य अधोलिखित हैं

(क) छात्रों को हिन्दी की वर्तनी सम्बन्धी अशुद्धियों के लिये जागरूक करना।

(ख) छात्रों की वर्तनी सम्बन्धी अशुद्धियों में सुधार करना।

(ग) हिन्दी में छात्रों की निष्पत्ति के स्तर को उन्नत करना।

(घ) हिन्दी की बर्तनी सम्बन्धी अशुद्धियों के महत्व को समझना।

विद्यालय के लिये योजना का महत्व

हिन्दी भारत की राष्ट ्रीय भाषा है। विद्यालयों में मातृभाषा के नाम से हिन्दी एक अनिवार्य विषय है। हिन्दी को राष्ट्रभाषा का स्थान दिया गया है। यह हमारी मातृभाषा है। इसलिये हिन्दी सबसे महत्वपूर्ण विषय है। अतः छात्रों की अभिव्यक्ति, लेखन साहित्य की दृष्टि से हिन्दी शिक्षण में विकास एवं सुधार की आवश्यकता है।

समस्या का क्षेत्र हिन्दी भाषा में विद्यार्थियों की वर्तनी संबंधी अशुद्धियाँ।

समस्या का बृहत रूप डी. ए. वी. इंटर कालेज, कानपुर के कक्षा 9 अ के छात्रों की हिन्दी में बर्तनी सम्बन्धी अशुद्धियों का अध्ययन करना तथा उसमें सुधार लाना।

समस्या के कारणों का वर्णन समस्या सम्बन्धी कारणों का वर्णन निम्नलिखित तालिका की सहायता से किया गया है। कारण विश्लेषण तालिका की सहायता से क्रियाशील-परिकल्पनाओं का प्रतिपादन किया जाता है। इन्हीं कारणों को ध्यान में रखा जाता है जो शिक्षक के नियन्त्रण के अन्तर्गत होते हैं।

समस्या विषयक कारणों का विश्लेषण

कारण	साक्षियाँ	तथ्य तथा अनुमान	शोधकर्त्ता का नियन्त्रण
1. छात्र लिखित कार्य को ध्यानपूर्वक नहीं करते हैं।	छात्रों के हिन्दी के लिखित-कार्य का निरीक्षण करके।	तथ्य	नियन्त्रण के अन्तर्गत है।

2. अध्ययन के समय शब्दों की वर्तनी पर ध्यान नहीं देते हैं।	छात्रों के अभिज्ञान का परीक्षण करके।	तथ्य	अन्तर्गत
3. माध्यमिक कक्षाओं में वर्तनी सम्बन्धी अशुद्धियों पर ध्यान नहीं दिया जाता है।	छात्रों से पूछताछ तथा माध्यमिक कक्षाओं के लिखित कार्य का निरीक्षण	तथ्य	अन्तर्गत नहीं है।
4. छात्रों में हिन्दी व्याकरण के शुद्ध तथा व्यावहारिक ज्ञान का अभाव होता है।	छात्रों से व्याकरण सम्बन्धी प्रश्न पूछकर पता लगाया जा सकता है।	तथ्य	अन्तर्गत

क्रियाशील-आविष्कार

प्रथम हिन्दी में लिखित कायों को उचित तरीके से कराया जाये और भली प्रकार निरीक्षण किया जाये तो भाषा सम्बन्धी अशुद्धियों में सुधार किया जा सकता है।

द्वितीय हिन्दी की पाठ्य-वस्तु के कठिन शब्दों का व्याकरण से समन्वय (सन्धि-विच्छेद आदि) किया जाये तो वर्तनी सम्बन्धी अशुद्धियों में सुधार किया जा सकता है।

इस क्रियाशील-आविष्कार की पुष्टि हेतु अधोलिखित रूपरेखा का अनुसरण किया जाता है।

क्रियाशील-आविष्कार के प्रारूप

क्रियात्मक-अनुसंधानों में हर परिकल्पना की सार्थकता हेतु भिन्न-भिन्न रूपरेखा तैयार की जाती है।

यदि प्रथम क्रियात्मक-परिकल्पना इस समस्या के समाधान में सफल नहीं होती है तब इसी प्रकार द्वितीय-परिकल्पना की सार्थकता हेतु रूपरेखा का अनुसरण किया जायेगा।

क्रियाशील-आविष्कार की वृद्धि के पहली रूपरेखा

काज	विधि	आपेक्षित साधन	समय
1. हिन्दी में जो कार्य लिखित रूप में दिये जायें उनका विवरण तैयार करना।	शिक्षक अपने अन्य हिन्दी के शिक्षकों से परामर्श करेगा।	पाठ्य पुस्तकें तथा निर्धारित पाठ्यक्रम।	चार दिन
2. समस्त लिखित कार्य का पूर्ण सत्र में वितरण करना। करना।	लिखित कार्यों की सूची तथा सत्र का कार्यक्रम तैयार	समय सारिणी लिखित कार्यों का अभिलेख।	तीन दिन
3. प्रति सप्ताह लिखित कार्यों को देना।	अन्य विषय के शिक्षकों से गृहकार्य के सम्बन्ध में परामर्श करना।	शिक्षक एवं अन्य शिक्षक अपने अपने विषय में निर्णय लेगें।	45 दिन
4. शिक्षक द्वारा छात्रों के लिखित कार्यों की जाँच कर शीघ्र लौटाना।	छात्रों के लिखित उपस्कर की जाँच स्वयं करना	किसी विशेष साधन की आवश्यकता नहीं है।	60 दिन

निष्कर्ष

प्रथम क्रियाशील आविष्कार की वृद्धि के लिए रूपरेखा के अनुसरण करने से जो प्रदत्त उपलब्ध होंगे उनका विश्लेषण किया जायेगा। वर्तनी सम्बन्धी त्रुटियों के लिये स्तम्भाकृतियाँ बनाई जा सकती हैं। उनकी प्रतिशत की गणना की जा सकती है। अपनी भाषा सम्बन्धी परीक्षा भी प्रयुक्त की जा सकती है। यह परीक्षा रूपरेखा के पूर्व तथा अन्त में प्रयुक्त की जानी चाहिये जिससे वास्तविक उपलब्धि की गणना की जा सके। शिक्षक द्वारा अपने निरीक्षण अनुभवों तथा छात्रों की अनुमति एवं प्रतिक्रियायें भी प्रयुक्त की जाती हैं। इन प्रदत्तों के आधार पर शिक्षक वर्तनी सम्बन्धी अशुद्धियों के सुधार में निर्णय ले सकता है।

अन्वेषणकर्त्ता की विवेचना

क्रियाशील अविष्कार की सार्थकता की वृद्धि के बाद अध्यापक अपनी युक्तियों में सुधार ला सकता है। हिन्दी में भाषा सम्बन्धी अशुद्धियों को कम कर सकता है तथा ऐसी अशुद्धियों को कम करने के सुझाव दे सकता है जिनसे हिन्दी शिक्षण को उन्नत किया जा सकता है।

इसी प्रकार की 'प्रायोगिक-योजनाओं' की रूपरेखाएँ हिन्दी की समस्याओं के समाधान के लिये बनाई जा सकती है।

उदाहरण (2)क्रियाशील अन्वेषण की हिन्दी वाचन के लिए योजना

1. योजना का प्रकरण हिन्दी के छात्रों के उच्चारण सम्बन्धी अशुद्धियों में सुधार हेतु अध्ययन योजना।

2. अन्वेषणकर्त्ता कर्त्ता हिन्दी विषय का एक अनुभवी शिक्षक

3. योजना की पृष्ठभूमि हिन्दी शिक्षक ने अपने शिक्षण में अनुभव किया कि छात्र हिन्दी शब्दों के उच्चारण में अधिक अशुद्धियां वाचन में प्रश्नों के उत्तर देने में तथा साधारण वार्तालाप में शब्दों का शुद्ध उच्चारण नहीं कर पाते हैं।

4. प्रस्तावित योजना का उद्देश्य इस योजना के विशिष्ट उद्देश्य इस प्रकार है

(1) हिन्दी की वाचन सम्बन्धी अशुद्धियों के महत्व को समझाना।

(2) हिन्दी में छात्रों की उपलब्धियों के स्तर को उन्नत करना।

(3) छात्रों की वाचन सम्बन्धी अशुद्धियों का सुधार करना।

(4) छात्रों को हिन्दी शब्दों शुद्ध उच्चारण के लिये सजग करना।

5. विद्यालय के लिये योजना का महत्व हिन्दी हमारी मातृभाषा है और विद्यालय के पाठ्यक्रम में हिन्दी को अनिवार्य विषय के रूप सम्मलित किया जाता गया है। हिन्दी राष्ट्र भाषा स्थान दिया गया है। इसलिये हिन्दी सबसे महत्वपूर्ण विषय हैं। अतः छात्रों की अभिव्यक्ति उच्चारण लेखन साहित्य की दृष्टि से हिन्दी शिक्षण में उच्चारण में सुधार की आवश्यकता है। भाषा का ज्ञान बोलने से आरम्भ होता है।

6. समस्या के कारणों का विश्लेषण हिन्दी के शब्दों के उच्चारण में अशुद्धियों सम्बन्धी कारणों का विश्लेषण तालिका की सहायता से किया गया। कारण विश्लेषण तालिका की सहायता से परिकल्पनाओं के प्रतिपादन में सहायता मिलती है। कारणों को ध्यान में रखकर परिकल्पनाओं का प्रतिपादन किया जाता है। उन्हीं कारणों को महत्व दिया जाता है जो शिक्षण के नियंत्रण के अन्तर्गत होते है।

7. समस्या का विशिष्ट रूप सनातन धर्म इष्टर कालिन लखनऊ के कक्षा 9ब के छात्रों की हिन्दी के शब्दों के उच्चारण सम्बन्धी अशुद्धियों का अध्ययन करना और उनके उच्चारण में सुधार लाना हैं।

8. योजना की समस्या का क्षेत्र 'हिन्दी भाषा में छात्रों के उच्चारण की अशुद्धियों का सुधार'।

हिन्दी उच्चारण की अशुद्धियों के कारणों का विश्लेषण

	कारण	साक्षियाँ तथ्य तथा	अनुमान नियंत्रण
1.	कक्षा शिक्षण में अनुकरण वाचन में शब्दों का अशुद्ध उच्चारण करते हैं।	शिक्षण ने अनुकरण वाचन में उच्चारण सम्बन्धी अशुद्धियों का अनुभव किया है।	शिक्षक के नियत्रंण में
2.	हिन्दी की कक्षा में शिक्षक के प्रश्नों का उत्तर देने में शब्दों का उच्चारण अशुद्ध होता है।	शिक्षण ने अपनी कक्षा शिक्षण में ऐसा अनुभव किया है।	शिक्षक के नियंत्रण में अवलोकन व अनुभव से
3.	छात्र वार्तालाप में भी हिन्दी शब्दों का शुद्ध उच्चारण नहीं कर पाते हैं।	शिक्षक ने छात्रों को परस्पर वार्तालाप में अशुद्धियों का अनुभव किया है।	शिक्षक के नियंत्रण में

क्रियाशील आविष्कार

प्रथम हिन्दी शिक्षण में अनुकरण वाचन में उच्चारण की अशुद्धियों का साथ-साथ सुधार सामूहिक अभ्यास से कराने से उच्चारण में सुधार लाया जा सकता है।

द्वितीय शिक्षक छात्रों को उच्चारण सम्बन्धी अशुद्ध करने पर उन्हें यह समझाये कि अशुद्ध बोल रहे हो और उन्हें शुद्ध उच्चरण का अभ्यास कराया जाय।

प्रथम परिकल्पना की पुष्टि के लिये निम्नलिखित प्रारूप का अनुसरण किया गया।

प्रथम क्रियाशील अन्वेषण की आविष्कार की वृद्धि का रूपरेखा

इसके तहत अन्वेषणकर्त्ता के द्वारा प्रत्येक आविष्कार वृद्धि हेतु भिन्न-भिन्न

रूपरेखा का निर्धारण करता है। प्रथम आविष्कार सफल नहीं हो पाता तो दूसरे आविष्कार की रूपरेखा तैयार करता है। यहाँ पर प्रथम आविष्कार के विकास के लिए पुष्टि हेतु प्रारूप का अनुसरण किया गया है।

प्रथम-परिकल्पना की पुष्टि हेतु प्रारूप

क्रियायें जो की जाय	साक्षियाँ तथ्य एवं	अनुमान नियंत्रण	समय
1. हिन्दी शब्दों के उच्चारण के कार्यों से अशुद्ध शब्दों का विवरण तैयार करना	शिक्षण अनुकरण पाठ वार्तालाप तथा छात्रों के उत्तर से अनुभव किया	अवलोकन तथा अनुभव से	एक सप्ताह
2. हिन्दी की पाठ्य पुस्तकों में से ऐसे शब्दों का चयन करना जिनका उच्चारण करना कठिन है।	पाठ्यपुस्तकों की पाठ्यवस्तु का विशेलषण करके	पुस्तकों का अध्ययन करके	एक सप्ताह
3. प्रतिदिन अनुकरण पाठ में अशुद्ध उच्चारण के का, सामूहिक अभ्यास कराना।	शिक्षण हिन्दी पाठ में छात्रों के अनुकरण पाठ से अशुद्धियों की पहचान से	कक्षा शिक्षण में गद्य, पद्य पाठ्यवस्तु के शिक्षण	दो माह
4. वार्तालाप में अशुद्ध उच्चारण के शब्दों को पहचानना	अभ्यास तथा भाषा प्रयोगशाला का उपयोग	भाषा प्रयोगशाला की सुविधा	एक माह

मूल्यांकन

प्रथम परिकल्पना की पुष्टि करने में उपलब्ध प्रदत्त का विश्लेषण किया जायेगा। उच्चारण सम्बन्धी अशुद्धियों के लिये आनूतियों लगाई जा सकती है। जिन शब्दों का पूर्व में अशुद्ध उच्चारण करते थे अब उनके उच्चारण में सुधार हुआ हैं। शिक्षण स्वयं भी अपने अनुभवों से मूल्यांकन कर सकता है। मौखिक परीक्षा तथा

अंत्याक्षरी का आयोजन करके भी मूल्यांकन किया जा सकता है। शिक्षण तथा छात्रों की प्रतिक्रियाओं को भी एकत्र किया जा सकता है। इन सभी के आधार पर निष्कर्ष निकाल सकते हैं कि अशुद्ध उच्चारण में सुधार हुआ है।

शिक्षक की टिप्पणी

परिकल्पना की पुष्टि के बाद शिक्षक अपनी युक्तियों के उपयोग से छात्रों के उच्चारण में सुधार ला सकता है तथा उच्चारण सुधार के सम्बन्ध में अपने अनुभवों के आधार पर सुझाव दे सकता है। जिससे हिन्दी उच्चारण में शुद्धता लाई जा सकती है। इसी प्रकार लेखन तथा पठन कौशलो की समस्याओं का अध्ययन किया जा सकता है। लेखन और पठन में सुधार लाया जा सकता है।

क्रियात्मक-अनुसन्धान योजनाओं के लिये सुझाव

शिक्षण में क्रियात्मक अनुसन्धान की योजना बनाते समय निम्नांकित बातों को ध्यान में रखना चाहिए।

1. योजना के मूल्यांकन में विश्वसनीय तथा वैध साक्षियों को ही प्रयुक्त करना चाहिये।
2. परिकल्पनाओं के प्रतिपादन में उन कारणों को ध्यान में रखना चाहिये जो शिक्षक के नियंत्रण में हों।
3. योजना की रूपरेखा का स्वरूप मितव्ययी होना चाहिये।
4. विद्यालय तथा कक्षा शिक्षण की समस्याओं के चयन तथा अध्ययन में वस्तुनिष्ठ दृष्टिकोण अपनाना चाहिये।
5. अध्यापक का कठिनाई से सीधा संबंध होना चाहिए।
6. समस्या का स्वरूप वास्तविक होना चाहिये।
7. क्रियात्मक-परिकल्पनाओं की सार्थकता की पुष्टि करने से विद्यालय के अन्य कार्यों में कोई बाधा नहीं होनी चाहिये।
8. शिक्षण के स्तर की प्रगति तथा गुणात्मक विकास से योजना का प्रत्यक्ष सम्बन्ध होना चाहिये।

दीर्घ उत्तरीय प्रश्न

1. क्रियाशील अन्वेषण क्या है? इसके उद्‌भव एवं विकास की चर्चा करें।
2. एक क्रियाशील अन्वेषणकर्ता की सविस्तार विवेचना करें।

लघु उत्तरीय प्रश्न

1. क्रियाशील अन्वेषण के प्रमुख लक्ष्यों की चर्चा करें।
2. क्रियाशील आविष्कार के प्रारूप की चर्चा करें।

वस्तुनिष्ठ प्रश्न

1. शिक्षा के क्षेत्र में क्रियात्मक अन्वेषण की प्रक्रिया को प्रयोग में लाने का श्रेय जाता है

   (क) स्टीफन एम. कोरी (ख) मेक ग्रैथटे

   (ग) बकिंघम (घ) इनमें से कोई नहीं।

2. क्रियाशील अन्वेषण का प्रयोग किस वर्ष से हुआ माना जाता है?

   (क) 1914 (ख) 1926

   (ग) 1930 (घ) 1936

3. 'रिसर्च ऑफ टीचर्स' नामक पुस्तक के रचयिता हैं

   (क) रूसो (ख) मांटेसरी

   (ग) बकिंघम (घ) इनमें से कोई नहीं।

23

आदर्श पाठ-योजना का प्रारूप

पाठ-योजना-1

छात्र/छात्रा का अनुक्रमांक..... **कक्षा**-छठी

विषयहिन्दी (कहानी-रचना) **अवधि** 30 मिनट

उपविषय बगुला और केकड़ा **दिनांक** ....

अनुदेशनात्मक-प्रयोजन

1. छात्रों की निरीक्षण एवं कल्पना शक्ति को विकसित करना।
2. छात्रों को झील, ग्रीष्म, केकड़ा इत्यादि शब्दों का प्रयोग सिखाना।
3. छात्रों को वाक्य-रचना करने का अभ्यास कराना।
4. छात्रों को कहानी कहने एवं लिखने का अभ्यास कराना।
5. छात्रों में दूसरों से सावधान रहने तथा विपत्ति में हिम्मत से काम लेने की अभिवृत्ति का विकास करना।
6. छात्रों को सवालों का उत्तर देने के योग्य बनाना।

अनुदेशनात्मक सामग्री

1. कहानी से सम्बन्धित कुछ चार्ट।

2. बगुला तथा केकड़े का मॉडल।

यह अग्रलिखित स्थितियां दर्शाता है।

चार्ट नं. 3तालाब, उसके किनारे पेड़ पर बैठा बगुला, उसके मुंह में मछली।

चार्ट नं. 1एक तालाब, तालाब में मछलियां व उसके किनारे बैठा बगुला।

चार्ट नं. 2जमीन पर बगुला पड़ा है, पास में सरोवर व पेड़ है, केकड़ा सरोवर की ओर जा रहा है।

चार्ट नं. 4उड़ते हुए बगुले का चार्ट, बगुले की गर्दन को केकड़े ने पकड़ा हुआ है और नीचे कुछ हड्डियां पड़ी हैं।

प्रारम्भिक व्यवहार छात्रों ने बगुले और केकड़े का नाम सुना है। वे सरल सवालों का उत्तर दे सकते हैं।

प्रस्तावना छात्राध्यापक पाठ की प्रस्तावना करने हेतु बच्चों से निम्न प्रश्न पूछेगा :

1. (केकड़े का मॉडल दिखाते हुए) यह किस प्राणी का मॉडल है?
2. केकड़ा कहां रहता है?
5. बगुला अक्सर कहां रहता है?
4. (बगुले का मॉडल दिखाते हुए) यह किस खग का मॉडल है?
3. यह क्या खाता है?

उद्देश्य-कथन छात्राध्यापक अपने उपविषय की घोषणा करेगाबच्चो, बगुला एक बहुत ही चालाक जलचर होता है। वह बहुत चालाकी से मछलियों को मारकर खा जाता है। आज हम एक कहानी की सृजन करेंगे जिसमें बताया गया है कि बगुले की चालाकी का क्या परिणाम हुआ।

प्रस्तुतीकरण कहानी की सृजन हेतु चित्र वर्णन पद्धति एवं प्रश्नोत्तर प्रणाली की सहायता ली जाएगी। साथ-साथ अध्यापक ब्लेक बोर्ड पर कहानी की संक्षिप्त रूपरेखा भी देता जाएगा। अन्त में छात्रों से मौखिक चित्र वर्णन तथा रूपरेखा के आधार पर कहानी खुद लिखने को कहा जाएगा।

(चार्ट नं. 1 प्रदर्शित करते हुए, बच्चों से सवाल पूछे जाएंगे। बच्चे उत्तर देंगे।)

प्रश्न1. (झील की ओर संकेत करते हुए) चार्ट में यह क्या दिखाई दे रहा है? (तालाब)

2. (सरोवर में मछलियों को दिखाते हुए)तालाब में ये कौन-से जीव दिखाई दे रहे हैं? (मछलियां)

3. बगुला अपना पेट कैसे भरता है? (पानी के कीड़े-मकोड़े खाकर)

4. (बगुला दिखाते हुए) तालाब के किनारे यह कौन बैठा है? (बगुला)

शिक्षण द्वारा पूर्तिकथन (बच्चे ध्यान से सुनेंगे) एक समय की बात है। एक जंगल में एक झील था। उस जल में बहुत जल भरा रहता था। उसमें बहुत-सी मछलियां रहती थीं। वहीं जल के किनारे एक बगुला भी रहता था। वह हर समय मछलियों को खाने की ताक में रहता, परन्तु अपनी कोशिश में असफल रहता। एक बार ग्रीष्म ऋतु में गर्मी की वजह से तालाब का पानी सूखने लगा। बगुले ने मछलियों को खाने का रास्ता ढूंढा। वह उदास मन होकर झील के किनारे बैठ गया। मछलियों ने उसकी उदासी का कारण पूछा। बगुले ने कहा कि यह झील सूखता जा रहा है। जल समाप्त होने से तुम संब मर जाओगी। पास ही में एक दूसरा झील है। उसमें बहुत पानी है। मैं तुम्हें उसमें ले जाना चाहता हूं। बगुले की यह बात सुनकर मछलियां दूसरे झील में जाने को तैयार हो गईं।

प्रश्न-1. (तालाब तथा पेड़ दिखाते हुए) ये क्या दिखाई दे रहे हैं? (तालाब व पेड़)

2. पेड़ के ऊपर कौन बैठा है? (बगुले की तरफ इशारा करते हुए)

3. बगुले की चोंच में क्या दबा है?

शिक्षक द्वारा पूर्तिकथन (बच्चे ध्यान से सुनेंगे) जब मछलियां अन्य झील में जाने को तैयार हो गईं तो बगुला रोजाना एक-एक करके मछलियों को ले जाता और पेड़ पर बैठकर उनको खा जाता। इस प्रकार उसने सभी मछलियों को खा लिया। वह मछलियों की हड्डियां और कांटे पेड़ के नीचे जमीन पर डाल देता।

(चार्ट नं. 3 प्रदर्शित करते हुए) छात्रों से निम्न सवाल पूछे जाएंगे (बच्चे सवालों के उत्तर देंगे)

प्रश्न1. (उड़ते हुए बगुले की इशारा तरफ करते हुए) बगुला क्या कर रहा है?

2. बगुले की गर्दन को किसने पकड़ा हुआ है?

3. केकड़े ने बगुले की गर्दन को क्यों पकड़ रखा है?

4. यह नीचे क्या पड़ा हुआ है?

शिक्षक द्वारा पूर्तिकथन(बच्चे ध्यान से सुनेंगे) जब बगुले ने सभी मछलियां खा लीं तो झील में सिर्फ एक केकड़ा बच गया। बगुले ने सोचा इस केकड़े को भी खा लूं। इस तरह वह केकड़े से बोलाकेकड़े भाई, सभी मछलियां तो दूसरे झील में पहुंच गई हैं, आओ, तुम्हें भी वहीं ले चलूं। केकड़ा मान गया और उसने बगुले की गर्दन पकड़ ली। केकई ने हड्डियां पड़ी देखीं तो बगुले से उनके बारे में पूछा। बगुला बोलामैं सब मछलियां खा चुका हूं। ये उन्हीं की हड्डियां हैं। अब मैं तुम्हें भी खाऊंगा।

(चार्ट नं.4 प्रदर्शित करते हुए) छात्राध्यापक बच्चों से आगे सवाल पूछेगा और बच्चे उत्तर देंगे।

प्रश्न-1. (झील व पेड़ की तरफ इशारा करते हुए) चार्ट में यह क्या दिखाई दे रहा है? (झील व पेड़)

2. (धरती पर बगुला दिखाते हुए) धरती पर यह कौन पड़ा है? (बगुला)

3. (झील की ओर से की आगे जाते हुए केकड़े की तरफ इशारा करते हुए) यह कौन है? (केकड़ा)

4. केकड़ा कहां जा रहा है? (झील की ओर)

5. बगुला नीचे कैसे गिरा? (केकड़े के द्वारा गर्दन दबाए जाने से)

शिक्षक द्वारा पूर्तिकथन(बच्चे ध्यान से सुनेंगे) बगुले की बात सुनकर केकड़ा एकदम से घबड़ा गया परन्तु उसने हिम्मत नहीं हारी। एक क्षण सोचा और अपने दांतों से बगुले की गर्दन दबा दी। कष्ट के मारे बगुला नीचे गिर पड़ा। नीचे गिरते ही केकड़ा सरोवर में चला गया।

प्रश्न 1. बच्चों, इस कहानी से हमें क्या सीखने को मिलती है? (विपत्ति में हिम्मत नहीं हारनी चाहिए।)

मौखिक अभिव्यक्ति बच्चों से कहानी अपने शब्दों में सुनाने को कहा जाएगा और साथ-साथ मौखिक अभिव्यक्ति-सम्बन्धी अशुद्धियों को शुद्धि किया जाएगा।

लिखित अभिव्यक्ति बच्चों से कहानी अपनी-अपनी अभ्यास-पुस्तिका में लिखने को कहा जाएगा।

कक्षा-कार्य एवं निरीक्षण छात्र अपनी-अपनी अभ्यास-पुस्तिका में कहानी लिखेंगे और शिक्षक कक्षा का देखरेख करेगा कि सभी बच्चे अपना-अपना काम ठीक से कर रहे हैं।

घर का काम बच्चों से पूरी कहानी घर से लिखकर लाने को कहा जाएगा।

श्यामपट्ट-कार्य पाठ के विकास हेतु छात्रों से पूछे गए सवालों के उत्तरों को संक्षेप में रूपरेखा के रूप में ब्लेक-बोर्ड पर लिखा जाएगा।

पाठ-योजना-2

छात्र/छात्रा का अनुक्रमांक ....
विषय हिन्दी (निबन्ध)
उपविषय 'वर्षा ऋतु'
दिनांक ....

कक्षा नवीं
समय 30 मिनट
औसत आयु 14 + वर्ष

अनुदेशनात्मक सामग्री

1. नृत्य करते हुए मोर का चित्र
2. चारों तरफ छाई हुई हरियाली का चित्र।

अनुदेशनात्मक उद्देश्य

1. छात्रों का व्यावहारिक ज्ञान बढ़ाना।
2. उनकी लिखित एवं मौखिक भाव प्रकाशन की क्षमता में बढ़ोतरी करना।
3. छात्रों की तार्किक, मानसिक, निरीक्षण शक्ति का विकास करना।
4. छात्रों की शब्दावली में वृद्धि करना।
5. छात्रों को वर्षा ऋतु से सम्बन्धित जानकारी देना।
6. छात्रों की रचनात्मक व सृजनात्मक शक्ति का विकास करना।
7. छात्रों में ऐसी क्षमता विकसित करना कि वे प्रभावोत्पादक भाषा में अपने विचार प्रकट कर सकें।

प्रारम्भिक व्यवहार : बच्चे प्रत्येक वर्ष वर्षा ऋतु में वर्षा का आनन्द लेते हैं। वे अपनी अभिव्यक्ति में मानक भाषा का उपयोग करते हैं।

पूर्वज्ञान-परीक्षण

1. ग्रीष्म ऋतु के बाद किस ऋतु का आगमन होता है?
2. उन ऋतुओं के नाम क्या हैं?
3. भारत में कितनी ऋतुएं आती हैं?

उद्देश्य-कथन : छात्रों से सन्तोषप्रद उत्तर मिलने पर शिक्षिका घोषणा करेगी कि आज हम वर्षा ऋतु पर निबन्ध की रचना करेंगे।

प्रस्तुतीकरण : भाषण एवं प्रश्नोत्तर विधि का प्रयोग पाठ को पढ़ाने में किया जाएगा। निबन्ध के निम्नलिखित शिक्षण बिन्दु होंगे जिनको इस तरह उद्धृत किया जायेगा

(1) **वर्षा का आरम्भ** : आषाढ़ मास से हमारे देश में वर्षा ऋतु प्रारंभ होती है व आश्विन मास में खत्म हो जाती है। प्रचण्ड ग्रीष्म में जब जल वाष्प बनकर ऊपर उठता है, तो यही जल आकाश में जाकर बादल का रूप धारण कर लेता है। यही फिर वर्षा के रूप में जमीन पर आ जाता है।

(2) **वर्षा का स्वागत :** वर्षा आने पर लोग उसका स्वागत करते हैं तथा अभिनन्दन के गीत गाते हैं। जब मेघ पृथ्वी पर बरस पड़ता है, तो चहुंदिस खुशी की लहर

दौड़ जाती है। क्या पशु-पक्षी, क्या मनुष्य, सभी वर्षा का सहर्ष स्वागत करते हैं। बच्चे वर्षा में नहाकर खुश होते हैं। पक्षीराज मयूर आकाश में छाई हुई काली घटाओं को देखकर नृत्य करने लगता है। अपनी सुध-बुध भूलकर नृत्य में मग्न हो जाता है। जगत को तपाने वाली लुएं न जाने कहां चली जाती हैं।

(3) **भूमिका :** भारत गांवों का देश है। यहां के अधिकतर लोग कृषक हैं। यहां का मुख्य व्यवसाय खेती है। यहां क्रम से छः ऋतुएं आती हैं। वर्ष में ग्रीष्म, वर्षा, शरद, शिशिर, पतझड़, वसन्त का आगमन होता है। इनमें से वर्षा का महत्वपूर्ण स्थान है। हमारी कृषि प्रायः वर्षा पर भी निर्भर है। जिस वर्ष वर्षा नहीं होती, उस साल अकाल पड़ जाता है। इस प्रकार वर्षा ऋतु हमारे देश हेतु जीवनदायिनी है।

(4) **भीषण गर्मी :** ग्रीष्म में जब भगवान सूर्य उग्र रूप धारण कर लेते है, तब उसके प्रचण्ड तेज से धरती अंगार बन जाती है। छाया भी छाया को ढूंढ़ने लगती है। यह भीषण गर्मी मनुष्य को कृत्रिम साधनों का प्रयोग करने हेतु मजबूत कर देती है। न दिन को चैन न रात को। लोग गर्मी से बेचैन हो जाते हैं।

गर्मी से बेचेन होकर व्यक्ति इन्द्र देवता की तरफ आंखें लगाए एकटक निहारते रहते हैं। कृषक सूखा के डर से चिन्तित रहते हैं। जगह-जगह पर इन्द्रदेवता को खुश करने हेतु गीत गाए जाते हैं : "काले मेघा पानी दे, पानी दे गुड़धानी दे।"

(5) **प्रकृति में परिवर्तन और किसानों के लिए लाभदायक :** पृथ्वी का रंग वर्षा आते ही परिवर्तित हो जाता है। सूखी हुई वनस्पति पानी मिलने पर हरी हो जाती है। चहुंदिस हरियाली छा जाती है।

किसान वर्षा के आने पर खुश हो जाता है और खेतों में हल चलाने लगता है। पुरवैया अपना राग अलापने लगती है। पशुओं हेतु हरा चारा मिल जाता है, जिसे चरकर गाएं, भैसें खूब दूध देती हैं। इसलिए कृषकों के घरों में दूध की कमी नहीं होती। ग्वाले पशुओं को चराना छोड़कर बागों में आनन्द मनाते हैं।

(6) **वर्षा से हानियां**

(क) **बाढ़ आने का खतरा :** अधिक वर्षा आने पर बाढ़ का खतरा रहता है। बाढ़ से गांव के गांव खत्म हो जाते हैं, मकान गिर जाते हैं, लोग बेघर हो जाते हैं, कई बार तो लोगों को जान से भी हाथ धोना पड़ता है।

(ख) **स्वास्थ्य पर बुरा प्रभाव :** जहां वर्षा से कई फायदे लाभ हैं, वहां इससे हानियां भी हैं। गड्ढों के जल से मच्छर पैदा हो जाते हैं, इससे मलेरिया इत्यादि का प्रकोप हो जाता है। ऐसे में पाचन-क्रिया शिथिल हो जाती है। फोड़े-फुंसियां इस ऋतु की सौगात हैं, जिससे बहुत कम लोग बच पाते हैं।

(7) **प्रश्न**

(क) भारत में कितने ऋतुएँ आती है?

(ख) वर्षा का आरंभ किस मास में होता है?

(ग) लोग वर्षा का स्वागत कैसे करते हैं?

(8) **सुन्दर दृश्य :** वर्षा का दृश्य रमणीय होता है। आकाश में काले-काले बादल छा जाते हैं। उस समय ऐसा लगता हैमानो बड़े-बड़े पर्वत हवा में उड़ रहे हों। कभी तो अंधेरा-सा हो जाता है, तो कभी मेघ गरजते हैं, बिजली कड़कती है फिर वर्षा की झड़ी लग जाती है।

(9) **उपसंहार :** इन हानियों के होते हुए भी मानवजीवन के लिए वर्षा वरदान है। इन सब बातों को देखते हुए यह मानना पड़ता है कि वसन्त ऋतुओं का नृप है तो वर्षा ऋतुओं की रानी है।